KB162310

한국연구재단 학술명저번역총서 동양편 281

전국문자통론
戰國文字通論 [訂補]

한국연구재단 학술명저번역총서 동양편

281

전국문자통론

戰國文字通论 [訂補]

하림의(何琳儀) 지음
강윤옥 김정남 박성우 옮김

역락

이학근(李學勤)

내가 하림의 교수의 부탁을 받고 그의 『戰國文字通論』 초판에 서문을 쓴 것은 1987년 겨울이었다. 이 저서는 1989년 중화서국에서 간행되었으며 학자들에게 좋은 평판을 받았다. 세월은 덧없이 흘러 오늘에 이르렀으니 어느새 10여 년이 흘렀다.

이 기간 동안 중국은 예전과는 다른 변혁을 겪었으며 과학사업 각 분야에서 눈에 띄는 진전을 보였다. 중국 고문자학은 고고학 사업이 시작되면서 성과 또한 뚜렷하게 나타났으며 고문자학의 몇 가지 분야 중에서 전국문자 연구의 진전이 유독 두드러지게 나타났다.

학문의 분화는 학문 발전 과정의 중요한 지표이다. 예를 들어 현대 물리학은 현행 『학과전공목록』에 의하면 이론물리, 입자물리와 원핵물리, 원자와 분자물리, 플라스마 물리, 응집물질물리, 음향학, 광학, 무선전신물리 등의 분과로 구분한다. 중국 고문자학 발전사 역시 이러하다. 갑골문 연구, 금문 연구, 간백연구 등의 독립 분과가 지속적으로 형성되었다. 전국문자 연구는 비교적 늦게 발생하였지만 상당히 빠른 속도로 새로운 분과로 형성하여 분과 자체의 영역과 방법을 확정 짓고 자료와 문헌을 축적해나갔으며 그에 따른 전문가 집단도 조직되기 시작하였다.

『戰國文字通論』의 초판은 이 학문 분과의 초기 성과를 종합적으로 정리하였다. 따라서 나는 그 당시 쓴 서문 중에서 말했듯이 이 저서의 출판은 "이 분과의 발전 과정 중 일대 사건이며 이 분야의 깊이 있는 발전을 촉진시켜 중국 고문자학 발전에 유리하게 작용할 것이다"라고 하였다.

만약 전국문자 연구가 당시에 아직 성장의 단계에 머물러 학문 분과로 성립하는데 모두가 충분히 인식하지 않았다고 한다면 지금은 이 학문 분과가 이미 성숙 단계에 이르렀다고 할 만하다. 주의할 만한 점은 전국문자 연구 그 자체도 진일보된 분과로 변화하는 중이다.

『戰國文字通論』은 학자들의 연구 성과를 토대로 전국문자를 齊, 燕, 晉, 楚, 秦 5가지 계열로 구분하였다. 이 다섯 계열의 문자는 모두 전문적인 토론을 거쳐 발표되었으나 각 계열마다 발견된 자료와 수량에 균형이 맞지 않았고 어떤 계열의 연구는 진전 속도가 특히 빨라서 이미 분과로 형성하는 추세였다.

먼저 이러한 경향이 드러나는 것은 秦 문자이다. 일찍이 왕국유(王國維) 선생으로부터 서쪽의 秦 문자와 동쪽의 六國 고문이 서로 차이가 있다고 하였다. 근래들어 일부 학자가 秦 문자를 집중적으로 수집하여 운몽(雲夢) 수호지(睡虎地) 진간도 문자편으로 출간하였다. 얼마 전에 받은 소식은 호남(湖南) 용산(龍山)의 리야(里耶)에서 진간을 새로 발견하였으며 예상 밖으로 약 2만 매에 달한다고 하니 이는 秦 문자에 대한 시야를 대폭 넓힐 수 있을 것에 의심할 여지가 없다.

똑같이 중요하면서도 더 많은 연구 역량이 필요한 것은 楚 문자이다. 1933년 발견된 수현(壽縣) 이삼고퇴(李三孤堆) 楚 금문, 1942년 발견된 장사(長沙) 자탄고(子彈庫) 楚 백서, 50년대부터 출토되기 시작한 楚 죽간은 이미 楚 문자를 학자들의 연구 주요 테마로 탈바꿈시켰다. 몇 년 전에 형문(荊門) 郭店楚簡과 상해박물관 소장 楚簡은 楚 문자의 중요성을 더욱 확립해주었다. 오늘날 육국문자 연구는 어쩔 수 없이 楚 문자로부터 시작할 수밖에 없다. 秦 문자가 중점 연구가 된 것과 마찬가지로 楚 문자 연구 또한 전문화되어가는 추세이다.

이와 같은 조짐은 전국문자 연구에 수많은 새로운 함의가 담겨 있다는 것을 나타내며 다시 한번 종합 정리되기를 바란다. 하림의 교수는 이러한 시기에 자신의 『戰國文字通論』을 수정하여 다시 출판하였으니 바로 이와 같은 요구에 부응한 것이다.

하림의 교수는 줄곧 전국문자 연구의 최전선에서 성실하게 일해 왔다. 1998년 그는 1,600여 쪽의 『戰國文字字典--戰國文字聲系』를 출판하였다. 이 거작은 전국문자에 대한 전수 조사라고 해도 무방하며, 곳곳에 작자의 깊은 내공과 예리한 식견들이 드러난다. 책에서의 수많은 관점들은 『戰國文字通論』과 상통하며 독자가 만약 이 저서들을 함께 살펴볼 수 있다면 분명 문제가 매끄럽게 해결됨을 경험할 수 있을 것이다.

2002년 7월 16일

이학근(李學勤)

    동한 허신이 편찬한 『說文解字』 서(叙)에서 전국 시기 "7개 국가로 나뉘어 밭의 경계는 이랑이 다르며 수레 길은 궤도가 다르고 율령은 법이 다르며 의관은 제도가 다르고 언어는 소리가 다르며 문자는 형태가 다르다."라고 묘사하였다. 청대 단옥재 주석에서 "이른바 '언어는 소리가 다르고 문자는 형태가 다르다'는 각각 그 지방의 속어를 사용하여 사적으로 생략하거나 고친 문자를 사용했다. 언어는 소리가 다르다는 것은 바로 음운이 갈린다는 뜻이고 문자는 형태가 달랐다는 체제가 헷갈린다는 뜻으로 수레는 궤도와 동일하고 글이 문자와 동일했던 전성기로부터 변화했다."라고 하였다. 자사가 저술한 중용에서 공자의 말을 인용한 부분에 따르면 "지금 천하의 수레는 궤도가 동일하고 글은 말과 동일하며 행동은 윤리와 동일하다."라고 한 것은 춘추 말기 문자까지는 대체로 동일하게 유지될 수 있었다는 의미이다. 전국시기에 이르러 차이가 두드러지게 나타나면서 일대 변혁이 발생하였다. 진이 육국을 합병하고 진문자가 표준이 되면서 "진문자와 일치하지 않은 것은 없었다"고 하였으니 또한 일대 변혁이라고 할 수 있다. 이로부터 보면 전국문자는 중국 문자 변천사에서도 스스로 구분되는 부분이므로 전문적으로 연구해야 한다.

북송 이후로 학자들은 청동기 명문을 중시하였으며 주로 상대 후기에서 춘추 시기의 문자를 지칭한다. 청대 말기 갑골문이 발견된 후 상대 문자 연구는 더욱 더 성행하였다. 전국문자는 자료가 상당히 많으면서 흩어져 있고 규모가 큰 자료도 적은 편이라 역대로 학자들이 중요하게 생각하지 않았다. 전국문자 본연이 지닌 여러 가지 특징을 더한다면 비록 저작에서 언급하고 있으나 항상 그 사이의 규칙을 파악하기 어려웠다. 해석상 수많은 오류가 발생하고 틀린 것으로 틀린 것을 전해도 오래전부터 수정하지도 않았다. 이것은 문자 변천 전반에 대한 이해에 영향을 미칠 뿐만 아니라 고대 역사 문화의 탐색에도 적지 않은 장애요소였다. 전국문자가 계통 연구 대상이 된 것은 50년대부터 시작되었으며 20여 년간 빠른 속도로 발전하여 지금은 이미 중국 고문자학의 독립분과로 형성되었다.

전국문자 연구의 발전은 이미 상당수의 연구성과가 발표되고 이미 이 분야에 전력을 기울이는 연구자가 있다는 점에서 나타난다. 중국 고문자 연구회는 매년 회의마다 전국문자 연구 논문을 발표하고 있다. 대학원생 양성 과정에서도 전국문자 연구를 전공으로 삼거나 논문 주제가 되기도 한다. 최근 들어 현장 고고학 발굴이 전개됨에 따라 새로운 전국문자 자료가 대량으로 출현하면서 발굴 현장에서도 관련 연구 성과의 전파와 보급이 절실해지고 있다. 각 분야로 본다면 전국문자 연구의 풍부한 성과를 종합하는 작업은 현재로서 가능할 뿐만 아니라 필요하기도 하다. 하림의 동지의 전국문자통론은 바로 모두의 희망과 요구를 총족시켜주었다.

하림의 동지는 고문자학계 선배인 우성오(于省吾) 선생으로부터 수학하였고 학위를 받은 후에 길림대학에서 전국문자를 강의하였다. 그는 고문자학 방면에

튼실한 기초를 다지고 그를 통해서 전국문자를 논하였기 때문에 고문자 변천 전체에 눈을 돌릴 수 있었다. 전국문자통론은 두 가지 장점이 있으므로 특히 독자들에게 추천할만하다.

첫 번째로 여러 가지 학설을 폭넓게 채용하면서 취사선택에 신중하였다. 앞에서 말했듯이, 전국문자 자료는 본래 잡다하고 고석 논저도 수량이 상당히 많아서 두 가지 모두 수집하기가 수월하지 않고 독자도 그 전모를 살펴보기 힘들다. 전국문자통론은 편폭에 한계가 있긴 하지만 각 학자의 정설들을 최대한 수집하여 계통화시키었다. 저서 중에 특히 발표한 지 얼마 되지 않은 성과까지 포함하여 학술계 최신 연구 성과를 반영하는데 주의를 기울였다.

기존 연구 성과를 반영하는데 선별을 중요시하였다. 어떠한 학과라도, 특히 전국문자 연구와 같이 형성된 지 얼마 되지 않아 발전 시기 중의 하위 분과에 놓여 있다면 학자 간에 논쟁을 피할 수 없으며 새로운 학설 또한 필연적으로 성립하지 못하기도 한다. 본 저서는 기존의 학설을 답습하지 않고 새로운 뜻에 미혹되지도 않았다. 예를 들어 몇 년 전에 내가 소논문을 쓴 적이 있는데 상해박물관에서 소장 중인 강릉(江陵) 지명의 전국시대 관인을 언급한 적이 있다. 하림의 동지는 논문 중에 지명 해석 부분을 골라서 타당하지 못한 부분을 없애주었는데 상당히 합당하여 감사할만하였다.

두 번째로 옛것 중에서 쓸모없는 것은 버리고 좋은 것을 찾아내어 새로운 방향으로 발전시키었고 창의적 견해도 많다. 본 저서는 비록 한 권의 통론이지만 무엇보다도 종술에 중점을 두었으며 각 장절 중에 실제로 작자의 세밀한 연구

성과를 포함시켰고 독자에게 적지 않은 예시를 소홀히 하지 말라고 당부하였다. 아래 몇 가지 예시를 선별하여 전반적인 상황을 살펴보도록 하자.

燕 나라의 길쭉한 새인에 '勺'자가 다수 존재하였다. 예전 학자들 대부분 방치한 채 해석하지 못하였다. 혹자는 卩로 해석하고 節로 읽었으나 역시 의심스럽고 타당하지 못하다. 전국문자통론은 우성오 선생의 갑골문 勺 해석으로부터 시작하여 이 글자는 勺로 해석하고 符로 읽었으니 새롭고 독특한 견해이다. 이것이 첫 번째 사례이다.

『趙國相邦春平侯等鈹』에서 명문에 간혹 "左右伐器"가 있으나 예전부터 대체로 해석하지 못하였다. 혹자는 글자는 식별해도 말하고자 하는 바가 무엇인지 몰랐다. 전국문자통론에서 『楚辭』 「天問」과 그 주석을 인용하면서 "伐器"는 "兵器"와 같은 말이라고 하여 이 난제를 해결하였다. 이것이 두 번째 사례이다.

강소 우이남교장(盱眙南窖莊)에서 출토된 구리 주전자[銅壺]에 대해 몇 분의 학자들 사이에서 논쟁이 벌어지면서 명문 해독은 점차 명확해졌다. 그중 "重金某某" 4자에서 뒤 2자는 바로 "縮壺"이다. '壺'자로 해석한 것은 이 글자가 기물 명칭이라고 여겼기 때문이나 사실 타당하지 못하다. 전국문자통론은 '襄'으로 바꿔 해석하였고 이것을 "絡鑲"으로 읽었다. 이 기물에 투각하여 구리선을 넣거나 금을 새겨넣은 것이 있으므로 터키석을 상감한 것과 일치한다. 이것이 세 번째 사례이다.

하북 평산(平山)에서 출토된 『中山王方壺』은 명문에 '**絲**'이 있으며 '絶'자인데 자형이 '刀'로 구성되었다. 전국문자통론은 공광거(孔廣居)이 『說文疑疑』를 인용하여 이전 학자가 예견하였던 학설을 제기하였으니 4번째 사례이다.

하남 신양장태관(信陽長台關)에서 출토된 초간 자료에 "[相]附如會, 相保如介"가 있다. 전국문자통론에서 '附', '會', '保', '介' 의미가 서로 관련 있다고 설명하고 접속사와 같다고 하였다. 『大戴禮記』「文王宮人篇」"志殷如(深), 其氣寬以柔, 其色儉而不諂"에 따라 글자 용법이 이와 동일하다. 이것이 다섯 번째 사례이다.

이 다섯 가지 사례는 손이 가는 대로 골라냈을 뿐이며 책 속에 새로운 견해들이 아주 많다. 각 장에서 논하였던 전국문자 변화 규칙은 새로운 것을 알려줄 만한 내용들이 풍부하여 독자에게 큰 도움을 준다.

전국문자통론의 출판은 이 분과가 성장하는 과정 중에 발생한 일대사건이다. 반드시 이 분야의 발전을 촉진할 것이며, 중국 고문자학 진전에 좋은 토대를 제공할 것이다. 하림의 동지가 나에게 몇 마디 써달라고 부탁한 덕분에 나는 상당히 기뻤다. 말한 내용에 타당하지 못한 내용이 있을지도 모르겠다. 하림의 동지와 모든 분에게 질정을 부탁한다.

1987년 11월

황덕관(黃德寬)

하림의(何琳儀) 교수는 안휘대학(安徽大學) 중어중문학과 교수였으며, 현 시대에 저명한 고문자학자이다. 1943년 8월에 태어났으며 2007년 3월에 병으로 돌아가셨다. 그는 일찍이 중국고문자연구회 상무이사와 부(副) 비서장, 중국화폐학회 학술위원회 위원 등을 겸직하였다.

1967년, 하림의 교수는 동북사범대학(東北師範大學) 중어중문학과를 졸업하였다. 당시 중국은 "문화대혁명"이라는 특수한 시대 상황에 처해 있었다. 그는 졸업한 후에 길림성(吉林省) 중학교에서 교편을 잡았다. 1978년 대학에서 대학원 제도를 부활시키자 그는 길림대학(吉林大學) 역사학과 고고학 전공으로 입학하여 고문자학의 태두 우성오(于省吾) 교수의 지도를 받았다. 1981년 졸업 후, 석사학위를 취득하고 길림대학 고적(古籍) 연구소에 남아 학생들을 가르쳤으며 연이어 강사와 부교수에 임용되었고 석사 과정 지도교수를 맡게 된다. 주로 전국문자(戰國文字)를 연구하고 강의하였다. 1998년 4월, 하림의 교수는 안휘대학 중어중문학과로 자리를 옮기고 1999년 교수로 승진하였으며 2000년에 중국 언어 문자 전공 박사 과정 지도교수로 이름을 올렸다.

하림의 교수는 안휘대학으로 옮긴 이후부터 병으로 사망하기까지의 10여년은 그의 학술과 인생 중 가장 빛나는 10년이었다. 교학, 연구와 학과 설립 등에 모두 뛰어난 성과를 거두었다. 하림의 교수의 학술적 기초는 깊고 견실하다. 훌륭한 스승을 모시면서 현 시대의 고문자 연구, 특히 전국문자 분야 중에서는 가장 저명한 학자 중의 한 분이라고 할 수 있다. 그가 편찬한 《戰國文字通論》(中華書局 1989년 출판, 2003년 江蘇教育出版社 증보판 출판, 2017년 上海古籍出版社 증보판 중판), 《戰國古文字典--戰國文字聲繫》(中華書局 1998년 출판, 2004년 中華書局 재판)은 학술계로부터 높은 평가를 받았다. 그는 갑골학, 청동기명문, 화폐학 등의 영역에서 풍부한 성과를 거두었다. 안휘대학에서 재직한 10년은 그의 연구 중에서도 가장 왕성했던 시기이며 각종 고문자 연구 논문 74편과 단독 또는 공저로 편찬된 저작 6종을 발표하였다.[1] 논문과 저작의 자세한 내용은 권말 부록을 참고.

동시에 그는 국가 사회과학 기금 프로젝트 2건의 연구 책임자이기도 하였으며 국가 사회기금 중점 프로젝트 1건에 참여하기도 하였다. 그의 연구는 문자학의 정점에서 갑골문, 금문, 전국문자 등 각 분야를 다루었으며 수많은 고문자 난제에 대하여 자신의 견해를 제기하여 학술계에 큰 영향을 불러일으켰다. 1998년 이후로 그는 단독으로 완성한 저작, 공저로 편찬된 연구 성과들이 연이어 중국 국가 교육부 인문사회과학 1등상과 2등상에 각각 한 차례씩 선정되었으며 안휘성 사회과학 우수 연구 성과 1등상도 3차례 선정되었다.

학과 설립에 있어서도 하림의 교수는 중요한 역할을 해내었다. 안휘대학 중어중문학과의 중국 언어문자학은 국가 중점 학과이며 비교적 강한 연구 실력과 높은 인재 배양 수준을 갖추고 있다. 하림의 교수가 안휘대학으로 온 이후로 이학과의 주요 리더 중 하나였다. 그는 고문자학 분야의 성취와 영향력은 "문자학

---

1   논문과 저작의 자세한 내용은 권말 부록을 참고.

과 고문자학"이라는 학과 방향을 잘 지탱해주었으며 중점 학과로서의 영향력을 확대시켰다. 그는 적극적으로 학과 설립 임무를 도맡았으며 후배들과 제휴하여 본보기라 할 만 하다. 각종 역사적 원인으로 인하여 안휘대학 박사학위 과정 권한 부여 횟수가 다소 적은 편이었으나 새롭게 박사학위 권한 부여를 증가시키는 일은 상당히 어려웠다. 2003년 역사학과에서 학과 설립에 대한 논의 중에 대학의 역사문헌학 상황에 대한 판단을 기초로 삼고 필자가 중어중문학 고문자와 출토문헌 연구, 휘학(徽學) 연구센터의 휘주(徽州) 문헌 정리 연구와 역사학과 관련 역량을 결합하여 역사문헌학 박사 수여권을 신청하였다.

이와 같은 구상은 하림의 교수, 유신방(劉信芳) 교수 및 중어중문학과와 역사학과의 동의와 지지를 얻었으며 하림의 교수가 학과 지도자 역할을 맡아 신청서에 처음으로 서명하였다. 이 신청 작업은 상당히 순탄하게 진행되었으며 하림의 교수의 인도 하에 모두가 한마음으로 협력하였고 일거에 성공을 거두었다. 이것은 당시로서는 대단한 성취였다. 필자가 생각하기에 역사문헌학이 중국 내 동일 분야의 지지를 얻은 것은 하림의 교수의 학술적 영향력과 직접적으로 관련 있다. 새롭게 창립한 역사문헌학 박사 과정 이후로 하림의 선생은 중어중문학과 중국언어 문자학과 역사학과 역사문헌학 두 분야의 박사과정생 지도교수를 겸임하였다. 뿐만 아니라 역사문헌학의 학과 지도자가 되어 학과 설립에 각고의 노력을 기울였다. 중국언어 문자학과 역사문헌학 두 학과는 서로를 지탱해주었기 때문에 하림의, 유신방, 서재국(徐在國) 등이 학과 지도자와 학과의 중심 인물로 자리잡았다. 여기에 몇 명의 젊은 박사가 가세하여 안휘대학의 고문자와 출토문헌 연구팀은 빠른 속도로 성장하였고 몇 건의 국가 사회과학기금 프로젝트에 연속해서 선정되었다. 첨단 연구와 관련하여 영향력 있는 저작을 출판하였고 나수의 수준 높은 논문을 발표하였나. 이와 같은 성취는 하림의 교수가 해낸 중요한 공헌과 불가분의 관계이다.

하림의 교수는 '교사'라는 직업을 상당히 좋아하였다. 이 점은 그가 사범대학 출신이라는 점과 밀접한 관련이 있다. 안휘대학으로 온 이후로 그는 다수의 박사와 석사 연구생을 배양하여 "금문(金文) 연구", "전국문자 연구", "《詩經》연구", "《說文解字》연구", "상고음(上古音) 연구"등 다수 과목을 개설하였으나 그때까지도 여전히 학부생 과목을 담당하였다. 학생을 대할 때 그는 늘 끊임없이 생동감 있게 이야기하였다. 폭넓은 자료 인용으로 증명하는 방식을 특히 좋아하였다. 그래서 학생들의 열렬한 환영을 받았다.

2004년 신체검사 때, 그는 간에 심각한 증세가 있다는 것을 알았고 대학 병원 원장이 바로 나에게 하림의 교수의 증상을 보고하였다. 증상을 알고 난 후, 되돌릴 수 없을 결과가 발생할 수 있었기 때문에 나는 상당히 걱정스러웠다. 그의 부인과 함께 이를 대응할 방법을 상의하였다. 첫 번째로는 적극적으로 치료하는 것이며 두 번째로는 몸조리에 주의를 기울이고 세 번째로는 업무량을 줄이는 것, 특히 최대한 강의를 하지 않게 하였다. 나 또한 하림의 교수 본인에게 이 점을 알려주었다. 하지만 그는 자신의 병에 대해서 전혀 아랑곳하지 않았다. 늘 그러하였듯이 논문을 집필하고 학술대회에 참석하였으며 예전에 진행하던 수업과 마찬가지로 강의실에서 언제나 흥미진진하게 이야기하였다. 매번 만날 때마다 나는 그에게 건강 조심하고 수업을 줄이라고 하였으나 그는 오히려 늘 "안심하세요, 나는 아주 좋습니다!"라고 하였다. 그는 바로 이렇게 삶의 마지막 순간까지 줄곧 강단에 서 있었다.

2007년 3월 30일 오후, 역사문헌학 전공 "《詩經》 연구" 수업에서 그는 마지막 수업을 마치지 못하였다. 수업 중에 갑자기 증상이 나타났고 병원으로 긴급 후송되어 3월 31일 새벽 3시쯤까지 응급 처치를 받았지만 하림의 교수는 영원히 우리 곁을 떠났고 그가 사랑하던 강단과도 이별하였다. 하림의 교수가 강단에서 쓰러졌던 사고는 매체로부터 보도된 후에 사회적으로 큰 반향을 일으켰으며 그 해의 투표에서 "화제의 2007년 안휘성 10대 뉴스 인물"로 선정되기도 하였다.

하림의 교수는 안휘대에서 재직하였던 10년 동안 강의, 연구와 학과 설립에 모두 뚜렷한 성취를 거두었다. 짧은 10년 동안 그는 그렇게 많은 일을 해내었고 상당한 논저를 집필하였으니 실제로 일반인은 상상하기 어렵다! 그는 숭고한 학자적 풍모를 보여주었으며 빈틈없는 학문적 태도와 근면한 학술 정신은 우리에게 귀중한 정신적 재산을 남겨 주었다. 오늘 우리가 그를 기념하는데 가장 중요한 것이 바로 이 정신을 드높이는 것이다! 그가 이뤄낸 수많은 학술적 성과는 장차 대대손손 후대 학인들에게 그 은혜가 퍼져갈 것이다! 하림의 교수는 비록 우리를 떠났지만 그는 여전히 살아 있으며 그는 학생들의 마음속에 살아 있으며 그의 지혜와 재능이 충만한 저작 속에 살아 있다!

하림의 교수의 학술적 성취는 해외에도 명성을 떨쳐 한국학자 강윤옥 교수가 하림의 교수 생전에 그와 《戰國文字通論》을 한국어 번역판 출판을 상의하기도 하였다. 하림의 교수가 세상을 떠난 지 15년이 지나 한국어판 《戰國文字通論》이 드디어 세상에 모습을 보이려고 한다. 강윤옥 교수는 천금과 같은 허락을 실행에 옮겼으며 하림의 교수가 남긴 소원을 이뤄냈으니 실로 학술계의 국제 협력이라고도 할만하다! 하림의 교수가 하늘에 계신다면 얼마나 기쁘시겠는가!

일전에 복단대학(復旦大學) 류조(劉釗) 교수께서 강윤옥 교수가 나에게 한국어판 《戰國文字通論》 서문을 요청하였다는 소식을 전달받았을 때, 하림의 교수의 절친이자 뜻을 같이 하였던 사람으로서 하림의 교수에 대한 절절한 그리움을 알리고 싶었다. 또한 강윤옥 교수 등의 번역진이 이 책을 번역해준 것에 대한 진심의 감사를 표하기 위해서 나는 흔쾌히 수락하였다. 그래서 하림의 교수

탄신 70주년 연구회에서 발표했던 원고를 토대로 이 서문을 작성하였으니 삼가 서문으로 삼고자 한다.

黃德寬

2022年 11月 16일 북경 청화원(清华园)에서

전국시대 문자로 박사논문을 쓴 역자는 하림의 교수의 가르침을 여러 차례 받은 바 있다. 이 인연이 계기가 되어 2003년 그가 『전국문자통론』이 한국 독자에게 번역되기를 소망한다는 친필 서신과 책을 내게 송부하셨고, 2007년 안휘대학 강단에서 쓰러져 운명을 달리하셨다는 황망한 소식을 접한 후 어느덧 16년의 세월이 흘렀다.

그간 대학원에서 본 책으로 전국문자 수업을 진행하면서 여러 차례 번역을 구상했으나 바쁘다는 핑계로 실행을 미루어 왔다. 고인이 된 은인과 나눈 천금 같은 약속을 지키지 못하여 늘 마음에 빚을 안고 있던 차에 퇴직을 눈 앞에 두고 마음의 짐을 내려놓고 싶다는 일념과 30년간 전국문자를 연구하면서 이 분야가 지금처럼 주목을 받았던 시기는 없었기에 『전국문자통론』 한국어 번역판으로 한국 문자학계에 전국문자 연구의 불씨를 지피고 싶었기 때문이다.

이 번역 작업을 함께한 두 젊은 학자는 한국 학계가 논문의 편 수를 계량화하여 연구자들의 역량을 평가하는 풍토에서, 상당히 많은 시간이 소모되는 전문서적 번역에 뜻을 같이해주었다. 이 결정에는 상당한 용기가 필요했을 터인데 흔쾌히 답하고 동참한 동국대학교 WISE 캠퍼스 심성남교수와 국립순전대학교 박성우교수에게 감사를 표한다.

우리 모두는 번역하고 토론하는 과정에서 개인의 지식이 축적되고 학문이 한층 더 성장하는 기쁨이 있었기에, 2년이 넘는 기간 동안의 고단했던 몸과 마음을 상쇄하고도 남음이 있었다. 아울러 본 서적과 같은 양서의 번역이 필요하다고 판단해준 문자학 전공자들의 아낌없는 후원으로 한국연구재단의 지원을 받았으니 이 또한 감사한 일이다.

20세기 후반에 접어들어 중국 고대문자 연구는 대량의 청동 기물과 죽간의 출토로 인해 가장 역동적인 연구 분야로 탈바꿈하게 되었다. 이러한 역동성을 가능케 한 것은 유례없는 방대한 전국시대 출토문물의 발굴임은 두말할 나위가 없다.

주지하다시피 전국시대 문자는 상대의 갑골문과 서주의 금문, 아래로는 진(秦)의 소전과 초기 예서(隷書)를 잇는 중요한 교량 역할을 하였다. 이 시대는 기록을 위해 다양한 서사도구 즉 청동, 죽간, 비단, 석각, 토기 등을 사용하였으며 나라마다 서로 다른 자형을 구사하였기 때문에 문자를 정확히 파악하기가 쉽지 않다.

오늘날 우리가 접할 수 있는 전국문자는 진시황 "분서" 이전의 "출토문헌"과 "분서" 이후에 제작된 "전래문헌"으로 양분된다. 전래문헌 관련 기록은 "『설문해자(說文解字)』의 주문(籀文)과 고문(古文)", "삼체석경(三體石經) 고문", "한간(漢簡) 및 고문사성운(古文四聲韻)의 고문"등이 있는데 본 서적에 모두 자세히 소개하고 있다.

출토문헌 기록은 죽간문(竹簡文), 백서(帛書), 석각문(石刻文), 화폐문(貨幣文), 도문(陶文), 새인(璽印) 등에 담겨있는데 출토된 분량이 가장 많은 것이 초(楚)의 죽간이다. 이 죽간들은 죽서(竹書), 찰기(札記:신변잡기 기록) 및 견책(遺策:장례물품 명세서)등의 내용을 초기 예서체를 사용하여 기록하고 있다. 이 책은 고문자학 분야에서 전국문자가 관심을 받지 못하고 있다가 하나의 학문 분과로 지정된 1987년에 저술된 서적이라서 더욱 의미가 있다.

최근 학계는 『곽점초간(郭店楚簡)』『상해박물관장초죽간(上海博物館藏楚竹簡)』발견이후,『청화대학간(靑華大學楚簡)』,『안휘대학초간(安徽大學楚簡)』,『북경대학서한죽서(北京大學西漢竹書)』등의 연이은 발표로 갑골문과 돈황 변문 발견 이후 최대의 고고학, 문헌학, 문자학적 학문 성과를 이루어 내고 있다. 이 가운데 초나라 죽서의 발견은 문자학적으로 더욱 중요한 의의가 있다. 초 죽간의 서체를 현행본과 비교하면 육국(六國) 문자의 사용 현황을 알 수 있고, 초나라 언어·사상·정치·경제·문화·풍습 등의 연구 분야에도 중요한 자료를 제공하고 있어 이에 대한 이해 없이는 정확한 중국 고대사 연구가 거의 불가능한 시대가 되었다.

따라서 전국문자통론은 상당히 선견지명을 가지고 쓴 책이라고 생각된다. 전국시대 7개 국가 문자의 방대한 출토문헌 자료를 사용하여 과학적으로 다양하게 분석한 이 책은 21세기 중국 고문자와 고대사 연구의 새로운 장을 연 명저임이 분명하다.

이 책은 5개의 장으로 구성되어 있다. 1장은 전국문자를 분석한 사례를 소개하고 20세기 전후의 연구성과를 종합하여 서술했으며, 제 2장은 벽중서와 급총서 등 전래문헌의 문자를 활용하는 연구 방식을 제시하고 있고, 제3장은 전국시대 각 지역별로 출토된 자료의 특징과 문자에 대한 고석을 진행하였고, 제4장은 전국문자의 자형 분석을, 5장은 7개 국가에서 논쟁이 있는 문자를 선정하여 고문자의 변천 과정을 살피고 미해결된 자형에 대한 고견을 밝혔다.

이 책의 독창성과 가치는 고인이 되신 청화대학(靑華大學) 이학근(李學勤) 교수의 두 차례에 걸친 서문을 통해서 잘 언급되어 있다. 또한, 청화대학의 황덕관(黃德寬)교수는 하림의 교수의 약력, 학문적 성과 및 안휘대학에서 함께 근무할 당시 동료학자를 잃은 슬픔과 애통함을 서문 속에 구구절절이 서술하고 있다. 공사다망한 가운데 흔쾌히 서문을 써주신 황덕관교수에게 역자를 대표하여 심심한 감사의 마음을 전하고 싶다.

끝으로 복잡한 전국문자에 대하여 거시적 미시적 관점을 가지고 통찰한 거작 전국문자통론 번역을 지원해주신 한국연구재단과 까다로운 전국문자 자형을 일일이 확인하고 세심하게 조판 작업을 해주신 역락 출판사의 이태곤편집이사님과 편집부 선생님들의 노고에 감사를 드린다.

2023년12월
四宜齊에서
姜允玉

『전국문자통론(戰國文字通論)』은 방대한 전국문자 근거 제시와 세밀한 분석으로 전국문자 연구의 새로운 전기를 마련하였다. 전국시대는 지역마다 다양한 이체자가 존재하며 동일 지역이라고 해도 서사 재료에 따라 자형을 다르게 사용하였던 시기이다. 따라서 전국문자는 다른 시대에 비해 필연적으로 더 많은 자료와 복잡한 분석 과정을 거쳐야 하지만 근거 자료의 절대 부족과 연구 방식의 부재로 오랜 기간동안 미지의 영역으로 남겨졌던 단계이다. 『戰國文字通論』은 이와 같은 전국문자가 "상대(商代), 주대(周代) 문자를 계승하고 진한(秦漢) 시대 문자 형성에 기틀을 마련한 과정"으로 정의하고 그에 필요한 수 많은 증거를 수집하여 전국문자의 성격을 다각도로 증명해낸 점에서 상당한 의의를 지닌다.

이 서적은 기존 연구 성과를 토대로 전국문자를 5가지 계통으로 구분하고 그에 해당하는 각종 출토문헌을 제시하여 계통별 차이를 정리하였다. 또한 『說文解字』, 『三體石經』, 『汗簡』 『古文四聲韻』 등의 전래 문헌에 수록된 필사 고문과의 비교를 통해서 입체적으로 증거를 제시하였다. 『전국문자통론』의 내용을 장(章) 별로 요약하면 다음과 같다.

제1장은 전국문자에 대해 정의를 내리고 고대로부터 현재까지 전국 문자를 분석한 사례를 소개하였으며, 20세기 전후의 연구 성과를 종합했다. 제2장은 벽중서와 급총서를 소개하고, 『說文解字』에 수록된 古文 자료를 살펴보면서 전래

문헌 중의 전국문자 연구 방식을 소개했다. 제3장은 전국시대 각 지역별 출토된 자료의 특징을 구분하였으며, 특징이 드러나지 않는 문자는 자신의 견해대로 귀속시켰다. 제4장은 전국문자 구조를 간화, 번화, 이화 등 세부 항목으로 나누어 자형 특징과 변천 과정을 소개하고, 고석 방식도 함께 서술하였다. 제5장은 지역마다 다른 전국문자 이체자를 "以形爲主"의 원칙에 따라 자형을 고석했다. 결론은 본론의 내용을 종합하는 동시에 고문자 변천 과정과 미해결된 문자의 形音義를 전국시대 전후기 문자와 비교 제시했다.

이렇듯 『전국문자통론』은 역사적 맥락과 같은 거시적인 안목으로 전국문자의 정확한 위상을 제시하고 미시적으로는 각 지역별, 재료별 특징까지 서술해낸 거작(巨作)이다.

제3장 전국문자의 지역 분류 개술

제4장 전국문자의 자형 변천

제5장 전국문자 고석(考釋) 방법

나머지 논의

제1장

전국문자의 발견과 연구

제1절 들어가는 말

중국어[漢語] 고문자(古文字)는 글자 그대로 해석하면 상고 시기 중국어를 기록한 문자이며, 일반적으로 소전(小篆)을 포함하는 선진(先秦) 시기 고문자[1]를 지칭한다. 최근까지 고문자학 연구자는 중국어 고문자를 은상문자(殷商文字), 서주 춘추문자(西周春秋文字)와 전국문자(戰國文字) 세 부분으로 구분하는 경향이 있어 왔다. 이러한 시기 구분법이 세 단계 역사 시기의 문자 발전 변화 과정을 충분히 반영할 수 있다고 보았다.

전국문자는 중국어 고문자 말기의 서사 형식이다. 자형으로 보면 필획이 둥근 전서(篆書)를 포함하고 필획이 네모반듯한 고예(古隷)를 포함하기도 한다. 서사재료(書寫材料)로 보면 금속, 석기(石器), 도기(陶器), 목기(木器), 칠기(漆器)를 포함하며 직물을 포함하기도 한다. 외재 형식만 관찰하더라도 전국문자는 상당히 복잡한 개념이다. 따라서 이 고문자를 소개하기 이전에 먼저 반드시 고문자의 범주에 대해서 분명히 할 필요가 있다.

전국 시기의 하한선은 진시황이 육국(六國)을 통일한 해인 기원전 221년으로

---

1   일부 학자들은 한 무제(漢武帝) 이전의 고예(古隷)까지도 고문자 범위에 귀속시켜야 한다고 주장한다.

보고 있다. 전국 시기의 상한선은 『춘추(春秋)』에 기록된 마지막 연도인 기원전 481년, 주 원왕(周元王)의 원년(元年)인 기원전 475년, 주 정정왕(周貞定王)의 원년인 기원전 468년, 삼가(三家)를 처음으로 제후에 봉했을 때인 기원전 403년 등의 견해가 있다.[2]

전국문자를 사용하였던 시간은 일반적으로 역사상의 전국 시기와 서로 대응시켜야 한다고 한다. 하지만 서로 다른 고문자의 시기를 구분하는 것은 절대로 역사 연표처럼 정연하고 일률적일 수가 없다. 더군다나 위에서 제시한 전국 시기의 시작 연도는 이미 80년에 가까운 차이가 존재하므로 자형도 조대(朝代)가 바뀐다고 갑자기 바뀔 수 없다. 문자의 변이는 항상 문자가 지닌 규칙에 따라 발전하고 변화된다.

이와 같은 변화는 긴 시간에 걸쳐 점진적으로 변화하는 과정을 거쳐야 한다. 은대(殷代) 문자가 서주(西周) 문자로 변천되고, 서주 문자는 춘추(春秋) 문자로 변천하였으며 춘추문자가 전국(戰國) 문자로 변천한 바탕에는 모두 역사, 지역, 사람 등의 복잡한 요소들이 있었다. 하나의 고문자가 하루아침에 또 다른 고문자로 변하는 것은 상상하기 어렵다. 진시황이 육국을 통일한 이후, 중앙집권의 권위로 육국 고문을 폐기하고 진(秦) 문자를 널리 유통시킨 점은 맹렬한 기세로 신속하게 추진한 문자 혁명이었으며, 문자학사(文字學史)에서 보기 드문 문자 「돌변(突變)」이라 할 수 있다. 어찌 되었든, 진나라 소전을 사용한 시점을 기원전 221년으로 한정할 수 없다. 이보다 조금 앞선 시기에 진나라에서 이미 『新郪虎符』와 같은 표준 소전체가 출현하였기 때문이다.[3] 이후 수십 년 동안 진한(秦漢) 죽간과

---

2   楊寬, 『戰國史』, 上海人民出版社, 1980年, 4쪽.

3   唐蘭, 『中國文字學』, 上海古籍出版社, 1979年, 156쪽.

백서 문자 중에서도 육국 고문의 모습을 찾아볼 수 있다.[4] 따라서 기계적으로 전
국문자 사용 연대의 상한선과 하한선을 구분하는 것은 타당성이 부족하다.

사실, 춘추 중기 이후부터 열국(列國) 문자는 이미 주목할 만한 변이 현상이 발
생하기 시작했다. 자형 구조와 서사(書寫) 풍격에 서주 문자의 특징이 사라지면
서 전국 초기 때의 문자가 쓰이기 시작하였다. 아래는 춘추 중기 이후의 금문
몇 가지를 전국문자와 비교해본 것이다.

屯	本	叔夷鎛	屯	陳純釜의「純」	
國	國	國差繪	國	陶匯3-1005	
合	合	晉公盦	合	槁朝鼎	
四	四	邵鐘	四	大梁鼎	
吉	吉	徐沈尹鉦	吉	包山204	
乘	乘	鄧公乘鼎	乘	鄂君啓車節	

두 자형 사이에 필획 구조가 일맥상통한 점을 쉽게 발견할 수 있으며 전형
적인 주대(周代) 말기 문자의 풍격을 드러냈다. 춘추 중기 이후의『王子嬰次爐』,
『王子新盨』등과 같은 楚 계열 명문은 전국 초기에 제작된 염장(鲁章) 계열의 여
러 기물, 증후을묘(曾侯乙墓)에서 발굴된 여러 기물의 풍격과 유사하므로 한 눈에
알아볼 수 있다. 남쪽의 楚 나라뿐만 아니라 吳, 越, 蔡 등지에서 제작한 청동기
명문 화체자(花體字)까지 포함하면 춘추전국 교체기의 경계를 파악하기가 더욱
어렵다. 따라서 전국문자의 상한선과 하한선에 대해, 나아가 한 자형의 전말에

---

4   李學勤,「秦簡的古文字學考察」,『雲夢秦簡研究』(中華書局, 1981年) 341쪽에서 인용, 또한「新出簡
    帛與楚文化」,『楚文化新探』(湖北人民出版社, 1981年) 39쪽에서 인용.

대한 연구는 어림수만을 구할 수 있을 뿐이지 절대 연대를 억지로 정하는 것은 옳지 않다.

이와 같은 인식을 토대로 한다면 「전국문자」의 상한선과 하한선은 폭이 넓어야 한다. 우리는 춘추 말년의 『侯馬盟書』(혹은 戰國 초년으로 생각함)와 일부 越나라와 蔡나라의 청동기 명문, 심지어 연대에 논란이 많았던 석고문(石鼓文)도 모두 전국 문자와 비교하여 연구할 수 있다고 생각한다. 마찬가지로 秦이 중원을 통일한 후, 청동기 명문 일부와 간독문자(簡牘文字)도 전국문자와 비교하여 연구할 수 있다. 시대를 확정할 수 없는 화폐, 새인, 도문(陶文) 등의 자료를 이를 테면, 경우에 따라 춘추전국 교체기와 秦 통일 이후의 자료로 판단하기도 한다. 이 점은 문자학 분야의 비교 연구에도 편리할 뿐만 아니라 자형의 「점진적 변화」 규칙과도 상충하지 않는다.

결국 우리가 논의하는 「전국문자」 자료는 역사상의 전국 시기로 엄격하게 국한한 것이 아니며, 춘추 말기와 秦 통일 이후의 자료도 포함한 것이다. 대체로 다음과 같이 말할 수 있다. 고문자학에서 말하는 「전국문자」는 춘추말기에서 秦 통일 이전의 시기 동안 齊, 燕, 韓, 趙, 魏, 楚, 秦 등의 나라가 사용한 고문자이다. 전국문자는 한자 발전사상 춘추 금문을 계승하고 秦漢 시기 전서와 예서가 발생한 중요한 단계이다. 다음으로는 고대, 근대, 현대의 시간 순서에 따라서 역대 전국문자 출토와 연구 개황을 소개하기로 한다.

제2절 고대 전국문자의 발견과 연구

一. 兩漢時期

전국문자 자료의 첫 번째 발견은 2000년 전의 西漢 초기로 거슬러 올라가야 한다.

漢 惠帝 4년인 기원전 191년에 진시황 시기 반포되었던 협서율을 폐지하면서, 분서(焚書)되지 않고 남은 수많은 전국 시기 고적(古籍)이 보존될 수 있었다. 예를 들면 하간인(河間人) 안정(顔貞)이 숨겨놓았던『孝經』이나 북평후(北平侯) 장창(張蒼)이 바친『左傳』, 하간헌왕(河間獻王)이 입수한『周禮』등의 유가 전적이 잇달아 발견되었다. 하지만 이 시기에 큰 파문을 일으키고 후세에도 엄청난 영향을 미친 사건은 공자 벽중서(壁中書)의 발견을 제일 먼저 꼽을 수 있을 것이다.

西漢 景帝, 武帝 교체기에 노공왕(魯恭王)이 山東 曲阜의 공자 옛집 담장에서 뜻밖에 진귀한 유가 경전을 발견하였다. 이 전적은 죽간에 쓰여 있었고 문자는 당시 통용되던 예서와 확연히 달랐다. 이후에 이 전적들은「고문경(古文經)」으로 칭해졌고 그 문자를「고문(古文)」이라고 하였다. 사실 이것은 전국문자의 첫 번째 대규모 발견이었으나 유감스럽게도 이 고문경은 특정 의도와는 무관하게 홀대받았다.「고문경」이 출현하자마자 금문경(今文經) 학자들의 격렬한 반대에 부딪혔다. 그러나 소수의 식견 있는 학자들은 이 새로운 자료들을 귀중하게 여기었으며, 아울러 당시에 통용되던「금문경」을 교정하는 데 활용하였다. 예를 들어 武帝 시기 학자인 孔安國은 古文『尚書』로「지금의 문자로 古文『尚書』를 통독하였고」,[5]「지금의 문자로 고문을 비교하고 예서와 전서로 과두문자를 추론」하기도 하였다.[6] 이는 구체적이면서 세세하게 고문자를 정리하고 연구한 사례이다. 孔安國의 古文『尚書』연구는 고대 시기 전국문자 연구의 시초이다. 成帝가「학문에 모자란 것이 많고 원래의 글과 차이가 매우 큰 것을 안타깝게 여겨

---

5   『史記·儒林傳』:「以今文讀之」
6   『孔叢子·與從弟書』:「以今讎古, 隷篆推蝌蚪」

이에 숨겨 두었던 장서를 공포하고 옛글들을 교정」하도록 하였다.[7] 이에 劉向에게 조서를 내려 「校中五經秘書」에 임명하였다.[8] 西漢 말기에 劉向의 아들 劉歆이 아버지의 대업을 이어 「古文」 자료 정리를 책임지기로 하였을 때, 반드시 孔安國처럼 그 문자들에 대해서 해석[釋讀]하고 교정하고자 하였다. 이른바 "해석"은 어느 고문자를 연구하든지 제일 먼저 거쳐야 하는 절차이며, 가장 기초가 되는 작업이기도 하다. 또한 『論衡』「正說」에 의하면, 漢 宣帝 시기에 「河內女子發老屋, 得逸『易』·『禮』·『尙書』各一篇, 奏之.」라고 하였는데, 마찬가지로 선진 시기의 「죽서(竹書)」이다. 이와 같은 경향은 東漢 시기까지 이어지면서 「고문경」 연구는 한 시대의 유행이 되었다. 兩漢의 고문경 학자는 대다수가 고문자 학자였는데 張敞, 桑欽, 爰禮, 揚雄, 杜林, 衛宏, 徐巡, 賈逵, 許愼 등과 같은 인물은 고문자 학자 중에서도 뛰어난 학자였다.[9] 이 시기에 짚고 넘어가야 할 것은 東漢 시기 문자학의 대가인 許愼의 전국문자 연구 업적이다. 많은 사람들이 주지하다시피, 許愼의 『說文解字』(이하 『說文』으로 약칭) 체례는 「叙篆文, 合以古籒」이다.[10] 「고주(古籒)」는 대부분이 전국문자 필사 자료이며 지금은 출토자료에 쓰인 전국문자를 해석하는데 중요한 증거가 되었다.(자세한 사항은 2장 참조) 이 외에도 고문, 주문(籒文)과 전국문자, 기타 필사자료의 비교를 통해서 전국문자의 형(形), 음(音), 의(義)에 대한 인식을 확대하였다. 아래 몇 가지 예를 들어 설명하기로 한다.

---

7 『漢書·劉歆傳』:「愍學殘文缺, 稍離其眞, 乃陳發秘臧, 校理舊文.」

8 『漢書·劉向傳』:「校中五經秘書」

9 王國維, 「兩漢古文學家多小學家說」, 『觀堂集林』卷七, 上海古籍出版社, 1981年.

10 『說文解字·叙』:「叙篆文, 合以古籒」

1. 『說文』에서 「𢽤, 周의 고문이며, 及의 고문으로 구성되었다.」, 「𠂆, 及의 고문이며, 秦의 각석 「及」도 이와 같다. 𠂤 또한 「及」의 고문이다.」라고 하였다. 「周」가 「及」으로 구성된 것과 관련해서 이전 학자들 다수가 의혹을 제기하였다.11 『中山王圓壺』 명문의 「周」를 찾아보면 「𢽤」로 쓰여 있고,12 中山國의 『十四葉鼎』 명문 「簡」는 「𥳑」로 쓰였으며,13 『古文四聲韵』에 인용된 『說文』 「周」도 「𢽤」이다. 이와 같은 용례는 전국 문자 중에서 「及」으로 구성된 「周」가 확실하게 존재함을 증명한다. 당연히 「周」는 어떻게 「及」으로 구성되었고, 「及」은 어떻게 「又」가 생략되어 「人」으로 쓰였는지도 연구할만한 가치가 있다. 하지만 이후의 연구는 새롭게 출토된 전국문자를 사용하여 許愼의 학설 입증하는 방향을 설정해야지 許愼의 학설을 부정하지 말아야 한다.

2. 『說文』에서 「𠩧, 古文石, 从石省.」이라고 하였는데 「𠧩」는 바로 「丙」이며,14 「簞」의 고문이다.15 「𠩧」의 구성 성분 「厂」이 형부(形符)라면 「𠧩」는 성부이다. 「厂」이 「石」의 생략형인 것은 『九年衛鼎』 명문 「席」이 「𠩠」이며 望山 2호 초간 「席」이 「𥷒」인 점에서 참고할 수 있다. 『古文四聲韵』에 「생략되지 않고」 남아있는 「席」은 「𥷒」이다. 「席」은 「石」이 성부이므로 성모와 운부 모두 일치한다.

3. 『說文』에서 「𠬩, 伊의 고문이다. 死 고문으로 구성되었다.」라고 하

---

11   商承祚, 『說文中之古文考』, 上海古籍出版社, 1983年, 11쪽.

12   李學勤, 李零, 「平山三器與中山國史的若干問題」, 『考古學報』 1979年 2期.

13   雍城考古工作隊, 「鳳翔縣高莊戰國秦墓發掘簡報」, 『文物』 1980年 9期

14   唐蘭, 『古文字學導論』 下編, 齊魯書社, 1981年, 58쪽.

15   李孝定, 『甲骨文字集釋』, 中央研究院歷史語言研究所, 1960年, 3.0689-0690.

였다. 내 생각에 「𠤎」은 「人」으로 구성되고 「死」가 성부이다. 「伊」,
「死」는 첩운이다. 望山 1호묘 초간 「死」는 「𣦸」이며,[16] 『說文』의 고
문과 일치한다.

4. 『說文』에서 「𤲟, 備의 고문이다」라고 하였다. 전국문자 표준 형태
는 「𤲟」(隨懸簡)이며 우측 편방은 「箙」의 초문이다. 「화살」을 화살 주
머니에 거꾸로 넣은 형상을 본뜬 것이다. 또는 「𤲟」(『中山王鼎』)처럼
화살대가 「女」로 와변되어 古文이 「𤲟」처럼 변하기도 하였다. 『子
備戈』는 「𤲟」이며, 이 와변 자형 또한 본래의 자형으로부터 비롯된
점을 증명할 수 있다.

許愼의 『說文』 고문과 주문의 해석은 반드시 정확하지 않으며, 일부 결론은
상당히 터무니없는 오류가 있기도 하다. 예를 들어 「爲」의 고문 「𤔌」를 「두 어
미 원숭이가 서로 마주한 모습을 본뜬 것」이라고 해석하였고, 「省」의 고문 「𤯀」
를 「少와 囧으로 구성되었다」로 해석하였다. 하지만 『說文』에서 고문과 주문의
해석을 전체적으로 살펴보면 許愼이 소전과 다른 형태인 문자들을 상당히 중시
하였고, 심도 있게 연구한 점도 알 수 있다. 許愼의 고주 형태 분석은 현재까지
도 전국문자를 연구하는 데 중요한 참고 가치를 지니고 있다.

종합하면 兩漢 시기는 「고문」 연구의 전성기이다. 고문 경학가가 고문경을
연구하는 동시에 문자의 형태도 연구하였다. 그들의 연구 대상인 「고문」은 사
실상 전국문자이다. 아쉬운 점이 있다면 「고문경」이 전해지지 않았기 때문에,
『說文』을 제외한 고문경 관련 저작도 전해지지 않았으며, 현재로서는 그 연구
의 자세한 내용을 이해할 방법이 없다.

---

16   中山大學古文字研究室, 『戰國楚簡硏究(3)』(油印本), 1977年, 17쪽.

二. 魏晋南北朝 시기

이 시기는 『魏石經』 건립과 『汲冢竹書』 발견이 가장 대서특필할만한 사건이다.

『魏石經』은 魏 曹芳의 정시(正始) 년간에 간행하여 『魏正始石經』이라고 하며, 『漢熹平石經』과 구분하였다. 『魏石經』 비문은 글자마다 고문, 전문, 예서 세 가지 자형을 수록해서 『三字石經』 혹은 『三體石經』이라고도 한다. 석경 고문과 『說文』 고문의 형체는 상당히 유사하므로 같은 계통의 문자이다.(자세한 내용은 제2장 2절 참고) 『魏石經』 건립은 고문의 전파와 연구에 긍적적인 영향을 미치었다. 현재 「고문」을 연구하는데 『說文』 고문 이외에 이 자료가 가장 믿을 만하다. 그래서 석경 고문도 전국문자를 해석하는데 중요한 참고자료 중 하나이다.

이 시기 출토된 전국문자 자료는 『汲冢竹書』가 가장 유명하다. 西晋 武帝 함녕(咸寧) 5년인 279년에 지금의 河南省 汲縣 사람이 도굴 금지된 전국 시기 魏王의 고묘에서 죽간 75편을 발견한다. 그중에 『周易』, 『紀年』, 『穆天子傳』, 『瑣語』 등 16종 문헌, 대략 10만여 자의 분량이다.(『晉書』「武帝紀」) 이 사건은 공자 벽중서를 잇는 고고학적 발견이었다. 벽중서와 달리 『汲冢竹書』는 발견된 후 바로 조정으로부터 상당한 주목을 받기 시작했다. 태강(太康) 2년인 281년, 그 당시 저명한 학자들에게 대량의 죽서를 정리하도록 조서를 내리자 예서로 고문을 해석하였다. 이른바 「예서로 고문을 해석한다[隸古定]」는 전국 시기 고문을 금예(今隸)로 써낸 것이며 당연히 고문자 연구 범주에 속한다. 지금까지도 볼 수 있는 『古本竹書紀年』 일문(佚文)과 『穆天子傳』도 바로 西晉 荀勖, 和嶠, 摯虞, 衛恒, 束哲 등이 이 죽서에서 가장 중요한 부분을 정리한 것이다. 그 밖에도 위항은 죽서를 정리할 때 동자이형(同字異形)을 분석하여 수백 개의 항목으로 귀납하고 『古文官

書』1卷를 편찬하였다.[17] 續咸은 『汲冢古文釋』 10卷을 지었다. 이 성과는 전문적으로 고문자를 연구한 저작이나 아쉽게도 당송 이후로 망실되어 현재는 남아있지 않다.

『汲冢竹書』와 『三體石經』 또한 동일한 계통의 문자이다.(자세한 것은 제2장 3절참고) 西晉 학자는 『汲冢竹書』를 정리할 때 이미 40년 전에 건립한 석경에서 예서로 고문을 해석한 근거가 있었으므로 정리 작업에 편리한 점이 많았다. 『穆天子傳』은 1년도 채 걸리지 않아 정리 작업을 완료하였고 기타 죽서 또한 영강(永康) 원년에 전부 편집, 교정하여 해석문을 완성하였다.[18] 杜預는 일찍부터 새로운 출토 자료를 참고하여 『左傳』에 주석을 달았다. 이와 같은 사례는 『汲冢竹書』의 정리 속도와 연구 성과가 모두 훌륭했으며 『三體石經』의 건립 및 유포와도 관련이 없지 않다.

하지만 『紀年』의 체례가 석경에 포함된 『春秋』와 비슷하기 때문에, 『春秋』에 많이 쓰인 문자와 『紀年』의 전국 시기 고문을 참고하여 읽어보면 문자해석상의 애로점은 많지 않았을 것이다.[19] 그러나 『穆天子傳』에서 언급된 인명, 지명, 초목, 어류, 곤충, 진귀한 보물이나 이기(異器) 등의 명칭이 상당히 풍부하여 석경 고문으로는 망라할 수 없다. 현재 볼 수 있는 『穆天子傳』은 비록 예정된 판본이지만 여전히 고문은 존재한다. 예를 들어 「時」는 「旹」이며(卷一), 「寿」는 「𐄂」(卷二), 「其」는 「丌」(卷四), 「乘」은 「桀」(卷六)인데, 모두 전국문자에도 나타난다. 또

---

17 『古文官書』는 이전에 한대 위굉(衛宏)이 저술한 것으로 여겨졌지만 사실 「宏」은 「恒」을 잘못 쓴 것이다. 『尙書大傳』에서 「恒山」이 「弘山」으로 적혀 있고 원위(元魏)가 「恒農」을 피휘하여 「宏農」으로 쓴 것 모두 이에 대한 증거이다. 자세한 것은 손이양(孫詒讓)의 『籀𪗱述林』 卷 4-7을 참고.

18 朱希祖, 『汲冢書考』, 中華書局, 1957年, 37-43쪽.

19 『紀年』 또한 우연히 고자(古字)를 보존하고 있는데, 예를 들어 「宋景公㡭」과 「宋公㡭戈」의 「㡭」는 형태가 같으며 『史記』는 「欒」이다.

한 「山陈自出」(卷三)과 같이 「陈」는 「陵」의 고문이다.[20] 우측 아래 두 점은 「冰」의 고자이며, 중첩되어 추가된 성부이다. 이 부류의 자형도 『散盤』의 「㆑」, 『長陵盉』의 「㆒」로부터 증거를 얻을 수 있다. 또한 「左骖赤黼, 而左白」(卷四)와 같이 곽박은 「黼」는 「義」의 고자이다.」라고 하였다.[21] 『鄅王䤵戈』에서 羊과 我가 결합된 한자 「義」가 「㆑」로 쓰인 것을 보면, 윗부분은 「羊」의 머리로 구성되었다. 이로부터 죽서에 「儀」로 쓰여 있었으며 후에 「俄」로 예정된 것임을 추측할 수 있다. 「고문」과 유사한 문자가 『穆天子傳』 중에도 적은 편은 아니므로 전국문자 연구자의 주목을 받았을 것이다.

그 밖에도 南齊 高帝 시기에 湖北의 양양고묘(襄陽古墓)에서 『考工記』 죽간 10여 매가 발견되었고 梁 任昉이 『尚書』 유편(遺篇)이 쓰인 잔간(殘簡)을 발굴하였으나 지금은 존재하지 않는다.

종합하면 위진남북조 시기는 『三體石經』의 건립과 『汲冢竹書』의 발견이 가장 중요하다. 이 시기 1차 자료와 衛恒, 續咸의 저작과 같은 연구 성과가 지금까지 전해지지 못한 것은 전국문자를 연구하는데 유감스러운 일이다.

三. 唐宋元明 시기

이 시기에 중요한 수확이라고 한다면 『石鼓文』과 『詛楚文』의 발견이다. 隋唐 교체기에 秦의 옛 영토인 雍邑에서 찐빵 모양의 돌 10개가 발견되었는데, 상단부에 운문 10수가 새겨져 있었다. 이것이 바로 『石鼓文』이다. 『石鼓文』 중에 포함된 한자 몇 가지가 『說文』의 주문 형태와 일치해서 오랜 기간 동안 周 宣王의

---

20 『文選』「沈休文早發定山詩」 주석, 『太平御覽』八에서 모두 「丘陵白山」이 인용되어 있다.

21 통행본에서 「赤」은 「亦」으로 쓰여 있다. 『太平御覽』896에서 인용한 「左骖赤黼, 而右白義」에 의거하여 수정한다.

유물로 오해받았다. 사실『石鼓文』은 전국시기 秦의 문자이다.(자세한 것은 제3장 6
절 참고) 北宋 중엽 때, 秦의 옛 영토에서도『詛楚文』석각이 발견되었다.『石鼓
文』과『詛楚文』은 진시황 이전의 秦 문자를 연구하는데 최적의 단서를 제공하
였다.

고고학 자료의 발견은 항상 사람들의 시야를 넓혀준다. 출토문헌으로 전래 문
헌을 증명하는 방법은 줄곧 고대 학자에 의해 운용되던 방식이다. 주지하다시
피, 隋 초기 顔之推는 당시 출토된 秦 저울[權]의 명문「乃詔丞相狀綰」으로『史
記』「秦本紀」「丞相隗林」의「林」을「狀」의 와변으로 바로 잡았다.(『顔氏家訓』「書
証』) 唐 傅奕은 北齊 시기 발견된『古老子』로 통행본『道德經』등을 교정하였다.

宋 시기에는 전국 시기 청동기 명문이 지속적으로 발견되었다. 宋 나라의 金
石 저작에서 戰國 명문은 兩周 명문과 분리되지 않았다. 그래서『者旨於賜鐘』
와 같은 경우는 商에 속하고,『蔡侯産戈』는 夏에 속한다고 하였다. 현재 청동기
시기 구분의 수준으로 추측해보면 그 황당함에 대해 따로 설명할 필요가 없다.
이 시기 중요한 금석 저작으로는 呂大臨의『考古圖』, 王黼의『宣和博古圖』, 薛
尙功의『歷代鐘鼎彝器款識法帖』등이 있다. 소수의 전국 시기 명문이 이 시기
에 해석되기도 했다. 예를 들어 금석가(金石家) 趙明誠의 고증을 거친『嚳章鐘』
은 지금까지도 楚 청동기 명문 시기 구분의 표준기이다.

北宋 초기, 郭忠恕가 당시에 참고할 수 있었던 고문 자료를 근거하여『汗簡』
을 편찬하였다. 그 후, 夏竦은 이 서적을 기초로 수많은 고문을 보충해서『古文
四聲韵』을 편찬하였다. 이 두 서적은 수집한 자료들이 난잡하고 잘못된 자형도
있지만, 직접 옮겨 쓴 고문이 보존된 자료라는 점에서 현재까지도 중요한 참고
가치를 지니고 있다. 과거 학자들은 이 두 저작을 상당히 낮게 평가하였지만 새
롭게 발굴된 고고학 자료가 증명해주었듯이『汗簡』과『古文四聲韵』은 전국문

자를 해석하는 데 없어서는 안 될 공구서이다.(자세한 내용은 제2장 5절 참고)

元明 두 시기는 전국문자 자료의 중대 발견이 없기도 하였고, 고문 자료를 수집, 정리하거나 필사한 작업 중에서도 성과가 아주 드물기 때문에 여기에서는 생략하기로 한다.

종합하면 唐에서 明까지의 전국문자 자료의 수확은 많지 않지만, 고문을 수집하고 정리하거나 필사한 작업 중에서는 상당한 성과가 있었다. 이 성과들은 현재 우리가 전국문자를 연구하는데 일정 부분 편리한 조건을 제공해주었다.

西漢에서 明까지의 긴 역사 속에서 전국문자 출토 자료의 수와 종류는 제한적이었으며 그중에서도 유독 죽간 문자 자료가 주종을 이루었다. 고대 시기 학자들은 일찍부터 공자 벽중서와 『汲冢竹書』관련 정리 작업 및 연구를 상당 부분 진척시켰다. 유감인 것은 이러한 연구 성과와 죽간 자료 원본이 모두 사라졌고, 경전의 주(注)와 소(疏)에서 「예서로 고문을 해석한」 내용과 자서(字書)의 고문 또한 전국문자 본래의 모습이 아니기 때문에 고문을 필사한 자료 중에서 그와 유사한 자형을 참고할 수밖에 없다. 따라서 『說文』의 고문, 주문, 『三體石經』, 『汗簡』과 『古文四聲韵』에서 필사한 고문 자료의 가치는 더욱더 중요하다. 고대 시기 학자들이 전국문자에 대한 명확한 인식이 모자랐기 때문에 「고대」는 「전국문자 연구의 미성숙 단계」라고 할 수 있다.

제3절 근대 전국문자의 발견과 연구

一. 출토와 연구 개황

淸, 특히 건가(乾嘉) 시기는 봉건 사회 학술 연구가 정점에 달하였던 시기였다. 「고증학」 학풍의 영향 아래서 「소학(小學)」에 종속된 「금석학(金石學)」도 역시 장족의 발전이 있었다. 내부(內府)에서 편찬한 『西淸古鑒』과 阮元이 편찬한 『積古齋鐘鼎款識』 모두 『皇淸經解』에 수록된 것은 그 중요성을 알려주는 바로미터이다.

淸 말기 이후 출토된 전국 시기 명문은 급격히 증가하였다. 그중에서 유명한 명문은 전국 초기 전제(田齊) 시기의 표준기(標準器)로 진후사기(陳侯四器)이다. 병기 명문의 수량 또한 이전의 수량을 훨씬 뛰어넘었다. 이 시기의 금석 관련 저작은 상당히 많은데 그중 대다수가 전국 시기 명문을 수록하였다. 예를 들면, 오식분(吳式芬)의 『攗古錄金文』, 吳大澂의 『愙齋集古錄』, 방준익(方濬益)의 『綴遺齋彝器款識』, 유심원(劉心源)의 『奇觚室吉金文述』, 단방(端方)의 『陶齋吉金錄』 등이다.

민국(民國) 시기에 이르러, 전국 시기 명문의 출토량은 더욱 많아졌다. 가장 중요한 수확은 1928년에서 1930년까지 洛陽 금촌고묘(金村古墓) 발견이다. 묘 안에서 출토된 『驫羌鐘』은 전국 초기 魏 나라의 표준기로 유절(劉節), 오기창(吳其昌), 당란(唐蘭), 온정경(溫廷敬), 곽말약(郭沫若), 서중서(徐中舒) 등이 특정 주제 논문 형식으로 고증하였다.[22] 이 묘분도 그릇과 금기 명문, 은기 명문이 출토되었는데, 이는 東周 제후국의 표준기이다.[23] 금촌 고묘에서 출토된 청동기 명문 자료는 캐나다 William Charles White의 『Tombs of Old Lo-Yang』,[24] 일본 우메하라 수에지(梅原末治)의 『洛陽金村古墓取英』 두 편의 저작에 자세한 내용이 실려 있다. 또 다른 중요 성과로, 1933년 安徽省 壽縣 朱家集 초왕묘(楚王墓)에서 출토된 청동기 명문

---

22 劉節, 「驫氏編鐘考」 『北平圖書館館刊』 5卷 6期, 1931年; 劉節, 「跋驫羌鐘考釋」, 『北平圖書館館刊』 6卷 1期, 1932年; 吳其昌, 「驫羌鐘補考」, 『北平圖書館館刊』 5卷 6期, 1931年; 唐蘭, 「驫羌鐘考釋」, 『北平圖書館館刊』 6卷 1期, 1932年; 溫廷敬, 『史學專刊』 1卷 1期, 1935年; 郭沫若, 「驫羌鐘補遺」, 『古代銘刻滙考』 1934年; 徐中舒, 『驫氏編鐘圖釋』, 中央研究院, 1932年.

23 唐蘭, 「洛陽金村古墓爲東周墓非韓墓考」, 上海 『大公報』 1946年 12月 23日; 唐蘭, 「關於洛陽金村古墓答楊寬先生」, 上海 『大公報』 1946年 12月 11日.

24 William Charles White, 『Tombs of old Lo-Yang』, Kelly and Walsh Ltd, Shanghai, 1934.

30여 점이다. 그중 畬志과 관련된 여러 기물의 기주(器主)는 楚 幽王인 熊悍으로 밝혀지면서 전국 말기의 楚 청동기 명문에 대한 확실한 기준이 마련된다. 唐蘭, 郭沫若, 호광위(胡光煒), 劉節 등이 이에 대해서 발표한 논문이 있다.[25] 주덕희(朱德熙)는 전국문자 연구를 隨縣에서 출토된 청동기로부터 착수하였다. 1947년부터 1948년까지 隨縣 청동기와 관련된 논문 세 편을 연이어 발표하면서 그 당시 朱德熙의 전국문자 고석 능력을 보여주었다.[26] 이 청동기 중에도 중국 내에 남아 있는 것은 北京 역사박물관에서 편찬한 『楚文物展覽圖錄』에 수록되었다. 그 밖에도 새로 출토된 전국 시기 명문은 많지만, 여기에서 언급하지 않겠다. 유체지(劉體智)의 『小校經閣金文拓本』, 나진옥(羅振玉) 『三代吉金文存』은 이 시기의 금문을 집대성한 총집류 저작이다. 저작 중에 수록된 전국 시기 명문이 상당히 풍부하여 지금까지도 전국 시대 병기(兵器) 명문을 연구하는데 주요 저본 자료라고 할 수 있다.

　　淸 후기 이후로 전통 금석학은 급속히 발전하였고 점차 독립 분과로 형성하려는 추세를 보였다. 학과 분류가 날로 세밀해지면서 금석학 분야 중에서 전국문자 연구라는 새로운 영역을 개척하는데 유리한 토대가 마련되었다. 전국문자가 기존의 금석학에서 분리되기 이전부터 석기, 화폐, 새인(璽印), 도기 등의 문자 자료 정리와 연구 작업은 일찍부터 시작되었다. 아래 간단하게 청동기 이외의 각종 문자 연구 개황을 소개하기로 한다.

25　唐蘭, 「壽縣所出銅器考略」, 『國學集刊』 4卷 1期; 郭沫若, 「壽縣出土楚器之年代」, 『古代銘刻滙考續編』 1934年; 胡光煒, 「壽縣所出楚王鼎釋」, 『國風半月刊』 4卷 3期, 1934年; 劉節, 「楚器圖釋」, 『考古專集』 第二種, 北平圖書館, 1935年; 劉節, 「壽縣所出楚器考釋」, 『古史考存』, 人民出版社, 1958年.

26　朱德熙, 「集胝考」, 北平 『新生報』 1947年 4月 28日, 5月 5日, 「王旬考」, 北平 『新生報』 1947年 9月 1日, 9月 8日; 「剛市考」, 北平 『新生報』 1948年 1月 27日. 이상 세 편의 논문은 『歷史研究』 1954年 1期에도 수록됐다.

『石鼓文』과 『詛楚文』 연구는 민국 시기에 활발히 진행되었다. 郭沫若, 마서
륜(馬叙倫), 마형(馬衡), 唐蘭 등의 학자는 석고문 연대 문제에 대해 논하였다.[27] 羅
振玉, 張政烺, 郭沫若 등은 『石鼓文』 전편을 고석하였고,[28] 郭沫若의 『石鼓文研
究』는 특히 중요하다. 『詛楚文』에 관해서는 용경(容庚)과 郭沫若 등의 전문 저서
가 있다.[29] 상승조(商承祚)의 『石刻篆文編』은 魏晉 이전의 석각을 연구할 수 있는
공구서이다.[30]

현존하는 최초의 화폐문자 저작은 宋 홍준(洪遵)이 편찬한 『泉志』인데, 그 당
시 전국시대 화폐는 아직 사람들에게 알려지지 않았다. 화폐문자의 형태는 간
단하면서도 괴상하여 오랫동안 태고 시대, 혹은 夏의 유물로 오해받았으며 太
昊, 高陽, 黃帝 화폐라는 설도 있었다.[31] 건가(乾嘉) 시기 고대 화폐 학자 채운(蔡
云)이 제기한 「지금 볼 수 있는 화폐는 … 춘추전국시대에 유행하였다」[32]라는 명
제로부터 역사상 존재해왔던 각종 오류들이 명확하게 해명되었다. 淸 고대 화
폐학자의 전국 시기 화폐 정리와 연구는 상당히 유용하였다. 예를 들어 이좌현
(李佐賢)의 『古泉滙』은 전국 시대 화폐 출토지점과 주조 역사를 고증하였고 마앙
(馬昻)의 『貨幣文字考』, 劉心源의 『奇觚室吉金文述』은 전국 시대 화폐문자를 고

---

27 郭沫若, 「石鼓文研究」, 『郭沫若全集·考古篇』 9卷, 科學出版社, 1982年; 馬叙倫, 「石鼓文疏記引
    辭」, 『北平圖書館館刊』 7卷 6期, 1933年; 馬衡, 「石鼓爲秦刻石考」, 『凡將齋金石叢考』, 中華書局,
    1977年; 唐蘭, 「石鼓文刻於秦靈公三年考」, 上海 『申報』 1947年 12月 6日, 12月 13日; 唐蘭, 「關
    於石鼓文的時代答童書業先生」, 上海 『申報』 1948年 3月 6日.

28 羅振玉, 「石鼓文考釋」, 上虞羅氏刊本, 1916年; 張政烺, 「獵碣考釋」, 『史學論叢』 第一冊, 1934年;
    郭沫若, 『石鼓文研究』, 商務印書館, 1939年.

29 容庚, 「詛楚文考釋」, 『古石刻零拾』 1934年; 郭沫若, 「詛楚文研究」, 『郭沫若全集·考古篇』 9, 科學
    出版社, 1982年.

30 鄭樵, 『通志·食貨二』 卷 62-743; 羅泌, 『路史』 卷 5-8.

31 蔡云, 『癖談』 卷 2-1.

32 程瑤田, 「看篆樓印譜序」.

석한 것으로 저서마다 특징을 갖추었다. 1938년, 정복보(丁福保)가 편찬한 『古錢大辭典』는 그 당시 저록에서 볼 수 있는 고대 화폐를 거의 모두 수록하였다. 이 서적은 해석문과 많은 학자들의 연구 성과도 수록되어 학자들에게 상당한 편의를 제공한다. 이와 동시에 일본 奧平昌洪은 『東亞錢志』를 편찬하였다. 이 책은 이전의 전보(錢譜)에서 볼 수 없었던 진품을 수록한 것 외에도 근대 시기 학자의 고석까지 수록하여 참고 가치가 상당하다.

새인 문자는 여러 시대에 걸쳐 발견되었고, 明 시기에 이미 인보(印譜)가 출현하였으나 새인 문자의 체계적인 수집과 정리는 淸 시기부터 시작되었다. 전국시대 화폐와는 반대로 전국시대 새인은 한동안 秦漢 시기에 제작된 것으로 오해받았다. 건가 시기의 유명한 학자 정요전(程瑤田)이 처음으로 「ㅇ尔」를 「私璽」로 해석하였으며 「璽를 尔로만 사용한 것은 고문을 생략해서 쓴 것이다」라고 하였다.[33] 程瑤田의 전국 시대 새인 문자를 고문으로 귀속시킨 견해는 상당히 예리하다. 후에 서동백(徐同柏)은 아예 「고새(古璽)」를 「고문인(古文印)」으로 칭하였으며,[34] 吳式芬도 더 나아가 「고새관인(古璽官印)」과 「고주문인(古朱文印)」으로 구분하였다.[35] 동치(同治) 연간에 진개기(陳介祺)가 인보를 모아 『十種山房印擧』를 편찬하는데 이 저서에 수록된 고대 새인 자료는 풍부하다. 이 책은 漢 이후의 자료도 같이 수록하였으나 「고새(古璽)」를 먼저 배열하고 고새 중에서도 「관용 새인(官璽)」를 나열한 다음 「개인용 새인(私璽)」를 나열하였다. 이러한 체제는 지금까지도 사용된다. 陳介祺가 「주문동새(朱文銅璽)는 육국 문자와 흡사하며 옥인(玉印)은 육국과 비슷하고 서법으로는 兩周 시기에 가깝다」고 한 추측도 탁월

---

33 張廷濟, 『清儀閣古印偶存』.

34 吳式芬, 『雙虞壺齋印存』.

35 陳介祺, 『簠齋尺牘』.

한 식견을 보여주었다. 광서(光緒) 연간에 오대징(吳大徵)이 『說文古籀補』를 편찬하였다. 이 저작은 금문 위주로 자형을 수록하였으나 고새 570여 자도 같이 수록하였으며 고석 내용 중에서 인용할만한 내용이 있다. 민국 시기, 정불언(丁佛言)의 『說文古籀補補』도 吳大徵의 저작을 보충한 것이다. 그 후에 출현한 수많은 고새 인보에서도 중요한 저작은 황준(黃濬)의 『尊古齋古璽集林』, 방청삼(方淸森)의 『周秦古璽菁華』 등이 있다. 1930년에 나복이(羅福頤)가 『古璽文字徵』이 출판하여 해석 가능한 새인 문자 629자를 수록하였다. 이것이 중국 최초의 고새 문자 자전이다. 오유잠(吳幼潛)의 『封泥滙編』은 십여 개의 전국 시기 봉니(封泥)를 수록하였다. 이 저서 또한 새인 문자 연구에 있어 보기 드문 대조 자료이다.

清 동치(同治) 연간의 陳介祺가 처음으로 山東 濰縣에서 출토된 도문(陶文)을 수집하고 감정하였다. 그 후 山東, 河南, 陝西 등지에서 齊, 燕, 韓, 秦나라의 도문이 발견되었으며 그중에서도 齊, 燕의 옛 영토에서 출토된 수량이 가장 많았다. 초기에 도문 연구자 중에서도 陳介祺와 吳大徵의 공헌이 가장 컸지만 두 사람의 저작은 간행되지 못하였다. 吳大徵의 도문 연구 성과는 『吳愙齋尺牘』 여러 곳에서 드물게 볼 수 있다. 『說文古籀補』에도 도문 고석의 일부분만을 반영하였을 뿐이다. 민국 시기, 丁佛言의 『說文古籀補補』, 강운개(强運開)의 『說文古籀三補』도 도문을 수록하였다. 이후에 고정룡(顧廷龍)의 『古陶文舂錄』은 도문 낱글자를 수록하였을 뿐만 아니라 용례도 추가하고 체제도 더욱 완벽해져 당시 가장 권위 있는 도문 공구서로 자리매김하였다. 이 시기에 도문과 관련된 논문 몇 편은 상당한 수준을 갖추었다. 예를 들어, 唐蘭이 고석한 도문 「陳向」은 전적에 쓰인 「田常」이며,[36] 張政烺이 고증한 도문 「陳得」은 『陳璋壺』, 『子禾子釜』

---

36   唐蘭, 「陳常匋金考」, 『國學季刊』5卷 1期.

명문의 「陳得」과 실제로 동일한 인물이다.[37] 이러한 각종 논문들로 인해 도문의 사료가치는 향상되었다. 도문을 수록한 저작은 陳介祺의 『簠齋藏陶』, 유악(劉鶚)의 『鐵雲藏陶』, 주진(周進)의 『季木藏陶』 등이 있다.[38]

1942년 湖南省 長沙 고묘에서 발견된 『楚帛書』는 전국문자 중에서도 보기 드물게 비단에 글자를 쓴 자료이다. 『楚帛書』가 발견된 지 얼마 지나지 않아 국외로 유출되고 중국에서는 정확하지 않은 모본만 남았는데 연구 저작은 채계양(蔡季襄)의 『晚周繪書考證』이 있다.

1883년, 吳大徵이 『說文』 순서에 따라서 고문자를 수록하는 체례를 창시하여 『說文古籀補』를 편찬하였다. 이와 같은 고문자 자전은 금문 위주로 수록하였으나 상당수의 전국 시대 청동기, 무기, 화폐, 새인, 도기 등의 문자도 수록하여 전국문자 자형 계통 정리에 기초를 다졌다. 이와 같은 자서는 전국문자 고석에 인용할만한 부분이 있기 때문에 지금까지도 참고 가치가 크다.

이상 吳大徵, 丁佛言, 强運開가 저술한 세 권 중에서 전국문자 고석 수준으로 보면 丁佛言의 『說文古籀補補』 연구 성과가 가장 뛰어나다. 예를 들어, 「莓」(P2), 「登」(P6), 「屎」(P7), 「訬」(P11), 「朕」(P19), 「朋」(P19), 「虞」(P19), 「來」(P25), 「夏」(P25), 「韓」(P25), 「柏」(P26), 「朕」(P36), 「罟」(P37), 「聘」(P51), 「永」(P63), 「堊」(P63), 「瘦」(P65), 「晶」(P68), 「厦」(P68), 「封人」(P72), 「相如」(P72), 「左」(P74), 「端」(P75), 「綴」(P76) 등은 吳大徵, 陳介祺의 해석을 인용하였으며 고석은 짧으나 「분석은 항상 사실과 부합한다.」 「遷」(P7), 「發」(P69) 등의 고석도 기존의 해석과 차별되는 또 다른 정설로 인정할만하다. 당대 학자의 고석과 丁佛言의 결론이 완전 일치하므로 그 가설들을 빠뜨리고 인용하지 않는 실수를 범하지 말아야 한다. 馬敍倫은 「정씨는

---

37   張政烺, 「平陵陳得立事歲陶考證」, 『潛社史學論叢』 3期.

38   李零의 『新編全本季木藏陶』의 분류, 고석을 참고할 것.

문자에 대한 학식이 심하게 좁고 얕아서 그의 저작은 칭찬받기에 부족하다」[39] 라고 하였다. 본말이 뒤바뀌고 황당무계하다고 할 만하다. 1993년 필자는 타이베이에서 특별 강연을 하면서 『說文古籀補補』의 학술가치를 높게 평가하였다.[40] 그 후, 일부 학자들도 마찬가지로 丁佛言이 전국문자 고석에 기여한 점을 높이 평가하였다. 역사적인 안목에서 보면, 전국문자 연구자는 『說文古籀補補』를 예의 주시해야 한다.

二. 왕국유(王國維)의 공헌

근대 시기 전국문자 연구에서 王國維의 공헌은 눈여겨봐야 할 가치가 있다. 주지하다시피, 王國維는 갑골학의 창시자 중에 한 명이지만 청동기 명문도 상당한 식견이 있었기 때문에 전국문자의 이론 수립과 연구에 탁월한 성취를 이루었다. 王國維가 전국문자 연구에 공헌한 점은 주로 세 가지가 있다.

1. 王國維는 전국문자의 거시적 연구에서 「전국 시대 秦에서 주문을 사용하고 나머지 六國에서 고문(古文)을 사용하였다」고 명확하게 제기하였다.[41] 그는 대량의 전국문자와 『說文解字』 고문, 석경 고문의 형체가 서로 일치하는 증거를 제시하고 병기(兵器), 도기, 새인(璽印), 화폐(貨幣) 「네 가지 문자가 같은 계통이며 옛사람들이 전수한 벽중서와 같은 계통」이라는 결론을 도출한다.[42] 오늘날 새롭게 출토

---

39 強運開의 『說文古籀三補』에서 인용.

40 徐在國, 「略論丁佛言的古文字研究」, 『烟臺師範學院學報』 1998年 3期.

41 王國維, 「戰國時秦用籀文六國用古文說」, 『觀堂集林』 卷 7-1.

42 王國維, 「桐鄕徐氏印譜序」, 『觀堂集林』 卷 6-20.

된 육국문자 자료와 『說文解字』 고문, 석경 고문을 서로 비교해도 王國維의 가설은 완벽하게 증명된다.

2. 王國維는 필사된 고문 자료를 이용하여 전국문자를 해석하는 방식에 주목하고 전국문자와 『說文解字』 고문, 석경 고문을 상호 증명한 40여 개의 사례를 제시하였다. 「夏」를 「履」로 잘못 해석한 것 외에는 다른 전국문자 고석은 모두 정확하다.[43] 王國維는 같은 방법으로 주문을 연구하여 새로운 성과를 얻기도 하였다.[44] 한편, 王國維는 석경 고문과 전국문자와 관련된 연구 논문도 있다.[45] 이 성과 모두 王國維가 자신의 이론을 확대하면서 구체적으로 사례에 응용시킨 것이다.

3. 王國維가 생존했던 시대는 「전국 시대 이후의 이기(彝器) 중에서 전해진 것은 전제(田齊) 시기 돈(敦) 두 점, 보(簠) 한 점과 대량(大梁), 상관(上官)의 정(鼎)만 있었으므로 얼마 되지 않았다.」[46] 하지만 王國維는 「병기, 도기, 새인, 화폐 네 가지가 바로 오늘날 육국문자를 연구하는 유일한 자료이며 그 중요성은 갑골, 이기(彝器)와 동일하다」고 정확하게 지적하였다.[47] 이와 같은 사유 방식으로 인해 전국문자 자료의 범주가 확대되었다.

淸과 민국 교체기에 학자들은 육국문자와 고문의 관계에 주목하고 있었지만

---

43   王國維, 「桐鄕徐氏印譜序」, 『觀堂集林』 卷 6-21.

44   王國維, 「史籒篇疏證」, 『王國維遺書』 6冊, 上海古籍書店, 1996年.

15   王國維, 「魏石經考」, 「魏石經殘石考」, 「秦新郪虎符跋」, 「匈奴相邦印跋」 등, 『觀堂集林』 卷18, 卷20.

46   王國維, 「桐鄕徐氏印譜序」, 『觀堂集林』 卷 6-19.

47   王國維, 「桐鄕徐氏印譜序」, 『觀堂集林』 卷 6-21.

처음으로 육국문자가 바로 「古文」임을 강조한 학자는 王國維였다. 이 명제가 제기되면서 역사상 「고문」에 대한 각종 오해가 근본적으로 일소되었기 때문에 의의가 상당히 크다. 王國維는 이론과 실천으로 고문자 연구자의 시야를 넓혀 주었고 후인들을 일깨운 점도 상당히 컸다. 근대 고문자학계가 갑골문과 금문 연구에만 주의를 기울이던 상황 속에서 王國維의 관점은 사람들의 생각을 바꿔 놓은 희소식과도 같았다. 근대 시기 전국문자 연구는 출토문자 자료와 전래 「古文」 연구의 기초 위에서 수립되어 발전한 새로운 학문 분야이며 王國維가 바로 이 학문 분야의 기초를 다진 사람이다.

王國維의 영향을 받아 『說文解字』와 『三體石經』의 「古文」이 주목받기 시작하였다. 위에서 인용한 王國維 관련 저술 외에도 이 시기의 胡光煒, 舒連景, 商承祚 등 모두가 『說文解字』 고문에 대한 연구 저서가 있다.[48] 孫海波는 『三體石經』을 정리하고 연구한 저서가 있다.[49] 상술한 저서들은 정리의 측면에서 상당한 성취를 거두었지만 연구 측면에서 아직 부족한 면이 있었다. 그럴 수밖에 없었던 주요 원인은 당시에 볼 수 있었던 전국문자 자료가 상당히 한계가 있었고, 이 학자들이 병기 명문, 화폐 명문, 새문, 도문 등의 자료를 그다지 중시하지 않아서 그들은 「古文」의 비교 대상을 대부분 商周 시기 갑골문과 청동기 명문으로 한정하였다. 이로써는 확실히 전국시대 문자 필사자료와 商周 시기 문자의 변천 관계 관점에서 접근해야 할 「古文」을 파악할 수 없다. 이는 시대적인 한계였기 때문에 선현들에게 지나치게 요구하는 것은 옳지 못하다.

1932년, 郭沫若이 『兩周金文辭大系』를 출판하였다. 이는 兩周 시기 금문 연

---

48 胡光煒, 「說文古文考」, 『胡小石論文集三篇』, 上海古籍出版社, 1995年; 舒連景, 『說文古文疏證』, 商務印書館, 1937年; 商承祚, 『說文中之古文考』, 上海古籍出版社, 1983年.

49 孫海波, 『魏三字石經集錄』 1937年 석판 인쇄본.

구에 있어 획기적인 의의를 지니고 있다. 이 책은 전국 시대 청동기 명문 일부에 대해서 공시적, 통시적으로 정점이 되었다. 즉, 우선 제후국별로 지역을 나누고 그 후에 시대에 따라 시기를 구분하였다. 이는 전국 시대 청동기 명문의 시기 구분과 지역 구분의 기초를 다진 계기이다. 당시 자료의 한계로 인해 체례 편성이 완벽하지 않지만 『兩周金文辭大系』는 전국시대 청동기 명문의 시기 구분과 지역 구분의 효시라고 할 수 있다. 현재까지도 많은 학자들이 『兩周金文辭大系』의 체례에 따라 전국 시대 청동기 명문의 편년(編年)을 구성해가고 있다.

淸, 특히 淸 말기 이후로 전국문자 자료가 증가함에 따라 전국문자는 아무도 알아주지 못했던 암흑기로부터 한 줄기 서광을 보게 된다. 근대 시기 학자는 전국문자 연구의 대상을 지상에 존재하던 필사 「古文」으로부터 지하에서 출토된 「古文」으로 전환한다. 이 시기에 王國維의 이론 연구도 취할 내용이 많으며, 丁佛言의 문자 고석도 상당한 수준을 드러냈고 기타 학자들의 수집, 정리 작업 또한 어느 정도 성과를 얻었다. 하지만 당시의 전국문자 연구는 이제 막 시작된 것이라서 병기, 화폐, 석기, 새인, 도문 등의 명문 고증은 상당히 산재되어 있다. 총체적으로 볼 때, 상술한 연구는 종합적 연구 분석이 결여되어 있다. 그래서 이 시기는 전국문자 연구의 맹아기라고 할 수 있다.

제4절 현대 전국문자의 발견과 연구

一. 출토개황

중화인민공화국 수립 이후로 고고학 사업이 크게 발전하면서 전국문자 자료의 새로운 발견이 끊이지 않았다. 새롭게 발견된 전국문자 사료는 아래 몇 가지 특징이 있다.

1. 수량이 많다. 중화인민공화국 수립 이후로 전국문자 자료 출토량
   은 역사상 어느 시대보다도 현저하게 많았다. 수많은 고대 묘분에
   서 출토된 문자 자료가 상당하였으며 죽간 자료만 보아도 수현간
   (隨縣簡), 포산간(包山簡), 곽점간(郭店簡)의 문자가 모두 10000자 이상
   이다.

2. 국보급 청동기가 많다. 『中山王鼎』의 경우, 中山國과 燕의 역사가
   기재되어 있으며 명문은 469자이다. 명문이 긴 것으로 치자면 497
   자에 달하는 西周 청동기 『毛公鼎』과도 뒤지지 않는다.

3. 종류가 모두 갖추어졌다. 청동기, 병기, 화폐, 석기, 새인, 도문 등의
   새긴 명문[刻銘] 외에도 중화인민공화국 수립 이후로 대량의 맹서
   와 죽간이 새롭게 발견되었다.

4. 분포범위가 넓다. 출토지점이 전국시대 秦, 楚, 齊, 燕, 韓, 趙, 魏
   등 칠웅(七雄)의 옛 지역에 두루 퍼져 있을 뿐만 아니라 中山, 衞,
   宋, 蔡, 曾, 越, 巴蜀 등 작은 제후국의 옛 지역에서 새로운 자료가
   발견되었다.

5. 시기 구분이 명확하다. 중화인민공화국 수립 이후로 새롭게 발견
   된 전국문자 자료는 대부분 과학적 발굴에서 비롯되었으므로 이는
   문자 그 자체의 시기 구분으로 믿을 만한 근거를 제공한다.

중화인민공화국 수립 이후 출토된 전국문자 자료는 일일이 열거할 수 없으
며, 수량도 많고 내용도 풍부하여 모두 역대 자료와 비교할 수 있는 바가 아니
다. 가장 중요한 발견만을 제시해도 아래와 같다.

甲, 청동기: 전국시대 중기 楚의 安徽 壽縣 『鄂君啓舟節』과 『鄂君啓車節』,[50] 전국시대 말기 韓의 河南 新鄭 무기 밀집지역,[51] 전국시대 중기 中山의 河北 平山縣 中山王 청동기 밀집지역,[52] 전국시대 초기 曾의 湖北 隨縣 曾侯乙墓 청동기 밀집지역 [전국시대 초기 증나라][53] 등.

乙, 맹서: 산서(山西) 후마맹서(侯馬盟書) [춘추 전국 교체기 三晉 지역],[54] 하남(河南) 온현맹서(溫縣盟書) [춘추 전국 교체기 三晉 지역][55] 등.

丙. 간독: 호남(湖南) 장사(長沙) 앙천호죽간(仰天湖竹簡) [전국시대 중기 초나라],[56] 하남(河南) 신양(信陽) 장태관죽간(長臺關竹簡) [전국시대 중기 초나라],[57] 호북(湖北) 강릉(江陵) 망산죽간(望山竹簡) [전국시대 중기 초나라],[58] 호북(湖北) 강릉(江陵) 천성관죽간(天星觀竹簡) [전국시대 중기 초나라],[59] 호북(湖北) 수현죽간(隨縣竹簡) [전국시대 초

50 『考古』1963年 8期 도판 8.

51 郝本性, 「新鄭鄭韓故城發現一批戰國銅兵器」, 『文物』1972年 10期.

52 張守中, 『中山王器文字編』, 中華書局, 1981年.

53 湖北省博物館, 「隨縣曾侯乙墓鍾磬銘文釋文」, 『音樂研究』1981年 1期.

54 山西省文物工作委員會, 『侯馬盟書』, 文物出版社, 1976年.

55 河南省文物研究所, 「河南溫縣東周盟書遺址一號坎發掘簡報」, 『文物』1983年 3期.

56 史樹靑, 『長沙仰天湖楚簡研究』, 群聯出版社, 1955年.

57 『文物參考資料』1957年 9期.

58 湖北省文化局工作隊, 「湖北江陵三座楚墓出土大批重要文獻」, 『文物』1966年 5期.

59 湖北省荊州地區博物館, 「江陵天星觀一號楚墓」, 『考古學報』1982年 1期.

기 증나라],[60] 호북(湖北) 형문(荊門) 포산죽간(包山竹簡) [전국시대 중
기 초나라],[61] 호북(湖北) 형문(荊門) 곽점죽간(郭店竹簡) [전국시대 중
기 초나라],[62] 호북(湖北) 운몽죽간(雲夢竹簡) [전국시대 말기 진나
라],[63] 감숙(甘肅) 천수(天水) 방마탄죽간(放馬灘竹簡)과 목독 [전국시
대 후기 진나라],[64] 사천(四川) 청천목독(靑川木牘) [전국시대 후기 진
나라][65]

이상 세 가지 항목은 중화인민공화국 수립 이후로 전국문자 자료가 대량으로
발견된 사례이다. 기타 항목은 철기(鐵器), 금기(金器), 은기(銀器), 석기(石器), 화폐
(貨幣), 새인(璽印), 도기, 골기(骨器), 목기(木器), 칠기 등이 있으며, 소규모 혹은 드
물게 발견된 것으로 일일이 나열하지는 않겠다.

二. 연구 개황

50년대 말, 전국문자를 체계적이고 전반적으로 연구한 첫 종합 논문으로는
이학근(李學勤)의 「戰國題銘槪述」이 있다.[66] 이 논문은 전래문헌과 출토된 금기,
석기, 화폐, 새인, 도문, 죽간, 백서 등의 전국문자 자료를 수집하고 지역에 의거

---

60 隨縣擂鼓墩一號墓考古發掘隊, 「湖北隨縣曾侯乙墓發掘簡報」, 『文物』1979年 7期

61 劉彬徽 등, 「荊門包山大冢出土文物擷英」, 『考古學報』1987年 5月 22日.

62 荊門市博物館, 『郭店楚墓竹簡』, 文物出版社, 1998年.

63 睡虎地秦墓竹簡整理小組, 『睡虎地秦墓竹簡』, 文物出版社, 1990年.

64 甘肅省文物考古研究所, 天水市北道區文化館, 「甘肅天水放馬灘戰國秦漢墓群的發掘」, 『文物』
    1989年 2期.

65 四川省博物館, 靑川縣文化館, 「靑川縣出土秦更修田律木牘」, 『文物』1982年 1期.

66 李學勤, 「戰國題銘槪述」, 『文物』1959年 7-9期.

하여 전국문자를 「齊國題銘」, 「燕國題銘」, 「三晋題銘」, 「楚國題銘」, 「秦國題銘」 등 5개의 범주로 구분하였다. 이와 같은 오분법은 王國維의 「東西二土文字」[67]나 唐蘭의 「六國系文字」, 「秦系文字」[68]에 보이는 양분법과 비교하면 큰 진전을 이룬 것이다. 내용을 보면 간략하게 각국의 주요 문자 자료를 소개하면서 몇 가지 지역적 특징을 제기하였다. 더욱 중요한 점은 작자가 전국문자자료와 역사, 고고학 연구를 유기적으로 결합하여 서술하였고 작자의 박학한 견해를 나타내었다. 내용이 비록 문자 고석 위주는 아니지만 비교적 고난도의 문자 예정(隷定)이 상당히 정확하였고, 특히 삼진(三晉) 병기 명문 중에서 자주 나타나는 「冶」를 해석한 것은 상당히 큰 의의가 있다.

문자 고석 분야로는 朱德熙, 구석규(裘錫圭)의 공헌이 가장 두드러진다. 그들은 공동으로 혹은 각자 상당히 수준 있는 문자 고석 논문을 집필하였으며,[69] 이 논문의 대부분은 모두 朱德熙의 『朱德熙古文字論集』과 裘錫圭의 『古文字論集』에 수록되었다. 그들은 자료를 파악하는 데 익숙하고 방법도 엄밀하여 의미를

---

67   王國維, 「戰國時秦用籀文六國用古文說」, 『觀堂集林』卷 7-1.

68   唐蘭, 「古文字學導論」上篇, 齊魯書社, 1981年, 5쪽.

69   朱德熙·裘錫圭, 「戰國文字研究」, 『考古學報』1972年 1期; (이하 4편의 저자 앞 논문과 동일) 「戰國銅器銘文中的食官」, 『文物』1973年 12期; 「信陽楚簡考釋」, 『考古學報』1973年 1期; 「平山中山王墓銅器銘文的初步研究」, 『文物』1979年 1期; 「戰國時代的秝秦漢時代的半」, 『文史』第8輯, 1980年; 朱德熙, 「壽縣出土楚器銘文研究」, 『歷史研究』1954年 1期(이하의 논문 저자는 모두 주덕희); 「戰國記容銅器刻辭考釋四篇」, 『語言學論叢』2輯, 1958年; 「戰國匋文和璽印文字中的者字」, 『古文字研究』1輯, 1979年; 「篤屈解」, 『方言』1979年 4期; 「戰國文字中所見有關厩的資料」, 『古文字學論集』初編, 香港中文大學, 1983年; 「古文字考釋四篇」, 『古文字研究』第 8輯, 1983年; 「釋桁」, 『古文字研究』12輯, 1985年; 「關於又鳳羌鐘銘文的斷句問題」, 『中國語言學報』2輯, 1985年; 「望山楚簡里的臤和簡」, 『古文字研究』17輯, 1989年; 「長沙帛書考釋」, 『古文字研究』19輯, 1992年; 裘錫圭, 「戰國貨幣考」, 『北京大學學報』1978年 2期(이하의 논문 저자는 모두 구석규); 「談談壽縣曾侯乙墓的文字資料」, 『文物』1979年 7期; 「戰國文字中的市」, 『考古學報』1980年 3期; 「戰國璽印文字考釋三篇」, 『古文字研究』10輯, 1983年; 「戰國文字釋讀二則」, 『于省吾教授百年誕辰紀念文集』, 吉林大學出版社, 1996年; 『郭店楚簡·裘按』, 文物出版社, 1998年.

알 수 없는 전국문자에 대해 상당한 업적을 거두었으며, 또한 후학에게 훌륭한 본보기가 되었다.

중화인민공화국 수립 이후로 시대를 구분하는데 중요한 의의를 지닌 다량의 청동기 군(群)이 몇 차례 출토되면서 전국문자 연구에 직접적인 영향을 미쳤다. 이 대표적인 청동기 군과 관련된 연구 성과는 상당히 뛰어나다. 예를 들어, 蔡侯墓 청동기군은 춘추 시대에서 전국 시대로 전환되는 시점의 蔡 청동기로 간주되어 왔으나 郭沫若, 李學勤, 진몽가(陳夢家), 사수청(史樹青), 손백붕(孫百朋), 唐蘭, 于省吾, 裘錫圭 등의 학자들이 다년간의 토론을 거치면서 현재는 기본적으로 춘추 시대 말기 蔡侯申의 청동기로 확정하였다. 『鄂君啓車節』, 『鄂君啓舟節』의 내용은 楚 문자와 楚의 광범위한 영역을 언급하였다. 은척비(殷滌非), 나장명(羅長銘), 郭沫若, 담기양(譚其驤), 商承祚, 于省吾, 황성장(黃盛璋), 유화혜(劉和惠), 요한원(姚漢源), 진위(陳偉), 朱德熙, 이가호(李家浩), 하림의(何琳儀) 등의 학자들이 이에 대해 상세하게 고증하였으며,[70] 명문은 기본적으로 해석이 가능하다. 中山王墓 청동기 군의 연구가 더욱 집중적으로 진행되었으며, 그중에서도 張政烺, 朱德熙, 裘錫圭, 李學勤, 이령(李零), 우호량(于豪亮) 등의 고석이 가장 상세하면서 완

---

70 殷滌非·羅長銘, 「壽縣出土的鄂君啓金節」, 『文物參考資料』 1958年 4期; 郭沫若, 「關於鄂君啓節的研究」, 『文物參考資料』 1958年 4期; 商承祚, 「鄂君啓節考」, 『文物精華』 2輯, 1963年; 商承祚, 「談鄂君啓節銘文中幾個文字和幾個地名等問題」, 『中華文史論叢』 6輯, 1965年; 張振林, 「徒與一飤之新詮」, 『文物』 1963年 3期; 于省吾, 「鄂君啓節考釋」, 『考古』 1963年 8期; 譚其驤, 「鄂君啓節銘文釋地」, 『中華文史論叢』 2輯, 1962年; 譚其驤, 「再論鄂君啓節地理－答黃盛璋同志」, 『中華文史論叢』 5輯, 1964年; 黃盛璋, 「關於鄂君啓節交通路線復原問題」, 『中華文史論叢』 5輯, 1964年; 船越昭生, 「關於鄂君啓節」, 『東方學報』 43冊, 1972年; 劉和惠, 「鄂君啓節新探」, 『考古與文物』 1982年 5期; 姚漢源, 「鄂君啓節釋文」, 『古文字研究』 10輯, 1983年; 陳偉,, 「鄂君啓節之鄂地探討」, 『江漢考古』 1986年 2期; 朱德熙·李家浩, 「鄂君啓節考」, 『紀念陳寅恪先生百年誕辰學術論文集』 1989年; 李家浩, 「鄂君啓節銘文中的高丘」, 『古文字研究』 22輯, 2000年; 何琳儀, 「鄂君啓節銘文中的高丘」, 『古文字研究』 22輯, 2000年.

전하다.[71] 장수중(張守中)이 편찬한 『中山王䜒器文字編』은 모사가 아주 정교한 문자 집성(集成) 자료이다. 曾侯乙墓 악기 명문은 최초 원형 자료가 부분적으로 발표되었고, 전체적으로 예정(隷定)한 문자만 있었다.[72] 裘錫圭, 李家浩가 그중에서도 해석상 문제가 많은 문자를 연구하였고,[73] 많은 부분을 해결하였다. 그 후 실물 모습과 문자 예정이 모두 완비된 자료가 『曾侯乙墓』에 수록되었다. 그중, 음악 이론 분야 또한 많은 학자들이 논문으로 집필하였고,[74] 악기 명문 자료 또한 지속적으로 발표되었다.[75] 黃盛璋의 「試論三晉兵器的國別和年代及其相關問題」는 전국시대 병기 명문 중에서 흔치 않은 장문(長文)이다.[76] 이 논문은 90여 점의 병기 명문을 각각 韓, 趙, 魏 세 나라에 귀속시키고 명문을 새긴 방식과 문자 특징, 직관(職官) 제도, 주조 지역에 대해 모두 상세하게 고증하였다. 그 후에도 黃盛璋은 齊, 燕, 秦 병기의 장편 명문을 연구한 논문을 2편 발표하였는데, 위의 논문과 관련된 연속 간행물이다.[77] 임청원(林淸源)의 「兩周靑銅句兵銘文滙考」도

71 朱德熙·裘錫圭, 「平山中山王墓銅器銘文的初步研究」, 『文物』 1977年 1期; 張政烺, 「中山王壺及鼎銘考釋」, 『古文字研究』 1輯, 1979年; 張政烺, 「中山國胤嗣壺釋文」, 『古文字研究』 1輯, 1979年; 李学勤·李零, 「平山二器與中山國史的若幹問題」, 『考古學報』 1979年 2期; 于豪亮, 「中山二器銘文考釋」, 『考古學報』 1979年 2期; 徐中舒·伍士謙, 「中山二器釋文及宮堂圖說明」, 『中國史研究』 1979年 第4期; 黃盛璋, 「中山國銘亥釁古文字, 語言上若幹研究」, 『古文字研究』 7輯, 1981年. 陳邦懷, 「中山國文字研究」, 『天津社會科學』 1983年 1期; 何琳儀, 「中山幹器考釋拾遺」, 『史學集刊』 1984年 3期.

72 湖北省博物館, 「隨縣曾侯乙墓鍾磬銘文釋文」, 『音樂研究』 1981年 1期.

73 裘錫圭·李家浩, 「曾侯乙墓鍾磬銘文釋文說明」, 『音樂研究』 1981年 1期.

74 曾憲通, 「關於曾侯乙墓編鍾銘文的釋讀問題」의 부록 "參考資料"(『古文字研究』 14輯, 1986年) 참고.

75 黃錫全, 『湖北出土商周文字輯證』, 武漢大學出版社, 1992年.

76 黃盛璋, 「試論三晉尉苦的國別和年代及其相關問題」, 『考古學報』 1974年 1期.

77 黃盛璋, 「燕齊兵器研究」, 『古文字研究』 19輯, 1992年; 黃盛璋, 「秦兵器分國斷代與有關制度研究」, 中國古文字學研討會論文, 1988年.

전국시대 병기 명문과 관련된 제반 문제들을 다루었다.[78] 이 논문은 전국시대 문자의 국가 구분, 시기 구분과 역사, 지리 연구 모두 참고하기 좋다. 『殷周金文集成』은 최근 출판된 가장 완전한 금문 자료로 그 중 전국시대 병기 명문은 752점(戈戟 341점, 矛 117점, 劍 122점, 기타 무기류 122점, 거마류 도구[車馬器] 50점)이다. 이 통계는 아직 정확한 것은 아니다.(몇 가지 춘추 후기 유물이 전국 시대로 편입될 수도 있고, 몇 가지는 위조품일 수 있으므로 제외될지도 모른다.) 만약 『集成』 편찬 이후로 공포된 자료를 다시 추가하면 전국시대 병기 명문은 대략 800여 점이나 이 또한 최소치로 낮춰 말한 것이다. 이러한 병기 명문을 고증한 논문 또한 지속적으로 발표되었다.[79] 『集成』 외에도 왕진화(王振華)의 「臺灣古越閣藏靑銅兵器精華展」과 장광유(張光裕), 오진무(吳振武)의 『武陵新見古兵三十六器集錄』은 병기 명문이 풍부하게 수록된 전문 자료이다.

『兩周金文辭大系』에 이어 일본학자 시라카와 시즈카(白川靜)가 편찬한 『金文通釋』은 훌륭한 대작이라 할 수 있다. 『通釋』에 수록된 대량의 전국시대 청동기 명문은 『大系』보다 체례가 더 잘 갖추어져 독자가 편하게 찾아볼 수 있다. 마승원(馬承源)이 주편(主編)을 맡은 『商周靑銅器銘文選』의 「동주(東周)」 부분은 지역 분류에 따라서 전국시대 청동기를 수록하여 참고할 만하다. 李學勤의 『東周與秦代文明』은 고고학 전문 서적으로 그중에서도 수많은 전국시대 문자 자료에 대해 국가와 시대를 구분하였기 때문에 중요한 학술적 가치를 지니고 있다. 허학인(許學仁)의 『戰國文字分域與斷代硏究』는 지역 구분과 시대 구분에 있어서 상당히 세밀하게 연구하였다.[80] 근래 수십 년간, 楚 청동기 출토 수량은 여러 나

---

78 林淸源, 『兩周靑銅句兵銘文彙考』, 碩士論文, 1987年.

79 何琳儀, 「戰國兵器銘文選釋」, 『考古與文物』 1999年 5期; 「古兵地名雜識」, 『考古與文物』 1996年 6期; 吳振武, 「東周銘文考釋五篇」, 『容庚先生百年誕辰紀念文集』 1998年.

80 許學仁, 『戰國文字分域與斷代硏究』, 博士論文, 1986年.

라 중에서도 훨씬 앞서 있고, 이 점은 명문이 있는 청동기 시대 구분에 유리하다. 최근에 유빈휘(劉彬徽), 李零은 고고 기물형태학을 명문이 있는 楚 청동기에 결합시켜 연대 순서를 확정하였다.[81] 몇 가지 명문에 대한 고증은 「지역 구분 개설[分域概述]」에 상세히 소개되어 있다.

『侯馬盟書』 발견으로 학자들의 지대한 관심을 불러일으켰으며 郭沫若, 唐蘭, 朱德熙, 求錫圭, 장함(張頷), 고명(高明) 등의 학자 모두 논문을 통해 고증하였다.[82] 山西省 문물공작위원회(文物工作委員會)에서 편찬한 『侯馬盟書』에서 盟書의 사진, 모본(摹本) 이외에도 「釋文」, 「綜論」, 「字表」 등을 추가하여 읽거나 연구하기에 편리하도록 하였다. 1930년, 1934년, 1935년 河南省 溫縣에서 이전부터 여러 차례 侯馬盟書와 비슷한 盟書가 발견되었으나 단지 11편(片)만이 남아 있으며 「沁陽盟書」라고 칭하기도 한다.[83] 侯馬盟書가 발견된 후에 溫縣에서 溫縣盟書가 무더기로 발견되었으며, 자료 일부는 이미 정리 발표되었다. 간보(簡報) 뒤에 연구 논문이 첨부되어 있다.[84] 소식에 의하면, 溫縣盟書는 자료 전체가 곧 공포될 예정이다. 석각문자 분야에서는 唐蘭이 石鼓文은 전국문자라는 학설을 제

---

81 劉彬徽, 「楚國有銘銅器編年槪述」, 『古文字研究』 9輯, 1984年; 劉彬徽, 「湖北出土兩周金文國別年代考述」, 『古文字研究』 13輯, 1986年; 劉彬徽, 『楚系青銅器研究』, 湖北教育出版社, 1995年; 李零, 「楚國銅器銘文編年彙釋」, 『古文字研究』 13輯, 1986年.

82 郭沫若, 「侯馬盟書試探」, 『文物』 1966年 2期; 郭沫若, 「新出侯馬盟書釋文」, 『出土文物二三事』, 人民出版社, 1972年. 唐蘭, 「侯馬出土晉國趙嘉之盟載書新釋」, 『文物』 1966年 2期; 朱德熙·裘錫圭, 「關於侯馬盟書的幾點補釋」, 『文物』 1972年 8期; 長甘, 「侯馬盟書叢考」, 『文物』 1975年 5期; 張頷, 「侯馬盟書叢考續」, 『古文字研究』 1輯, 1979年; 高明, 「侯馬載書盟主考」, 『古文字研究』 1輯, 1979年; 李裕民, 「侯馬盟書疑難字考」, 『古文字研究』 5輯, 1981年. 吳振武, 「讀侯馬盟書文字劄記」, (香港) 『中國語文研究》 6期, 1984年.

83 陳夢家, 「東周盟誓與出土載書」, 『考古』 1966年 5期; 張頷, 「侯馬盟書叢考續」, 『古文字研究』 1輯, 1979年.

84 河南省文物研究所, 「河南溫县東周盟誓遺址一号坎发掘简报」, 『文物』 1983年 3期.

기하여 학술계에 큰 반향을 일으켰다.[85] 詛楚文, 行氣玉銘, 守丘石刻 등도 논문 형태로 발표된 해석이 있다.[86] 최근에 석기(石器) 문자의 종합 연구가 점차적으로 중요시되고 있다.[87]

왕육전(王毓銓)의 『我國古代貨幣的起源和發展』, 정가상(鄭家相)의 『中國古代貨幣發展史』, 왕헌당(王獻唐)의 『中國古代貨幣通論』은 신중국 성립 이후 출판된 비교적 중요한 고대화폐 전문 저작이다. 이 전문저작은 전국시대 화폐 사용범위와 역사 변천에 대해서 상세하게 소개하였으며, 화폐 문자의 해독에도 어느 정도 참고 가치가 있다. 전문적인 화폐 문자 해석 논문은 求錫圭의 「戰國貨幣考」(12편)을 제일 먼저 추천할 수 있으며 이전에 없었던 새로운 성과가 가장 많다.[88] 그중에서도 「漆垣」, 「楡次」, 「圓陽」, 「南行唐」 화폐문 해석 모두 뛰어나다. 그 밖에도 증용(曾庸), 李家浩, 吳振武, 변우건(駢宇騫), 李學勤 등도 전국시대 화폐를 해석한 논문이 있다.[89] 商承祚, 왕귀침(王貴忱), 담체화(譚棣華)가 공동 집필한 『先秦貨幣文編』은 최초의 선진시기 화폐문자 자전이다. 정편(正編)에 313자가 수록되어 있고, 부록에 534자가 수록되었다. 이 책에는 수집된 자료가 비교적 풍부하고, 게다가 보기 드문 개인 소장가의 탁본 몇 편을 수집하여 수록하였기 때문에 더욱 진귀하다. 하지만 이 책은 최신 연구 성과가 적게 반영되었으며 예정도 간

85 唐蘭, 「石鼓年代考」, 『故宮博物院院刊』 1958年 1期.

86 薑亮夫, 「秦詛楚文考釋」, 『蘭州大學學報』 1980年 4期; 陳世輝, 「詛楚文補釋」, 『古文字研究』 12輯, 1985年; 陳邦懷, 「戰國行氣玉銘考釋」, 『古文字研究』 7輯, 1982年; 張光裕, 「玉刀珌銘補說」, 『中國文字』 52冊, 1974 年; 黃盛璋, 「平山戰國中山核I陽步研究」, 『古文字研究』 8輯, 1983年.

87 林志强, 「戰國玉石文字述評」, 『中山大學研究生學刊』 1990年 4期.

88 裴錫圭, 「戰國貨幣考」, 『北京大學學報』 1978年 2期.

89 曾庸, 「若幹戰國布幣地名的辨釋」, 『考古』 1980年 1期; 李家浩, 「戰國貨幣文字中的幣和比」, 『中國語文』 1980 年 5期; 吳振武, 「戰國貨幣銘文中的刀」, 『古文字研究』 10輯, 1983年; 駢宇騫, 「試釋楚國貨幣文字異」, 『語言文字研究專輯』 1986年; 李學勤, 「論博山刀」, 『中國錢幣』 1986年 3期.

혹 다시 살펴봐야 할 것이 있다.[90] 張頷의 『古幣文編』도 선진시대 화폐문자 자전으로 정편(正編)에 322자가 수록되었고, 부록에 509자가 있는데, 모두 합치면 897자이다.(合文 포함) 이 책은 실물 탁본을 많이 수록하고 매 글자마다 아래에 종류, 문례, 출처를 표시하여 사용하기에 편하도록 하였다. 약간의 오역이 있었으나 이에 대해 바로 잡은 논문이 있다.[91] 마비해(馬飛海) 등의 『中國歷代貨幣大系』(第 1卷)은 지금까지 수록된 탁본이 가장 많은 자료집으로 탁본 번호가 4343번까지 매겨져 있으니 가히 방대하다고 할 수 있다. 혹자는 이 저작의 석문을 교정하여 많은 오역을 바로 잡았다.[92] 주활(朱活) 등이 『中國錢幣大辭典·先秦編』에 수집한 자료로 『中國歷代貨幣大系』를 보완하면서 간단한 해석도 추가하였다. 이 저작 또한 『中國歷代貨幣大系』와 마찬가지로 최신 연구 성과가 적게 반영되었다. 何琳儀의 『古幣叢考』에 25편의 논문이 수록되어 있는데, 「先秦 시대 각 지역의 각종 화폐를 거의 모두 포괄하고 있다 …… 각종 화폐의 지역과 시대 구분을 판별하는 문제는 필자가 이전의 학자들에 비해 적지 않게 발전시켜 놓았다.」라는 내용을 담고 있다.[93] 해석 또한 독창적인 견해를 보이기도 한다. 본 저작의 원고를 탈고할 때까지(2001년 12월) 황석전(黃錫全)의 신간 『先秦貨幣研究』, 『先秦貨幣通論』 2권을 참고하였다. 앞의 저작은 黃錫全이 先秦 시기 화폐연구와 관련된 논문 37편을 수록한 것으로 새로운 견해가 많고, 새로운 유물도 많이 실려 있다. 두 번째 저작은 학자들의 최신 연구 성과에 주목하여 20세기 후반부 화폐 문자 연구에 대해 총괄한 것이다.

---

90 曹錦炎, 「讀先秦貨幣文編劄記」, 『中國錢幣』 1984年 2期.

91 何琳儀, 「古幣文編校釋」, 『文物研究』 6輯, 1990年.

92 黃錫全, 「中國歷代貨幣大系先秦貨幣釋文校訂」, 『第二屆國際中國古文學研討會論文集』 1993年.

93 裴錫圭, 「何琳儀古幣叢考讀後記」, 『中國文物報』 1999年 11月 17日.

고대 새인[古璽] 연구 논문은 줄곧 체계를 이루지 못한 상태이다. 황질(黃質)의 「賓虹艸堂璽印釋文」은 다소 이른 시기의 새인 고석 저작이다. 그중에서도 몇 가지 새인 해석이 상당히 상세하다. 예를 들어, 「慶」, 「郊」, 「千」, 「軌」, 「欯」, 「齰」 등이 있다. 문화대혁명 이후 석지렴(石志廉), 黃盛璋, 섭기봉(葉其峰), 于豪亮, 李學勤, 求錫圭, 李家浩, 조금염(曹錦炎), 탕여혜(湯余惠), 何琳儀, 왕인총(王人聰), 유조(劉釗), 시사첩(施謝捷) 등 모두 전국시대 고대 새인을 고증한 연구 논문이 있다.[94] 고대 새인 연구를 종술한 논저는 羅福頤의 『古璽印槪論』, 마국권(馬國權)의 『古璽文字槪論』,[95] 임소청(林素淸)의 『先秦古璽文字硏究』,[96] 曹錦炎의 『古璽通論』, 葉其峰의 『古鉩印與古鉩印鑒定』 등이 있다. 예전에 진대 인장[秦印]은 전국시대 새인 연구에서도 늘 취약한 부분이었으나 최근 王人聰의 『秦官印考敍』,[97] 왕휘(王輝)의 『秦印通論』[98]을 확인할 수 있으며, 특히 후자는 진대 인장 문자 자

94 石志廉, 「館藏戰國七璽考」, 『中國歷史博物館館刊』 1979年 1期; 石志廉, 「戰國古璽考釋十種」, 『中國歷史博物館館刊』 1980年 2期; 黃盛璋, 「所謂夏虛都三室與夏都問題」, 『河南文博通訊』 1980年 3期; 葉其峰, 「戰國官璽的國別及有關問題」, 『故宮博物院院刊』 1981年 3期; 於豪亮, 「古璽考釋」, 『古文字硏究』 5輯, 1981年; 李學勤, 「楚國夫人璽與戰國時的江陵」, 『江漢論壇』 1982年 7期; 裘錫圭, 「戰國璽印文字考釋三篇」, 『古文字硏究』 10輯, 1983年; 曹錦炎, 「釋 – 兼釋續、讀、竇」, 『史學集刊』 1983年 3期; 曹錦炎, 「戰國璽印文字考釋」, 『考古與文物』 1985年 4期; 李家浩, 「戰國官印考釋」, 『江漢考古』 1984年 2期; 湯餘惠, 「楚璽兩考」, 『江漢考古』 1984年 2期; 何琳儀, 「古璽雜識」, 『遼海文物學刊』 1986年 2期; 何琳儀, 「古璽雜識續」, 『古文字硏究』 19輯, 1992年; 何琳儀, 「古璽雜識再續」, 『中國文字』 新17期, 1993年; 何琳儀, 「戰國官璽雜識」, 『印林』 16卷 2期, 1995年; 王人聰, 「古璽考釋」, 『古文字學論集初編』(香港), 1988年; 劉釗, 「璽印文字釋叢」, 『考古與文物』 1998年; 施謝捷, 「古璽印考釋五篇」, 『印林』 16卷 2期, 1995年; 施謝捷, 「古璽彙編釋文校訂」, 『印林』 16卷 5期, 1995年; 施謝捷, 「古璽雙名雜考」, 『中國古文字硏究』 1輯, 1999年.
95 馬國權, 「古璽文字初探」, 『中國古文字硏究會第三屆年會論文』(油印本), 1980年.
96 林素淸, 『先秦古璽硏究』, 석사 논문, 1976年.
97 王人聰의 『秦官印考敍』는 왕인총, 葉其峰의 『秦漢魏晉南北朝官印硏究』(香港中文大學文物館專刊의 4번째 저작으로 1990年에 출판되었다)에서 인용하였다.
98 王輝, 『秦文字集證·秦印通論』, 藝文印書館, 1999年, 145쪽.

료를 체계적으로 정리하고 연구하여, 이 분야에 있어서 새로운 국면을 맞이하게 하였다. 20년 전, 羅福頤 등이 편찬한 『古璽匯編』과 『古璽文編』의 출판은 중화인민공화국 수립 이후로 고대 새인의 정리와 연구에 가장 중요한 성과이다. 『古璽匯編』은 색을 입힌 고대 새인 5708개가 수록되었으며 석문도 같이 실려 있다. 『古璽文編』은 『說文解字』의 순서에 따라서 새인문자 2773자가 수록되었고, 그 중 정편(正編)에 1432자, 합문 31자, 부록 1310자가 실려 있다. 두 저작은 서로 표리(表裏)를 이루고 있으며 고대 새인을 집대성한 쌍벽이라 할만하다. 두 저작의 예정은 간혹 다시 살펴야 할 부분이 있다고 하더라도 부록에서 정편(正編)으로 귀속시켜야할 부분이 있다. 吳振武가 이에 대해 교정한 전문 저작이 있으며,[99] 吳振武, 施謝捷 등 또한 일련의 논문을 발표하였는데 새로운 연구 성과가 더욱더 많았다.[100] 하지만 『璽匯』, 『璽文』 두 저작이 고대 새인 연구에 끼친 영향은 과소평가할 수 없다. 『璽匯』 이외에도 몇 곳의 박물관, 대학에서 지속적으로 인보(印譜)를 편찬하였다. 예를 들어, 『古宮博物館藏古璽印選』, 『上海博物館藏印選』, 『天津藝術館藏印選』, 『湖南省博物館藏古璽印集』, 『吉林出土古代官印』, 『吉林大學藏古璽印選』 등이 있다.

王人聰의 『新出歷代璽印集錄』은 새로운 자료를 많이 보완하였으며 대다수가 출토 지점이 밝혀져 있기 때문에 가치가 높다. 소춘원(蕭春源)의 『珍秦齋古印展』, 『珍秦齋藏印·戰國篇』, 『珍秦齋藏印·秦印篇』은 근래 개인이 소장한 인보 중에서는 가장 풍부한 인보(印譜)이다. 최근 施謝捷이 현존하는 신구(新舊) 인보와 출토자료를 하나로 모으려고 하는데 수량이 만 점이 넘는다. 이는 거의 『璽

---

99 吳振武, 『古璽文編校訂』, 빅사논문, 1985年.

100 吳振武, 「古璽匯編釋文訂補及分類修訂」, 『古文字學論集』初編, 1983年; 施謝捷, 「古璽匯編釋文校訂」, 『印林』16卷 5期, 1995年.

滙』의 배가 된다. 이 자료가 공포된다면 반드시 고대 새인 연구에 한 차례 붐이
일 것으로 확신한다. 손위조(孫慰祖)의『古封泥集成』과 1932년 출판된『封泥滙
編』을 비교해보면, 수록된 전국시대 봉니 또한 증가하였다.(六國封泥 21점)

도문(陶文) 고석은 다른 범주의 전국 문자를 연구하는 여러 논문에서 많이 볼
수 있지만, 전문적으로 도문을 고석한 논문은 아주 적다.[101] 그중에서 고고학 발
굴자가 각 제후국의 도문을 분석한 연구가 눈여겨볼 만하다.[102] 최근, 서재국(徐
在國)이 도문을 집주(集注) 형식으로 고증한 대형 공구서를 편찬 중이다. 李學勤의
「山東陶文的發現和著錄」,「燕齊陶文叢論」은 齊 계열 도문을 소개한 중요한 문
헌이며,[103] 정초(鄭超)의「戰國秦漢陶文研究概述」, 동산(董珊)의「從新編全本季木
藏陶談到古陶文的發現與研究」는 근래 백 년 동안의 도문 연구를 체계적으로 소
개하였다.[104] 1964년 대만학자 김상항(金祥恒)이『匋文編』을 출판하였다. 정편에
408자를 수록하고 부록으로 90자를 실어 합계가 582자이다. 이 책은『春錄』에
비해서 자료가 더욱 풍부하지만 아쉽게도 어휘 용례[辭例]를 수록하지 않아 사
용하기에 불편하다. 1990년, 高明의『古匋文滙編』이 출판되었는데 지금까지 가
장 잘 갖추어진 도문 자료로 2622번까지 일련번호가 매겨져 있다. 일부 상주(商

---

101 李學勤,「戰國題銘槪述」,『文物』1959年 7-9期; 朱德熙,「戰國匋文和璽印文中的者字」,『古文字
     研究』1輯, 1979年; 裴錫圭,「戰國文字中的市」,『考古學報』1980年 3期; 何琳儀,「古陶雜識」,
     『考古與文物』1992年 4期.

102 兪偉超,「漢代的亭市陶文」,『文物』1963年 2期; 鄒衡,「鄭州商城卽湯都亳說」,『文物』1978年 2
     期; 李先登,「河南登封陽城遺址出土陶文簡釋」,『古文字研究』7輯, 1982年; 牛濟普,「鄭州滎陽兩
     地新出戰國陶文介紹」,『中原文物』1981年 1期; 袁仲一,「秦代的市亭陶文」,『考古與文物』1981
     年 1期. 王學理,「亭里陶文的解讀與秦都咸陽的行政區劃」,『古文字研究』14輯, 1986年; 孫敬明,
     「齊陶新探」,『古文字研究』14輯, 1986年.

103 李學勤,「山東陶文的發現和著錄」,『齊魯學刊』1982年 5期; 李學勤,「燕齊陶文叢論」,『上海博物
     館館刊』6期.

104 鄭超,「戰國秦漢陶文研究槪述」,『古文字研究』14輯, 1986年; 董珊,「從新編全本季木藏陶談到古
     陶文的發現與研究」,『書品』2000年 1期.

周) 시기 도문 외에 대다수가 전국시대 도문이다. 전체적으로 山東, 河北, 陝西, 河南, 山西, 湖北 등의 출토 지역에 의거하여 분류하였는데, 도문의 지역 구분 연구에 중요한 근거를 제공하였다. 高明, 갈영회(葛英會)의『古匋文字徵』은『滙編』의 기초 위에서 편찬한 도문 자서이며, 장단점에 대해 평론한 연구 성과도 있다.[105] 원중일(袁仲一)의『秦代陶文』은 秦 도문을 전문적으로 수집한 자료이며 王輝의『秦文字集證』은 새로 출토된 수많은 秦 도문 자료를 보완한 자료이다.

西漢 때 발굴된 벽중서(壁中書)와 西晉 때 발견된 급총서(汲冢書)는 각각 전국시기 齊 계열 죽간과 晉 계열 죽간이다. 이후 역사상으로도 다시는 이러한 대규모의 전국시대 죽간 자료가 출토된 적이 없었다. 중화인민공화국 수립 이후에 대량의 초간(楚簡)과 진간(秦簡)이 지속적으로 발굴되면서 역사상 불완전했던 연계 고리를 비로소 새롭게 이어나가기 시작하였다. 仰天湖와 信陽 초간 자료는 이미 모두 공포되었고,[106] 이에 대한 논저가 집중적으로 출판되었다. 史樹靑, 여호당(余鎬堂), 羅福頤, 李學勤, 요종이(饒宗頤), 商承祚, 朱德熙, 求錫圭, 李家浩, 劉雨, 곽약우(郭若愚), 何琳儀 등은 초간 자료 논문과 전문 저작이 있다.[107] 中山대학 고

---

105 陳偉武,「古匋文字徵訂補」,『中山大學學報』1995年 1期.

106 앙천호간(仰天湖簡) 사진은『文物參考資料』1954年 3期에 수록되었으나 문자가 선명하지 않아 사용하기 어렵다. 몇 가지 모사본이 발표된 바 있다. 史樹靑,『長沙仰天湖楚簡硏究』, 群聯出版社, 1955年; 餘鎬堂,『鎬堂楚簡釋文』, 曬蘭本; 羅福頤摹本,『金匱論古綜合刊』1期; 郭若愚,「寫本」,『上海博物館集刊』3期; 신양간(信陽簡) 사진은『文物參考資料』1957年 9期에 수록됐다. 또한 河南省文物研究所의『信陽楚墓』를 참고해도 된다. 商承祚,『信陽出土戰國楚簡摹本』, 曬蘭本; 商承作,『戰國楚竹簡彙編』, 齊魯書社, 1995年.

107 史樹靑,『長沙仰天湖楚簡硏究』, 群聯出版社, 1955年; 史樹靑,「信陽長台關出土竹書考」,『北京師範大學學報』1963年 4期; 餘鎬堂,『鎬堂楚簡釋文』, 曬蘭本; 羅福頤,「談長沙發現的戰國楚簡」,『文史參考資料』1954年 9期;李學勤,「談近年新發現的幾種戰國文字資料」,『文物參考資料』1956年 1期; 饒宗頤,「戰國楚簡龍證」,『金匱論古綜合刊』1期; 朱德熙·裘錫圭,「戰國文字研究」,『考古學報』1972年 1期; 朱德熙·襲錫圭,「信陽楚簡考釋」,『考古學報』1973年 1期; 裘錫圭,「談談隨縣曾侯乙墓的文字資料」,『文物』1979年 7期; 李家浩,「信陽楚簡澮字及從之宇」,『中國語言學報』1

문자연구실의 『戰國文字研究』는 대량으로 발견된 7종의 초간을 고석하여 등사본으로 출판하였다. 望山 초간은 자료가 풍부하지만 연구 논문은 많지 않다.[108] 九店 초간은 『日書』 자료가 중요하며 연구 논문은 일서(日書)에 집중된 편이다.[109] 1991년, 『包山楚簡』이 출판되었다. 이듬해 신문이나 간행물에서 몇 학자들의 기고문에 곧바로 반영되었는데 李學勤, 임운(林澐), 유신방(劉信芳) 등이 그러하다.[110] 張光裕, 원국화(袁國華)도 바로 『包山楚簡文字編』을 편찬하였다. 1992년 10월, 南京大學에서 「중국고문자연구회 제 9회 학술 토론회」가 열렸다. 회의 주제는 전국문자였으나 대다수 논문이 包山 초간과 관련 있었다.[111] 이를 계

期; 劉雨, 「信陽楚簡釋文與考釋」, 『信陽楚墓』, 文物出版社, 1986年; 郭若愚, 「長沙仰天湖戰國楚簡文字的摹寫和考釋」, 『上海博物館集刊』 3期, 1986年; 何琳儀, 「信陽竹簡選釋」, 『文物研究』 8輯, 1993年; 何琳儀, 「仰天湖竹簡選釋」, 『簡帛研究』 3期, 1996年; 商承祚, 『戰國楚竹簡彙編』, 齊魯書社, 1995 年.

108 朱德熙·裘錫圭·李家浩의 「釋文與考釋」은 湖北省文物考古研究所·北京大學中文系의 『望山楚簡』(中華書局, 1995年)에서 볼 수 있다. 劉信芳, 「望山楚簡校讀記」, 『簡帛研究』 3輯, 1998年; 曹錦炎, 「望山楚簡文字新料」, 『東方博物』 4輯, 1999年; 程燕, 「望山楚簡文字研究」, 석사논문, 2002年.

109 劉樂賢, 「九店竹簡日書研究」, 『華學』 2輯, 1996年; 饒宗頤, 「說九店楚簡之武君與複山」, 『文物』 1997年 6期; 劉信芳, 「九店楚簡日書與秦簡日書比校研究」, 『第三屆國際中國古文字學研究會論文集』 1997年; 陳松長, 「九店楚簡釋讀劄記」, 『第三屆國際中國古文字學研究會論文集』 1997年; 陳偉武, 「戰國楚簡考釋校義」, 『第三屆國際中國古文字學研究會論文集』 1997年; 徐在國, 「楚簡文字拾零」, 『江漢考古』 1997年 2期; 李守奎, 「江陵九店56 號墓竹簡考釋四則」, 『江漢考古』 1997年 4期; 李零, 「讀九店楚簡」, 『考古學報』 1999年 2期; 李家浩, 「九店楚簡告武夷研究」, 『第一屆簡帛學術討論會論文』 1999年; 周風五, 「九店楚簡告武夷重探」, 『第一屆古文字與出土文獻學術研討會論文』 2000年.

110 李學勤, 「包山楚簡中的土地買賣」, 『中國文物報』 1992年 3月 22日; 林澐, 「讀包山楚簡劄記七則」, 『江漢考古』 1992年 4期; 劉信芳, 「包山楚簡遣策研究拾遺」, 『中國文物報』 1992年 3期; 劉信芳, 「包山楚簡遣考釋拾零」, 『江漢考古』 1992年 3期.

111 何琳儀, 「包山竹簡選釋」, 『江漢考古』 1993年 4期; 李天虹, 「包山楚簡釋文補正三五則」; 李零, 「包山楚簡研究文書類」, 『王玉哲先生八十壽辰紀念文集』 1994年; 林素清, 「讀包山楚簡劄記」; 黃錫全, 「包山楚簡釋文校釋」, 『湖北出土商周文字輯正』, 武漢大學出版社, 1992年; 湯餘惠, 「包山楚簡讀後記」, 『考占與文物』 1993年 2期; 曾憲通, 「楚文字雜識」; 「包山卜筮簡考釋七篇」, 『第二屆國際中國古文字學研討會論文集』 1993年; 劉釗, 「包山楚簡文字考料」.

기로 한 차례 초간 열풍이 일었다.[112] 지금까지도 관련 논문은 끊이지 않고 있다.(본 저서에 첨부된 논저 목록에 자세히 소개되어 있다.)

이상 연구 논문은 종합 서술형의 일부 논문을 제외하고는 대다수가 문자 고석에 속한다. 包山초간 종합 연구 저작은 袁國華의 『包山楚簡研究』(박사논문 1994년), 陳偉의 『包山楚簡初探』 등이 있다. 후자는 죽간 문서의 부분적 내용을 구체적으로 분석하였으나 저작의 규모는 크지 않으며, 초나라 법률 제도 고찰에 상당한 시사점을 제시하였다. 郭店초간이 발표된 이후로 초간 자료는 이미 전국문자 연구의 이슈가 되었으며 관련 논저도 일일이 다 헤아릴 수가 없다.(본 저서의 「지역 구분 개론」에 상세한 내용이 소개되어 있다.) 1998년 『郭店楚墓竹簡』이 출판되었다. 包山초간에 비하여 郭店초간의 발표는 매우 커다란 센세이션을 불러일으켰다. 그해 미국 Dartmoth 대학에서 「곽점노자 국제 학술 토론회」가 열려 중국과 기타 외국 학자들 간에 심도 있는 토론을 가진 바 있다. 그 후, 연구자들은 郭店초간에 대한 관심을 주체할 수가 없었다. 만약 包山초간 연구가 기본적으로 고문자학, 고고학의 작은 범위에 국한된 것이라면, 郭店초간 연구는 包山초간 연구와 같은 작은 범위를 뛰어넘어 철학, 사상사, 문헌학 등의 영역까지 영향을 미쳤다. 2000년 武漢대학 중국문화연구원에서 편찬한 『郭店楚簡國際學術研討會論文集』의 통계에 따르면, 연구서, 논문집이 26종, 연구논문 400여 편이 있다

---

112 周鳳五, 「包山楚簡初考」, 『王叔眠先生八十壽慶論文集』 1993年; 周鳳五, 「舒罟命案文書箋釋 - 包山楚簡司法文書研究之一」, 『文史哲字報』 41期; 曾憲通, 「包山卜筮簡考釋七篇」, 『第二屆國際中國古文字學研討會論文集』 1993年; 李家浩, 「包山楚簡中旌施及其他」, 『第二屆國際中國古文字學研討會論文集』 1993年; 李家浩, 「包山楚簡敝字及其相關之字」, 『第三屆國際中國古文字學研討會論文集』 1997年; 陳松長, 「包山楚簡遣策釋文訂補」, 『第二屆國際中國古文字學研討會論文集』 1993年; 袁國華, 「包山楚簡文字考釋」, 『第二屆國際中國古文字學研討會論文集』 1993年; 袁華, 「包山楚簡文字零釋」, 『中國文字』 新18期; 張桂光, 「楚簡文字考釋二則」, 『江漢考古』 1994年 3期; 陳松長, 「包山楚簡遣策釋文訂補」, 『第二屆國際中國古文字學研討會論文集』 1993年; 陳偉湛, 「包山楚簡研究七篇」, 『容庚先生百年誕辰紀念文集』 1998年.

고 언급하였다. 3년도 안된 짧은 기간에 郭店초간이 학술계를 뒤흔든 효과는 역사상 전례가 없다고 말할 수 있다. 본 저서가 마무리되기 직전에, 때마침 『上海博物館藏戰國楚竹書(一)』이 출판되었는데, 이는 단지 上博초간의 일부분에 지나지 않지만 간백망(簡帛網)에 처음 발표된 논문은 이미 수십 편에 달하며 학술계의 강렬한 반향을 일으켰다. 그중에서도 「孔子詩論」 또한 고전문학 연구자의 지대한 흥미를 불러일으킬 것이라고 믿는다. 상박초간 80종 죽서(竹書)가 완전히 발표될 때, 우리는 반드시 전통 학술사에 대한 새로운 인식이 생길 것이라고 예언한다. 운몽진간(雲夢秦簡) 자료는 거의 다 발표되었고,[113] 연구 성과도 상당히 많다. 중화서국 편집부의 『雲夢秦簡硏究』에 첨부된 논저 목록을 참고하면 된다. 放馬灘秦簡은 부분적인 자료만이 발표되었으며,[114] 전체 자료는 아직 정리 중이다. 靑川木牘은 선진시기 보기 드문 목독 문자 자료로, 관련 연구 논문 또한 아주 많다.[115]

40년대 초에 발견된 長沙 백서는 중화인민공화국 수립 이후로 많은 학자들이 연구한 바 있으며, 일찍부터 중국과 해외 학자들의 주목을 받아왔다.[116] 1972년, 오스트레일리아 학자 Noet, Barnard는 그의 저서에 백서의 적외선 사진을 발

---

113 雲夢睡虎地秦墓編寫組, 『雲夢睡虎地秦墓』, 文物出版社, 1981年.

114 甘肅省文物考古硏究所, 天水市北道區文化館, 「甘肅天水放馬灘戰國秦漢墓群的發掘」, 『文物』 1989年 2期.

115 于豪亮, 「釋靑川秦墓木牘」, 『文物』 1982年 1期; 李昭和, 「靑川出土木牘文字簡考」, 『文物』 1982年 1期; 黃盛璋, 「靑川新出土秦田律木牘及其相關問題」, 『文物』 1982年 9期; 李學勤, 「靑川郝家坪木牘硏究」, 『文物』 1982年 10期; 胡平生, 「靑川墓木牘 '爲田律' 所反映的田畝制度」, 『文史』 19輯, 1983年 8月.

116 饒宗頤, 「長沙出土戰國繒書新釋」, 『選堂叢書』之四, 香港義友昌記印務公司, 1958年; 李學勤, 「戰國題銘槪述」, 『文物』 1959年 7-9期; 李學勤, 「補論戰國題銘的一些問題」, 『文物』 1960年 7期; 安志敏·陳松長, 「長沙戰國繒書及其相關問題」, 『文物』 1963年 9期; 商承祚, 「戰國楚帛書述略」, 『文物』 1964年 9期.

표하고 모본도 첨부하였다.[117] 적외선 사진의 필적이 선명하여 백서의 심도 있는 연구를 가능하게 해주었다. 적외선 사진과 모본을 근거로 하야시 미나오(林巳奈夫), Barnard, 엄일평(嚴一萍), 金祥恒, 진방회(陳邦懷), 李學勤, 李零, 饒宗頤, 曾憲通, 曹錦炎, 高明, 何琳儀, 朱德熙 등이 지속적으로 논문과 저서를 편찬하였으며,[118] 이전의 모본으로 해결할 수 없었던 수많은 문제들을 해결할 수 있었다. 李零의 『長沙子彈庫戰國楚帛書硏究』, 饒宗頤, 曾憲通의 『楚帛書』는 백서를 연구한 전문 저서이다. 饒宗頤, 曾憲通의 『楚地出土文獻三種硏究·長沙子彈庫楚帛書硏究』 이후에 전념한 분야는 이전 楚백서의 성질, 문자, 월명(月名), 예술 분야에 대한 종합적 서술이다. 두 학자는 저서에 3.3배로 확대한 적외선 사진을 첨부하여 문자가 이전 자료에 비해서 더욱 선명하다. 曾憲通의 『長沙楚帛書文字編』은 楚백서 문자 해석에 치중한 공구서이기 때문에 독자들에게 상당한 편의를 제공한다.

전국문자의 형체는 이설이 많기는 하지만 그렇다고 해서 규율이 아주 없는 것은 아니다. 이전 시기 학자들은 이 규율에 대해 탐색하기 위해서 수량도 아

---

117 Noel Barnad, 『The Chu Silk Manuscript Translation and Commentary』, The Australian National University, Canberra, 1973.

118 林巳奈夫, 「長沙出土戰國帛書考補正」, 『東方學報』 二十七冊, 1966年; Noel Barnad, 『The Chu Silk Manuscript Translation and Commentary』, The Australian National University, Canberra, 1973; 嚴一萍, 「楚繒書電虐解」, 『中國文字』 二十八冊, 1968年; 陳邦懷, 「戰國楚帛書文字考證」, 『古文字硏究』 5輯, 1981年; 李學勤, 「論楚帛書的天象」, 『湖南考古輯刊』 1輯, 1982年; 李學勤, 「楚帛書中的古史宇宙觀」, 『楚史論叢』, 湖北人民出版社, 1984年; 李學勤, 「長沙楚帛書通論」, 『楚文化硏究論集』, 荊楚書社, 1987年; 李零, 『長沙子彈庫戰國楚帛書硏究』, 中華書局, 1985年; 李零, 「長沙子彈庫戰國楚帛書硏究補正」, 『古文字硏究』 20輯, 2000年; 饒宗頤·曾憲通, 『楚帛書』, 中華書局香港分局, 1985年; 曹錦炎, 「楚帛書月令篇考釋」, 『江漢考古』 1985年 1期; 高明, 「楚繒書硏究」, 『古文字硏究』 12輯, 1985年; 何琳儀, 「長沙帛書通釋」, 『江漢考古』 1986年 1期와 2期; 何琳儀, 「長沙帛書通釋校補」, 『江漢考古』 1989年 4期; 何琳儀, 「說無」, 『江漢考古』 1992年 2期; 朱德熙, 「長沙帛書考釋」, 『古文字硏究』 19輯, 1992年.

주 적고 그마저도 산재한 여러 학자의 논문을 찾아봐야만 하였다. 湯余惠는 비교적 체계적으로 전국문자 자형 변화 규칙을 귀납한 장편의 논문을 편찬하였는데,[119] 이는 의미 있는 시도였다. 최근 지역 구분 연구가 학자들이 관심사가 되었으며 그 중 楚 문자 연구가 특히 대두되고 있다. 본 저서의 「지역구분 연구」에서 자세히 다루기로 한다.

필사로 전해진 고문[傳抄古文]은 고대에 발견된 전국문자이다. 중화민국 초기 이후로 많은 학자는 필사로 전해진 고문을 활용한 전국문자 고석에 관심을 가졌다. 위 문장에서 제시하였던 王國維, 胡光煒, 서연경(舒連景), 商承祚 등이 그렇다. 문화대혁명 이후, 연구자들은 필사된 고문과 전국문자의 상호 증명에 더욱 관심을 가지고 두 자료 사이의 관계를 포괄적이면서 체계적으로 연구하기 시작하였다. 예를 들어 曾憲通, 何琳儀, 黃錫全, 許學仁 등이 관련 논문을 집필하였다.[120] 黃錫全의 『汗簡注釋』은 고문자 자료를 이용하여 『汗簡』을 새롭게 증명한 전문 저서이며, 이 분야에 대한 더 많은 전문 저서가 출판되기를 기대하고 있다.

『說文古籀補』와 같은 고문자 자전은 상주, 춘추, 전국문자가 서로 뒤섞여 있으며 논리성도 부족하다. 『金文編』은 체제의 한계로 인하여 소량의 전국시대 금문만을 추가하여 수록하였다. 문화대혁명 이후로 高明은 세 칸으로 구성된 고문자 자형표를 만들어 『古文字類編』을 편찬하였고 「갑골문」, 「청동기 명문」, 「죽간 자료 및 기타 각사(刻辭)」를 세 칸으로 구분하였다. 서중서 또한 「고문자

---

119 湯余惠, 「略論戰國文字形體研究中的幾個問題」, 『古文字研究』 15輯, 1986年.

120 曾憲通, 「三體石經古文與說文古文合證」, 『古文字研究』 7輯, 1982年; 何琳儀, 「戰國文字與傳鈔古文」, 『古文字研究』 15輯, 1986年; 黃錫全, 「利用汗簡考釋古文字」, 『古文字研究』 15輯, 1986年; 黃錫全, 「汗簡, 古文四聲韻中的石經, 說文古文的研究」, 『古文字研究』 19輯, 1992年; 許學仁, 『古文四聲韻古文研究』, 文史哲出版社.

발전의 역사 층차를 근거로 삼고 세칸으로 배열하여」,[121] 『漢語古文字字形表』
를 편찬하였으며, 세 칸을 각각 「은대(殷代)」, 「서주(西周)」, 「춘추전국」으로 구분
하였다.(『說文』古籀, 三體石經 고문도 함께 수록되어 있다.) 또한 『秦漢魏晉篆隸字形表』
을 편찬하여 첫 번째 칸에 秦 문자를 수록하였다. 이러한 공구서는 전국문자 자
형을 검색하는 데 어느 정도 편리를 제공하였다. 전국문자를 분류한 공구서는
비교적 많은데 예를 들면, 張守中의 『中山王譻壺文字編』, 張光裕·曹錦炎의 『東
周鳥篆文字編』, 施謝捷의 『吳越文字滙編·字表』, 商承祚·王貴忱·譚棣華의 『先
秦貨幣文編』, 張頷의 『古幣文編』, 山西省 문물관리위원회의 『侯馬盟書·字表』,
羅福頤의 『古璽文編』, 金祥恒의 『匋文編』, 高明·葛英會의 『古陶文字徵』, 서곡
보(徐谷甫)·왕연림(王延林)의 『古陶字滙』, 원중일(袁仲一)의 『秦代陶文·字表』, 袁仲
一·유옥(劉鈺)의 『秦文字類編』, 商承祚의 『戰國楚竹簡滙編·字表』, 葛英會·팽호
(彭浩)의 『楚簡帛文字編』, 등임생(滕壬生)의 『楚系簡帛文字編』, 郭若愚의 『戰國楚
竹簡文字編』, 李守奎의 『楚文字編』, 湖北省 荊沙 철로고고대(鐵路考古隊)의 『包山
楚簡·字表』, 張光裕·袁國華의 『包山楚簡文字編』, 張守中의 『包山楚簡文字編』,
張光裕·黃錫全·滕壬生의 『曾侯乙墓竹簡文字編』, 張光裕의 『郭店楚簡研究·文
字編』, 張守中의 『郭店楚簡文字編』, 李零의 『長沙子彈庫戰國楚帛書研究·索
引』, 曾憲通의 『長沙楚帛書文字編』, 장세초(張世超)·장옥춘(張玉春)의 『秦簡文字
編』, 진진유(陳振裕)·劉信芳의 『睡虎地秦簡文字編』, 張守中의 『睡虎地秦簡文字
編』등이 있다.

　이상 「文字編」, 「字表」, 「索引」 등으로 분류된 공구서 자료 모두 완전한 체제
를 갖췄으며 심도 있는 연구를 하기에 편리하다. 하지만 동시대를 대비할 수 있
는 자료가 부족하여 독자가 전국문자 형체 변화의 전모를 종합적으로 관찰하기

121　徐仲舒, 『漢語古文字字形表』 出版說明, 四川人民出版社, 1981年.

가 어렵다. 이를 감안하여 何琳儀의 『戰國古文字典 - 戰國文字聲系』는 각종 전국 문자를 하나의 틀 속에서 체계적으로 배열하였다. 자표(字表)를 위주로 자의(字義)와 사의(詞義)를 동시에 살펴볼 수 있도록 하여 완벽한 체제를 갖춘 중형 전국문자자전으로 탄생하였다. 이 저서는 1996년에 원고를 마감하였기 때문에 곽점초간 같은 중요 자료는 수록하지 못하였다. 듣기로는 『戰國文字編』이 출판된다고 하는데 아마도 『聲系』의 불충분한 점을 보완할 수 있을 것 같다.

전국문자 연구논문은 분산된 편이다. 손치추(孫稚雛)의 『靑銅器論文索引』은 東周 시기 청동기, 새인, 화폐, 도문, 맹서, 간백, 각석, 옥기 명문 등에서 근현대 학자들이 연구한 전국문자 논문을 상당히 상세하고 빠짐없이 수록하였고, (1982년까지) 검색하기에도 더욱 편해졌다. 何琳儀의 『戰國文字通論』(訂補)는 중국대륙, 홍콩, 대만, 기타 국가 등의 학자가 전국문자 연구와 관련된 논저 목록을 첨부하였는데, (2000년까지) 자료는 기본적으로 완전하게 갖추었다.

林素淸의 『戰國文字硏究』는 대만 학자가 전국문자를 연구한 첫 번째 종합 전문 논저이다.[122] 모두 5장으로 구분하여 「전국문자의 특징(1) - 간화(簡化) 현상」, 「전국문자의 특징(2) - 번화와 미화(繁飾與美化)」, 「전국문자의 특징(3) - 합문부호의 운용」, 「왕국유의 「戰國時秦用籒文六國用古文說」 재탐구」, 「전국문자 편년표(編年表)」로 구성되어 있다. 이 저서는 전국문자 특징을 세밀하게 귀납하였는데, 이를 처음으로 만들어 낸 공은 가히 크다. 何琳儀의 『戰國文字通論』은 20세기 80년대 이전의 전국문자 연구를 체계적으로 개괄하였다. 모두 5장으로 구분하여 「전국문자의 발견과 연구」, 「전국문자와 필사 고문」, 「전국무자 지역 구분 개괄」, 「전국문자 형체 변화」, 「전국문자 고석 방법」으로 구성되었다. 전국문자를 「다섯 곳」의 관점으로 구분한 견해를 제기하고 전국문자 형체 변화 규칙을

---

122 林素淸, 『戰國文字硏究』, 박사논문, 1984年.

귀납한 것은 본 저서의 양대 특징이다.

20세기 말엽, 우수한 문자학사 저서 두 권이 출판되었다. 황덕관(黃德寬), 진병신(陳秉新)의 『漢語文字學史』, 요효수(姚孝遂) 등의 『中國文字學史』이다. 두 저서는 전국문자 연구 상황을 체계적이면서 포괄적으로 소개하여 문자학적으로 중요한 가치를 지니고 있다. 작자 모두 유명한 고문자학자이기 때문에 두 저서는 일반적인 문자학사의 평범한 이론과 다르다.

중화인민공화국 수립 이후로 전국문자 자료는 수량이 많아졌을 뿐만 아니라 명확한 출토 지점도 알고 있다. 더욱이 대량의 죽간과 맹서가 발견되어 전국문자 연구에 풍부하고 믿을만한 원시자료를 제공받았다. 이 시기의 연구 수준 또한 과거보다 현저하게 발전하였으며 종합적인 연구도 시기 구분과 국가 구분, 두 가지 방향으로 발전하였다. 문자 고석도 나날이 엄밀해지고 예전 골동품 소장가가 빈약한 근거로 억측하였던 습관도 일소되면서 풍성한 성과를 거두었다. 하지만 현재 직면한 전국문자 연구 중 불리한 요인에 대해서도 반드시 지적해야 할 것이 있다.

1. 새로 출토된 자료 공포가 시기적절하지 않아, 귀중한 초간 자료가 아직 모두 발표되지 못하였다. 근래 들어 이러한 상황이 개선되기는 하였으나 여전히 부족한 면이 있다. 바꿔 말하면, 정리하여 출판되는 속도가 연구자의 보폭에 훨씬 못 미친다.

2. 문자자료의 탁본이나 사진이 명료하지 못하며, 그중에서도 병기 명문이나 죽간 문자가 더 심하다. 이와 같은 상황은 문자식별에도 반드시 영향을 준다. 문물 자료를 출판하는 기관은 점진적으로 기물을 중시하고 문자를 경시하는 경향을 고쳐나가야 한다.

3. 전국문자와 갑골문, 금문의 정리 연구 작업을 서로 비교해보면 확

실히 균형이 맞지가 않다. 갑골문과 금문 연구 성과는 각종 전문 저서, 논문뿐만 아니라 체계적인 공구서도 상당히 많다. 그러나 전국문자의 성과는 훨씬 적다. 근래 들어 전국문자 분류와 관련된 공구서가 점차 많아졌지만 각기 다른 자료의 문자를 종합한 공구서는 아주 적다.

4. 전국문자 지역 구분은 근래 들어 장족의 발전이 있었으나 국가 구분 연구는 아직도 세밀한 작업이 필요하며 더 발전된 노력이 필요하다. 예를 들어 三晉 화폐나 새인 문자의 국가 구분, 齊-魯 문자의 구별, 宋-衛 등의 문자 식별 등이다. 전국문자의 시기 구분에 관해서도 더욱 세밀하게 작업해야 한다.

5. 모두 알다시피 『甲骨文合集』, 『殷周金文集成』은 商周 문자를 연구하는 데 없어서는 안 될 1차 자료이다. 전국문자를 집대성한 자료 총집은 아직 관심을 보이는 사람이 전혀 없다.

6. 『甲骨文獻集成』이 최근 출판되었고, 이와 유사한 유형의 금문「집성(集成)」은 현재 편집 중이다. 전국문자는 이 분야의 작업을 시급히 진행해야 한다.

7. 현재까지 역대 전국문자 연구를 총결산한 『戰國文字學』이 아직 출판되지 않았다. 바꿔 말하면, 고문자학의 중요 분과인 전국문자학의 이론 수립은 문자학자가 많은 관심을 가질만하다.

8. 역사학, 문헌학의 각도에서 말한다면 陳夢家의 『殷虛卜辭綜述』은 아주 이상적이면서도 종합적 성격을 지닌 대작이다. 당연히 전국문자 분야도 규모가 방대하면서 자세하고 빈틈없는 전국문자만의 「종술(綜述)」이 있어야 한다.

9. 郭店 초간 발표 이후로 전국문자 연구는 고문자학과 고고학 범위 내로 다시 국한시킬 수가 없게 되었다. 수많은 역사학, 철학, 문헌학 등의 학자들 또한 전국문자 연구에 참여하고 있으니 이는 원래 좋은 일이다. 그러나 반드시 언급해야 할 점이 있다면 일부 고문자학 전문 훈련을 받지 않은 학자가 임의로 전국문자를 해석하다 보면 사람으로 하여금 울지도 웃지도 못할 「자형 분석」이 상당수 출현하므로, 전국문자를 처음 배우는 사람은 이에 대해 각별히 경계해야 한다.

10. 전국시대 출토문헌이 전래문헌에 대해 새롭게 인식시켜 준 점은 중요한 학술적 의의를 지니고 있다. 하지만 무리하게 획일적으로 몰아가거나 새로운 주장을 내세우는 것은 전국시대 출토문헌을 해석하고 정확히 인식하는 데 영향을 준다.[123]

이러한 점들은 처음 배우는 사람뿐만 아니라 연구자에게도 모두 불리한 요소이다. 이후에도 이러한 경향을 극복할 수 있도록 노력해야 한다.

전국문자는 중화인민공화국 수립 이후로 비로소 금석학의 예속으로부터 완전히 독립하였고 갑골문, 금문과 함께 정립된 신흥 분야이다. 李學勤의 「戰國題銘槪述」 발표가 주요한 지표이다. 이후, (특히 문화대혁명 이후) 고고학적 신자료의 수량과 범위가 확대됨에 따라서 전국문자의 연구는 점차 한 부분으로부터 전체적인 방향으로 전개되었다. 이는 중화인민공화국 수립 이후로 역대 전국 문자연구와 구별되는 가장 중요한 특색이다. 따라서 이 시기를 「전국문자 연구의 분얼기(分蘖期)」라고 할 수 있다.

123　裘錫圭, 「中國古典學重建中應該注意的問題」, 『北京大學中國文獻學研究中心集刊』 2輯, 2001年.

제5절 전국문자의 분류

만약 무리하게 갑골문과 殷商 문자, 금문과 西周春秋 문자를 두루뭉술하게 대응시킨다면, 오히려 근본적으로 전국문자를 대표할 수 있는 대응 서체를 찾을 수 없다. 만약에 서사재료에 따라서 분류한다면 전국문자는 분명히 복잡해 보이기 때문에 어느 문자 재료가 전국문자를 대표한다고 말하기가 어렵다.

殷商 문자는 갑골문 위주이며 청동기 명문은 부수적이다. 또한 소수의 옥각(玉刻), 도기, 석기 문자 등을 포함한다. 西周 시기는 청동기 명문 위주이며 갑골, 옥각, 도기, 석기 문자 등을 포함한다. 그러나 「전국문자」의 종류는 상당히 많다. 이를테면 청동기, 철기, 금기(金器), 은기, 석각, 옥기, 맹서, 화폐, 새인, 봉니, 도문, 골기, 간독, 목기, 칠기, 비단[縑帛] 문자 등등인데, 있을 만한 것은 다 있으며 포괄하지 않는 것이 없다.

고문자는 일반적으로 서사재료나 기물의 용도에 따라 분류하는데 실제로 이러한 분류는 결코 과학적이지는 않으며 심지어 심각한 폐단도 가지고 있다. 예를 들어 동새(銅璽), 은새(銀璽), 옥새(玉璽)가 서사재료에 따라 금속 기물과 석기로 포함시킬 수 있으나 기물 용도로 분류한다면 새인 문자로 포함시킬 수밖에 없다. 주지하다시피, 새인 재료는 금속 기물(銅璽, 銀璽)이 대부분을 차지하는 것 이외에도, 석기(石璽, 玉璽, 琉璃璽), 골기(骨璽), 토기(封泥), 목기(木烙印) 등을 포함한다. 거푸집 위에 만들어 불에 구운 문자는 새인 문자로 속해야 하는가? 아니면 도기 문자로 봐야 하는가? 그 경계가 본래 구분하기에 적절하지 않으므로 상술한 전통적 분류는 늘 상대적이었다.

전국문자의 가장 이상적인 분류법은 우선 공시적으로 국가를 구분한 후 통시적으로 시기를 구분하여 옛 분류법이 지닌 다양한 경계를 허물고,(물론 서로 다른 범주의 문자 특징도 적절히 고려해야 한다) 문자 자체가 그 흐름의 변화 추세를 반영하게 하며 지역에 의한 차이도 반영하여 과학적 가치를 높인다.

현재 출토되고 전해지는 전국 문자 자료, 특히 시기 구분이나 국가 구분의 조건을 갖춘 자료는 여전히 매우 부족하다. 제후국의 영역에서 출토된 자료의 상황 또한 고르지 않다. 예를 들어 三晉 지역의 병기 명문, 화폐문자와 楚의 청동기 명문, 죽간 문자는 이미 초보적으로 국가 구분과 시기 구분의 조건을 갖추었으나 기타 지역은 여전히 조건을 갖추지 못했다. 따라서 「가장 이상적인 분류법」을 현재 사용하기에는 아직 시기상조이다. 단지 부분적으로 이 문제에 대해 도움이 될만한 분석을 할 수 있을 뿐이다.(자세한 내용은 제3장에서 다룬다)

본 장에서는 잠정적으로 전통 분류법을 채택한다. 즉 서사 자료 위주로 기물의 용도를 적절히 고려하여 구분한다. 이러한 궁여지책은 전국문자 자료의 광범위한 출처를 쉽게 설명하는 한 가지 방법에 불과하다. 이 밖에도 이러한 전통 분류법의 몇 가지 장점이 있긴 하다. 즉, 「자료 수집이 비교적 편리하고 명문 연구에도 효과를 거두기 쉽다.」[124] 전국문자 자료를 전통 분류법에 의거하면 대략 8가지로 구분할 수 있다.(骨器 문자는 상당히 드물기 때문에 단일 종류로 설정하기에 적합하지 않으므로 생략한다.)

一. 청동기 문자

1. 예기(禮器) 명문

춘추시기에 많이 볼 수 있었던 예기 명문은 전국시기에도 유행하였다. 예를 들면 정(鼎 - 『平安君鼎』), 돈(敦 - 『陳侯午敦』), 보(匦 - 『酓前匦』), 두(豆 - 『鄭陵君豆』), 호(壺 - 『中山王壺』), 감(鑒 - 『鄭陵君鑒』), 반(盤 - 『酓忎盤』), 이(匜 - 『鑄客匜』) 등의 명문이 있으며,

---

124　唐蘭, 『古文字學導論』上篇, 齊魯書社, 1981年, 4쪽.

춘추 시기에 쉽게 볼 수 있었던 궤(簋), 격(鬲) 등의 명문은 점차 종적을 감추었다.

전국시대 전기 예기 명문은 기본적으로 춘추 예기 명문이 지속된 것으로 명문의 필획이 부드럽고 힘이 있으며 품위가 있고 자수도 많다. 대부분 어떤 일로 인해서 선인이 기물을 만들었다는 등의 내용이며『陳侯午鐓』,『鄝侯載簋』,『哀成叔鼎』,『嗣子壺』,『曾姬無卹壺』 등이 그 예이다. 전국시대 중기 이후의 예기 명문은 필획이 섬세하고 화려하며 유약하고 자수도 적다. 내용은 「「물륵공명[物勒工名, 물건에 장인의 이름을 새겨 넣는]」 형식이 주류를 차지하였다.『三十五年虒令鼎』,『郷陵君豆』,『私官鼎』,『平安君鼎』 등이 그러한 예이다. 이와 같은 형식은 절대적인 것은 아니다. 예를 들어『中山王鼎』은 전국시대 중기 기물이지만 행적과 언행에 대한 기록이 자그마치 500여 자나 되며, 문자도 아름답고 소탈하면서 엄숙하고 장중하다. 그러면서도 필획이 섬세하고 네모반듯하여 전기 명문 자형과 확연히 다르다.

2. 악기 명문

전국시대 악기 명문은 종에 새겨진 명문이 주류를 이룬다. 문자가 일정한 규격을 갖추고 있으며 필획 구조가 호리호리하다. 예를 들어『鷹兂鐘』,『龕章鐘』 등이 있다. 曾侯乙墓에서 출토된『樂律編鐘』 명문은 구불구불하게 휘감는 형체이며 楚系 문자의 풍격이 농후하다. 기타 악기 명문은 박(鎛 -『楚王龕章鎛』), 구조(勾鑃 -『姑馮勾鑃』), 탁(鐸 -『鄝郢鐸』) 등과 같은 기물이 있으나 상당히 드문 편이다.

3. 도량형 명문

전국시대 도량형에 새겨진 명문은 전국시대 청동기 중에서도 독특한 종류이다. 많은 국가들 모두 도량형 명문이 있었다. 예를 들어 齊의『陳純釜』, 三晉의

『金寸銅鈧』, 楚의『郢大府量』, 秦의『商鞅方升』등이 있다. 도량형 명문은 수많은 용량과 중량 단위를 포함한다. 예를 들면 升, 益, 斗, 釜, 斛, 斤, 兩 등이며, 전국시대 도량형 연구의 귀중한 자료이다. 주의할 만한 점은 많은 전국시대 예기 명문 중에서도 도량 단위를 포함하고 있다는 점이다. 예를 들어, 燕의『重金壺』, 魏의『大梁鼎』, 韓의『上樂鼎』, 趙의『土匀壺』, 中山의『中山王壺』, 衛의『平安君鼎』, 東周의『公厨左官鼎』, 楚의『鄝陵君豆』, 秦의『中畝鼎』등이 있다. 이는 전국시대 청동 예기의 실용적 가치는 그만큼 높아졌으나, 제사 도구의 역할은 축소되었음을 설명한다.

그 밖에 동권(銅權) 문자 중에서도 간혹 중량 단위가 있다. 예를 들어『高奴權』,『司馬成公權』에「石」을 사용하여 도량형을 기록하였다. 이 또한 도량형 명문 안에 덧붙이기로 한다.

4. 부절(符節) 명문

부(符), 절(節)과 새인은 고대 사회에서 증빙 역할을 하였던 일종의 신표[信物]였다. 새인문자는 전국시대 문자의 주요 재료이다. 아래에서 따로 다루도록 하겠다. 전국 시대 중 유일하게 秦 나라에 병부(兵符) 명문이 있다. 예를 들어『新郪虎符』,『杜虎符』등이 있다. 절(節)에 새겨진 명문은 楚 나라의『鄂君啓節』,『龍節』,『虎節』, 齊 나라의『馬節』,『熊節』, 燕 나라의『鷹節』,『雁節』등이 있다.

5. 병기(兵器) 명문

전국 시대 청동기 명문 중에서 병기 명문이 가장 발달하였다. 이는 전국 시기 각 제후국이「武」를 숭상하는 기풍과 관련 있다. 병기 명문은 비록 수량이 아주 많지만 자수는 아주 적다. 주조 방식으로 제작한 명문은 일정한 규격을 갖추고 있다. 예를 들어『高密造戈』,『郾王職戈』,『吉日劍』,『曾侯乙戟』 등이 있다. 새기는 방식으로 제작한 명문은 상당히 허술하다. 예를 들어『右貫府戈』,『十七年春平侯鈹』,『陳旺戟』,『八年呂不韋戈』 등이 있다.

일반적인 과(戈), 극(戟), 검(劍) 명문 이외에 일부 병기도 명문이 있다. 예를 들어 월(鉞 -『中山侯鉞』), 척(鏚 -『大武戚』), 촉(鏃 -『左矢鏃』), 시괄(矢括 -『十年矢括』), 과대(戈鐓 -『中府戈鐓』), 거말(距末 -『二十年距末』), 노아(弩牙 -『左攻尹弩牙』), 노기(弩機 -『十年陽曲弩機』) 등이 있다. 이는 전국시대에 잦은 전쟁과 필요한 무기가 다양했다는 것을 반영한다.

주의할만한 것은 楚 계열 병기 명문은 춘추 시대 중기 후반 이후로 성행한 「조서(鳥書)」류 자형이다. 기물의 주인은 대체로 왕, 공작 등의 귀족이다. 잡다한 「조서(鳥書)」는 우수한 무기에 장식되어 온화하고 진귀한 자태를 드러냈다. 예를 들어『楚王孫鮪戈』,『畬璋戈』,『越王劍』 등이 있다.

6. 거마기(車馬器) 명문

거마기 명문은 모두 車馬器 관련 부품에 주조하였기 때문에 문자가 많지 않으며 보통 3~5자이다. 예를 들어『下宮車軎』,『陳窶節鍵』,『兩年車器』 등이 있다. 1966년 서안 부근에서 발견된 양머리 모양「車軎」의 명문은 10자인데, 비교적 드문 형식이다.

7. 기타

이상 6종류 명문 외에도 일부 기물에 명문이 있지만 수량이 아주 적거나 기물을 어느 종류에 귀속시키기가 쉽지 않다. 예를 들어『兆域圖』는 건축 도면에 첨부된 문자이며, 대문 고리는 문 장식 등으로 분류한다. 지금 잠시 기타 종류에 대해 언급해보겠다.

金器, 銀器, 鐵器 모두 金屬器에 속하므로, 청동기 명문 말미에 덧붙일 수 있다. 낙양(洛陽) 금촌묘(金村墓)에서 출토된 은제(銀制) 소형 동상과 소형 상자의 명문, 내몽고(內蒙古) 중가리아 흉노묘(匈奴墓)에서 출토된 금장식 명패, 중산왕묘(中山王墓)에서 출토된 금, 은 포말 장식[泡飾] 등이 있다. 燕의 「右酉」 쇠 거푸집은 철기 명문에 속한다. 잘 알려진 「垣釿」 쇠 거푸집 또한 철기 명문에 속한다.

종합하면 전국시대 청동기 명문의 종류는 잡다하며 수량도 상당하다. 그중 병기 명문이 주류라고 할 수 있으므로 아직까지도 체계적인 정리가 필요하다. 예기 명문은 수적으로 많지 않으나 상당히 중요하다. 도량형 명문과 부절 명문은 전국 시대의 발명품이므로 중요시할만하다. 그 밖에도 보기 드문 명문 또한 전국시대 청동기 명문의 내용을 보충해주었다.

二. 석기문자

엄밀한 의미에서 말하면 일반적인 석각(石刻) 문자는 석기(石器) 문자라고 해야 한다. 대량의 『侯馬盟書』, 『溫縣盟書』 모두 붓으로 옥이나 돌 조각에 직접 쓴 문자이며, 석고류(石鼓類)의 석각문자까지 통칭하여 석기 문자라고 해야 한다. 근거로 삼을만한 전국시대 석기 문자는 맹서(盟書) 외에는 재료가 많지 않다. 흥미로운 점은 이 석기의 형태 구조가 특수하다는 것이다.

1. 석각명문

石鼓文 - 석고의 十소는 사각형과 원형의 숭산 형태이며 위가 삭고 아래는 그며 형상은 찐빵과 같다. 이전 시기 사람들도 형태가 북과 비슷하다고 하여 「石

鼓」라고 칭하였다. 사실 『說文』의 「碣, 特立之石」, 『後漢書』「竇憲傳」 주석의 「方者謂之碑, 圓者謂之碣.」을 근거로 삼는다면 석고는 마땅히 「石碣」이라고 칭해야 한다.[125] 석각의 내용은 진왕(秦王)이 사냥했던 행적을 기록한 것이며 기본적으로 사언시(四言詩) 10수로 구성되어 있다.

詛楚文 - 초를 저주하는 세 석각(石刻)은 이전부터 이미 존재하지 않았으며, 형태 구조 또한 알 수가 없다. 기존 견해로는 秦 혜왕(惠王)이 신령에게 楚 회왕(懷王)을 저주하는 내용으로, 돌에 새겨 기록하고 땅에 묻은 재료로 전해진다.

守丘石刻 - 문자를 천연 자갈 위에 새긴 것으로 「碣」의 부류로도 추측된다. 명문은 묘장과 관련이 있다.[126]

岣嶁碑 - 지금까지 전해지는 岣嶁碑는 형산(衡山) 「禹碑」를 말하며 일찍부터 존재하지 않았다. 자형은 『能原鎛』류의 조충서와 상당히 유사한 것으로 보아 마땅히 越의 석각 문자이다.

玉璜箴銘 - 금촌전국고묘(金村戰國古墓)에서 출토된 옥황(玉璜)에 새겨진 명문 8자는 箴言에 속한다.

行氣玉銘 - 옥기 형태와 구조는 12면체인 소형 기둥이며, 각 면에 세 글자씩 새겨져 있다. 명칭은 확실하게 지칭하기가 어렵지만 명문은 고대 기공(氣功)과 관련 있다.

秦駰玉板 - 하나는 묵옥(墨玉)에 글씨를 음각한 것이며 다른 하나는 묵옥에 주황색 먹물로 글씨를 쓴 것으로, 내용은 축복을 비는 글이다.

---

125 馬衡, 「中國金石學槪論」, 『凡將齋金石叢考』, 中華書局, 1977年, 68쪽.
126 黃盛璋, 「平山戰國中山石刻初步研究」, 『古文字研究』 8輯.

2 盟書

이미 발견된 『侯馬盟書』와 『溫縣盟書』 모두 옥(혹은 돌)에 주황색 먹으로 쓴 글씨(혹은 검은 묵으로 쓴 글씨)이다. 형태 구조는 규(圭)와 같은 모양이 대부분이며 그 밖에는 불규칙한 조각 혹은 덩어리 형상을 갖추고 있다. 내용은 고대 맹약(盟約)과 관련 있다. 中山王墓에서 출토된 옥 장식, 옥 조각 문자와 曾侯墓에서 출토된 석경(石磬) 문자 또한 석기 문자에 속하지만 여기에서는 자세하게 서술하지 않겠다.

三. 화폐문자

춘추시대에 이미 명문이 있는 공수포(空首布) 화폐가 출현하였지만 출토되거나 전래된 명문이 있는 화폐 대다수는 전국시대 유물이다. 명문이 있는 전국시기 화폐는 楚 지역에서 일찍부터 금을 사용했던 사례를 제외하면 거의 구리를 사용하였다. 형태 구조에 따라 대체로 4가지로 구분할 수 있다.

1. 포폐(布幣)

고대 화폐 연구자들은 「布」를 「鎛」의 가차자로 간주하였다. 『詩』「臣工」의 「庤乃錢鎛」에 대한 傳에서 「鎛, 鎒」라고 하였다. 「鎛」, 「鎒」 모두 부삽 모양의 김매기용 농기구이므로 「布幣」 또한 「鏟幣」라고도 하며 최초 空首布가 바로 부삽 형태로 만들어졌다. 하지만 또 다른 연구자들은 「布幣」의 「布」와 「鎛」이 관련 없다고 하면서 포목과 비단 실물과 관련 있다고 하였다. 이에 대한 심도 있는 연구를 기대한다. 布幣는 주로 삼진(三晉)에서 유통되었으며, 燕과 楚에서도 발견되었다. 전국시기 布幣는 대부분 平首布이며 어깨, 발, 가랑이 세 부위의 특징에 따라 6가지 종류로 나눠볼 수 있다.

甲. 空首布

중화인민공화국 수립 이래 하남(河南) 정주(鄭州)와 낙양(洛陽) 부근에서 발견된 空首布는 210여 종이다. 사용된 시기는 아무리 이르다고 해도 춘추 시대 초기이며 아무리 늦어도 전국 시대 중기를 넘지 않는다.[127] 화폐 문자 내용은 대부분 낱글자이며 「商」, 「雨」, 「柳」, 「上」 등이 있다. 혹은 2자인 경우도 있는데 「安臧」, 「東周」 등이며 4자의 경우는 「小(少)曲市南」, 「小(少)曲市中」 등이다.

乙. 방족포(方足布)

① 어깨, 발, 가랑이가 사각형인 布이며, 방족소포(方足小布)라고도 한다. 이 布幣는 三晉 지역에서 주로 유통되었으며 韓의 「宅陽」, 趙의 「土匀(軍)」, 魏의 「皮氏」 등의 화폐가 있다.

② 어깨와 발이 사각형이며, 가랑이 부분이 원형인 布이다. 평견교형방족포(平肩橋形方足布)로 부르기도 한다. 이 布幣는 魏에서 유통되었는데 「禾(和)二釿」, 「高安一釿」, 「陰晉半釿」 등의 화폐가 있다.

③ 어깨와 가랑이가 원형이고 발이 사각형인 布이며, 원견표형방족포(圓肩橋形方足布)라고 부르기도 한다. 이 布幣는 또한 魏에서 유통되었으며, 「山陽」, 「安邶(陰)」 등의 화폐가 있다.

④ 모서리가 예리한 布가 있다. 평수예각방족포(平首銳角方足布)라고도 한다. 이 布幣는 모두 韓의 화폐이며, 「百涅(盈)」, 「盧氏百涅(盈)」 등의 화폐가 있다.

丙. 첨족포(尖足布)

① 어깨와 발이 뾰족한 화폐이며 평수첨족포(平首尖足布)라고도 한다. 화폐는

---

127 蔡運章, 「談解放以來空首布資料的新發見」, 『中國錢幣』 1983年 3期.

대형과 소형 두 종류로 구분하며 모두 趙의 화폐이다. 「甘(邯)丹(鄲)」, 「閼(藺)」 등의 화폐가 있다.

② 어깨가 평평하고 발이 뾰족한 화폐이며, 평수첨족소포(平首尖足小布)라고도 하며 이 또한 趙의 화폐이다. 「晉陽」, 「平陶(遙)」 등의 화폐가 있다.

丁. 원족포(圓足布)

① 어깨와 발이 둥근 화폐이며, 모두 趙의 화폐이다. 「閼(藺)」, 「离石」 등의 화폐가 있다.

② 어깨와 발이 둥근 삼공포(三孔布)이며, 이 또한 趙의 화폐이다. 「安陽」, 「南行衛(唐)」 등의 화폐가 있다.

戊. 연미족포(燕尾足布)

楚의 화폐이다. 화폐 앞면에 「枍(橅)比(幣)」, 뒷면에 「七傎」이 있다.

己. 연포(連布)

또한 楚의 화폐이다. 앞면에 「四比(幣)」, 뒷면에 「當釿」이 있다. 네 다리가 서로 연결된 두 개의 소형 화폐로 구성되었기 때문에 「連布」라고 칭한다.

2. 도폐(刀幣)

刀幣는 칼의 형상을 본뜬 것이다. 『墨子』「經說」下에서 「買. 刀糴相爲賈. 刀輕則糴不貴. 刀重則糴不易. 王刀無變.(買. 돈과 곡식은 상반되는 가격이다. 돈의 가치가 낮으면 곡식은 비싸지 않으며 돈의 가치가 높으면 곡식과 바꾸지 않는다. 왕이 만든 돈은 변하지 않는다)」에서 「刀」는 刀幣를 지칭한다. 齊, 燕, 趙, 中山이 刀幣가 유통된 지역이다.

刀幣는 일반적으로 세 가지 종류로 구분한다.

① 제도(齊刀) - 「齊返邦張(長)夻(大)朊(刀)」, 「齊夻(大)朊(刀)」 등이며 齊에서 유통
되었다.

② 명도(明刀) - 두 가지가 있는데 하나는 원절(圓折), 하나는 경절(磬折)이다. 刀
幣 명문 대부분이 「明」이며 주로 燕 지역에서 유통되었다.

③ 직도(直刀) - 소직도(小直刀)라고도 한다. 「甘(邯)丹(鄲)」, 「白(柏)人」, 「閔(藺)」
등이며 趙에서 유통되었다. 명문이 「成(城)白(陌)」인 것은 당연히 中山國의
화폐이다.

3. 전폐(錢幣)

위에서 인용한 『詩』의 「臣工」 「庤乃錢鎛」의 傳에서 「錢, 銚」, 「鎛, 鎒」를 근
거로 삼는다면 錢과 鎛 모두 부삽 모양의 김매기 농기구임을 알 수 있다. 하지
만 후대에 원형 화폐와 농기구는 아무런 관계가 없으며 고리 모양의 옥벽[璧]
을 본뜬 것일 수도 있다.(혹은 물레바퀴를 본뜬 것으로 간주되기도 한다.) 『爾雅』 「釋器」
에서 「肉이 好의 두 배인 것을 벽이라 부른다. 好가 肉의 두 배인 것을 瑗이라고
하며, 肉과 好가 같은 것을 環이라고 한다.(肉倍好謂之璧, 好倍肉謂之瑗, 肉好若一謂之
環)」이라고 하였다. 내 생각에 「安臧」, 「共屯(純)赤金」 圜錢에서 ○형은 옥벽에서
형상을 본떴으며, 「東周」, 「西周」 圜錢이 ◎형태로 만들어진 것은 「環」에서 형
태를 취한 것이다. 環, 圜, 錢은 음이 비슷하여 통할 수 있다. 『漢書』 「食貨志」에
서 「주공이 周를 위해 九府와 圜法을 세웠다(周公爲周立九府圜法)」의 주석에서 「圜
則錢也.」라고 하였다. 전국시대 후기는 거의 모든 지역에서 圜錢이 유통되었다.
전국시대 圜錢은 형태 구조에 따라서 기본적으로 두 가지로 나눌 수 있다.

甲. 원공환전(圓孔圜錢 - 楚 錢牌를 포함)

① 東西周:「東周」,「西周」 등

② 魏:「垣」,「共屯(純)赤金」 등

③ 趙:「閔(藺)」,「離石」 등

④ 楚:「見(現)金一朱(銖)」,「見(現)金四朱(銖)」 등

⑤ 秦:「重一兩十二朱(銖)」,「半睘」

乙. 방공환전(方孔圜錢)

① 東周:「東周」

② 齊:「賹四厎(刀)」,「賹六厎(刀)」 등

③ 燕:「明刀」,「一刀」 등

④ 秦:「重十二朱(銖)」,「兩甾(錙)」 등

4. 패폐(貝幣)

예전에는 의비전(蟻鼻錢) 혹은 귀검전(鬼臉錢)이라고 칭하였으며 실제로 조개 모양을 본뜬 구리 화폐라서 「銅貝」라고 칭해지기도 하였다.[128] 화폐에 「巽(選)」,「君」,「圻(斤)」,「行」 등의 문자가 있다. 貝幣는 楚에서 유통되었다.

5. 금폐(金幣)

화폐에 「郢爯(稱)」,「陳爯(稱)」 등의 명문이 있다. 이전 명칭은 「爰金」,「郢爰」이라고도 하였으나 아마도 잘못된 듯하다. 당연히 「金幣」나 「金版」이라고 해야 한다. 金幣 또한 楚에서 유통되었다

---

128 李左賢,「續泉說」,『古錢大辭典』總論의 19쪽에서 인용.

종합하면 전국시대 화폐의 형태 구조는 상당히 복잡하고 내용도 지명이나 화폐 액면가가 대부분이다.

四. 새인문자

『說文』에서 「璽는 왕인 사람의 도장으로 영토를 주관하는 것이다. 土로 구성되었으며 爾가 성부이다. 璽는 玉으로 구성된 주문이다.(璽, 王者印也, 所以主土. 从土, 爾聲. 璽, 籀文从玉.)」이라고 하였으나 사실 許愼은 漢代 법제에 근거하여 설명하였으며, 전국시대 새인의 실제 사용 상황과는 부합하지 않다. 전국시대 새인 문자에서 「璽」는 「鉩」, 「坅」, 「尔」 등의 형태로 쓰였고, 신분의 귀천과 상관없이 사용할 수 있으며 「王者」만이 사용할 수 있었던 것은 아니다. 「璽(坅)」는 土를 부수로 삼으며 진흙에 도장을 찍는 방식에서 의미를 취했다. 『淮南子』 「齊俗訓」에서 「若璽之抑(印)埴」이 확실한 증거이다. 「璽」는 玉을 부수로 삼으며 재질이 옥석임을 나타낸다. 「鉩」는 金을 부수로 삼고 재질이 구리인 것을 나타낸다. 「尔」는 「鉩」 혹은 「坅」의 생략형이다. 자형으로 본다면 「尔」는 「爾」의 간화자이며 본의는 아직 밝혀지지 않았다. 혹자는 「尔」이 도장의 형태를 본뜬 것이라고 하였으나 믿을 수 없다. 전국시대 고대 새인 중에서 「璽」를 「節」, 「符」, 「鍴」 등으로 칭하기도 하였으나 이는 지역에 따른 차이일 수 있다.

고대 새인의 형태 구조는 많은 변화를 거쳤다. 도장 면이 정사각형인 경우가 대다수를 차지하고 직사각형(『璽匯』 0361-0369), 원형(『璽匯』 0081, 0172, 0183, 0300), 곱자형(『璽匯』 3596, 3737), 초승달형(『璽匯』 2713, 3631), 심장형(『璽匯』 5451, 5452), 삼각형(『璽匯』 1304), 마름모형(『璽匯』 5707) 등이 있으나 드문 편이며 기타 불규칙적인 형태는 더더욱 보기 힘들다. 또한 몇 안 되는 고대 새인 중에서는 양면 혹은 여러 면에 모두 문자가 있으니 해석할 때 반드시 주의해야 한다. 예를 들어 「百千萬

秋昌」의 경우가 그러하다.(『璽匯』4919)

문자 내용에 근거하여 전국시대 새인은 네 가지로 구분할 수 있다.

1. 관인[官璽]

관인의 인면(印面)은 개인 이름을 새긴 것보다 크며 문자도 많은 편이라 사료
가치가 가장 높다. 흔히 볼 수 있는 관인은 두 가지가 있다.

① 관직명은 「春安君」(『璽匯』0005), 「司馬之鉨」(『璽匯』0026), 「士尹之鉨」(『璽匯』
  0146), 「卜正」(『璽匯』5128) 등이 있다.

② 관직명 앞에 지명을 표기한 경우는 「樂陰司寇」(『璽匯』0073), 「武隊(遂)大夫」
  (『璽匯』0103), 「東武城攻(工)帀(師)鉨」(『璽匯』0150), 「湘陵莫囂」(『璽匯』0164) 등이
  있다.

또한 내용이 특수한 관인도 일부 존재하는데 「陳之新都」(『璽匯』0281), 「王兵戎
器」(『璽匯』5707) 등과 같은 경우이다. 이러한 사례는 드물게 나타난다.

2. 성명 사인[姓名私璽]

이 종류는 대다수가 양각 소형 인장으로 인면은 사각형이며, 백문(白文)이나
원형의 인면은 적은 편이다. 성명 사인은 일반적으로 성씨와 이름 두 부분으로
구성된다.

① 姓이 한 자인 사인은 「王買」(『璽匯』0026), 「長亡(無)澤(斁)」(『璽匯』0858) 등이
  있다.

② 姓이 두 자인 사인은 「司徒焰」(『璽匯』3761), 「公孫生昜(陽)」(『璽匯』3897) 등이

있다.

또한 성명 사인 중 일부는 이름 다음에 「信鈢」를 붙이는 경우도 있는데 『璽匯』3695부터 3732까지가 그 예이다.

3. 성어인[成語璽]

이에 속하는 인문(印文)은 대체로 길상 부귀나 자기 수양을 뜻하는 어휘와 관련이 있으며 두 종류로 구분할 수 있다.

① 길상인[吉語璽]: 「長生」(『璽匯』4404), 「宜千金」(『璽匯』4740), 「出入大吉」(『璽匯』4912), 「百千萬秋昌」(『璽匯』4919) 등이 있다.

② 잠언인[箴語璽]: 「敬身」(『璽匯』4257)은 『禮記』「哀公問」의 「敬身爲大[몸가짐을 조심히 하는 것을 크게 여기다]」를 참고하였다. 「敬文」(『璽匯』4236)은 『荀子』「禮論」의 「不敬文謂之野[공경하는데 꾸밈이 없는 것을 비속하다고 하며]」를 참고하였다. 「敬事」(『璽匯』4142)는 『論語』「學而」의 「敬事而信[일을 삼가고 믿음직하다]」을 참고하였다. 「中(忠)悬(仁)」(『璽匯』4653)은 『司馬法』「仁本」의 「權出於戰, 而不出於忠仁[임기응변은 전쟁으로 비롯되지 충성과 인의로부터 비롯되지 않는다]」를 참고하였다.[129] 「可以正下」(『璽匯』4852)은 『墨子』「天志」의 「無自下正上者, 必自上正下[아래로는 위를 올바르게 하는 것은 없으며 반드시 위로부터 아래를 올바르게 한다]」를 참고하였다.

---

129 [역자주] 저자는 원래 「權出於戰, 而不出於中(忠)人(仁)」로 원문을 제시했으나 한국어 번역을 괄호 안에 표기하기 위해서 「權出於戰, 而不出於忠仁」으로 표시한다.

4. 외자인[單字璽]

인면에 한 글자만 있는 것을 외자인이라고 하며 이는 당연히 형식상의 명칭일 뿐이다. 대부분의 외자인은 아마도 개인적인 이름이 새겨진 인장이며 「鉩」는 단지 인장의 기능을 표시하였다. 「哲」, 「敬」과 같은 외자인는 당연히 잠언인에 속하며, 「昌」, 「富」와 같은 외자인은 길상인에 속한다. 따라서 외자인의 귀속 문제는 아직도 더 나은 연구 결과를 기대해야 한다.

봉니(封泥)는 새인 문자가 찍혀 있는 흙덩어리이며, 간독을 봉할 때 사용한다. 봉니는 고대 새인과 더불어 표리를 이루기 때문에 전국문자를 연구할 수 있는 희귀한 자료이다. 「左司馬聞(門)姁信鉩」, 「宋連私璽」(『封泥』) 등이 이와 같다.

五. 도기 문자

도기는 아마도 문자가 기록된 가장 원시적인 물질 재료일 것이다. 반파(半坡)와 대문구(大汶口) 도기에 문자가 실려 있고 殷과 周도 소량의 도기문자가 존재한다. 전래 도기문자도 대부분 周 말기 齊와 燕의 유물이다. 중화인민공화국 수립 이후 韓, 趙, 魏, 楚, 秦 등의 지역에서 모두 도기 문자가 발견되고 있다. 전국시대 도기 문자는 인장으로 찍은 것이 대부분이며 이와 같은 도문이 대체로 테두리가 있는 점은 새인 문자와 동일하다. 일부 학자들은 일부 도기 문자와 새인 문자의 동일한 내용을 비교하였는데, 이는 특히 설득력이 있다.[130] 새인 이외에 전국시대 도기 문자는 새긴 것과 붓으로 쓴 것도 있다.

전국 시대 도기 문자는 문자의 내용에 따라서 대략 3가지로 구분할 수 있다.

---

130 黃質, 『陶璽文字合證』.

1. 사명도문(私名陶文)은 대부분 제작자의 이름으로 「興」(『季木』1.4), 「王疢」(『季木』1.22) 등과 같다. 수많은 외자 도문은 틀림없이 陶工의 이름이다.

2. 관기도문(官器陶文)은 도기를 사용한 조직을 나타낸다. 예를 들어, 「左里殿(軌)」(『季木』2.33), 「陽城倉器」(『古研』7.222)이다.

3. 기사도문(記事陶文)은 사명(私名)이나 관기(官器) 앞에 시간 및 각급 관직명을 덧붙인다. 예를 들어, 「十七年八月, 右匋(陶)君(尹), 俠(里)旃(看), 殿(軌)貣.」(『季木』2.61), 「陳窚立事歲安邑亳釜.」(『季木』4.111)이다.

와당의 재질도 고령토이므로 와당 문자 또한 도기 문자에 속한다. 1911년 河北 易州에서 출토된 「左宮駒」 와당은 전국시기 燕의 기물이다. 秦의 구름무늬 와당으로 「左宮」, 「右宮」 등이 있다. 이른바 「羽陽千歲」 와당은 이전에 秦 武王 시기 유물로 전해졌으나 아마도 확실한 증거는 없으며 실제로는 漢의 와당이다.[131]

六. 간독 문자

간독 문자는 대나무에서 자료를 얻기 때문에 편리하고 경제적이기도 하면서 금석보다 훨씬 좋다. 따라서 간독 문자는 전국시대에 가장 중요한 서사 형식이다. 하지만 대나무는 쉽게 썩고 보존하기가 어려워, 중화인민공화국 수립 이후 남쪽에서 楚 나라와 秦 나라 간독만이 발견되었을 뿐이다. 앞에서 제기하였듯이 역사적으로 중원 지방 또한 齊魯 계열의 벽중서와 三晉 계열의 汲冢書가 발

131　陳直, 「秦漢瓦當槪述」, 『摹廬叢著七種』, 齊魯書社, 1981年, 337~338쪽.

견되기도 하였다. 고고학 사업이 발전함에 따라 齊, 燕, 三晋 간독도 다시금 빛을 볼 날이 있을 것으로 믿고 있다.

전국시대 간독에 담긴 내용은 상당히 풍부하여 전적으로 봐도 무방한 연대기, 지도 등의 자료도 있으며, 전적에서 볼 수 없었던 견책(遣冊), 점서(占書), 일서(日書) 등의 자료도 있다. 근래에 들어 또 다시 진정한 의미의 대량 전적이 발견되었다. 현존하는 楚, 秦의 간독자료는 대체로 열 가지로 분류해볼 수 있다.

1. 연대기: 雲夢秦簡『編年記』

2. 문서: 夕陽坡楚簡, 包山楚簡『文書』, 雲夢秦簡『語書』,『秦律十八種』,『效律』,『秦律雜抄』,『法律答問』,『封診式』,『爲吏之道』등

3. 토지법률: 靑川木牘

4. 일서: 九店楚簡, 雲夢秦簡『日書』, 放馬灘秦簡『日書』등

5. 지도: 放馬灘木牘地圖

6. 편지: 雲夢秦牘

7. 복서(卜筮): 望山一號楚簡, 天星觀楚簡, 包山楚簡『卜筮』, 江陵秦家嘴楚簡, 新蔡楚簡 등

8. 견책: 五里牌楚簡, 仰天湖楚簡, 信陽楚簡 第2組, 望山二號楚簡, 臨澧楚簡, 天星觀楚簡, 包山楚簡『遣冊』, 包山木牘, 隨縣曾簡 등

9. 전적: 信陽楚簡 第1組, 慈利楚簡, 郭店楚簡, 上海楚簡 등

10. 소설: 放馬灘秦簡『墓主記』

나무로 만든 기타 도구 상의 문자는 전국문자 중에서도 보기 드물다. 여기에서 잠시 간독 문자 다음에 덧붙인다. 목기 문자는 일반적으로 글자 수가 많지

않다. 예를 들어, 長沙 나무 낙인이나 中山王墓에서 발굴된 긴 나뭇가지 등이 있다.

七. 칠기 문자

지금까지 출토된 전국시기 칠기는 상당히 풍부하지만 문자가 남아있는 칠기는 아주 적다. 비교적 중요한 칠기 문자는「卄九年漆樽」,「卄八年漆衣箱」,「紫錦之衣箱」이다. 그 밖에도 衛, 秦 지역에 소량의 칠기 문자가 존재한다.

八. 백서 문자

금속, 석재, 대나무, 목재 등과 비교하면 비단 등의 직물은 보존하기가 더욱 쉽지 않다. 그래서 40년대 처음으로 발견된 전국시대 長沙『楚帛書』는 매우 귀중하다. 백서에 쓰인 墨書 900 여자는 전국문자 중 보기 드물 만큼 완전하고 체계를 갖춘 자료이다.

종합하면 전국문자의 서사 재료 종류는 대단히 많으며 殷周 시대 문자는 비할 바가 못 된다. 다양한 서사 재료에 따라 다른 서사 방법, 즉 주조, 새김, 서사 등의 사용을 결정하였다. 이는 전국문자가 복잡다단한 스타일을 구현하게 하였을 뿐만 아니라 전국문자의 형체 변화에도 직접적인 영향을 미쳤다. 예를 들어, 동일한 三晉 문자로 쓰인『驫羌鍾』과『侯馬盟書』는 서사 풍격이 확연히 다르다. 전자는 정교하고 섬세하며 엄정하고 후자는 제멋대로 쓴 나머지 자형이 고르지 못하다. 전자는 규범대로 썼지만 후자는 생략형이 많다. 三晉 화폐 문자의 필획은 어수선하고 상당 부분 생략하였으며 맹서는 그 정도가 더욱 심하다. 또한 楚계 문자로 쓰인『齊章鍾』과 信陽竹簡의 서사 풍격도 현저하게 차이가 난다. 전자의 형체가 호리호리하고 문자 새김이 깔끔하다. 후자의 형체는 편평하고 대략 활 모양이며 서사 방식이 간결하다. 이 모두가 전국문자를 연구할 때 반드시 주의해야 할 현상이다.

제6절 나오는 말

갑골문, 금문, 전국문자의 발전 순서와 세 단계 문자의 발견 순서는 정확히 상반된다. 역사적인 오해 또한 언제나 흥미를 불러일으킨다. 근대 고문자학의 시작은 淸 말기에 출토된 갑골문이며 그 후 갑골학이 고문자학 영역 중 발전 속도가 가장 빠른 분야였다. 北宋 때 흥기한 금석학은 근대에 이르러 다시 흥기한 분야로 고문자학의 중요 분과로 자리 잡았다. 중화인민공화국 수립 이후로 새롭게 출토된 전국 문자 자료가 급격하게 증가하면서 전국문자는 비로소 고문자학의 또 다른 분과를 형성하였다. 그러나 역사를 돌이켜보면 전국 문자가 가장 늦게 등장했지만, 그 발견과 연구의 역사를 거슬러 올라가 보면 가장 주목할 만하다는 것을 어렵지 않게 알 수 있다. 전국문자 발견은 갑골문 발견보다 이천 년 앞서 있을 뿐만 아니라, 전국문자는 西漢 이전에 이미 상당 수준 발달한 분야였다. 아쉬운 점은 근대 고문자학 논저 중 거의 모든 논저가 이 점을 소홀히 하고 있다는 것이다. 따라서 이 장에서 비교적 많은 지면을 할애하여 고대 전국문자의 발견과 연구를 소개하였다. 또한 전국문자의 새로운 발전은 어디까지나 최근 몇십 년이므로 본 장에서 소개한 중점 내용은 근, 현대 전국문자의 발견과 연구일 수밖에 없었다. 전국문자는 무지한 상태로 이 천년을 깊이 잠들어 있다가 비로소 씩을 틔웠으며, 가지치기를 통해서 고문사학이라는 높고 큰 나무의 새로운 가지로 뻗어나갔다. 전국문자의 종류가 상당히 많으므로 체계적인 정리가 필요하다. 과거의 연구 성과를 성실하게 개괄하고 현존하는 문자 자료를 엄밀하게 정리해낸다면 전국문자 연구의 진일보된 발전으로 견실한 기초를 다질 수 있을 것이다.

제 2 장

전국문자와 전초고문

제1절 들어가는 말

앞 장에서 소개한 8가지 전국문자 자료는 모두 지하에서 발굴되거나 지상에서 채집한 자료에서 비롯되었다. 새롭게 출토되거나 전래된 고고학 유물에는 전국시기 서사자의 필적이 남아 있으므로 전국문자를 연구하는데 우선적으로 확인해야 하는 원시 자료이며 두말할 나위 없는 과학적 가치를 지닌다. 그 밖에도 또 다른 전국문자 자료 역시 소홀히 할 수 없는데 바로 이 장에서 소개할 「地上」의 전국문자이다.

고문자학은 근대 시기에 새롭게 시작된 분야로 전통문자학과 어느 정도 연계성을 가지고 있으나 동일하지는 않다. 다만 연구 대상을 언급할 때, 문자학은 『說文』 위주로 연구한다면 고문자학은 명문이 있는 고고학 실물을 위주로 연구한다. 하지만 고문자를 배우는데 문자학을 기초로 삼지 않을 수 없다. 간단히 말하면 반드시 『說文』으로부터 시작해야 한다. 따라서, 『說文』 또한 전국문자를 배우고 연구하는 필독서이다. 특히, 『說文』에 실린 고문과 주문은 반드시 숙지한 후 통달해야 한다

앞 장에서 소개한 벽중서, 급총서 등의 죽간 문자는 비록 오늘날 실물을 볼

수 없으나 지금까지 전래된 『說文』, 삼체석경의 고문 중에서 유사한 흔적을 확인할 수 있다. 그 밖에도 전래된 각종 고문(古文), 경(經)과 전(傳)의 주소(注疏), 자서(字書) 중에서도 전국문자의 종적을 찾아볼 수 있다. 일반적으로 이렇게 필사된 「古文」은 실제 고대에 발견된 전국문자 자료 중 지속적으로 전해 내려온 자료이므로 충분히 진귀하다. 따라서 새로 출토된 전국문자와의 상호 교감 및 연구에서 전국문자 고석의 중요한 절차를 어겨서는 안 될 것이다.

제2절 주문(籀文)

一. 주문의 기원

무엇을 주문이라고 하는가? 전통적 견해로는 모두 주문을 『史籀篇』에서 비롯되었다고 보고 있으므로 그 서체의 명칭을 「籀」라고 하였다. 『漢書·藝文志』「『史籀』十五篇」에 대한 반고(班固)의 주석에서 「주 선왕 시기의 태사로 『大篆』15편을 지었으며 건무 시기 때 6편이 망실되었다[周宣王時太史, 作大篆十五篇, 建武時亡六篇矣].」라고 하였다. 『說文』의 서(叙)도 「선왕에 이르러 태사 주가 『大篆』15편을 편찬하였다[及宣王太史籀著大篆十五篇]」라고 하였다. 이전부터 전해져 온 구설(舊說)을 보면 근거 없는 얘기는 아니다. 하지만 왕국유는 새로운 학설을 제기하였는데, 『倉頡篇』 첫 구절 「창힐이 글자를 만들었다[倉頡作書].」를 근거로 『史籀篇』의 첫 구절 또한 「태사 주가 글자를 발췌하여 읽었다[太史籀書].」이어야 한다고 추측하였으며, 「籀」도 「발췌하여 읽다[抽讀].」의 의미라고 하였다.[1] 왕국유의 새로운 견해는 충분한 근거가 부족하여 환상에 가깝다는

---

1   王國維, 「史籀篇疏證·叙錄」, 『王國維遺書』 6冊, 上海書店, 1996年, 3쪽.

것을 알 수 있고 이전 견해를 뒤집기도 부족하다. 그 밖에도 주수창(周壽昌), 왕선겸(王先謙)은 「史籀」가 『漢書·古今人表』의 「史留」라고 간주하였다.[2] 「史留」는 『漢書·古今人表』에서 춘추전국 교체기에 해당하므로 당란은 결국 『漢書·藝文志』의 「周宣王」이 「周元王」을 잘못 적은 것으로 의심하기도 하였다.[3]

동한(東漢) 시기 반고, 허신 등의 학자 모두 『史籀篇』을 주선왕이 지은 것이며 결코 근거나 출처가 확실치 않은 저작은 아니라고 하였다. 고문자 자료가 이 점을 증명하였다. 상해박물관에 소장 중인 『趨鼎』은 주 려왕(周厲王) 19년의 표준 기물이다. 명문 속의 「史留」에 대해 당란은 주 선왕(周宣王) 태사(太史)인 「史籀」로 간주하였다.[4] 「籀」는 「留」가 성부이므로 「留」와 통가할 수 있다. 주 선왕은 주 려왕의 아들이며, 『史記·周本紀』의 기록에 의하면 려왕 재위기간이 37년이며 선왕은 재위 기간이 46년이었다. 만약 려왕 39년에 사류가 장년이었다면 선왕 재위 기간 중기에 그는 이미 노인이 되었을 것이다. 따라서 옛 학설에 「史籀」가 「주 선왕 태사(太史)」로 여긴 것은 쉽게 부정할 수 없을 뿐만 아니라 청동기 명문으로 증명할 수 있으므로 더욱 의심할 여지가 없다.

『漢書·藝文志』에서 「『史籀篇』은 주의 사관이 학동을 가르치던 책이다[史籀篇者, 周時史官敎學童書也].」라고 하였다. 대략 후대의 『千字文』, 『三字經』처럼 운(韻)이 있는 교과서와 같으며 원본은 모두 사라져 남아있지 않다. 하지만 『漢書·藝文志』의 「건무 시기 여섯 편이 없어졌다[建武時亡六篇].」에 근거하면, 허신이 참고한 것은 나머지 9편임을 알 수 있다.[5] 당(唐) 현도(玄度) 『十體書』도

2   王先謙, 『漢書補注』「周壽昌曰, 卽史籀也, 「藝文志」周宣王太史. 籀之爲留, 古字通用耳. 先謙曰, 周說斤之, 而『表』次時代稍后.」

3   唐蘭, 「中國文字學」, 上海古籍出版社, 1979年, 155쪽.

4   劉啓益, 「伯寬父盨銘與厲王在位年數」, 『文物』 1979年 11期.

5   建武는 한(漢) 광무제(光武帝)의 연호이다.

「秦은『詩』와『書』를 태웠으나 오직『易』과『史籒』는 온전한 형태로 얻어냈다. 왕망의 난에 이르러 이 편도 망실되었다. 건무 시기에 아홉 편을 얻었고 장제 시기부터 왕은 해설을 썼으나 통할 수 없는 것이 열 가지 중 둘 셋은 있었다. 晉 시기에 이 편은 폐기되어 지금은 자형만 전해지고 있을 뿐이다[秦焚詩書, 惟易 與史籒得全. 逮王莽亂, 此篇亡失. 建武中獲九篇, 章帝時王育爲作解說, 所不可通 者十又二三. 晉時此篇廢, 今略傳字體而已].」라고 하였다.[6] 이로부터 볼 수 있듯 이 동한(東漢) 시기『史籒篇』은 오히려 대부분이 학자가 인용한 것이다.『說文』 에서 인용한「王育說」은 당연히 王育의「解說」에서 비롯되었다.『說文』에 남겨 진 225자의 주문은 오늘날『史籒篇』을 연구하는데 가장 중요한 자료이다.

주문의 특징과 관련하여 왕균은「籒文好重疊」이라고 지적하였으며,[7] 왕국유 는「대체로 좌우가 균일하지만 다소 복잡한 형태와 관련 있다. 상형, 회의 방식 으로 쓰인 문자는 적고, 규칙적으로 쓰인 문자가 많다.[8] 라고 서술하였다. 사 실 규칙적이라는 말은 서주 중, 후반기 이후 청동기 명문의 공통점이었다. 이 시 기 명문의 배치는 가로, 세로 모두 가지런하고 자체 또한 나날이 직선과 사각형 구조를 갖추게 되면서 필획에 굴곡이 없어지고 두 끝부분이 일정해졌기 때문 에 일반적인 스타일로 정착되었다.『克器』,『頌器』,『虢季子白盤』등이 모두 이 러한 명문에 속하는 전형적인 작품들이다.「籒文好重疊」이나「좌우 모두 균일 하며 복잡한 형태와 다소 관련 있다」는 피상적인 말이다. 확실히 주문은 수많은 「복잡한」형태가 존재한다.(아래 인용한 주문,『說文』고문, 삼체석경 고문 다음의 쪽 수 는 대부분『漢語古文字字形表』쪽 수이다. 다른 자료를 참고할 경우 문장에 따라 설명을 덧붙인다.) 예 를 들어,

---

6 桂馥,『說文義證』,『說文詁林』6745쪽에서 인용.

7 王筠,『說文釋例』卷5.

8 王國維,「史籒篇疏證·叙錄」,『王國維遺書』六冊, 上海書店, 1996年, 3쪽.

登는 𤼷로 쓴다 (54)

商는 𧶜로 쓴다 (82)

敗는 贁로 쓴다 (124)

粟는 𥻆로 쓴다 (272)

秦는 𥢑로 쓴다 (280)

煙는 𡧾로 쓴다 (393)

하지만 주문의 형태 또한 대부분 은주(殷周) 문자 혹은 육국 문자 중에서도 찾을 수 있다. 반대로 왕국유의 관점에 근거하면 주문과 서로 대응하는 고문 중, 「복잡한 형태와 다소 관련 있다」는 형태 또한 사례가 드물지 않다. 예를 들면,

一는 弌로 쓴다 (1)

社는 𥙍로 쓴다 (11)

業는 [illegible]로 쓴다 (98)

畀는 [illegible]로 쓴다 (103)

惠는 𢡆로 쓴다 (153)

巫는 𢒺로 쓴다 (175)

某는 [illegible]로 쓴다 (216)

그 밖에 소전과 구조가 다른 주문도 일부 존재한다. 예를 들어,

甲	嘯는 歗로 쓴다	(43)	乙	遲는 遟로 쓴다	(64)
	韶는 [illegible]로 쓴다	(105)		話는 譮로 쓴다	(92)

朕는 疹로 쓴다 (159)　　　鞊는 韄로 쓴다 (105)

觴는 礜로 쓴다 (166)　　　鶃는 鷊로 쓴다 (149)

籩는 匶로 쓴다 (170)　　　糦는 糟로 쓴다 (282)

甲은 서로 다른 形符의 이체자이며 을은 동일한 形符의 이체자이다. 넓은 의미에서 말하면 모두 성음 가차의 범주에 속한다. 『說文』고문, 石經 고문 등 필사 자료 모두 그 예에 속하며 이는 당연히 「좌우 모두 균일하며 복잡한 형태와 다소 관련 있다」와 같은 부류에는 속하지 않는다.

종합하면 『說文』주문은 『史籀篇』에서 비롯된 것이며 『史籀篇』은 厲王, 宣王 시기의 사관 「留」를 통해 정리된 일종의 아동용 식자 교본이다. 역사서 기록을 토대로 보면 주 선왕은 서주 후기 중흥을 이끌었던 군주이다. 그는 재위 기간 중 사류에게 문자 규범화 작업을 진행하도록 명을 내렸을 가능성이 있다. 원본 『史籀篇』은 『克器』, 『頌器』, 『虢季子白盤』과 같은 서주(西周) 후기 청동기 명문에서 소재를 취하여 다소 정돈된 자형으로 작성하였을 것이다. 『史籀篇』은 아동 식자 교본으로 서사 재료는 마땅히 죽간이다. 「籀」자는 「竹」을 부수로 삼았으며 『史籀篇』과 동일한 성격을 지닌 『倉頡篇』 또한 죽간에 기록된 것은 모두 글자 속에 정보가 드러나 있는 것이다. 서주(西周) 후기, 청동기 명문이 날로 선과 사각형 구조로 변모한 것은 시대적 풍조로 인한 것이다. 사주는 유사한 자형을 죽간에 나열한 것이며 아동용 식자 교본으로 보는 것이 공평하고 합리적이다.

二. 주문과 전국문자의 관계

「석고문이 바로 주문이다」라는 견해는 과거에 상당히 유행하였다. 주요 근거로 당(唐) 시인 위응물(韋應物), 한유(韓愈) 등이 석고문을 주 선왕의 유물로 보았으며,[9] 주문은 역사서 기록에 근거해도 주 선왕 시기 「敎學童書」이다. 이는 이치에 맞고 체계를 갖춘 결론이 될 수 있을 것이다. 사실 석고문은 근본적으로 西周시기 유물이 아니라 전국시기 진(秦) 각석이다.(이와 관련된 문제는 제 3장 제6절에서 토론하기로 한다.) 석고문에서 볼 수 있는 尌, 圖, 鼎, 嗣 등의 문자는 주문과 일치하며 반대로 석고문이 주문과 일치하지 않는 사례도 있다.

석고문	주문	
𧗇	𧗇	60
萁	萁	171
𤕩	𤖮	377
車	𨏉	537

따라서 시대와 자형을 분석할 때 경솔하게 석고문과 주문을 동일시해서는 안 된다. 그렇다면 주문을 사용한 시간과 공간 범주는 도대체 무엇인가? 이와 관련된 연구는 왕국유의 「秦用籀文」설의 영향력이 가장 크다.

그는 다음과 같이 말했다.

「秦文」이라고 하는 것이 바로 주문이다 …… 六藝 전적은 齊, 魯 지방에서 널리 퍼져 趙, 魏까지 이르렀으나 秦에서는 드물었다.(『史籀篇』이 동방 지역의 여러 나라에서 유통되지 않은 것과 같다. - 원본 주석) 그 전적은 모두 동방 문자로 쓰여 있다 …… 따라서 고문, 주문은 전국시기 동서 지

---

9   韋應物, 『韋蘇州集』卷九石鼓歌: 「周宣大獵兮歧之陽, 刻石表功兮煒煌煌……乃是宣王之臣史籀作.」, 韓愈, 『韓昌黎集』卷五石鼓歌: 「周綱陵遲四海沸, 宣王憤起揮天戈……鑿石作鼓隳嵯峨.」

역 문자의 또 다른 이름이다.[10]

물론 진 문자에서 주문과 일치하는 사례를 찾아볼 수 있다.

진 문자	주문	
馬	馬	101
獙	獙	349
參	參	403
韔	韔	555

하지만 육국문자 필사 자료 『說文』의 고문 중에서도 주문과 일치하는 사례를 찾아볼 수 있다.

자형	古文	籀文
殳	殳 (役자 아래 「殳」)118	殳 (小徐本은 「殺」자 아래)
馬	馬 377	馬 377
堂	臺 (鄲자 아래 「臺」)	臺 (堂 아래) 514
員	鼎 (霣자 아래 「鼎」) 40	鼎 (員 아래) 240
銳	劂 (蠇자 아래) 『說文』22上	劂 (銳 아래) 530
申	𢑚 (電자 아래 「申」) 441	𢑚 (申 아래) 563

이러한 교차현상은 주문과 『說文』고문이 결코 완전히 단절될 수 없는 점을

---

10   王國維, 「戰國時秦用籀文六國用古文說」, 『觀堂集林』 卷 7-1.

밝혀주고 있다. 「六藝 전적은 齊, 魯 지방에서 널리 퍼져 趙, 魏까지 이르렀으나 秦에서는 드물었다.」의 결론은 대체로 타당하다. 「동방 지역의 여러 나라에서 유통되지 않았다.」라고 한 것은 근본적으로 육국문자 자료 출토 유물의 실제 상황과는 부합하지 않는다. 또한 『說文』에서 「匋는 『史篇』의 「缶」와 같은 뜻이다.」의 내용과 齊, 燕 도문에서 각각 「缶」를 「匋」(陶)로 읽는 것을 언급하지 않아도 아래 나열한 육국문자와 주문 자형을 비교해보면 바로 이 문제를 충분히 설명할 수 있을 것이다.

	육국문자	주문
旁	『上海』詩2「雱」	2
折	『璽彙』4299	25
嚣	『璽彙』5294	48
登	『侯馬』349	54
徂	『包山』188	58
詩	『侯馬』353「鬵」	93
誕	『匋文』2-1[11]	93
重	『隨縣』7「紳」[12]	105「靷」
晝	長沙帛書	116
殺	『侯馬』326	小徐本

[11] 「這」는 「辵」으로 구성되고 「言」이 성부이며(『慧琳音義』57卷), 鱼变切이다.(『广韵』33線) 「誕」의 주문(篇文) 「這」와 같은 자형이다.

[12] 裘錫圭, 「談談壽縣曾侯乙墓的文字資料」, 『文物』1979年 7期.

敗	鄂君啓節		124
則	『中山』45		162
盧	『東亞』4-85		188
侖	『中山』34		198
槃	盦忎盤		221
若	『中山』34		232
昌	『璽彙』4975		259
頂	魚顛匕		352
昔	『匋文』7-49		360
馬	『侯馬』322		377
麗	陳麗子戈		382

이상 제시한 육국문자와(편방 포함) 주문은 완전히 일치하거나 기본적으로 동일하다. 이로써 알 수 있듯이 주문은 결코 秦의 전용문자가 아니다. 이른바 주문이 「西土文字」라는 설은 믿을 수 없다.

주문과 秦, 육국문자 모두 일치할 수 있으려면 최소 2가지 문제를 설명할 수 있어야 한다.

첫 번째로 秦의 문자와 六國 문자를 서로 비교해보면 비교적 강한 안정성을 지니고 있다. 왕국유는 「秦은 周의 옛 영토에 위치하였기 때문에 그 문자는 豐鎬의 유물과도 같다.」라고 하였다. 따라서 秦 문자와 주문이 상당히 유사한 것은 아주 당연한 일이다. 하지만 주문과 秦 문자는 결코 완전하게 등호를 그을 수 있는 것은 아니다.

두 번째로 서주 말기에 발생한 주문과 전국시기 육국문자 또한 간혹 일치하는 것은 다소 모순된 것 같지만 결코 해석할 수 없는 현상은 아니다. 『史籒篇』은 서주 말기 귀족 자제들의 교과서였으며, 진시황이 분서(焚書) 정책을 시행할 때 태워 없애야할 서적에 포함되지 않았으니 그 영향은 심히 컸다고 볼 수 있다. 일반적으로 말해서, 이와 같은 전통 교과서의 내용은 설령 천 백년을 거치면서도 뚜렷한 변동이 있을 수 없다고 해도 서사 형식, 즉 문자 형태 구조는 큰 폭으로 변화할 수 있다. 『史籒篇』을 소재로 삼은 『倉頡篇』의 경우, 진(秦) 판본을 소재로 삼은 한(漢) 초기 부양한간(阜陽漢簡)과 후대 유사추간(流沙墜簡), 거연한간(居延漢簡)을 대조했을 때, 문자상으로는 완전히 동일하지 않으므로[13] 방증 자료로 삼을 수 있다. 바꿔 말하면, 『史籒篇』의 원형은 서주(西周) 말기 형식의 문자이며 후대로 전해지면서 주(周) 후기 문자 형체가 섞이지 않을 수 없었다. 따라서 『說文』 주문은 「四」, 「棄」, 「雹」, 「賓」, 「圖」, 「穫」, 「靁」, 「嬀」, 「綠」, 「載」, 「桼」과 같은 초기 문자를 포함하며 또한 위에서 제시한 「這」, 「愛」, 「馬」, 「麗」, 「墜」, 「辭」의 후기 문자도 포함한다.

종합하면 『설문』에 남아있는 주문의 형태는 결코 사주(史籒) 시대의 원형이 아니라 서주(西周)시대에서 전국시대까지 이어지는 각종 문자의 혼합체이다. 맹목적으로 시대를 너무 이른 시기로 앞당길 수 없고, 또한 막연하게 시대를 늦은 시기로 미룰 수도 없다.

춘추 시기 이후, 육국(六國)은 말할 것도 없고 진(秦)의 문자도 서주(西周) 후기 정돈된 주문이 발전, 변화되어 전래되었다. 따라서 「東西土文字」에서 모두 주문의 흔적을 찾을 수 있다. 만약 왕국유의 「고문, 주문은 전국시기 동서 지역 문자의 또 다른 이름이다.」라는 관점에 근거한다면 고문자의 발전 순서는 당연히 아래와 같다.

---

13   阜陽漢簡整理組, 「阜陽漢簡蒼頡篇」, 『文物』 1983年 2期.

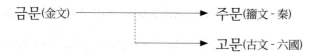

이것은 주문과 고문이 동등한 지역 관계임을 나타내지만, 위에서 제시한 주문과 육국 문자의 형태가 일치한다는 예는 설명할 수 없다. 우리가 생각하는 고문자의 발전 순서는 당연히 아래와 같다.

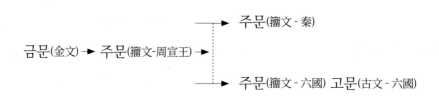

이것은 주문과 고문이 시대적인 계승 관계와 지역상의 교차 관계가 서로 혼합된 결과임을 표현한 것이다. 바꿔 말하면 秦 문자와 육국 문자 모두 주문의 후예이며 주문 또한 전국문자의 시조이다. 현재까지 전국 문자와 대조 비교할 수 있는 자료가 아직 많지 않은 상황에서 이러한 200여 개의 주문은 여전히 전국문자를 연구하는데 없어서는 안 될 증거 자료이다. 이는 또한 우리가 주문을 필사 고문에 귀속시켜 논의해야 하는 원인이기도 하다.

제3절 『說文』 고문(古文)

一. 고문의 정의와 전말

고문은 함의가 상당히 광범위한 개념이다. 일반적으로 「殷周古文」, 「晚周古文」, 「秦漢古文」은 「隷書」와 상대되는 광의의 「古文」을 지칭하는 것으로 오늘날 말하는 「古文字」이다. 좁은 의미의 「古文」은 바로 『說文』 고문을 주로 지칭하며, 그 밖에도 石經의 고문과 『汗簡』 고문 등 전국시대 문자를 필사한 자형까지도 포함한다.

사실, 이른 시기부터 한(漢) 학자들은 「古文」을 두 가지로 해석한 바 있다. 『漢書郊祀志』에 내용을 보면, 선제(宣帝) 시기 미양(美陽)에서 솥을 발견하였는데 명문이 새겨져 있었다. 명문의 내용은 「왕이 시신에게 명하여 여기 순읍의 관리로 임명하고 爾旂와 鸞黼黻, 瑂戈를 하사했다. 시신은 손을 모아 머리를 조아리며 말하기를 감히 천자의 크고 밝으신 아름다운 명을 받들어 선양하겠습니다[王命尸臣, 官此栒邑, 賜爾旂鸞黼…黻瑂戈. 尸臣拜手稽首曰, 敢對揚天子丕顯休命].」이다. 계속해서 장창(張敞)이 「신은 어리석어 고문을 살펴보기에 부족합니다[臣愚不足以迹古文].」라고 하였다. 여기에서 말하는 「古文」은 확실히 『尸臣鼎』과 관련 있다. 명문 내용에 근거하면 『尸臣鼎』은 서주(西周) 시기 유물이다. 『說文』서(叙)에서 「군국에도 산천에서 鼎과 彝器가 발견되는데 명문이 바로 이전 시기의 고문이다.」라고 하였다. 여기에서 말하는 이전 시기의 고문 또한 선진 시기 청동기 명문이다. 『說文』 서(叙)에서 또한 「고문은 공자 벽중서이다.」라고 한 내용은 동한(東漢) 이후에 만들어진 고유명사이다. 일반적으로 벽중서와 간책(簡冊) 문자를 특별히 지칭한다. 본 장(章)에서 소개하는 「필사고문」은 바로 이러한 좁은 의미의 고문을 지칭한다.

진시황이 육국을 통일한 후에 유가 경전을 불태우고 사적으로 서적을 소장하는 것을 엄격하게 금지하는 명령을 내렸다. 이와 같은 불운과 함께 진 통일 이후 진(秦) 문자 사용이 강제되면서 육국 문자로 죽간과 백서 위에 쓰인 유가 고석은 자연스럽게 잊혀졌나. 한(漢) 고조(高祖)는 진린에 쉴 틈이 없디보니 유기 고적에 신경 쓸 수가 없었다. 혜제(惠帝)에 이르러 「협서지율(挾書之律)」을 폐지하였다. 문제(文帝)와 경제(景帝) 이후 「책을 헌납할 수 있는 활로를 마련해주었다.」 무제는 「독존유술(獨尊儒術)」을 내세우며 유가 전적 수집에 심혈을 기울였다. 예를 들어 「장서의 목록을 작성하고 글을 쓰는 관리를 두다[建藏書之策, 置寫書之官].」(『漢書·藝文志』)라고 했으며 한편으로 박사(博士) 제도를 설립하여 일을 전담하게 하였다.

漢代 통치자가 유가 전적을 수집하는데 주로 두 가지 방식을 활용하였다.

첫 번째로 정부에서 직접 관리를 파견하는 방식이다.유학에 밝은 대가, 심지어 이전 시대 원로까지도 폭넓게 수소문하여 그들이 암송하는 고대 전적을 기록하였고, 한(漢)에 유통되던 예서체로 죽간과 간백에 기록하였다. 때로는 전적 내용을 돌에 새겼는데 한(漢)『熹平石經』이 이와 같은 경우이다. 이처럼 예서로 기록한 유가 전적을 일반적으로 「今文經」이라고 한다.

두 번째로 진(秦) 분서 정책 이후 민간에 흩어졌던 전국 시기 간책을 수집하는 방식이다. 경제(景帝)와 무제(武帝) 시기 노(魯) 공왕(恭王)이 공자 고택을 철거하는 과정에서 담장 속에 있던 대량의 죽간문이 그러한 예이다. 그 중, 『尙書』, 『禮記』, 『春秋』, 『論語』, 『孝經』 등의 유가 전적을 포함하고(『說文』의 叙), 이후에 이를 「壁中書」로 칭하였다. 그 밖에 북평후(北平侯) 장창이 바친 『春秋左氏傳』, 하간헌왕(河間獻王)이 발견한 『書』, 『周官』, 『禮』, 『孟子』, 『老子』가 있으며 두림(杜林)이 발견한 『古文尙書』 칠서(漆書) 1권 등이 있다. 이와 같이 전국 시기에 전승된 글씨체를 이용하여 죽간에 기록한 선진 고적을 일반적으로 「古文經」이라고 한다.

뒤늦은 고문경의 발견은 금문경학자들의 비난에 부딪히게 된다. 고문경의 글씨체는 괴상하고 알아보기 힘들며, 그 당시 유통되던 예서 금문경과 큰 차이가 있었으니 당시 일반 학자들은 읽고 이해할 수가 없었다. 따라서 고문경의 첫 번째 중요 자료인 벽중서는 발견된 후 오래지 않아 끈에 묶여 높은 선반 위에 놓

여지고 만다. 이른바 「읽을 줄 아는 자가 전혀 없어 마침내 궁중에 깊숙이 숨겨두고 외부 사람들은 다시 볼 수 없었다[莫能讀者, 遂秘于中, 外不復見].」(『論衡·正說』)고 하여, 이에 상응하는 중요성을 부여받지 못하였다.

양한(兩漢) 말기에 유흠의 제창으로 인해 고문경이 대두되기 시작하였고 잠시나마 학관(學官)이 설립되기도 하였다.[14] 고문경이 흥기하자 점차적으로 금문경과 상호 대립하였다. 금문경, 고문경은 각각 학문적 유파를 세우고 파벌을 표방하며 확연히 다른 두 학파를 형성하였다. 고문과 금문은 결국 서체의 명칭에서 학파의 명칭으로 전의되었다. 동한(東漢) 100여 년간, 두 파는 논쟁을 전개하며 서로 공격하고 비방을 일삼았는데 이것이 「금고문 논쟁」의 시작이었다.

동한(東漢) 말기 고문경학자 마융, 정현 등이 두 파의 학설을 융합하여 새롭게 『尙書』, 『三禮』 전적을 주석하였고, 금문경, 고문경의 차이를 불식시키며, 육국고문 또한 소멸 직전에 놓이게 되었다. 마융과 정현의 조정을 거치면서 육국 고문으로 기록된 전적 대다수가 모두 예서로 쓴 판본으로 개정되었다. 오늘날의 유가 전적은 실제로 마융과 정현 및 후대 경학사들이 금문과 고문을 뒤섞어 놓은 혼합체이다.

二. 고문의 진위와 기원

고문경은 금문경보다 늦게 발견되어 금문경학자들은 고문경학자를 배척하며 「五經을 전도시켜 學士들을 의혹시킨다.」(『漢書·王莽傳』)라고 하였다. 벽중서가 발견된 연대에 관해서도 역사서 기록이 서로 모순된다. 예를 들어 『漢書·藝文志』에서 「무제 후기[武帝末]」가 『論衡·正說』에서는 「효경제 시기[孝景帝時]」

---

14 『漢書』, 「儒林傳」, 「贊曰, 平帝時, 又立 『左氏春秋』, 『毛詩』, 『逸禮』, 『古文尙書』」

로 쓰여 있으며 『史記·漢興以來諸侯王年表』는 노(魯) 공왕(恭王)이 무제(武帝) 11년에 사망했다고 쓰여 있다. 「무제 후기[武帝末]」에 노(魯) 공왕(恭王)이 당연히 생존하지 않았다면 어찌하여 이른바 벽중서가 존재했다고 논하는 것인가? 『史記』와 『漢書』가 모순되면서도 『史記』에 벽중서 사건이 전혀 기록되지 않았기 때문에 금문경학가의 갖가지 비난을 불러 일으켰다는 점은 이상할 것이 없다. 청(淸) 최술(崔術), 피석서(皮錫瑞), 강유위(康有爲) 등은 이른바 「고문경」이 존재했었다는 점을 근본적으로 부정하였다. 금문경학가들도 고문경을 제창한 유흠은 「貳臣」이므로 인품이 불량해 고서를 위조했다고 비난하면서 경학사상 고문경이라고 하는 것은 전적으로 그가 신(新) 왕망(王莽)의 탁고개제(托古改制)에 영합하기 위하여 직접 유흠의 손으로 날조한 전적이라고 여겼다.

우리는 보통 서로 다른 역사서의 기록에 동일한 사건을 기록할 때 시간, 지점, 심지어 구체적 정황까지도 어느 정도 차이가 존재할 수 있다고 여긴다. 동일한 역사서 기록의 전후 상황이 다소 정확하지 않은 현상도 흔히 볼 수 있으므로 신기한 일은 아니다. 하지만 역사적 사건의 존재를 부인할 수 있는 근거가 될 수 없다. 하물며 『漢書·藝文志』에서 언급한 「무제 후기[武帝末]」는 「경제 후기[景帝末]」를 잘못 기록한 게 아닌지 어찌 알 수 있겠는가? 유흠이 고서를 위조했다는 점도 누구도 감히 그를 대신하여 보증할 수 없다. 하지만 적어도 그가 체계를 갖춘 자형인 고문을 창조해낼 수는 없었다는 점에 대해서는 확신할 수 있을 것이다. 금문경학가들은 심지어 「출토된 종정이기(鐘鼎彝器) 모두 유흠 개인이 주조하여 땅에 묻어 놓고 후인들을 기만했다.」고 하였는데,[15] 이는 선입견이 정도 이상으로 지나치다고 볼 수 있다. 많은 사람들이 알고 있듯이 문자 형체는 문자 자체의 발전 변화 규율에 의하여 상당히 오랜 시간 동안 형성된 것이

---

15   梁啓超, 『淸代學術槪論』, 商務印書館, 1925年, 128쪽.

지 어느 사람이 일정 시기에 날조하여 만들어낼 수 있는 것은 결코 아니다. 서한(西漢) 시기 학자도 이와 같은 「古文」을 보았을 뿐만 아니라,[16] 동한(東漢) 후기 정현까지도 이러한 고문을 보았을 것이다. 예를 들어, 그가 금문『尙書』로 칭한 것 이외의 편장(篇章)과 잔구(殘句)를 「逸書」라고 하였다. 또한 그가 『禮記』 주석에서 매번 「고문으로는 ~이라고 쓰고 금문으로는 ~이라고 쓴다[古文作某, 今文作某].」라고 설명했으며,『古論語』로『魯論』을 교감할 때 매번 「노론으로 ~라고 읽고 ~라고 쓴다. 지금은 옛 판본을 따른다[魯讀某作某, 今從古].」라는 설명도 덧붙였다. 이 모두가 고문경 자형이 결코 거짓이 아니라는 점을 증명한다.

허신(許愼)은 고문경학가 가규(賈逵)의 제자이며 가규 또한 유흠의 손제자(孫弟子)이다. 따라서 『說文』에 수록된 고문은 기본적으로 벽중서에서 자료를 채택하였다. 『說文·叙』에서 언급한 내용에 의거하면 신(新) 왕망 시기에도 벽중서는 여전히 존재하였으며 당시의 자형 중에서 이른바 「六書. 一曰古文, 孔子壁中書也.」와 관련된 자형이 있었다. 그 내용 중에서는 「『禮記』,『春秋』,『尙書』,『論語』,『孝經』」 등이 있었으며, 또한 「其稱『易』孟氏,『書』孔氏,『詩』毛氏,『禮』周官,『春秋』左氏,『論語』,『孝經』皆古文也.」라고도 하였다. 이로부터 본다면 허신이 전하는 고문의 출처와『漢書』에 실린 벽중서에 대한 「『古文尙書』 및『禮記』,『論語』,『孝經』 모두 수십 편이며 모두 고자이다[『古文尙書』及『禮記』,『論語』,『孝經』凡數十篇, 皆古字也].」라는 내용과 대체로 일치한다. 許愼의 아들 허충(許沖)의 『上說文表』에도 「許愼은 또한 『孝經』을 배웠으며 공씨의 고문이다[愼又學『孝經』, 孔氏古文].」라고 했다. 따라서 『說文』 고문에서 열 개 중 여덟, 아홉은 모두 벽중서로부터 비롯된 것이며, 이 점에 대해 의문을 가질 가능성은 그다지 많지 않다.

---

16   王國維, 「史記所謂古文說」,『觀堂集林』卷 7.2~7.4.

『說文』 고문은 주로 벽중서로부터 비롯된 것이지만 벽중서가 유일한 출처는 아니다. 앞에서 이미 제기했던 것처럼 고문경은 벽중서 외에도, 장창이 헌납한 문헌과 하간헌왕이 발견한 문헌, 두림이 발견한 문헌 등 민간에서 전해진 간책도 있었다. 당시 조정의 「中秘」에 소장된 서적은 민간으로부터 입수한 고문경 필사본이었으며 동한(東漢) 중기의 허신도 당연히 이를 보았을 것이다. 왕국유는 「고문 중에서 벽중서와 『春秋左氏傳』이외에 출처로 삼을만한 것이 없고, 알고 있는 문자이면서 금문경에서도 볼 수 없다면 또한 마땅히 소실된 경전 중에 있었을 것이다.」라고 간주하였다.[17] 여기에서 이른바 「소실된 경전[逸經]」은 『說文』 고문의 또 다른 기원이다. 통행본 『說文』에서 지금도 그 흔적을 찾아볼 수 있다. 예를 들면,

1. 전서체 아래에 나열된 2종, 심지어 3, 4종의 이체자이다. 1차 통계에 의하면 전서체 아래에 나열된 2종 고문 형체는 44자이고 3종 고문 형체는 5자, 4종 고문 형체는 1자이다. 아래 사례를 각각 1가지씩 제시해본다.

正	㞷 56	㞷 56		
及	𢎥 111	㇆ 112	㇈ 112	
殺	𣪘 112	𣪘 119	𣪘 119	𣪘 119 (小徐本)

2. 고문 편방이 동일하나 두 가지 이체자가 존재하는 경우

舁	史 (賈 구성요소) 25	屮 (妻 구성요소) 465

---

17 王國維, 「說文所謂古文說」, 『觀堂集林』 卷 7.7.

言	(詩 구성요소) 88		(諂 구성요소) 95
又	(反 구성요소) 112		(友 구성요소) 113
殳	(役 구성요소) 118		(殺 구성요소) 119
目	(省 구성요소) 135		(睿 구성요소) 155
刀	(利 구성요소) 161		(劓 구성요소) 162
糸	(緄 구성요소) 495		(繇 구성요소) 502
申	(電 구성요소) 441		(陳 구성요소) 546

3. 고문 편방이 동일하나 세 가지 이체자가 존재하는 경우

虍	(虐 편방) 185		(虎 편방) 186
	(盧 편방) 185		
雨	(霄 편방) 266		(電 편방) 441
	(雹 편방) 441		
虫	(蜃 편방) 507		(蠱 편방) 509
	(蜂 편방) 509		

4. 독체와 편방 중의 형체가 다른 경우

玉	13		(璿 편방) 13
目	131		(省 편방) 135
虎	186		(虐 편방) 185
馬	377		(馭 편방) 74

糸	𢇇 495	𢆉 (繼 편방)	502
申	𢆋 563	𢆉 (電 편방)	441

5. 奇字인 경우이다.『說文·叙』에서 「古文而異者」라고 한 내용에 의거해보면 아마도 「소실된 경전[逸經]」에서 자료를 채택했을 것이다. 『說文』에 지금 도 존재하는 자형은 4자이다.

儿	𠝢	176
倉	仝	199
涿	𣶏	430
无	𣞣	486

　　이러한 현상은 모두 『說文』 고문의 기원이 결코 하나가 아니라 여러 가지임을 설명하고 있다. 하지만 다른 각도에서 보면,『說文』 고문의 이체는 수량이 50 여자에 불과하고 차이 나는 구성 요소 (와변을 포함) 또한 많지 않다. 이는 고문은 단일 체계이면서 독자적으로 체계를 갖춘 자형인 점을 설명해준다. 바꿔 말하면 『說文』 고문은 기본적으로 서한 시기 발견된 공자 벽중서에서 자료를 채택하였다. 벽중서는 동일한 시간, 동일한 지점에서 발견된 전국시기 「叢書」이다. 자형이 독자적으로 일련의 체계를 갖춘 것은 지극히 당연하다.

三. 고문의 성질

　　금문경학가들과 반대로 고문경학가는 벽중서 고문의 신성한 지위를 유지하는데 온 힘을 기울였다. 『說文』 서(叙)에서 「孔子書六經, 左丘明述『春秋傳』, 皆

以古文.」으로 여기었다. 공자는 춘추 말기 학자이므로 그가 간책에 기록할 때 『說文』 고문과 유사한 周代 말기 문자를 사용했을 가능성이 있다. 하지만 벽중서 고문은 결코 공자시대의 필적은 아니다. 벽중서에 포함된 『禮記』, 『論語』, 『孝經』 등은 모두 七十子 및 후학들이 쓴 것이기 때문이다. 따라서 벽중서가 전국시대 말기 이후의 죽간이라면, 이후 漢代 景帝와 武帝 시기로부터 아주 오래 전이라고 볼 수 없으므로 우연히 벽 속에서 발견되었을 것이라는 관점으로 기울어지게 되는데, 당연히 가능성이 있다. 현대 문자학의 관점으로 보면 벽중서는 齊, 魯 계열의 죽간(혹은 楚 계열 죽간이라고 여겨지기도 한다.)이며, 西晉에서 발견된 汲冢 죽서는 三晉 계열의 죽간에 속한다. 이 모두가 전국 시기 유행한 육국 고문으로 쓰여진 전적들이다. 신중국 성립 이후 새로 발견된 대량의 楚簡과 그와 같은 시기의 산물, 그리고 대량으로 출토된 전국문자 자료 또한 이들과 같은 유파에 속한다고 봐야 한다. 아래 부분적으로 실제 사례를 들어 설명한다.

	六國古文		『說文』 고문	
弍	𢁘	『郭店』緇17	弍	1
上	⊥	『貨系』1236	⊥	3
下	⊤	『匋文』1-2	⊤	4
禮	𥘆	九里墩鼓座[18]	𥘆	5
社	祬	『中山』36	祬	11
弍	𢁘	『陶彙』5-407	弍	12
工	𢀩	者沪鐘	𢀩	12

---

18 何琳儀, 「說文聲韻鈎沉」, 『說文解字研究』(一), 1991年.

玉	𡉚 『包山』3	禹 13
珸	珸 『匋文』1-4	珸 14
毒	毒 長沙帛書	毒 小徐本
賈	𡙹 『璽彙』0410	史 25
番	𢽁 『上海』緇 15	𢽁 34
君	𡂝 『侯馬』308	𡂝 41
唐	唐 『璽彙』0147	𧶽 45
㑒	㕣 『雨臺』21-3	㑒 46
正	𤴓 『郭店』老甲 29	正 56
造	𦓐 邾大司馬戟	𦓐 59
返	𨗟 『中山』30	𨗟 『春秋傳』인용
近	𠧝 『望山』2-45	𠧝 66[19]
往	𨒰 『侯馬』317	𨒰 71
退	退 子禾子釜	退 72
後	𢔁 『侯馬』322	後 73
馭	𢾃 『陶彙』3-961	𢾃 74
齒	𦥑 『仰天』5	齒 76
牙	牙 『璽彙』0421	牙 77
嗣	嗣 嗣子壺	嗣 小徐本
商	商 曾侯乙樂律鐘	商 83

19 　徐鍇의 『說文繫傳』에서 「𠧝」은 「앞 글자와 같은 뜻」이라고 했으며, 그 다음 부분의 해석 또한 「𠧝」는 「止로 구성되고 斤이 성부」라고 했다.(『說文詁林』786~787쪽) 사실 「止」는 「㢟」의 와변이며 「𠧝」은 바로 「𣃘」이므로 「近」과 음이 비슷하여 통할 수 있다.

言	『匋文』附24「悍」[20]	88「詩」
謀	『天星』	89
謀	『郭店』尊16	89
信	『匋文』3-17	90
業	『上海』詩5	98
僕	『包山』137反	100
弇	『望山』2-38	100
共	長沙帛書	102
與	『信陽』1-03	103
革	鄂君車節	104
鞭	『璽彙』0399	106
及	十四葉鼎「簡」	112
及	『郭店』語二19	112
反	『中山』30「返」	112
事	『侯馬』312	115
殺	『郭店』唐7	119
皮	『中山』19	120
用	『璽彙』3206	129
目	『陶彙』3-750	131
睹	『包山』19	132

20 도문(陶文)의 본래 자형은 「䛷」이다. 오대징(吳大澂)은 「「䛷」는 바로 「言」이며 『說文』에서 볼 수 있다. 「䛷」는 「䛱」 혹은 「䛲」로도 쓴다.(『奢錄』17에서 인용) 내 생각에 오대징이 해석한 「言」의 고문은 아마도 「心」의 변형인 듯하다. 「䛷」은 「旱」이므로 도문은 마땅히 「悍」으로 예정해야 한다.

百	『中山』26		137
奭	『璽彙』2680		138
於	『郭店』語一23		150
於	『夕陽』1		150
棄	『郭店』老甲1		151
玄	邾公牼鐘		153
敢	『包山』85		155
死	『郭店』忠3		156
肯	『璽彙』1473		160
利	『侯馬』311		161
剛	『匋文』4-28		162
制	王子午鼎		164
簋	『十鍾』3-50		169
巽	『陶彙』6-145		173
巨	巨萱鼎		175
甚	『郭店』唐24		176
丂	者汈鐘		178
平	平阿右戈		180
喜	『吉大』154		181
豆	『陶彙』5-33		183
虐	『信陽』1-109		185
養	『郭店』唐22		197
倉	『貨幣』5-69		159

全	全『侯馬』370		全 200
享	含 陳侯午敦		含 204
厚	厚『璽彙』0724		厚 205
良	良 廿三年郚令戈		良 205
夏	夏『璽彙』1291「瘦」[21]		夏 209
舜	舜『郭店』唐23		舜 209
弟	弟『郭店』唐5		弟 210
乘	乘 鄂君車節		乘 211
李	李『類編』279		李 213
南	南『璽彙』2563		南 235
垂	垂 燕王職戟		垂 236
困	困『璽彙』2256「佷」[22]		困 240
貧	貧『璽彙』2563		貧 244
賓	賓 者旨鐘「賓」		賓 246
邦	邦 啓封戈		邦 247
時	時『郭店』窮14		時 257
旅	旅『璽彙』3248		旅 263
雨	雨 郾王職戈「霆」		雨 266「霸」

---

21 『補補』附12의「 」를「橏」로 해석했다.『龍龕手鑒』3-42의「瘦音夏, 正作廈」를 검토하라.

22 새인 문자의 본래 자형은「 」이며 마땅히「佟」로 예정한다.『古文四聲韻』1-37의「根」은「 」이며「 之」(止의 와변)와「木」으로 구성되었고『說文』「困」의 고문과 자형이 동일하다.「根」의 자음은 見紐에 속하고 모음은 文部에 속한다.「困」의 자음은 溪紐에 속하고 모음은 文部에 속한다. 見紐와 溪紐 모두「見」계열에 속한다.『說文』고문은 바로「根」을「困」으로 여긴 것이다. 이로부터 추론하건대, 새인문자「佟」는 바로「佷」이며「很」과 동일하다.『玉篇』2-30 참고.

期	🔲『璽彙』0250	🔲 267
明	明『貨系』2342	明 268
盟	🔲『侯馬』342	🔲 269
外	𠨰『璽彙』0365	外 270
夙	🔲『望山』1-73「愐」[23]	🔲 270
多	🔲『郭店』老甲14	🔲 271
克	🔲『陶彙』3-124	🔲 277
稷	🔲『上海』詩24	🔲 278
家	🔲 杕氏壺	🔲 284
宅	🔲『望山』1-113	🔲 285
容	🔲 公廚右官鼎	🔲 287
宜	🔲『包山』133	🔲 290
疾	🔲『璽彙』1433	🔲 297
保	🔲『中山』42	🔲 310
仁	🔲『郭店』忠8	🔲 311
仁	🔲『中山』43	🔲 311
伊	🔲『望山』1-58	🔲 312
備	🔲『郭店』語一94	🔲 314
侮	🔲『中山』26	🔲 320
丘	🔲 牙丘罢小器	🔲 327
徵	🔲 曾侯乙樂律鐘[24]	🔲 328

---

23 施谢捷, 「楚简文字中的悚字」, 아직 발간되지 않았다.

24 裴錫圭·李家浩, 「曾侯乙墓鍾磐銘文釋文說明」, 『音樂研究』 1981年 1期.

量	𩰠 大梁司寇鼎	𩰠 329	
襄	𧝎 『璽彙』0322 「衝」	𧝎 333	
衰	𧝏 『郭店』唐26	𧝏 334	
屋	𡱂 『璽彙』3143	𡱂 340	
履	𨂠 『包山』80	𨂠 340	
視	𥄙 『中山』47	𥄙 346	
色	𦒋 『郭店』語一110	𦒋 360	
旬	𠣙 王孫鐘	𠣙 361	
鬼	𩵋 陳肪簠	𩵋 363	
廟	庿 『中山』61	庿 367	
礦	卝 『貨幣』附242	卝 369	
長	𨱍 汝陽戟	𨱍 370	
希	𢒸 『郭店』語二24	𢒸 373	
馬	𢒸 『陶彙』2-5 「駋」	𢒸 377	
驅	𩥈 『侯馬』349	𩥈 379	
瀂	𨤖 『侯馬』314	𨤖 381[25]	
狂	𤜯 『包山』2	𤜯 387	
光	𤎫 『包山』276	𤎫 393	
吳	𡵯 『璽彙』1173	𡵯 399	
德	𢜩 『侯馬』347	𢜩 407	
愼	𢝔 邾公華鐘	𢝔 408	

---

25 『論語』「憲問」「齊桓公正而不譎」은 『漢書』「鄒陽傳」에서 「法而不譎」로 인용되었다. 「𨤖」은 바로 「定」이며 「定」은 「正」이 성부인 동시에 「正」과 「法」은 의미가 비슷하다.

恕	『中山』29	忠 409
愛	『郭店』語一92	412
怨	『侯馬』334	415
恐	『中山』29	416
淵	『郭店』性62	427
津	『郭店』尊1	429
泰	『陶徵』65	433
云	『璽彙』4877	443
黔	『包山』180	443
黔	『璽彙』3163	443
至	『中山』21	448
戶	陳胎戈	449
開	『上印』	451
閒	『璽彙』3215	451
聞	『中山』68	454
手	『郭店』五43	456
拜	『郭店』性21	456
撫	『中山』25	458
揚	『中原』1986-1 陶	460
播	『信陽』1-024	460
奴	『陶彙』6-195	468
民	『郭店』忠2	475
我	嗣子壺	483

无	长	長沙帛書	486
曲		『包山』260	489
絕		『中山』71	497
續		『匋文』附31	497
彝		龕章鎛	504
凡		『璽彙』5461	510「風」
弌		襄安君瓶	511
恒		長沙帛書	512
堂		『中山』41	514
毀		鄂君車節	517
堯		『璽彙』0262	519
勛		『中山』59	524
勞		『郭店』五34	524
鈞		子禾子釜	530
斷		『包山』16	536
陟		『匋文』附39	544
四		『貨幣』14-203	548
五		『匋文』14-95	548
禹		『璽彙』5124	550
成		長沙帛書	554
己		莒公孫潮子鐘	554
幸		『中山』57	555
孟		陳侯因資鐓「保」	558

寅	陳純釜	560 '裏'
申	『璽彙』3464	563
醬	『中山』53	565

　이상『說文』배열 순서를 토대로 육국문자와『說文』고문 (문자편방 포함)을 상호 비교해 보았으며, 대략 100여 가지 정도를 살펴볼 수 있었다.『說文』고문 중 몇 가지 자형은 와변된 것이다. 예를 들어「容」,「聞」,「繼」,「申」 등이 있다. 하지만 우선적으로 육국 문자와 비교하면 오히려 그 사이의 변천 관계를 찾아볼 수 있다.『說文』고문을 육국 문자와 쉽게 비교해보기 위해서『說文』고문과 은주 문자가 서로 합치되는 사례는 열거하지 않았다. 사실, 이와 같은 고문의 일부는 전국시대까지 계속 사용되었다. 예를 들어,「嚴」,「正」,「馭」,「啓」,「尋」,「畫」,「效」,「恫」,「難」,「敢」,「利」,「其」,「旨」,「弟」,「明」,「般」,「州」,「庸」,「金」,「子」,「允」 등이 있다. 만약 이러한 고문자를 범위 내에서 고려하게 된다면『說文』고문과 전국문자가 서로 일치하는 사례는 더욱 많아진다.

　『說文』고문은 소전 자형과 구별될 뿐만 아니라 일부 자형은 은주 문자 자형과도 차이가 많이 나기 때문에 육국의 글자에서 그 자형의 전신을 찾을 수 있다. 이 점은 벽중서로부터 비롯된『說文』고문이 당연히 전국시기 동방 육국 문제 체계에 속하기 때문에 그의 진실성에 의심의 여지가 없다는 것을 충분히 설명해주고 있다.

　청(淸)의 학자들이『說文』을 극력으로 높이 받들었으나『說文』고문의 시대에 대해서는 오히려 정확하게 인식하지 못하였으며 창힐 이후의「初文」으로 간주하였다. 예를 들어, 단옥재는『說文』고문「丄」을「二」로 멋대로 고쳤으며 근대 고문자학자는 갑골문「上」을「二」로 쓰는 사실을 인용하여 단옥재 가설이 정확하다고 입증하였는데 지금도 마치 미담으로 전해지고 있다. 아마도「丄」은

「二」과 「上」의 과도기 형태라는 것을 모른 것 같다. 「𠄞」과 「上」은 모두 전국시기 문자이며,[26] 「二」는 은주(殷周) 문자이다. 許愼은 「𠄞」을 「古文」으로 여긴 것은 명실상부하다고 할 수 있으며 시기 구분에도 오류는 없다. 단옥재는 「古文」 시대를 명확하게 구분하지 않다보니 심도 있게 분석하려다가 오히려 모호해지고 말았다. 왕국유가 명확하게 제기한 「육국문자는 고문이다」라는 중요한 명제로부터 고문의 시대에 대한 모호한 인식은 점차 명확해지게 되었다.

왕국유의 논거 「육예의 서적은 제와 노에 유통되고 이에 조와 위까지 미쳤으나 진은 드물게 보급되었다[六藝之書行于齊魯, 爰及趙魏, 而罕布于秦].」는 역사적 사실과 부합한다. 유가의 비조 「공자가 서쪽으로 주유했으나 秦까지 가지 않았을」 뿐만 아니라, (韓愈「石鼓歌」) 유가 전적의 전파자 또한 모두 육국에 속하는 사람이었으니, 저명한 秦의 박사 복생(伏生)마저도 본래 제나라 사람이었다.(『史記·儒林列傳』) 따라서, 『說文』 고문에서도 진(秦) 문자의 종적을 찾아보기가 아주 어렵다. 당연히 육국 문자와 진(秦) 문자 또한 확연하게 양분할 수 없다. 이 두 지역의 문자 모두 은주 문자에서 비롯된 것으로 두 가지의 공통점은 당연히 주도적 지위를 차지해야 한다. 이는 『說文』 고문 중에서도 또한 진(秦) 문자와 서로 일치하는 것을 가끔 볼 수 있다는 것을 반영한다. 몇몇 자형은 육국 문자와 서로 일치하고 진(秦) 문자와 서로 합치하기도 한다.

反	𠬻 『中山』 30	𠬝 石鼓 『作原』 「阪」	𠬝 112
敢	𣂧 『侯馬』 336	𣪏 詛楚文	𣪏 155
虐	𧇂 『信陽』 1-011	𧇂 詛楚文	𧇋 185[27]

26　『璽彙』 4207 「上」은 「𠄞」로도 쓴다. 이로부터 유추하면 「上」, 「𠄞」, 「𠄞」 등 모두 「𠄞」를 토대로 「-」나 「=」을 더하여 장식 부호로 활용한 후기자이다.

27　「虐」은 疑紐宵部, 「唬」는 曉紐宵部이다. 「曉」, 「疑」는 후음과 아음이므로 서로 통한다. 『古文四聲

裘	茶『郭店』成1	秦 石鼓『車工』	淶 334
驅	軀『侯馬』349	馻 石鼓『車工』	駉 349
百	酱『郭店』語四5	酱 詔版	酱『說文』184下

『說文』고문과 은주 문자가 서로 일치하는 경우는 더더욱 셀 수 없다. 이는 모두 『說文』고문이 은주 문자를 계승한 고문자 필사 자형임을 설명해준다. 그 중 은주 문자, 진 문자 자형과 차이가 나는 것은 전형적인 육국문자이다.

종합하면 『說文』에 보존된 500여개의 고문은 선진 시기 이전의 간책문자가 필사된 자료이며 공자 벽중서 종류의 고문경에서 기원한 것이다. 이렇게 운이 좋게 살아남은 고문자 자형은 비록 여러 차례 필사, 번각을 거치면서 필획에 와변과 오류가 포함되었을지도 모르지만 육국 문자를 연구하는데 없어서는 안될 중요한 참고 자료이며 상당히 높은 문자학적 가치를 지니고 있다. 대량으로 출토된 전국 문자 자료가 이미 이 점을 증명해주고 있다. 우리는 전국문자 자료가 날로 풍부해짐에 따라 『說文』고문이 문자 고석 분야에서 분명 점점 더 중요한 역할을 할 것이라 믿는다.

제4절 『三體石經』고문

一. 삼체석경은 고문경이다

동한(東漢) 후기, 유가 전적을 전수 받았던 사람들은 항상 각자의 유파에 따라 경전을 해설하였기 때문에 문자의 차이로 인하여 상당히 혼란스러워했다. 오류

韻』4-29 「号」는 「唬」로 쓰여 있으며, 「號」는 「虐」으로 쓰여 있다. 「虐」과 「唬」는 서로 통하는 확실한 증거이다.

를 바로 잡기 위하여 통일된 표준을 정립하고자 한(漢) 영제(靈帝) 희평(熹平) 4년 채옹에게 조서를 내려 경서의 문자를 교정하도록 하였으며 낙양의 태학에 석비를 건립했는데 이것이 바로『熹平石經』이며,『漢石經』이라고도 한다.『漢石經』은 당시 유통되던 예서체를 채용하였으며 새긴 내용은 서한(西漢) 시기 유행하던「今文經」이다. 동한(東漢) 이후, 고문경이 크게 성행하면서 당시 금문을 연구하던 경사(經師)들도「古文」에 능통하였다. 그러나 동한(東漢) 후기 태학 내에서는 금문경 석각인『熹平石經』만이 건립되어 학자들의 요구를 크게 만족시키지 못하였다. 따라서 위(魏) 조방(曹芳) 정시(正始) 년간에 낙양 태학『漢石經』옆에 다시「古文經」石經을 건립하여 학자들만 자형을 베껴 쓰고 관람할 수 있게 하였다. 한(漢)『熹平石經』과 구별하기 위해서 이 비석을『魏正始石經』이라고 하였으며, 약칭하여『魏石經』이라고 한다.『魏石經』은 대부분 세 가지 자형으로 새겨졌기 때문에『三體石經』혹은『三字石經』이라고도 한다. 현존하는『魏石經』의 파편을 살펴보면 아래 나열한 예와 같이 4가지 서사 형식이 있다.

첫 번째는 곧바로 내려 쓰는 방식으로 고문(古文), 전서(篆書), 예서(隸書)를 수직으로 내려 쓰는 형식이다. 두 번째로 品字 방식이다. 古文을 상단부에 쓰고 전서(篆書)와 예서(隸書)를 그 아래에 쓰는 방식이다. 세 번째로 두 가지 자형만 쓰는 방식으로 고문과 전서를 수직으로 내려 쓰는 방식이다. 네 번째로 한 가지 자형만 쓰는 방식으로 고문만을 내려 쓰는 방식이다. 『魏石經』은 네 가지 형식이 있는데 이것은 아마도 건립될 당시 한 종류만 있었던 것이 아니라, 몇 가지 복제본이 존재했을 것임을 설명해준다. 네 가지 형식의 공통점은 모두 古文을 처음으로 제시하고 있다는 점이며, 이는 『魏石經』이 주로 「古文經」을 간행하여 반포하기 위해 설립된 것임을 분명하게 드러내주고 있다.

『三體石經』의 내용은 왕국유의 고증에 의하면 모두 『尙書』, 『春秋』 및 『左傳』의 은공(隱公), 환공(桓公), 장공(莊公)에서 나온 내용이다.[28] 벽중서 또한 『說文·叙』에 의하면, 이 세 가지 서적을 포함한다. 따라서 『三體石經』 고문은 벽중서에 포함된 고문경을 필사하여 이를 다시 비석에 옮겨 적은 문자이므로 실제로 한(漢)과 위(魏) 사이의 「古文經」 복제판이라고 할 수 있다. 더욱 중요한 것은 『三體石經』 古文과 『說文』 古文이 대부분 일치한다는 점이며, 『說文』 古文 또한 주로 벽중서에서 비롯된 것이므로 『三體石經』이 바로 고문경인 것을 더욱더 확실하게 설명하고 있다.

고문경 비석의 건립은 비록 고문경의 필요로 만들어진 것이지만 객관적으로 볼 때 고문자 자형을 전파하는 역할을 하였으며 고문자 자형을 전파하는 역할을 하였으며, 후대 연구에 비교적 원시적 성격을 지닌 문자 자료를 제공해 주었다. 『三體石經』이 건립되고 40년이 지난 후 대량의 전국시대 죽간이 발견되었는데 이것이 바로 汲冢竹書이다. 정리가 신속하게 진행된 것은 무엇보다도 『三體石經』의 건립 덕분이다. 오늘날 직접 눈을 볼 수 있는 「古文」 형체는 『說文』 고문을 제외한다면 가장 최초의 자료일 수밖에 없다.

『三體石經』의 서사자는 현재로서 고증할 수 없다. 하지만 자형의 우열로 한 사람의 필적이 아니라는 점을 알 수 있고, 또한 같은 시간에 건립된 것도 아니

---

28 왕국유(王國維), 「魏石經考」, 『觀堂集林』 卷 20.3 - 20.4.

다. 삼체석경 고문은 한단순(邯鄲淳)의 후학이 작자의 취지를 존중하며 비석에 옮겨놓은 문자이다. 『晉書·衛恒傳』에 인용한 『四體書勢』에서는 다음과 같이 언급하고 있다.

漢武時, 魯恭王壞孔子宅, 得『尚書』, 『春秋』, 『論語』, 『孝經』. 時人不復知有古文, 謂之科斗書. 漢世秘藏, 希得見之. 魏初傳古文者, 出於邯鄲淳. 恒祖敬侯寫淳尚書, 後以示淳, 而淳不別. 至正始中, 立三字石經, 轉失淳法, 因科斗之名, 遂效其形. 太康元年, 汲縣人盜發魏襄王冢, 得策書十餘萬言. 案敬侯所書, 猶有髣髴.[한 무제 때, 노공왕이 공자 저택을 허물고 『尚書』, 『春秋』, 『論語』, 『孝經』을 발견했다. 당시 사람들이 고문을 다시 알아보지 못해 과두문자라고 불렀다. 한대에 궁중에 밀장하거나 개인이 소장하여, 드물게 본 사람이 있었다. 魏초기 古文을 전하는 자는 邯鄲淳에서 비롯되었으니, 衛恒의 조부 敬侯는 邯鄲淳이 쓴 『尚書』를 모사하여, 후에 邯鄲淳에게 보였는데, 邯鄲淳이 구별하지 못하였다. 正始年間에 이르러 三字石經을 세웠으나 오히려 邯鄲淳의 필법을 잃었다. 蝌蚪書의 명성이 있었기 때문에 결국 그 형체를 본받았다. 太康元年에 汲縣 사람이 戰國시기 魏나라 襄王의 무덤을 도굴하여 죽간 십여만 글자를 얻었다. 敬侯가 쓴 것에 비교한다면 오히려 비슷한 면이 있었다.]

이 기록은 석경고문(石經古文)을 중간 단계로 설정하여 이전 시기의 벽중서 고문을 계승하고 이후 급총(汲冢) 고문으로 연결된다는 점에서 상당히 중요하며 아래와 같이 추측해볼 수 있다.

첫 번째로 벽중서 발견 이후 비부(秘府)에서 소장하였으나 후세 사람들 중 간혹 그 자형을 전수 받은 사람도 있었다. 한단순은 한(漢), 위(魏) 시기 고문『尙書』에 정통했던 학자로 그가 전수 받은 「古文」 자형은 당연히 공자 벽중서에서 발전된 것이다.

두 번째로『三體石經』은 한단순 후학이 그의 서예 풍격을 모방한 것으로 비석에 옮겨 적은 「古文」이다. 장병린(章炳麟)과 우우임(于右任)이『三體石經』 문자에 대해 논한 내용을 보면 다음과 같다.

既云轉失淳法, 則明其追本于淳. 若絶不相系者, 又何失法之有?『書勢』之作, 所以窮究篆法, 而非辯章六書. 篆書用筆不如淳, 則以爲轉失淳法. 故其言因科斗之名, 遂效其形. 言筆勢微傷于銳也. 豈謂形體點畫之間, 有所訛誤乎? [기존에 「轉失淳法」이라고 했는데, 바로 기원을 한단순으로부터 탐구한 점을 말한 것이다. 만약 끊어져 서로 이어지지 않았다면 어찌 잃어버린 방법이 있었다고 하겠는가?『書勢』는 전서 서법을 고찰한 것이지 육서 이론을 변별한 것이 아니다. 전서는 필법이 한단순과 같지 않으므로 「轉失淳法」으로 여겼다. 따라서 「因科斗之名」이란 말은 그 형체를 모방한 것이다. 필세가 예리함으로 인해 미약하게 손상된 것을 말한다. 어찌 형체와 점획 사이에 어그러지고 오류가 있다고 할 수 있겠는가?][29]

내 생각에 장병린의 「轉失淳法」에 대한 이해는 정확하다. 이른바 「轉失淳法」은 확실히 서예를 가리킬 뿐이다. 지금 볼 수 있는 석경 파편 고문의 필획은 중

---

29 孫海波,『魏三字石經集錄』「源流」, 2쪽.

심부가 풍성하고 끝부분이 예리하거나, 윗부분이 풍성하고 아랫부분이 예리한데, 이 자형과 육국 청동기 명문 중, 『吉日劍』, 『智君子鑒』, 『嗣子壺』, 『者汈鐘』, 『畬前鼎』 등이 상당히 유사하다. 이와 같은 명문의 수량은 육국 시기 명문 중 소수를 차지하지만 『三體石經』의 서예는 이러한 종류의 자형에 속하며 벽중서 고문은 전국 시기 육국에서 유통되던 자형이다. 실제로 위에서 제시한 『吉日劍』 등의 명문 자형과 일반적인 육국 명문 자형은 형체 구조상 근본적인 차이는 없다.

세 번째로 이른바 「마치 비슷한 면이 있었다[猶有髣髴].」는 衛顗이 쓴 자형과 전국문자의 실제 흔적이 남겨진 汲冢竹書 자형의 유사한 점을 지적한 것이다. 衛顗이 쓴 것은 벽중서에서 비롯된 한단순의 필체와 상당히 유사하며 거의 진품처럼 모방할 수 있을 정도이다. 석경 고문은 비록 「轉失淳法」하여 벽중서 고문 서법과 차이가 있지만 자체로 보면 오히려 벽중서 고문을 계승하여 이른바 「科斗書」의 기운이 남아있다. 이 점은 더더욱 벽중서 고문, 석경 고문과 급총(汲冢) 古文 모두 같은 체계의 문자임을 증명해준다. 오늘날 고문자학의 안목으로 본다면, 벽중서 고문은 제(齊), 노(魯) 계열의 죽간이고 석경고문은 제(齊), 노(魯) 계열의 죽간을 기초로 하여 미술적으로 한층 더 가공한 석각문자이며 급총(汲冢) 고문은 삼진(三晉) 계열의 죽간이다. 이 세 가지 자료 사이에서 「오히려 비슷한 면이 있었다[猶有髣髴].」라고 한 점은 사리에 맞는 일이다.

『漢石經』, 『魏石經』은 낙양(洛陽) 태학(太學)에 같이 세워져 있고 진(晉) 시기에 발생한 영가지란(永嘉之亂)때부터 붕괴되어 유실되기 시작했다. 그 후 여러 차례 전란과 천도를 거치면서 사원을 지어 파괴되거나 물에 잠기거나 주춧돌로 쓰이기도 하였다. 당(唐) 정관 시기 초에 「위징이 모으기 시작할 때 10개 중 1개도 남지 않았다. 탁본이 전승되었으나 비부에서만 존재하였다[魏徵始收聚之, 十不存

一. 其相承傳拓之本, 猶在秘府].」와 같은 상황이었고, 북송(北宋) 이후 소망(蘇望)의 번각본 이외에 석경 원각본과 원탁본은 모두 없어졌다. 청(淸) 후기 이후 낙양(洛陽), 서안(西安) 부근에서 석경 파편이 지속적으로 출토되었고, 신중국 성립 이후에도 조금씩 발견되고 있다.[30] 손해파(孫海波)의 통계에 의하면, 청(淸) 후기 이후 발견된 석경 글자 수는 중복되는 것을 뺀다면 모두 379자이다.[31] 만약에 다시 홍괄(洪适)의 『隸續』에 수록된 『左傳遺字』(소망본에서 자료를 채택하였다.)에서 중복되지 않은 글자는 55자와 1944년과 1957년 서안에서 새로 출토된 석경 중 중복되지 않는 글자까지 합하면 석경고문의 총 수량은 대략 440자 정도이다.[32] 孫海波가 수집 정리한 석경 자료가 아직 누락된 것이 있었으나 최근 시사첩이 최신 자료를 대거 보충하였다. 孫海波 저서는 현재 구하기 어려워진 상태로 시사첩(施謝捷)의 저서가 조속히 발간되기를 기대한다.

二. 석경고문과 전국문자 상호 증명

통계에 의하면 石經 古文과 『說文』 古文이 서로 동일한 경우는 70여자이며 그중 몇몇 자형은 전국문자와 일치하여 차이가 없다. 제 3절에서는 수많은 『說文』 古文과 육국문자가 동일하거나 서로 비슷한 사례를 나열한 바 있으며, 그 중에서 石經 古文에서 볼 수 있는 자형도 있었다. 예를 들어 「革」, 「及」, 「事」, 「用」, 「爽」, 「典」, 「平」, 「倉」, 「乘」, 「南」, 「時」, 「盟」, 「宅」, 「念」, 「奴」, 「冬」, 「至」, 「愼」, 「禹」, 「成」, 「卯」 등이다. 이는 石經 古文과 『說文』 古文이 실제로 같은 부

---

30 孫海波, 『魏三字石經集錄』 「源流」, 6쪽; 曾憲通, 「三體石經古文與說文古文合證」, 『古文字研究』 7輯, 1982年.

31 孫海波, 『魏三字石經集錄』 「古文」 1~12쪽.

32 曾憲通, 「三體石經古文與說文古文合證」, 『古文字研究』 7輯, 1982年.

류이며, 모두 전국문자와 분리할 수 없는 혈연관계를 맺고 있음을 잘 보여준다.

石經 古文 중에는 『說文』古文에 볼 수 없거나 자형 형태가 조금씩 다르지만, 육국 문자와 일치하는 것도 있어 특히 귀중하게 여길 가치가 있다. 아래 이러한 石經 古文을 열거하여 육국문자와 서로 비교해보도록 한다.

	六國文字	石經古文
上	上 『中山』5	丄 3
帝	帝 『中山』45	帝 3
下	下 『中山』5	下 4
禮	豊 『郭店』緇24	豊 4
神	神 行氣玉銘	神 7
瑕	瑕 『籀補』1-3	瑕 15
中	中 『中山』10	中 17
春	春 『璽彙』2415	春 27
余	余 鄂君啓節	余 34
含	含 『郭店』語一38	含 39
歷	歷 鬲戈	歷 54
逯	逯 左行議逯戈	逯 57
迪	迪 『郭店』尊20	迪 62
遠	遠 『璽彙』3595	遠 67
遙	遙 『郭店』語一95	遙 69
復	復 『侯馬』339 「腹」	復 71

後	『郭店』老甲3	73
嗣	平安君鼎[33]	80
商	蔡侯紳盤	83
諸	『郭店』語三9	88
信	『郭店』忠1	90
忱	徐沈尹鉦「訛」	90
異	『郭店』語三53	103
卑	『侯馬』321	『無逸』
殼	徐效尹鼎[34]	118
收	『璽彙』3702[35]	125
庸	拍尊	129
奭	『上海』緇18	138
敢	『侯馬』336	155
則	長沙帛書	162
筮	『侯馬』168	168
典	陳侯因資鐱	173
巫	『侯馬』309	175
寧	『中山』66	178

---

33 何琳儀, 「平安君鼎國別補證」, 『考古與文物』1986年 5期.

34 曹錦炎, 「紹興坡塘出士徐器器銘文及其相關問題」, 『文物』1984年 1期. 「貙」는 「郊」로 읽어야 한다. 「貙」는 「爻」가 성부이며, 「郊」는 「交」가 성부이다. 「爻」, 「交」는 서로 통하는 사례는 전적에서 많이 볼 수 있다. 따라서 명문 「貙尹」은 바로 「郊尹」이다. 『左傳』昭公 13年「而使爲郊尹」의 주석은 「郊尹, 治郊境大夫」이다. 「貙」는 또한 「賿」로도 예정할 수 있다. 「殼」는 匣紐宵部에 속하며, 「孝」는 曉紐幽部. 曉, 匣 모두 후음에 속한다. 幽와 宵는 방전(旁轉) 관계이다.

35 黃錫全, 『汗簡注釋』, 武漢大學出版社, 1990年, 415쪽.

虜	虔 『郭店』語三57	膚 185
益	枡 『璽彙』1551	枨 190
主	角 『侯馬』314[36]	束 192
今	亐 『侯馬』201	了 198
內	肉 鄂君啓節	肉 『皁絲謨』
京	杂 『璽彙』0279	桑 204
邦	邦 長沙帛書	邦 247
昃	知 『陶彙』3.1201	仌 259
游	辰 『璽彙』1154	戀 263
束	東 『匋文』3.17	棗 273
克	鼻 『中山』31	克 277
年	嵩 廿年距末	坙 279
秦	森 旾志鼎	鑫 281
稱	癸 『貨系』4201	舟 281
免	兔 『上海』緇13	宁 322
丘	釜 鄂君啓節	坖 327
庶	匲 叔夷鎛	廉 366
麋	蕊 『璽彙』0360	蘿 382
獲	夔 『望山』1.170	鐷 386
狄	殍 『璽彙』0337「欻」[37]	䍎 387

---

36 李學勤, 李零,「平山三器與中山國史的若干問題」,『考古學報』1979年 2期; 黃盛璋,「中山國銘刻在古文字語言上若干問題」,『古文字研究』7輯, 1982年.

37 何琳儀,「古璽雜識」,『遼海文物學刊』1986年 2期.

能	『郭店』五10	390
奔	『璽彙』3693	400
暴	『中山』54	403
囚	『補補』10.5	406
德	『侯馬』347	407
念	者汈鐘	408
潮	陳侯午敦	425
泉	長沙帛書[38]	438
冬	陳璋壺	439
雨	『中山』42	440
聽	『郭店』唐6	454
聞	『郭店』五26	454
聘	『璽彙』2951[39]	455
聞	不降矛	456
妻	廿八星宿漆書	472
民	『中山』18	475
弗	郾王朕戈	476
戰	僉志鼎	480
戚	『郭店』六48	483
紹	僉志盤	497
陳	僉志盤	546

---

38 嚴一萍, 「楚繒書新考」, 『中國文字』7卷 26冊, 2971쪽.

39 何琳儀, 「古璽雜識」, 『遼海文物學刊』1986年 2期.

隊	愁 『中山』37	愁 547
七	七 『信陽』2.012	七 549
亂	亂 長沙帛書	亂 552
丙	丙 子禾子釜	丙 552
丑	丑 『天星』1076	丑 559
卯	卯 陳卯戈	卯 560
黃	黃 趙孟疥壺	黃 『隸續』
禼	禼 『郭店』窮2	禼 『隸續』
粵	粵 『中山』54	粵 『隸續』
我	我 廿年距末	我 『隸續』
壽	壽 齊侯鎛	壽 『隸續』
寡	寡 『中山』63	寡 『隸續』
廩	廩 『璽彙』0319	廩 『隸續』
爲	爲 左師壺	爲 『隸續』

석경고문 중 일부 자형이 『說文』고문과 자형이 다른 경우는 상황이 비교적 복잡하며, 대략 4가지 유형으로 나눠볼 수 있다. 아래 표에서 앞에 석경고문을 배열하고 뒤에 『說文』고문을 배열하였으니 비교, 대조 자료로 삼도록 한다.

1. 석경고문은 殷周 고문을 계승한 것이며 『說文』고문은 周代 후기 고문에서 비롯된 것이다.

一	一 1	弌 1

三	〔古文〕12	〔古文〕12
王	〔古文〕12	〔古文〕12
周	〔古文〕45	〔古文〕45
正	〔古文〕56	〔古文〕56
古	〔古文〕84	〔古文〕84
自	〔古文〕135	〔古文〕136
保	〔古文〕309	〔古文〕310
聞	〔古文〕454	〔古文〕454
彝	〔古文〕504	〔古文〕504
二	〔古文〕511	〔古文〕511
四	〔古文〕548	〔古文〕548

2. 석경고문을 정체(正體)로 간주하며, 『說文』 고문은 와변 자형으로 간주한다.

中	〔古文〕17	〔古文〕17
君	〔古文〕41	〔古文〕41
遂	〔古文〕66	〔古文〕66
爲	〔古文〕『隷續』	〔古文〕108
智	〔古文〕137	〔古文〕137
典	〔古文〕173	〔古文〕173
乃	〔古文〕177	〔古文〕177
弟	〔古文〕210	〔古文〕210
師	〔古文〕439	〔古文〕439

臮	『集錄』2	327
拜	456	456
亂	552	93[40]
卯	560	560

3. 석경고문과 『說文』 고문이 이체자인 경우

上	3	
下	4	
遠	67	67
往	71	71
及	112	112
教	127	127
惠	153	153
巫	175	175
夏	209	209
栗	272	272
丘	327	327

4. 석경고문과 『說文』 고문이 서로 가차 관계인 경우

僕	100	100

40 『說文』 고문이 「𤔔」의 와변 자형 「𤔔」을 「䜌」, 「㜻」, 「䜌」으로 간주하는데 모두 來紐元部에 속한다.

盤	 221	 222
邦	 247	 247
監	 329	 329
遷	 63	 63
殺	 119	 119
蔡	 23	 119
囟	 406	 406

이상 모든 예시에서 「僕」의 이체는 모두 「業」을 성부로 삼는다. 「盤」의 이체는 모두 「般」을 성부로 삼는다. 「邦」의 이체는 모두 「丰」을 성부로 삼는다. 「監」은 『說文』 고문에서 「言」으로 구성되며 「監」의 省聲이다. 「遷」은 『說文』 고문에서 「拪」으로 쓰며 「手」를 부수로 삼고 「西」를 성부로 삼는다. 「西」는 心紐文部이며, 「遷」은 淸紐元部이다. 心, 淸 모두 精組에 속한다. 「殺」은 『說文』 고문으로 「𢁅」와 같이 쓰는데 「介」를 성부로 삼으며 「杀」, 「介」 모두 月部에 속한다. 삼체석경 「蔡」와 『說文』 고문 「殺」은 자형이 동일하며 모두 心紐에 속한다.[41] 「囟」는 삼체석경에서 「脺」와 같이 쓰며 「宰」를 성부로 삼는다. 「宰」는 精紐之部이며, 「囟」는 『說文』 고문으로 「甾」와 같이 쓴다. 「甾」는 精紐之部이다. 「囟」은 心紐眞部이다. 精, 心 모두 精組에 속한다.

이 복잡한 현상은 삼체석경 고문이 비교적 원시적인 고문자 형태를 많이 보존했음을 나타낸다. 동시에 전국문자 자형 차이와 다변화 현상이 석경고문과 『說文』 고문 중에도 반영되었음을 분명하게 드러내었다.

종합하면, 삼체석경 고문이 비록 벽중서의 전래 석각[傳刻] 자료라고 해도 결

41 沈兼士, 「希杀祭古語同源考」, 『沈兼士學術論文集』, 中華書局, 1986年, 212-225쪽.

국 조위(曹魏) 시기의 실제 필적이며 그 자형이 상고 시대로부터 크게 차이나지 않으므로 「마치 비슷한 점이 있다[猶有髣髴].」라고 한 것이다. 고고학적 의의로 보자면 삼체석경 문자의 점과 획의 정확도는 『說文』 고문과 같이 이리저리 베껴 쓴 자형보다 높다. 따라서 삼체석경은 전국문자 고석에 특히 중요하다.

비슷한 사례로, 1799년 이집트에서 발견된 로제타 비석[Rosetta stone] 또한 세 가지 문자 (상형문자, 고대이집트 속어, 희랍문자)로 새겨졌으며, 고대 이집트 상형문자 를 고석하는 열쇠가 되었다. 중국의 로제타석인 삼체석경 또한 의심의 여지없 이 전국문자를 고석하는 중요한 증거이다.

제5절 『汗簡』과 『古文四聲韻』 고문

一. 『汗簡』과 『古文四聲韻』 개설

벽중서 부류의 고문경 필사본은 唐代에도 여전히 존재하였다. 예를 들어 李陽冰은 일찍이 『古文孝經』과 『古文官書』를 합하여 한 권으로 만들었는데 전자가 바로 古文經이다.[42] 또한 唐 天寶 3년, 賢宗은 학사(學士) 衛包를 소집하여 『古文尙書』를 今文으로 개정하게 하였다.(『新唐書·藝文志』) 그 고문은 본래 秘府에서 소장하기 때문에 외부에서는 다시 송독하지는 않았다. 北宋 시기 薛季宣은 『古文尙書』를 토대로 『書古文訓』을 저술했으며 이 자료는 당시에 이미 진귀하고 희귀한 저작이었다. 하지만 漢, 魏 이후로 고문 자료 수집 작업이 상당히 광범위하게 유행하였다. 예를 들어, 東漢 시기 衛宏의 『古文官書』, 郭顯卿의 『古文寄字』, 魏 張揖의 『古今字詁』 등이 있다. 唐代 이전에 고문 자형으로 새겨진 비문

---

[42] 韓愈, 『韓昌黎集』 卷13 「科斗書後記」, 「識開封令服之者, 陽冰子, 授余以其家科斗 『孝經』, 漢衛宏 『官書』, 兩部合一卷.」

또한 적지 않은데, 예를 들어, 漢代『貝丘長碑』, 唐代『碧落碑』 등이 있다. 北宋 초기 국자감(國子監) 주부(主簿) 郭忠恕가 잔존하는 古文經, 고일서(古佚書),『說文』 古文, 三體石經 및 상술한 각종 자서 형식에 출현한 고문을 필사한 자료와 고문 비각(碑刻)을 수집하고, 이를 하나로 결합하여『汗簡』을 엮어내었다.

『汗簡』은 모두 7卷이다. 전체적으로『說文』540부를 기본 순서로 삼고 있지만「古文」을 부수 계열로 삼아 문자를 수록하였다.『汗簡』에 수록된 고문은 2961자이며, 최근에 어느 학자가 이를 3073자로 보충하였다.[43]『汗簡』에서 인용한 고서, 비각은 모두 71종이며 그 중 95%는 이미 소실되었다.[44]

北宋 시기 仁宗 慶歷 4년, 夏竦은『汗簡』을 기초로 삼고 광범위하게 고문 자료를 수집하여『古文四聲韻』을 엮어내었다.(이하『四聲韻』으로 약칭)

『四聲韻』은 모두 5권이다. 전체적으로『切韻』사성(四聲)에 중심을 두고 운(韻)을 토대로 문자를 배열하여 검색하는데 더욱 편리해졌다. 초보적인 통계에 의하면 수록된 고문(예정된 고문 포함)은 대략 9000 여자이다.『四聲韻』은『汗簡』내의 고일서를 포함하여 98종을 인용하고 있다.

『汗簡』,『四聲韻』은 두 가지 속성으로 볼 때 비슷한 점을 갖춘 고문 자전이다. 수록한「古文」형체가 많고 인용한 고일서도 광범위하여 드문 형식에 속한다.『四聲韻』은『汗簡』에 수록된 문자 이외에도 상당히 많은 수의 고문 자형을 망라하고 있다. 예를 들어「房」의 항목에 수록된 이체자는 18자이며「乃」의 이체자는 21자이다. 이는『汗簡』과는 서로 비교할 수 없는 점이다. 몇 가지 고문 자는 바로 이러한 이체자 중에 남겨져 있다. 어떤 사람은『四聲韻』이「실제로 『汗簡』에서 자료를 취하여 운을 나눠 수록한 것이지 다른 장점은 없다.」고 하였

---

43 黃錫全,『汗簡注釋』, 武漢大學出版社, 1990年, 4쪽.

44 『四庫全書總目』卷 41,「且所征引七十一家, 存于今者不及二十分之一.」

다.[45] 이것은 실제 상황과 부합하지 않는다. 『四聲韻·序』에서 「비석이 부서지고 문헌은 벌레들이 갉아먹어 찾고 구하는데 거의 모든 지역을 돌아다녔다[斷碑蠹簡, 搜求殆徧].」와 같은 내용으로 볼 때, 夏竦은 일찍이 고문 원시 자료를 본 것이다. 따라서 『四聲韻』의 가치는 결코 『汗簡』에 뒤처지지 않는다. 두 저작을 비교해볼 때, 필사한 내용에 차이가 있는데, 추가 혹은 삭제된 부분은 상호 보충할 수 있겠으나 구체적 자료로부터 출발해야만 우열 관계나 시비 관계를 판단할 수 있다. 예를 들어, 『汗簡』의 「禱」는 「䄄」(上 1.3)와 같이 쓰며, 「彈」은 「弓」(下 1.70)와 쓰는데, 『四聲韻』의 「䄄」(3.20)과 「弓」(1.31)과 비교할 때 믿을 만하다. 반대로 『四聲韻』의 「都」는 「𣂠」(1.27)과 같이 쓰고 「莊」은 「奬」(2.15)과 같이 쓰는데 『汗簡』의 「𣂠」(中 1.33)과 「奬」(上 2.22)과 비교해보면 믿을 만하다.

『汗簡』과 『四聲韻』의 진위에 대해 의심스러운 점이 없는 것은 결코 아니다. 고증의 대가 錢大昕은 『汗簡』을 「偏旁詭異, 不合『說文』」이라고 평했다.[46] 『汗簡』을 주해한 鄭珍도 『汗簡』에 대해서도 호감을 가지지 않았다. 『汗簡箋正·叙』에서 『汗簡』을 「역대로 여러 학자가 『說文』에서 채집한 것은 석경 이외에 대저 호기심 많은 무리들이 진짜가 아닌 것을 갖다 붙이고 괴이한 것에 의지하여 괴벽한 것에 힘써 말세의 풍속을 드러냈다.」라고 하였다. 따라서 『汗簡箋正』중 곽충서의 언급을 반박하고 힐난한 내용을 도처에서 볼 수 있다. 鄭珍이 『汗簡』을 주해하였다고 말하는 것보다는 차라리 『說文』 소전체로 『汗簡』 고문을 교정하였다고 하는 것이 더 낫다. 금석학자 吳大澂은 『汗簡』, 『四聲韻』을 「끌어오고 근거로 삼은 것은 비록 폭 넓지만 많은 것이 뒤섞여 어수선하며 의심할만한 것이 많다.」라고 하였다.[47] 고문자학자 唐蘭은 『汗簡』에 대해 더 거세게 비판하며

---

45   全祖望, 『鮚埼亭集』, 『古文四聲韻』附錄 6쪽에서 인용.

46   謝啓琨의 『小學考』 卷 17.2에서 인용.

47   吳大澂, 『說文古籀補』叙 4쪽.

「漢代부터 宋代 초기까지 전서와 주문, 죽간 고문 이외로는 멋대로 지어낸 고문만이 있었다. 곽충서가 지은 『汗簡』이 이 시기의 총결산이었다.」라고 하였으며,[48] 「하송은 본래 이러한 재료를 집록하여 종정문자 연구에 비교하려고 했으나 결과적으로 이 자료들은 대부분 활용할 수 없다.」라고 하였다.[49]

『汗簡』, 『四聲韻』에 수록된 『說文』 고문과 석경 고문은 일반적으로 학자들의 비난이 아주 적다. 기타 고문에 대해서는 기탄없이 「괴벽한 것에 힘쓴 날조한 고문」이라고 질책한다.

무엇보다도 틀림없는 점은 『汗簡』, 『四聲韻』과 같이 광범위하게 자료를 인용한 고문자전에 수록된 고문은 본래 체계적으로 구조를 갖춘 문자일 수 없다는 점이다. 여러 가지 기원을 통해서 이러한 고문들이 생긴 것이므로 시간과 공간을 막론하고 모두 통일할 수는 없다. 바꿔 말하면 이러한 문자는 이미 시대적으로 이른 것도 있고 늦은 것도 있으며 비각이나 죽간에서 옮겨 수록한 것도 있고 책에서 필사한 것도 있다. 따라서 두 저서에 수록된 자형은 강물이 넘치듯 많지만 일정한 방침 없이 수록되었으며, 동일한 자료에서 인용했더라도 여러 가지 이체자가 공존한다. 많은 사람들이 알고 있듯이, 秦代 전란 이후, 중국 학술계는 옛 것에 의지하여 가짜를 만드는 풍조가 상당히 성행했다. 경서에도 가짜가 있었고, 字書 또한 가짜가 있었다. 北宋 시기 학자들은 시기적인 제한으로 인해서 고증의 수준이 높지 않았고 일부 위조품에 대해서도 「별도로 가짜 서체를 수록하다[別裁僞體].」하지 못하여 수많은 「古文」 자서에 진짜와 가짜가 각각 절반을 차지하여 모두 믿기가 어려워졌다. 따라서 『汗簡』, 『四聲韻』에 상당수의 위조 「古文」이 수록된 점은 부인할 수 없는 사실이다. 예를 들어, 『汗簡』의

---

48   唐蘭, 『古文字學導論』, 齊魯書社, 1981年, 39~40쪽.

49   唐蘭, 『古文字學導論』, 齊魯書社, 1981年, 360쪽.

「挧」(上 2.23), 「抌」(中 2.58), 「抎」(下 2.83), 「鞧」(下 2.83) 등은 「手」가 모두 「扌」 형태로 쓰여 있는데, 이는 확실히 「折」을 「掀」로 쓰는데 영향을 받아 변조된 것이다. 또한 『四聲韻』의 「涉」은 「𢆡」(5.21)로 쓰는데 전국문자 '步'는 「歩」로 쓴다는 점으로 증명하는 것이 합리적이다. 「㹜」로 써서 주문 자형과 동일시하거나 「㹜」로 써서 「㹜」와 같은 자형이라고 하면 이해하기가 어려우며 대략 이러한 경우가 「호랑이를 그리려다 오히려 개를 그렸다.」라고 할 수 있다. 『汗簡』 「囡」(中 1.33)와 『四聲韻』 「囮」(5.29)는 측전무후가 황제를 칭할 때 만든 「國」이다. 이러한 「奇字」는 고문자 연구에 아무런 의의가 없다.

『說文』, 석경 고문과 비교했을 때, 『汗簡』, 『四聲韻』의 와변은 아주 심각하다. 예를 들어 「倉」은 와변되어 「𠋮」(上 1.4)처럼 쓰고, 「問」은 와변되어 「𨮀」(中 1.37)로 쓰며, 「流」는 와변되어 「𣴎」(2.23)로 쓰며, 「箸」는 와변되어 「𥫱」(4.10)로 쓴다. 몇 가지 「奇字」는 현재까지도 합리적인 해석을 이끌어낼 수 없다. 예를 들어 「莫」은 「𦱣」(上 1.5)로 쓰며, 「先」은 「𠑹」(下 1.67)로 쓰며, 「解」는 「緐」(3.21)로 쓴다. 전서(篆書)의 원형을 예정할 때, 명확한 실수도 드러난다. 그 중 작자가 잘못 인식한 것도 있다. 예를 들어 「革」을 「挹」(上1.9)으로, 「童」을 「疾」(上 1.12)로, 「還」(徙)를 「徒」(1.26)로, 「敵」를 「敵」(5.13)으로 잘못 쓰는 경우이다. 또한 판각자를 잘못 새긴 경우도 있다. 예를 들어 「瓔」를 「瓊」(上 1.4)으로, 「敆」를 「徵」(上 1.14)으로, 「秦」을 「泰」(中 1.37)로, 「贪」을 「牘」(下 2.81)로 잘못 새긴 경우이다.

『汗簡』과 『四聲韻』에서 상술한 바와 같은 심각한 결점이 존재하기 때문에 일부 학자들의 공격을 받은 것 또한 이상할 것은 없다. 하지만 쓸모없는 것은 제거하고 정수만을 받아들이면 『汗簡』과 『四聲韻』에 인용한 「古文」 자료 중 대량의 고문자 자형을 보존하고 있다는 사실을 발견할 수 있다. 아래 표는 먼저 갑골문과 금문을 제시하고 다음으로 『汗簡』과 『四聲韻』 고문을 제시하였으니 대조 자료로 삼도록 한다.

1. 갑골문과 『汗簡』의 상호 증명

道	『甲骨』2.29	上 1.10
會	『甲骨』2.16[50]	上 2.26
束	『甲骨』6.9	中 1.32
役	『甲骨』3.25	中 1.41
尋	『甲骨』12.4[51]	中 2.47
彈	『甲骨』12.21	下 1.70

2. 갑골문과 『四聲韻』의 상호 증명

雌	『甲骨』2.16	1.16
專	『甲骨』3.33	1.25
賓	『甲骨』6.10	1.32
祉	『甲骨』2.23[52]	3.8
孛	『甲骨』8.10[53]	4.16
拔	『甲骨』附上2[54]	5.12

---

50 何琳儀, 『汗簡古文四聲韻與古文字的關係』, 碩士學位論文, 1981年.

51 朱德熙, 「古文字考釋四篇」, 『古文字研究』8輯, 1983年.

52 黃錫全, 「利用汗簡考證古文字」, 『古文字研究』15輯, 1986年.

53 張亞初, 「甲骨文金文零釋」, 『古文字研究』6輯, 1981年.

54 于省吾, 『甲骨文字釋林』, 中華書局, 1979年, 26쪽.

3. 금문과 『汗簡』의 상호 증명

兆	廗叔鼎 「姚」[55]	上 1.8
冊	启卣 「迦」[56]	上 1.10
誥	史誌簋[57]	上 1.12
奉	散盤	上 1.13
饋	墻盤[58]	上 2.26
朱	師酉簋	中 1.30
居	舀鼎[59]	中 1.43
臨	毛公鼎	中 1.44

4. 갑골문과 『四聲韻』의 상호 증명

窺	伯窺父盨[60]	1.15
妻	叔皮父簋	1.27
藝	毛公鼎	4.15

55 金文 「　」는 이전에 「姚」로 해석하였으나 학자들이 대부분 의문을 가졌다. 『汗簡』으로 검증해보
   면 해석한 것이 틀리지는 않았다. 兆域圖의 「迷」는 「　」, 『璽彙』2405 「桃」는 「　」로 쓰여 있으므
   로 증명할 수 있다.
56 何琳儀, 黃錫全, 「启卣启尊銘文考釋」, 『古文字研究』 9輯, 1984年.
57 唐蘭, 「史誌簋銘考釋」, 『考古』 1972年 5期.
58 唐蘭, 「史墻盤銘考釋」, 『文物』 1978年 3期.
59 郭沫若, 『兩周金文辭大系考釋』, 18쪽.
60 何琳儀, 「釋窺」, 『汗簡古文四聲韻與古文字的關係』, 碩士學位論文, 1981年. 古文字論集』(一),
   1983年에도 수록되어 있다.

虜	召伯簋「獻」	4.23「甗」
要	伯要簋	4.27
泛	启尊[61]	4.41

만약에 통행본 『說文』과 석경에 없는 고문을 郭忠恕, 夏竦이 위조한 것이라고 여긴다면 北宋 시기 천년 이전의 은주 문자와 의외로 부절을 맞춘 듯 일치하는 것은 어찌 괴이한 일이 아닐 수 있겠는가? 실제로 위에서 인용한 「彈」, 「去」 등의 한자는 『汗簡』에서 『說文』으로부터 인용한 것이라고 명확하게 밝히고 있지만 통행본 『說文』에서는 볼 수가 없다. 「誥」, 「妻」 등의 字도 『說文』 고문 '㸚'(91), '㸚'(465)보다 은주 문자의 본래 모습에 더욱 가깝다. 말할 것도 없이 이 부분의 문자 가치는 더욱 더 중시할만하다. 『汗簡』, 『四聲韻』과 전국문자가 일치하는 경우는 손쉽게 찾아볼 수 있으므로 다음 절에서 중점적으로 예를 들어가며 설명해보겠다.

二. 『汗簡』, 『四聲韻』과 전국문자 상호 증명

『汗簡』, 『四聲韻』은 『古尙書』, 『古周易』, 『古春秋』, 『古周禮』, 『古論語』, 『古孝經』 등의 고일서를 대량으로 인용하였다. 이러한 자료들을 비록 반드시 완전하게 믿을 수 없지만 서적 명칭에 근거한다면 漢, 魏에 유행한 고문경과 반드시 관련이 있는지 알 수 있다. 그 중 일부 「古文」 형체는 경로가 있을 가능성이 있다. 1899년 돈황에서 발견된 대량의 고적 필사본 중에서 예서로 쓰인 唐代 寫

61　何琳儀, 黃錫全, 「啓卣啓尊銘文考釋」, 『古文字研究』 9輯, 1984年.

本『尙書』와『孔傳』도 포함되어 있다.[62] 일본 또한 유사 자료를 소장하고 있다.[63] 『汗簡』에서 인용한『古尙書』고문과 일본 자료에서 예정한 고문을 상호 비교했을 때 대부분이 일치한다. 예를 들어「陳」은「敕」(上 1.15)으로 쓰고「圖」는「圖」(中 1.33)로,「居」는「屈」(中 1.43)로,「洛」은「㣊」(下 1.61)으로,「房」은「防」(下 1.63)으로,「析」은「斯」(下 2.76) 등으로 쓴다. 이것은『汗簡』이 확실하게 唐代 衛包가 자형을 수정하기 이전의 古文經을 손으로 기록한 자료라는 점을 설명해준다. 따라서『汗簡』,『四聲韻』으로부터 상당수의 전국문자 형체를 밝혀낼 수 있다.

실제로, 宋代에 이미『汗簡』과『四聲韻』의 중요성에 주목하기 시작한 학자가 있었으며 그에 대한 평가 또한 비교적 객관적이었다. 예를 들어, 呂大臨은 다음과 같이 언급하였다.

孔安國은 伏生의 입으로 전해진 문헌으로 벽중서를 해석하고 고문을 예정한 후 고문을 어느 정도 해석할 수 있었다. 지금 전해진 것으로는『古尙書』,『孝經』, 陳倉의 石鼓文이 있고, 이와 아울러 郭氏의『汗簡』, 夏氏의『集韻』(『四聲韻』) 등의 문헌으로도 참고할 수 있다.

呂大臨은『汗簡』,『四聲韻』과 古『尙書』,『孝經』, 石鼓文 등의 전국문자를 같이 취급하였으니 탁월한 혜안과 상당한 식견을 지녔다고 할 수 있다.[64]

비록『汗簡』,『四聲韻』이 장기간에 걸쳐 문자학자들의 중시를 받지 못했다고 하더라도 일부 고문자학자들은 의식적으로 혹은 무의식적으로『汗簡』,『四聲

---

62   王重民,『敦煌古籍叙錄』, 8~26쪽.

63   小林信明,『古文尙書の研究』

64   呂大臨,『考古圖釋文』, 中華書局, 1987年, 271쪽.

韻』의 고문을 인용하여 고문자를 고석하였다. 최근 수십 년 이래로 전국문자 연구가 시작되면서 일부 학자는 출토된 周代 말기 문자 자료가 「『石經』과 『汗簡』을 부활시켰다」[65], 「현재 관점에서 보자면 『汗簡』은 다시금 평가해야할 필요가 있을 것 같다」라고 예리하게 지적한 바 있다.[66] 최근 일부 학자는 고문자와 필사 자료를 결합하여 『汗簡』을 다시 주석하였는데 충분히 의의가 있는 작업임은 확실하다.[67]

앞 문장에서 이미 갑골문, 금문 일부와 『汗簡』, 『四聲韻』 고문이 일치하는 사례를 열거했다. 하지만 이는 소수를 차지할 뿐이다. 『汗簡』, 『四聲韻』 고문과 진정으로 일치하는 자형은 전국문자가 대량으로 보존하고 있다.

1. 전국문자와 『汗簡』 고문의 상호 증명

	전국문자	『汗簡』 고문
天	禾 『郭店』成4	禿 上 1.3
士	坧 仕斤戟	圸 上 1.4
臧	泟 『璽彙』3488[68]	瘫 上 1.4
族	㫃 『侯馬』329	㫃 上 1.7
旗	㫃 『匋文』附48	㫃 上 1.7[69]

65　李學勤, 「靑銅器與山西古代史的關係」, 『山西文物』 1982年 1期.

66　張頷, 「中山王器文字編序」, 『中山』 5쪽에서 인용.

67　黃錫全, 『汗簡注釋』, 武漢大學出版社, 1990年.

68　『古文四聲韻』 2.18 「藏」은 「瘫」으로 쓰여 있으며 새인 문자와 비슷하다.

69　『汗簡』 「㫃」는 본래 「暉」와 「旐」의 사이에 있었다. 「㫃」는 「旗」의 고문으로 「旐」와 동일했다. 반드시 「旐」의 뒤에 있어야 한다. 『汗簡』에서 잘못 「旐」 앞에 나열했고 그에 대한 해설로 「上同」이라고 한 것은 이해할 수 없다.

兆	長沙帛書「逃」	上 1.8
此	『璽彙』5654	上 1.8
往	『匋文』2.12	上 1.8
道	詛楚文	上 1.9
率	詛楚文	上 1.10
道	『郭店』老甲6	上 1.10
諺	『籀補』3.3	上 1.12
反	鄂君啓節「返」	上 1.13
皮	『璽彙』3998	上 1.14
悍	者汈鐘	上 1.15
陳	二十八宿漆書	上 1.15
教	『郭店』老甲12	上 1.15
視	『中山』47	上 2.16
瞿	『璽彙』3261	上 2.16
億	嗣子壺	上 2.16
鼻	攻敔王戈	上 2.17
彝	曾侯乙鎛	上 2.19
箕	『璽彙』5203	上 2.21
亓	長沙帛書	上 2.22
青	『郭店』語一88	上 2.26
合	九里墩鼓座	上 2.26
余	『郭店』老甲10	上 2.27
言	『璽彙』5296	上 2.27

舜	『郭店』唐23	上 2.28
補	『璽彙』2194	中 1.30
柤	『璽彙』0079[70]	中 1.30
野	舍志鼎	中 1.30
滿	『璽彙』3223[71]	中 1.33
都	『璽彙』0293	中 1.33
昆	『郭店』六28[72]	中 1.34
期	『璽彙』2766	中 1.35
稷	『上海』詩24	中 1.37
魏	『中山』31	中 1.37
問	『璽彙』1073	中 1.37
官	平安君鼎	中 1.39
兩	金村銀器	中 1.40
再	陳璋壺	中 1.40
比	『貨幣』附305[73]	中 1.42
矢	馬節	中 1.43
殿	隨縣簡[74]	中 1.43
先	曾侯乙鐘律鐘	中 2.46

---

70 『汗簡』은 해석이 없다. 黃錫全은 「柤」로 해석했다. 『汗簡注釋』(武漢大學出版社, 1990年), 229쪽에서 볼 수 있다.

71 「圑」는 「馬」가 성부이며 「馬」, 「滿」은 동일한 발음이 전화된 것이다. 「滿」은 고대 중국 성씨이다.

72 黃德寬・徐在國, 「郭店楚簡續考」, 『江漢考古』1999年 2期.

73 黃盛璋, 「中山國銘刻在古文字語言上若幹研究」, 『古文字研究』7輯, 1981年.

74 李家浩, 「戰國貨幣文字中的幣和比」, 『中國語文』1980年 5期.

夏	長沙帛書	中 2.47
施	『郭店』忠7	中 2.48
色	『郭店』語一47	中 2.48
文	『包山』203	中 2.48
詞	『中山』66	中 2.49
詞	『郭店』老甲19	中 2.49
囟	『璽彙』2055	中 2.49
畏	『郭店』五36	中 2.50
寓	『璽彙』3236	中 2.51
緙	『中山』68[75]	中 2.52
氣	長沙帛書	中 2.55
敬	『中山』73	中 2.59
渴	『中山』59	下 1.61
門	『璽彙』0170	下 1.65
美	『郭店』老甲15	下 1.66
安	『侯馬』306	下 1.67
誅	『中山』49	下 1.68
越	越王劍	下 1.68
枢	『中山』73	下 1.69
綦	『璽徵』13.1	下 1.70
蜀	『璽彙』3302[76]	下 2.70

75 裘錫圭, 「談談隨縣曾侯乙墓的文字資料」, 『文物』 1979年 7期.

76 于豪亮, 「中山二器銘文考釋」, 『考古學報』 1979年 2期; 張頷, 「中山王嚳器文字編序」, 『中山』 6쪽

	전국문자		『四聲韻』고문
完	𣥏『望山』2.49[77]		下 2.74
成	『璽彙』0207		下 2.74
簶	『璽彙』4574		下 2.75
析	『中山』71「箵」		下 2.76
序	『貨幣』附 298[78]		下 2.77
威	子禾子釜		下 2.79
好	『郭店』語二21		下 2.81
次	『河北』36 陶文		下 2.83
鄰	oo『貨幣』附 310[79]		oo 下 2.83

2. 전국문자와 『四聲韻』고문의 상호 증명

	전국문자	『四聲韻』고문
斯	『郭店』語二21	1.16
基	『匋文』13.88	1.20
徐	者旨於賜戈	1.23
虞	『璽彙』1170	1.24
吾	石鼓『吾水』	1.26

에서 인용.

77　何琳儀,「古璽雜識」,『遼海文物學刊』1986年 2期.

78　李家浩,「信陽楚簡澮字及從关之字」,『中國語言學報』1期, 1982年, 194쪽.

79　고대 새인에도「阝」가 있다. 黃錫全,「利用汗簡考釋古文字」,『古文字研究』15輯, 1986年, 137쪽을 참고.

妻	〓 長沙帛書[80]	〓 1.27
皆	〓 『郭店』唐27	〓 1.28
皆	〓 蔡侯鐘「諧」	〓 1.28「鱛」
雷	〓 『匋文』11.76	〓 1.29
雷	〓 十三年繁陽令戟	〓 1.29
晨	〓 『匋文』附35	〓 1.31
親	〓 『璽彙』3521[81]	〓 1.32
賓	〓 邾公釛鐘	〓 1.32
群	〓 『郭店』老甲38	〓 1.34
軍	〓 『郭店』語三2	〓 1.34
天	〓 行氣玉銘[82]	〓 2.2
淵	〓 長沙帛書	〓 2.3
商	〓 『璽彙』3241[83]	〓 2.14
霜	〓 長沙帛書[84]	〓 2.16
周	〓 『中山』45	〓 2.24
乘	〓 『璽彙』0472	〓 2.28

---

80 島邦男의 『殷墟卜辭綜類』 288쪽 「〓」은 「鄰」으로도 해석한다. 何琳儀, 『汗簡古文四聲韻與古文字的關係』, 碩士學位論文, 1981年을 참고.

81 何琳儀, 「長沙帛書通釋」, 『江漢考古』 1986年 2期.

82 도문에도 「親」이 있다. 湯余惠, 「略論戰國文字形體研究中的幾個問題」, 『古文字研究』 15輯, 1986年, 13쪽 참고.

83 이 자형은 『璽彙』5339, 『匋文』附30에도 있다. 行氣玉銘의 「宎則遮」는 行氣가 정수리부터 시작된다는 뜻이다. 아래 「天」은 「天地」의 「天」으로 읽는다.

84 李學勤, 李零, 「平山三器與中山國史的若干問題」, 『考古學報』 1979年 2期; 黃盛璋, 「中山國銘亥髒古文字、語言上若幹研究」, 『古文字研究』 7輯, 1981年.

兢	『郭店』語二3	2.28
孔	『香港』5	3.3
旨	『郭店』緇10	3.5
比	『璽彙』5377	3.6
李	鄂君啓車節	3.7
矣	『郭店』語二50	3.8
侮	『中山』57「务」	3.10
閔	『郭店』語一60[85]	3.14
棘	『郭店』緇19「戩」	3.20
捨	淳于公戟[86]	3.22
寡	『中山』63	僧翻本3.15
守	『侯馬』306	3.26
牡	『中山』62	3.27
弄	『璽彙』3144	4.3
共	『侯馬』321	4.4
治	『匋文』14.97	4.6
二	『璽彙』4095	4.6
饐	『璽彙』2019	4.6
御	『璽彙』2040	4.9
怒	『上海』詩27「趔」	4.11[87]

85 何琳儀, 「長沙帛書通釋」, 『江漢考古』 1986年 2期.
86 李家浩의 견해이며 李學勤의 「試解郭店簡牘文之字」, 『孔子儒學研究文叢』(一), 2001年에서 인용했다.
87 「豫」, 「捨」는 한 음이 전환되었다.

歲	『璽彙』0629	4.14
弊	『郭店』老乙15	4.15
介	趙孟疥壺	4.16
悖	『璽彙』3407	4.16
門	『貨幣』4.16「閃」	4.18「闔」
建	『隨縣』1	4.20
戰	『郭店』語三2	4.23
單	嗣子壺	4.23
膚	九年將軍張戈	4.23「甒」
矢	『望山』2.49[88]	4.24「縈」
盜	『包山』10[89]	4.29
盜	『璽彙』0734[90]	4.29
病	『包山』243	4.35
定	蔡侯鎛	4.37
目	『郭店』唐26	5.5
觸	『璽彙』0664	5.6
達	『郭店』老甲8	5.11
拔	『郭店』老乙15	5.12
各	『璽彙』5548「客」	5.24

---

88 「怒」는 泥紐魚部, 「罔」은 透紐陽部에 속한다. 泥, 透는 모두 舌音에 속하며 魚, 陽은 陰陽對轉이다.

89 李家浩, 「信陽楚簡澮字及從关之字」, 『中國語言學報』 1期, 1982年, 194쪽.

90 包山簡 「盜」는 「縣」으로 읽으며 행정구역을 뜻한다. 다른 논문에서 상세히 논하겠다.

惡	𠅃『古研』5.246[91]	𠅃 5.25
織	𢆶 鄂君啓節[92]	𢆶 5.25
織	𢆶『璽彙』0768	𢆶 5.26

이상『汗簡』,『四聲韻』고문과 전국문자가 서로 부합하는 사례의 수량은 殷周문자와 서로 부합하는 사례를 훨씬 초과한다. 만약 다시『說文』주문, 석경고문과 서로 부합하는 사례 또한 고려한다면『汗簡』,『四聲韻』고문과 전국문자는 더욱 밀접한 혈연관계도 있을 것임은 말할 필요가 없다.

北宋 宣和 元年에 杜從古가 편찬한『集篆古文韻海』도『四聲韻』부류에 속하는 필사 고문자료에 속하며 작자가 自序에서 언급한 내용에 의하면 이 저서에 수록한 자수가『四聲韻』에 비해「수십 배 증가했다」고 하였다. 하지만 이 저서의 자형 아래 모두 출처가 밝혀져 있지 않다. 그래서 일부 학자는 이 저서에서 말하는 수많은 고문은 단지『集韻』의 예고정(隷古定)을 다시 고문으로 환원한 것일 뿐이라고 지적하기도 한다.[93] 明清 시기 閔齊伋이 편찬한『六書通』에 인용된 자료는 상당히 난잡하므로 인용할 때 각별히 유의해야 한다.

종합하면『汗簡』,『四聲韻』의 일부 고문(다소 와변된 자형을 포함)은 고문자 필사 자료로 간주한다. 그 중 일부 형체는 상당히 질박하고 원시적이며 심지어 갑골문, 금문 중에서도 그 기원을 찾을 수 있으니 이는 학술상의 가치가 높다는 점은 의심할 여지가 없다. 대량의 용례를 통해서 설득력 있게 증명했듯이『汗簡』,『四聲韻』의 고문은 절대로 郭忠恕, 夏竦이 스스로 고문을 만들어낸 것이 아니

---

91   湯余惠,「楚器銘文八考」,『古文字論集』(一), 1983年, 64쪽.

92   于省吾,「鄂君啓節考釋」,『考古』1963年 8期.

93   郭子直,『記元刻古文字老子碑兼評集篆古文韻海』, 中國古文字學會第六屆年會論文, 1988年.

고 호기심 많은 사람들이 꿈에서 본 것도 더더욱 아니다. 北宋시대 사람의 붓에서 쓰인 것이라고 해서 그 진실성을 의심할 수는 없다.

제6절 나오는 말

이 장에서는 각각 『說文』 주문, 고문, 석경 고문, 『汗簡』, 『四聲韻』 등의 문자 자료를 소개하였다. 각각의 시대는 이른 것도 있고 늦은 것도 있으며 필사본에 속하기도 하고 비석에서 비롯된 것도 있으나 모두 전국문자의 기본 구조를 보존하고 있다. 만약에 제 1장에서 소개한 것이 직접 조사해서 얻은 전국문자의 원시 자료라면 이 장에서 소개한 것은 바로 전국문자의 2차 필사 자료이며 후자는 항상 전자와 대비되어 읽힌다. 필사 고문은 예서로 고문을 해석한 체제인데 실제로 전국문자 자전의 용도로 쓰였다. 그 밖에 필사 고문은 풍부한 형부 호환 사례와 고음 통가 자료를 보존하고 있다. 이는 전국문자 고석에 상당히 귀중한 증빙 자료를 제공한다. 이와 관련한 문제는 제 5장에서 계속 토론하기로 한다.

과거 학자들은 『說文』을 숭배했기 때문에 『說文』에 수록된 고문과 주문 또한 깊이 신봉하였고 의심하지 않았다. 석경 고문은 曹, 魏의 진본이기 때문에 믿을만하다. 하지만 『汗簡』, 『四聲韻』의 고문은 그렇지가 않다. 실제로 앞에서 고찰한 결과들을 종합해보면 『汗簡』, 『四聲韻』과 『說文』 고문과 주문, 석경 고문은 모두 대량의 전국문자를 포함하고 있는 필사 자료이다. 필사인 만큼 오류를 피할 수 없다. 『說文』의 고문과 주문, 석경고문의 와변 또한 실례가 적지 않다. 『汗簡』, 『四聲韻』의 체제가 엄밀성을 갖추지 못하여 날조된 고문을 마구잡이로 수록하였고 다시 후인들이 수정을 가하고 판각할 때 초래한 실수로 인해서 결점이 『說文』의 고문과 주문, 석경 고문보다 심각한 것은 당연하다. 하지만 이는 「이것이 좋고 저것은 나쁘다」라고 할 수 있는 이유가 될 수 없다. 우리가 고문자를 고석할 때 모든 필사자료를 다루는데 있어서 합리적인 요소를 취하고 흡수해야 하며 와변을 발생시키는 요소에 대해서도 참고해야 하기 때문이다. 오류를 없애고 진실만을 지닌 고문자 고석 참고 자료는 많으면 많을수록 더욱 좋다고 생각한다.

그 밖에 전래문헌 『周禮』, 『管子』, 특히 『玉篇』, 『集韻』, 『一切經音義』, 『龍龕手鑒』, 『萬象名義』등의 자서는 전국문자의 예정 자형을 많이 보존하고 있다. 하지만 자료가 분산되어 있으므로 여기서는 하나하나 소개하지 않겠다. 黃秀燕의 『从文字演進看周官古文』(석사논문, 1985년), 徐在國의 『隸定古文疏證』(박사논문, 1997년) 모두 이러한 분야와 관련된 연구 논문이다.

제3장

전국문자의 지역 분류 개술

제1절 들어가는 말

시간과 공간의 개념이란, 통상적으로 시대 구분과 지역 구분을 의미하고, 고문자 연구에 있어서 대단히 중요하다. 만약 이 부분에 대한 최소한의 이해가 없다면, 사방에 흩어진 많은 문자 자료는 그에 합당한 역할을 발휘할 수 없을 뿐만 아니라 문자 연구를 체계화할 수 없는 혼돈의 상태에 빠뜨릴 것이며, 결과적으로 고문자 연구의 견실한 과학적 토대를 잃게 될 것이다.

중화인민공화국 수립 이전에는 갑골문과 금문의 시대 구분과 지역 구분 연구가 전국문자를 능가하여 심도 있고 폭넓게 진행되었다. 비록 일부 논저에서도 전국문자 자료의 연대와 지명을 언급하여 고증하였지만, 모두 국한적이면서 보잘것없다. 곽말약(郭沫若)이 집필한 『兩周金文辭大系』의 동주(東周) 부분은 이 방면에 매우 의미 있는 시도였으나 당시 자료의 부족과 편찬 체제의 한계로 인하여 『大系』의 전국문자 분류는 기껏해야 東周 청동기를 연대순으로 편찬한 종속물일 뿐이다.

중화인민공화국 수립 이후에는 전국 문자 자료가 날로 증가히면서 학지들은 전국문자 지역 구분과 시대 구분에 대하여 치밀한 연구를 진행하였다. 이학근

(李學勤)의 『戰國題銘槪述』과 황성장(黃盛璋)의 『試論三晉兵器的國別和年代及其相關問題』는 이 분야와 관련된 두 편의 중요한 논문이다. 허학인(許學仁)의 『戰國文字分域與斷代研究』(박사논문, 1986년)에 수록된 편년표는 검색과 연구에 매우 편리한 자료이다. 각 계열별 문자의 종합 논저는 보기 드물지만, 어느 한 계열 문자의 논저는 비교적 많이 볼 수 있다. 예를 들면,

제 나라 계열 문자[齊系文字] 연구―강숙혜(江淑惠), 『齊國彝銘匯考』(석사논문, 1984년), 서재국(徐在國), 『論晚周齊係文字的特點』(석사논문, 1992년)

연 나라 계열 문자[燕系文字] 연구―풍승군(馮勝君), 『戰國燕係古文字資料綜述』(석사논문, 1997년)

진 나라 계열 문자[晉系文字] 연구―황성장(黃盛璋), 『試論三晉兵器的國別和年代及其相關問題』. 주기상(朱歧祥), 『論中山彝器銘文字體的系統』

초 나라 계열 문자[楚系文字] 연구―류빈휘(劉彬徽), 『楚國有銘銅器編年槪述』, 『楚係靑銅器研究』. 리령(李零), 『楚國銅器銘文編年匯釋』. 동초평(董楚平), 『吳越徐舒金文集釋』. 황석전(黃錫全), 『楚係文字略倫』

진 나라 계열 문자[秦系文字] 연구―왕휘(王輝), 『秦銅器銘文編年集釋』, 『秦文字集證』, 『秦出土文獻編年』. 진소용(陳昭容), 『秦係文字研究』(박사논문, 1996년)

오로지 특정 명문(銘文)의 국가 구분과 연대를 연구한 논문 또한 상당한 깊이가 있으나 여기에서 상세하게 연구 사례를 제시하지 않겠다.

본 장은 전통 시기 학자와 근대 학자의 전국문자 지역 구분과 시대 구분에 관련된 연구 성과를 참고하여 전국시대 각 지역의 문자 자료를 소개하는 동시에 문자 특징에 대하여 논의하도록 한다. 먼저, 몇 가지 문제에 대해 설명하고자 한다.

1. 일반적으로 상대(商代)와 서주(西周)시대의 문자 연구는 단지 시대 구분의 문제만 존재한다. 그러나 춘추(春秋)와 전국(戰國) 문자 연구는 보이지 않는 가운데 한 층차가 더 있는데, 바로 지역 구분을 씨실로 삼고 시대 구분을 날실로 삼아야 한다. 일부 연구자들은 전국문자 자료를 귀납할 때 흔히 지역 구분을 중심으로 삼고 시기 구분을 부차적으로 생각한다. 이는 물론 특수한 역사 환경 중에 발생한 전국문자의 지역적 차이가 두드러졌기 때문이며, 동시에 대다수의 학자가 이미 요점만 간단하게 제시하는 편리한 분류에 익숙해져 있음이 반영된 것이다.

2. 몇몇 지역의 일부 청동기 명문과 간독 문자 외에 기타 전국 문자 자료의 시대 구분과 연구 조건은 아직 적절한 수준에 이르지 못하였다. 대대로 전해 온 수많은 새인(璽印), 화폐(貨幣), 도문(陶文) 등의 자료는 대부분 과학적 발굴을 거치지 않았기 때문에 그 연대를 확정하기 쉽지 않다. 따라서 「지역 구분」 범위로 포함시켜 거칠게나마 살펴볼 수밖에 없다.

3. 지역 구분과 시대 구분 연구는 흔히 고고(考古), 역사(歷史), 지리(地理), 역법(曆法) 등 다방면의 지식을 도움 받아 종합적으로 운용되어야 한다. 그러나 본 장에서는 고문자학 관점으로, 즉 문자 자체에 구현되는 점획, 구조, 격식, 스타일 등 여러 방면의 특징을 중심으로 전국문자 자료를 고찰하여 나라를 구

분하고 연대를 확정한다. 물론 제반 요소를 분석할 때도 역시 그 외의 수단으로 보충해야 한다.

4. 본 장은 『戰國題銘槪述』의 오분법(五分法)을 채용한다. 그러나 국가로 분류하지 않고 지역으로 분류하여 「계열[系]」로 구분한다. 한 계열의 범위 내에 「연 나라 계열 문자[燕系文字]」, 「진 나라 계열 문자[秦系文字]」와 같이 한 국가의 문자일 수도 있고, 「제 나라 계열 문자[齊系文字]」, 「진 나라 계열 문자[晉系文字]」, 「초 나라 계열 문자[楚系文字]」와 같이 몇몇 국가의 문자를 포괄할 수도 있다.

제2절 齊 나라 계열 문자

春秋시대 중기 이래로 齊 나라를 중심으로 이뤄진 魯, 邾, 倪, 任, 滕, 薛, 莒, 杞, 紀, 祝 등의 청동기 명문은 점차 특색을 지닌 東方 문자 체계를 형성하였다. 이는 다른 지역은 물론 더 나아가서 서주 문자 「壽」는 「𤼈」, 「簠」는 「𣪟」로 쓰였다. 이는 다른 지역 더 나아가 서주 문자 「𤼈」, 「𣪟」 등의 형태와 뚜렷한 차이가 있다. 또한 이와 유사한 형태는 간혹 전국시대까지 줄곧 연속해서 사용되었다.

齊 나라는 전국시대 동쪽 지역에서 가장 큰 국가이다. 기몽산 이북을 관할하고, 河北성 동남부를 아울러 차지하였다. 동쪽과 남쪽 방향으로 각각 河南성 동부와 江蘇성 북부 일부가 끼어 있었으며, 수도는 臨淄(山東성 淄博)에 세워졌다.

아래 齊 나라를 중심으로 동쪽의 각 소국(小國)을 아우르면서 齊 나라 계열 문자를 분류하여 소개하도록 한다.

1. 청동기 명문

기원전 404년, 전제태공(田齊太公)은 공식적으로 강제(姜齊) 정권을 대신하게 되었다. 정확히 따져본다면, 춘추시대 말기에 진씨(陳氏)[1]는 이미 강제(姜齊)의 숨통을 틀어쥐고 있었다. 이 시기 명문 속에 陳氏의 陳은 「𨹧」형태로 쓰여 진나라의 「陳」이 「𨹧」으로 쓰인 것과 뚜렷한 차이를 보이며, 이에 제 나라 기물을 감정하는 믿을만한 척도이다.[2] 전국시대 田齊 청동기 명문으로 확실하게 속하는 기물로는 『陳逆𠤳』(『三代』10.25.2), 『陳逆簋』(『三代』8.28.1), 『陳曼𠤳』(『三代』10.20.1), 『陳喜壺』(『文物』1961.2.45) 등이 있다. 陳逆은 『左傳』애공(哀公) 14년의 기록에서 보이고, 陳曼은 전양자(田襄子)를 의미하며 『史記·田敬仲完世家』의 기록에서 확인된다.[3] 陳喜壺의 발견은 일찍부터 학술계의 광범위한 주목을 받았으나,[4][5] 명문이 이후에 상감되었는지는 아직 연구가 필요하다.[6] 이 밖에 『柳可忌豆』(『考古』1990.11.1045)는 齊 나라의 절(柳[節])씨 姓을 가진 귀족의 기물이며 춘추 전국 교체기의 齊 나라 청동기이다.[7] 『國子鼎』(『考古』1958.6.50) 기물 주인의 「國」씨 성은 齊 나라 귀족 중에서도 대단한 권세를 지닌 성씨였으므로 이 명문은 전국시대 초기 청동기일 가능성이 있다.

---

1   [역자주] 春秋시대 초기 陳 나라 공실의 내분에 의하여 공자 完이 齊 나라로 망명하여 田으로 氏를 바꾸었고, 그의 자손인 田和가 齊康公을 유폐시켰다.

2   「𨹧」은 「土」가 생략되어 「陳」으로 나타나기도 한다. 『三代』19.33.2, 19.33.3, 20.10.2, 20.12.2에서 확인 가능하다.

3   郭沫若, 『兩周金文辭大係考釋』, 216쪽.

4   [역자주] 「曼」자 隷定은 의심스러운 부분이 있으나 잠정적으로 이전 의견을 따르도록 한다.

5   馬承源, 「陳喜壺」, 『文物』1961年 2期. 于省吾, 「陳喜壺銘文考釋」, 『文物』1961年 10期. 陳邦懷, 「對陳喜壺一文的補充」, 『文物』1961年 10期. 黃盛璋, 「關於陳喜壺的幾個問題」, 『文物』1961年 10期. 石志廉, 「陳喜壺補證」, 『文物』1961年 10期.

6   安志敏, 「陳喜壺商榷」, 『文物』1962年 6期. 張頷, 「陳喜壺辨」, 『文物』1964年 9期.

7   何琳儀, 「節可忌豆小記」, 『考古』1991年 10期.

田齊씨가 왕조를 수립한 후, 명확한 연대가 있는 청동기 명문은『十年陳侯午鐓』(『錄遺』168)와『十四年陳侯午鐓』(『三代』8.42.1)가 가장 유명하다. 陳侯午는 바로 태공 화(和)의 아들 제환공(齊桓公)으로「十年」과「十四年」은 당연히 기원전 365년과 361년이어야 한다.『陳侯因資鐓』(『三代』9.17.1)의 기물 주인「因脊」는「因齊」로 읽으며, 제위왕(齊威王)을 말한다. 이상 모든 기물은 현재까지도 田齊의 표준 기물로 공인되어 왔고, 徐中舒가 특별 논문에서 고석하였다.[8]

『陳璋壺』(『三代』12.24.1)의 명문에서「진장이 연 나라를 정벌하여 얻다[墜(陳)璋內(入)伐匽(燕)亳邦之隻(獲)].」라는 구절의「陳璋」이 바로 燕을 정벌한 齊 나라 장수 田章이며,[9] 명문의「왕 5년[惟王五年]」이라는 기록은 제선왕(齊宣王) 5년(기원전 314년)이다. 이 명문의「진득(陳㝵[得])」은『子禾子釜』와 陳得의 도문 등에서도 보이며, 모든 청동기 연대 또한 齊威王과 齊宣王의 교체기인 듯하다. 또한『陳㱔簋』(『三代』8.46.2)의 주인 陳㱔은 자칭「叀叔和子」라고 하였는데, 그중「和」를「현(䙾)」자 혹은「행(㤟)」자로 견해를 확인할 수 있다.(아래에서 상세히 다루도록 한다) 예전에「和」로 고석하여 태공 和의 아들로 여기고 齊桓公 시기 기물로 확정하였는데, 확실히 문제가 있다.

『子禾子釜』(『三代』18.23.2),『陳純釜』(『三代』18.23.1),『左關𨥏』(『三代』18.17.1)는 세 점의 유명한 齊 나라 도량형기로 淸代 함풍(咸豊) 시기 山東성 膠縣 靈山衛에서 출토되었다.[10] 이상 세 기물의 명문에는「𨥏」,「부(釜)」등의 계량 단위가 있다. 1𨥏은 열 되이며, 1부(釜)는 백 되와 같다. 陳氏의 새로운 도량 단위 승(升), 𨥏, 부(釜), 종(鍾)은 모두 10진수이며, 齊 나라의 오래된 도량 단위 승(升), 두(豆, 4升), 구(區, 20

8   徐中舒,「陳侯四器考釋」,『歷史語言所集刊』第三本第四分冊, 1933年.

9   陳夢家,『六國紀年』, 學習生活出版社, 1955年, 95쪽. 楊寬,「陳騂壺考釋」,『(上海)中央日報文物周刊』1947年 7月 45期.

10   吳大澂,『愙齋集古錄』24.6

升), 부(釜), 종(鍾) 보다 확실히 발전된 면이 있다.[11] 간혹 「鈼」는 「현(銒)」[12]으로 고
석하고 기물 명칭을 나타낸다는 견해와 「형(衡)」으로 고석하고, 도량형기를 나
타낸다는 견해를 확인할 수 있다.(제3절 연 나라 계열 문자[燕系文字] 참고) 최근 臨淄
에서 발견된 몇몇 齊 나라 도량형기(『考古』1996.4) 중에서 『右里段鉴』과 옛 저록
(『奇觚』6.38)이 동일하다. 「鉴」는 齊 나라 계열 새문(璽文)과 도문(陶文)에서 흔히 볼
수 있고, 「照」로 읽기도 하는데 신뢰할 만한 내용이다.[13] 그 밖에 「제 나라 읍향
□리[橋宮[邑]襄[鄉]□里]」에서 「邑」, 「鄉」, 「里」로 연결된 문구는 상당히 주목
할 만하다. 최근 臨淄에서 출토된 이배(耳杯, 고대 그릇의 한 종류)와 전수된 耳杯의
용례가 동일하다.

豕[重]十六偵   『三代』18.26.3
丁之十,[14] 豕[重]一益[鎰]卅八偵   『文物』1999.6.20

이상 두 용례의 비교를 통해 알 수 있듯이 「일(鎰)」 다음의 「전(偵)」은 의심의
여지없이 중량 단위를 말한다.

諸城 臧家莊 전국시대 묘지에서 출토된 『莒公孫潮子鐘』(『文物』1987.12.51)과
『莒公孫潮子鎛』(『文物』1987.12.51)은 드물게도 齊 나라의 銘文을 담은 악기이다.
청동기 소유주 공손조자(公孫潮子)는 아마도 齊 나라에서 직무를 맡았던 莒 나라
의 후손인 듯하며, 이 기물은 戰國시대 중기에 속한다. 臨淄 商王村 戰國시대

---

11 丘光明, 「試論戰國容器制度」, 『文物』1981年 10期.

12 李家浩의 견해이다.

13 高明, 「說鉴及其相關問題」, 『考古』1996年 3期.

14 [역자주] 청동기 『丁之十耳杯』(『新收』1079)의 명문 확인 후 「十」을 추가 수정하였다.

묘지에서 출토된『帀昜鼎』,『絢奠盒』,『趛陵夫人匜』(『文物』1987.12.51) 등의 청동기에는 대부분「물륵주명(物勒主名, 기물의 소유자 혹은 사용자의 이름을 새긴 형태)」형식의 명문이 확인된다.

『集成』에 수록된 여덟 가지 부절(符節) 명문을 살펴보도록 한다.

節	12086	節節
乘[乘]□車	12087	乘虎符
鏖殿	12088	鏖殿
猶節	12089	猶節
齊節, 大夫遂五乘	12090	馬節
亡[無]縱一乘	2092	熊節
柘者旛節	12093	柘者旛節
辟大夫信節, □坵[丘]牙□□□	12107	辟大夫虎節

『歷博』1993년 2기에서도『貴將軍虎節』이 수록되었으며, 위 제시한『辟大夫虎節』의 명문과 대조할 수 있다.[15]

貴將軍信節, 塡[莒]坵[丘]牙壞弁

이상 아홉 가지 부절 명문은 문자 스타일로 볼 때 齊 나라 기물로 확정할 수 있다. 지역을 의미하는「乘[乘]」은「乘丘」로 추정되고, 山東성 巨野에 위치한다.(아래「병기 명문」참고)「辟」은 山東성 莒縣에 위치하며, 전국시대 齊 나라 계열

---

15 李家浩,「貴將軍虎符與辟大夫虎節」,『中國歷史博物館館刊』1993年 2期.

범위에 속한다. 마지막으로, 「貴」라는 지명의 정확한 위치는 심도 있는 검토 분석이 필요하다.

1979년 山東성 조장(棗莊)에서 출토된 동포(銅泡)를 보면, 「14년 12월, 사태[十四年十二月, 帀(師)絟]」라는 명문이 확인된다. 이는 진개기(陳介祺)의 『簠齋手拓古印集』에 수록된 동새(銅璽)의 디자인, 그리고 인문(印文)과 완벽히 동일하며, 문자의 정자와 반전의 차이만 있을 뿐이다. 이는 청동 기물에 명문을 만들 때 간혹 도장을 틀 위에 찍은 후 청동기를 주조하여 만들었기 때문에 나타나는 현상으로, 이와 유사한 예는 『右里敀錂銅量』과 『右里敀錂陶量』의 銘文을 참고할 수 있다. 이 밖에 銅泡와 銅璽에 보이는 銘文은 모두 「물륵주명(物勒主名)」 형식으로 구성되었다.

대대로 전해져 내려온 『小銅柱』(『周金』 6.132)에는 「祭室의 신주 단지를 모시고, 북쪽의 호에 제사하고, 서쪽의 모든 사명에 제사한다[旔室同, 庨(户)北直. 者(旅)司(祠)西, 埈(陵)戠(侵)逡(陵)].」[16]라는 명문 구절이 확인된다. 『玉篇』에 「엄은 빛을 가린다는 뜻이다[旔, 掩光也].」라고 하였고, 「준은 준(험하다)과 같다[埈, 同陵].」라고 하였으며, 『廣雅·釋詁』一에서는 「준은 가파르다는 뜻이다[陵, 急也].」라고 풀이하였다. 『禮記·聘義』에서는 「서로 침범하거나 업신여기지 않는다[則不相侵陵].」라는 내용을 확인할 수 있다. 이상 제시한 청동기 명문의 12글자는 운문(韻文)인 듯하다. 「직(直)」은 之部이고, 「릉(陵)」은 蒸部이다. 之部와 蒸部는

---

16 [역자주] 銅柱는 구리로 만든 기둥으로 길 안내 및 국경과 같은 경계 표시를 위해 세운 기둥을 말한다. 일찍이 小銅柱 銘文에 대하여 黃盛璋은 「旔[祈]室同[銅]埈[位], 搏[凭]逡[陵]庨[户]北, 直[植]者[諸]司西」으로 나열하여 고석을 진행하였다. 본 번역문은 黃盛璋의 견해를 참고하여 독자의 편이를 돕고자 역자가 번역하였다. 현재 小銅柱가 齊나라 기물이라는 데에는 이견이 없는 듯하나, 銘文의 의미에 대하여 학계에 받아들여지는 정설은 확인할 수 없다. 黃盛璋, 「戰國祈室銅位銘文破譯與相關問題新探」, 『第二屆國際中國古文字學硏討會論文集(續編)』, 香港中文大學中國語言及文學系, 1995年, 267-277쪽.

대전(對轉)[17] 관계의 압운(押韻)이다. 명문의 내용과 독해 순서에 대하여 심도 있는 연구를 진행할 필요가 있다. 小銅柱에서 확인된 「者[旅]」라는 銘文의 특수 서사법에 의해 齊 나라 계열 문자에 속한다고 판정할 수 있다.[18]

春秋 말기에서 戰國 중기까지의 齊 나라 명문은 일반적으로 자형이 다소 길고 필획이 가늘어 春秋 전기의 구조가 깔끔하고 자형 형태가 반듯한 명문과 많은 차이를 보인다. 이 시기의 문자는 비교적 뚜렷한 지역색이 드러나 상당히 눈여겨볼 만하다. 예를 들면,

孝	🔶	陳侯午敦	🔶	陳侯因資敦
台	🔶	陳侯午敦	🔶	陳喜壺
宗	🔶	陳逆匜	🔶	陳喜壺
窬	🔶	公孫窬壺	🔶	陳麗子戈

비(邳) 나라의 『邳伯罍』(『考古』1963.2.60)와 거(莒) 나라의 『䣄侯簠』(『三代』8.43.1)에는 문자가 많은 편이라 극히 적은 戰國시대 齊 나라 계열에 속하는 소국(小國)의 청동기 銘文이다. 『邳伯罍』는 戰國시대 초기 기물이지만, 그 문자는 春秋시대 문자와 별반 다르지 않다.[19] 『䣄侯簠』의 「䣄」는 바로 「莒」이다.[20] 銘文은 『陳侯午敦』와 비슷하나 자형 형태가 유달리 길어 楚 나라 명문 스타일의 영향을 받은

---

17 [역자주] 대전(對轉)이란, 음운학 학술용어로 고대의 어음에서 주 원음(주요모음)이 동일하고, 운미의 발음 부위가 동일한 글자(발음 방식은 다를 수 있음)를 상호 전환 사용된 방식을 말한다.

18 黃盛璋, 「戰國祈室銅位銘文破譯與相關問題新探」, 『第二屆國際中國古文字學研討會論文集續編』 1995年.

19 王獻唐, 「邳伯罍考」, 『考古』 1963年 2期.

20 王國維, 「王子嬰次卢盧跋」, 『觀堂集林』18.10, 上海古籍出版社, 1981年.

듯하다. 『酈侯簠』의 명문과 齊 나라 명문을 비교해보면 다음과 같다.

丙	𩵋	𩵋	子禾子釜
皇	皇	皇	陳侯因資敦
月	月	月	十年陳侯午敦
祭	祭	祭	陳侯因資敦
殷	殷	殷	陳貱簠

기원전 431년, 莒 나라는 楚 나라에 의해 멸망한다. 따라서 『酈侯簠』는 바로 莒 나라 멸망 직전에 제작된 기물일 것이다. 이 밖에 청동기 『簡太史申鼎』(三代』 4.15.1)의 「簡」이라는 자형은 「邑」은 의미요소로 구성하지 않았는데, 이는 대략 『酈侯簠』 보다는 먼저 주조되었지만, 春秋시대 말기보다 이를 수 없다는 것을 설명한다.

2. 병기 명문

齊 나라 계열의 병기 명문은 대부분 주조한 것이며 晉 나라 계열의 병기 명문은 대부분 문자를 새겨 넣은 것이다. 따라서 전자의 필획 구조는 넓직하면서 운필이 거칠고, 후자의 필획 구조는 산만하면서 운필이 가늘고 힘이 있다.

齊 나라 계열의 병기 명문의 격식은 대체로 매우 간략하며 간혹 지명만 기록하였다.

| 鄆 | 『錄遺』571戟 | 山東鄆城 |
| 薛 | 『三代』19. 27. 2戈 | 山東滕縣 |

堲[鄆]	『三代』19. 27. 1戈	山東鄆城
鄩[執]	『集成』10829戈	山東濰縣[21]
鬲	『文物』1993. 4. 94戈	山東德州
建昜[陽]	『集成』10918戈	山東棗莊
平陸	『集成』10925戈	山東汶上
中都	『三代』19. 29. 2戈	山東汶上
阿武	『小校』10. 16. 1戈	河北獻縣
平陸[陰]	『小校』10. 95. 3劍	山東平陰
陽狐	『錄遺』562戈	山東陽谷
不[邳]陽	『小校』10. 95. 2劍	江蘇邳縣

지명 뒷부분에 「造戈」 혹은 「造戟」이 추가된 銘文도 있다. 예를 들면,

高密姞[造]戈	『三代』19.35.1戈	山東高密
羊角之辛[新]艁[造]敝[散]戈	『三代』19.45.1戈	山東鄆城
陵右銛[造]載[戟]	『三代』20.15.1戟	山東臨縣

지명 뒷부분에 리(里, 행정 구역 단위)가 추가된 특징은 齊 나라 계열 병기 명문의 독특한 격식이다. 예를 들면,

平壁[陽]高馬里銭[戈]	『三代』19.44.1戈	山東鄒縣
成壁[陽]辛城里銭[戈]	『三代』19.44.2戈	山東莒縣

---

21 何琳儀, 「戰國兵器銘文選釋」, 『考古與文物』1999年 5期.

지명 뒷부분에 「左」, 「右」를 덧붙이기도 했다. 예를 들면,

陽右	『三代』20.2.2戈	山東沂水
鄆左	『集成』10982戈	山東鄆城
城陽左	『周金』6.46戈	山東莒縣
安朵[平]右[22]	『三代』20.35.3矛	山東臨淄
皇[黃]宮[邑]左	『三代』20.7.2戈	河南內黃
亡[無]瀘[鹽]右	『三代』19.31.4戈	山東東平
柴內[汭]右	『文物』1994.3.52戈	山東新泰
昌城右	『小校』10.26.1戈	山東淄博
南宮左	『小校』10.26.3戈	河北南宮
平阿左	『小校』10.25.1戈	安徽懷遠
平墮[阿]左鈛[戈]	『小校』10.31.1戈	安徽懷遠
平墮[阿]右鈛[戈]	『小校』10.30.3戈	安徽懷遠
汶[膠]陽右戠[戟]	『文物』1994.4.94戈	山東高密
平坴[陸]左戠[戟]	『三代』20.9.2戟	山東汶上

위 용례에서 「左」, 「右」는 당연히 「左戈」, 「右戈」 또는 「左戟」, 「右戟」의 생략형이다. 이 밖에 「車戈」, 「車戟」이 추가된 명문도 있다.

陳豫車戈	『集成』11037
啓我車戈	『小校』10.35.2戈

22　何琳儀,「古兵地名雜識」,『考古與文物』1996年 6期.

<table>
<tr><td>國楚造車戟[戟]</td><td>『考古』2000.10.56戟</td></tr>
<tr><td>齊城右造車戟[戟]</td><td>『文物』1995.7.77戟</td></tr>
</table>

戰國시대 전차 전투가 점차 사라지면서 「車戈」, 「車戟」은 귀족이 탑승하는 수레 의장품으로 사용된 듯하다. 또한 이상 제시한 명문의 「조(造)」는 「추(簉)」로 읽어야 한다고 생각한다. 『左傳』昭公 10년의 기록을 보면, 「원씨를 돕는 첩이 되게 하였다[使助邉氏之簉].」라고 하여, 注에서 「추는 부첩이다[簉, 副倅也].」라고 하였고, 『文選·西京賦』의 기록에는 「천자를 모시는 수레의 예비 수레[屬車之簉]」라고 하여 注를 보면 「추는 예비 수레이다[簉, 副也].)」라고 풀이하였다.[23] 齊 나라 병기에서는 「조(造)」자를, 燕 나라 병기에서는 「졸(稡)」자를 사용하였다. 실제로 두 글자는 쌍성(雙聲)관계의 유부(幽部)와 지부(脂部)에 속하는 통전(通轉)[24] 관계이다.[25]

齊 나라 계열의 병기 명문은 기본적으로 「물륵주명(物勒主名)」 형식으로 구성되었고, 기물 주인은 齊 나라 진씨(陳氏)와 귀족, 그리고 여러 소국(小國)의 군주와 귀족이다.

<table>
<tr><td>陳侯因脊錯[造]</td><td>『三代』20.13.1戟</td></tr>
<tr><td>陳麗子窹[造]鈛[戈]</td><td>『三代』19.39.2戈</td></tr>
</table>

---

23 [역자주] 屬車는 천자를 모시고 따라가는 수레이며 '簉'는 바꿔 타기 위해 예비로 끌고 가는 수레이다.

24 [역자주] 雙聲이란, 聲母가 동일한 두 개의 글자를 의미한다. 통전(通轉)이란, 음운학 용어로 상고음에서 元音(주요모음)은 동일하지 않으나 陰聲韻, 陽聲韻, 入聲韻이 서로 음전(陰轉)되어 글자가 상호 전환 사용된 방식을 말한다.

25 何琳儀,「幽脂通轉擧例」,『古漢語研究』1996年 1輯.

陳卯鍺[造]鈇[戈]	『三代』19.33.3戈
陳子山造戟[戟]	『三代』19.33.3戈[26]
陳子翼造戈	『三代』20.10.1戟
陳余造鈇[戈]	『小校』10.34.4戈
陳鄆造鈇[戈]	『考文』1991.2.109戈
羊子之觥[造]戈	『三代』19.40.2戈
子備□戈	『三代』19.35.3戈
臬之觥[造]	『集成』11006戈
犧藿造戟	『文物』1994.4.52戟
叔孫秨[誅]戈	『三代』19.37.1戈
陳發乘鈇[戈]	『文物』2001.10.48戈
闌[闔]丘為鵑造	『三代』19.38.3戈
闌[闔]丘子造戟	『考古』1994.9.860戟
滕侯耆之觥[造]	『三代』19.39.3戈
滕侯戾之醬[造]戓[戟]	『三代』20.13.3戟
臺[淳]于公之旛[高]豫觥[造]	『三代』20.14.1戟
臺[淳]于公之御戈	『文報』1990.3.13戈
臺[淳]于左觥[造]	『文報』1990.3.13戈
臺[淳]于右觥[造]	『文報』1990.6.6.戈

이상 『叔孫誅戈』와 『闔丘器』는 노(魯) 나라 기물이고, 『滕侯器』는 등(滕) 나라 기물이며, 『淳于器』는 순우국(淳於國) 기물이다. 짐작건대 이렇게 귀속시키노

---

26 [역자주] 兵器 銘文 확인 결과 『三代』20.12.2로 수정되어야 한다.

록 한다.

齊 나라 계열 병기에서 「물륵공명(物勒工名, 기물에 제조자의 이름을 새김)」 형식 명문은 상당히 드물다. 예를 들면,

齊城造車鍼[戟]冶脹	『三代』20.19.1戟
鄆[桓]左告[造]哉[戟]冶脹所守[鑄]	『文物』1995.7.77戟
齊城左冶所漢造	『文物』2000.10.75戟
口厚郜[造]鍼[戟]冶	『三代』20.8.1戟

위의 「冶」[27]는 제(齊) 나라의 도폐(刀幣)에서도 확인되는 동시에 삼진(三晉) 병기의「冶」와 비교 연구할 수 있으므로 매우 중요한 자료이다.

齊 나라 계열의 병기 명문에는 종종 「哉」혹은 「鍼」을 사용하여 기물을 명칭하였다.

子淵職之哉	『三代』20.9.1戟
君子友磬[與]造鍼	『三代』20.15.1戟
陵右銛[造]鍼	『三代』20.15.1戟
口厚郜[造]鍼[戟]冶	『三代』20.8.2戟
犢共卑乍[作]哉	『錄遺』574

「哉」와 「鍼」에 대하여 이전에는 대부분 「戈」로 고석하였으나, 사실 「戟」자로

---

27 [역자주] 기물을 제작한 사람으로 대장장이를 말한다.

풀이해야 합당하다.[28] 이와 같은 자형은 楚 나라 계열 명문에서도 볼 수 있다.

齊 나라 계열의 병기는 「徒戈」, 「徒戟[戟]」으로 기록해 명칭 되기도 하였다.

陳子翼徒戈	『三代』19.41.1戈
陳子山徒戈	『三代』20.12.2戟
陳爾徒戈	『文物』1994.4.94戈
仕斤徒戈	『三代』20.17.1戟
武城徒戈	『文物』1984.12.9戈
平阿左造徒戟	『文物』1979.4.25戟
左徒戈	『考古』1985.5.477戈

「徒」와 「車」는 상대적이며 「徒戈」, 「徒戟」과 「車戈」(『巖窟』下52), 「車戟」(20.19.1)
은 각각 보병[徒兵]과 기마병[車兵]이 소지한 무기라는 의미이다.

齊 나라 계열 병기(車馬器 포함) 명문을 보면, 「簇□」를 사용해 기물을 명칭한
특징도 있다.

陳窒簇	『三代』18.36.1車鍵
陳□簇戈	『三代』19.30.2戈
陳窒簇鈛[戈]	『三代』19.34.1戈
陳窒簇造鐱[劍][29]	『錄遺』588劍

---

28   黃茂琳, 「新鄭出土戰國兵器中的一些問題」, 『考古』1973年 6期. 裘錫圭, 「談談隨縣曾侯乙墓的文
     字資料」, 『文物』1979年 7期.
29   「簇迠鐱」은 「迠簇鐱」의 오류다.

陳□簸□	『三代』19.34.2戈
平□□簸鈛[戈]	『三代』19.39.1戈
盉[器]澳侯簸戈	『三代』19.40.1戈
羊角之親[新]舶[造]簸戈	『三代』19.45.1戈
陳御寇簸鈛[戈]	『貞松』11.27.3戈

이상 제시한 자형 「簸」은 西周시대 『散盤』의 과 동일한 형태로, 「복(簏)」으로 해석하기도 하는데 정확하지 않다. 「簸」은 「散(散)」의 이문으로 「攴」과 「竹」으로 구성된 회의자에 성부 「月」로 구성되었다.[30] 『方言』 第三에서 「산은 살(살해하다)이다. 동제에서는 산이라고 한다[散, 殺也. 東齊曰散].」라고 기록하였다. 「散」과 「殺」은 독음이 일치해 혼용된 것으로, 「散」은 齊 나라 방언이다.[31]

齊 나라 계열 병기 명문에는 「庙」자 또한 살펴볼 수 있다. 예를 들면,

鄒[郳]右庙[瞿]	『考古』1983.2.188戟
郲右庙[瞿]	『考古』1984.4.351戟

위 용례에 보이는 「庙」자는 『說文係傳』[32]에 수록된 에 근거하여 「거(居)」로 해석한다. 燕 나라 계열 병기 명문의 「거(鋸)」와 의미가 동일하다. 즉, 『書·顧命』에 기록된 「구(瞿, 戟에 속하는 고대 병기 명칭)」이며, 아마도 齊 나라의 방언일 듯

30　高鴻縉의 견해이다. 『金文詁林』, 2627쪽.

31　于省吾, 『雙劍誃吉金文選』, 下3.

32　[역자주] 『说文系传』은 南唐시대 서개(徐鍇)가 편찬한 字書이다.

하다.[33] (본장 제3절 「연 나라 계열 문자[燕系文字]」 참고)

齊 나라 계열 병기 명문에서 「徒□」, 「散□」로 기물을 명칭하였거나, 「戈」는 「鈛」으로, 「造」는 「艁」, 「窬」 등으로 기록한 문자는 모두 지역적 특색이 있다. 특히, 어느 한 지명이 몇몇 국가의 기물에서 동시에 보일 때, 문자 특징에 근거하여 국가를 판단한다면 더욱 효과적인 결과를 도출할 수 있다. 예를 들면,

平𡎼[陽]高馬里鈛[戈]　　　　『三代』19.44.1戈

平陸左𢦔[戟]　　　　　　　『三代』20.9.2𢦔

戰國시대 平陽은 魯 나라 추현(鄒縣), 韓 나라 임분(臨汾), 趙 나라 임장(臨漳), 衛 나라 활현(滑縣), 秦 나라 기산(岐山)에서 볼 수 있는 지명이며, 평륙(平陸)은 齊 나라 문상(汶上), 魏 나라 평륙(平陸) 등에서 볼 수 있는 지명이다. 그러나 위 제시한 두 병기 명문에서 「平」은 「𡎼」으로, 「戈」는 「鈛」으로, 「戟」은 「𢦔」으로 나타난 자형 특징에 근거해 종합 분석한다면 「平陽」은 山東성 鄒縣에 위치하였음을 알 수 있고, 이에 위 명문이 새겨진 기물은 魯 나라에 속하는 것으로 판단할 수 있다. 또한 「平陸」은 山東성 汶上에 위치하였음을 알 수 있고, 이에 위 명문이 새겨진 기물은 齊 나라에 속하는 것으로 판단할 수 있다. 최종적으로 두 지역 모두 齊 나라 계열 문자 범위에 속한다.

3. 석기 문자

1983년, 山東성 臨淄에서 희귀한 석경(石磬)이 발견되었는데, 고박(鼓博)[34]에 두

33　于省吾, 『雙劍誃尚書新證』, 4.24

34　[역자주] 본문의 「古博」은 「鼓博」의 잘못된 표현이다. 「鼓博」은 석경의 일부분을 지칭하는 용어이

글자가 음각되어 있다.

樂寘   『管子學刊』1988.3.96

두 번째 자형에서 의미 구성 요소인 「真」의 형태가 특이하다. 위에서 인용한 이배(耳杯) 명문을 참고하길 바란다. 「전(寘)」은 「전(填)」으로 읽어야 한다고 생각한다. 『詩·小雅·小宛』에서 「슬프구나. 나는 모든 것을 잃고 가난해져[哀我填寡]」에 대해 鄭箋은 「전은 다 없어지다[填, 盡也].」라고 하였다. 음각된 두 글자는 음악이 끝날 때 경쇠로 마치는 것을 말한다.

4. 화폐 문자

齊 나라는 도형화폐(刀形貨幣)의 발원지인 동시에 주요 유통 지역이다. 도폐 면문(面文)은 주로 아래 몇 가지로 나열해볼 수 있다.

齊夻[大]㸦[刀]   『古錢』890

齊之夻[大]㸦[刀]   『古錢』869

齊之㸦[刀]   『古錢』883

節[即]劚[墨]夻[大]㸦[刀]   『古錢』1012

節[即]劚[墨]夻[大]㸦[刀]   『古錢』981

安陽之夻[大]㸦[刀]   『古錢』1034

齊返邦䚱[長]夻[大]㸦[刀]   『古錢』838

다. 석경의 윗부분은 「∧」처럼 각진 형태이며 아랫부분은 「⌒」처럼 둥근 형태이다. 양쪽의 길이가 조금 다른데 긴 쪽을 「鼓」, 짧은 쪽을 「股」라고 한다. 「鼓博」은 길이가 긴 쪽을 뜻한다.

위 제시한 銘文 자료에서 「呑叺」이라는 단어는 齊 나라 도폐에만 보이는 특징으로, 예전에는 「법화(法貨)」로 읽었으나 옳지 않다. 「呑」는 「대(大)」로, 「叺」은 「도(刀)」로 각각 풀이해야 한다.[35] 이 밖에 「即墨」(山東성 即墨)과 「安陽」(山東성 莒縣)은 모두 齊 나라에 속한 지명이다.

대부분의 고전(古錢)학자는 「제 수도 입성 제후 대도[齊返邦𢘵(長)呑(大)叺(刀)]」의 「返」을 「건설하다[建]」 혹은 「만들다[造]」로 고석하였고, 강제(姜齊)의 건국과 억지로 끼워 맞추었으며, 아울러 齊桓公이 패자(霸者)였던 시기에 주조된 화폐라고 해석하였다.[36] 그러나 명문 스타일과 형태 분석에 근거한다면, 이러한 유형의 도폐는 절대로 春秋시대 중기 이전보다 빠를 수 없다. 더욱이 도폐의 「𢘵」는 전국시대 청동기 『鷹羌鐘』, 『中山王鼎』, 『長安庫戈』, 『長安布幣』, 『行氣玉銘』, 고대 새인 등에서도 볼 수 있는 전형적인 전국문자이다. 이뿐만 아니라 「𢘵」의 구성 요소 「立」은 「𠡻」로 쓰였으며 田齊의 고대 새인에서 「[陳寷立事歲安邑亳釜]」(『璽匯』0289)에서도 볼 수 있어 시대적 색채가 명확하다. 따라서 이상 도폐 명문은 춘추시대 齊桓公 이전의 문자가 아닐뿐만 아니라 춘추시대 姜齊시대의 문자도 아니며, 전국시대 田齊시기의 문자로 볼 수밖에 없다.

「返邦」은 『莊子·讓王』의 기록에서 「나라로 돌아가다[反國]」라는 기록과 동일한 의미이다. 「𢘵」은 「長」으로 읽고, 군주를 의미하며, 「返邦𢘵」은 수도로 돌아온 군주이며, 바로 齊襄王이다. 『史記』 기록에 근거하면, 기원전 284년 燕昭王은 대장 악의(樂毅)를 파견하여 齊 나라 도읍 臨淄를 점령하였다. 齊襄王이 莒에 5년 머무른 후, 田單의 군대에 의지하여 나라를 수복하였다. 여섯 글자를 새

---

35   王獻唐, 「臨淄封泥文字目錄」. 裘錫圭, 「戰國文字中的市」, 『考古學報』1980年 3期. 何琳儀, 「戰國兵器銘文選釋」, 『考古與文物』1999年 5期.

36   鄭家相, 「中國古代貨幣推究」, 『帛幣』4號, 34쪽.

긴 도폐가 바로 이 중대한 역사적 사건의 「기념화폐[紀念幣]」인 것이다.[37]

　이상 제나라 도폐 표면에 다수의 배문(背文)도 있다. 두 글자 배문은「피방(辟邦)」, 「안방(安邦)」, 「대창(夻[大]昌)」, 「대행(大行)」 등이 있으며 한 글자 배문은 「일(日)」, 「좌(屮)」, 「길(吉)」, 「생(生)」, 「양(昜)」 등이 있다.(『發展』152-155) 단어의 구체적인 의미에 대하여 더 많은 연구가 필요하다.

　燕 나라가 齊 나라를 점령하였던 5년동안 齊의 함락 지역에서도 일찍부터 燕나라 방식의 명도전(明刀錢)을 주조한 적이 있다.[38] 도폐의 등쪽은 활 모양처럼 휘었고, 燕 나라의 명도전보다 협소하며, 「明」자는 네모반듯하게 「ᗩ」의 형태를 보인다. 또한 배문은 「齊朼[刀]」(『古錢』1064), 「齊朼(刀)共金」(『帛幣』1941.7) 등이 있다. 燕 나라 명도전과 명확한 차이를 보인다. 주목할만한 점은 齊 나라 도폐 背文에서도 다수의 「簠」자가 존재한다는 것이다.

　　　簠邦　　　　　　　　『古錢』1059

　　　簠冶齊刀　　　　　　『錢幣』1985.3封2

　　　簠冶夻刀　　　　　　『錢幣』1985.3.6

　　　簠冶得　　　　　　　『錢幣』1985.3.6

「簠」는 과거에 「점(簟)」으로 해석하였는데, 매우 잘못되었다. 이 자형은 본래

37　何琳儀, 「返邦刀幣考」, 『中國錢幣』 1986年 3期.

38　鄭家相, 『中國古代貨幣發展史』, 三聯書店, 1958年, 165쪽.

「篆」로 쓰며,[39] 裘錫圭는 「簠」으로 隸定하고 「莒」로 고석하였다.[40] 「莒」는 지명을 의미하며, 지금의 山東성 莒縣에 위치한다. 또한 「㐬」는 본래 「內」로 쓰며, 李學勤은 「내(內)」로 읽고, 『周禮』 注 「직내는 세금을 주관한다. 지금의 돈을 수입하는 관직이다. 소내라고 한다[職內, 主入也, 若今之泉所入, 謂之少內].」를 인용하여 증거로 삼았다.[41] 위 용례에서 제시한 「簠冶得」이 외에도 「簠冶豐」(『錢幣』1985.3.封2), 「簠冶□」(『古錢』1193), 「簠冶屯」(『古錢』1194) 등의 용례도 있다.

莒 지역의 刀幣 종류는 매우 풍부하고, 더욱이 도폐의 背文에서 「거방[莒邦]」으로 기록된 부분에 근거한다면, 「莒」는 분명 일반적인 지명은 아닌 듯하다. 이 종류의 도폐는 제양왕(齊襄王)이 莒에 머문 지 5년 이내에 주조된 것으로, 앞서 제시한 『古錢』838의 여섯 글자 명문을 확인할 수 있는 도폐와 비슷한 시기의 물품으로 판단된다.[42] 이 밖에도 「평양 야공 송[平易(陽)冶宋]」(『起源』 圖版36.4)[43]이 있다. 그 중에서 지명 「平陽」은 지금의 山東성 신태(新泰)에 위치한다.

戰國시대 말기, 齊 나라는 秦 나라의 영향을 받아 圓錢을 주조하기 시작하였다. 齊 나라 돈은 가운데 네모난 구멍에 둘레가 있고, 명문은 「애도(賹朿[刀])」, 「애2도(賹二朿[刀])」, 「애4도(賹四朿[刀])」, 「애6도(賹六朿[刀])」(『古錢』370) 등이 있다. 「애(賹)」의 명확한 함의에 대해서는 과거에는 모두 해석할 수 없었다. 『廣韻』을 찾아보면 「애는 사람이나 물건을 기록한다[賹, 記人, 物也].」라고 기록하였다. 齊 나라 圓錢의 「애도(賹朿[刀])」는 「刀幣 1매 기록」, 「애4도(賹四朿[刀])」는 「刀幣 4

---

39 [역자주] 원문의 「原篆」은 본 역서에서 「본래 고문자 자형」으로 번역한다. 「篆」은 전서체를 뜻하지만 넓은 의미에서 고문자를 뜻하며 예서, 「隷」와 상대적인 의미를 내포한다. 따라서 본 역서는 이 부분을 「본래 고문자 자형」으로 번역한다.

40 裘錫圭, 「戰國貨幣考」, 『北京大學學報』 1978年 2期.

41 李學勤, 「論博山刀」, 『中國錢幣』 1986年 3期.

42 何琳儀, 「返邦刀幣考」, 『中國錢幣』 1986年 3期.

43 裘錫圭, 李家浩, 「戰國平陽刀幣考」, 『中國錢幣』 1998年 2期.

매 기록」, 「애6도(賹六朊[刀])」는 「刀幣 6매 기록」으로 풀이할 수 있다. 이러한 기록 형태의 물품은 의심할 여지없이 모두 圓錢과 刀幣의 화폐 교환 관계를 가리킨다. 바꿔 말하면, 이상 세 종류의 圓錢은 단지 한 매[一枚], 네 매[四枚], 여섯 매[六枚] 刀幣를 표시하였을 뿐이다.[44] 더욱이 齊 나라 圓錢이 주로 齊 나라 刀幣와 함께 출토된 것은[45] 양자 간에 변통을 조절하는 교환 관계에 있었음을 설명해준다.

5. 새인 문자

齊 나라 관새(官璽)는 독특한 스타일을 보여 비교적 쉽게 판별된다. 일반적으로 관새의 印面은 대체로 사각형으로 나타나고 테두리의 길이는 2.3cm에서 2.5cm 정도이며 대다수가 음각이다. 또한 齊 나라 관새의 문자는 燕 나라, 晉 나라보다 질서정연하지 못하고, 일부 관새는 자형이 거칠 뿐 아니라 형상과 구조 또한 매우 특이하다. 또한 印面 윗부분이 돌출되어 「⌂」 모양을 보이는데, 「徒[誓]盟」[46]이 새겨진 도장(『璽匯』 0198, 0200, 0201, 0202)이 그 예이다. 혹은 印面이 위아래 모두 돌출되어 「⌂」 모양을 보이는데, 「齊立邦鍴」(『題銘』上53)가 그 예이다. 이 밖에 양각으로 새긴 「좌항(左桁)」 새인(『璽匯』 0298-0300) 또한 이 유형의 문자에 속한다.[47]

44　何琳儀, 「釋賹」, 『河北金融·錢幣專輯』(2), 1996年.

45　朱活, 「談山東濟南出土的一批古代貨幣」, 『文物』1965年 1期.

46　曾憲通, 「論齊國遷盟之璽及其相關問題」, 『容庚先生百年誕辰紀念文集』1998年.

47　[역자주] 원문의 「朱文」은 직역하면 「붉은 문자」를 뜻한다. 「하얀색 문자」의 「白文」의 반대말인데 인보(印譜)에서 문자 색이 다른 이유는 도장을 새기는 방식 때문에 발생한다. 바로 양각과 음각의 차이이며 양각은 문자가 튀어나오게 새기므로 문자에 인주가 묻어 빨갛게 나타나며 음각은 배경이 문자보다 튀어나오도록 새기므로 문자가 하얗게 나타난다. 따라서 원문상의 「朱文」은 「양각」으로 번역한다.

도기 새인[陶璽]의 印面은 모두 큼직하고 직사각형의 형태로 구성되었으며, 문자도 비교적 많다. 『璽彙』에 수록된 자료를 살펴보면,

陳窠立事歲安邑亳釜	0289
陳槫三立事歲右稟釜	0290
陳㝵[得]三奠陽	0291

齊 나라 官璽는 대부분 「鉨」, 「신니(信鉨)」(『璽彙』0233-0238, 0240-0249) 혹은 「鈢」가 새겨져 있다. 「鈢」의 본래 자형은 「鈢」로 썼으며 의미요소 금(金)과 소리요소 소(邵)로 구성되었고, 「조(照)」와 같이 읽는다.[48](앞의 「청동기 명문」 참고) 「은□시조(鄲□坿[市]鈢)」(『璽彙』0355), 「자겹자조(子쥴子鈢)」(『歷博』1978. 1. 86), 「불기시조(不其[其]坿[市]鈢)」(『尊古』1. 3) 등과 같으며 이 용례는 陶文이나 靑銅器 銘文에도 있다. 예를 들어, 「대시□조(夻[大]坿[市]□鈢)」(『季木』72. 12), 「우리궤조(右里叚[軌]鈢)」(『三代』18. 24. 2) 등이다.

『璽彙』의 齊 나라 官璽 관직명은 복잡한 편이며 「司馬」(0023-0043, 0047, 0062, 0063), 「叚[軌]」(0034-0036, 0038, 0040, 0041, 0043, 0195, 0285, 5539),[49] 「稟[廩]」(0227, 0290, 0313, 0319, 1597, 5526), 「공사(攻[工]帀[師])」(0147-0151, 0159) 등의 일반적인 관직명 이외에도 흔하지 않은 관직도 있다. 예를 들어 「직내(戠[職]內)」(0154),[50] 「匋[陶]正」

---

48 高 明, 「說鈢及其相關問題」, 『考古』1996年 3期.

49 孫敬明, 「齊陶新探」, 『古文字研究』14輯, 1986年.

50 吳振武, 「古璽彙編釋文訂補及分類修訂」, 『古文字學論集初編』1983年.

(『文物』1959.7.52),[51] 「시사(姉[市]市[師])」(0152),[52] 「저사(者[褚]市[師])」(0153),[53] 「칠사(桼[漆]市[師])」(0157),[54] 「구(拘)」(0037),[55] 「항(桁)」(0298-0300)[56] 등이 있다. 이상 官璽에서「마(馬)」를「」로 쓰고,「廩」을「」혹은「」로 쓰고,「工師」는「」등으로 쓴 것은 모두 齊 나라 官璽의 믿을만한 척도로 판정할 수 있다.

　地名은 국적을 감정하는 유력한 증거 자료이다. 『璽彙』에 수록된 아래 地名을 검토해 보면 齊 나라 계열 범위에 속해야 한다.

平昜[陽]	0062	山東鄒縣
咢[繹]郱[蕃]	0098	山東鄒縣
喝[唐]	0147	山東魚台
東武城	0150	山東武城
鄿[博]	0152	山東泰安
癌[山]昜[陽]	0155	山東金鄕

51　『左傳』襄公 25年「지난 날, 우알보가 주 도정이 되어(昔虞閼父爲周陶正)」

52　裘錫圭,「戰國文字中的市」,『考古學報』1980年 3期.

53　『左傳』昭公 2年의「印을 저사로 임명할 것을 청했다.(請以印爲褚師)」에 대한 注를 보면「저사(褚師)는 시관(市官)이다」라고 하였다. 朱德熙,「戰國陶文和璽印文字中者字」,『古文字研究』1輯, 1979年.

54　裘錫圭,「戰國貨幣考」,『北京大學學報』1978年 2期.

55　『說文』에서「拘는 장인이다.(拘, 匠也)」라고 하였다. 何琳儀,「戰國官璽雜識」,『印林』16卷, 1995年 2期.

56　『莊子·在宥』에서「차꼬를 찬 죄수들이 서로 밀칠 정도로 바글거린다[桁楊者相推也].」라고 하였고 疏에서「항양이란 형틀을 말한다. 발과 목에 끼우는 것을 항양이라 한다[桁楊者, 械也. 夾脚及頸皆名桁楊].」라고 하였다. 釋文에는「桁이란, 긴 형벌 도구이다[桁, 脚長械也].」라고 하였다. 현응(玄應)이 찬술한『一切經音義』三에서『通俗文』의「사람의 형구를 桁이라 한다.(人械曰桁)」는 구절을 인용하였다.「항(桁)」은 형구이다. 璽文에「左桁正木」,「右桁正木」은 낙인형구의 璽印일 가능성이 있다. 죄를 다스려 벌을 주는 것을 正이라 한다.「正木」이란 즉「桁楊」에 속한다. 동일 유형의 璽文으로「좌항름목(左桁稟[廩]木)」이 있다. 『廣雅·釋言』에서「廩은 다스리다.(廩, 治也)」라고 하였다.

淸陵	0156	山東長淸(即淸)
豕[泥]母	0175	山東魚台[57]
昜[陽]都	0198	山東沂水
郲[掖]	0265	山東掖縣
匋[陶]都	0272	山東肥城
葢丘	277	山東沂水(葢縣)
平陧[阿]	0313	安徽懷遠
武弫[強]	0336	河北武強
建昜[陽]	0338	山東棗莊
句丘	0340	山東菏澤
邗	5555	山東定陶
安昜[陽]	『曆博』79.1.87	山東曹縣
會[魏]基[其]	『曆博』79.1.87	山東臨沂

위에서 인용한 地名은 간혹 다른 계열의 관새에서도 볼 수 있다. 예를 들어 「唐」은 燕 나라 관새에서 「睓」로 쓰였으며 「平阿」는 楚 나라 관새에서 「坪阿」로 쓰여 있다. 또한 魏 나라 관새에 「산양(山陽)」이 있으며 楚 나라 관새에 「파(鄱)」가 있다. 이들 모두 문자 풍격에 근거하여 국적을 구별한 용례이다.

6. 도기 문자

戰國시대 陶文은 齊 나라 계열 지역 출토 수량이 가장 많으며 내용 또한 풍부

57 何琳儀, 「戰國文字形體析疑」, 『于省吾教授百年誕辰紀念文集』 1996年.

한 편이다. 齊 나라 계열과 연관된 陶文의 출토와 연구 개황은 李學勤의 『山東陶文的發現和著錄』이 참고할 만하다.[58]

齊 나라 계열의 陶文은 일반적으로 璽印을 눌러서 제작하는 방식으로 만들어졌고, 새김 방식은 대부분 음각이면서 테두리가 있어 도기문자마다 璽印 문자와 상호 증명할 수 있다.[59] 또한 소수의 원형 혹은 삼각형 등 불규칙한 印面을 제외하면 모두 직사각형과 정사각형으로 구성되었다.

陶文은 도기를 제조하는 사람이 陶器에 새긴 문자이다. 따라서 「物勒工名」이 陶文의 가장 기본적인 형식이다. 용례가 가장 간단한 것은 姓名을 기록한 것으로, 「王疝」(『季木』22.5), 「진한(陳悍)」(『季木』70.1) 등을 제시할 수 있고, 조금 복잡한 용례는 앞에 본관을 덧붙인 것으로, 「瓺[城]圖[陽]眾」(『季木』32.1), 「墒闓不敢」(『季木』38.3) 등을 제시할 수 있다. 비교적 규칙적인 형태를 보이는 문장을 세 유형으로 구분하면 다음과 같다.

(1) ~里(혹은 ~人) + 인명

西酷里陳何 　　　　　　　　　　　　　　　『季木』37.3

隻[畫]圖[陽]南里人蘆 　　　　　　　　　　『季木』55.7

(2) ~里(혹은 ~里人) + 도공[陶者] + 인명

隻[畫]圖[陽]南里匋[陶]者□ 　　　　　　　『季木』56.10

58　李學勤, 「山東陶文的發現和著錄」, 『齊魯學刊』 1982年 5期.

59　黃　質, 『陶璽文字合證』.

高闌[魚]桿[櫺]里人潮　　　　　　　　　『季木』38.5

(3) ~鄙 + ~里 + 인명

緣鄙大匋[陶]里犬　　　　　　　　　『季木』42.12
左南郭鄙辛罟里賧　　　　　　　　『季木』60.1

　　위 제시한 陶文에서 「匋[陶]者」는 즉, 도공(陶工)을 의미한다. 『莊子·馬蹄』의 서 「도자가 말하길, 나는 진흙을 다루는 일에 능숙하다[陶者曰, 我善治埴].」에서 도 볼 수 있다. 齊 나라 璽印에 보이는 「제 나라 도정 顕[齊匋(陶)正顕]」(『題銘』上 52)의 「匋正」은 「도자(匋[陶]者)」를 관리하는 관리관으로, 『左傳』 襄公 15년의 「지난날 우알부가 주 도정이 되어[昔虞閼父爲周陶正].」라는 기록을 참고할 수 있다. 이 밖에 「鄙」는 「里」보다 큰 행정구역 단위로 『周禮·地官·遂人』를 보면, 「5 가가 린이 되고, 5린이 리가 되며, 4리는 찬이 되고, 5찬이 비가 된다[五家爲鄰, 五鄰爲里, 四里爲酇, 五酇爲鄙].」라고 풀이하였다.
　　대부분의 도문은 모두 도량형의 문자이므로 일부 도문에서 「豆」, 「區」, 「釜」 등의 측량 단위와 함께 기록되었다.

闇陳窦參立事歲左里叚[軌]亳豆　　　『季木』80.12
昌椿陳圂南左里叚[軌]亳區　　　　『季木』80.9
陳窦立事歲安邑亳釜　　　　　　　『季木』111.1

이상 제시한 유형의 도문은 종종 제조 감독관이나 제조 감독 시간을 기록해 일반적인 도문보다 내용이 복잡하다.

이 밖에도 지명이 있는 도문도 다수 확인할 수 있다. 그중 확실히 제노(齊魯, 지금의 山東성 구간) 지역에 속하는 도문을 열거하면 다음과 같다.

平陵	『陶匯』3. 21	山東歷史曆城
雙[畫]瘍[陽]	『陶匯』3. 123	山東臨淄[60]
塙[高]闌[魚]	『陶匯』3. 418	山東范縣
孟常[嘗]	『陶匯』3. 423	山東滕縣[61]
斌[城]瘍[陽]	『陶匯』3. 512	山東鄄城
不萁[其]	『陶匯』3. 649	山東即墨
於陵	『陶匯』3. 652	山東鄒平[62]
叔[祖]丘	『陶匯』3. 676	山東臨淄
節[即]墨	『陶匯』3. 691	山東即墨

齊 나라 계열 도문에 보이는 지명은 많은 부분 해결되지 않았다. 그중 일부 공인의 본적으로 밝혀진 도문을 제외하고, 지명으로 보이는 도문 대다수는 출토지점과 취합하여 검토 분석해야 한다.

齊魯 陶器에 보이는 도문의 상용 글자를 보면 이체자가 굉장히 많다. 예를 들면, 「도(陶)」는 「𩫖」, 「𩫡」, 「𩫢」, 「𩫣」, 「𩫤」 등으로, 「자(者)」는 「𡩋」, 「𡩌」, 「𡩍」 등으로, 「진(陳)」은 「𨻶」, 「𨻷」, 「𨻸」, 「𨻹」 등으로 쓰였다. 이는 당시 저층 계급

---

60   孫敬明, 「齊陶新探」, 『古文字研究』14輯, 1986年.

61   李學勤, 「戰國題銘概述」, 『文物』1959年 7期.

62   劉釗, 『古文字構形研究』, 吉林大學博士論文, 1991年.

의 수공업자 서사 방식이 모두 일률적이지 못하였음을 증명하는 부분이다.

7. 齊 나라 계열 문자의 특징과 齊 나라 기물 편년

齊 나라 외에 齊 나라 계열의 비(邳) 나라, 거(莒) 나라 문자가 있는 청동기와
노(魯), 주(邾), 등(滕), 설(薛) 나라 문자가 있는 兵器, 璽印, 陶器 자료는 모두 산재
되어 있다. 게다가 齊 나라 문자와도 뚜렷한 차이가 없어 하나로 귀납해 문자의
특징을 논할 수 있다.

앞서 언급하였듯이 춘추시대 말기 이래로 齊 나라 중심의 각국 문자는 점차
적으로 東方 특유의 색채를 보이기 시작하였다. 아래 도문과 다른 물품에 보이
는 문자를 서로 비교하여 독자에게 제공하도록 한다.

立	夲 『匋文』10.70	夳 『璽匯』0289	
馬	枲 『匋文』10.68	枺 『璽匯』5540	
丘	쑈 『匋文』8.61	쑈 『璽匯』0277	
平	笑 『匋文』5.32	劳 『璽匯』0313	
市	坐帀 『文物』1980.2.68	坴 『璽匯』0355	
帀	丕 『匋文』6.42	孚 『璽匯』0150	
者	肖 『匋文』附6	肖 陳純釜	
昌	甘 『匋文』附31	甘 『小校』10.26.1	
峇	峇 『匋文』5.34	峇 『古錢』838	
區	匓 『匋文』12.81	匓 子禾子釜	
安	丏 『匋文』7.53	丏 『璽匯』0289	
歲	歲 『匋文』2.10	歲 『璽匯』0289	

殷	『匋文』3.22		『璽匯』5539
這	『匋文』3.22		『璽匯』3087
國	『匋文』3.22		『璽匯』國子鼎
城	『季木』3.22		『文物』1983. 12. 9 戈
墨	『匋文』3.22		『古錢』1033 (濁)
稟	『度量』3.22		『璽匯』0319
節	『匋文』3.22		『璽匯』陳純釜
釜	『匋文』3.22		『璽匯』0290
鎣	『匋文』3.22		『璽匯』0355
都	『匋文』3.22		『璽匯』0198
郕	『匋文』3.22		『璽匯』0265
陳	『匋文』3.22		『璽匯』0290

당연히 齊 나라 계열 문자 형태는 결코 고정불변이 아니었다. 한 문자에 수많은 서사법이 존재하는 것은 당시 이체자의 다양성과 서사자의 임의성이 반영되었기 때문이다. 예를 들면,

齊	陳曼匜		陳侯午錞
者	陳侯因資錞		陳純釜
寅	陳純釜		陳侯因資錞
再	陳璋壺		『陶匯』3.12
世	陳侯午錞		陳侯午錞
為	陳侯因資錞		陳喜壺

歲	𢧜	子禾子釜	𢧜	陳純釜
祭	示	陳侯午錞	示	陳侯因㡭錞
匋	匋	『匋文』5.36	匋	『璽匯』0272
德	𢛳	陳曼匠	専	陳侯午錞
造	朕	『三代』19.40.2 戈	専	『三代』20.13.1戟
獻	𤞤	陳曼匠	𤞤	陳侯午錞
城	𡏇	『小校』10.26.1 戈	𡏇	『文物』1983.12.9戈
陳	陳	陳曼匠	陳	陳侯午錞

齊 나라 계열 문자의 장식성 필획은 매우 독특하다. 간혹 문자의 세로획에 의미를 표기하지 않는 필획을 더하기도 한다. 예를 들면,

為	坒	陳喜壺
族	𣃦	陳喜壺
何	何	國差𧵽
客	客	陳喜壺
路	𨖷	『璽匯』0148
佫	佫	『璽匯』0328
匋	匋	『匋文』5.36
逎	逎	叔夷鎛
徙	徙	『璽匯』0202

춘추시대 중기 이후, 齊 나라 銘文에 「직무한 해[立事歲]」의 기년 형식이 유

행하였고, 특수한 月名과 날짜 표기 간지를 함께 쓰기도 한다. 예를 들면,

國差立事歲弍[63](月)[64]丁亥	國差罎
公孫窬[灶]立事歲飯者月	公孫窬壺
陳喜再立事歲龥月	陳喜壺
陳㝵[得]再立事歲孟冬戊寅	陳璋壺
陳猶立事歲歗月戊寅	陳純釜
陳□立事歲稷月丙午	子禾子釜
是立事歲	『三代』19.49.2戈
陳㝵[得]立事歲	『導論』圖11瓦量
王孫陳棱立事歲	『季木』80.8
陳資參立事歲	『季木』80.11
陳竆立事歲	『璽匯』0289
陳槫三立事歲	『璽匯』0290

「立事」에 대한 『法言·重黎』의 기록을 보면, 「혹자가 주관을 묻자 가로되 입사라고 한다[或問周官, 曰立事].」라고 하였고, 「位事」에 대해서도 『管子·問』의 기록을 보면, 「여러 신하들 가운데 작위가 있으면서 대부에게 벼슬하는 사람은 얼마나 되는가[群臣有位事官大夫者幾何人].」라고 하였다. 「이사(涖事)」에 대하여 『左傳』襄公 28년의 기록을 보면, 「태공의 묘당에서 상제를 거행할 때, 경사가 제사에 참석하였다[嘗于大公之廟, 慶舍涖事].」라고 설명하여 이들 모두 직무

---

63 何琳儀, 「古陶雜識」, 『考古與文物』1992年 4期.

64 王國維, 『觀堂集林』18.8, 上海古籍出版社, 1981年.

를 주재하는 의미를 담고 있음을 알 수 있다. 『趙國王立事劍』의 명문에 근거하면, 「立事」하는 사람은 왕이기도 하며, 국차(國差), 公孫竈 등의 집정 대신과 「도읍의 대부(大夫)나 관윤(關尹) 부류」의 지방관 또한 주재할 수 있다.[65] 이 밖의 「立事歲」 앞에 기록된 「再」, 「三(參)」, 「四」는 재직 연차를 말하고, 「立事歲」 뒤에 기록된 「반자월(飯者月)」, 「飢月」, 「歔月」, 「稷月」 등은 齊 나라에서 사용된 독특한 月名이다. 자료의 한계로 인하여 현재 齊 나라 月名과 周 나라 月名의 관계를 명확히 밝히지 못하고 있다.

「자모자(子某子)」는 齊 나라 명문에 나타나는 특이한 호칭이다. 예를 들면,

子禾子	子禾子釜
子唱子	『文物』1982. 3. 40
子栗子	『璽匯』0233
子夲子	『歷博』1979. 1. 86
子裆子	『季木』40. 3

이상, 소개한 齊 나라 계열 문자 특징과 특수 용례 분석은 齊 나라 기물 감정에 특히 중요하다.

이 밖에도 齊 나라 계열의 문자 자료 중에는 연대를 명확히 기록한 청동기가 있다. 이들 명문을 순서대로 연결하면 명문의 대략적인 연대를 어느 정도 해결할 수 있다. 마지막으로, 齊 나라 기물을 연대순으로 정리하면 다음과 같다.

齊平公(前480-前456): 『陳逆匜』(前475), 『陳逆簠』

---

65   李學勤, 「戰國題銘概述」, 『文物』 1959年 7期.

齊宣公(前455-前404): 『陳曼匜』

齊桓公(前374-前356): 『十年陳侯午鐓』(前365), 『陳侯午簠』(前361), 『十四
                  年陳侯午鐓』(前361)

齊威王(前356-前319): 『陳侯因齊鐓』, 『陳侯因齊戈』, 『陳侯因齊鑿』

齊宣王(前319-前301): 『陳璋壺』(前314), 『子禾子釜』, 『陳純釜』, 『左關鉀』,
                  『陳得陶文』

齊襄王(前283-前264): 『返邦刀』, 『齊明刀』

제3절 燕 나라 계열 문자

전국칠웅(戰國七雄) 중에서 연(燕) 나라는 비교적 약소국가에 속한다. 그러나
국토 면적은 대단히 광활하여 지금의 河北성 북부와 遼寧성 대부분을 포함하
며, 서북부와 북부는 각각 山西성과 내몽골 한쪽을 아우르고 있으며, 동부로는
한반도 일부 지역[66]까지 뻗치고 있다. 초기는 계(薊, 지금의 北京)에 도읍을 세웠다
가 昭王 시기에 비로소 무양(武陽, 지금의 河北성 易縣)으로 천도하였다. 燕 나라는
장기간 북방에 안거하여 중원지역의 제후국과 달리 전쟁이 빈번하지 않았다.
국가 정세가 상대적으로 안정되었기 때문에 燕 나라 계열 문자는 북쪽의 지방
특색이 매우 다분하다.

---

66 [역자주] 전국시대 燕의 동북지역 진출 범위에 대해 『삼국지(三國志)』 권30 동이전에 인용된 『위략
    (魏略)』에는 만번한(滿番汗)을 경계로 삼았다고 되어 있다. 만번한은 『한서(漢書)』 지리지 요동군조에
    나오는 문현(文縣)과 번한현(番汗縣)의 합성어로 보는 것이 일반적이다. 그 위치에 대해 최근 한국학
    계에서는 요동반도를 남북으로 가르는 천산산맥으로 보는 견해가 많아 何琳儀 선생의 견해와는
    차이가 있다.

1. 청동기 문자

燕 나라는 명문이 있는 청동기가 많지 않고, 명문이 있는 禮器는 더욱 더 드물다. 대대로 전해져 내려온 『郾侯載簋』(『大係』266)의 기물 주인 「𣄰」에 대한 학자들의 考證에 따르면, 연성후(燕成侯) 「재(載)」이다.[67] 이 명문은 「부식된 것이 이미 절반이라서 연속하여 읽을 수 없다.」 그 문자는 기본적으로 춘추 체계에 속하지만, 이미 전국문자 형태가 나타났다. 예를 들어 「馬」는 「𩡧」, 「載」은 「𤦡」으로 쓰였다. 명백히 알 수 있는 점은 『郾侯載簋』는 전국시대 초기 왕의 혈족이 명확히 기록된 燕 나라의 표준 기물이다. 이 밖에 『郾侯載豆』(『西清』29.42)의 명문 또한 확인할 수 있지만, 아쉽게도 기록이 많이 훼손되어 판독이 불가하다.

『武坪君鐘』(『揖古』23.12.4)의 銘文 모사본은 「8년 대부 䝿, 13월 무평군자 □ 야공 기[八年, 大夫䝿, 十三月, 武坪君子□冶哭(器)]」이다. 그중 「13월[十三月]」의 기록은 전국시대에도 윤달이 있었음을 설명해준다. 이러한 기록은 魏 나라 『元年閏戈』의 명문에서도 볼 수 있으므로 주목할 필요가 있다. 새롭게 출토된 『郭大夫甗』(『考文』1994.4)의 「곽 대부 가문의 보물이다.[䧹(郭)大夫其家珍也]」라는 명문에서 「곽(郭)」은 지명이며 「고(孤)」로도 읽으며 지금의 河北省 당현(唐縣)이다.[68] 또는 「괵(虢)」으로 읽는데, 『左傳』 昭公 7년 「제 경공이 괵에 머물렀다[齊侯次於虢].」의 注에서 「괵은 연 나라 국경에 있다[虢, 在燕竟(境)].」[69]라고 했다.

80년대, 河北省 용성(容城)에서 발견된 『西宮壺』는 『右㞢君壺』(『文物』1982.3.91)로 칭하기도 한다. 여기서 「西宮」은 燕王의 궁실명이며, 「㞢君」는 50년대에 출

---

67 吳榮光, 『筠清館金文』58.

68 馮勝君, 『戰國燕系古文字資料綜述』, 碩士論文, 1997年.

69 李家浩, 「傳虎鷹節銘文考釋」, 『海上論叢』2輯, 1998年.

토된 燕 나라 물품 『楚高罍』에서도 볼 수 있다.[70] 「서윤(遲[胥]尹)」으로 읽어야 하며 燕 나라 유물에서 볼 수 있는 고유 관직이다.[71] 이 밖에 1971년 연하도(燕下都)에서 출토된 『銅像尊』의 「우부윤(右廥[府]胥[尹])」도 燕 나라 관직을 의미하는 보기 드문 기록이다.

용량 단위를 기록한 燕 나라 청동기 명문은 주목해서 볼 필요가 있다. 예를 들면,

廿二, 重金絡[絡]襄[纏][72], 受一壹五雙   　　　『文物』1982. 11 그림 2

百卅八, 重金錍, 受一壹六雙   　　　　　　『陶齋』5.1 壺

十年, 大夫乘. 八月丙辰, 貝垚侯悅元[其]靭[契]也. 王后右酉[曹]十壹

七雙   　　　　　　　　　　　　　　　　『西淸』19.3 壺

永用休涅, 受六亭[壹]四雙   　　　　　　『文物』1984.6.25 壺

纏[襄]安君元[其]鈲[瓶], 弍[貳]亭[壹]   　　『三代』18.15.1 瓶

70　楊子范, 「山東泰安發現的戰國銅器」, 『文物』1956年 6期. 또한 『河北』149.

71　「遲尹」은 「胥尹」으로 읽어야 하는 듯하다. 「犀」와 「胥」는 雙聲 관계로 서로 통한다. 『史記·匈奴傳』에서 「황금 띠고리 1개(黃金胥紕一)」라고 하였고, 『集解』에서 서광(徐廣)의 견해를 인용하여 「혹은 서비(犀毗)라고 한다」, 「서(胥)와 서(犀)의 소리가 근접하다」라고 하였다. 『漢書·匈奴傳』에서 「황금 띠고리[黃金胥紕]」라고 하여 『史記』와 동일하게 기록되었다. 「서윤(胥尹)」은 「서사(胥師)」와 비슷하다. 『周禮·地官·序官』에 보면 「胥師는 20곳의 肆에 각각 1인이 있고, 모두 2인의 史가 있다[胥師, 二十肆則一人, 皆二史].」라고 하여 注에서 「서사(胥師)에서 사계(司稽)까지 모두 사시(司市)가 통제한다. 서(胥)와 사장(肆長)은 시장의 (중급) 요역자이다. 서사(胥師)가 여러 서(胥)를 다스린다[自胥師以及司稽皆司市所辟除也. 胥及肆長, 市中給繇役者. 胥師領群胥].」라고 하였다. 즉, 「서사(胥師)」는 「사시(司市)」에 종속되어 있는 시장의 여러 서(胥)를 관리하는 소관(小官)을 말한다. 신분은 「평민이 관리에 있는 사람」(『周禮正義』17.11)으로 분류할 수 있다.

72　예전에는 「襄」을 「壺」로 잘못 고석하였다. 「襄」은 「金」(『璽匯』0077)의 형태를 보이기도 한다. 「金」으로 구성되었거나 혹은 아래 부분에 가로획을 넣어 「金」의 형태를 보이기도 한다.(『文參』1956.3.85) 「襄」은 「絡纏」으로 읽어야 한다.

王后左和室, 于□和室, 九隻反[半]　　　　　　　『三代』2.54.1 鼎

　　王大[太]后右和室, 一𠂤　　　　　　　　　　　『考文』1994.3.100 鼎

　　□[魚 ?]易[陽]大哭[器], 受九隻. 王后右和室, 九『考古』1984.8.761 鼎

이상 명문에서 「𠂤」, 「𠂤」은 모두 「곡(斛)」으로 읽어야 한다.[73] 「곡(斛)」과 동일한 1두 2승이며, 『周禮·考工記·陶人』注를 참고하기 바란다. 또한 「확(隻)」은 「𠂤」보다 작은 용량 단위이며 「유(斞)」로 읽고,[74] 「유(庾, 열여섯 말)」를 말한다. 三晉 청동 저울[銅量]에 「斞」(『三代』18.27.2)로 쓰여 있다. 『周禮·考工記·弓人』의 「명주실 삼 저와 칠의 삼 유가 있다[絲三邸, 漆三斞].」에 대한 鄭玄의 注를 보면, 「저와 유는 경중을 아직 알지 못한다[邸斞, 輕重未聞].」라고 설명하였다. 이 밖에 「和室」은 「연실(涓室)」로 읽거나 「상실(杏[相]室)」로도 읽을 수 있다고 하지만 아직 더 많은 연구가 필요하다.

　　燕 나라 符節의 형태는 매우 다양하다. 예컨대, 「안절(雁節)」·「응절(鷹節)」·「마절(馬節)」 등이 있다.

　　傳虞[遽]端[瑞], 戊夤[寅]舟[造], □身[信], 不□□　　　　『三代』18.31.6 雁節

　　傳虞[遽]端[瑞], 戊夤[寅]舟[造], 有身[信], 不句酋[留]　『三代』18.32.1 鷹節

　　騎遽[傳]比㞑[矢]　　　　　　　　　　　　　　　　『三代』18.31.3 馬節

위에 제시한 「전거(傳虞[遽])」는 역참을 주관하는 관직으로 『左傳』哀公 12년에

73　朱德熙, 「戰國記量銅器刻辭考釋四篇」, 『語言學論叢』1958年 2輯.

74　「隻」와 「斞」는 雙聲관계로 서로 통한다.(「隻」은 「隻」으로 구성된 諧聲글자이다) 『呂氏春秋·本味』의 「기름지나 느끼하지 않다.(肥而不腴)」라는 내용을 『集韻』에서 「肥而不矆」으로 기록하였고, 『酉陽雜俎』에서는 「肥而不腴」으로 기록한 부분이 이를 증명한다.

서 「군신들은 傳車를 급히 보내어 주군께 아뢰려고 합니다[群臣將傳遽以告寡君].」라는 기록을 살펴볼 수 있다.[75] 또한 위 문장에 보이는 「단(端)」은 燕 나라 새인에서는 「단(鍴)」으로, 전래문헌에서는 「서(瑞)」로 기록되었다.(아래 문장에서 상세히 언급하도록 한다) 이 밖에 「구추(句酋)」는 「구류(句留)」로,[76] 「戾」는 「시(矢)」로 읽으며, 『爾雅·釋詁』를 보면 「시는 진이다[矢, 陳也]」라고 하였는데, 『釋文』[77]에서는 「시(矢)」는 「戾」로 기록하였다. 이른바 「비시(比矢)」는 역참의 말 속도가 마치 화살과 같이 빠르다는 의미이다.

일부 燕 나라 잡기[雜器]를 청동기에 포함시켜 함께 언급하도록 한다.

河北성 易縣에서 명칭을 알 수 없는 小器가 출토되었다. 모두 「경(罠)」이 쓰여 있으며 「현(縣)」으로 읽어야 한다.[78] 「縣」 앞의 자형은 지명이 확실하다.

辛[新]柘[處][79]	『集成』10416	河北唐縣
牙[桑]圻[丘	『集成』10422	河北徐水
方城	『集成』10423	河北固安
坪[平]隆[陰]	『集成』10425	山西陽高
沓氏	『集成』10436	遼寧金縣

『集成』에 수록된 약 18종의 小器 명문을 보면, 글자 식별은 가능하지만 지역

---

75 朱德熙, 裘錫圭, 「戰國文字研究」, 『考古學報』 1972年 1期.

76 馮勝君, 『戰國燕係古文字資料綜述』, 碩士論文, 1997年.

77 [역자주] 唐代 육덕명(陸德明)의 저서를 말한다. [唐]陸德明, 『經典釋文』, 北京: 中華書局, 1983年.

78 李家浩, 「先秦文字中的縣」, 『文史』 28輯, 1988年.

79 馮勝君, 『戰國燕係古文字資料綜述』, 碩士論文, 1997年.

의 위치는 파악할 수 없고, 글자 식별이 모호하거나 아예 불가능하여 추가적인 연구가 필요하다.

1953년, 河北성 흥륭(興隆)현의 燕 나라 제철 유적지에서 곡괭이[钁], 호미 [鋤], 도끼[斧], 정[鑿] 등의 농기구를 주조하는 철제 거푸집이 출토되었고, 「좌조(左酉[曹])」(『河北』98, 100), 「서윤(遲[胥]君[尹])」(『集成』11826) 등의 흔치 않은 전국시대 철기 명문이 확인된다. 「左酉[曹])」의 「유(酉)」는 「조(曹)」로 읽어야 하고, 관조(官曹, 관리가 사무를 보는 공간)를 의미한다. 이 밖에 「서윤(遲[胥]君[尹])」에 대한 의미는 앞의 내용을 참고하길 바란다.

1977년, 河北성 연하도(燕下都) 유적지에서 출토된 20여 점의 금속 장신구에 무게 단위 문자가 새겨져 있다.[80]

三兩十五朱[鉄]半朱[鉄]二分
四兩廿三朱[鉄]半朱[鉄]八分朱[鉄]一

1964년, 동 지역에서 뼈로 만든 『蓋弓帽』 세 점이 발견되었고, 이중 두 점에서 「주갱용□□□(珠賡用□□□)」, 「□북궁(□北宮)」(『考古』1965.1.568)이라는 명문이 있다. 이 같은 骨器문자는 전국문자에서도 흔치 않다.

2. 병기 문자

燕 나라에는 명문이 있는 병기가 매우 풍부하여 燕 나라 계열 문자 연구의 중

---

80   石永士, 「戰國的衡制」, 『中國考古學會第二次年會論文』 1982年.

요 자료로 사용되고 있다. 만약 燕 나라의 병기 명문을 수량으로 헤아려 본다면, 제후국 중에서 가장 많다고 할 수 있다.

명문에 연후(燕侯)와 연왕(燕王)의 이름이 있는 병기는 일찍부터 역사학계와 고고학계의 주목을 받아왔다. 戈, 戟, 矛, 劍 등의 명문은 과거 저서에서 여러 차례 소개되었고, 중화인민공화국 수립 이후에도 계속해서 명문이 있는 병기가 발견되고 있다.[81] 燕侯와 燕王의 이름은 언후재(郾侯載)(『考古』1962.1.29), 언후퇴(郾侯脮)(『三代』19.50.1), 郾侯똽(『三代』19.50.2), 언후직(郾侯職)(『三代』20.17.6), 언왕직(郾王職)(『三代』20.15.2), 언왕융인(郾王戎人)(『三代』20.37.2), 언왕희(郾王喜)(『三代』20.18.1) 등이 있다. 『史記·燕世家』의 기록에 의하면, 연역왕(燕易王) 10년부터 王으로 불리기 시작하였고, 그 이전에는 모두 侯로 칭해졌다. 그러나 兵器 銘文에 근거하면, 燕易王 이후의 「직(職)」이라는 제후는 「王」 또는 「侯」로도 칭해졌고, 검토가 필요한 「융인(戎人)」도 이와 같다. 燕 나라 군주를 「王」 또는 「侯」로도 표현했다는 부분에 대하여 앞으로 추가 검토가 필요하겠지만, 전래문헌 내용처럼 절대적으로 정확하게 구분되지 않았다.

또한 燕 나라 군주가 기록된 병기에서 상용 동사 「乍[作]」과 「愚(아래 문장 참고)」를 주목할 필요가 있다. 『郾侯載』, 『郾侯脮』 병기 명문은 일률적으로 「乍」을 사용하였고, 『郾王職』 병기 명문은 일률적으로 「愚」을 사용하였다. 이 같은 규칙은 燕 나라 병기 연대의 선후 관계를 판단하는 척도가 될 수 있다.[82]

병기 명문의 燕 나라 군주 6명 중에서 4명이 전래문헌과 대응한다. 첫째, 「𢦏」는 소리요소 「才」로 구성되었고 「재(載)」로 읽어야 하며, 『郾侯載簋』에서도 볼 수

---

81   中國歷史博物館考古組, 「燕下都城址調査報告」, 『考古』1962年 1期. 河北省文物管理處, 「燕下都第23號遺址出土一批銅戈」, 『文物』1982年 8期.

82   馮勝君, 『戰國燕係古文字資料綜述』, 碩士論文, 1997年.

있다. 『史記索隱[83]에 인용된 「竹書紀年」은 「성공의 이름은 재이다[成公名載].」라고 하였다. 둘째, 「讆」는 의미요소 「言」과 소리요소 「皿」으로 구성되었고, 『燕世家』에 기록된 易王의 아들 「쾌(噲)」를 말하는 듯하다. 「讆」와 「噲」의 의미요소 「言」과 「口」는 서로 의미가 유사하고, 소리요소로 「皿」와 「會」는 서로 독음이 유사하다.[84] 셋째, 「職」은 燕昭王 職을 말하며 넷째, 「喜」는 燕王 喜를 의미한다. 모두 『史記·燕世家』의 기록에서 확인할 수 있다. 燕王 喜의 「喜」라는 고문자 형태에 관하여 언급하면, 본래의 문자 형태는 전형적인 燕 나라 계열 문자의 스타일이다. 이는 燕 나라 문자 「壴」, 「豊」, 「鉖」 등의 고문자 형태를 참고하기 바란다.[85]

마지막으로, 「脮」와 「戎」에 대해 전래문헌으로는 확인할 수 없다. 「脮」는 燕易王, 「戎」은 燕惠王을 의미한다는 견해가 있지만, 재론의 여지가 있다.[86] 아래 郾 군주가 기록된 병기 명문의 내용을 인명, 칭호, 동사로 구분하여 표로 배열해 보았다.

人名	칭호	동사
載	侯	乍
脮	侯	乍

---

83 [역자주] 唐代의 역사학자 사마정(司馬貞)이 집필한 저서를 말한다.

84 陳夢家의 『六國紀年』 90쪽에서 「讆」은 「噲」를 나타낸다고 하였다. 「讆」은 「讙」의 이문(異文)으로 모두 「皿」으로 구성되었다. 「皿」와 「元」은 소리가 근접하다. 『爾雅·釋草』에서 「관은 환란이다.(萑, 芄蘭)」라고 하였고, 『說文』에서 「환란은 관이다.(芄蘭, 莞也)」라고 하여 이를 증명한다. 또한 「會」와 「完」은 月部와 元部로 陰陽 對轉이 가능하다. 『詩·衛風·淇奧』에서 「회변여성(會弁如星)」과 『呂氏春秋·上農』의 注에서 「관변여성(冠弁如星)」이 이를 증명한다. 따라서 「噲」와 「讆」 또한 독음이 동일하다.

85 何琳儀, 『戰國文字聲係』, 中華書局, 1998年, 3쪽.

86 李學勤, 鄭紹宗, 「論河北近年出土的戰國有銘青銅器」, 『古文字研究』 7輯, 1982年.

罂	王	乍, 愿
職	侯, 王	乍, 愿
戎人	王	乍
喜	王	愿

이상의 郾侯載, 郾王職, 郾王喜는 이미 학계에서 정설로 받아들여졌다. 郾侯脮는 모두 「侯」로 칭하고 「王」으로는 칭하지 않았는데, 郾侯載 뒤에 위치하기 때문에 특별한 문제가 없을 듯하다. 郾王罌는 「王」으로만 불렸으나 이후에 「侯」로 쓰인 기물이 발견될 가능성을 배제하기 어렵다. 郾王戎人의 동사는 오직 「乍」으로 쓰였으나, 마찬가지로 「愿」이 쓰인 기물이 발견될 가능성을 배제하기 어렵다. 이 모두 필자의 추측에 해당하는 내용으로, 앞으로 고고학 자료로 증명되기를 기대한다.

燕 나라 군주의 병기는 보통 관직[職官], 兵車, 兵器 및 관련 특수 어휘가 함께 기록되었다. 이를 소개하면 아래와 같다.

(1) 관직명[職官名]

郾王職乍[作]御司馬	『考古』1973. 4. 244戈
郾王戎人乍[作]𥼚逢[率]鈦[鍛]	『三代』20. 37. 1矛
郾王罌愿[造]行義[儀]𥼚司馬鉘	『文物』1982. 8. 46戈
郾王罌愿[造]行議[儀]鍨	『三代』19. 52. 3戈
郾王喜愿[造]某[舞]旅鈦[鍛]	『三代』20. 44. 2劍
郾王職愿[造]武某[舞]旅鍨[劍]	『錄遺』595劍

「御司馬」는 「輿司馬」로 읽는다. 『周禮·夏官·輿司馬』疏에서도 「여사마는 상사 8인에 해당한다[輿司馬當上土八人].」라고 하였다. 兵車를 주관하는 武官임을 확실히 알 수 있다. 또한 택(睪)은 「탁(鐸)」으로 읽어야 하는 듯하다. 『說文』에서 「탁은 큰 방울이다. 『군법』에 5명을 오라 하고, 5오를 량이라 한다. 량사마가 탁을 잡는다[鐸, 大鈴也. 『軍法』: 五人爲伍, 五伍爲兩, 兩司馬執鐸].」라고 풀이하였다. 『說文』의 「량사마가 탁을 잡는다[兩司馬執鐸].」라는 기록은 『周禮·夏官·大司馬』의 기록에서도 확인되어, 위 제시한 용례에 보이는 「鐸司馬」와 상호 증명할 수 있다.

燕 나라 병기 「睪率」은 「鐸帥」로 풀이하고, 『司馬法』의 「백명을 통솔하는 자가 탁을 잡는다[百人之帥執鐸].」와 관련 있다. 자형 「🔲」[87]는 예전에 「작(怍)」으로 해석하고 「작(作)」으로 읽었으나 잘못되었다. 최근 「慇」으로 隸定한 견해가 비교적 신뢰할 만한데,[88] 내 생각으로는 「慇」은 「조(造)」로 읽어야 한다. 齊 나라 계열 문자에서 「造」를 「艁」로 쓴 것을 참고하면 「舟」는 성부로 추가된 것이다.

「行義」와 「行議」는 모두 「行儀」로 풀이해야 한다. 燕王의 호위대이며 아마도 「의장 부대의 명칭」인 듯하다. 아마도 「의장 부대의 명칭」인 듯하다.[89] 「枼」는 「無」의 간화된 형태로 「무(舞)」로 읽는다. 「武枼」는 「武舞」로 읽어야 한다.[90]

87　[역자주] 『燕王戈』(『集成』11240)의 명문 탁본을 추가하였다.

88　湯余惠, 『戰國銘文選』, 吉林大學出版社, 1993年, 64쪽.

89　李學勤, 鄭紹宗, 「論河北近年出土的戰國有銘靑銅器」, 『古文字硏究』 7輯, 1982年.

90　董珊, 「釋燕係文字中的無字」, 『于省吾敎授百年誕辰紀念文集』 1996年.

(2) 병거명(兵車名)

郾王職乍[作]王萃   『三代』19.43.1戈

郾王職乍[作]黃卒[萃]釱[鍛]   『三代』20.38.2矛

郾王職乍[作]巾萃鋸   『三代』20.17.6戟

郾王職乍[作]霰萃鋸   『三代』20.15.2戟

郾王職乍[作]廇萃鋸[91]   『集成』11226戟

「王萃」는 왕의 전차 명칭이다. 『周禮·春官·車僕』「융로의 부 책임자를 관장한다[掌戎路之萃].」의 注를 보면, 「췌는 두 번째와 같다[萃, 猶副也].」라고 하였다. 孫詒讓은 『周禮正義』「융복은 왕 부거의 정무를 관장한다[戎僕掌王倅車之政].」의 注에서 「쉬는 두 번째이다. 췌와 쉬는 서로 통한다[倅, 副也. 萃, 倅字通].」라고 하였다. 「黃萃」는 「廣萃」로 읽어야 한다. 『周禮·春官·車僕』「광거의 부책임자[廣車之萃]」의 注에서 「가로로 진을 배치하는 전차이다[橫陳之車也].」라고 하였다. 孫詒讓 『周禮正義』는 「췌는 모든 전차 부대를 일컫는다[萃即謂諸車之部隊].」라고 하였다. 「巾萃」는 『周禮·春官·巾車』의 注에서 「건은 싸고 덮는 물건과 같다[巾, 猶衣也].」라고 하였다.[92] 「습(霰)」의 고문자는 「⿰」로 쓴다. 「雨」[『說文』「霸」의 古文 참고]와 「及」[『說文』古文 참고]으로 구성되었다. 『集韻』에서 「霫은, 霰으로 쓰기도 한다[霫, 或作霰].」라고 하며, 또한 「습을 한 편으로 백습이라 하고 북쪽의 적국이다[霫, 一曰白霫, 北狄國].」라고 기록하였다. 「霰萃」는 『釋名·釋車』에 보이는 「胡奴車」와 서로 관련이 있다.[93] 「廇萃」는 「輕萃」

---

91   燕 나라의 일반적인 창[戟]과 달리 원(援)과 호(胡) 부위 사이에 날카로운 칼을 확인할 수 없어 위조 물품으로 의심된다.

92   李學勤, 鄭紹宗, 「論河北近年出土的戰國有銘青銅器」, 『古文字研究』7輯, 1982年.

93   [역자주] 胡奴車는 북방의 이민족 전차를 말한다.

로 읽어야 한다고 생각하며, 문헌에 기록된 「輕車」에 해당한다. 『周禮·春官·車僕』 「경거의 췌[輕車之萃]」의 注를 보면, 「輕車는 적을 쫓아내기 위해 싸움을 걸 때 사용하는 수레이다[輕車, 所用馳敵致師之車也].」라고 하였다.

이상 제시한 燕 나라 兵車 명문은 대부분 『周禮』와 대조 증명할 수 있으며, 戰國 시대 전차 제도 연구에 대단히 좋은 자료라는 점은 의심할 바 없다

(3) 병기 명칭

앞서 인용한 燕 나라 군주의 兵器는 종종 「첨(鐱[劍])」, 「체(釱[鍛])」, 「불(鉘)」, 「거(鋸)」, 「규(鍨)」 등의 銘文을 새겨 넣었다.

첫째, 「첨(鐱)」은 「검(劍)」으로, 「체(釱)」는 「살(鍛)」로 읽어야 한다.[94] 『漢書·陳勝項籍傳』 「갈고리 창과 긴 장창을 대적하지 못한다[不敵於鉤戟長鍛].」의 注를 보면 「살은 날 있는 창이다[鍛, 鈹也].」라고 하였다. 矛와 鈹는 실물 형태가 매우 유사하다. 따라서 연나라 병기 명문은 「釱」로 「矛」를 표기하거나 「釱」로 「劍」으로 표기한다. 그 밖에 『郾王喜矛』의 「언왕 희 보조 검□[郾王喜怹(造)檢□]」(『集成』11523)이라는 명문 구절에서 마지막 훼손된 문자의 좌측이 「金」으로 구성되어 있으므로 「釱」자의 흔적으로 추정된다. 「첨체(檢釱)」는 아마도 「검살(劍鍛)」로 읽어야 하는 듯하다. 동의어를 연결한 「劍鍛」 또한 「劍」과 「鈹」의 실제 병기 형태가 모두 「矛」와 비슷하였음을 증명한다.

둘째, 「鉘」은 『玉篇』에서 「飾」으로 풀이했다. 楚 나라의 병기 戟은 「弗戟」

---

94 「釱」와 「鍛」은 음이 근접하다. 『禮記·曲禮』下에서 「감히 세자와 같은 이름을 쓰지 못한다[不敢與世子同名].」의 注를 보면 「世는 大로 쓰기도 한다[世, 或為大].」라고 하였다. 『左傳』 昭公 25년에서 「악대심(樂大心)」을 『公羊傳』에서는 「악세심(樂世心)」으로 되어있다. 『儀禮·既夕禮』에서 「말 고삐, 깃발[革靾, 載旜]」의 注를 보면 「靾의 고문은 殺이다」라고 하여 大, 世, 殺의 聲系가 서로 통함을 방증한다.

(『文物』1962.11.65)이라는 명문으로도 명칭 되었는데, 「불극(韍戟)」으로 풀이하고, 「화극(畫戟)」을 가리키는 듯하다.[95] 燕 나라 병기는 「韍」로 명명하거나 「鏺韍」(『三代』19.50.1)로 명명하기도 하며, 「철(鐵)」로 읽기도 하지만, 정확한 의미에 대하여 추가 검토가 필요하다

셋째, 「鋸」와 「鏺」는 바로 문헌상의 「瞿」와 「戣」이다.[96] 『書·顧命』「한 사람은 관을 쓰고 규를 들고 동쪽 가장자리에 서 있고, 한 사람은 관을 쓰고 구를 들어 서쪽 가장자리에 서 있었다[一人冕, 執戣, 立于東垂; 一人冕, 執瞿, 立于西垂].」의 注를 보면 「규, 구는 모두 극에 속한다[戣, 瞿皆戟屬].」라고 하였다. 두 가지 병기의 명칭도 주목해서 볼만하다.

鄦王畏乍[作]巨攺鉚　　　　　　　　　　『三代』20.38.3矛

鄦王喜愿[造]仝[全]脹[長]利　　　　　　　『集成』11529矛

「류(鉚)」는 「류(鎦)」와 통하고, 『玉篇』은 「류(劉)」의 고문으로 여겼다. 『說文』에서는 「살(殺)」로 풀이하였다.(『三代』20.4.1의 『右卯戟』, 『小校』10.65.1의 『卯句兵』참고) 「仝」은 「全」과 동일하며, 「전(軡)」 혹은 「천(輇)」으로 읽어야 한다고 생각한다. 『穆天子傳』「이를 호천이라고 한다[是曰壺輇].」의 注를 보면, 「輇의 독음은 遄이며 빠르다는 의미이다. 遄과 동일하다[輇, 音遄, 速也. 與遄同].」라고 풀이하였다. 이른바 「全脹[長]利」는 대략 矛의 별칭으로, 矛의 머리 부분이 길고 예리하다는

95　[역자주] 畫戟은 색칠이나 그림을 그려 넣은 창을 말한다.

96　「鋸」와 「瞿」의 독음은 서로 통한다. 『管子·小匡』의 「질 낮은 청동은 도끼, 호미, 톱, 자루 등을 주조한다[惡金以鑄斤斧鉏夷鋸欘].」라는 기록의 注를 보면, 「거촉은 괭이 종류이다[鋸欘, 钁類也].」라고 풀이하여, 독음이 서로 비슷함을 알 수 있다. 「鏺」는 즉, 「戣」이다. 于省吾, 『雙劍誃尚書新證』, 4.24.

의미인 듯하다.

(4) 병기 명칭의 접두사[兵器名前綴]

郾王職乍[作]玟鋸	『三代』20.16.1 戟
郾王職乍[作]巨玟鋸	『三代』20. 17. 1 戟
郾王詈乍[作]巨玟鉚	『三代』20. 38. 3 矛
郾王職乍[作]巨玟鈇	『三代』20. 37. 4 矛
郾王喜愍[造]某[舞]旅鈇[鍛]	『三代』20. 44. 2 劍
郾王職愍[造]武某[舞]旅鐱[劍]	『錄遺』595 劍

「巨」자는 「大」로 풀이하고, 「玟」은 「추(捶)」로 읽으며, 「격(擊)」으로 해석한
다.(자세한 내용은 제5장 제5절 참고) 「旅」의 본래 고문자는 「」이며 「자(者)」로 고석
되기도 하는데 옳지 않다. 「旅鈇」는 즉, 「부대의 창」을 말한다.

燕侯, 燕王의 권한으로 만들어진 병기의 명문을 보면, 간혹 璽印을 먼저 찍고
음각 부분을 주조해서 완성되기도 하였다. 따라서 명문 밖으로 네모난 틀이 있
으며, 문자의 모서리는 돌출된 형태를 보여 한층 네모반듯하고 힘이 있다.

『三代』에 수록된 『戈』(19.54.1-2)의 앞뒷면에 새겨진 문자를 확인해보면, 「언
후 載가 융계를 만들고, 기생비는 원에서 왔다. 대□□기내희[郾侯棹(載)乍(作)戎
戒[97], 蚔生不(丕)[98]自洹來, 大□□祇乃熙]」로 기록되어 있다. 비록 燕 나라 군주의

---

97 「戒」의 본래 고문자는 「」으로 쓰고, 『齊侯鎛』의 「」와 같은 글자이다. 「戎戒」는 『宋書·李志』
「전쟁을 준비해 공격할 때[戎戒掩時]」에서 살펴볼 수 있다.

98 「蚔生不(丕)」는 人名이다. 「蚔」는 고대 성씨로 『孟子·公孫丑』에서 「蚔蛙」로 기록되었다. 「不」은
「丕」와 동일하며 문헌에서 人名으로 주로 사용되었다. 「□生□」는 燕 나라 새인에서 주로 확인되
고 「□姓□」으로 읽어야한다.

이름이 있지만, 실제로는 귀족 蚔生盄가 주조한 기물에 속한다. 명문 내용이 참신하고, 기물 주인 蚔生盄가 어떠한 연유로 「洹으로부터 왔다[自洹來]」라고 하였는지 「회맹 혹은 타국 연합 정벌과 관련이 있을 것」으로 추정한다.[99]

燕 나라 일부 병기는 군주 명칭이 없는 명문도 있다. 예를 들면,

九年, 將軍張, 二月, 剸宮我丌[其]虞[獻]　　　　　『文物』1982.8.44戈

十三年正月, 豫[?]仝[全]乘馬大夫子姎戜[職]之　　『河北』144戈

二年, 右貫廥[府]□御戜, 宿[右]佮　　　　　　　『考古』1975.4.234戈

左軍之攻[捶]僕[撲]大夫殹之卒公孳[思]里雕之□□, 工杚里㾀之攻[捶]戈

　　　　　　　　　　　　　　　　　　　　　　『劍吉』下20

이상 열거한 명문 대다수가 새긴 것이며, 산만한 형태의 글씨체는 三晉 병기 명문과 비슷하다. 또한 명문은 대부분 官名이 기록되어 있어 왕실 이외의 병기가 분명하다. 「左軍」은 『四年雍令韓匡矛』(『考古』1973.6.374)의 명문에서도 볼 수 있고, 「右軍」(『錄遺』585)도 있으며 「中軍」(『集成』11286)도 있다. 이상 제시한 左·中·右 三軍과 관련되어 『資治通鑑·周紀四』의 난왕(赧王)31년의 기록을 참고하면, 燕 나라 악의(樂毅)가 「左軍, 前軍, 右軍, 後軍, 中軍」 五路大軍으로 齊 나라를 침략하였다고 한다. 지하의 문헌과 지상의 문헌 내용이 완벽히 일치되는 부분이다.

燕 나라 車馬器 銘文 『左宮車書』(『三代』18.35.3), 『下宮車書』(『三代』18.35.2)은 『右宮矛』(『三代』20.23.1), 『西宮壺』(『文物』1982.3.91) 銘文과 상호 증명할 수 있다. 「左宮」, 「右宮」은 도문에 흔히 보이며, 새인에서도 볼 수 있다. 「宮」은 모두 「▨」으로 쓰며, 燕 나라 기물을 검증하는 척도이다.

아래 두 편의 『燕王詈戈』銘文에 근거하여, 燕 나라 병기 명문은 3단계 감독 제조로 이루어졌음을 알 수 있다.

郾王詈戜[造]行儀鋏, 右攻肙青, 丌[其]攻[工]豎

『三代』19.52.3戈

郾[燕]王詈戜[造]行儀鋏, 右攻[工]肙[尹]□, 攻[工]眾

『小校』10.53.2-54.1戈

「王」은 명목상의 감독 제조자이고, 「공윤(工尹)」은 주관하는 사람이며, 「工」은 제조자이다. 이 밖에 燕 나라 병기는 대부분 3단계 형식을 간소화하여 2단계 혹은 1단계 형식으로 기록한 명문도 볼 수 있다. 예를 들어,

八年, 右馮攻[工]肙[尹]五大夫青, 丌[其]攻[工]涅

『三代』20.57.5 弩機

左功[工]肙[尹]　　　　　『三代』20.57.6 弩牙

右功[工]肙[尹]　　　　　『三代』20.58.1 弩牙

廿年, 尚上張乘丌[其]我彌, 攻[工]書　　『三代』20.58.3 距末

廿四年, 鋤昌我, 左佐[工]□　　『三代』20.60.2梃

위 명문과 三晉 명문을 비교해 보면, 「工尹」은 「工師」에 해당하며, 「工」은 「冶」에 해당한다.

燕 나라 병기는 地名과 관련된 명문도 적지 않게 볼 수 있어 면밀히 살펴볼 필요가 있다. 예를 들어,

莫[鄚]	『古研』7.137.4 戈	河北任丘
守[首]易[陽]	『三代』19.30.1 戟	河北盧龍
不[無]降[窮]	『三代』20.40.2 矛	河北張北
觬[桑]罸[縣][100]	『三代』20.33.3 矛	河北昌黎
淵[泉]尚[上]罸[縣]	『三代』19.32.1 矛	河北懷來
右洀[郮]州罸[縣][101]	『集成』11503 戈	山西陽原
洀[郮]□[州]都猳[長]	『集成』11304 戈	山西陽原

3. 화폐 문자

燕 나라와 齊 나라는 모두 도폐(刀幣)가 유통된 주요 국가이다. 燕 나라 도폐 겉면의 「」, 「」, 「」, 「」, 「」(『古錢』1067-1144) 등의 자형 형태에 근거해 「明刀」로 불리워졌다. 「明」을 「언(匽)」[102], 「역(易)」[103], 「안(眼)」[104]으로 풀이한 견해 도 볼 수 있으나 「日」과 「月」의 형태로 구성되었으므로 이상의 가설은 모두 타 당하지 못하다.

또한 燕 나라 방족포(方足布) 「우명사강(右明罩[司]罡[鏹])」(『貨系』2343)에 대하여 예 전에는 「우명신화(右明新貨)」로 고석하였는데, 신뢰할 수 없다. 현재 필자의 생각

---

100 「觬」는 「鬼」를 성부로 하고, 「蠅」의 異文으로 추정된다.(참고: 『老子』20장에서 「몹시 지친 모습이 마치 돌 아갈 곳이 없는 것 같다[儽儽兮若無所歸].」라고 하였는데, 遂州 龍興碑에서는 「儽」를 「魁」로 기록하였다.) 『集韻』에서 「날다람쥐[蠅]는 오서(鼯鼠)의 다른 명칭이다.」라고 하여 「蠅」는 「糸」로 읽을 수 있다. 『淮南子·要略』 「우 임금이 직접 흙 광주리를 들고 전하여[禹身執蔂垂]」라고 하였는데, 『北堂書鈔』92에서는 「蔂」를 「糸」로 기록한 형태가 이를 방증한다.

101 何琳儀, 「古兵地名雜識」, 『考古與文物』1996年 1期.

102 陳夢家, 「西周銅器斷代」, 『考古學報』10冊, 1955年.

103 鄭家相, 『中國古代貨幣發展史』, 三聯書店, 1958年, 83쪽.

104 黃錫全, 「燕刀明字新解」, 『安徽錢幣』1996年 1期.

으로는 「룳」는 본래 「糸」이며, 「사(辭)」가 생략되었으므로 「司」로 읽어야 한다. 또한 「弜」은 「強」의 初文으로 「강(繈)」으로 읽어야 한다. 「繈」은 본래 돈 꿰는 줄을 의미하다가 화폐의 범칭으로 파생되었고, 「강(鏹)」으로 쓰기도 한다. 『管子·國畜』에서 「돈 천만 꿰미를 비축한다[藏繈千萬].」, 「돈 백만 꿰미를 비축한다[藏繈百萬].」라고 하였다. 따라서 燕 나라 방족포 「右明」은 돈을 주조하거나 비축하는 기관일 것이며, 燕 나라 明刀의 「明」이 가진 숨은 뜻을 탐색하는데 중요한 단서인 듯하다. 「明」의 내포된 의미는 추가 연구가 필요하다.

이 밖에 燕 나라 도폐 뒷면 첫 글자가 「左」, 「右」, 「中」,[105] 「外」로 쓰인 것이 다수를 차지한다. 예를 들어,

左上	『古錢』1096
右下	『古錢』1120
中上	『奇觚』19.47
外虘[爐]	『古錢』1125

이상, 방위를 표시한 글자는 대부분 모두 주조 화로 순서의 표지이다. 燕 나라 도폐의 뒷면은 간혹 곡선 또는 각진 형태를 보이는데, 후자가 비교적 늦은 시기에 주조되었지만, 형태와 구조는 투박하고 조잡하다.

일찍이 燕 나라에 속한 지역에서 명문이 있는 여덟 가지 보기 드문 소형 방족포가 출토되었고, 그중 일곱 가지는 燕 나라 地名이 적혀 있다. 과거 필자가 특별 논문으로 고증한 바 있으며, 이것을 일부 인용하면 아래와 같다.[106]

---

105 裘錫圭, 「戰國貨幣考」, 『北京大學學報』 1978年 2期.
106 何琳儀, 「燕國布幣考」, 『中國錢幣』 1992年 2期.

安昜[陽]	『貨系』2290	河北陽原
纕[襄]坪[平]	『貨系』2316	遼寧遼陽
坪[平]隆[陰]	『貨系』2327	山西陽高
怳[廣]昌	『貨系』2334	河北淶源
族[寒]刀[號]	『貨系』2340	河北固安
宜[安]平	『錢幣』1992.4	河北欒縣
眰[重]坪[平]	『錢幣』1992.4	河北昊橋

燕 나라와 趙 나라의 布幣 명문에는 모두 「安陽」이라는 지명이 있지만,「安」의 서사법은 뚜렷하게 다르다. 燕 나라는 「」으로 쓰며, 趙 나라는 「」로 쓰는데 매우 쉽게 구별된다. 또한 「황(怳)」은 본래 「」로 쓴다. 예전에는 「益」 혹은 「恭」으로 고석하였는데, 모두 잘못된 풀이이다. 「황(怳)」으로 고석하고, 「광(廣)」으로 읽는다는 견해를 제시해 본다. 「族刀」는 예전에 「봉화(封化)」 혹은 「시화(市化)」로 해석하였으나 모두 잘못되었다. 지금 시범적으로 첫 글자는 「族」로 해석한다. 이른바 「化」자는 고문자 학계에서 모두 「刀」자로 수정하여 해석하였다. 「族刀」는 「한호(寒號)」로 읽어야 하고, 『水經[107]·聖水注』에서도 볼 수 있다.

이상, 燕 나라 布幣 명문의 일곱 지명은 「襄平」을 제외하고 모두 燕 나라와 趙 나라 변경에 있으니 상당히 주의해서 볼 필요가 있다. 또한 方足布에 기록된 「우명사강(右明鼂[同]䖵[鏹])」은 그 용례가 특수한 편이다.(윗 문장 참고)

戰國시대 말기 齊 나라와 燕 나라는 모두 圓錢을 유통시켰다. 燕 나라 圓錢은 모두 네모난 구멍이 있고, 「一刀」(『古錢』181), 「明刀」(『古錢』249), 「明」(『古錢』249) 등이 있다. 圓錢의 「刀」는 刀幣를 지칭하지 않고, 圓錢과 刀幣의 비율을 지칭한다.

---

107 [역자주] 중국 각지의 하천, 水系를 간략히 기록한 地理書이다.

燕 나라 圓錢은 「刀」, 齊 나라 도폐에는 「𠨖[刀]」가 있으므로 서로 다른 지역의 문자 차이를 설명한다.

4. 새인 문자

燕 나라 문자 중에서 璽印 문자가 차지하는 비중이 가장 높고 내용 또한 풍부할 뿐만 아니라 스타일도 특이하다. 새인 문자와 병기 명문 모두 燕 나라 계열 문자를 연구하는데 가장 주된 자료이다. 燕 나라 官璽는 형태에 따라 네 종류로 구분할 수 있다.

(1) 장조형[長條形] 양각 새인

印面은 형태가 길고 도장 패드 위로는 가늘고 긴 손잡이가 있다. 새인의 문자는 양각으로 이뤄졌다. 『璽彙』에 수록된 새인 문자를 살펴보면,

左軍亼[掾][108]鍴[瑞]　　　　0126

單佑都市王勹鍴[瑞]　　　　0361

東昜[陽]海[109]澤王勹[符]鍴[瑞]　　　　0362

洀[朝]汕[鮮][110]山金貞[證]鍴[瑞]　　　　0363

昜[陽]文身[信][111]　　　　0364

外司聖[聲]鍴[瑞][112]　　　　0365

108　혹은 「危」로 隸定하고, 「尉」로 읽는다.

109　李家浩, 「從曾姬無卹壺銘文談楚滅曾的年代」, 『文史』33輯, 1991年.

110　何琳儀, 「古璽雜識再續」, 『中國文字』新17期, 1993年.

111　何琳儀, 「戰國官璽雜識」, 『印林』16卷, 1995年 2期.

112　吳振武, 「釋雙劍誃舊藏燕外司聖鍴璽」, 『于省吾教授百年誕辰紀念文集』1996年.

右朱[廚]貞鍴[瑞]　　　　　　　0367

中軍豆[鼓]車[113]　　　　　　　0368

族[聚]昜[陽][114]都仚[掾]　　　0369

司寇徒厶[私]　　　　　　　　3838

中軍仚[掾]　　　　　　　　　5547

中昜[陽][115]都□王勹[符]　　5562

　이상, 燕 나라 도장을 명칭 하는 「단(鍴)」, 「포(勹)」, 「사(厶)」 등에 주목할 필요가 있다.

　첫 번째, 「鍴」은 본래 「𨪕」 혹은 「𨫃」로 쓴다. 『方言·第九』를 보면, 「찬은 단이라고 한다[鑽謂之鍴].」라고 기록하였는데, 대진(戴震)의 『方言疏證』에서는 「내 생각에 『광아』의 단은 찬을 이른다가 본래 의미이다. 『설문』에서는 찬은 뚫는 것이다[案 『廣雅』 鍴謂之鑽本此. 『說文』云, 鑽所以穿也].」라고 풀이하였다. 도장을 뜻하는 「鍴」은 이상 제시한 문헌과 연관된 듯하다. 또한 「鍴」은 문헌에서 「서(瑞)」로 기록되기도 하였는데, 『說文』에서 「절은 신표로 삼는 규옥이다[卩, 瑞信也].」라고 하였고, 『周禮·春官·典瑞』 注에서는 「서는 부절과 신표이다[瑞, 節信也].」로 풀이하였다.

　두 번째, 「勹」는 본래 「𠃌」이며 「伏」의 初文이다. 도장을 뜻하는 「勹」가 바로 문헌에서 볼 수 있는 「符」이다. 『說文』에서 「부는 신표이다[符, 信也].」라고 풀이하였다.(상세한 내용은 제5장 2절에서 볼 수 있다)

113　何琳儀, 「古璽雜識」, 『遼海文物學刊』 1986年 2期.

114　何琳儀, 「古璽雜識再續」, 『中國文字』 新17期, 1993年.

115　吳振武, 「古璽彙編釋文訂補及分類修訂」, 『古文字學論集』 初編, 1983年.

세 번째, 「厶」는 본래 고문자로 「◯」로 쓰며, 「사(私)」로 읽는다. 즉, 개인적으로 사용하는 새인[私璽]의 약칭이다.

종합하면, 燕 나라 도장을 뜻하는 「鍴」, 「勹」, 「厶」등을 통하여 문헌상의 공백을 메꿀 수 있다.

(2) 정사각형 형태의 음각 소형 새인[方形白文小璽]

印面은 정사각형으로 나타나며, 테두리의 길이는 2.1에서 2.4cm, 비뉴[鼻紐] (혹은 단뉴[壇紐]라고도 한다)가 있다.[116] 인대와 제방형 뉴좌(紐座) 사이에 과도기적 변화 과정으로 보이는 두께가 있으며, 다른 국가의 새인 조각[紐]에는 없는 것이다.[117] 명문은 테두리가 둘러져 있고, 배치가 정밀하여 언왕(郾王) 兵器 銘文의 스타일과 유사하다.

이 유형의 燕 나라 官璽는 일반적으로 모두 「□都□」라는 고정된 격식이 있다. 「都」 앞은 地名이며, 「都」 뒤는 官名이다. 『璽匯』에 수록된 관명을 살펴보면, 「司徒(0010-0018)」, 「右司徒(0021)」, 「左司馬(0050-0055), (5541)」, 「右司馬(0058-0061), (5543)」, 「司工(0085), (0086), (5545)」, 「𤇏垍(0186-0189), (5551), (5552)」, 「左(0190), (0191), (0215)」, 「封人(0192)」 등이 있다. 「司徒」, 「司馬」, 「司工」은 전래문헌의 기록에서 쉽게 확인된다. 「𤇏垍」는 「𤇏𤲫」으로도 풀이하고 「遽馹」[118]로 읽으며, 傳車를 관장한다. 내 생각에 「𤇏」의 풀이는 동의하지만, 「垍」의 풀이는 좀 더 많은 연구가 필요하다.

이 밖에, 「左」는 「佐」와 동일하고, 지방 장관(長官)의 보좌이다. 「封人」은 국경

---

116 [역자주] 도장 위에 조각된 것을 「紐」라고 한다. 장식성이 강한 조각이지만 외형에 따라서 손잡이 역할도 하기 때문에 도장을 떨어뜨리는 실수를 방지할 수 있다.

117 葉其峰, 「戰國官璽的國別及有關問題」, 『故宮博物院院刊』1981年 3期.

118 朱德熙, 裘錫圭, 「戰國文字研究」, 『考古學報』1972年 1期.

을 책임지고 관리하는 관리로,[119] 『左傳』隱公 元年에서도 볼 수 있다. 「都」 앞의 지명은[120] 대부분 燕 나라 지역과 부합한다. 만약 다른 지명이 다시 추가된다면, 燕 나라 관새에서 고찰할 수 있는 지명 항목은 상당히 많다.(출처 번호는 『璽匯』에서 볼 수 있다)

鄢[易]	0010	河北易縣
隖[剛]陰[陰]	0011	河北懷安(在古剛城附近)
文安	0012	河北文安
坪[平]陰[陰]	0013	山西陽高
悅[廣]陰[陰]	0014	北京良鄉(在古廣陽附近)
夏屋	0015	河北唐縣[121]
方城	0016	河北固安
洵城	0017	河北三河
遒[遒]	0021	河北淶水[122]
柜[劇]易[陽]	0051	山西應縣
雉[饒]	0050	河北饒陽
庚[唐]	0059	河北唐縣
甫[浮]易[陽]	0060	河北滄州
徒口	0118	河北交河(徒駭河口)

---

119 丁佛言, 『說文古籀補補』, 附錄19.

120 [역자주] 何琳儀 선생의 『戰國文字通論』에는 『「都」 뒤의 지명』으로 잘못 기록하였다. 원서의 오류이므로 수정 번역한다.

121 黃盛璋, 「所謂夏虛都三璽與夏都問題」, 『河南文博通訊』 1980年 3期.

122 何琳儀, 「戰國古璽雜識」, 『印林』 16卷, 1995年 2期.

武尚[陽]	0121	河北易縣
妼[容]	0190	河北容城
㳠[朝]汕[鮮]	0363	北朝鮮
族[聚]昜[陽]	0369	河北北部(右北平郡)
武城	『歷博』1979. 1. 89	內蒙淸水河

「□都□」로 기록된 새인의 스타일과 유사한 燕 나라 官璽는 「좌한고하장(左軒[韓]僑[皋]夏壯)」(0308), 「수광방(眮[壽]悗[光]邦)」(0329) 등도 있으며, 그 중에서 「한고(韓皋)」, 「수광(壽光)」 또한 일정 기간 燕 나라에 속했다.

燕 나라 새인의 「都」 고문자는 좌측은 「旅」, 우측은 「邑」으로 구성되었다. 「旅」는 「都」처럼 읽으며, 오직 燕 나라 문자에서만 확인되어 주목할 만하다.

(3) 정사각형 형태의 양각 대형 새인[方形朱文大璽]

이 형태의 새인은 印面이 굉장히 크며, 자형은 고아하고도 힘이 있고 기세가 있다. 『璽匯』에 수록된 문장은 아래와 같다.

甫[浮]昜[陽]婁市[師]鈢	0158
郚[易]婁市[師]鈢	0159
柸[范]漙都米粟鈢	0287
竓[饒]都市鈢	0292
睫[唐]都萃車馬	0293
單佑都市鈢	0297
坪[平]□都鈢	5556

첫 번째 용례에 보이는 자형 「夔」의 고문자는 「🐛」이며, 윗부분은 「夔」의 초
문으로 구성되었고, 아랫부분은 장식성 구성요소이다. 「夔币」은 「鏤師」로 읽어
야 한다고 생각하며, 조각 업무를 관장하는 관직의 명칭으로 추측된다. 『周禮·
考工記』에 「雕人」이 있다. 또한 잘 알려진 「暊都萃車馬」 새인은 테두리 길이가
무려 6.7cm로, 형태가 매우 큰 것으로는 전국시대 고대 새인 중에서도 최고라고
할 수 있으며, 바로 낙마(烙馬)에 사용되었던 인장이다.[123] 이 새인은 오래 전에
山東성 유현(濰縣)에서 출토되어 전수되었으며,[124] 齊 나라 새인으로 잘못 알려졌
다. 사실 새인 명문에 근거하면 燕 나라 새인이 확실하나 전래된 燕王 병기 중
山東성 지역에서 출토된 사례가 적지 않다. 단지 출토 지점에 근거해 기물의 국
가 구분을 확정한다면 결코 신뢰할 수 없다.

「米粟」은 『周禮·地官·舍人』「미속이 출입을 주관하여 물건을 분별한다. 한
해를 마치면 그 정무를 회계한다[掌米粟之出入, 辨其物. 歲終, 則會計其政].」를
토대로 하면 이 새인은 곡물을 관장하는 관리 사인(舍人)의 물품으로 추정할 수
있다.

「暊都」는 예전에 「日庚都」로 풀이하였다. 생각건대, 「庚都」는 일반적으로 네
모난 작은 새인[小璽]에서 볼 수 있는 단어이다. 「暊」은 「唐」으로 읽어야 하며,
오늘의 河北성 당현(唐縣)에 위치한다. 「唐」은 「口」와 「庚」으로 구성되었으며,
「暊」은 「日」과 「庚」으로 구성되었으니 마땅히 한 글자의 이체이다.

燕 나라 사새(私璽)와 三晉 私璽는 모두 戰國시대 고대 새인 중에서 다량의 문
자를 확인할 수 있는 자료이다. 燕 나라 私璽를 변별하는데 형태와 스타일에 근

123　柯昌濟, 『金文分域編』卷9.17. 羅福頤, 「近百年對古璽印研究之發展」, 西泠印社, 1982年, 31쪽.

124　柯昌濟, 『金文分域編』卷9.17. 「『山東通志』에서 「광서 18년 유현에서 출토되었다.……周季木이
　　 말하기를 易州에서 출토되었다고 하였다[光緒十八年出土濰縣……周季木云, 易州出土].」고 기록
　　 되었다. 周季木의 견해를 따른다.

거하는 것 외에도 다른 물품에 보이는 문자와 상호 비교할 수 있다.(아래 내용에서 상세히 다룬다)

5. 도기 문자

燕 나라 陶器 문자는 보통 璽印을 사용해서 날인하므로 燕 나라의 璽印 문자와 매우 비슷하다. 燕 나라 도문(陶文)을 물품 형태에 근거하여 세 유형으로 구분할 수 있다.

(1) 장조형(長條形)

내용 대부분이 「匋攻□」형식이다. 「匋攻」은 「陶工」으로 읽어야 하고, 陶器를 제조하는 공인을 말한다. 「匋攻」 아래는 모두 공인의 이름이며(『季木』27-29참고), 좌우측을 분리하기도 하는데, 「우도공축(右匋攻丑)」과 같다. 「匋」는 고문자로 「𦥑」, 「𦥑」, 「𦥑」 등과 같이 썼다. 사실 「缶」를 가차하여 「匋」로 쓰기도 한다. 「匋」는 『說文』에서 「『史籀篇』은 缶와 동일하게 읽는다[『史篇』讀與缶同]」라고 풀이하였다.

(2) 정방형(正方形)

내용은 「左宮□」 혹은 「右宮□」(『季木』 29.7-30.5)이며, 와당 문자와 상호 증명할 수 있다. 도문과 청동기 중의 「宮」은 아마도 모두 王宮을 의미하는 듯하다.

(3) 몇 가지 새인을 연결해서 사용하는 장조형[聯鈐長條形]

印面은 다소 긴 형태로 구성되었고, 내용은 대부분 「□년 □월, 좌(혹은 우)도윤, 래□, 궤□, 좌(혹은 우)도공□[□年□月, 左(或右)陶尹, 俅□、殷□、左(或右)陶

工口」이다. 예를 들면,

十七年八月, 右匋[陶]肙[尹], 俫[里]旃[看], 叚[軌]貣

『季木』61.7

十七年十月, 左匋[陶]肙[尹], 左匋[陶]俫[里]甾, 叚[軌]室

『考古』1962.1.18

廿一年八月, 右匋[陶]肙[尹], 俫[里]疾, 叚[軌]貣, 右匋[陶]攻[工]湯

『題銘』54

廿二年正月, 左匋[陶]肙[尹], 左匋[陶]俫[里]湯, 叚[軌]國, 左匋[陶]攻

[工]敢　　　　　　　　　　　　　　『題銘』54

　이로부터 볼 수 있듯이, 도윤(陶尹)의 소속은 래(俫), 궤(叚), 공(工) 등 세 가지 등급이다. 그중 「俫」는 「里」[125]로 읽으며, 「叚」는 「軌」로 읽는다.[126] 후자는 齊 나라 계열 문자에서도 확인된다. 『國語·齊語』에서 「5가를 궤라 하고 궤에는 장이 있다. 10궤를 里라하고, 리에는 有司가 있다[五家爲軌, 軌爲長, 十軌爲里, 里有司].」라고 하였다.

　燕 나라 도문에서 검토가 필요한 지명은 아래와 같다.

右北坪[平]　　　　『陶匯』3.752　　　　河北東北部[127]

左北坪[平]　　　　『陶匯』4.136　　　　何北滿城

125　何琳儀, 「古陶雜識」, 『考古與文物』1992年 4期.

126　孫敬明, 「齊陶新探」, 『古文字研究』14輯, 1986年.

127　何琳儀, 「古陶雜識」, 『考古與文物』1992年 4期.

余[徐]某[無]	『陶匯』4.18	河北遵化[128]
某[無]审[終]	『陶匯』4.20	河北薊縣[129]
易[陽]安	『陶匯』4.29	河北唐縣[130]
𨙻[饒]都	『陶匯』4.151	河北饒陽
狗澤都	『考古』1989.4.377	『國語·齊語』「폐구(吠狗)」참고

1911년 河北성 역현(易縣)에서 출토된 와당에 「우궁구(右宮駒)」를 볼 수 있다. 이는 보기 드문 전국시대 와당 문자이다.[131]

6. 燕 나라 계열 문자의 특징과 燕 나라 기물 편년

본 절에서는 燕 나라의 青銅器, 兵器, 貨幣, 璽印, 陶器 등의 문자 자료를 소개했으며, 그중에서 燕 문자의 몇몇 특징을 살펴볼 수 있었다. 특히, 璽印은 대량의 燕 나라 문자를 담은 자료이다. 『古璽文編』의 순서에 의거하여 璽印 문자와 기타 종류의 문자를 서로 비교하여 독자에게 참고 자료를 제공하도록 한다.

莘	蓉	1.5	蓉	『文物』1982.8圖版捌1戈
□	𣏾	2.6	𣏾	『三代』2.54.4鼎
右	㪅	2.7	㪅	『河北』142
㗊	𣥫	2.8	𣥫	『文物』1982.8圖版捌9戈

---

128 董珊, 「釋燕係文字中的無字」, 『于省吾教授百年誕辰紀念文集』1996年.

129 董珊, 「釋燕係文字中的無字」, 『于省吾教授百年誕辰紀念文集』1996年.

130 徐秉琨, 「說陽安布」, 『中國錢幣』1985年 1期.

131 陳直, 「秦漢瓦當概述」, 『摹廬叢著七種』, 齊魯書社, 1981年, 337쪽.

脽		4.6		『劍吉』下20戈
胥		4.8		『文物』1982.3.91壺
坪		5.4		『古錢』346
喜		5.4		『文物』1982.8
壴		5.4		郘侯載簋
盧		5.5		『古錢』215
鳌		6.6		『三代』20.60.2梃
賮		6.9		『匋文』6.44
嬰		6.10		『匋文』附33
虜		6.10		『文物』1982.8.44圖3戈
都		6.12		『文物』1982.8圖版捌2戈
鄲		6.14		『三代』19.42.2戈
宮		6.19		『三代』20.33.1矛
明		7.6		『古幣』111
安		7.9		『古幣』75
佑		8.3		『考古』1975.4.234戈
馬		10.1		『文物』1982.8圖20戈
悅		10.9		『古錢』230
義		12.8		『文物』1982.8圖20戈
張		12.10		『三代』20.58.3距末
纕		13.2		『東亞』4.15
城		13.10		『三代』18.39.1小器
陰		14.4		『古錢』247

貢	𣂌	附11	𣂌	『河北』144戈
洀	𣲥	附27	𣲥	『文物』1982.8圖版捌2戈
愿	𢝌	附42	𢜑	『文物』1982.8.44圖4戈
剸	𠞰	附48	𠞰	『文物』1982.8.44圖3戈
宮	𡧋	附54	𡧋	『考古』1965.11.568骨器
戒	𢦔	附62	𢦏	『三代』19.54.1戈
乘	𠅞	附71	𡩜	『三代』20.58.3距末
旅	𣂈	附73	𣂈	『三代』20.45.2劍
受	𠬅	附75[132]	𠬅	『文物』1984.6.25壺
巾	巾	附79	巾	『三代』19.50.1戈
中	𠁥	附80	𠁥	『古錢』1129
勹	勹	附111	勹	『匋文』附38
書	𦘠	『璽匯』3951	𦘠	『三代』20.58.3距末

이상 제시한 문자들은 편방 구조는 물론 필세의 방향까지 모두 특이한 燕 나라 계열의 스타일이 드러난다. 만약 문자연계법[文字繫聯法][133]을 동원한다면, 몇몇 燕 나라 계열 문자의 전형적인 형태를 찾아 볼 수 있다. 예를 들면,

四	𠃚	『三代』20.60.2梃	𠃚	『東亞』5.43
年	𠂸	『三代』20.58.3距末	𡈼	『文物』1982.8.44圖3戈

---

132 朱德熙,「古文字考釋四篇」,『古文字研究』8輯, 1983年.

133 [역자주] 문자연계법[文字繫聯法]은 입증된 자형 형태를 중심으로 다른 자형을 분석하는 방법을 말한다.

休	㶅	郾侯載簋	㶅	『文物』1984.6.25壺
御	䢔	『河北』142戈	䢔	『考古』1973.4.244戈
我	紙	『三代』20.60.2梴	䊠	『三代』20.58.3距末

전체적으로 보면, 燕 나라 계열 문자는 비교적 안정적이고 전·후기 문자의 변화가 크지 않다.

燕 나라 계열 문자 자료의 시대 구분에 어느 정도 어려움이 있다. 원인은 특정 왕의 연대에 명확하게 속하는 기물이 한 점도 없고, 절대 연대가 있는 표준기이며 상대 연대가 있는 것 또한 대다수가 병기 명문이기 때문이다. 현재 編年할 수 있는 燕 나라 기물은 다음과 같다.

燕成侯(前454-439): 『郾侯載簋』, 『豆』, 『戈』

燕王噲(前320-311): 『郾王詈戈』, 『矛』

燕昭王(前311-278): 『郾王職戈』, 『矛』, 『劍』, 『襄安君鈚』[134]

燕王喜(前254-222): 『郾王喜戈』, 『矛』, 『劍』, 『鈹』

제4절 晉 나라 계열 문자

晉 나라 계열 문자의 내적 함의는 상당히 폭넓다. 韓, 趙, 魏 세 나라를 이 계열에 귀속시킬 수 있을 뿐만 아니라 中山國, 東周, 西周, 鄭, 衛 등의 소규모 국가 문자도 모두 이 계열에 속한다. 본 절에서 이 국가들을 모두 「삼진(三晉)」으로

---

134 襄安君은 『戰國策·趙策』四, 『戰國縱橫家書』四에서 확인되고, 아마도 燕昭王 職의 동생인 듯하다.

계통화할 수 있는 이유는 첫째로 이 국가들의 문자 구조와 스타일이 모두 비슷하고, 둘째로 일부 전해 내려오는 고새(古璽), 석기(石器) 등의 문자 또한 정확히 어느 한 나라로 귀속하기 어렵기 때문이다. 따라서 국적이 정확한 靑銅器, 兵器, 貨幣 등의 문자는 가능한 국가 구분으로 분류해서 소개하고, 몇몇 국가 구분이 불분명한 古璽, 石器 등의 문자는 형식적인 수준에서 논할 수밖에 없다.

1. 韓 나라 문자

전국칠웅(戰國七雄) 중에서 韓 나라 영토 면적이 가장 협소하다. 河南성 中部에서도 서쪽으로 치우쳤으며, 山西성 동남부도 겸하고 있다. 처음에는 平陽(山西성 臨汾)에 도읍하였고, 이후에 宜陽(河南성 宜陽), 陽翟(河南성 禹縣), 鄭(河南성 新鄭) 등으로 천도하였다.

(1) 청동기 문자

대표적인 韓 나라 명문 청동기는 1928년 洛陽시 金村 동주묘(東周墓)에서 출토된 『䲭羌鐘』(『三代』 1.32-34)라고 할 수 있다. 鐘의 銘文에 「주(周) (威烈) 왕 22년[惟廿又再祀]」과 「한종의 상을 받고, 진공의 명을 하사받아 천자를 보좌하였다[賞于韓宗, 令于晉公, 昭于天子].」를 통하여 청동기 연대의 하한선을 晉 나라 멸망 전(기원전 376년)으로 볼 수 있다. 韓 나라 제후의 신하가 만든 기물로 판단할 수 있다.

청동기의 절대 연대에 관하여 대다수의 학자들이 「진을 정벌하고 제를 압박하여 장성에 들어가 평음에 군대를 집결하였다[征秦迮齊, 入㽘[長]城, 先會于平陰].」에 근거해 심층적으로 분석했다. 세 가지 주요 견해를 살펴보면,

첫 번째, 류절(劉節), 오기창(吳其昌), 서중서(徐中舒) 등은 『左傳』 襄公 18년에 三

晉이 齊 나라 平陰을 공략한 기록에 근거하여 주영왕(周靈王) 22년(기원전 550년)의 청동기 명문으로 확정하였다.[135] 그러나 魯襄公 18년은 周靈王 17년에 해당하며 22년이 아니므로 시기가 일치하지 않는다.

두 번째, 郭沫若은 『史記』 「六國年表」와 「전경중완세가(田敬仲完世家)」에 실린 三晉이 齊 나라를 정벌한 것에 근거하여 명문을 周安王 22년(기원전 380년)으로 확정하였다.[136] 그러나 齊 나라를 정벌하여 도달한 곳은 상구(桑丘)이며 平陰이 아니므로 위치가 맞지 않는다.

세 번째, 온정경(溫庭敬), 당란(唐蘭), 진몽가(陳夢家) 등은 『고본죽서기년(古本竹書紀年)』과 「六國年表」를 상호 검토하여 晉烈公 12년은 周威烈王 22년에 해당하며, 이 해에 韓, 趙, 魏가 「제를 정벌하고 장성에 입성하였다[伐齊入長城].」라는 전투가 발생한 연도라고 하였다.[137] 두 문헌 기록의 시간, 지점, 사건이 모두 완벽하게 부합한다. 따라서 세 견해 중 세 번째가 제일 타당하다.

『哀成叔鼎』(『文物』1981.7.66)의 기물 주인은 哀成叔으로, 鄭 나라 마지막 군주 康公의 후손이다.[138] 또한 같은 묘에서 명문이 있는 청동기 『豆』와 『鉶』가 함께 출토되었는데, 기원전 375년 鄭 나라는 韓 나라에 의해 멸망되었기 때문에 哀成叔의 모든 명문은 晉 나라 계열에 속하고, 韓 나라 기물 형태와 가장 비슷하다.

『䲹羌鐘』의 명문 서체는 선회하며 꺾이는 형태로, 中山國 기물의 명문과 매우 유사하다. 반면, 『哀成叔鼎』의 명문 서체는 비교적 호리호리하고 단정한 형

135 劉節, 「䲹氏編鐘考」, 『北京圖書館館刊』, 5권6호, 1931年. 吳其昌, 「䲹氏鐘補考」, 『北京圖書館館刊』, 5卷 6號, 1931年. 徐中舒, 『䲹氏編鐘圖釋』, 中央研究院, 1932年.

136 郭沫若, 「䲹氏鐘補遺」, 『古代銘刻彙考續編』1934年.

137 溫庭敬, 「䲹羌鐘銘釋」, 『史學專刊』1卷1期, 1935年. 唐蘭, 「䲹羌鐘考釋」, 『北平圖書館館刊』, 6卷 1期, 1932年. 陳夢家, 『六國紀年』, 學習生活出版社, 1955年, 48-49쪽.

138 趙振華, 「哀成叔鼎的銘文與年代」, 『文物』1981年 7期.

태를 보인다. 더욱이 두 기물의 명문은 대부분 필획을 추가하였는데, 예를 들면 자형 「![字]」, 「![字]」, 「![字]」, 「![字]」, 「![字]」, 「![字]」, 「![字]」, 「![字]」, 「![字]」 등을 제시할 수있다. 혹은 대부분 편방을 추가하였는데, 예를 들면 「迬」은 「![字]」, 「昭」는 「![字]」, 「矞」는 「![字]」, 「奠」은 「![字]」 등으로 썼다. 전형적인 전국문자 자형도 일부 볼 수있다. 예를 들면 「![字]」, 「![字]」, 「![字]」, 「![字]」, 「![字]」, 「![字]」, 「下」 등을 제시할 수 있는데, 현재까지도 지속적으로 발견되고 있다. 이 자형들 모두 짙은 전국문자 색채를 지녔다.

『盛季壺』(『三代』12.8.2), 『鄭右廩壺』(『三代』12.8.3)의 「鄭」은 「![字]」이며 「邑」혹은 「![字]」이 구성되지 않았다. 따라서 두 기물은 당연히 韓 나라 초기 기물이다.

『春成侯鍾』(『三代』18.19.3), 『春成侯盉』(『三代』18.19.3)의 「春成」은 신정(新鄭)에서 출토된 戈의 명문에서도 볼 수 있다. 따라서 두 기물 모두 韓 나라의 도량형 기물[量器]이다.

韓 나라 도량 단위를 기록한 청동기는 많지 않을 뿐만 아니라 명문의 글자 수또한 적다. 그중 「주(廚)」가 기록된 명문은 食官과 관련이 있다.[139]

上樂床[廚], 庸[容]厽[叁]分　　　『三代』2.53.7鼎

上莧床[廚], 庸[容]四分　　　　『文物』1959.8.61鼎

右朕[廚], 三厼　　　　　　　　『三代』2.53.8鼎

曥朕[廚], 一斗厼[半]□　　　　『三代』2.54.1鼎

그 중 「주(廚)」는 「![字]」, 「![字]」 등으로 쓰며, 韓 나라 명문의 전형적인 특징이다. 陶文 「상아(上鞅)」 또한 新鄭에서 출토된 陶器에서도 볼 수 있다. 「![字]」는 본래

139　郭沫若, 『金文叢考』, 217쪽. 朱德熙, 裘錫圭, 「戰國文字研究」, 『考古學報』 1972年 2期.

「𣬛」이며 新鄭에서 출토된 戈 명문에서도 볼 수 있다.

韓 나라 곡물창고는 청동기 명문 중에도 반영되어 있다.

奠[鄭]東蒼[倉], 半[半]齎　　　『綴遺』28.10鼎

宜陽右倉　　　　　　　　　『文物』1987.11.94簋

이 밖에 『二十九年侖氏銀皿』(『書道』1.59)은 지명 「윤씨(侖[綸]氏)」에 근거하여 韓 나라 기물로 확정할 수 있다.

(2) 병기 문자

韓 나라 초기 병기 명문은 비교적 간단하며 「물륵주명(物勒主名)」 단계에서 아직 벗어나지 못하였다. 예를 들면,

□公之造戈　　　　　　『文物』1972.4.40戈

宜無之棗[造]戟　　　　『考報』1959.1.114戟

寅之戟　　　　　　　　『考報』1959.1.114戟

吳它　　　　　　　　　『考報』1959.1.114戟

韓 나라 중기, 말기의 병기 명문은 黃盛璋 연구에 근거하여 네 가지 형식으로 분류할 수 있다.

A. 鄭武 (左, 右, 坓) 庫

奠[鄭]武庫　　　　　　『三代』19.32.2戈

鄭左庫　　　　　　　　『文物』1960.3.27 그림28戈

奠生[襄]庫   『文物』1972.10.39戈

B. 鄭武庫冶□

   奠[鄭]武庫冶□   『小校』10.38.1戈

C. □年, 鄭令□, 武 (左, 右, 生) 庫工師□, 冶(冶尹) □.

   六年, 奠[鄭]命[令]韓熙, 右庫工帀[師]司馬鴅, 冶□.

                           『三代』19.52.1戈

D. □年, □令□, 司寇□, 武 (左, 右, 生) 庫工師□, 冶(冶尹) □.

   五年, 奠[鄭]命[令]韓□, 司寇長朱, 左庫工帀[師]陽□, 冶君[尹]弘

   [強]斁[造].   『三代』20.40.5矛

   五年, 奠[鄭]倫[令]韓夌, 司寇長朱, 右庫工帀[師]春高, 冶君[尹]需斁

   [造].   『文物』1972.10 그림5.2戈

A 형식이 가장 간결하고 비교적 이른 시기의 물품에서 볼 수 있다. D형식 문장이 가장 복잡하고 비교적 늦은 시기의 물품에서 볼 수 있다.

가장 복잡한 형식의 명문은 기본적으로 제조를 감독하는 자(令과 司寇, 令), 주관하는 자[工師], 제조자[冶, 冶尹] 세 등급으로 구성되었다. 위 용례에 보이는 「生庫」는 『左傳』 襄公 30년에 기록된 鄭 나라의 「襄庫」라는 지역을 말한다.

1971년, 河南성 新鄭 정한고성(鄭韓故城) 백묘범촌(白廟范村)에서 200여 편의 병기가 발견되었고, 그중 대부분의 명문이 D 형식에 속한다.(『文物』1972.10.35) 특히 중요한 것은 『王三年鄭令韓熙戈』의 「한희(韓熙)」라는 인물로 『戰國策·韓策』에서도 볼 수 있다. 이를 근거로 新鄭에서 출토된 대부분의 병기를 韓 桓王과 韓王 安 기물로 분류할 수 있다.[140]

韓 나라 병기 상용 어휘 「鄭令」 외에도 지방에 속한 「令」도 있다. 예를 들면,

喜[釐	『三代』20.2.72戈	河南鄭州[141]
親[新]城	『錄遺』581	河南伊川
易[陽]	『小校』10.53.1	河南伊川
侖[綸]氏	『三晉』圖1.2	河南登封
安陽	『陶續』2.52	河南正陽
宅陽	『小校』10.74.6	河南滎陽
彘	『小校』10.59.5	山西霍縣
雍氏	『文物』1972.10.36	河南禹縣
陽城	『文物』1972.10.36	河南登封
長子	『文物』1972.10.36	山西長子
安城	『文物』1972.10.36	河南汝南
焦	『文物』1972.10.36	河南中牟
宜陽	『文物』2000.10.78	河南宜陽
汝[女]陽	『考古』1990.7.40	河南商水
盧氏	『四川』242.3	河南盧氏
襄城	『武陵』32	河南襄城
成棗[皋]	摹本	河南滎陽

---

140 黃盛璋, 「試論三晉兵器的國別和年代及其相關問題」, 『考古學報』1974年 1期.

141 吳振武, 「十六年喜令戈考」, 『海角濡樽集』, (『長春文史資料』1993年 1輯)

韓 나라 병기 명문에서 「造」는 「羞」(소리요소 告), 「對」(소리요소 曹) 등으로 쓰며 「戟」은 「摤」, 「朿」 등으로 쓴다. 병기 矛는 「戟束[刺]」[142]로 명명되었다. 모두 韓 나라 병기 명문의 독특한 특징이다.

(3) 화폐 문자

韓 나라 화폐는 대부분 지명이 있다. 기물 형태에 따라 분류하면 韓 나라 화폐는 세 종류가 있다.

甲. 방족방과포(方足方跨布) 약칭: 방족포(方足布)

郎[長]水	『貨系』1519	河南盧氏
同[銅]是[鞮]	『貨系』1582	山西沁縣
攘[襄]跨垣	『貨系』1611	山西襄垣
陽城	『貨系』1688	河南漯河
尹[伊]陽	『貨系』1696	河南嵩縣
涅	『貨系』1887	山西武鄉
霯[潞]	『貨系』1932	山西潞縣
烏疋[蘇]	『貨系』1950	山西和順
郟	『貨系』1994	河南鄭州
土爻[崤]	『貨系』2014	河南澠池
鄭[怡]	『貨系』2213	河南新鄭
宅陽	『貨系』2023	河南鄭州

---

142 郝本性,「新鄭鄭韓古城發現一批戰國銅兵器」,『文物』1972年 10期.

乇[宅]陽	『貨系』2056	河南鄭州
唐[楊]是[氏]	『貨系』2256	山西洪洞
鄹[注]	『貨系』2264	河南臨汝
蠱[注]	『貨系』2270	河南臨汝
合[鄗]	『貨系』2277	河南新鄭
邠[汾]	『貨系』2279	山西臨汾
洀[舟]	『貨系』2284	河南新鄭
宜陽	『古錢』164	河南宜陽
鄃[綸]氏	『古錢』252	河南登封
䣝	『古錢』254	山西祁縣
堂[尚]子	『古錢』299	山西長子
庀[比]陽	『晉幣』108	河南泌陽

乙. 예각포(銳角布)

예각포(銳角布)에는 대부분 「영(涅)」이라는 銘文이 있고, 이는 韓 나라 화폐의 중요한 표지이다. 「百涅」 앞은 모두 지명이다.

百涅[盈]	『貨系』1226	
盧氏百涅[盈]	『貨系』1216	河南盧氏
舟百涅[盈]	『貨系』1220	河南新鄭
容	『貨系』1232	河南魯山
垂	『貨系』1240	山西晉城

毫百涅[盈]   사진   河南登封

「涅」의 고문자는 「𡇌」, 「𡇌」 등이며, 예전에 「涅」로 해석하였으나 옳지 않다. 「涅」의 고문자는 「𢎨」, 「𢏐」 등이며, 「涅」의 고문자 형태와 차이가 있다. 『集韻』의 「영은 통하여 흐르다(涅, 通流也).」이며 음과 뜻이 「영(盈)」, 「영(嬴)」과 동일하다.[143] 따라서 「百涅」은 당연히 화폐 유통의 길상어이다. 또한 『舊唐書·食貨志』에서 「정당한 수량과 조용 항목이 아닌 것은 바로 백보대영고에 입고시키고 군주의 연회와 군주가 사적으로 내리는 포상의 용도로 제공한다[非正額租庸便入百寶大盈庫, 以供人主宴私賞賜之用].」의 「大盈」은 전국시대 「백영(百涅[盈])」에서 계승되었다고 추측할 수 있다.

丙. 금병(金餠)

二豕[重]四分(『文物』1980.10 그림4.7)

金餠의 銘文도 「丄」이 있으며, 『說文』「上」자의 古文 형태와 일치한다.

(4) 새인 문자

三晉 지역의 璽印 문자는 대부분 양각이고, 구조가 단정하며 필획이 섬세하여 매우 독특하다. 그러나 三晉 지역의 국가가 매우 많아 각국의 새인 문자 특

---

143 『管子·宙合』의 「굽힘과 폄, 차고 수축됨[詘信涅儒]」라는 구절의 王念孫 『讀書雜志』 의 풀이를 보면, 「영은 넝이라고 하였고 유는 연이라고 하였는데, 이는 모두 잘못 풀이한 것이다. 영은 영과 같고 연은 연과 같다. 영연은 영축[차고 모자람]을 말한다[涅當爲逞, 儒當爲偄, 皆字之誤也. 逞與盈同, 偄與緛同, 盈緛猶盈縮也].」

징은 현재의 인식 수준으로는 구별하기 쉽지 않다. 따라서 官璽에 보이는 지명으로 나라를 판단할 수밖에 없다.

韓 나라 官璽로 확정할 수 있는 것은 극히 적다. 예를 들면,

高志[氏]	『璽匯』007	河南禹縣
武遂	『璽匯』0103	山西臨汾[144]
挪[製]	『璽匯』2227	河南滎陽[145]
陽城	『璽匯』4047	河南登封
筍[汝]陽	『璽匯』0332	河南商水[146]
鄶[綸]氏	『書道』1圖版116	河南登封

마지막 두 璽印은 印面이 매우 크고, 문자 스타일이 일반 三晉의 官璽와 다르다. 지명이 楚 나라와 인접하였으므로, 楚 나라 璽印의 영향을 받았을 것이다.

(5) 도기 문자

三晉 지역 도문은 비록 齊, 燕 지역만큼 풍부하지 않으나 최근 몇 십 년간 韓 나라 영토에서 출토된 몇몇 陶器의 陶文은 상당한 의의가 있다. 비교적 중요한 도문으로 세 가지가 있다.

1964년 河南성 鄭韓故城에서 발견된 도기에서 「廥宮」, 「吏」, 「厶[私]官」, 「左

---

144 汪慶正, 『中國歷代貨幣大系』(1) "總論", 上海人民出版社, 1988年, 16쪽.

145 何琳儀, 「古璽雜識」, 『遼海文物學刊』1980年 3期.

146 裘錫圭, 「戰國文字中的"市"」, 『考古學報』1980年 3期.

朕[廚]」, 「嗇夫」(『文叢』3.61) 등은 대부분 韓 나라 명문과 서로 증명할 수 있다.

1977년 河南성 등봉(登封)시 양성(陽城) 유적지에서 발견된 「陽城倉器」, 「倉」, 「左倉」, 「廚器」, 「廩」, 「半」(『古研』7.207-231) 등과 같이 찍거나 새겨 만든 도문은 전형적인 三晉 문자이며, 이미 학계에서 집중적으로 다루어진 바 있다.[147] 韓 나라 陶器는 「器」, 齊 나라 陶器는 「豆」, 「區」, 「釜」를 사용하였으니 제각기 특징이 있다.

80년대 정주(鄭州), 형양(滎陽) 일대에서 지명이 있는 도문이 일부 발견되었으며 「格氏左司工」, 「格氏」, 「昃亭」, 「亳」, 「拁」(『中原』1981.1.14.) 등과 같다. 그중에서 「亳」자 고석은 고고학계의 커다란 반향을 불러일으켰다.[148] 자질구레한 도문 또한 적지 않게 발견되었으며, 자형도 풍부하지만 대부분 인명이다.(『中原』1986.1.77) 체계적인 정리가 시급해 보인다.

河南성 溫縣 북평고촌(北平皐村) 고성에서 수집한 도기는 「陞[邢]公」, 「邚公」, 「公」(『文物』1982.7.7.) 등이 찍혀 있다. 「陞」은 바로 형구(邢丘)이며 출토된 지점과 일치한다. 「邚」는 「舟」로 풀이하며, 옛 지명이다. 『國語·鄭語』에서 「10읍이 모두 의탁할 곳이 생겼다[十邑皆有寄地].」 주석에서 볼 수 있으며 지금의 河南성 新鄭 부근에 있다.[149]

韓 나라 陶文에서 풀이가 불분명한 「격씨(格氏)」를 제외하면, 모두 『古陶文匯

---

147 李先登, 「河南登封陽城遺址出土陶文簡釋」, 『古文字研究』 7輯, 1982年. 李先登, 「滎陽, 邢丘出土陶文考釋」, 『古文字研究』 19輯, 1992年.

148 鄒衡, 『夏商周考古論文集』, 文物出版社, 1980年.

149 何琳儀, 「韓國方足布四考」, 『陝西金融·錢幣專輯』(18), 1992年.

編』에서 볼 수 있다.

陽城	6.21	河南登封
郍[舟]	6.30	河南新鄭 근처
陛[邢]	6.31	河南溫縣
京	6.51	河南滎陽
容城	6.83	河南魯山
滎陽	6.108	河南滎陽
亳	6.120	河南偃師
會[鄶]	6.120	河南新鄭
羌[景]亳	6.122	河南偃師[150]
挪[製]	6.147	河南滎陽

2. 조(趙) 나라 문자

趙 나라 영토는 河北성 남부와 山西성 중부를 중심으로 북쪽은 山西성, 河北성, 내몽골 경계의 광대한 지역을 아우르고, 서쪽으로는 陝西성 동북부를 포함하였으며, 동부와 남부는 山東성과 河南성 일부를 차지하였다. 초기에 晉陽(山西성 太原)에 도읍을 세웠고, 후대에 中牟(河南성 鶴壁), 邯鄲(河北성 邯鄲)으로 천도하였다.

(1) 청동기 문자

趙 나라 禮器의 銘文은 상당히 보기 어렵고 비교적 중요한 『趙孟庎壺』와 『智

---

150 湯餘惠, 「略論戰國文字形體硏究中的幾個問題」, 『古文字硏究』15輯, 1986年.

君子鑒』銘文은 모두 춘추시대 말기 晉 나라 문자에 속한다. 두 기물의 명문은 전국시대 趙 나라 문자와 관련이 있으므로 잠시 趙 나라 문자 파트의 첫 부분에 나열해보도록 한다.

『趙孟庎壺』(『總集』5759)는 河南성 휘현(輝縣)에서 출토되어 일찍이 국외로 유출되었다. 명문을 보면, 「황지에서 한왕을 만났다[禺邘王于黃池].」라고 하여 魯哀公 14년(기원전482년)에 진정공(晉定公)과 오왕(吳王) 부차(夫差)가 황지(黃池) 회맹에서 패권을 다툰 사실과 관련이 있다.[151] 기물 주인 趙孟庎는 晉 定公의 상경(上卿) 조앙(趙鞅, 조맹[趙孟])의 부하이다.(「庎」는 「介」로 읽는다) 명문의 전체 구조는 가늘고 길며 문자는 정교하며 아름답다. 그 중 「𥁕」와 「𥂁」 등의 서사법은 전형적인 전국시대의 문자 스타일이 드러난다.

『智君子鑒』(『錄遺』519) 또한 河南성 輝縣에서 출토되었다. 기물 주인 智君의 아들은 智氏의 마지막 후손 지양자(智襄子) 요(瑤)일 가능성이 매우 높다.[152] 명문의 서체는 중간이 풍성하고 끝이 날카로운 형태이고 『吉日劍』 명문과 동일한 유형이며, 이른바 「과두문(蝌蚪文)」이다.

「物勒工名」 형식의 趙 나라 禮器 『昌國鼎』(『美術』그림14) 명문을 보면: 「3년 창 나라 계, 공사 적아, 야 경 제조[三年昌國豚(稽)[153]工帀(師)衮(狄)犾, 冶更所爲]」라고 했다. 燕 나라 악의(樂毅)의 아들 악간(樂閒)은 창(昌) 나라 군주를 계승받고, 이후 趙 나라로 달아났다. 『昌國鼎』 명문의 「제조 감독자는 昌 나라 군주 樂閒일 것이다.」[154] 이 밖에 『襄公鼎』(『三代』3.11.5) 명문에서 「양공상훅, 양곡 소구[襄公上훅, 昜

---

151 W. P. Yetts. The Cull Chinese Brones P. 45.

152 唐蘭, 「知君子鑑考」, 『輔仁學志』7卷 1-2期, 1938年.

153 何琳儀, 「戰國文字形體析疑」, 『于省吾教授百年誕辰紀念文集』1996年.

154 黃盛璋, 「新出戰國金銀器銘文研究」, 『古文字研究』12輯, 1985年.

(陽)曲小具]」라고 하였다. 그 중 「陽曲」은 趙 나라에 속한 지명이므로 청동기『襄公鼎』은 당연히 趙 나라 기물이다.

『土勻錍』(『文物』1981.8.88)는 보기 드문 趙 나라 도량형기[量器]로, 명문에서 「토군름, 사두비(土勻[軍]亩[?][廩], 四斗錍)」라고 하였다. 「土軍」은 지금의 山西성 석루(石樓)이며, 전국시대 趙 나라 지역에 속한다. 「錍」는 「甀」의 이체자이다.[155]

1979년, 내몽골 준격이기(准格爾旗) 서구반(西沟畔) 흉노 무덤에서 일곱 점의 은 고삐연결고리가 출토되었고(『文物』1980.7.2), 명문에 모두 「屪工(혹은 少府, □兩□朱(銖)」가 있다. 출토 위치와 문자 스타일 분석에 근거하면 은 고삐연결고리는 마땅히 趙 나라 왕실의 물품이다. 「屪」는 앞 문장에서 인용한 『昌國鼎』 명문에서도 볼 수 있으며, 마땅히 「豚」으로 隷定하고, 「계(稽)」로 읽어야 한다고 생각한다. 『廣雅·釋言』에서 「계는 고찰하다[稽, 考也].」라고 하였다. 이른바 「계공(稽工)」은 『周禮·天官·內宰』「공을 세운 사안들을 살핀다[稽其功事].」를 참고할 수 있다.

(2) 병기 문자

趙 나라 병기는 다량의 명문이 기록되었기 때문에, 晉 나라 계열 趙 나라 문자 연구에 있어 중요한 자료이다.

중화민국 시기, 山西성 歸化(雲中의 옛 이름)에서 『吉日劍』(『錄遺』601)이 출토되었다. 명문 자형이 길쭉하며 『趙孟疥壺』의 銘文과 유사하다. 그러나 이러한 장식성이 강한 주물 음각식 검 명문은 매우 드물며, 절대 다수의 趙 나라 검 명문은 새김 음각식이다.

「왕입사[王立事, 왕이 직무한 해]」는 趙 나라 병기 명문 중에서 가장 주목받

---

155 徐無聞, 「釋錍字」, 『文物』1981年 11期.

는 연도 표기법이다. 예를 들면,

王立事, 南行易[唐]倫[令]眂[瞿]卯, 左庫工帀[師]司馬合, 冶叟[得]敓[調]齎[劑]

『錄遺』599劍

王立[涖]事, 彼倫[令]肙[趙]世, 上庫工帀[師]樂星, 痁[冶]胡[影]敓[調]齎[劑]

『河北』101劍

王何立[涖]事, 叟[得]工, 痁[冶]朡所教旹[馬]重[童]爲. 宜安

『山西』118戈

「王何」는 趙 나라 惠文王 何이며, 나머지 두 명문에서 거론되는 왕은 정확하지 않다. 齊 나라 명문에서 「立事」는 陳氏 성의 집정자이며, 趙 나라 銘文에서 「立事」하는 사람은 趙 나라 왕이다. 이 밖에 「敓[調]齎[劑]」는 趙 나라 병기 명문의 흔한 용어이다. 「敓」은 예전에 「집(執)」[156] 또는 「달(撻)」[157]로 풀이했다. 이른바 「집제(執劑)」 혹은 「달제(撻齊)」는 모두 전적에서 볼 수 없으므로 실제로 타당하지 않다. 「敓」은 西周 金文에서 「주(盨)」로 쓰였다. 趙 나라 兵器의 「齎」는 바로 「조제(調齎[劑])」로 읽고[158] 『荀子·富國』, 『淮南子·本經訓』 등에서 볼 수 있다. 趙 병기 「調齎[劑]」는 「금속을 혼합하여 비율을 맞추다」라는 의미이다.

趙 나라 병기 명문의 스타일은 간략함과 번잡함이 제각기 다르다. 간략한 형

---

156 于省吾, 『商周金文錄遺』自序, 1957年.

157 黃盛璋, 「撻齊及其和兵器鑄造關係新考」, 『古文字研究』 15輯, 1986年.

158 施謝捷, 「釋盨」, 『南京師大學報』 1994年 4期. 何琳儀, 「幽脂通轉擧例」, 『古漢語研究』 1輯, 1996
年.

식은 비교적 적으며 지명만을 기재하기도 했다.

晉陽	『集成』10920戈
武陽	『集成』10908戈
鄗[鄗]	『集成』11424矛

지명, 창고[庫] 명칭만을 기록하기도 했다.

甘[邯]丹[鄲]上	『三晉』圖五戈
甘[邯]丹[鄲]上庫	『癡盦』59戈
武陽左	『考古』1988.7.617戈
武陽右庫	『集成』11053戈
孌[欒]左庫	『集成』10959戈

「창고[庫]」를 생략하기도 하고 방위사만 존재하기도 한다. 다소 복잡한 것은 시간, 지명, 인명을 기재하기도 하며 인명만을 기재하기도 한다.

廿七年, 晉上容[谷]大夫	『考古』1986.8.759戈
趙明之卸[御]戈	『文物』1995.2.66戈

복잡한 형태는 상당히 많고 그 격식 또한 고정적이다. 바로 「□년 수상[상방, 상, 령]□, 방상[좌, 우] 고 공사□, 야[야윤]□ 재(□年守相[相邦, 相, 令]□, 邦上[左, 右] 庫工師□, 冶[冶尹]□齋)」이며, 일부분이 생략된 격식도 볼 수 있다. 예를 들면,

元年, 相邦建郢[信]君, 邦右庫工帀[師]吳疕, 冶瘄□[調]齋[劑]

『海岱』1989.1.324鈹

八年, 相邦建郢[信]君, 邦左庫工帀[師]巷叚[序], 冶胃[尹]明敊[調]齋[劑]

『三代』20.46.2鈹

四年, 相邦春平侯, 邦左庫工帀[師]長身, 冶胃[尹]□敊[調]齋[劑]

『考文』1989.3.21鈹

十年, 相邦陽安君, 邦右庫工帀[師]吏筌胡, 冶韓姁敊[調]齋[劑]

『考古』1982.6.6鈹

七年, 武城相邦畋, □□工帀[師], 嗇夫□□, 冶妾章敊[調]齋[劑]

『古城』27鈹

十五年, 守相杢[廉]波[頗], 邦右庫工帀[師]韓亥, 冶巡敊[調]齋[劑]

『三代』20.47.2鈹

十三年, 右□守相申毋官, 邦右□□□韓狄, 冶醇敊[調]齋[劑]

『三代』20.48.1鈹

四年, 邾[代]相樂突, 右庫工帀[師]長慶, 冶吏息□□

『考文』1989.3.21鈹

六年, 邾[代]相吏微, 左庫工帀[師]孫淉, 冶吏息敊[調]齍[劑]

『文博』1987.2.53鈹

十六年, 寧[靈]壽佮[令]余慶, 上庫工帀[師]卓僕, 冶固敊[調]齋[劑]

『文季』1992.4.70鈹

十七年, 荎[邢]佮[令]蒙, 上庫工帀[師]宋叚, 冶匯敊[調]齋[劑]

『文物』1982.9.26鈹

廿年, 丞閑[藺]相女[如], 邦左□麿智, 冶陽甹　　　『文物』1998.5.92鈹

복잡한 형식의 검 명문 뒷면은 일반적으로 「攻䏣」을 새겼다. 바로 「工尹」이며, 燕 나라 기물과 동일하다. 예컨대, 앞서 인용한 『十五年守相杢波劍』 뒷면 「대공윤 공손부(大攻䏣公孫柎)」와 『十三年守相申毋官劍』 뒷면 「공윤 한단(攻䏣韓端)」을 제시할 수 있다. 『左傳』文公 10년 「왕은 그를 공윤으로 삼았다[王使爲工尹].」의 杜預 注에서 「百工을 주관하는 관리이다[掌百工之官也].」라고 하였고, 『管子·問』에서는 「공윤이 사용할 목재를 벤다[工尹伐材用].」 라고 했다.

복잡한 형식의 검 명문을 보면, 「工師」 앞에 「방좌(혹은 우)벌기(邦左[右]伐器)」를 추가한 것도 있다. 예를 들면,

> 七年, 相邦春平侯, 邦左伐器, 工帀[師]長翟, 冶句敌[調]齋[劑]
>
> > 『考古』1991.15鈹
>
> 十五年, 相邦春平侯, 邦左伐器, 工帀[師]長翟, 冶句敌[調]齋[劑]
>
> > 『錄遺』600鈹
>
> 十五年, 相邦春平侯, 邦右伐器, 工帀[師]□□, 冶疢敌[調]齋[劑]
>
> > 『貞松』12.23.1鈹
>
> 十八年, 相邦平國君, 邦右伐器, 段[鍛][159]工帀[師]吳疧, 冶疘敌[調]齋[劑]
>
> > 『考古』1991.1.5鈹

이른바 「伐器」는 바로 공격용 도구이며, 『楚辭·天問』「파견 보내 달라고 다투며 무기를 들었다[爭遣伐器].」에서 볼 수 있다. 병기고 명문으로 파생되었다.(제5장 제2절 참고)

「相邦」과 「守相」은 趙 나라 兵器 銘文에서 흔히 볼 수 있는 관직명이다. 劍

159　黃盛璋, 「關於加拿大多倫多市安大略博物館所藏三晉兵器及其相關問題」, 『考古』1991年 1期.

銘文의 「상방 건신국(相邦建信君)」, 「상방 춘평후(相邦春平侯)」는 모두 「戰國策·趙策四」에서 볼 수 있다. 「守相杢波」는 전국시대 명성 높은 趙 나라 대장 염파(廉頗)를 말하는 듯하다.[160] 자형 「杢」는 「杜」의 이체자로 추측되는데, 「杜」와 「廉」 모두 설두음에 속해 가차될 수 있다. 상당히 흥미로운 사실은 위 문장에 인용된 『廿年藺相如鈹』의 「인상여(閦相女)」는 「염파(杢波)」와 한 쌍의 「장상화(將相和)」를 결성하게 된다.[161] 「相邦」은 晉 나라 「上卿」에 해당하고, 「守相」은 「相」 다음 등급의 관직이며 모두 국가 고위급 통치자이다. 앞서 인용된 「邳相」은 代 지역의 「相」이다. 代는 지금의 河北성 위현(蔚縣)에 있었으며, 전국시대 趙 나라의 중요 도읍이다. 아마도 소국과 지위가 동등해 「相」을 배치한 것으로 보인다. 「令」은 지방 최고 장관으로, 趙 나라 병기 명문에 많은 편이다. 「令」 앞에 지명 또한 다수 찾아볼 수 있고, 현재 대부분의 지역이 확인된다. 趙 나라 병기 명문에는 수도를 의미하는 「晉陽」, 「邯鄲」 외에도 지방에서 감독 제조된 병기로 확정할 수 있는 명문이 확인된다. 예를 들면,

南行易[唐]	『錄遺』599鈹	河北行唐
武陽	『集成』10908戈	河北易縣
㜣[欒]	『集成』10959戈	河北欒城

---

160 黃盛璋, 「試論三晉兵器的國別和年代及其相關問題」, 『考古學報』 1974年 1期.

161 [역자주] 「將相和」는 중국 희곡 제목으로 周代의 고사를 희곡으로 각색한 작품이다. 秦 昭王이 15개 성과 趙의 화씨벽(和氏璧)을 바꾸자고 했다. 趙는 인상여를 파견하고 이에 화씨벽을 들고 조나라로 돌아왔다. 이후 秦 昭王은 민지(澠池)에서 연회를 베풀었고 상여는 조왕을 따라 갔다. 진왕이 조왕에게 음악을 연주시켜 모욕을 주려고 했으나 반대로 상여로 인해서 秦 昭王이 모욕을 당했다. 상여는 귀국 후에 공을 세운 것으로 상대부에 올랐으나 염파는 그것을 받아들이지 못해 만나서 모욕을 주고자 했다. 인상여는 국가 사안이 위중한 것을 핑계 삼아 여러 차례 피했다. 염파는 이후에 가시나무를 지고 나타나 죄를 청했다는 것을 알고 두 사람이 막역한 사이가 되었다는 내용이다.

高[鄗]	『集成』11424矛	河北柏鄉
陽安	『考古』1983.6.6鈹	河北唐縣
上容[谷]	『考古』1986.8.759戈	河北西北部
武城	『古城』27戈	山東武城
郏[代]	『考文』1989.3.21鈹	山西東北部
寧[靈]壽	『文季』1992.4.70鈹	河北靈壽
莖[邢]	『文物』1982.9.26戈	河北邢台
武平	『小校』10.103.1鈹	河北文安
郭	『錄遺』582戈	山西神池
上党	『小校』14.4矛	山西東南部
閖[藺]	『武陵』28戈	山西離石
大陰[陰]	『武陵』31戈	山西霍縣

趙 나라 兵器 銘文 또한 기본적으로 세 가지 등급의 제작 감독 모델이다. 相邦, 守相, 令의 제조 감독자로부터 진행자인 工師, 제작자인 冶, 冶尹으로 구성되었다. 설명이 필요한 점으로 이른바 제조자는 결코 직접 기물을 제작하는 사람이 아니다. 「冶」의 신분에 관해서 三晉 兵器 銘文을 검토해보면 「冶」가 있으면 「冶尹」이 없고, 「冶尹」이 있으면 「冶」가 없다. 「冶」는 「冶尹」의 생략형임을 알 수 있다. 「冶」는 육체노동에 직접적으로 참여한 장인은 아닐 것이다. 이유는 아래와 같다.

첫 번째, 병기 제작은 결코 하나의 제조공정이 아니며, 직접 제조하는 사람도 결코 한 사람이 아니다. 그러나 三晉 兵器 銘文 중의 「冶」 혹은 「冶尹」은 일반적으로 모두 한 사람이다.

두 번째, 계급이 엄격한 전국시대에 兵器를 제조하는 장인의 신분은 비천하였으므로 그들의 이름을 결코 귀족 무사들이 사용하는 무기에 남길 수 없었다. 이른바 「物勒工名」의 「工」은 마땅히 감독자이며 일정한 사회적 신분을 지녔다.

세 번째, 趙 나라 병기 명문 「冶」 혹은 「冶尹」 다음에 항상 「敹齋」가 있으며, 「조제(調齊[劑])」로 읽고, 冶金할 때 구리[銅]와 주석[錫] 성분 비율을 조정한 것을 지칭하니 바로 「調劑」 기술이다. 『周禮·考工記』「쇠를 다스리는 기술자가 있다. 축씨는 하제를 맡고, 야씨는 상제를 담당한다[攻金之工, 筑氏執下齊, 冶氏執上齊].」를 보면 三晉 兵器의 「冶」는 당연히 「筑氏」, 「冶氏」와 같은 기술 있는 감독이다. 「冶」는 「冶尹」으로도 칭하고, 「尹」는 바로 「尹」이다. 『廣雅·釋詁四』에서 「윤은 관리이다[尹, 官也].」라고 하였다. 「冶」 혹은 「冶尹」이 관직명이라는 것은 말할 나위 없다. 그러나 그 직위는 「공관의 장[工官之長]」보다 낮은 「工師」일 뿐이다.

『三代』20.57.4에 수록된 『蓋弓帽』[162] 명문 「십년양곡태마동(十年陽曲笞馬重[童])」는 그 지명 「陽曲」(山西성 定襄)과 문자 스타일을 토대로 趙 나라 기물로 확정할 수 있다.

전래되거나 특정 지역에서 출토된 다수의 『화살촉[銅鏃]』(『三代』20.53.2-20.57.1)에는 「右旵」, 「左旵」라는 명문을 볼 수 있다. 그 중 「旵」자 아래 대부분 합문 부호가 있다. 「旵」는 앞 내용에서 인용한 『王何立事戈』와 『十年嗇夫朱相如鈹』(『考古』1985.5.476)에도 볼 수 있다. 『十年旵工戈』(『三代』20.20.1)의 탁본이 선명하지 않아 모사를 「旵」과 같이 한 것은 결코 믿을 수 없다. 내 생각에 「旵」는 「工」으로 구성되고 「目」이 성부이다. 『용감수감(龍龕手鑒)』에서 「旵의 독음은 복이다[旵, 音

---

162 [역자주] 『戰國文字通論』에서는 본 기물을 오늬([箭括], 화살의 머리를 시위에 끼도록 에어 낸 부분)로 잘못 풀이하여 개궁모(蓋弓帽)로 정정 번역한다.

服].」라고 하였다. 「目」과 「服」은 모두 순음(脣音)에 속한다. 『書·旅獒』「그 일을 폐기함이 없게 하시며[無替厥服]」의 注를 보면 「그 직무를 폐하지 않게 하시고 [無廢厥職]」라고 하였다. 『山海經·西山經』「제의 여러 기구와 복식을 담당한다 [是司帝之百服].」의 注를 보면, 「服은 기물을 다스린다[服, 器服也].」라고 하였다. 趙 나라 기물 「𡊓工」은 「服工」으로 읽어야 한다. 아마도 기물을 만드는 기구일 것이다.

　趙 나라 兵器 銘文은 대부분 새김 방식이며 필획이 매우 가늘고 전체적으로약간 기울어진 모습을 갖추었다. 그 국적을 매우 쉽게 판별할 수 있으며, 명문의배치 또한 상당히 특색을 갖추었다. 문자 우측 아래마다 부호 「二」를 사용하였거나, 중문을 표시하기도 했는데 「天」, 「龏」, 「湯」, 「雝」 등과 같다. 혹은 순수하게 장식을 하기도 하는데 「𥛬」, 「𣓏」 등이 그 예이다.

(3) 화폐 문자

　趙 나라 화폐는 주로 화폐 명문의 지명에 근거하여 판정한다. 趙 나라는 布幣뿐만 아니라 刀幣와 圜錢 또한 유통되었는데, 일곱 종류로 구분하면 다음과 같다.

甲, 方肩方足方跨布 (약칭: 方足布)

閼[藺]	『貨系』1457	山西離石
壂[樂]成[城]	『貨系』1487	河北趙縣[163]
郘[長]子	『貨系』1493	山西長子

163　黃錫全,「中國歷代貨幣大系先秦貨幣釋文校訂」,『第二屆國際中國古文字學硏討會論文集』1993年.

邟[繚]	『貨系』1523	河北南宮
𢼻[長]安	『貨系』1535	『趙世家』地望闕
中都	『貨系』1549	山西平遙
中邑	『貨系』1580	河北滄州
北屈	『貨系』1593	山西吉縣
北亓[箕]	『貨系』1605	山西蒲縣
幵[沃]陽	『貨系』1608	內蒙涼城
壤[襄]隂[陰]	『貨系』1658	『地理志』定襄郡
屯留	『貨系』1666	山西屯留
陽邑	『貨系』1679	山西離石
平陽	『貨系』1730	河北臨漳
平隂[陰]	『貨系』1799	山西陽高
平備[原]	『貨系』1807	山東平原
平邑	『貨系』1810	河南南樂
鄝[麎]	『貨系』1814	山西霍縣
祁	『貨系』1840	山西霍縣
祁[狋]邸[氏]합문	『貨系』1850	山西渾源
鄔	『貨系』1934	山西介休
土匀[軍]	『貨系』2006	山西石樓
安陽	『貨系』2064	山西陽原
郔[安]陽	『貨系』2089	山西陽原
弋阝[代]	『貨系』2203	河北蔚縣
北竻[北箕]합문	『貨系』2220	山西蒲縣

貝也[地](=貝)	『貨系』2223	山東臨清
郥[貝]	『貨系』2250	山東臨清
疋[沮][陽]	『貨系』2263	河北懷來
沙乇[澤]	『貨系』2282	河北大名[164]
大陰[陰]	『古錢』12	山西霍縣
平歹[利]	『古錢』84	河北邢臺
鄗	『古錢』210	河北柏鄉
榆即[次]	『古錢』248	山西榆次[165]
郜	『古錢』248	山西祁縣
武邑	『古錢』278	河北武邑
干[扜]關	『古錢』333	山西太原
虞[鮮]虍[虞]	『古錢』1219	河北正定
平于[舒]	『晉貨』42.84	山西廣寧[166]
弋邚[代]玉[谷]	『舊雨樓泉景』	山西代縣[167]

乙, 尖肩尖足布 (약칭: 尖足布)

閍[藺]	貨系』713	山西離石
茲氏	『貨系』732	山西汾陽

---

164 黃錫全, 「趙國方足布七考」, 『華夏考古』 1995年 2期.
165 裘錫圭, 「戰國貨幣考」, 『北京大學學報』 1978年 2期.
166 黃錫全, 「趙國方足布七考」, 『華夏考古』 1995年 2期.
167 黃錫全, 『先秦貨幣研究』, 中華書局, 2001年, 106-108쪽.

茲[자씨(茲氏)의 생략형	『貨系』812	山西汾陽
大陰[陰](=陰)	『貨系』815	山西霍縣
邪[葭]	『貨系』876	陝西榆林
甘[邯]丹[鄲]	『貨系』894	河北邯鄲
晉易[陽]	『貨系』903	山西太原
榆即[次]	『貨系』948	山西榆次
易[陽]匕[曲]	『貨系』980	山西定襄
易[陽]邑	『貨系』982	山西太谷
膚[慮]虎[虒]	『貨系』984	山西五臺[168]
繁止[時]	『貨系』1000	山西渾源
武平	『貨系』1001	河北文安
武安	『貨系』1002	河北武安
北茲[=茲氏 혹은 茲]	『貨系』1027	山西汾陽
中陽	『貨系』1034	山西中陽
西都	『貨系』1042	山西(『地理志』西河郡)
壽[雕]陰[陰]	『貨系』1054	山西富縣
離石	貨系』1060	山西離石
于[盂]	『貨系』1065	山西陽曲
親[新]成[城]	『貨系』1073	山西朔縣
大兀[箕](=箕)	『貨系』1083	山西太谷
藿[霍]人	『貨系』1084	山西繁峙
襄成[城](襄 나라)	『貨系』1094	河北(『地理志』襄國)

---

168 裘錫圭, 「戰國貨幣考」, 『北京大學學報』 1978年 2期.

襄洹[垣]	『貨系』1111	山西襄垣
平寀[陶]	『貨系』1112	山西文水
平州[周]	『貨系』1149	山西孝義
鄩[埒]	『貨系』1184	山西神池
鄩[埒]易[陽](=埒)	『貨系』1194	山西神池
易[陽]也[地]	『貨系』1202	河南濮陽
百[伯]陽	『貨系』1207	河南安陽
尹城	『貨系』1208	山西(『路史·國名記』)
日[涅]	『貨系』1209	山西武鄉
鄾[穳]邜[訫]	『貨系』1211	山西平定
余[涂]水	『貨系』1213	山西榆次
安平	『古錢』391	河北安平
郎[唐]	『古錢』409	河北唐縣
寧[賈]	『古錢』401	山西襄汾
成	『新探』69	河北(『地理志』涿郡)
博	『陝金』1990.8.4.	河北深縣

丙, 圓肩圓足圓跨布 (약칭: 圓足布)

閔[藺]	『貨系』2346	山西離石
離石	『貨系』2428	山西離石

丁, 圓肩圓足圓跨三孔布 (약칭: 三孔布)

宋子	『貨系』2456	河北趙縣
家[華]陽	『貨系』2457	河北唐縣
安陽	『貨系』2458	河北陽原
亡[無]邾[終]	『貨系』2460	河北蔚縣[169]
安陰[陰]	『貨系』2461	河北安國
南行衛[唐](합문)	『貨系』2462	河北行唐[170]
陽湔	『貨系』2464	河北陽原[171]
上匕[曲]陽	『貨系』2465	河北曲陽[172]
下匕[曲]陽	『貨系』2466	河北晉縣
邸[沮]陽	『貨系』2468	河北懷來[173]
上專[博]	『貨系』2469	河北深縣[174]
下專[博]	『貨系』2471	河北深縣
棝[狸]	『貨系』2472	河北任丘
妬[石]邑	『貨系』2475	河北獲鹿[175]
北九門	『貨系』2477	河北藁城[176]

---

169 朱華, 「略談無終三孔布」, 『中國錢幣』 1987年 3期.

170 裘錫圭, 「戰國貨幣考」, 『北京大學學報』 1978年 2期.

171 李家浩, 「戰國於疋布考」, 『中國錢幣』 1986年 4期.

172 李學勤의 견해이다. 李零, 「戰國鳥書箴銘帶鉤考釋」, 『古文字研究』 8輯, 1983年.

173 李家浩, 「戰國於疋布考」, 『中國錢幣』 1986年 4期.

174 裘錫圭, 「戰國貨幣考」, 『北京大學學報』 1978年 2期.

175 裘錫圭, 「戰國貨幣考」, 『北京大學學報』 1978年 2期.

176 裘錫圭, 「戰國貨幣考」, 『北京大學學報』 1978年 2期.

上□[艾]	『貨系』2478	山西平定[177]
平臺	『貨系』2479	河北平鄕[178]
邜[且]與[居]	『貨系』2480	河北懷來[179]
轅	『貨系』2481	山東禹城
余亡[無]	『貨系』2482	山西屯留
卩[卽]觷[裴]	『貨系』2483	河北肥鄕
五陛[陘]	『貨系』2484	河北井陘[180]
麒[戲]	『貨系』2485	河南內黃
封氏[斯]	『貨系』2486	河北趙縣[181]
親[新]處	『貨系』2487	河北定縣[182]
鄿[權]	『貨系』2488	河北正定
阿	『貨系』2489	河北保定
卝[關]	『錢幣』1226	河北欒城[183]
侼[毛]	『錢幣』1993.2.48	河北涉縣
王[望]夸[都]	『首博』8輯, 1993年	河北望都
大[夫]酉[柳]	『貨論』144.42	河北冀獻[184]

177　裘錫圭,「戰國貨幣考」,『北京大學學報』1978年 2期.

178　裘錫圭,「戰國貨幣考」,『北京大學學報』1978年 2期.

179　李家浩,「戰國於疋布考」,『中國錢幣』1986年 4期.

180　裘錫圭,「戰國貨幣考」,『北京大學學報』1978年 2期.

181　汪慶正,『中國歷代貨幣大系』, 上海人民出版社, 1988年, 1112쪽.

182　李家浩,「戰國於疋布考」,『中國錢幣』1986年 4期.

183　李家浩,「戰國於疋布考」,『中國錢幣』1986年 4期.

184　黃錫全,「三孔布奧秘試探」,『安徽錢幣』2000年 2期.

三孔布는 과거에 秦 나라 화폐라고 간주하였다.[185] 秦 나라 설의 주요 근거는 이러한 화폐가 수(銖), 량(兩)이라는 중량 단위를 삼았다는 점이다. 사실, 전국시대에 銖, 兩 방식을 채용했던 나라는 秦 나라뿐만이 아니다.[186] 최근에도 일부 학자가 三孔布는 中山國 화폐라고 했으나,[187] 사실 三孔布 명문의 대다수 지명은 中山國 범위에 속하지 않았다. 50년대 말, 한 학자가 三孔布는 당연히 「최후의 趙 나라 화폐」라고 날카롭게 제기하였다.[188] 필자는 일찍이 30점의 三孔布 지명을 고증하고, 문헌과 결합시켜 趙 나라 멸망 전 27년에 모두 趙 나라에 속했다고 확인하였으며,[189] 三孔布가 「최후의 趙 나라 화폐」라는 관점을 지지하는데 활용하였다.

戊, 소직도(小直刀)

甘[邯]丹[鄲	『貨系』3803	河北邯鄲
成	『貨系』3872	河北(『地理志』涿郡)
白[柏]人	『貨系』3878	河北隆堯
言[圁]昜[陽]	『貨系』3994	陝西神木
閃[藺]	『貨系』4003	山西離石
西[即西鄉]	『中國錢幣大詞典』601	河北涿縣

185 彭信威, 『中國貨幣史』, 上海人民出版社, 1988年, 37쪽.

186 裘錫圭, 「戰國貨幣考」, 『北京大學學報』 1978年 2期.

187 汪慶正, 「三孔布為戰國中山國貨幣考」, 『中國錢幣論文集』2輯, 1992年.

188 李學勤, 「戰國題銘概述」, 『文物』 1959年 7期.

189 何琳儀, 「三孔布幣考」, 『中國錢幣』 1993年 4期.

己, 환전(圓錢)

襄陰[陰]	『貨系』4047	『地理志』定襄郡
閵[藺]	『貨系』4065	山西離石
離石	『貨系』4074	山西離石
生[廣]坪[平]	『貨系』4075	河北曲州

(4) 새인 문자

『璽彙』는 趙 나라 官璽를 비교적 많이 수록하였는데, 이는 관직명 앞의 지명에 근거하여 판단할 수 있다. 예를 들면,

富昌	『璽彙』0006	內蒙鄂爾多斯
陰埮[館]	『璽彙』0068	山西代縣[190]
樂陰[陰](樂陽과 관련 있다)	『璽彙』0073	河北獲鹿
睸[雲]冢[中]	『璽彙』0074	內蒙呼和浩特
壞[襄]陰[陰]	『璽彙』0077	『地理志』定襄郡
石城	『璽彙』0078	河北林縣
汪匋[陶]	『璽彙』0091	山西山陰
平匋[陶]	『璽彙』0092	山西文水
南宮	『璽彙』0093	河北南宮
邡[代]	『璽彙』0096	河北蔚縣

---

190 徐在國,「戰國官璽考釋三則」,『考古與文物』1993年 3期.

參[叁]栢[臺]	『璽彙』0305	河北容城[191]
竖[當]城	『璽彙』3442	河北蔚縣[192]
羊諹[腸]	『璽彙』5548	山西晉城[193]
上竖[黨]	『璽徵』附3上	山西上黨
武陽	『珍秦』戰9	河北易縣

『璽彙』0094로 수록된 「흉노상방(凶[匈]奴相邦)」의 음각 대형 새인은 三晉의 일반적인 양각 소형 새인과 다르다. 그중, 「相邦(相邦)」 아래 덧붙여진 「二」는 꾸미기 위한 것이며, 趙 나라 병기 명문과 동일하다. 이 새인은 趙 나라 왕이 흉노에게 하사한 官璽로, 흉노 민족 역사 연구에 귀중한 고고학적 실제 증거를 제공해 주었다.[194]

(5) 도기 문자

趙 나라 陶文은 비교적 드물다. 河北성 武安 午汲古城에서 일부 도기가 발견되었고 「邯亭」, 「郵睡」, 「不孫」, 「郭疾已」, 「牧涂」, 「史偌」, 「史臤」(『河北』36) 등이 그 예이다. 「邯亭」이 비교적 중요한 점 외에는 나머지 대부분은 장인의 이름이다.(도문 대다수가 개인 새인으로 제작되었다) 「刑臺」(『考報』1958.4) 또한 매우 중요하다. 『陶彙』4.170-4.176에 수록된 河北성 刑臺 출토 도문 모두 인명이다. 예를 들어, 「峀癸」, 「史奴」, 「史盰」 등이 있다.

---

191 吳振武,「〈古璽彙編〉釋文訂補及分類修訂」,『古文字學論集(初編)』1983年.

192 曹錦炎,『古璽通論』, 上海書畫出版社, 1995年, 164쪽.

193 曹錦炎,『古璽通論』, 上海書畫出版社, 1995年, 164쪽.

194 黃盛璋,「匈奴相邦印之國別年代及相關問題」,『文物』1983年 8期.

3. 魏 나라 문자

魏 나라는 秦, 趙, 楚, 齊 등의 국가와 맞물려 있어 국경이 고르지 못하고 들쑥 날쑥하며 상당히 흩어져 있다. 陝西성으로 낙수(洛水)와 연하(延河) 사이의 일대를 영유하고 있으며, 남쪽으로는 위수(渭水)를 관통하여 화음(華陰)과 낙남(洛南)까지 차지하였다. 山西성 서남부와 동남부에 걸쳐 있으며, 河南성 개봉(開封)을 중심으로 黃河 남쪽과 북쪽 지역을 차지하였다. 이 밖에 河北성 남부와 山東성 서부의 일부 지역을 각각 차지하였다. 魏 나라 초기에 안읍(安邑, 山西성 夏縣)에 도읍을 세웠고, 惠王 시기에 대량(大梁, 河南성 開封)으로 천도하였다.

(1) 청동기 문자

清 나라 동치제(同治帝) 시기, 山西성 영하(榮河)에서 『邸鐘』(『三代』1.54.2−1.57.2)이 출토되었다. 왕국유(王國維)는 「위씨는 필공으로부터 비롯되었고, 이 기물에서 말하는 필공의 손자는 여백(邸伯)의 아들이며 여기(呂錡)의 후손이 만든 것이 명백하다.」[195]라고 하였다. 혹자는 呂伯이 바로 위헌자(魏獻子)로 여기고, 「왕 정월 초길 정해일[隹王正月初吉丁亥]」에 근거하여 이 청동기를 기원전 475년으로 확정하였다.[196] 이 연도는 정확히 周元王 元年이며, 일반적으로 전국시대 초기로 간주한다. 자형으로 검증해 보면, 『邸鐘』과 시대가 비슷한 『侯馬盟書』와 매우 유사하다. 예를 들어,

旆	𩵋	邸鐘	韓	𩱠	『侯馬』351
虜	𩵋	邸鐘	獻	𩱠	『侯馬』353

---

195 王國維, 「邸鐘跋」, 『觀堂集林』卷18, 上海古籍出版社, 1985年.
196 白川靜, 『金文通釋』35輯, 139쪽.

위 자형에서 편방 「攸」과 「虍」는 전형적인 전국문자의 형태이다. 따라서 『邵鐘』을 춘추시대와 전국시대 교체기의 魏 나라 초기 기물로 본다면 크게 벗어나지 않을 것이다.

洛陽 金村 東周墓에서 출토된 『嗣子壺』(『三代』12.28.3—29.1)에 대하여 郭沫若은 韓 나라, 唐蘭은 魏 나라 기물로 여겼다.[197] 기물 주인 「령과군사자(令瓜君嗣子)」는 지역으로 고찰해보면 「令瓜」는 영호(令狐)라는 지역으로 지금의 山西성 猗氏 서남부이며, 전국시대 魏 나라에 속했다. 따라서 唐蘭이 제시한 견해가 타당하다고 본다. 銘文의 「▨」, 「▨」 등의 자형은 전사된 古文과 서로 인증할 수 있고, 「至于」 합문은 「▨」으로 쓰는데, 모두 독특한 특징을 보인다.

오래전에 출토되어 전래된 魏 나라 청동기 대다수가 도량형을 기록한 명문이며, 종류도 매우 많고 연대 기록과 지명 또한 많아서 전국문자 지역 구분과 시대 구분에 대단히 유용한 자료이다. 이들 魏 나라 청동기 대부분은 전국시대 중기, 후기에 속하며, 惠王의 청동기는 아래와 같다.[198]

梁十九年鼎	『文物』1981.10.66
大梁司寇鼎	『三代』3.43.2
大梁司寇鼎	『度量』附錄4
卅年虒令釜	『錄遺』522
卅五年虒令盉	『中日』302
卅五年虒令鼎	『文物』1981.10.66

---

197 郭沫若, 『兩周金文辭大系考釋』, 216쪽. 唐蘭, 「智君子鑒考」, 『輔仁學志』7卷, 1938年 1-2期.
198 李學勤, 「論梁十九年鼎及有關青銅器」, 『古文字論集』(一), 2쪽.

안리왕(安釐王) 청동기는 다음과 같다.

　　　　長信侯鼎　　　　　　　『恆軒』22
　　　　梁上官鼎　　　　　　　『三代』2.55.2

양왕(襄王)의 청동기는 다음과 같다.

　　　　信安君鼎　　　　　　　『考文』1981.2
　　　　平陰鼎　　　　　　　　『集成』2577

이 밖에도 『十三年梁陰令鼎』(『周金』2.47.2), 『二年窗鼎』(『三代』3.24.8), 『十年弗官鼎』(『文物』1981.10.66), 『垂下官鍾』(『三代』18.19.2), 『嗇下官鍾』(『綴遺』28.14), 『安邑下官鍾』(『文物』1975.6.72), 『朝歌下官鍾』(『中日』630), 『內黃鼎』(『集成』2208), 『槁朝鼎』(『集成』2693), 『九年丞匡令鼎』(『考文』1994.4.5) 등에 도량형을 기록한 명문이 있다.

　魏 나라의 도량형 명문과 三晉 병기 명문은 양식이 유사하며, 이른바 「세 단계 감독 제조」도 있다. 즉, 제조 감독자[君, 私官, 令], 담당자[視事], 제조자[冶]로 조직되었다. 예를 들면,

　　　卅年, 虒崙[令]癰, 眡[視]事□, 冶巡釿[鑄], 膚[容]四分

　　　　　　　　　　　　　　　　　　　　　卅年虒令釜

　　　卅五年, 虒命[令]周井, 眡[視]事作盍豸, 冶明釿[鑄], 膚[容]卆[半]齎.

　　　　　　　　　　　　　　　　　　騆奭　卅五年虒令盍

「視事」는 魏 나라 청동기 특유의 관직 명칭이다. 『左傳』 襄公 25년 「최자는 질병을 핑계로 정사를 보지 않았다[崔子稱疾不視事].」에서 볼 수 있으며 관직에 임하여 일을 처리한다는 뜻이다. 魏 나라 청동기 명문의 「視事」는 아마도 기물 제작을 주관하는 관리일 것이며, 그 지위는 「令」에 속하고, 「冶」보다는 높았을 것이다.

魏 나라 도량형 청동기 명문은 두 차례로 구분하여 새겨졌다. 첫 번째는 주조 시간, 제조 감독자, 용량을 새겼으며 두 번째는 기물 사용처(전달된 기관)의 관직 명칭을 새겼다. 예를 들면,

宜詢[信]冢子, 腐[容]厽[叄]分. 梁上官, 腐[容]厽[三]分　　梁上官鼎

梁廿又七年, 大梁司寇肖[趙]亡[無]智釾[鑄], 爲量腐[容]舛[半]齋.

　　　　　　　　　　　　　　下官　大梁司寇鼎

위 용례에서 「上官」, 「下官」은 모두 기물 사용처이다. 세 차례 새긴 명문도 있다.

詢[信]安君厶[私]官, 腐[容]舛[半], 眂[視]事攸, 冶癗. 十二年, 叟[稱]二益[鎰]六釿[斤]. 下官, 腐[容]舛[半]

　　　　　　　　　　　　　　　　　信安君鼎

「十二年」 이하는 두 번째로 새김이며, 「下官」 이하로 세 번째 새김인데, 기물 사용처에 전달하였다는 기록이다. 「上官」, 「下官」, 「私官」 외에도 魏 나라 청동 기에 「中官」(『考報』1956.2.20.), 「山私官」(『三代』2.53.2)이 있으며, 모두 음식을 주관하

는 식관(食官)이다.[199]

전해져 내려 온 구리 방울 2점은 명문에 기재된 지명에 근거하여 魏 나라 청동기로 판단할 수 있다.

霽[潞]十命[鈴]　　　『集成』11900　　　山西黎城

皮氏大鈴[鈴]　　　『集成』11901　　　山西河津

이상 청동기 명문에 언급된 지명, 예컨대 영(盇), 사(虒), 평음(平陰[陰]), 하(叚[瑕]), 수(垂), 안읍(安邑), 조가(朝訶[歌]), 내황(內黃), 승광(丞[承]匡), 로(霽[潞]), 피씨(皮氏) 등은 모두 魏 나라 범위에 속한다.

衛 나라 도량형 청동기 명문을 보충 소개한다. 『恆軒』21에 수록된 『平安君鼎』의 명문을 보면,

卅二年, 平安君邦斦[斠]客[格],[200] 膚[容]四分蠃, 五益[鎰]六釿[斤]半釿
四分釿之冢[重]. [덮개]
卅三年, 單父上官孠[嗣]憙所受平安君者也, 上官. [본체]

1978년 河南성 필양(泌陽)에서 출토된 『平安君鼎』(『文物』1980年9期)은 덮개와 본체 모두 銘文이 있고, 두 차례에 걸쳐 글자를 새겨 넣었는데, 전래된 청동기 내용과 기본적으로 동일하다. 「단보(單父)」는 衛 나라 지역에 속하며, 「사(孠)」는 衛

---

199 朱德熙, 裘錫圭, 「戰國銅器銘文中的食官」, 『文物』1973年 12期.

200 朱德熙, 裘錫圭, 「戰國時代的"料"和秦漢時代的"半"」, 『文史』8期.

나라 군주의 성씨이다.(『風俗通義』의 산실된 글에서 「사씨는 衛 나라 嗣君의 후손이다[嗣氏, 衛國嗣君之後]」라고 하였다) 따라서 『平安君鼎』은 衛 나라 嗣君의 기물이라고 생각한다. 혹은 「享」를 「사자(嗣子)」의 합문으로 봐도 의미는 통한다. 『平安君鼎』명문 양식과 魏 나라 청동 명문은 매우 유사하며, 이는 전국시대 후기 衛 나라가 유명무실해져 전장 제도가 三晉의 영향을 크게 받은 이유 때문이다.[201] 같은 무덤에서 출토된 침각(針刻) 문자 「평안 후 37년[平安侯卅七年]」은 매우 보기 드문 晉 나라 계열의 칠기(漆器)문자이다.

方足布의 「부필(負疋)」(『貨係』1886)은 「부하(負夏)」로 읽으며, 지금의 河南성 복양(濮陽)이다.[202] 고대 새인의 「칠구(桼坵)」(『璽彙』0324)는 「漆丘」로 읽으며 「칠부구(漆富丘)」의 생략형으로, 지금의 河南성 장원(長垣)이다.[203] 두 곳 모두 衛 나라 지역에 속한다.

이상 제시한 衛 나라 청동기는 학계에서 여전히 논쟁 중이다. 이 밖에도 齊 나라 병기 명문과 새인 문자, 魏 나라 병기 명문과 새인 문자 중에도 몇 가지는 衛 나라 기물에 속한다. 이는 연구자들의 추가 연구가 필요하다. 그래야 衛 나라 문자를 魏 나라 문자로부터 독립시킬 수 있을 것이다.

(2) 병기 명문

魏 나라 초기 병기 명문은 상당히 드물고, 모두 기물에 주인 이름을 새기는 형식이다 예를 들면,

---

201 李學勤, 「秦國文物的新認識」, 『文物』 1980年 9期, 何琳儀, 「平安君鼎國別補證」, 『考古與文物』 1986年 5期.

202 何琳儀, 「負疋布幣考」, 『中國文字』 新20期, 1995年.

203 何琳儀, 「古璽雜識續」, 『古文字研究』 19輯, 1992年.

虎訇丘君豫之元用　　　　　　　　　　『山彪』圖版陸叁

子孔擇垕[厥]吉金鑄其元用　　　　　　　『考通』1957.11.75

　전국시대 중기 이후로 三晉 병기 명문 형식은 점차 복잡해지는데, 魏 나라 또한 예외가 아니었다. 약식 명문은 시대가 이른 편이며, 복잡한 명문은 시대가 늦은 편이다.

　약식 명문은 간혹 지명만 기록하였다. 예를 들면,

　　郟[梁]　　　　　　　　　　　　　『集成』10823戈

　　酸棗　　　　　　　　　　　　　　『集成』10922戈[204]

　　黃成[城]　　　　　　　　　　　　『集成』10901戈

약식 명문은 간혹 시간만을 기록하였다. 예를 들면,

　　元年, 閏再十二月, 丙□□　　　　　『文物』1987.11.88矛

약식 명문은 간혹 지명과 창고명만을 기록하였다. 예를 들면,

　　邒[梁]□庫　　　　　　　　　　　『三代』20.59.3戈鐓

　　吳[虞]庫　　　　　　　　　　　　『集成』10919戈

　　每[牧]左庫　　　　　　　　　　　『集成』10988戈

---

204 張亞初釋, 中國古文字學硏討會(1992年南京)에서 발언한 내용이다.

약식 명문은 간혹 지명과 창고명만을 기록하고 시간을 더하기도 하였다. 예를 들면,

十二年, 邕右庫, 卅五.　　　　　　　『錄遺』590劍

十八年, 雍左庫□.　　　　　　　　『集成』11264戈

十三年, 鄭下庫.　　　　　　　　　『江漢』1989.3.69戈

복잡한 명문은 韓, 趙 두 나라의 형식이 동일하다. 대부분 세 단계 제조 감독이며, 제조 감독자(邦司寇, 令), 담당자(工師), 제조자(冶)로 구성된다. 예를 들면,

七年, 邦司寇富無, 上庫工帀[師]戎聞, 冶脁　　『三代』20.40.6矛

十二年, 邦司寇野茉, 上庫工帀[師]戎聞, 冶脁　『三代』20.41.1矛

七年, 大梁[梁]司寇綏, 右庫工帀[師]緩, 冶痰　『東南』1991.2.259戈

九年, 戈[邮]丘命[令]癱, 工帀[師]□, 冶得　　『三代』20.22.1戟

卅二年, 業[鄴]端[令]耒, 右庫工帀[師]臣, 冶山　『三代』20.23.1戟

복잡한 명문 또한 생략된 것도 있다. 예를 들면,

卅三年, 大梁左庫工帀[師]丑, 冶乱　　　　『考古』1977.5.357戈

朝訶[歌]右庫工帀[師]毀　　　　　　　　『三代』19.46.1戈

合陽上庫, 冶臣　　　　　　　　　　　『中原』1988.3.10戈

魏 나라 병기는 도읍 大梁[梁, 㹟, 鄴으로 썼다.]에 소속된 관직이 제조를 감독

한 것 외에도, 지방 소속 관직이 제조를 감독한 것 또한 많다. 예를 들면,

黃成[城]	『集成』10901戈	河南內黃
酸棗	『集成』10922戈	河南延津
吳[虞]	『集成』10919戈	山西平陸
每[牧]	『集成』10988戈	河南汲縣
雍	『集成』11264戈	河南修武
啓[開]封	『集成』11306戈	河南開封
陰晉	『小校』10.43.1戈	陝西華陰
鄉[雍]	『小校』10.47.4戈	河南修武
高都	『小校』10.52.2戈	山西晉城
盆	『錄遺』590劍	河南獲嘉
業[鄴]	『三代』20.23.1戟	河北磁縣
鄴	『江漢』1989.3.69戈	河北磁縣
陽春	『江漢』1982.2.56劍	河南南部
涑鄮[縣]	『集成』11213戈	山西夏縣
邙[芒]	『集成』11291戈	河南永城
懷	『集成』11301戈	河南武陟
朝訶[歌]	『三代』19.46.1戈	河南淇縣
州	『三代』19.47.1戈	河南沁陽
呇[高]奴	『三代』20.25.2戈	陝西延安
弋[甾]丘	『三代』20.22.1戈	河南民權

𨐈[扶]余[予]	『三代』20.25.1戈	河南泌陽[205]
龏[共]	『三晉』圖8.2戈	河南輝縣
莆[蒲]子	『三晉』圖8.3戈	山西隰縣
郚[梧]	『三晉』圖11戈	河南許昌
城疫[潁]	『三晉』圖13.3戈	河南臨潁
泌陽	『文物』1993.8.7.戈	河南泌陽
蒲反[阪]	『考古』1989.1.85戈	山西永濟
佲[皋]苲[落]	『考古』1991.5.413戈	山西垣曲[206]
雍丘	『考報』1986.3.351戈	河南杞縣
芒昜[碭]	『東南』1991.2.259戈	河南永城
合陽	『中原』1988.3.10.矛	陝西合陽

(3) 화폐 문자

魏 나라는 포폐(布幣)가 유행하였고, 전국시대 말기에는 환전(圜錢) 또한 유행하였다. 지명 뒷부분에 흔히 「釿」, 「寽」 등을 덧붙여 중량 단위를 기록한 부분이 魏 나라 布幣의 주요 특징이다. 魏 나라 화폐는 형태에 근거하여 네 종류로 구분할 수 있다.

甲. 方肩方足方跨布 (약칭: 方足布)

莆[蒲]子	『貨系』154	山西隰縣

205 何琳儀, 「古兵地名雜識」, 『考古與文物』1996年 6期.

206 蔡運章, 楊海欽, 「十一年皋落戈及其相關問題」, 『考古』1991年 5期.

攘[襄]垣	『貨系』161	山西襄垣
咎奴[如]	『貨系』1715	河南安陽
奇[猗]氏	『貨系』1723	山西臨猗
甲父	『貨系』1813	山東金鄉
秪[和]	『貨系』1868	『國語·晉語八』
高都	『貨系』1906	河南洛陽
麆[魯]陽	『貨系』1958	河南魯山
鄸[泫]氏	『貨系』1980	山西高平[207]
王匀[垣]	『貨系』2003	山西垣曲[208]
邾[都]	『貨系』2019	陝西澄城
鄩[梁]	『貨系』2151	河南開封
皮氏	『貨系』2187	山西河津
邤[向]	『貨系』2280	河南尉氏
毌[貫]它[地][即貫]	『古錢』65	山東曹縣
叚[瑕]	『古錢』136	河南靈寶
酉[酸]棗	『古錢』150	河南延津
鄇[雝]	『古錢』151	河南長垣
郕	『古錢』193	山東范縣
壽[雕]金[陰]	『古錢』300	陝西富縣
郠[耿]	『古錢』329	山西河津
陽它[地]	『晉貨』73	河南濮陽

---

207 何琳儀,「橋形布幣考」,『吉林大學學報』1992年 2期.

208 黃錫全,『先秦貨幣通論』, 紫禁城出版社, 2001年, 164쪽.

宁[下]陽	『錢幣』1990.3.61	山西平陸
昊[高]昜[易]	『安錢』1997.4	河南杞縣[209]

乙. 方肩方足圓跨布와 圓肩方足圓跨布는 교형포(橋形布)라고 통칭할 수 있다. 포폐 명문에 「은(釿)」자가 많아서 은포(釿布)라고도 한다.

安邑二釿	『貨系』1245	山西夏縣
禾[和]二釿	『貨系』1311	『國語·晉語八』
梁[梁]夸釿五十尚[當]寽[鋝]	『貨系』1334	하남(河南)시 개봉(開封)
窜[垂]二釿	『貨系』1372	山東曹縣
言[圜]昜[陽]一釿	『貨系』1378	陝西神木
庾[陝]一釿	『貨系』1390	河南三門峽[210]
峀[牧]一釿	『貨系』1409	河南汲縣
陰晉一釿	『貨系』1417	陝西華陰
甫[蒲]反[阪]一釿	『貨系』1425	山西永濟
高安一釿	『貨系』1431	山西『地理志』河東郡
高[鄗]半釿	『貨系』1432	山西聞喜
盧氏半釿	『貨系』1455	河南盧氏
共半釿	『貨系』1438	河南輝縣
鄩[泫]氏半釿	『貨系』1442	山西高平
山陽	『貨系』1450	河南焦作

---

209 黃錫全,「昊陽方足布考」,『安徽錢幣』1997年 4期.
210 張頷,「魏幣庾布考釋」,『古文字學論集(初編)』1983年.

제3장 전국문자의 지역 분류 개술 277

陰[陰]安	『貨系』1452	河南南樂
桓釿	『古錢』196	山西垣曲
楬[郊]釿	『古錢』1221	河南開封

丙. 환전(圜錢)

共屯[純]赤金	『貨系』4044	河南輝縣
垣	『貨系』4027	山西垣曲
桼[漆]垣一釿	『貨系』4055	陝西銅川

(4) 새인 문자

『璽彙』에 수록된 魏 나라 官璽 중에서 지명에 근거하여 확실히 알 수 있는 것은 다음과 같다.

陽[蕩]陰[陰]	『璽彙』0009	河南湯陰[211]
文相[臺]	『璽彙』0079	山東東明[212]
陰成	『璽彙』0104	河南盧氏[213]
左邑	『璽彙』0110	山西聞喜
壚[鹽]城	『璽彙』0115	山西運城
昌餡[邑]	『璽彙』0301	山東金鄉

---

211 吳振武,「〈古璽彙編〉釋文訂補及分類修訂」,『古文字學論集(初編)』1983年.

212 葉其峰,「戰國官璽的國別及有關問題」,『故宮博物院院刊』1981年 3期.

213 李學勤,「戰國題銘概述」,『文物』1959年 7期.

修武	『璽彙』0302	河南獲嘉
鄼[曹]	『璽彙』0304	山東曹縣
侖[綸]	『璽彙』0341	河南虞城
句犢[瀆]	『璽彙』0353	河南商丘[214]
郵[屈]邹[申]	『璽彙』2238	河南南陽
上各[洛]	『璽彙』3228	陝西商洛
下匡(匡 부근 지역)	『璽彙』4061	河南扶溝
平峇[陸]	『歷博』1979.1.88	山西平陸

(5) 도기 문자

河南성 휘현(輝縣) 고위촌(固圍村)에서 출토된 도관(陶罐)의 「陶白」은 보기 드문 魏 나라 陶文이다.

4. 중산국(中山國) 문자

「백적(白狄)의 별종」으로부터 창건된 中山國은 기원전 406년 魏 나라에 의하여 멸망하였다. 대략 기원전 380년에 中山國은 魏 나라와 열강의 혼전 시기를 틈타 다시 왕조를 회복하였다. 회복하기 전에는 고(顧, 河北성 定縣)에 도읍하였고, 회복한 후에는 영수(靈壽, 河北성 正定)로 천도하였다.

1977년 河北성 平山 中山王墓에서 銘文이 있는 기물이 대량으로 출토되었다. 이는 중화인민공화국 수립 이래 전국문자 자료의 중대 발견 중 하나이다. 張守中의 저서 『中山王舋器文字編』 범례의 통계에 근거하면, 銘文이 있는 기물이

---

214 曹錦炎, 「釋犢」, 『史學集刊』 1983年 3期.

118점(청동기 90점, 옥기 26점, 목기 2점)으로 2458자를 수록하고, 중복되지 않는 낱글자는 505자, 합문 13례, 미해결 문자 19자이다. 이 통계 숫자는 아마도 실제 상황과 다소 차이가 있으나, 중산왕묘 기물들은 전국문자 연구에 중대한 가치가 있다는 것을 충분히 설명할 수 있다.

(1) 청동기 문자

이른바 「平山三器」(『中山』101-118)는 『中山王鼎』(469자), 『中山王方壺』(450자), 『中山王圓壺』(204자)를 포괄한다.[215] 세 기물에 수록된 다량의 문자는 전국시대 청동기 명문 중에서 필적할 대상을 찾기 어려울 뿐만 아니라, 모든 고문자 자료 중에서도 매우 훌륭한 거작이라고 할 수 있다. 『中山王鼎』과 『中山王方壺』명문에 「中山王䜌」는 사서에 누락되었다. 『中山王鼎』 명문에서 「十四年」은 비록 확실하게 지칭하면 안되지만, 명문에 수록된 燕 군주 쾌(噲)의 「나라가 망했다[亡其邦]」에 근거하여 상한선을 기원전 314년이어야 함을 알 수 있고, 이 해에 齊 나라가 燕 나라를 격파하였다. 또한 명문 「월 나라 사람들은 교화를 수정하고 신의를 갖추어 5년 만에 오 나라를 굴복시키고 병합하여 오늘에 이르게 되었다[越人修教備信, 五年復吳, 克併之至于今].」에 근거하면 하한선을 기원전 306년이어야 함을 알 수 있고, 이 해에 楚 나라가 越 나라를 멸망시켰다.[216] 그러므로 중산왕 기물의 제작 연대는 마땅히 기원전 314년과 306년 사이이며, 전국시대 중기에서도 다소 늦은 시기에 속한다. 기물 주인은 중산국이 회복한 후에 즉위한 국왕이다. 중산국 역사에 관하여 과거에 알려진 바는 대단히 적다. 『中

---

215 [역자주] 본래 『戰國文字通論』 원문은 大鼎, 方壺, 圓壺였으나 번역문은 실제 기물 명칭으로 대신한다.

216 楊寬, 『戰國史』, 上海人民出版社, 1980年, 330쪽.

山王方壺』의 명문「나의 황조 문왕, 무왕, 선조 환왕과 부친 성왕께서[惟朕皇祖文武桓祖成考]」와「中山王譽」,『中山王圓壺』명문「태자 차가 이어받아[胤嗣好(子)盗]」에 근거하면 문왕, 무왕, 환왕, 성왕, 譽, 차(盗,『中山侯鉞』명문은「忿」로 썼다) 등 중산왕 여섯 세대의 순서로 나열할 수 있다.

같은 묘분에서 출토된『兆域圖』(『中山』119)는 중산왕릉원(中山王陵園)의 건축 평면도이며, 그림 안의 설명은 중산왕의 조서(詔書)와 궁실 건축 명칭, 크기, 위치 두 가지로 구성되었다. 이는 先秦 고고 자료 중에서 유일한 건축 설계도이다.

중산왕묘의 네 가지 청동기는 문자 자료가 풍부하기로 정평이 나 있을 뿐만 아니라 매우 명확한 용례로 전국문자를 고석하는데 결정적인 증거를 제공한다. 예를 들어, 魏 나라『大梁司寇鼎』의 명문에서「釙」는 과거에「銌」으로 풀이하였으나,『中山王譽方壺』명문에서「연의 견고한 청동을 골라서 이호를 주조하다[擇郾吉金釙為彝壺].」에 근거하여「鑄」로 해석해야 한다는 사실을 알게 되었다. 魏 나라 포폐「全」또한 과거에「金」으로 풀이하였으나,『中山王圓壺』「사방 수백리[方數全里]」에 근거하여「百」으로 해석해야 한다는 사실을 알게 되었다. 만약 편방 분석만을 근거로 삼고 문자를 고석하면 그 난이도는 말하지 않아도 알 수 있다. 최근 몇 년 이래로 전국문자를 고석하는데 중산왕의 여러 청동기가 돌파구 역할을 맡아주고 있다.

위에서 소개한 다량의 문자를 포함한 네 점의 주요 기물 외에도 이 묘지에서 「기물에 제작자의 이름을 새김[物勒工名]」형식의 청동기가 대량으로 출토되었다. 실용적인 청동기, 예를 들어 鼎, 鬲, 壺, 簋, 盉, 豆, 盆, 勺 등의 일반적인 예기와 대문 손잡이, 단추 장식, 거마 횡목 덮개, 책상, 등불, 삼태기, 추, 말뚝, 선반, 고정 막대 등의 희귀한 물품이 있었으며 호랑이, 코뿔소, 소, 신수[神獸] 등 동물 형상의 농기[弄器]와 같은 관상용 청동기도 있다. 이 명문을 기재된 관직에 근

거해 분석하면 두 단계의 제조 감독으로 보인다. 예를 들면,

十三芇[枼], 左使車嗇夫孫固, 工曲. 冢[重]四百七十四刀之冢[重]左
纞[聯]者

『中山』122

十三芇[枼], 右使車嗇夫鄁[齊]痼, 工疨   『中山』125

「두 단계 제조 감독」은 바로 「使車嗇夫」와 「工」이다. 또한 생략할 수도 있다.
예를 들면,

左使車工塤   『中山』122

十芇[枼], 右使車工疨. 左纞[聯]者   『中山』124

左使車   『中山』121

左工塤   『中山』121

十三芇[枼], 左使車敊[造]   『中山』126

「使車嗇夫」 외에도 아래 「嗇夫」도 있다.

十三芇[枼], 厶[私]²¹⁷庫嗇夫煮(庶)正, 工孟鮮   『中山』121

八芇[枼], 冶匀嗇夫孫□苂, 工福   『中山』124

十三芇[枼], 亼[箕]器嗇夫亮疸所靷[勒]靗[看]器. 靷[勒]者   『中山』123

十三芇[枼], 牀[藏]麀[麄]嗇夫鄁[徐]戠[職]靷[勒]靗[看]器   『中山』124

---

217 吳振武,「釋平山戰國中山王墓器物銘文中的鈲和私庫」,『史學集刊』1982年 3期.

담당자 「嗇夫」 또한 魏 나라 『安邑下官鍾』, 趙 나라 『十一年庫嗇夫鼎』, 三晉 병기 등에서 또한 볼 수 있다. 제조자 「工」은 三晉에서 「冶」라고 하며, 東周는 「冶」 혹은 「工」으로 칭한다. 「聯者」는 이어서 새긴 것으로 추정하며, 『長陵盉』에서도 볼 수 있으나 그 의미는 검토가 필요하다. 이와 같은 명문은 경우에 따라 「石」, 「刀」 등의 중량 단위가 있기도 하다. 예를 들어,

> 十三苿[棠], 左使車嗇夫孫固, 工塡. 冢[重]一石三百刀之冢[重]
>
> 『中山』122

> 1979년, 陝西성 봉상(鳳翔) 진묘(秦墓)에서 鼎이 출토되었다. 명문을 살펴보면,

> 十四苿[棠], 右使車嗇夫□鄰[齊]痔, 工簡, 冢[重]二百六十二刀之冢[重]. 正塡揩
>
> 『文物』1980.9.12

형식이 앞에서 제시한 명문과 모두 동일하여 의심의 여지없이 中山國 청동기이다. 秦의 묘분에서 출토된 이유는 中山國 멸망 이후 秦 나라로 유입되었기 때문이다.

마지막으로, 『杕氏壺』(『三代』12.27.2)의 국적에 대하여 논의하도록 한다. 이 주전자는 예전에 燕 나라 기물로 여겼다.[218] 中山王 기물 출토 이후, 일부 학자는 『杕氏壺』가 중산왕 묘지에서 출토된 제련호(提鏈壺 - 고리를 쇠사슬로 연결한 주전자)

---

218 郭沫若, 『兩周金文辭大系考釋』, 216쪽.

와 비슷하다고 제기하였는데[219] 이것이 시사하는 바가 상당히 유익하다. 燕 나라 예기 명문이 전국시대에 속하는 것은 『郾侯載簋』가 유일하며, 『杕氏壺』와 비교하면 전혀 비슷하지 않다. 반대로 中山王 기물들과 비교해보면, 명문 형태가 매우 흡사할 뿐만 아니라 일부 자형 구조는 마치 판에 박힌 듯하다. 아래, 먼저 『杕氏壺』의 명문을 나열하고 中山國 기물에 보이는 자형을 나열하여 참고해보기로 한다.

氏	𤰇	𤰇	11
以	𠃌	𠃌	11
及	𢎍	𢎍	12
在	𤯅	𤯅	23
金	金	金	37
福	福	福	68
盧	𤦌	𤦌	74
鮮	鮮	鮮	74

명문 내용으로 볼 때, 「杕氏」는 바로 「狄氏」이며 모두 백적(白狄)의 성씨이다. 또한 「鮮于」는 바로 「鮮虞」를 의미하고, 전국시대부터 「中山」으로 부르기 시작하였다. 이는 『杕氏壺』가 中山國이 수복되기 이전의 명문일 것이며, 중산국 왕묘에서 출토된 기물보다 시대가 이를 것이다. 하지만 결국 일맥상통한 것은 三晉 문자 체계에 속하고, 燕 나라 문자와는 완전히 다르다는 점이다.

---

219 李學勤, 「平山墓葬群與中山國的文化」, 『文物』 1979年 1期.

(2) 병기 문자

중산왕묘에서 출토된 병기 『中山侯鉞』(『中山』99)에서 「天子가 나라를 세우고, 중산후 忿이 이 군고(軍鈲)를 만들어 많은 사람을 경계하도록 하였다[天子建邦, 中山侯忿乍(作)玆軍鈲, 以敬(警)氒(厥)眾].」라고 하였다. 기물 주인 「忿」는 字書에 없으며 「悠」의 생략형으로 추정된다. 『中山王圓壺』의 기물 주인 「䇢」와 「忿」는 같은 사람일 수 있다.[220] 또한 「忿」는 侯로 칭하고 王으로 칭하지 않아서 아마도 『中山王圓壺』보다 이른 시기에 제조된 기물일 것이다. 「鈲」는 의심의 여지 없이 도끼[斧鉞]의 명칭이다.[221] 내 생각에 「觚」는 「鈷」의 의미를 취한 듯하다. 『集韻』은 「고는 자르다[鈷, 斷也].」로 풀이하였다.[222]

(3) 화폐 문자

1979년 河北省 영수(靈壽) 고성(故城) 유적지에서 「成白」이 기록된 직도(直刀)가 무더기로 발견되었고, 중산국 화폐인 듯하다.[223] 「成白」은 옛 지명으로 「成陌」으로 읽어야 하며, 「五成陌」(『後漢書·光武帝紀』 建武 元年 참고)의 약칭이다. 그 지역은 바로 중산국 범위 내에 있다.

최근에 일부 학자들은 三孔布도 중산국 화폐로 간주한다. 물론 三孔布 명문 중 수 많은 지명이 일찍부터 중산국에 속하였으나, 일부 지명은 중산국에 속한다고 볼 수 없다. 예를 들어 여오(余吾), 모(毛), 희(戲), 즉배(即裵), 원(轅), 저양(沮陽), 차거(且居), 양원(陽原) 등이다. 기원전 296년, 中山國은 趙 나라에 의해 멸망하였

220 何琳儀, 「戰國文字形體析疑」, 『于省吾教授百年誕辰紀念文集』 1996年.

221 吳振武, 「釋平山戰國中山王墓器物銘文中的鈲和私庫」, 『史學集刊』 1982年 3期.

222 何琳儀, 『戰國文字聲系』, 中華書局, 1998年, 481-482쪽.

223 陳應祺, 「戰國中山國成帛刀幣考」, 『中國錢幣』 1984年 3期.

다. 원래 중산국에 속해 있던 지역은 趙 나라 소유로 귀속시켜야 한다. 따라서 명확한 고고학적 실증 자료가 없는 상황이라면, 三孔布는 「가장 늦은 趙 나라 화폐」로 보는 것이 적합할 듯하다.

(4) 석기 문자

중화인민공화국 수립 이전, 일찍이 중산왕묘 지역에서 『守丘石刻』(『中山』100)이 발견되었다. 명문에 「감고 우신(尤臣) 공승이 수구를 얻어 구장(舊將) 고(賈)가 감히 후대 현자에게 아룁니다[監罟(固)又(有)臣公乘尋(得)守坵(丘), 丌(其)臼(舊)泗(將)賈(賈)敢謁後叔(淑)賢者].」라고 하였다.[224] 이 문장에서 「監罟」는 「監固」로 읽어야 한다고 생각한다. 즉, 『周禮』의 「掌固」는 성지(城池, 적의 접근을 막기 위해 성 둘레에 파 놓은 연못)를 관장하는 관직을 말한다.[225] 또한 「守丘」는 『文子·上德』에서 「여우가 죽어 묘지를 지키다[狐死守丘].」라고 하여 본래 「묘지를 보호하다」를 가리킨다. 『楚辭·九章·哀郢』에 인용된 「守丘」는 「首丘」로 쓰여 있어 더욱 본뜻과 멀어졌다. 인명 「賈」는 바로 『中山王圓壺』의 「司馬賈」라고 생각한다. 이 명문의 용례는 매우 독특하므로 묘지를 지키는 관리들이 세운 비석 문자일 것이다.

중산왕묘에서도 옥기 명문 일부가 출토되었으며 대부분 옥기 명칭이다. 「㐌」, 「㐌環」, 「琥」, 「珩」, 「仝」, 「集玉」(『中山』135-140) 등이 그 예이다. 옥기 장식 명문 「길한 소옥도 나쁘지 않다[吉少(小)玉麻(靡)不卑].」(『中山』140)은 마땅히 잠언류에 속한다.

---

224 [역자주] 『守丘石刻』의 한국어 번역은 이학근의 문자 고석을 근거로 했다. 본문에 제시된 석문 중에서 「又」의 고문자 원형은 「」이다. 이 자형을 「又」로 해석할 수 없으므로 이학근의 견해대로 「尤」로 해석한다.

225 河北省博物館, 文物管理處, 『河北省出土文物選集』, 文物出版社, 1980年, 202쪽 석문.

(5) 도기 문자

河北省 靈壽에서 도기 8점이 발견되었고, 그 중에「敬事」,「□中」(『文物』 1987.4.65) 등이 있으며 흔하지 않은 中山國 도문이다. 인장으로 누른 도문은 趙 나라 도문 양식이 유사하다. 平山 삼급향(三汲鄕)에서 10여 종의 도기가 출토되 었다.「左匡」·「右得」·「宋朝」·「會臣」·「陽義」(『文春』1989. 1-2. 56-59) 등의 도문이며 대부분 인명이다.

(6) 목기 문자

중산왕묘에서 출토된 목기문자는 2점 뿐이며 그 중에서「곽석을 중시하다 [寶重郭(椁)石].」(『中山』141)는 아마도 관곽(棺槨)과[226] 연관이 있는 듯하다.

(7) 칠기 문자

중산왕묘에서 출토된 칠함[漆盒]에 침으로 조각한 문자「21년 좌고[卄一年, 左庫]」(『文物』1979.1.25.)는 보기 드문 칠기 문자 자료이다.

현재까지 中山國 문자는 청동기, 병기, 화폐, 석기, 도기, 목기, 칠기 등을 포 함한다. 韓, 趙, 魏 세 나라와 비교해도 결코 분량이 적지 않다.

5. 양주(兩周) 문자

전국시대 초기, 周 천자는 표면적으로 여전히 천하의 주인이었지만 왕조는 이미 손바닥만 한 小國으로 전락하여 지금의 河南省 낙양(洛陽), 맹진(孟津), 언사

---

226 [역자주] 죽은 사람을 땅 속에 묻을 때 시체를 넣는 널을 말한다.

(偃師), 공(鞏), 여양(汝陽) 등지 뿐이었으며 韓 나라에 둘러싸여 있었다. 도읍은 成
周(지금의 河南성 洛陽 북동쪽)이다. 周考王(기원전 440년-426년)이 동생 게(揭)에게 河南
성(지금의 河南성 洛陽)을 분봉하니 西周 桓公으로 불렸다. 주현왕(周顯王) 2년(기원전
367년) 韓·趙 두 나라가 桓公의 후손 公子根이 鞏(지금의 河南성 鞏縣)에 독립할 수
있도록 협조하였으며 이 사람을 東周 惠公이라고 일컫는다. 이로부터 周 왕국
은 다시 西周와 東周 두 개의 小國으로 분할되었다.

(1) 청동기 문자

1928년 洛陽 금촌고묘(金村古墓)에서 대량의 청동기와 은기(銀器) 명문이 발견
되었다. 소수의 韓, 魏, 秦 명문을 제외하면 대부분 東周 지역의 유물이다. 그 중
에서 『左官壺』(『三代』12.12.2)「29년 12월, 東周左官佪壺를 만들다[廿九年十二月,
爲東周左㠯(官)佪壺]」의 연대 기록은 아마도 주현왕(周顯王) 29년일 것이다. 金村
의 사각 주전자 명문은 두 가지 형식이 있다.

四斗, 㠯[司]客, 四守[鋝]十冢[鍾]山羮. 右內佪   『古墓』186

五守[鋝]廿三冢[重], 四斗, 㠯[司]客, 羄. 左內佪八   『古墓』186

이 형식은 먼저 주전자 용량을 기록하고 그 다음에 「司客」을 기록하며 다시
주전자 중량(간혹 먼저 중량을 기록하고 그 다음에 용량 기록)을 기록하고 마지막에 이름
으로 서명하였다. 「左(右)內佪」 및 그 뒤에 따라 붙는 숫자는 따로 새겨 넣었는
데, 양도된 사용처의 관직명과 번호일 것이다.

徝公左㠯[官]. □□爯[稱]四守[鋝]廿九冢[鍾]. 左佪卅二

公左厶[私]官重再[稱]三守[鈞]七家[錘]　　　　　　　

이와 같은 형식은 먼저 사용처의 관직명을 기록하고, 그 다음에 주전자 중량을 기록하였다.

1960년, 陝西성 임동(臨潼)에서 참고 가치가 높은 東周 청동기 『公朱鼎』이 출토되었다. 銘文을 살펴보면,

十一年十一月乙巳朔, 左㠯[官]冶工帀[師]杕命冶喜盝[鑄]鼎, 容一㪽.
公朱[廚]左㠯[官]

위 銘文에서 「官」은 「㠯」으로 썼고, 「鑄」는 「盝」로 쓰여 金村의 청동기와 정확히 일치한다. 더욱이 晉 나라 계열 국가의 「官」, 「釱」는 명확한 차이가 있어 상당히 주목할 만하다. 일부 학자가 일본인 신죠신조(新城新藏)의 『전국진한만세력표[戰國秦漢長曆圖]』에 근거하여 이 청동기의 연대를 周安王 11년으로 추산하였으며, 周顯王 기물보다 50여 년 앞선다는 견해를 제기하였다.[227]

『公朱鼎』자형과 동일한 것으로 『公朱右官鼎』(『劫掠』A109)도 있으며 周安王 청동기이기도 하다. 최근 張光裕도 개인적으로 소장했던 『公朱鼎』한 점을 공개하였으며, 명문에 「공주우관(公朱[廚]右㠯[官]」 외에도 「중향북향(中鄕北向)」이라는 네

227　黃盛璋,「公朱鼎及相關諸器綜考」,『中原文物』1981年 4期.

글자가 있다.[228] 이 중에서 「鄕」은 본래 「卋」로 쓰여 있고, 곽점초간과 일치하므로 추가 연구가 필요하다.

金村墓의 일부 은기(銀器) 명문에 모두 「𡙇」(『聚英』18)가 있으며 「兩」으로 해석해야 하는데, 東周國 문자이다. 은으로 제조된 작은 상자에 새겨진 「兩」(『聚英』16) 또한 「兩」으로 해석하며, 秦 나라 문자이다. 같은 묘분에서 출토된 『鷹羌鐘』의 韓 나라 문자이다. 따라서 金村墓와 관련하여 秦墓설,[229] 韓墓설,[230] 東周墓설이 있다.[231] 지역으로 고찰해보면, 東周墓설이 더욱 합리적이다.

(2) 병기 문자

1928년, 河南성 汲縣에서 『周王戈』(『山彪』그림24)가 출토되었다. 이것은 유일하게 전해져 내려온 왕명이 기록된 전국시대 주왕 청동기로 특별히 주목할 필요가 있다. 「주왕 하의 名戈[周王叚之元用戈]」[232]를 볼 수 있는데, 기물 주인 「하(叚)」는 바로 주경왕(周敬王) 개(丐, 기원전 519-476년)의 아들이라고 여기기도 하였다. 「叚」와 「丐」는 독음과 의미가 서로 통하므로 이름과 자(字)의 관계이다.[233] 이외에도 「叚」자는 「石」을 소리 요소로 구성되었고, 「赤」 계열과 독음이 통하므로 「叚」는 바로 周元王 赤(기원전 476-469년)이라고 하였다.[234]

---

228 張光裕,「萍盧藏公朱右官鼎跋」,『中國文字』新23期, 1997年.

229 梅原末治,『洛陽金村古墓聚英』.

230 William Charles White, Tombs of Old Lo-yang, Kelly and Walsh Ltd, Shanghai, 1934.

231 唐蘭,「洛陽金村古墓為東周墓非漢墓考」, 上海『大公報』1946年10月23日;「關於洛陽金村古墓答楊寬先生」, 上海『大公報』1946年12月11日.

232 [역자주] 何琳儀선생의 풀이에 근거하여 한역하였다.

233 高明,「中原地區東周時代青銅禮器研究」(上),『考古與文物』1981年 2期.

234 何琳儀,『戰國文字聲系』, 中華書局, 1988年, 547쪽.

河南성 洛陽에서 『宜鑄戈』(『集成』11052)가 출토되었다.[235] 그 중 「鑄」는 서주, 춘추 시대 「鑄」자의 형태와 일치하며, 「鑄」를 「釙」자로 쓰는 晉 나라 계열 문자와 큰 차이를 보인다. 이는 東周 문자의 보수성을 나타낸다. 이 밖에 『東周矛』(『集成』11504) 또한 의심할 여지없는 東周國의 병기 명문이다.[236]

(3) 화폐 문자

전국시대 兩周 화폐 문자의 체제는 두 가지 뿐이다.

甲. 方肩方足方跨布 (약칭: 方足布)

東周	『貨系』2281	河南鞏縣
仁[尸]氏	『貨系』1952	河南偃師
鄐[留]	『貨系』1678	河南偃師
北尋	『新典』49	河南偃師

乙. 환전(圜錢)

東周	『貨系』4077	河南鞏縣
西周	『貨系』4080	河南洛陽

이 밖에 화폐의 「안장(安瓺[臧])」(『貨幣』4079)은 지명으로 확정할 수 없어 의미에 대한 연구가 필요하다.

---

235 [역자주] 원문은 「宜鑄造用」戈로 되어 있으나 『集成』11052의 공식 명칭으로 바꾸어 번역했다.
236 [역자주] 원문은 「東周左庫」矛로 되어 있으나 『集成』11504의 공식 명칭으로 바꾸어 번역했다.

(4) 석기 문자

『雙劍誃古器物圖錄』은 악기 틀, 악기 배치, 악률 등의 명문이 있는 편경(編磬)을 수록하였고, 금촌묘(金村墓)에서 출토되었다고 한다. 명문을 살펴보면 「고승제제좌십(古[姑]先[洗]齊厈左十)」(20), 「고승우육(古[姑]先[洗]右六)」(21), 「협종우팔(介[夾]鐘右八)」(22) 등이 있다. 『說文』은 「제는 당제석이다. 厂을 의미 성분으로 하며 厔의 생략된 형태가 성부이다[厈, 唐厈石也. 从厂, 厔省聲].」라고 하였다.

金村墓에서 출토된 옥황(玉璜) 명문은 과거에 이미 국외로 유실되었다. 최근에 비로소 그 명문 「윗사람이 변하면 아래 사람은 움직인다. 서로 도와 화합해야 한다[上弁(變)下踵(動), 相合禾(和)同].」가 발표되었고, 잠언(箴言)류에 속한다.[237]

6. 기타

(1) 청동기 문자

『鄆孝子鼎』(『三代』3.36.4)의 문자 스타일을 분석해보면 戰國시대 청동기로 확정할 수 있다. 그 중 「四」는 「⊗」로 쓰고, 「孝」는 「𡥐」 쓰며, 「寅」은 「𡱰」로 쓰고, 「兩」은 「𠕋」으로 쓴다. 모두 전형적인 전국문자이며, 이 중에서 「兩」의 서사 방식에 근거하여 명문을 晉 나라 계열로 확정할 수 있다.

『長陵盉』(『文物』1972.6.24.) 명문에 「少𡦂[府]」라는 職官이 있으며 전형적인 晉 나라 계열 문자이다. 이로써 유추해보면, 『少府銀器』(『貞松』1114) 「소부시이일(少𡦂[府]兒[矢]二益[鎰])」과 『中府杖首』(『劍古』下1) 「중부(中𡦂[府])」 또한 晉 나라 계열 문자이다. 『廩里鼎』(『三代』2.54.2), 『中私官鼎』(『三代』2.53.8), 『私官鼎』(『文物』1966.1) 또한 晉 나라 계열 명문에 속한다.

---

237 裘錫圭, 「戰國文字釋讀二則」, 『于省吾教授百年誕辰紀念文集』 1966年. 李學勤, 「釋戰國玉璜箴銘」, 『于省吾教授百年誕辰紀念文集』 1996年.

山西성 혼원(渾源)에서 출토된 『魚顛匕』(『三代』18.30.1)는 상감 방식으로 문자를 기록하였으며 내용 또한 뛰어나고 재치가 있다. 명문은 「말하길: 곤이에게 하사하고. 옥어(부장품) 머리 부위에 기록을 남긴다. 신중하고 조심하여라. 수□□충. 백성은 우둔하여 三苗의 수령 치우가 魚首에 묻힌 운명을 알지 못하고 있는데, 박명한 물고기 머리가 탕국에 빠져 익혀져 이리저리 들락날락 나뒹구는 것과 같은 지경에 처하면 안 될 것이다[曰: 徣(誕)訡(詒)蚰(混)尸(夷), 述玉魚顛. 曰: 欽戈(哉)出斿(游), 水□□虫. 下民無知, 叄(叁)螶(蚩)蚘(尤)命, 帛(薄)命入欨(羹), 藉(澤)入藉(澤)出, 母(毋)處其所].」라고 하였다.[238] 출토 지점에 의거한다면 명문은 趙 나라 문자일 것이다. 또한 명문의 「混夷」는 명문의 국적을 판단하는 데 도움이 되는 듯하다.

최근 한 연구자는 『魚顛匕』와 馬王堆帛書 『황제16경(黃帝十六經)』에 황제(黃帝)가 치우(蚩尤)로 육해(肉醢)를 만든 기록과 관련 있다고 제기했으며,[239] 이는 명문을 이해하는 데 큰 도움이 된다. 晉 나라 계열 문자의 「蚩尤」와 齊 나라 계열 문자의 「黃帝」(『陳侯因資敦』), 그리고 楚 나라 계열 문자의 「炎帝」(長沙楚帛書)는 모두 중국 고대 신화를 연구하는데 귀중한 고고학 자료임에 틀림없다.

山西성 계휴(界休)에서 출토된 『公朁權』(『三代』18.33.1)의 「쏲」는 전형적인 晉 나라 계열의 문자 서사법이다. 『司馬成公權』(『錄遺』540)은 『公朁權』과 마찬가지로 흔하지 않은 晉 나라 계열의 도량 명문을 담고 있다. 간혹 『司馬成公權』을 趙 나라 기물로 여기는 경우도 있으나 추가 연구가 필요하다.[240] 『侯興權』(『度量』157)은 『司馬成公權』 자형과 유사하여, 晉 나라 계열의 도량형기로 볼 수 있다.

---

238 [역자주] 何琳儀의 「魚顛匕補釋」를 참고하여 銘文을 수정하고 번역하였다. 何琳儀, 「魚顛匕補釋 --兼說昆夷」, 『中國史研究』 2007年 1期.

239 李零, 「考古發現與神話傳說」, 『李零自選集』, 廣西師範大學出版社, 1998年, 78-79쪽.

240 黃盛璋, 「司馬成公權的國別年代與衡制問題」, 『中國歷史博物館館刊』 1980年 2期.

(2) 화폐 문자

춘추 중후기에 周와 晉 사이에서 보편적으로 대형 공수포(空首布)가 유행하였다. 周平王이 동쪽으로 천도한 이후로 三晉 지역은 몇 가지 공수포가 유행하기 시작하였다.

甲. 평견호족공수포(平肩弧足空首布)

『화계(貨系)』에 볼 수 있는 것은 「武」(615), 「邵文」(628), 「官考」(632), 「東周」(636), 「安周」(641), 「安胝[臧]」(645) 등이다. 이와 같은 공수포는 「東周」가 국가 명칭 혹은 지명으로 볼 수 있다는 점 외에 다른 명문 내용은 연구가 필요하다. 국적은 세 왕가가 晉을 분할하기 이전의 周代 화폐이다.

乙. 사견호족공수포(斜肩弧足空首布)

厽[三]川釿	『貨系』567	河南洛陽
盧氏	『貨系』578	河南盧氏
首昜[陽]	『貨系』587	河南偃師
武安	『貨系』588	河北武安
武[遂]	『貨系』596	山西桓曲
武	『貨系』598	河南南陽或山西華陰

이 소형 공수포는 일반적으로 춘추 전국시대 교체기의 周 화폐로 간주한다.

최근 일부 학자는 韓 나라 초기 화폐일 가능성을 제기하였는데,[241] 이는 중시할
만한 새로운 관점이다.

丙. 尖肩弧足空首布

甘[邯]丹[鄲]	『貨系』707	河北邯鄲
百邑	『貨系』711	山西霍縣
呂	『古錢』659	山西霍縣
申	『晉貨』32	河南陝縣
剌[列]人	『錢幣』1993.2.49	河北邯鄲

　1995년, 山西성 직산(稷山)에서 새로 첨족공수포(尖足空首布) 103종이 출토되었
다.[242] 그 밖에 최근에도 몇 가지 첨족공수포(尖足空首布)가 발표되었다.[243] 이와 같
은 공수포는 단기간에 대량으로 발견되었고, 일부는 기원이 확실하지 않다. 따
라서 심층적인 연구가 필요하다. 일반적으로 학술계는 이와 같은 공수포가 춘
추전국시대 교체기 趙氏가 주조한 화폐라고 여기고 있다.
　이상 세 가지 공수포의 시대 구분과 국적 구별에 대하여 학술계는 아직 견해
가 다르다. 이에 따라 晉 나라 계열 문자「기타」류에 귀속시키고자 한다.

241　黃錫全,『先秦貨幣通論』, 紫禁城出版社, 2001年, 92-102쪽.

242　朱華,「山西稷山縣出土空首布」,『中國錢幣』1997年 2期.

243　黃錫全,「侯馬新絳新發現空首布的價值及有關問題略叙」,『舟山錢幣』1995年 4期;「山西稷山新
　　　出空首布初探」,『第三屆國際中國古文字學硏究會論文集』1997年;「尖足空首布新品六種述考」,
　　　『內蒙古金融硏究』1988年, 增刊1期.

(3) 석기 문자

1965년, 山西성 侯馬에서 맹서(盟書) 5000여 편이 출토되었고, 이미 정리되어 읽을 수 있는 것은 656 편이다. 이는 중화인민공화국 수립 이래로 周代 후기 문자 자료의 중요한 고고학 발견 중 하나이다.

『侯馬盟書』 자형표는 381자, 이체자 1,274자를 수록하였다. 이처럼 풍부하면서도 집중적으로 발견된 석기 문자는 역사상으로도 처음이다. 이것은 三晉 문자 연구에 상당히 귀중한 자료를 제공해준 점은 의심할 여지가 없다.

육국문자 중에서 晉 나라 계열 병기와 화폐 문자는 다른 각 계열 문자에 비해 특히 더 혼란스러웠다. 그 시작을 추정해보면 『侯馬盟書』에서 시작된 듯하다. 장함(張頷)은 맹서 문자를 「편방을 임의대로 증감」, 「위치가 일정하지 않고, 번화와 간화가 각양각색이다」, 「의미가 서로 상관되지 않고, 가차가 지나치게 많다」, 「임의적으로 꾸미고, 붓 가는 대로 칠했다」라는 네 가지 특징으로 귀납하였다.[244] 이와 관련된 문제는 4장 예시에서 설명하도록 한다.

『侯馬盟書』의 「문자이형(文字異形)」 현상은 매우 심각하고, 일부 중요한 인명 또한 예외가 아니다. 이 점은 맹서 시대 구분에 난이도를 배가시켰다. 예를 들어, 맹서 회맹을 주관하는 사람의 주요 정적(政敵)인 「趙□」는 이체자 「𣎴」로 쓴 점을 근거로 「北」으로 풀이하고 조삭(趙朔)으로 여겼다.[245] 혹은 이체자 「𣏟」로 쓴 것을 토대로 「並」으로 풀이하고 「屛」으로 읽으며, 조괄(趙括, 屛季)로 여겼다.[246] 이체자 「𠬝」로 쓴 것을 토대로 「尼」로 풀이하였으며 바로 조직(趙稷)이라

---

244 張頷, 「侯馬盟書叢釋續」, 『古文字研究』1輯, 1979年.

245 郭沫若, 『出土文物二三事』, 人民出版社, 1973年, 39쪽. 陳夢家, 「東周明誓與出土載書」, 『考古』 1966年 5期.

246 張頷, 「侯馬盟書叢釋續」, 『古文字研究』1輯, 1979年.

고 했다.[247] 이체자 「𢓊」로 쓴 것을 토대로 「化」[248]로 해석하고 조완(趙浣)이라고 했다. 혹은 이 자형을 「호(弧)」로 풀이하고 역시 趙浣이라고 했다.[249]

晉先公 묘를 「크게 빛나는 𢓊공의 큰 무덤[丕顯𢓊公大冢]」이라고 칭하는데, 「公」 앞 글자 또한 이체가 상당이 많다. 예를 들어, 「𢓊」, 「𢓊」, 「𢓊」, 「𢓊」 등이 있다. 「𢓊」은 「晉」으로 해석하기도 하고 「出」로 해석하기도 한다.[250]

여러 학자가 제기한 시대 구분은 서로 엇갈린다. 그중에서 진정공(晉定公)설과 진유공(晉幽公)설이 가장 대표성이 있다. 앞의 가설을 지지하는 사람들은 주맹자의 政敵 「趙尼」, 바로 조직(趙稷)이다. 「晉公」은 일반적으로 晉 나라 선공(先公)을 가리키며, 「嘉」는 「아름다움을 찬미하다」라고 간주하였다. 후자의 가설을 지지하는 사람은 주맹자의 政敵을 「趙化」 혹은 「趙佤」, 바로 趙浣(趙獻侯)이다. 「出公」은 晉公의 사당이며, 「嘉」는 바로 趙嘉(趙桓子)라고 간주하였다. 전자에 근거하면, 『侯馬盟書』는 춘추 전국시대 교체기의 문자(대략 기원전 496년 후)이며, 후자에 근거하면, 『侯馬盟書』는 전국시대 초기 문자(대략 기원전 424년)이다. 두 가지 사이에 70여 년의 오차가 존재한다.

1979년 河南성 溫縣 東周盟誓 유적지에서 대량의 맹서[盟書]가 발견되었다. 대략 4,500여 편으로 집계되었으며,[251] 그 수량은 『侯馬盟書』보다 배 이상 초과한다. 40년대 초, 河南성 심양(沁陽) 부근에서 소량의 묵서(墨書) 맹서가 발견되었

247 陶正剛, 王克林, 「侯馬東周盟誓遺址」, 『文物』 1972年 4期. 唐蘭, 「侯馬出土晉國趙嘉之盟書新釋」, 『文物』 1972年 8期. 張頷, 「侯馬盟書叢釋續」, 『古文字研究』 1輯, 1979年.

248 郭沫若, 「侯馬盟書試探」, 『文物』 1966年 2期; 高明, 「侯馬載書盟主考」, 『古文字研究』 1輯, 1979年.

249 李學勤, 裵錫圭, 郝本性等釋, 引 『古文字研究』 1輯, 114쪽.

250 李家浩釋, 引 『古文字研究』 1輯, 109쪽.

251 河南省文物研究所, 「河南溫縣東周盟誓遺址一號坎發掘簡報」, 『文物』 1983年 3期.

으니[252] 이는 실제로도 溫縣 유적지에서 발견되어 퍼진 것이다. 심양(沁陽) 맹서는 현재 중국사회과학원 고고연구소에 소장 중이나 11편 뿐이다.

『溫縣盟書』는 상세한 연월일이 기재되어 있다. 「15년 12월 을미 삭, 신유[十五年十二月乙未朔, 辛酉]」. 그중 「辛酉」는 발굴 보고서에서 기원전 497년 1월 16일, 바로 晉定公 15년 12월 27일로 추측했는데, 추가 연구가 필요하다. 『溫縣盟書』와 『侯馬盟書』의 내용, 격식, 문자 대다수가 유사한 부분이 있고 심지어 일부 인명도 일치한다. 따라서 두 맹서의 연대는 서로 가깝다. 최근 맹서의 연대 관련해서도 새로운 논쟁이 있으나,[253] 잠정적으로 『溫縣盟書』를 『侯馬盟書』이후의 자료로 보도록 한다.

『溫縣盟書』가 『侯馬盟書』의 내용과 자형이 매우 유사하지만, 결국 두 지역의 맹서이다. 따라서 관용어와 일부 자형 또한 동일하지 않다. 예를 들어, 『溫縣盟書』중 흔히 보이는 「감히 순수한 마음으로 주군을 모시지 않는다면[敢不懸(蒸)懸(蒸)焉中心事其主]」와 「감히 한결같은 마음으로 주군을 모시지 않는다면[敢不劃(專)劃(專)焉中心事其主]」[254]는 『侯馬盟書』에서 볼 수 없다. 『溫縣盟書』「너를 자세히 살피셨다[悫(諦)亟(視)女(汝)]」의 「悫」는 『侯馬盟書』에서 「明」으로 쓰였고, 『溫縣盟書』의 「塚」은 『侯馬盟書』에서 「冢」으로 쓰였다. 『溫縣盟書』

---

252 陳夢家, 「東周盟誓與出土載書」, 『考古』1966年 5期. 張頷, 「侯馬盟書叢釋續」, 『古文字研究』1輯, 1979年.

253 馮時, 「侯馬盟書與溫縣盟書」, 『考古與文物』1987年 2期. 趙世綱, 羅桃香, 「論溫縣盟書與侯馬盟書的年代及其相互關係」, 『汾河灣----丁村文化與晉文化考古學術研討會論文集』1996年.

254 「懸懸」은 「蒸蒸」으로 읽는다. 『漢書·酷吏傳序』에서 「관리의 통치는 순수하여 간악하게 되지 않았다.(吏治蒸蒸, 不至於奸)」라고 하여 注를 보면, 「蒸蒸은 매우 순수한 모습을 뜻한다.(蒸蒸, 純壹之貌也)」라고 하였다. 「劃劃」은 「專專」으로 읽는다. 『楚辭·九辯』를 보면 「마음먹기는 오직 충심을 변하지 않고(計專專之不可化兮)」, 朱熹『集傳』: 「오직 한결같은 마음으로 군주를 대하고 변하지 않는다는 말이다.(言我但能專一於君而不可化)」라고 하였으며, 朱起鳳『辭通』7.68에는 「專專은 정성이다.(專專, 猶區區也)」라고 하였다.

「畾」는『侯馬盟書』에「畾」로 쓰였다. 모두 서로 다른 지역의 서사 습관으로 초래된 차이이므로 상당히 주목할 만하다.

『行氣玉銘』(『三代』20.49.1)은 1930년대 이전에 발견된 옥기(玉器) 문자로, 모두 44글자(重文 8자 포함)이다. 이전 학자들 대부분이 중국 최초의 기공(氣功) 관련 명문으로 여겼고,[255] 최근 혹자는 방중술(房中術)의 「환정반뇌(還精返腦)」와 관련되었다고 하나 아마도 전자가 더욱 타당한 듯하다.

연대에 대하여 周代 말기 문자,[256] 戰國시대 초기 문자,[257] 戰國시대 후기 문자[258] 등 서로 견해가 다르다. 옥기 명문과『驫羌鐘』은 中山王의 청동기 문자 스타일과 상당히 가깝다. 「이리저리 바뀌는 형세」의 정교롭고 아름다운 명문에 전형적인 三晉의 색채가 드러난다.

옥기 명문 문자와 晉 나라 계열 문자는 대부분 상호 증명할 수 있다. 예를 들면,

上	上	上	『中山』5
下	下	下	『中山』5
死	削	削	『中山』23
地	陵	陵	『中山』24
丌	丌	丌	『中山』34
逆	逆	逆	『中山』44
遣	遣	遣	『中山』66

---

255 李零,『中國方術考』, 人民中國出版社, 1993年, 320-324쪽.

256 吳闓生의 견해. 引于省吾,『雙劍誃吉金文選』附錄8, 中華書局, 1998年.

257 郭沫若,「古代文字之辯證的發展」,『考古學報』1972年 3期.

258 陳邦懷,「戰國〈行气玉銘〉考釋」,『古文字研究』7輯, 1982年.

覜	(글자)	(글자)	驫羌鐘
明	(글자)	(글자)	驫羌鐘
則	(글자)	(글자)	驫羌鐘

『行氣玉銘』이 전국시대 晉 나라 계열 문자라는 점은 의심할 여지가 없다. 하지만 국적 판별은 확정하기 어렵다.

(4) 새인 문자

晉 나라 계열의 官璽는 일반적으로 새인의 지명을 근거로 국적을 판단하는데 앞에서 韓, 趙, 魏 문자 중 인용된 것이 그 예이다. 그러나 여전히 많은 三晉 고대 새인, 특히 개인 도장은 국적을 판단하기 쉽지 않다. 단지 형태, 紐 형태, 職官, 자형 등의 특징에 근거하여 晉 나라 계열 문자에 속하는지 판정할 뿐이다.

晉 나라 계열 官璽는 대부분 양각으로, 인면은 중형 혹은 소형이며, 손잡이 형태는 돼지코 모양의 둥근 고리 형태가 다수를 차지한다. 뉴좌(紐座)는 가파른 형태이며 새인의 몸통은 두툼하고, 문자의 필획은 가늘고 힘이 있어 배치가 정교하다. 조각의 정교함은 齊 나라 새인의 투박함, 燕 나라 새인의 반듯함, 楚 나라 새인의 어수선함과 확연히 차이가 난다. 『璽彙』에 수록된 三晉 관새의 관직 명칭을 보면, 흔히 보이는 「司馬」(0044-0046, 0049), 「司工」(0084, 0087-0091), 「司寇」(0066-0079), 「大夫」(0103, 0104), 「余子」(0108-0112) 등 이외에도 몇 가지는 三晉 명문과 상호 증명할 수 있는 관직도 있다. 예를 들어, 「嗇夫」(0108-0112) 또한 魏 나라 『安邑下官鍾』과 趙 나라『十一年鼎』, 韓 나라 병기, 中山國 잡기(雜器) 등에서 볼 수 있다. 「視事」(0351)는 魏 나라 도량형기 명문에서도 볼 수 있다. 「相邦」(0094)은 趙 나라 병기에도 볼 수 있다. 그 밖에 「宗正」(0092), 「發弩」(0113-0116), 「強弩」

(0096), 「右騎酉[將]」(0048), 「酁[縣]史)」(0302)·「酁[縣]」(0302, 0303), 「埜[府]」(0009, 0352, 3228, 3442), 「守」(0341, 2238, 3236) 등 또한 三晉 관새 중에서 매우 특색 있는 관직명, 행정 구역 명칭이다. 「乚[曲]堤」(『歷博』1979. 1. 89)는 『管子·霸形』「[무곡제(毋曲堤, 제방의 일종)]」로도 수록되었으며 전국시대 수력(水力) 공사의 중요 문자 자료이므로 상당히 주목할 만한 가치가 있다.

몇 가지 새인문은 뚜렷한 三晉 특색을 지니고 있다. 예를 들어, 「䆠」(0067, 0073, 0077)·「㢟」(0113-0116)·「睿」(0108-0111)·「䝤」(0067, 0073, 0077)·「䇂」(0352, 0324), 「㸊」(0009, 0303)·「圉」(0091, 0092)·「儡」(0078, 0079)·「成」(0046, 0353) 등과 「卂」·「䦉」 등의 합문이다.

7. 晉 나라 계열 문자의 특징과 晉 나라 기물 편년

이상 소개한 韓, 趙, 魏, 中山, 兩周 등의 문자 자료는 각각 그 특징이 있지만, 이 차이는 국부적일 뿐이다. 만약 경계를 나누지 않고 전체적으로 살펴본다면, 三晉 지역의 문자 자료는 그 차이가 무색할 정도로 아래와 같은 공통된 특징을 보인다.

첫 번째, 예기 명문(일부 옥기 명문 포함) 구조가 길고 필획이 가늘며 힘이 있다. 『趙孟庎壺』, 『韓鷹羌鐘』, 『魏大梁司寇鼎』, 『中山王鼎』, 『行氣玉銘』 모두 정교하고 섬세한 명문에 속하며, 전형적인 中原의 풍모가 드러난다.

두 번째, 도량형기 명문은 형식이 서로 유사하여 일반적으로 시간을 먼저 기록하고, 그 다음으로 제조 감독자를 기록하며 다시 용량 혹은 중량을 기록하였다. 몇 가지 제조 감독자의 신분 또한 동일하다. 예를 들어, 「嗇夫」는 『魏安邑下官鍾』, 『趙十一年鼎』, 『中山王圓壺』 등에서 볼 수 있다. 도량형을 기복한 표현과 단위는 예를 들면 「庸」·「㪷」·「分」·「冢」·「齋」·「斗」·「益」 등이며 여러 국가의 명문에서 볼 수 있다.

세 번째, 병기 명문은 대다수가 세 단계 제조 감독이며 제조 감독자 「令」, 주요 담당자 「工師」, 제조자 「冶」로 구성되었다. 「工師」의 합문은 「𠂹」로 쓰며, 三晉 명문을 감별하는 믿을 만한 척도이다.

네 번째, 맹서는 韓 나라 지역의 『溫縣明書』와 趙 나라 지역의 『侯馬盟書』가 있다. 내용과 형식은 말할 것도 없고, 풍격과 서체 모두 이상하리만큼 비슷하다.

다섯 번째, 화폐문자는 三晉 지역에서 주로 포폐가 유행하였다. 晉 나라 布幣, 齊 나라와 燕 나라 刀幣, 楚 나라 金版, 秦 나라 圜錢이 전국시대의 4대 화폐를 구성한다.

여섯 번째, 새인 문자는 필획이 가늘고 힘이 있으며, 구성이 정교하여 한 눈에 알아볼 수 있다.

일곱 번째, 독특한 자형을 볼 수 있는 자료는 매우 풍부하다. 주요 자형을 고르면 아래와 같다.

「百」은 「全」로 쓰인다. 『中山王鼎』, 魏 布幣, 『璽彙』4695에서 볼 수 있다.

「貨」은 「貨」로 쓰인다. 『長陵盉』, 『兆域圖』, 『中府戈鐓』, 韓 나라 布幣, 古璽 등에서 볼 수 있다.

「鑄」는 「鑄」로 쓰인다. 『大梁司寇鼎』, 『中山王方壺』 등에서 볼 수 있다.

「冶」는 「冶」로 쓰인다. 『公朱鼎』, 『中山鳥柱盆』, 三晉兵器, 『璽匯』3208 등에서 볼 수 있다.

「寇」는 「寇」로 쓰인다. 『大梁司寇鼎』, 『上樂鼎』, 『璽匯』0066 등에서

볼 수 있다.

「信」은 「醂」로 쓰인다. 『信安君鼎』, 『梁上官鼎』, 『中山王方壺』 등에 서 볼 수 있다.

「盜」은 「⿱」로 쓰인다. 『廿年寧鈿』, 『中山王鼎』 등에서 볼 수 있다.

「歲」는 「⿰」로 쓰인다. 『梁十九年鼎』, 『平安君鼎』 등에서 볼 수 있다.[259]

「膚」은 「⿱」로 쓰인다. 『大梁司寇鼎』, 『上樂鼎』, 『平安君鼎』 등에서 볼 수 있다.

「半」은 「⿰」로 쓰인다. 『春成侯鍾』, 『平安君鼎』, 『金村銀器』, 趙 나라 布幣 등에서 볼 수 있다.[260]

이 자형 모두 三晉 지역 각 국가 간의 문자를 설명한 것으로, 비록 일부 차이가 있을 수 있지만, 전체적인 스타일은 모두 일치한다. 따라서 晉 나라 계열 문자로 병칭할 수 있다.

반드시 지적해야할 것은 三晉 지역 도량형기, 병기, 화폐 명문 자료는 풍부할 뿐이며 이미 초보적으로 국가를 구분하여 연구할 수 있는 조건이 갖추어졌다. 그러나 예기 명문은 中山國의 중요한 대량의 자료 외에 다른 나라의 자료는 상당히 빈약하다. 맹서는 단지 韓 나라와 趙 나라 지역에서만 발견되었다. 새인 문자, 특히 개인 인장은 각국 간의 차이가 뚜렷하지 않다. 도문은 韓 나라의 몇 가지 중요 자료를 제외하면, 다른 국가는 매우 보기 어렵다. 따라서 晉 나라 계열의 문자에 대한 전반적인 국가 구분 연구는 아직 여건이 제대로 갖추어지지 못

---

259 『高景成釋』, 『金文編』0677에서 확인된다.

260 朱德熙, 裘錫圭, 「戰國時代的"料"和秦漢時代的"半"」, 『文史』 8輯.

하였다. 당연히 국가별로 대비할 수 있는 새로운 자료가 발견되어야 하며, 고문자 연구자는 기존 자료를 추가로 분석해야 한다.

晉 나라 계열 문자 자료는 비록 연대가 기록된 몇 명문들이 있지만, 대부분 왕의 명칭이 명확하지 않다. 따라서 연대를 확정하는데 일정 부분 어려움이 있다. 하지만 명문 중의 기타 실마리를 통해서 예를 들어 역법, 인명, 지명, 역사적 사건 등의 기록으로도 일부 명문의 절대 연대를 탐구한다. 아래, 기존 학자 연구의 성과를 종합하여 시대 구분이 비교적 명확한 三晉 기물을 골라 표로 나열해 보면 다음과 같다.

晉定公卅年(기원전 482년):『趙孟疥壺』

晉幽公十四年(기원전 424년):『侯馬盟書』

韓景侯六年(기원전 404년):『䮰羌鐘』

周安王十一年(기원전 391년):『公朱鼎』

魏惠王十九年(기원전 351년):『梁十九年鼎』

魏惠王廿七年(기원전 343년):『大梁司寇鼎』

魏惠王卅年(기원전 340년):『卅年虒令鼎』

周顯王廿九年(기원전 340년):『左官壺』

魏惠王卅三年(기원전 337년):『卅三年大梁戈』

魏惠王卅五年(기원전 335년):『卅五年虒令鼎』

中山王嚳十四年(약 기원전 314-전 306년):『中山王鼎』

魏襄王十二年(기원전 307년):『信安君鼎』

衛嗣君廿八年(기원전 297년):『廿八年平安君鼎』

衛嗣君卅二年(기원전 293년):『卅二年平安君鼎』

趙惠文王十五年(기원전 284년):『十五年守相杢波鈹』

趙惠文王廿九年(기원전 270년):『廿九年相邦趙□戈』

韓桓惠王三年(기원전 270년):『王三年鄭令韓熙戈』

趙孝成王三年(기원전 263년):『三年相邦建信君矛』

趙孝成王八年(기원전 258년):『八年相邦建信君鈹』

韓桓惠王廿四年(기원전 249년):『廿四年郟陰令戈』

趙孝成王十七年(기원전 249년):『十七年相邦春平侯鈹』

趙悼襄王元年(기원전 244년):『元年相邦春平侯鈹』

韓王安元年(기원전 238년):『元年鄭令郭汙矛』

韓王安八年(기원전 231년):『八年鄭令郭兾𦥑戈』

제5절 楚 나라 계열 문자

晉 나라 계열 문자와 마찬가지로 楚 나라 계열 문자에 내포된 의미 또한 상당히 광범위하다. 춘추시대 중기 이래로 楚 나라 중심의 문화권은 吳, 越, 徐, 蔡, 宋 등 비교적 큰 편에 속하는 국가를 제외하고도 한수(漢水)와 회수(淮水) 사이 촘촘히 분포한 작은 나라까지 포함한다. 이 지역의 청동기 명문은 보편적으로 자형이 길쭉하면서 상당히 장식적인 형태를 보인다. 郭沫若은 일찍부터 「남쪽의 문장은 고상하고 화려하며, 글자 대다수가 수려하다[南文尙華藻, 字多秀麗].」[261] 라고 지적하였는데, 아주 개괄적인 결론이다. 이와 같은 풍속은 줄곧 전국시대 楚 나라 문화권에 속한 여러 나라에 영향을 끼쳤다.

---

261 郭沫若, 『兩周金文辭大係考釋』序.

본 절에서는 중점적으로 楚 나라 문자를 소개하며, 越 나라 문자와 전국시대 초기 吳 나라, 蔡 나라, 宋 나라 등의 문자도 소개하도록 한다. 증(曾) 나라는 비록 작은 나라에 불과하지만, 수현(隨縣) 증후을묘(曾侯乙墓)에서 출토된 문자 자료의 수량이 상당하므로 특별히 제목을 달아 소개하도록 한다.

1. 초(楚) 나라 문자

오호 삼강(五湖三江)을 집어삼킨 楚 나라는 중국 남방의 광활한 영토를 차지한 전국시대 가장 큰 국가이다. 楚 나라 초기에 郢[湖北성 江陵]을 도읍으로 삼고, 전국시대 중기 이후로 秦 나라의 군사적 압박으로 인해 어쩔 수 없이 陳[河南성 淮陽], 巨陽[安徽성 太和], 壽春[安徽성 壽縣]에 차례로 도읍을 정하였다.

(1) 청동기 문자

『歷代』2권의 湖北성 안릉(安陵)에서 출토된 『楚王酓章鐘』2 점에 대해 趙明誠은 「초 나라 혜왕(惠王)은 57년에 재위하였고, 章이라는 이름을 사용하였다. 따라서 이 종은 惠王이 만든 것이 틀림없다.」라고 언급하였다.[262] 1977년 湖北성 隨縣 曾侯乙墓에서 北宋 시기 鐘의 명문과 완벽히 똑같은 박(鎛)도 발견되었다. 鐘과 鎛 두 가지 명문으로 천년 차이가 나는 명문을 대조할 수 있게 되면서 楚 나라 명문을 연구하는 중요 표준기가 되었으며, 기물의 절대 연대는 楚 惠王 56년(기원전 433년)이다.

楚 나라 청동기 중에서 『酓章鎛』과 같이 절대 연대를 정할 수 있는 것은 많지 않다. 아래 이 청동기를 정점으로, 같은 묘에서 출토된 자료를 결합하여 관련 예

---

262 趙明誠, 『金石錄』卷十一.

기 명문을 논의하도록 한다.

『三代』에 수록된 『卲王之諻鼎』(3. 11. 1)과 『卲王之諻簋』(7. 17. 2)의 「諻」은 『方言』 「남쪽 楚의 폭과 광 사이에 모친을 황이라고 한다[南楚瀑, 洭之間母謂之媓].」에 근거하여 「媓」으로 읽어야 한다.[263] 「卲王」은 바로 昭王이며, 그의 모친이 惠王 시기까지 생존하였으므로 鼎과 簋는 당연히 惠王의 기물이다.

『坪夜君鼎』(『三代』3.11.2)의 기물 주인은 전국시대 초기 隨縣 죽간과 전국시대 중기 包山 죽간에도 볼 수 있다. 그러나 鼎의 명문 문자 스타일과 『曾侯乙樂律鐘』 명문은 매우 유사하기 때문에 명문 坪夜君은 더욱 더 楚 惠王 시기 초읍(楚邑)의 봉군(封君)이었을 가능성이 높다.

『盛君縈臣』(『文物』1985. 1. 23) 명문 스타일은 증후을묘(曾侯乙墓) 청동기와 유사하므로 당연히 전국시대 초기 청동기이다.

四川성 신도(新都) 전국시대 무덤에서 출토된 『卲之飤鼎』(『文物』1981.6.7)의 기물 주인 「卲」는 촉(蜀) 지역에 주둔한 楚 나라 소씨(昭氏)에서 갈라져 나온 후손이다.[264] 혹자는 묘장 연대를 약 기원전 400년경으로 추정하였다.[265] 鼎의 명문 자형은 길쭉하고 필획이 구불구불하며 隨縣 曾侯乙墓에서 출토된 악율종(樂律鐘)의 명문 스타일과 가장 유사하여 惠王 시기 청동기에 속한다.

1980년 安徽성 서성(舒城) 구리돈(九里墩)에서 출토된 원형 북 받침대(『考古學報』 1982.2)는 글자의 흔적이 경박하고 녹이 많이 슬어 백 자 이상의 전체 명문 중에서 절반 정도만 알아 볼 수 있으므로 문장 뜻을 이해하는데 좋지 않은 영향을 미친

263 張政烺, 「卲王之諻鼎及簋銘考證」, 『歷史語言研究所集刊』, 8分 3冊.

264 徐中舒, 唐嘉弘, 「古代楚蜀的關係」, 『文物』 1981年 6期.

265 李學勤, 「論新都出土的蜀國青銅器」, 『文物』 1982年 1期.

다.[266] 과학적 처리를 거치면 이 귀중한 명문의 진면목이 비로소 드러날 것으로 믿는다.

명문의 대의는 동록공(童鹿公)이 동쪽 淮水로 와서 비룡마 한 필을 얻고, 진고(晉鼓)를 만들어 기념으로 삼았다는 것이다.[267] 명문의 시대와 국적은 일반적으로 춘추시대 말기 舒 나라의 청동기로 간주한다.[268] 실제로 같은 묘에서 출토된 戟 명문 한 점으로 문제를 설명해줄 수 있다. 명문 「채후□지 용극[蔡侯□之用戟]」의 가장 마지막 한 글자가 약간 파손되었으나 아마도 「朔」[269]이거나 「產」일 수도 있다. 두 蔡侯의 재위 시기는 모두 전국시대 초기에 속한다. 전국시대 초기 舒 나라는 이미 楚 나라의 영토가 되었기 때문에 북 받침대는 전국시대 초기 楚 나라 기물이다.

容庚이 소장한 『欒書缶』(『錄遺』510)는 예전에 모두 춘추시대 晉 나라 기물로 간주했다. 최근에 한 연구자가 청동기 형태 이론에 근거하여 전국시대 초기 楚 나라 청동기로 확정하였는데,[270] 문자 스타일과 자형 특징으로 분석하면[271] 이러한 판단은 의심의 여지없이 정확하다. 명문의 「欒書」는 기물 주인의 조상이거나 명문과 『左傳』의 「欒書」가 단지 동명이인일 수도 있으므로 이를 근거로 삼고 명문의 시대를 확정할 수 없다.

후세에 전해진 『留鐘』(『三代』1. 2. 2) 「류위숙삭화종(留為弔[叔]鷈禾[和]鐘)」은 문자

---

266 曹錦炎, 「舒城九里墩鼓座銘文補釋」, 『中國文字』 新17期, 1993年.

267 何琳儀, 「九里墩鼓座銘文新釋」, 『出土文獻研究』 3輯, 1998年.

268 安徽省文物工作隊, 「安徽舒城九里墩春秋墓」, 『考古學報』 1982年 2期; 殷滌非, 「舒城九里墩墓的青銅鼓座」, 『古文字學論集(初編)』 1983年; 陳秉新, 「舒城鼓座銘文初探」, 『江漢考古』 1984年 2期.

269 李治益, 「蔡侯戟銘文補證」, 『文物』 2000年 8期.

270 甌燕, 「欒書缶質疑」, 『文物』 1990年 12期; 王冠英, 「欒書缶應稱名為欒盈缶」, 『文物』 1990年 12期.

271 何琳儀, 「楚書瑣言」, 『書法研究』 1998年 4期.

308 전국문자통론

스타일에 근거하면 전국시대 초기 楚 나라 계열 명문으로 확정할 수 있다.

　湖北성 當陽에서 출토된 『秦王鐘』(『文物』1980.10 그림3)과 河南성 信陽에서 출토된 『荊厤鐘』(『文物』1958.1.4.)에 유명한 악기 명문이 수록되어 있다. 명문에 모두 역사 사건을 기록하였고, 문장의 내용 또한 서로 비슷하다.

　　　秦王卑[俾]命, 竟[境]坪[平]. 王之定, 救秦戎　　　　　　秦王鐘
　　　隹[惟]斟[荊]簜[厤]屈柰[夕],[272] 晉人救戎於楚竟[境]　　荊厤鐘

　두 종에 기록된 역사적 사실에 대해 연구가 필요하다. 문자를 보면 전자가 후자에 비해서 연대는 다소 빠르다. 최근 한 연구자는 「진왕비(秦王卑)」가 바로 진애공(秦哀公) (기원전 536-501년)이며,[273] 『秦王鐘』은 춘추시대 말기의 청동기에 속한다고 하였다. 지금은 잠정적으로 전국시대 초기로 분류하도록 한다.

　安徽성 壽縣에서 출토된 『曾姬無卹壺』(『三代』12.25.1) 명문을 보면, 「왕 26년, 성원의 부인 증희무휼은 양릉에 장지를 마련하였다. 蒿邑에서 가장 좋은 곳이며 제기, 술잔, 주전자를 만들었으니 후대에 이를 사용하고 늘 왕실에 두도록 하여라[隹(惟)王廿又六年, 聖趄之夫人曾姬無卹虖(吾)宅[274]茲漾陵, 蒿間之無匹, 甬(用) 乍(作)宗彝尊壺. 後世甬(用)之, 職才(在)王室].」라고 하였다. 유절(劉節)은 「聖趄」은 「聲桓」이며 「聖趄夫人」은 바로 「성왕부인(聲王夫人)」이라고 하였다.[275] 이에 따르면 壺 명문은 宣王 26년(기원전 344년)에 그의 조모 聲王夫人을 위해 제작했으므

272　朱德熙, 「斟簜屈柰解」, 『方言』1979年 4期.

273　黃錫全, 劉森淼, 「救秦戎鐘銘文新解」, 『江漢考古』1992年 1期.

274　黃德寬, 「曾姬無卹壺銘文新釋」, 『古文字研究』23輯, 2002年.

275　劉節, 「壽縣所出楚器考釋」, 『古史考存』, 人民出版社, 1958年, 113쪽.

로 조금 이른 전국시대 중기에 속한다.

『鄂君啟舟節』,『鄂君啟車節』(『考古』1963.8 그림8)은 전국시대 중기의 楚 나라 명문의 표준기물이다. 「대사마 소양은 양릉에서 진 나라 군사를 격파했던 해[大司馬卲(昭)䣄(陽)敗晉帀(師)於襄陵之歲].」는 『史記·楚世家』「회왕 6년, 초 나라는 주국 소양으로 하여금 병사를 거느리고 위 나라를 공격하게 하여, 양릉에서 그들을 격파하였다[懷王六年, 楚使柱國昭陽將兵而攻魏, 破之於襄陵].」와 서로 증명된다. 따라서 명문의 절대 연대는 기원전 323년이다. 명문과 전국시대 초기 楚 나라 명문을 비교해보면, 초기의 길쭉한 구조와 필획이 구불구불한 스타일에서 벗어나 네모반듯하고 필획이 간략한 楚 나라 竹簡의 스타일로 나타난다. 아래 몇 가지 예증을 들어 비교하도록 한다.

卲	卲	卲王之諻鼎	卲
於	於	荊曆鐘	於
敗	敗	新造戈	敗
為	為	曾侯乙樂律鐘	為
返	返	畬章鎛	返
易	易	畬章鎛	易
晉	晉	畬章鎛	晉
則	則	曾侯乙樂律鐘	則

『鄂君啟節』은 주절(舟節)과 거절(車節)을 포함하고, 「鄂」에서 출발하여 수로와 육로를 구분짓고 종점 「郢」에 도달한다. 따라서 楚 나라의 드넓은 영토[湖北성, 湖南성, 陝西성, 江西성, 安徽성]를 묘사했다는 점에서 고대 지리 분야에 매우

중요한 학술적 가치가 있다. 이 분야 연구와 관련하여 초기 논문은 모두 「鄂」을 湖北성 武昌(제1장 참고)으로 여겼다. 이후, 일본학자 후나코씨 아키오(船越昭生)가 「鄂」을 河南성 南陽의 「西鄂」으로 확정한 이후,[276] 지리 고증에 새로운 돌파구를 마련하였다.[277] 그 후로 일부 키워드가 계속 풀이되었고,[278] 수로와 육로의 교통도(交通圖)가 점차 뚜렷해지기 시작하였다.

『王命節』(『三代』18.36.4)로도 칭해졌던 전래품 『龍節』과 새롭게 출토된 『虎節』 (『西漢南越王墓』87)이 흥미를 불러일으키는 「龍虎斗」이다. 자형과 용례가 『鄂君啓節』과 유사하며 모두 전국시대 중기 청동기에 속한다.

王命, 命逃[傳]賃[任], 一棓[檐]飤[食]之[279]　　　龍節

王命, 命逃[傳]賃[任], 車駐[牡][280]　　　虎節

『正陽鼎』(『考古』1963.9. 그림 参 6)은 문자 스타일에 근거해 전국시대 중기 청동기로 확정할 수 있다. 「正陽」은 湖南성 내의 일부 지명일 것이다.

『宙陽鼎』(『湖南考古輯刊』4.27)은 문자가 비교적 엉성하므로 전국시대 중기에서도 다소 늦은 시기에 속하는 청동기이다. 「宙[中]陽」은 지명이며 包山簡에도 볼 수 있다. 정확한 위치는 연구가 필요하다. 명문은 10여 자이나 문자가 매우 선

276　船越昭生, 「關於鄂君啓節」, 『東方學報』43冊, 1972年.

277　陳偉, 「鄂君啓節之鄂地探討」, 『江漢考古』1986年 2期.

278　裘錫圭, 「戰國文字中的"市"」, 『考古學報』1980年 3期; 朱德熙, 李家浩, 「鄂君啓節考釋」, 『紀年陳寅恪先生誕辰百年學術論文集』1989年; 李零, 「古文字雜識」, 『于省吾教授百年誕辰紀念文集』1996年.

279　高田忠周, 『古籀篇』85.5, 臺北大通書局, 1982年; 張振林, 「棓徒與一棓飤之新證」, 『文物』1963年 3期; 于省吾, 「鄂君啓節考釋」, 『考古』1963年 8期.

280　何琳儀, 「南越王墓虎節跋」, 『汕頭大學學報』1991年 3期.

명하지 않아 기존 학자가 기획 논문으로 다루기도 하였다.[281]

　楚幽王墓에서 출토된 『大府鎬』(『文物』1980.8.28.) 명문은 「진객 왕자 제가 초에 다녀간 해에 태부가 왕을 대신해 예기 호를 관리하였다. 집주[秦客王子齊之歲, 大廥(府)爲王飤(食)晉鎬. 集腏(廚)].」이다. 이 유형의 기년법은 『鄂君啓節』의 「대 사마 소양이 양능에서 진 나라의 군사를 격파한 해[大司馬昭陽敗晉師於襄陵之歲]」와 望山竹簡의 「추가 교영에서 왕을 방문하였던 해[芻聞(問)王於藏(郊)郢之歲]」에도 보인다. 『大府鎬』 명문은 네모반듯하고 가는 형태이며 『鄂君啓節』 문 자의 전체적인 스타일과 다소 비슷하며, 연대는 전국 중기와 말기 사이의 것으 로 추정하고 있다.

　전국시대 말기, 특히 고열왕(考烈王)이 수춘(壽春)으로 천도한 이후에 楚 나라 명문은 뚜렷한 변화가 발생되었다. 1930년대, 安徽성 壽縣 朱家集 이삼고퇴(李 三孤堆) 초유왕묘(楚幽王墓)에서 유명한 楚 나라 왕 염전(酓前)과 楚 나라 왕 酓忎의 청동기 셋트가 발견되었다.

　「酓前」은 다수의 학자들이 考烈王 웅원(熊元)으로 여겼다. 「前」의 고문자 원 형은 「多」로 쓰며 기존의 해석은 의견이 엇갈리는데 모두 성립할 수 없다. 근래 들어 일부 학자가 「前」으로 풀이하였으며,[282] 초간 문자 「多」(『郭店』尊2)으로 검 증할 수 있다. 두 자형의 형태가 분별하지 못할 만큼 일치한다. 「前」과 「元」의 독음은 가깝고 통할 수 있으므로 「酓前」은 바로 「熊元」이다. 酓前의 명문의 격 식은 비교적 간단하다. 예를 들면,

---

281　李學勤, 「釋桃源三元村鼎銘」, 『江漢考古』1988年 2期.

282　李零, 『論東周時期的楚國典型銅器群』, 長島古文字學硏討會論文, 1986年; 陳秉新, 「壽縣楚器銘 文考釋拾零」, 『楚文化硏究論集』1集, 1987年.

楚王酓前作鑄鈃鼎, 以共[供]戥[歲]嘗[嘗]　　　　　　　　『三代』3.25.1鼎

楚王酓前作鑄金匜, 以共[供]戥[歲]嘗[嘗]　　　　　　　　『三代』3.25.1鼎

「酓忎」는 여러 학자들 모두 幽王 웅한(熊悍)이라고 여겼다. 酓忎 명문 격식은 비교적 복잡하다. 예를 들면,

楚王酓忎戰隻[獲]兵銅, 正月吉日, 窒[實]鑄鐈鼎, 以共[供]歲嘗[嘗].
尸[肆]帀[師]吏秦, 差[佐]苛脮爲之. 集脰[廚]　　　　　　　　『三代』3.25.1鼎

위 용례에서 「尸」의 고문자 원형은 「𤔲」로 쓰며 예전에 「冶」로 풀이하였지만 논의가 필요하다. 전국시대 말기 『養陵公戈』의 「冶」는 「𠕎」로 썼으며 「𤔲(尸)」와 확연히 다르다. 지금 시범적으로 「尸」(고문자 원형에 「口」로 구성된 편방은 장식성 요소이다)로 고석하며 「肆」로 읽도록 한다. 「肆師」는 『周禮·春官·序官』에서도 볼 수 있으며 제사를 주관하는 관리이다.[283] 생략하여 「肆」로 쓰기도 한다. 이 밖에 「물륵관명(物勒官名, 관명을 새겨놓은 형태)」 형식과 유사한 명문도 있다.

尸[肆]帀[師]盤埜, 差[佐]秦忑為之　　　　　　『三代』4.17.2鼎

尸[肆]帀[師]絫夲, 差[佐]陳共為之　　　　　　『楚展』圖1鼎

尸[肆]絫夲, 陳共為之　　　　　　　　『三代』18.28.2勺

尸[肆]史秦, 苛脮為之　　　　　　　　『三代』18.27.2勺

尸[肆]盤埜, 秦忑為之　　　　　　　　『三代』18.28.1勺

283　何琳儀,「楚官肆師」,『江漢考古』1991年 1期.

畬前과 畬沓 명문 중의 「集廚」는 음식을 관장하는 「食官」일 것이다. 「集廚」와 같은 종류는 「集既[餼]」(『古研』10.205),[284] 「集醻」(『三代』3.12.7), 「集糈[煮]」(『三代』3.12.4),[285] 「집철(集朕)」(『三代』3.26.1)[286] 등이 있다.

幽王墓 중에서 「鑄客」청동기 또한 사람들의 주목을 받았다. 예를 들어,

鑄客為集朕[廚]為之　　　　　　　　　　　　　　　『三代』3. 13. 2鼎

鑄客為大[太]句[后]朕[廚]官為之　　　　　　　　　『三代』3. 19. 5鼎

鑄客為王句[后]七府[廚]官為之　　　　　　　　　　『三代』3. 19. 6鼎

鑄客為集朕, 伸朕, 睘腋朕為之　　　　　　　　　　　『三代』3. 26. 1鼎

鑄客為御㻫為之　　　　　　　　　　　　　　　　　『三代』17. 26. 2匝

鑄器客為集糈七府[府]　　　　　　　　　　　　　　『集成』914甗

「鑄客」은 다른 나라에서 楚 나라로 온 주조 전문가인 듯하다. 첫 번째 「為」는 전치사로 읽으며, 두 번째 「為」는 동사로 읽는다. 두 「為」자 사이에 각종 食官이 있다.

과거 연구자들은 楚 나라 청동기의 食官 해석에 대하여 만족할 만한 결과를 얻었으나[287] 여전히 많은 의문점들이 있어 추가 분석이 필요하다.

1973년 江蘇성 無錫에서 『邘陵君王子申』(『文物』1980.8.28-30) 청동기 셋트가 출

284 郝本性, 「壽縣楚器集朕諸銘考釋」, 『古文字研究』10輯, 1983年.

285 陳秉新, 「壽縣楚器銘文考釋拾零」, 『楚文化研究論集』1集, 1987年.

286 黃錫全, 「看朕考辨」, 『江漢考古』1991年 1期.

287 朱德熙, 「壽縣出土楚器銘文研究」, 『歷史研究』1954年 1期. 朱德熙, 裴錫圭, 「戰國文字研究」, 『考古學報』1972年 1期. 郝本性, 「壽縣楚器集朕諸銘考釋」, 『古文字研究』10輯, 1983年.

토되었다. 기물 주인 「王子申」은 춘신군(春申君) 황헐(黃歇)로 추정된다.[288] 봉지(封地) 「郪陵」은 「儀陵」으로 읽어야 한다. 『讀史方輿紀要』[289]의 江南 揚州 江都縣의 宜陵鎭을 儀陵으로 표기하기도 하였다. 『豆盤』 명문은 楚 나라 도량형 제도가 언급되어 있어 상당히 중요하며 심도 있는 연구가 필요하다.[290]

이상, 酓前, 酓忎, 郪陵 청동기 셋트는 공인된 전국시대 말기 楚 나라 청동기이다. 이 시기의 명문은 『酓前大鼎』에 남아 있는 웅장하고 거침없는 특징을 제외하면, 기타 명문은 대부분 약하고 가늘며, 일부는 상당히 엉성하다. 문자 특징에 근거하여 아래 열거한 각 청동기 또한 전국시대 말기의 楚 나라 청동기임을 알 수 있다.

甲. 주인의 이름을 새기는 방식[物勒主名]

大右人鑒	『三代』8. 25. 1
君夫人鼎	『集成』2016
客禮愆鼎	『三代』2. 35. 1
造府鼎	『三代』3. 23. 1
大府匜	『三代』10. 1. 2
大府鐵	『集成』4624
大府銅牛	『文物』1959. 4
盇鼎	『三代』3. 12. 5

---

288 何琳儀, 「郪陵君三器考辨」, 『江漢考古』1984年 1期.

289 明末·淸初의 고조우(顧祖禹)에 의해서 집필된 역사지리서이다.

290 李零, 劉丽, 「楚陵君三器」, 『文物』1980年 8期.

乙. 지명

東陵	『錄遺』70鼎	河南固始
巨亙	『文參』1957.7.8鼎	安徽北部
壽春	『文物』1964.9.35鼎	安徽壽縣
偈[陵]易[陽]	『類編』436壺	安徽石埭

丙. 중량 기록[記重]

石□刀鼎	『楚展』68

1978년, 安徽성 舒城 진가교(秦家橋)에서 명문이 있는 청동기 셋트(『文物研究』 6.140-141)가 출토되었다. 전국시대 말기에 속하며 대부분 「제조자 이름을 새기는」 형식이다. 예를 들면, 「여훈(余訓)」, 「이의(李倚)」, 「채장주(蔡張鑄), 가의(苛意)」, 「남주도리용구(南州萄里甬駒), 도능용구(萄陵甬駒)」 등이다.

전국시대 말기 楚 나라 청동기 명문은 글자 스타일이 초기와 많이 다를 뿐만 아니라, 필획 구조 또한 날이 갈수록 간화되었다. 몇 가지 간화자는 시대적 요구에 의해 생겨나기 시작하였다. 예를 들면, 「楚」는 「𧆀」, 「盥」는 「𣂸」, 「鼎」은 「𢆶」, 「無」는 「𣲵」, 「壽」는 「𥤷」, 「兼」은 「𥬲」 등으로 썼다.

종합하면, 楚 나라 청동기 명문은 대략 전후 두 기간으로 구분된다. 전반기는 구조가 길고 균형 있으며 서사가 화려하고 거침없다. 후반기는 구조가 납작하고 기울었으며 서사가 기운이 빠져 있으므로 엉성하다. 『鄂君啓節』은 전후 두 기간의 과도 형태이다.

楚 나라의 청동 도량형기는 대부분이 원통형이며, 겉면에 고리 형태의 손잡이가 있다. 명문이 있는 楚 나라 도량형기는 이미 세 점이 발견되었다.

王 　　　　　　　　　　　　　　　　　　『度量』94

郢大廥[府]之□笭[筲] 　　　　　　　　　　　　『文物』1978.5.96

郾[燕][291]客臧嘉聞[問]王於葴[郊]郢之哉[歲], 亯[享]月己酉之日, 羅莫囂臧市, 連囂屈上, 以命攻[工]尹穆丙, 攻[工]差[佐]競之, 集尹陳夏, 少[小]集尹龔賜, 少[小]攻[工]差[佐]李癸, 鑄廿金龍[筲]以贐. 告[造]爵

　　　　　　　　　　　　　　　　　　　　　　『江漢』1987.2封底

滕公卲[昭]者果跖[蹠]秦之歲, 夏柰之月, 辛未之日, 攻[工]差[佐]競之, 上以爲大市鑄, 武顏 　　　　　　　　　　『古研』22.129

위 제시한 청동 도량형기 4 점은 安徽성 봉대(鳳臺), 湖南성 長沙 등지에서 출토되었고, 세 번째 명문에는 楚 나라 역법, 지리, 관직, 도량형 명칭 등이 언급되어 사료적 가치가 매우 높다. 두 번째 명문에 스스로를 「笭」로 칭하고, 세 번째 명문은 스스로를 「龍」으로 칭하며, 네 번째 명문은 「顏」으로 칭했다. 이 명문들은 상당히 주의해서 볼 가치가 있다. 『方言』五 「저통(杞, 箸, 簪를 담는다)을 진, 초, 송, 위에서 소라고 하며 혹은 영이라고 한다. 함곡관 서쪽으로는 용송이라고 한다[箸筲(盛杞箸簪也), 陳, 楚, 宋, 衛之間謂之筲, 或謂之籯; 自關而西謂之桶㮇].」의, 注는 「지금 민간에서는 소롱으로 통칭하는 것이 용송이다[今俗亦通呼小籠為桶㮇].」라고 하였다. 정유분(丁惟汾)은 『「설문」의 찬은 대나무 용기이며, 찬(簒)과 같이 읽는다, 안사고의 「급취편주」는 簪을 수저와 젓가락을 담는 바구니라고 하

291 李零, 「楚燕客銅量銘文補正」, 『江漢考古』1988年 4期.

였다[『說文』籫, 竹器也. 讀若纂. 顔師古『急就篇注』: 籫, 盛匕箸籠也].」라고 하였다.[292] 『太平御覽』 卷 760에 인용된 『方言』 注는 「용의 독음은 롱이다[桶音籠].」라고 하였다.[293] 두 번째 명문 「笅」가 바로 「소(筲)」이며,[294] 세 번째 명문 「龍」이 바로 「통(筩)」이고, 네 번째 명문 「顔」[295]은 바로 「찬(籫)」이다.[296] 이 모두가 『方言』의 기록과 부합한다.

安徽성 壽縣에서 출토된 청동 고리 저울에는 「현자의 관환[掔(賢)子之倌(官)鈈(環)]」[297]으로 새겨져 있고, 湖南성 長沙에서 출토된 청동 고리 저울에는 「균일(鈞益[鎰])」(『度量』157)로 새겨져 있으며, 湖南성 원릉(沅陵)에서 출토된 청동 고리 저울에는 「분세일(分細益[鎰])」(『考古』1994. 8. 683)으로 새겨져 있는데, 후대의 표준 저울추와 같다. 또한 壽縣에서 출토된 저울에 「왕□상자멸(王□相子威)」(『文物』1979. 4. 74)로 새겨져 있는데, 보기 드문 명문 저울이다.

이 밖에도 앞서 소개한 『郲陵君豆盤』의 바닥 부분에서도 중량을 기록한 문자가 있다. 부식의 정도가 심해 끝까지 읽기 어렵다. 그 중 「夅朱」 또한 楚 나라 구리 화폐에서 볼 수 있으며 상당히 중요하다.

---

292 丁惟汾, 『方言音釋』92頁, 齊魯書社, 1985年.

293 何琳儀, 「長沙銅量銘文補釋」, 『江漢考古』 1988年 4期.

294 裘錫圭, 「關於郢大府銅量」, 『文物』 1978年 12期.

295 唐友波, 「大市量淺議」, 『古文字研究』 22輯, 2000年.

296 「안(顔)」의 소리요소는 「厂」이다.(『史記·趙世家』에서 「도안가(屠岸賈)」를 『漢書·古今人表』에서는 「도안가(屠顔賈)」로 기록하였다.) 「헌(獻)」과 「찬(贊)」은 독음이 동일하다. 『山海經·中山經』에서 「부산의 첫머리는 오안산이라고 부른다.(貧山之首曰敖岸之山)」라고 하여 注를 보면 「안(岸)은 헌(獻)이라고도 한다.(岸或作獻)」고 하였다. 『文選.文賦』에서 「조잘대는 것에 힘써 요염하다.(務嘈囋而妖冶)」라고 하여 注를 보면, 「『埤蒼』에서는 嘈哰는 소리를 모사한 표현이다. 哰와 囋와 巘의 소리는 동일하다.(嘈哰, 聲貌. 哰與囋及巘同)」라는 풀이를 확인할 수 있다.

297 商承祚, 『長沙古物聞見記』卷上, 中華書局, 1996年.

(2) 병기 명문

楚 나라 병기 명문은 대부분 주조된 것이며, 내용은 기본적으로 「기물 주인의 이름을 새긴[物勒主名]」 형식이다. 단지 이 관점에서 보면, 楚 나라 병기 명문은 齊 나라 병기 명문과 유사하고, 三晉 병기 명문과는 서로 다르다.

전국시대 초기는 楚 나라 병기 명문을 두 유형으로 구분해볼 수 있다.

첫 번째, 楚 나라 계열 문자에서만 존재하는 이른바 「鳥書」이다. 필획이 빙빙 돌거나 장식성 도안으로 돋보이게 하였다. 이 유형의 명문은 모두 전국시대 초기에 속한다. 예를 들면,

楚王酓璋嚴韡[恭]寅, 乍[作]□戈, 台[以]卲[昭]旟[揚]文武之戉[茂]用[庸]
『劍吉』上45戈

楚王孫[298]之用　　　　　　　　　『文物』1963.3.46戟

釐(艾)君鳳寶有　　　　　　　　　『考古』1973.3.156戈

番中[仲]乍[作]白[伯]皇之佶[造]戈　『江漢』1982.1 그림4戈

䣄[許]之㪚[造]戈　　　　　　　　『江漢』1982.1 그림4戈

鄯[新]佶[造]自般[命]弗戝[戟]　　　『文物』1962.11.65戟

鄲[郎]　　　　　　　　　　　　　『集成』10912戈

蒙　　　　　　　　　　　　　　　『考古』1983.9.849戈

齎[齊]壕[象]郜[造]　　　　　　　『集成』10989戈

攸乍[作]□王戈　　　　　　　　　『湖考』1.90.8戈

두 번째, 楚 나라 계열 무자는 일반적으로 병기 명문이며 대다수가 전국시대

---

298 초왕(楚王) 손주(孫鮒)는 초공(楚公) 손조(孫朝)를 말하는 듯하다. 『左傳』 哀公 17年에서 확인할 수 있다.

초기에 속한다. 예를 들면,

周旟[陽]之戈	『考古』1980.5 그림3
鄴之寶戈	『考古』1980.5 그림3
斦[析]君墨肪之郜[造]銇[戟]	『古研』13.327戟
揤[析]君乍[作]之	『古研』13.38戟

전국시대 중기에 속하는 楚 나라 병기 명문도 많지 않다. 예를 들면,

陳生	『江漢』1983.3.27戈
陳眰之歲, 佶[造]廎[府]之戟	『錄遺』578戟
南君邡[子]旟之中戈	『九墓』227戈
楚屈叔沱屈□之孫, 楚王之元右王鐘	『三代』19.55.1-2戈
郼[秦]之薪[新]郜[造]戈	『錄遺』566戈
武王之童戠[?]	『湖考』1그림14.5戈
酈[龍]公戈	『集成』10977戈
長沙[299]	『湖考』1 그림13.7戈

 전국시대 말기의 楚 나라 병기는 극히 드물고, 대부분 사건으로 연대를 기록하는 방식이다. 예를 들면,

---

299 何琳儀, 「古兵地名雜識」, 『考古與文物』 1996年 6期.

賥[虜]熊[300]之戠[歲], 兼[養]陵公伺□所䣓[造], 冶己女

　　　　　　　　　　　　　　　『江漢』1983.2그림 8戈

□壽之戠[歲], 襄城公競脽䣓[造]　　　『考古』1995.1.76戈

郯[梁]愓之戠[歲], 相公子繒之告[造]　　『集成』11285戈

이 부류의 戈 명문은 모두 새긴 글자이며, 필적은 조잡하여 말기 스타일을 드러냈다. 「冶」자는 三晉 문자에 흔히 보이며, 楚 나라 계열 문자에서는 매우 보기 어렵다.

파촉(巴蜀) 형식의 병기는 파촉 문자 외에도 楚 나라 계열의 명문이 있다.

個[偑]命曰, 獻與楚君監王孫袁　　　　『湖考』1.93 그림 3.1戈

冸竝果敓[造]戈[301]　　　　　　　　　『文物』1963.9.12戈

大武闢兵[302]　　　　　　　　　　　『文物』1962.1.65鍼

『鄢郢鐸』(『集成』419) 명문은 「언영의 지휘관 탁[郊(鄢)郢率(帥)鐸]」이다. 『戰國策·齊策三』「언과 영은 초 나라 주국이다[鄢郢者, 楚之柱國也].」라고 하였으며, 注는 「주국이란, 수도이다.(柱國, 都也)」라고 하였다.[303]

종합하면, 楚 나라 병기 명문은 많지 않다. 전반기는 모두 「청동기에 주인의 이름을 새긴[物勒主名]」 형식이고, 후반기부터 「主名」 뒷부분에 「工名」을 붙여

300　黃錫全, 『湖北出土商周文字輯證』, 武漢大學出版社, 1992年 40쪽.

301　孫稚雛, 「次竝果戈銘釋」, 『古文字研究』7輯, 1982年.

302　黃錫全, 「大武闢兵淺析」, 『江漢考古』1983年 3期.

303　董珊, 『東周題銘校議』, 碩士論文, 1997年. 袁國華 또한 동일한 견해를 나타내었다.

넣었다. 문자 형태로 보면, 초기는 정교하고 화려하며 말기는 엉성하고 간단하다. 이것과 楚 나라 문자의 전체적인 스타일 또한 일치한다. 현존하는 자료로 보면, 楚 나라 병기 명문은 대부분 전국시대 전기에 속하고, 三晉 병기 명문은 대부분 전국시대 후기에 속하므로 이 두 지역 병기 명문 스타일은 서로 큰 차이가 있다.

(3) 석기 문자

『貞松堂吉金圖』下61에 수록된 옥패(玉佩)는 정면의 명문이 「왕에(王恚)」, 뒷면의 명문은 「王」, 측면 명문은 「滔前」이다. 간혹 滔前을 「酓前」으로 읽고, 바로 초고열왕(楚考烈王) 웅원(熊元)이라고 하는데, 하나의 견해일 뿐이다.[304]

(4) 화폐 문자

楚 나라의 명문이 있는 화폐는 세 가지 대분류로 나눈다.

甲. 포폐(布幣)

楚 나라 포폐는 三晉의 平肩方足布 형태와 동일하지만, 전체적으로 폭이 좁고 길며, 머리 부위에 구멍이 있다. 楚 나라 포폐는 큰 것과 작은 것 두 가지로 구분한다.

첫 번째로, 형태가 큰 것은 허리가 잘록하고 꼬리가 제비 꼬리 형태를 갖춰 「연미족포(燕尾足布)」라고도 한다. 표면에 「무폐당근(杬[橆]比[幣]䉤[當]圻[釿])」(『貨系』4176)이라고 쓰여 있다. 「杬」는 예전에 「橈」로 풀이하였으나 타당하지 않다. 楚

---

304 黃錫全, 「䬲前玉圭跋」, 『文物研究』 8輯, 1993年.

나라 문자 「堯」는 「�」으로 쓰고, 无는 「𣎴」으로 쓰여 미세한 차이가 있다. 「杬[橆]」는 「橆」로 읽어야 한다. 『爾雅·釋詁』에서 「무는 대이다[橆, 大也].」라고 하였다.[305] 「比」는 「幣」로 읽어야 한다.[306] 「杬比𥫄圻」은 「橆幣當釿」으로 읽으며, 대형 포폐 한 매는 한 근(釿)과 같음을 지칭한다. 이 해석이 틀리지 않다면, 위 燕尾足布 명문과 신망(新莽) 포폐 「대포형천(大布黃[衡]千)」을 대조하여 읽을 수 있다. 燕尾足布 뒷면의 「十𧶛」는 예전에 「十貨」로 읽었으나 정확하지 않다. 「칠전(七傎[顚])」으로 읽어야 한다고 생각하며 의미에 대해서는 연구가 필요하다. 「전(傎)」은 齊 나라 계열 문자에서도 볼 수 있다.

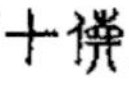

두 번째로, 형태가 작은 것은 표면에 「사폐(四比[幣])」(『貨系』4185)라고 쓰여 있다. 뒷면은 「당근(𥫄[當]圻[釿])」이 있다. 이와 같은 포폐는 바른 형태와 뒤집힌 형태가 네 다리 부분으로 연결되어 있으므로 「연포(連布)」라고 부르기도 한다.

乙. 銅貝

楚 나라 패폐(貝幣)는 형상이 마치 바다 조개와 같다. 화폐 문자 중에 「𫡉」(『貨系』4135)가 있으므로 예전에는 「귀검전(鬼臉錢)」 혹은 「의비전(蟻鼻錢)」으로 칭하였다. 과거의 풀이는 모두 신뢰할 수 없고, 「巽」으로 해석하여 「鐉」으로 읽는 것만 믿을 만하다.[307] 이 글자는 「選」으로 읽기도 한다. 『史記·平准書』을 보면, 「백금에는 세 등급이 있다. 첫 번째는 중량이 여덟 량으로 둥근 모양에 문양이 용이었으며 이름은 백선이라고 하였다[故白金三品. 其一曰重八兩, 圜之, 其文龍, 名

305 何琳儀, 「楚幣六考」, 『安徽錢幣』 2001年 2期.

306 馬昂, 『貨幣文字考』, 引 『古錢大辭典』 下, 23쪽. 李家浩, 「戰國貨幣文字中的"兩"和比」, 『中國語文』 1980年 5期.

307 駢宇騫, 「試釋楚國貨幣文字"巽"」, 『語言文字研究專輯』(下), 1986年.

日白選].」이다. 『史記索隱』을 보면, 『「尙書大傳」에서 하후씨는 죽이거나 형벌을 내리지 않고, 사죄금 이천 선을 지불하였다고 하였으며 마융은 선은 여섯 냥이라고 하였다. 「한서」는 선으로 썼으며 선과 음이 통한다[夏侯氏不殺不刑, 死罪罰二千饌. 馬融云, 饌, 六兩. 『漢書』作撰, 音通].」라고 하였다. 이 밖에도 幣文에 「坌朱」(『貨系』4154)도 있으며 「小銖」로 읽어야 한다고 생각한다. 전래되거나 출토된 銅貝는 이미 그 수량이 적지 않다고 볼 수 있다. 지금 모두 열거하면 다음과 같다.

巽	『貨系』4135
坌朱	『貨系』4154
君	『貨系』4163
圻	『貨系』4168
行	『貨系』4170
全[308]	『貨系』4171
四	『藥雨』
者曲	『貨論』369
甲少[小][309]	『安錢』1999.2-3.10.9
陽	『文物』2001.9.96

이상, 동패 명문의 의미는 다수가 그다지 명료하지 않으므로 추가 연구가 필요하다.

---

308 黃錫全, 「楚銅貝貝文釋義新探」, 『江西錢幣研究』 1999年 1期.

309 何琳儀, 「楚幣六考」, 『安徽錢幣』 2001年 2期.

丙. 금판(金版)

금판(金版) 사각형의 납작한 황금 육면체를 말한다. 幣文 「郢夆」(『貨系』4198)은 과거 「郢爰」으로 해석하였으나, 하야시 미나오(林巳奈夫)가 「郢偁」으로 고석하기 시작하였다.[310] 안지민(安志敏)은 西漢 초기 진흙판에 기록된 「郢偁」이 간혹 「郢夆」으로 쓰인 것과 金村 청동기에 「偁」이 간혹 「夆」인 것을 증거로 인용하여 「郢爰」을 「郢稱」으로 수정하였는데,[311] 분석이 매우 자세하고 정확하다. 일설에 의하면 은 재질의 자료에도 「郢偁」(『貨通』354)을 볼 수 있다고 한다. 「郢稱」 금판을 제외하더라도 아래와 같은 금판도 있다.

「陳偁」(『貨系』4261): 「陳」은 「𨹈」로 쓰며『酓忎盤』「𨹈」, 楚璽 「𨹈」 등과 함께 모두 전형적인 楚 나라 문자에 속한다. 「陳偁」은 楚 나라가 「陳」(河南성 淮陽)으로 천도한 시기에 제조된 金幣이어야 한다.

「專鍢」(『貨系』4265): 「專」는 「鄟」로 읽고, 河南성 上蔡에 위치한다. 「鍢」은 「偁」의 번체이다.

「盧金」(『貨系』4270): 「盧」은 과거에 「盧」로 해석하였으나, 기존 학자들이 「盧」으로 수정하였고 「鹽」으로 읽는다.[312] 「鹽」은 江蘇성 鹽城 서북쪽에 있다.

「少貞」(『貨系』4272)[313]: 「少」는 「瑣」로 읽고, 安徽성 곽구(霍丘)에 있다. 「貞」은 「釘」으로 읽는다.『說文』은 「정은 전병처럼 정련한 황금이다[釘, 煉餅黃金].」라고 하였으며, 段玉裁 注는 『「周禮·職金」에서 상제에게 제사를 지낼 때는 금판

310　林巳奈夫,「戰國時代の重量單位」,『史林』51卷 2號, 1968年.

311　安志敏,「金版與金餠」,『考古學報』1973年 2期.

312　黃錫全,「中國歷代貨幣大系先秦貨幣釋文校訂」,『第二屆國際中國古文字學研討會論文集』1993年.

313　李學勤,『東周與秦代文明』, 文物出版社, 1984年 319쪽.

을 제공하고 제후에게 잔치를 열 때도 이와 같았다고 하였다. 주를 보면, 납작한 금을 판이라고 한다[旅於上帝, 則共其金版, 饗諸侯亦如之. 注曰, 鉼金謂之版].』라고 하였다. 許愼이 언급한 「煉餅」은 「제련하고 불린 금을 판금이라고 한다[煉冶金爲版金].」에 해당한다.(孫詒讓의 『周禮正義』卷六九 참고) 金版은 스스로를 「釿」이라고 하였으며, 확실히 제련한 금판을 지칭한다. 西周 청동기 『柞伯簋』「적금십반(赤金十反)」(『文物』1998.9.56)의 「反」은 「版」으로 읽으므로 鄭玄이 제시한 「납작한 금을 판이라 한다[鉼金謂之版].」라는 설명이 근거가 있음을 증명한다.

「鄜冄」(『貨系』4275): 첫 번째 글자의 본래 자형은 「鄜」의 형태이며, 오른쪽 편방이 『隸釋』[314]에서 인용한 三體石經 古文 「鬲」을 「鬲」으로 쓴 것과 유사하다.[315] 「鄜」는 楚簡 자료에서도 볼 수 있고, 모두 「酈」으로 읽어야 한다.[316] 『용감수감(龍龕手鑑)』에서 「여는 력과 동일하다[鄜同酈]」라는 기록이 이에 대한 확실한 증거이다. 지역은 河南성 南陽에 있다.

「中」(『貨系』4276): 금판의 궐문(闕文)으로, 의미에 대한 연구가 필요하다.

「福壽」(『貨系』4277): 예전에 「鉛瓦」로 칭하였으며,[317] 金版을 모방한 鉛板이다. 「福壽」는 楚璽(『璽彙』3581)에서도 볼 수 있으며, 『顏氏家訓·歸心』의 「도척과 장교가 복을 누리며 오래 살았다[盜跖, 莊蹻之福壽].」를 참고할 수 있다. 鉛板과 楚璽의 「福壽」는 길어(吉語)가 분명하며, 鉛板은 명폐(冥幣)와 유사한 용도의 물품이다.

---

314 [역자주] 『隸釋』은 宋代 홍괄(洪适)이 집필한 저서로, 漢·魏·晉의 석각문자를 집록하여 고석하였다.

315 河南省博物館, 扶溝縣文化館, 「河南扶溝古城村出土的楚金銀幣」, 『文物』1980年 10期.

316 黃盛璋, 「新出戰國金銀器銘文研究」, 『古文字研究』12輯, 1985年.

317 柯昌濟, 『金文分域編』3, 1988年. 하림의(何琳儀) 선생은 이 부분에 대하여 가창제(柯昌濟) 선생에게 질문하였고, 柯昌濟 선생은 「壽縣 朱家集에서 출토된 鉛瓦 자료는 과거에는 단지 간행물 자료에 의존해 확인할 수 있었고, 명확하고 상세히 기록되지 않아 세밀하게 고찰할 수 없었으며, 고물에서도 납제품은 매우 드물었다.」라고 답변하였다.

「秉夌」(『文物』1986.10.88)은 「養陵」으로 읽으며, 지명이다. 『養陵公戈』와 『包山』 75 등에서 볼 수 있으며, 河南성 沈丘에 있다.

「生夌」(王貴忱 탁본)은 「廣陵」으로 읽고 지명이며, 江蘇성 楊州에 있다.

丁. 동전패(銅錢牌)

후세에 전해져 내려왔거나 최근 출토된 銅錢牌는 세 종류가 있다.

見金一朱[銖]	『錢幣』1990.3封裏
見金二朱[銖	『錢幣』1990.3.35
見金四朱[銖]	『錢幣』1990.3封裏

「夘[見]」은 과거에 「량(良)」으로 풀이하였으나, 이는 잘못된 견해이다. 오늘날 「見」으로 수정되었다. 「見金」은 『新唐書·姚璹傳』「공비는 많고, 견금은 부족하다[功費浩廣, 見金不足].」에서도 볼 수 있다. 「見金」은 바로 「現金」이며, 이 같은 자료의 경제사 연구 방면에 대한 의의는 말할 필요도 없다.

(5) 새인 문자(璽印文字)

楚 나라 官璽는 대부분 음각이며, 印面 의 크기는 고르지 않다. 칼 쓰는 방식이 제멋대로이고 구조가 흩어져 보이며 가장 지역적 특색이 짙은 것은 『璽彙』 0127, 0168, 0337, 5538, 5549 등이다. 楚璽 자료는 매우 풍부하고, 지명과 관명 모두 楚璽를 감정하는 중요 근거 자료 이다.

郊[弋]易[陽]	『璽彙』0002	河南潢川[318]
上韜[贛]	『璽彙』0008	江西贛州[319]
下䣜[蔡]	『璽彙』0097	安徽鳳臺[320]
上場[唐]	『璽彙』0099	湖北隨縣[321]
江夌[陵]	『璽彙』0101	湖北江陵[322]
坪[平]夜[輿]	『璽彙』0102	河南汝南[323]
邧[六]	『璽彙』0130	安徽六安
湘夌[陵]	『璽彙』0164	河南長沙
安昌	『璽彙』0178	河南確山
樂成	『璽彙』0179	河南鄧縣
鄄	『璽彙』0183	河南南陽
邦[封]夌[陵]	『璽彙』0209	廣西信都
雚[權]	『璽彙』0230	湖北荊門[324]
號[鄩]易[陽]	『璽彙』0269	江西鄱陽[325]
龍城	『璽彙』0278	安徽蕭縣
陳	『璽彙』0281	河南淮陽
菖[高]夌[陵](高陸을 의미)	『璽彙』0283	湖北鐘祥

318 李家浩, 「戰國邧布考」, 『古文字研究』3輯, 1980年.

319 李家浩, 「楚國官璽考釋」, 『江漢考古』1984年 2期.

320 葉其峰, 「戰國官璽的國別及有關問題」, 『故宮博物院院刊』1981年 3期.

321 李學勤, 「楚國夫人璽與戰國時的江陵」, 『江漢論壇』1982年 7期.

322 李學勤, 「楚國夫人璽與戰國時的江陵」, 『江漢論壇』1982年 7期.

323 曹錦炎, 『古璽通論』, 上海書畫出版社, 1995年, 106쪽.

324 鄭超, 《楚國官璽考述》, 『文物研究』1986年 2期.

325 曹錦炎, 『古璽通論』, 上海書畫出版社, 1995年 108쪽.

東郍[國]	『璽彙』0310	安徽淮北
坪[平]阿	『璽彙』0317	安徽懷遠
郢	『璽彙』0335	湖北江陵
五渚	『璽彙』0343	湖南洞庭湖[326]
安[鄢]地[바로 鄢이다]	『璽彙』5603	河南漯河

주목할 만한 점은 『璽彙』중에서 楚 나라 지명 접두사로 「上」(0008, 0097, 0100)을 사용하였거나 「下」(0097)를 사용하였고, 접미사는 「陵」(0101, 0164, 0209, 0283)을 사용하였다. 행정 구역 단위는 대부분 「里」(0178-0181, 0274, 5601)를 사용하였고, 주변 도읍은 대부분 「關」(0172, 0174, 0176)을 사용하였다.

楚璽에 기재된 관직이나 기관 명칭이 매우 많다. 「府」로 이름 지은 것은 「大廐」(0128-0130), 「造廐」(0131),[327] 「高廐」(0132), 「勞[肆]廐」(0337), 「司馬之廐」(5538) 등이 있다. 「官」으로 이름 지은 것은 「伍官」(0135), 「正官」(0136), 「計官」(0137), 「剈[宰]官」(0141), 「新官」(0142), 「新邦官」(0143), 「郢官」(5603) 등이 있다. 「令」으로 이름 지은 것은 「命」(5559), 「貼」(0351) 등이 있다. 「職」으로 이름 지은 것은 「職歲」(0205), 「職室」(0213), 「職飤[食]」(0217), 「職襄[纕]」(0309), 「職旅」(『續衡』1.14) 등이 있다. 「尹」으로 이름 지은 것은 「連尹」(0145), 「士尹」(0146)[328] 등이 있다. 「計」로 이름 지은 것은 「軍計」(0210), 「□計」(5604) 등이 있다. 「客」으로 이름 지은 것은 「群粟客」(0160), 「鑄巽[選]客」(0161), 「郢粟客」(5549) 등이 있다. 「囂」로 이름 지은 것은 「莫囂」(0164), 「連囂」(0318), 「不[莫]囂」(『文物』2001.1.93) 등이 있다. 「室」로 이름 지

---

326 李家浩, 「楚國官璽考釋」, 『江漢考古』1984年 2期.

327 湯餘惠, 「略論戰國文字形體研究中的幾個問題」, 『古文字研究』15輯, 1986年.

328 何琳儀, 「古璽雜識續」, 『古文字研究』20輯, 2000年.

은 것은 「佴[作]室」(0003), 「職室」(0213), 「專[暴]室」(0228),[329] 「藏室」(『珍秦』戰5) 등이 있다. 「大夫」(0097, 0099, 0100, 0101, 0102)는 더욱 더 흔히 보이는 명칭이다. 비교적 특수한 관직명도 있다. 예를 들어 「行[衡]彔[麓]」(0214),[330] 「亞牆[將]」(『璽研』8)[331] 등이며, 이를 일일이 열거하지 않겠다. 이상 제시한 관직과 기관은 대부분 전래 문헌의 기록과 서로 증명할 수 있고, 『七國考』에 수록된 「초 나라 관직」 내용보 다 더욱 풍부하여 楚 나라 관직을 연구하는 매우 중요한 고고학 자료이다.

楚 나라 새인 중에서 비교적 특이한 楚 나라 계열 문자는 국적을 판단하는 중 요 근거이다. 예를 들어, 「鉨」의 구성 요소 「金」은 대부분 「金」, 「金」, 「金」, 「金」, 「金」, 「金」 등으로 쓴다. 楚璽를 감정하는 믿을만한 척도이다. 「府」는 「府」으로, 「室」은 「室」으로, 「陵」은 「陵」으로, 「官」은 「官」으로, 「職」은 「職」으로 쓴다. 모 두 지역적 특색이 강하다.

(6) 도기 문자

江蘇성 연운항(連雲港) 박물관에 소장된 새인 중, 山東성에서 출토되었다고 전 해지는 도문 「축기정니(鑄[祝]丌[其]京[亭]鉨)」는 『璽彙』0279 「동기정니(童[僮]丌[其] 京[亭]鉨)」와 상호 증명할 수 있다.(楚簡 문자에는 「瑟」 또한 「丌」로 쓰므로 한 글자가 두 가 지 의미를 활용하는 현상에 속한 듯하다.) 이상 도문과 새인문은 지명과 문자 스타일에 근거하여 모두 楚 나라 기물로 확정할 수 있다. 「亭」의 발견은 楚 나라 亭里 제 도 연구에 의미있는 고고학적 증거를 제공하였다.

1983년, 河南성 商水에서 출토된 도문 「부서사공(夫疋[胥]司工)」(『考古』1983.9.848)

---

329 何琳儀, 「戰國官璽雜識」, 『印林』16卷 2期, 1995年.

330 吳振武, 「戰國璽印中虞和衡鹿」, 『江漢考古』1991年 3期.

331 湯餘惠, 「楚器銘文八考」, 『古文字論集』(一), 1983年.

은 전국시대 말기 楚 나라 청동기이다. 「夫胥」는 李學勤이 「부소(扶蘇)」로 읽고 지명이라고 하였다. 오늘날 河南성 商水에 부소고성(扶蘇古城)이 있다.

1972년, 安徽성 亳州北關의 전국시대 청동기 주조 유적지에서 문자가 동일한 古璽와 陶器가 발견되었고, 「富」와 「千金」(『考古』2001.8.93)를 볼 수 있다. 새인과 새인을 주조하는 틀이 함께 출토된 것은 상당히 보기 드물며 중시할 만한 가치가 있다.

包山楚墓에서 이례적으로 출토된 楚 나라 封泥(『包墓』下冊 그림四六15)는 한 글자 뿐이며 식별할 수 없다.

(7) 간독 문자

중화인민공화국 수립 이래로, 楚 나라 옛 지역이었던 湖北성(江陵, 隨縣, 荊門), 湖南성(長沙, 臨澧, 常德, 慈利), 河南성(信陽, 新蔡) 등의 세 성(省)에서 20여 점 죽간이 발견되었고, 극히 일부만 공식적으로 발표되었다. 아래 출토 시기의 순서에 따라 죽간을 간략히 소개하도록 한다.

1) 오리패 죽간(五里牌竹簡)

1951년 湖南성 長沙 五里牌 406호 고분에서 38매의 죽간이 출토되었고,[332] 철합 과정을 거쳐 18매가 되었다. 파손 정도가 매우 심각하다. 내용은 견책(遣策)에 속한다. 예를 들면 「정 8개(鼎八)」, 「재거감(才[在]匧[胠]械)」, 「금과 8개(金戈八)」, 「모 4개(矛四)」, 「□배 10합(□杯十會[盒])」 등이 있다.

---

332 湖南省文物管理委員會, 『長沙發掘報告』56, 科學出版社, 1957年 57쪽.

2) 앙천호 죽간(仰天湖竹簡)

1953년에 湖南성 長沙 仰天湖 25호 묘에서 43매 죽간이 출토되었고,[333] 내용은 견책에 속한다. 예를 들면 『앙천(仰天)』「소포 모자 2쌍[疏布之帽組二堣(偶)]」⑷, 「일월 명검[一越鎬劍]」(10), 「상자에 담다[皆藏於一匣之中]」(12), 「순유석 1개, 촉석 1개[一純綏席一蜀席]」(13) 등이 있다.

3) 양가만 죽간(楊家灣竹簡)

1954년에 湖南성 長沙 楊家灣 6호 묘에서 72매 죽간이 출토되었고,[334] 문자가 뚜렷하지 않아 단지 「졸(卒)」, 「작(灼)」 등의 글자만 식별할 수 있다.

4) 신양 죽간(信陽竹簡)

1957년에 河南성 信陽 長臺關 1호 묘에서 두 그룹의 죽간이 출토되었다.[335]

한 그룹의 죽간은 119매이며, 내용은 竹書에 속한다. 바로 엄격한 의미의 『典籍』이며, 후세에 전해진 先秦 문헌의 내용과 매우 유사하다. 예를 들면, 『信陽』「주공이 격분하여 얼굴을 붉히면서 가로되, 역부천인이 신분이 높아지면 형벌에 의해 죽음을 당한다[周公弌(慨)然作色曰, 易(役)夫賤人格上, 則刑戮至].」(1.01), 「가로되, 역부천인이 잘 기억하여 刑戮을 당한 자 중에 뛰어난 현인이 있다[曰, 易(役)夫賤人剛(强)悖(識)而撲於刑者, 有上賢].」(1.02),[336] 「□□ 글을 배우고, 삼년 辭令에 대하여 배우며, 삼 년 악곡에 대하여 배운다. 與□[□□敎著(書), 厽(參)歲

333　史樹靑, 『長沙仰天湖出土楚簡研究』, 群聯出版社, 1955年.

334　湖南省文物管理委員會, 「長沙楊家灣M006墓淸理簡報」, 『文物參考資料』 1954年 12期.

335　河南省文物研究所, 『信陽楚墓』, 文物出版社, 1986年.

336　何琳儀, 「信陽竹書與墨子佚文」, 『安徽大學學報』 2000年 1期.

(歲)敎言, 三歲(歲)敎詔(詔) 與□]」(1.03), 「서로 조화됨이 서로 합친 듯하고, 서로 보호함이 갑옷과 같다. 다름이 있어서는 안 된다[(相)化如繪(合), 相保如介. 毋佗(它)].」(1.04), 「군자가 도는 반드시 오곡의 이슬과 같아야 한다[君子之道, 必若五浴之溥].」(1.05), 「선왕의 법에 대하여 들은 바 있다[聞之於先王之法也].」(1.07) 등이 있다.

다른 한 그룹은 29매로, 내용은 견책에 속한다. 예를 들면 『信陽』「……기물, 우비(숟가락) 2개, 원관 2개, 청방 2개, □□ 4개, 원형 청황색 무늬 원감 2개, 반 1개, □ 1개, □ 1개, 뢰 1개, 목기 2개[……器, 二芋匕,[337] 二圓缶, 二青方(鈁), 二方監(鑒), 四□□, 二圓監(鑒)屯(純)青黃之畫, 一盤, 一□, 一□, 一雷(罍) 其木器二].」(2.01)이다.

5) 망산 죽간(望山竹簡)

1965년, 湖北성 江陵 紀南城 1호 묘와 2호 묘에서 두 차례에 걸쳐 죽간이 출토되었다.[338]

1호 묘 죽간은 207매이며, 죽간의 문자는 1,093글자이다. 그 중 낱글자 216개와 중복하여 쓰인 글자 877개를 확인할 수 있다. 복서(卜筮)이며 제사를 통해 기도하는 대상은 선왕, 선군(先君), 山川, 신지(神祇) 등이 있다. 예를 들어 『望山』「간태왕(柬[簡]大[太]王)」(12.8), 「성왕(聖[聲]王)」(1.110), 「도왕(卲[悼]王)」(1.107), 「동댁공(東宅公)」(1.109), 「후사(后土)」(1.55), 「사명(司命)」(1.54), 「대수(大水)」(1.131) 등이 있다. 제물로는 「직우(戠[牲]牛)」(1.110), 「백견(白犬)」(1.28), 「패옥일환(備[佩]玉一環)」(1.54) 등

---

337 [역자주] 房振三의 자형 고석을 추가하였다. 房振三, 『信陽楚簡文字研究』, 安徽大學博士學位論文, 2003年, 40쪽.

338 湖北省文物考古研究所, 北京大學中文系, 『望山楚簡』5, 中華書局, 1995年 9쪽.

이 있다. 제사 용어로는 「상정길(恒[常]貞吉)」(1.81), 「무타(無佗[它])」(1.18) 등이 있으며, 전래문헌과 상호 증명할 수 있다.

2호 묘 죽간은 13매이며, 죽간의 문자는 925자이다. 그 중 낱글자 251자와 중복하여 쓰인 글자는 674자이다. 견책에 속하는 내용으로 예를 들어, 『望山』: 「혁대 3개, 혁대 1개, 대관 1개, 생사 구 1개, 추구 1개, 청수 20개, 자리 12개, 비단 두루마기. 맹동(盲僮, 목우로 만든 하인) 9개, 붉은 황색 의복 맹동 4개, 붉은 추 의복 맹동 3개, 자주색 의복 맹동 2개. □ 붉은색 □□ 두소수모쾌. 슬 2개, 비단옷 1개, 1개……[三革帶, 一革帶, 一大冠, 一生絲之縷(屨),[339] 一緋縷(屨) 青幀廿, 席十又二, 皆紡襭. 九亡(盲)童(僮), 亓(其)四亡(盲)童(僮)皆緹衣, 亓(其)三亡(盲)童(僮)皆丹緅之衣, 亓(其)二亡(盲)童(僮)皆紫衣. □赤□□頭索(素)禠之毛夫. 二瑟卷, 一非(緋)衣, 亓(其)一……]」(2.49)를 제시할 수 있다.

6) 등점 죽간(藤店竹簡)

1973년, 湖北성 江陵 藤店 1호 묘에서 24매 죽간이 출토되었다.[340] 파손이 심각하여 대략 40여 글자를 식별할 수 있다.

7) 천성관 죽간(天星觀竹簡)

1978년, 湖北성 江陵 天星觀 1호 묘에서 70여 매 죽간이 출토되었고, 대략 4,500여 자이다.[341] 자료는 아직 전부 발표되지 않았고, 내용은 견책, 복서에 속한다. 전자는 「집윤(集尹)」, 「집주윤(集胝[厨]尹)」, 「재윤(宰尹)」 등의 楚 나라 관명이 기

---

339 朱德熙, 裘錫圭의 풀이를 참고하였다. 朱德熙, 裘錫圭, 「戰國文字研究(六種)」, 『考古學報』(第一期), 科學出版社, 1972年.

340 荆州地區博物館, 「湖北江陵藤店1號墓發掘簡報」, 『文物』1973年 9期.

341 湖北省荆州地區博物館, 「江陵天星觀1號楚墓」, 『考古學報』1982年 1期.

록되었고, 후자는 「사명(司命)」, 「사화(司禍)」, 「지주(地主)」, 「운군(雲君)」, 「대수(大水)」, 「동성부인(東城夫人)」 등이 기록되어 모두 楚 나라 문화 연구의 귀중한 자료이다. 이 밖에 天星觀 죽간에 「진의 빈객 공손앙이 교영에서 왕을 방문한 해[秦客公孫鞅聞(問)王於藏(郊)郢之歲(歲)]」라는 기록이 있다. 이 중 「公孫鞅」은 바로 명성 높은 상앙(商鞅)이며, 죽간 연대는 당연히 기원전 340년 이후이다. 알려진 바에 의하면, 이 죽간 석문(釋文)은 이미 탈고한 상태이며 출판을 앞두고 있다.

8) 구점 죽간(九店竹簡)

1981년에서 1989년까지, 湖北성 江陵九店 56호 묘, 411호 묘, 621호 묘에서 모두 344매 죽간이 출토되었다.[342] 죽간 자료는 이미 『江陵九店楚墓』와 『九店楚簡』 두 저서에 수록되었으며, 고증 논문 또한 적지 않다. 죽간 내용을 세 가지로 구분할 수 있다.

첫 번째, 농작물의 중량 측정과 관련 있으며 형제(衡制)와 양제(量制)의 환산까지 포괄한다.(2, 3-8, 10,12) 예를 들면, 「7방 1균은 精米[343] 5.6규이고, 精米 4담이다. 중방 1□는 精米 10담에 3담이다. 3적 2잠은 1방 1대수(大首)이고, 精米 20담이다. □방……(方七麇一, 䉛五楺又六來, 䉛四櫓[擔]. 方中□一, 䉛十櫓[擔]又三櫓[擔]. 三赤二篸, 方顔一, 䉛二十櫓[擔]. 方□……)」(3)이다.

두 번째, 術數와 관련 있으며 雲夢秦簡의 『日書』와 대등하다. 대략 10종류가 있다.[344]

342　湖北省文物考古研究所, 『江陵九店東周墓』, 科學出版社, 1995年.

343　[역자주] 草錦炎, 岳曉峰의 견해를 참고하였다. 草錦炎, 岳曉峰, 「說《越公其事》的"舊"--兼說九店楚簡"舊"字」, 『簡帛』16輯, 武漢大學簡帛研究中心, 2018年.

344　李零, 「讀九店楚簡」, 『考古學報』1999年 2期.

① 건제(建除)(13-26), 죽간 위쪽에 日辰을 기록하였는데, 「건(建)」, 「감(贛) [함(陷)]」, 「파(破)」, 「평(坪)[평(平)]」, 「영(寧)」, 「공(工)」, 「좌(坐)」, 「합(盍)[합(蓋)]」, 「성(城)[성(成)]」, 「복(復)」, 「원(蒬)[원(宛)]」,[345] 「미(微)」 열두 명에 따라서 간지(干支)를 배열하였다. 아래쪽에 의기(宜忌)에 대해 서술하였다.[346] 이러한 楚나라 건제(建除)는 수호지진간(睡虎地秦簡)『日書』甲種『除』편과 대응할 수 있다.

② 총진(叢辰)(25-36), 죽간은 「수(秀)」, 「결(結)」, 「양(陽)」, 「교(交)」, 「□」, 「음(陰)」, 「달(達)」, 「외양(外陽)」, 「외해(外害)」, 「외음(外陰)」, 「절(絕)」, 「광(光)」 등의 열두 자리에 의거하여 간지(干支)를 배열하였고, 일별로 宜忌를 서술하였다.

③ 사시길흉(四時吉凶)(37-42), 죽간 37-40의 위쪽에는 四時 십간일[干日]의 길흉을 기록하였으며, 「불길(不吉)」, 「길(吉)」, 「성(成)」 세 종류로 구분하였다. 아래쪽에는 12지일(支日)의 宜忌를 요점만 기록하여 「오자(五子)」, 「오묘(五卯)」, 「오해(五亥)」 세 종류만 있다. 죽간 41-42는 「성일(成日)」, 「길일(吉日)」, 「불길일(不吉日)」 宜忌를 기록하였다.

④ 무이군(禱武夷) 축사 기도(43-44), 「악몽을 제거하는 기도의식 행위[禳除惡夢]」를 기원하는 기도문으로 유사한 내용을 睡虎地秦簡『日書』甲種『夢』과 乙種『夢』에서 볼 수 있다. 「武夷」는 「전사한 병사를 주관하는」 神을 말한다.

⑤ 상택(相宅)(45-59), 「관아[垣]」, 「집[宇]」, 「궁(宮)」, 「진(辰)」, 「제실(祭室)」, 「사당[堂]」, 「곳간(廩)」 등을 포괄하고, 睡虎地秦簡과 유사하다.

⑥ 조석개폐(朝夕啓閉)(60-86), 예를 들어 「묘일 아침에 닫히고 저녁에는 열린다.

---

345 何琳儀, 徐在國,『釋蒬』, 中國文字學研討會(天津), 2001年.

346 [역자주] 의기(宜忌)는 사용해야 하는 경우와 사용하지 말아야 하는 경우를 나누는 것을 말한다.

오묘일 아침에 도주한 노예를 잡을 수 있고, 저녁에 잡을 수 없다. 반드시 죽을 것이다.(이날) 병이 있는 (사람은) 미일에 조금 좋아질 것이고, 신일에 많이 좋아질 것이며, 생사는 축일에 있다. 남쪽에 득이 있다[卯, 朝閉夕啓. 凡(五卯), 朝逃得, 夕不得. 以入, 必有大亡. 以有疾, 未小瘳, 申大瘳, 死生在 丑. 南有得].」(63+72+64)이다.

⑦ 세(歲)(94-108), 「천일(天一)」, 「태음(太陰)」, 「태수(太歲)」 등 신살(神煞)이 정처 없이 떠돌아 다니는 것을 가리킨다. 예를 들어, 「세: 10월, 11월[굴월], 3월 [형월], □서; 8월[찬월], 12월[원월], 4월[하월], □북; 9월[헌마], 1월[형월], [8월, □동; 동](94) 월월, [9월, □남][歲: 十月, 屈月, 亨月, □西; 爨月, 遠月, 夏月, □北; 獻馬, 荊月, (八月, □東; 冬)(94)月月, (九月, □南)].」(104)이 있다.

⑧ 행(行)(87-97, 111, 125-127), 예를 들어 「10월, 11월, 12월에는 북쪽 이동을 자제 하라[(冬)月, 屈月, 遠月, 不可以北徒□].」(91)이다.

⑨ 재의(裁衣)(109-110, 112, 113), 예를 들어 「□신일, 기미일, 임술일에 옷을 재단 하면 반드시 죽을 것이다[□申, 己未, 壬戌以折(制), 必以內(入)□].」(95)이다.

⑩ 사생음양(死生陰陽)(114-118), 예를 들어 「사생음양은 축일에 발생되어, 인일 에 발생이 완성되고, 묘일에 쇠약해진다. 진일에 발생되어, 사일에 왕성히 완성되고, 오일에 쇠약해진다[死生陰陽, 夫生于丑, 即生于寅, 衰生于卯; 夫旺于辰, 即旺于巳, 衰旺于午].」(114)이다.

세 번째, 문헌 기록과 관련이 있다. 621호 묘 죽간의 문자는 훼손이 매우 심각 하여 한 구절조차 제대로 읽기가 어렵다. 예를 들어, 「자출복시종내비……[自出 福是從內悲……]」(4), 「계자녀□[季子女□]」(34)이다.

9) 수현 죽간(隨縣竹簡)

아래 「曾 나라 문자」에서 상세히 다루고자 한다.

10) 임례 죽간(臨澧竹簡)

1980년, 湖南성 臨澧 1호 묘에서 죽간 수십 매가 출토되었으며, 견책에 대한 내용이다.[347]

11) 석양파 죽간(夕陽坡竹簡)

1983년, 湖南성 常德 德山 夕陽坡 2호 묘에서 죽간 2매가 출토되었다.[348] 문장을 조합하면, 「월 지역의 용군 贏이 군신을 거느리고 돌아 온 해, 형시월 기축일 왕이 교영의 이궁별관(離宮別館)에 머물렀다. 사윤(土尹) □은 왕의 추천을 기뻐하며 왕의 위엄을 기억한다. 추신윤 여녹은 초왕의 명을 이어 받아 서방이 매년 바치는 세금을 하사 한다[越涌(甬)君贏將其衆以歸處之歲, 荊尸之月, 己丑之日. 王處於郊郢之游宫. 士尹□王之上與(舉), 念哲王之畏(威) 俈(簉)迅(訊)尹吕逯以往命, 賜舒方御歲惛(課)].」이다. 내용의 대의는 초왕이 묘주 士尹 □에게 舒方의 일 년 조세를 누릴 수 있는 특권을 하사한 것이다.[349] 죽간의 성격은 후대의 「황제가 공신에게 하사한 대대로 특권을 누릴 수 있는 문건[丹書鐵券]」과 유사하다.

12) 진가취 죽간(秦家嘴竹簡)

1986년에서 1987년까지 湖北성 江陵 秦家嘴의 楚墓 3곳에서 죽간이 출토되

---

347 滕壬生, 『楚系簡帛文字編』序言4頁, 湖北教育出版社, 1995年.

348 湖南省常德地區文物工作隊, 「常德縣德山戰國墓清理簡報」, 『考古』1985年 12期; 楊啓乾, 「常德市德山夕陽坡2號墓竹簡初探」, 『楚史與楚文化』1987年; 劉彬徽, 『早期文明與楚文化研究』216頁, 嶽麓書社, 2001年, 216쪽.

349 何琳儀, 「舒方新證」, 『古籍研究』2000年 1期.

338 전국문자통론

였으며 총 41매이다. 1호 묘는 7매이며, 내용은 卜筮이다. 13호 묘는 18매이며, 이 내용 또한 卜筮이다. 99호 묘는 16매이며, 내용은 卜筮와 소량의 遣策이다.[350]

13) 포산 죽간(包山竹簡)

1987년 湖北성 荊門 包山 2호 묘에서 278매 죽간이 출토되었고, 총 글자 수는 12,472글자이다.[351]

포산죽간은 「대사마 소양이 양능에서 晉 나라 군사를 격파한 해[大司馬昭陽敗晉師於襄陵之歲]」가 있으며, 鄂君啟節의 명문과 모두 일치한다. 따라서 포산죽간의 상한선은 기원전 323년보다 빠를 수 없으며, 혹자는 기원전 322년으로 여기기도 하였다. 또한 포산죽간의 하한선을 「대사마 도골(悼愲)이 초 나라 군사를 이끌고 부 지역을 구하였던 해[大司馬悼愲將楚邦之師徒以救郙之歲]」에 근거하여, 기원전 316년으로 확정할 수 있다.[352]

죽간의 내용은 司法文書·卜筮·遣策 세 유형으로 구분한다.

甲. 사법 문서, 총 196매(1-196)

죽간 총 수량의 2/3 이상을 차지하고, 내용이 매우 풍부하다. 그중 편명을 명확히 쓴 죽간은 아래 나열한 4가지가 있다.

---

350 湖北省荊沙鐵路考古隊, 「江陵秦家嘴楚墓發掘簡報」, 『江漢考古』 1988年 2期.

351 湖北省荊沙鐵路考古隊, 『包山楚墓』, 文物出版社, 1991年.

352 王紅星, 「包山簡牘所反映的楚國律法問題」; 劉彬徽, 「從包山楚簡記時材料論及楚國紀年與楚曆」, 이상 자료는 『包山楚墓』의 부록에서 확인할 수 있다. 劉彬徽, 「包山大冢——又一座楚文化地下寶庫」, 『早期文明與楚文化研究』, 嶽麓書社, 2001年, 72쪽. 湖北省荊沙鐵路考古隊, 『包山楚簡』, 文物出版社, 1991年.

① 『집저(集箸)』는 13매(1-13)이다. 「集」은 여러 가지가 섞여 있다는 뜻이 있다. 「箸」는 「書」로 읽으므로 「集箸」는 바로 「雜書」이다. 예를 들면, 「복□에 있는 상연오 환집이 다시 추연에 대하여 기록하기를 복 지역의 소도읍에 거주한다고 하였다. 진예가 왕을 경축한 해의 전적에 있다[復□上連囂(敖)之還集瘳衍一夫, 處於復域之少桃邑, 在陳豫之典].」(10-11)이다.

② 『집저언(集箸言)』은 5매(14-18)이다. 「言」은 언사의 의미가 있다. 예를 들면, 「오사소관의 사패 약이 말하였다. 소행의 대부 령이 관인을 잡아갔다. 신곡 신윤이 이 안건을 심리하지 않고, 묻지 않는다[五師宥偣之司敗告胃(謂), 邵行之大夫吟執其偣人, 新偌迅尹不為其證, 不憖].」(15反)이다.

③ 『수기(受期)』는 61매(19-79)이다. 「期」의 고문자는 「丌」로 쓰며, 「其」로 구성된 한자와 「几」로 구성된 한자는 서로 바꿀 수 있다.(모두 牙音에 속한다) 『周禮·秋官·朝士』「조사의 다스림에는 기일이 있다[凡士之治有期日].」에 대하여 孫詒讓은 『正義』에서 「첫째로 백성이 사건을 고소하면 사관은 약속한 기일 안에 다스린다. 둘째로 죄가 있어 관청에 있지만 판결이 부당한 자는 기한 내에 제소를 허가한다[一則民以事來訟, 士官為約期日以治之; 二則獄在有司而斷決不當者, 許於期內申訴].」라고 하였다. 즉, 죽간에서 말했던 「受期」는 대략 후대의 「소환장」과 비슷한 의미이다. 예를 들어, 「8월 무인일, 저양군주의 리공등영은 소환장을 받았다. 작년 8월 신사일에 그의 주에서 사망한 사람의 이름, 거주지 등을 상급 기간에 보고하지 않아 조사하여 승진에 반영되었다. 심사하는 관원 단고가 사건을 기록하다[八月戊寅之日, 邸陽君州里公登纓受期, 辛巳之日不以所死於其州者之居處名族至(致)命, 徵門(問)又(有)敗. 旦塙識之].」(32)이다. 그중 「徵」은 검증의 의미가 있다. 『書·洪範』「여러 징험으로 끊임없이 생각한다[念用庶徵].」의 注를 보

면, 「徵은 검사하다[徵, 驗也].」라고 하였다. 이른바 「徵問」은 마땅히 사법 심문의 전문 용어이다. 『左傳』僖公 4년 「그런데 초 나라는 포모를 바치지 않아 축주할 수 없어 왕의 제사를 지내지 못하게 하였으니, 과인은 이 죄를 묻노라. 소왕이 남방을 순수(巡狩)하다가 돌아오지 못하셨으니, 과인은 이 것도 묻노라[爾貢包茅不入, 王祭不共, 無以縮酒, 寡人是徵. 昭王南征而不復, 寡人是問].」라는 구절을 참고할 수 있다. 이 용례에서 「徵」과 「問」은 대구를 이루고 있어 포산간의 「徵門[問]」과 서로 부합한다.

④ 『필옥(疋獄)』은 23매(80-196)이다. 「疋獄」은 「須獄」으로 읽으며, 심리(審理)를 기다린다는 의미가 있다. 예를 들어, 「荊尿월 기축일, 부가 관할구역 주의 진덕이라는 사람이 성부인의 사람 종진, 종미를 소송하였다.(그들이 진덕의) 형과 신을 살해하였다. 의강이 기록하고, 수기 리가 담당하다[荊尿之月己丑之日, 膚人之州人陳德訟聖夫人之人宗軫、宗未, 胃(謂)殺其兄、臣. 正義強識之, 秀期為李(理)].」[353](84)이다. 『禮記·月令』「옥리에서 명하여 상처를 살핀다[令理贍傷].」의 注에서 「리는 옥사를 심리하는 관리이다[理, 治獄官也].」라고 하였다. 죽간에서 언급한 「리(李[理])」의 관직 등급이 높지 않고, 반드시 심리(審理)를 주관하는 사람은 아니며, 후대의 「법관」과도 동일한 개념이 아니다.

편명이 없는 죽간은 아래 3종류가 있다.

⑤ 「대금적종(貸金糴種)」 류는 17매(103-119)이다. 예를 들면, 「대사마 소양이 양릉에서 진의 군사를 격파한 해, 향월 자사마는 왕명을 받아 손릉 공□, 의양 사마 강에게 월이 기관의 황금을 빌려주고, 빌린 황금으로 종자를 구매하여 호간 지역 경작에 사용하게 한다. [103]앙 루녹이 기록하였다. 生夏,

353 何琳儀,「包山竹簡選釋」,『江漢考古』1993年 4期.

生箭이 사법 관원 리 관직을 맡는다. [103反] 屈柰월에 황금을 상환해야 한
다[大司馬邵陽敗晉師於襄陵之歲, 享月, 子司馬以王命, 命巽陵公□、宜陽
司馬强貢(貸)越異之黃金, 以貢(貸)鄱間以耀種.(103)王婁逯識, 生夏、生箭為剚
(理) (103反)期至屈柰之月賽金 (104)].」,「양릉 연효 달과 대신윤 족은 양릉 지
역을 위하여 월이의 도합 4일 중량의 황금을 빌렸다. 종자를 구매하여 경
작에 사용하였는데, (황금) 상환 시한을 놓쳤고, 빌린 황금을 상환하지 않았
다[陽陵連嚚達、大迅尹足為陽陵貢(貸)越異之黃金四益(鎰)以翟(糴)種. 過期
不賽金 (112)].」이다. 위 내용의「황금을 빌려 경작에 사용하다[貢(貸)金翟(糴)
種]」중에서「기한이 지나도 상환하지 않다[過期不賽金].」가 발생하여 기
소되었으므로「剚[理]」가 안건을 처리한 것은 그 자체로 사안에 부합한다.

⑥ 중대 사건(대부분 인명에 관한 문서이다)은 42매(120-161)이다. 예를 들면,「송 나
라 빈객 성공 비가 초 나라에 방문한 해 屈柰월 무인일, 필양공은 대담하
게 이 지역 객위와 □윤계의 조사를 명령하였다. 동오공 여비와 오사마 양
우가 답하길: 필양의 혹관 황서와 황□은 감보가 초 나라 방문한 해 찬월
이곳에서 사망하였고, 소무의 부읍이 그들을 묻었다고 하였다. 정필양의
혹관 왕의가 리를 담당한다[宋客盛公畀聘楚之歲, 屈柰之月, 戊寅之日, 疋
陽公命敢域之客葦、□尹癸察之. 東吾公余卑、吾司馬陽牛皆言曰, 疋陽之
酷佝黃徐、黃□皆以甘㢟之爨月, 死於小人之吾, 邵戊之夫邑. 既發引, 廷疋
陽之酷佝之客. 往倚為剚(理) (125, 125反)].」이다.

⑦「所投」류는 35매(162-196)이다. 예를 들면,「쇠윤 소송 보고, 향월 무인일 하
는 채권에게 명령하였다. 신사일 부읍 지역의 수역, 란전, 초방전. 9월 계해
일 모훈. 을축일 양릉 지역의 원종지. 10월 을해일 양적 지역의 요현, 로경,
임청, 염확과 악군 관할의 서필. 무인일 정양 지역의 소쾌, 채보와 집주 명

야, 서솔예, 그리고 여 지역의 고은. 신사일 신은 변권과 교윤 관할의 모, 담
□윤 관할의 □에게 명령하였다[告所投於衰尹, 享月戊寅, 夏命蔡卷. 辛巳,
郙邑人秀鬲、爨前、楚方前. 九月癸亥, 某訓. 乙丑, 陽陵人遠從志. 十月乙
亥, 陽翟人廖賢、盧勁、壬青、閭穋、噩君之人舒罼. 戊寅, 正陽邵夫、蔡
步、集厨鳴夜、舒率鯢、汝人苦愁. 辛巳, 迅命弁倦、郊尹毛之人、鄝□尹
□之人 (193, 194)].」이다. 「投」의 고문자 자형은 의미요소 「戈」와 소리요소
「豆」로 구성되었다. 후대의 「고소하다」라는 의미와 유사한 듯하다.

이상 문서류는 최초 발견된 楚 나라 사법 분야의 귀중한 자료이며, 전래문헌
의 오류를 보완할 수 있다. 이 밖에도 토지 소유제, 호적 제도와 관련된 내용 또
한 위 문서류에 어느 정도 반영되었다. 더욱 중요한 것은 사법문서에 수많은 지
명과 관직명이 언급되었다. 그중 楚 나라 중심 지대인 湖北성 지역 내에 속하
는 「鄂」, 「隨」, 「鄧」, 「陰」, 「郙」, 「安陸」 등이 있으며, 동쪽은 山東성, 安徽성, 浙
江성 지역 안에 있는 「邾」, 「鄝」, 「下蔡」, 「越」 등에 이르며, 북쪽은 河南성 지역
안에 있는 「陳」, 「郙」, 「呂」, 「新都」, 「宜陽」, 「魯陽」, 「安陵」 등에 이르며, 남쪽은
湖南성 일대에 있는 「長沙」, 「益陽」 등까지 이른다. 이것은 전국시대 楚 나라 영
토 연구에 신뢰할 만한 고고학 자료를 제공해 주었다. 포산죽간은 몇 가지 「郢」
에 대한 기록이 있다. 과거에 이미 확인된 「郢」, 「郊郢」 이 외에도 새롭게 발견
된 「람영(藍郢)」, 「병영(並郢)」, 「붕영(朋郢)」 등이 있다. 「郢」은 楚 나라 도읍지이
며, 나머지 네 「郢」은 아마도 초왕의 행궁이 있는 지역을 의미하는 듯하다.

乙. 복서 제도(卜筮祭禱), 총 54매 (197~250)

복서류 죽간 중 형태가 완전한 죽간은 전사(前辭), 명사(命辭), 점사(占辭), 도사(禱辭), 험사(驗辭) 다섯 부분을 포괄한다. 어느 한 부분을 생략하기도 하는데, 예를 들면, 「동주의 빈객 허정이 교영에 제수용 고기를 보낸 해 찬월 기유일, 농강은 소보로 좌윤 소타를 위하여 점을 치니 (소타는) 이미 심장에 병이 생겨 호흡이 원활하지 못하고, 식사가 어렵다고 하였다. 찬월 중순이 되면 불행이 없어질 것이다[東周之客許䋣歸胙於郊郢之歲, 爨月己酉之日, 弄羌以少寶為左尹邵它貞, 即有病, 病心疾, 少慨, 不入飤. 爨月期中尚毋有殃 (221)].」이다.

제도(祭禱)류 죽간은 일반적으로 전사(前辭)와 도사(禱辭) 두 부분을 포괄한다. 예를 들어, 「대사마 邵䚡는 초 나라 군대를 이끌고 부를 도와준 해 荊尿월 기묘일, 오생이 승덕을 사용해 좌윤 소타를 위하여 점을 치니 폐기가 역으로 올라와 식사가 어렵다고 하였다. 하루빨리 완쾌하길 희망하고, 불행이 있어서는 안 된다. 점의 결과를 보니 시종 길조라고 한다. 질병은 변화하여 더욱 심각해졌다. 이러한 원인으로 인하여 제사를 거행하였다. 초왕을 위하여 기도드렸고, 웅려에서 초무왕에게 와서 5마리 소와 5마리 돼지를 사용하여 물가와 물에 빠져 죽은 사람을 넋을 풀어줄 것을 명령하였다. 오생이 점치기를 '길'하다고 하였다[大司馬邵䚡以將楚邦之師徒以救郙之歲, 荊尿之月, 己卯之日, 五生以丞德以為左尹它貞, 既腹心疾, 以上慨, 不甘飤, 尚速, 毋有祟. 占之, 恒貞吉. 疾弁, 病㝩. 以其故敓之. 舉禱荊王, 自酓(熊)鹿(麗)以就武王, 五牛、五豕. 思攻解於水上與溺人. 五生占之曰, 吉 (245, 246)].」이다. 제도류는 「일도(一禱)」, 「거도(舉禱)」, 「새도(賽禱)」가 있다. 제도의 대상은 천지신명[神祇], 산천, 성신(星辰)을 포괄하는데, 예를 들면, 「二天子」, 「司禍」, 「地主」, 「后土」, 「司命」, 「大水」, 「宮」, 「社」, 「人禹」, 「不辜」, 「高丘」, 「下丘」, 「坐山」 등이 있다. 주목할 만한 부분은 祭禱 대상 중에서 楚 나라 선조를 포괄한다는 점이다. 「노동(老僮)」, 「축융(祝融)」, 「육웅(鬻熊)」이 한 계통이며,[354] 「웅려(熊麗)」, 「무왕(武王)」 이하로 또 다른 계통이다. 그 중, 「熊麗」는 갑골 복사 제전(祭典)의 「上甲微」[355]에 해당하고, 위로부터 계승되어 내려왔기 때문에 지위가 상당히 중요하다.

丙. 견책(遣策), 총 28매(251-278)

부장품은 상당히 다양하여 음식물, 제사 도구, 수레 도구, 복식, 생활용품 등을 포괄한다. 예를 들어, 「사실에는 식순(음식 담는 대나무 바구니)을 사용한다. 돈육포 2식, 포육 2식, 돈찜 1식, 돈수육 1식, 단주 2식, 백주 2식, 닭볶음 1식, 닭찜 1식, 어수육 2식, 밤 2식, 올빼미 2식, 華자 2식, □ 2식, 탱자 2식, 마름 열매 2식, 생강 2식, 박과 1식, □리 2식, 도포 1번, 농병아리 1번, 닭수육 1번, 매 1번[飤室所以食筥, 豙脯二筥、脩二筥、燈(蒸)猪一筥、庶(煮)猪一筥、蜜酏二筥、白酏二筥、鼉[熬]雞一筥、庶(煮)雞一筥、鼉(熬)魚二筥、栗二筥、梟二筥、華芷二筥、□二筥、枳二筥、集二筥、薑二筥、蘇一筥、□利二筥、檮(桃)脯一筓、鷈鷈一筓、庶(煮)雞一筓、一筓鷈(鷳) (257, 258)]」이다.

14) 자리 죽간(慈利竹簡)

1987년 湖南성 慈利 石板村 36호 묘에서 잔간(殘簡) 4,371점이 출토되었으나 현재까지도 정리 중이다. 다수의 문자가 비교적 모호한 점은 매우 안타깝다. 제도와 문물에 관한 내용이며, 그중 일부는 『國語·吳語』, 『逸周書·大武』 등의 전래문헌으로 증명할 수 있다. 『管子』, 『영월자(寧越子)』 등의 산실된 문장으로 보

---

354 李學勤, 「論包山竹簡中一楚先祖名」, 『文物』 1988年 8期.

355 何琳儀, 「楚王熊麗考」, 『中國史研究』 2000年 4期.

이는 내용도 있다.[356]

15) 계공산 죽간(鷄公山竹簡)

1991년 湖北성 江陵 鷄公山 18호 묘에서 수량이 불분명한 竹簡이 출토되었고, 遣策에 대한 내용이다.[357]

16) 강릉전와창 죽간(江陵磚瓦廠竹簡)

1992년 湖北성 江陵 기와 공장 370호 묘에서 죽간 6매가 출토되었고, 내용은 사법 문서에 속하며, 포산죽간 「사법문서」의 성격과 동일하다.[358]

17) 노하구 죽간(老河口竹簡)

1992년 湖北성 老河口의 전국시대 무덤에서 죽간이 발견되었고, 遣策에 관한 내용이다.[359]

18) 황주 죽간(黃州竹簡)

1993년 湖北성 黃岡 曹家岡 5호 묘에서 죽간 7매가 출토되었고, 모두 40자이며 遣策에 관한 내용이다.[360]

19) 범가파 죽간(范家坡竹簡)

1993년 湖北성 江陵 范家坡 27호 묘에서 죽간 1매가 출토되었으나, 내용은

356 張春龍, 『慈利楚簡概述』, 新出簡帛國際學術硏討會論文, 北京大學, 2000年.
357 張緖球, 「宜黃公路仙江段考古發掘工作取得重大收獲」, 『江漢考古』1992年 3期.
358 滕壬生, 黃錫全, 「江陵磚瓦廠M370楚墓竹簡」, 『簡帛硏究』2001年.
359 陳振裕, 「湖北楚簡槪述》, 『簡帛硏究』1輯, 1993年.
360 黃岡市博物館, 「湖北黃岡兩座中型楚墓」, 『考古學報』2000年 2期.

불분명하다.[361]

20) 곽점 죽간(郭店竹簡)

1993년 湖北성 荊門 郭店 1호 묘에서 죽간 730매가 출토되었으며, 12,072자이다.[362] 이 고분의 연대는 전국시대 중기에서도 다소 늦은 시기로 추정한다. 죽간의 내용은 儒家와 道家 저작 16종이다. 그중 道家 3편(『老子』, 『太一生水』, 『語叢』)은 道家이며, 다른 것은 모두 儒家에 속한다. 죽간의 문자는 매우 선명하고, 사진과 석문은 모두 『郭店楚墓竹簡』에서 볼 수 있다.[363]

『老子』는 甲·乙·丙 세 부분을 포괄하고, 모두 2,046자이다. 대략 현행본 내용의 2/5에 해당한다. 장(章) 순서는 현행본과 비교적 큰 차이가 있고, 문자 또한 적지 않은 차이가 있다. 게다가 『德經』과 『道經』을 구분하지 않았으며, 漢 나라 帛書本과도 동일하지 않은 점은 현재까지 볼 수 있는 가장 이른 『老子』 필사본이다.

『太一生水』는 「太一」과 天地, 四時, 陰陽 등의 관계를 논하였으며, 우주 생성 이론을 설명한 매우 가치 있는 道家 저작이다.

『緇衣』는 현행본 『禮記·緇衣』와 대체로 동일하지만, 두 자료의 장(章) 구분과 차례 순서는 비교적 큰 차이를 보이며, 문자 또한 많은 부분이 다르다. 만약 곽점죽간을 상해죽간, 현행본과 서로 비교하면 죽간본이 현행본보다 우수하다는 것을 알 수 있다.

『魯穆公問子思』는 魯穆公과 子思 사이의 대화를 서술한 내용으로 경전(經傳)

---

361 滕壬生, 『楚系簡帛文字編』, 湖北教育出版社, 1995年 序言9쪽.

362 張光裕等, 『郭店楚墓竹簡研究文字編』, 藝文印書館, 1999年.

363 荊門市博物館, 『郭店楚墓竹簡』, 文物出版社, 1998年.

에서 볼 수 없었던 선진(先秦)시대의 일서이다.

　『窮達以時』는 사람의 「곤궁과 현달[窮達]」, 「時」, 「世」, 「遇」의 관계를 논하였다. 내용 대부분은 『荀子·宥坐』, 『孔子家語·在厄』, 『韓詩外傳』권7과 『說苑·雜言』 등의 고서에서 볼 수 있다.

　『五行』은 馬王堆帛書『五行』에서도 볼 수 있지만, 장의 순서와 문자 모두 차이가 있다. 내용은 子思, 孟子의 仁·義·禮·智·聖이라는 오행학설과 관련되어 있다.

　『唐虞之道』는 堯舜의 선양을 찬양하고, 舜의 修身知命과 仁, 義, 孝 등의 인품과 덕성을 서술하였다.

　『忠信之道』는 忠信의 각종 표현을 열거하고, 마지막에는 「충은 인의 실체이고, 신은 의의 기약이다[忠, 仁之實也. 信, 義之期也].」로 귀결하였다.

　『成之聞之』, 『尊德義』, 『性自命出』, 『六德』은 형태가 동일한 죽간에 필사되었고, 글씨체도 비슷하다. 내용은 儒家의 존천(尊天) 관념과 심성(心性) 사상 경향 등을 표현하였다.

　『語叢』 네 편은 격언과 유사하고, 『說苑·談叢』, 『淮南子·說林』의 격식과 매우 가깝다. 내용은 道家에 속하는 네 번째 편을 제외하고, 나머지 세 편은 儒家 및 雜家에 속한다. 몇 가지 내용은 전래문헌과 서로 증명할 수 있다. 예를 들어, 『語叢』三의 「도에 뜻을 두고, 덕에 의거하며, 인에 의지하고, 예에 노닐어야 한다[至於術(道), 虜於德, 厌於息(仁), 遊於埶(藝)].」(50-51)는 바로 『論語·述而』의 「도를 사모하고 덕에 의거하며 인에 의지하고 예에 노닐어야 한다[志於道, 據於德, 依於仁, 游於藝].」이다. 또한 『語叢』三의 「의도함이 없고, 고집함이 없으며, 사사로움이 없고, 반드시 해야 한다는 독단이 없다. 물이 아닌 것과 물이 없는 것 모두 연유가 없는 것은 없다[亡(毋)意, 亡(毋)古(固), 亡(毋)義(我), 亡(毋)必, 亡(毋)勿

(物), 不勿(物), 皆至安(焉)].」라는 내용은 『論語·子罕』의 「공자께서는 네 가지를 끊으셨으니 의도함이 없고, 반드시 해야 한다는 독단이 없으며, 고집함이 없고, 사사로움이 없으셨다[子絶四, 毋意, 毋必, 毋固, 毋我].」(64-65)를 참조할 수 있다.

곽점 초간은 대부분 전래문헌과 대응되기 때문에 오래전부터 해석할 수 없었거나 잘못 해석된 내용을 얼음이 녹듯 의혹을 풀어낼 수 있다. 예를 들어, 「龍」은 예전에 「能」 혹은 「嬴」으로 풀이하였으나 모두 잘못된 것이다. 곽점 죽간에 인용된 『詩』 「其儀龍兮」는 현행본 『詩·曹風·鳲鳩』에서 「그 거동이 한결 같구나[其儀一兮]」라고 쓰였으므로 「龍」는 「一」로 읽어야 한다는 것을 알 수 있다. 「旟」의 기존 해석도 일치된 결론이 없었다. 곽점 죽간 『老子』乙6호간에서 「旟之若纓」는 현행본 『老子』에서 「총애를 잃어도 놀란 듯이 하라[失之若驚].」로 쓰였으므로 「旟」는 「失」로 읽어야 한다는 것을 알 수 있다. 「芺」를 예전에 「葬」으로 해석하거나 「笑」로 해석하였다.[364] 『老子』乙 9호간 「크게 웃다[大笑之]」에 근거하면 「芺」를 「笑」로 읽는 것은 신빙성이 있음을 알 수 있다. 이 밖에, 곽점 죽간의 수많은 기자(奇字)는 필사 고문과 가끔씩 부합하기도 한다. 예를 들어, 「昆」은 「𝌀」,[365] 「살(殺)」은 「𡴯」,[366] 「민(閔)」은 「𧮫」[367]으로 썼다. 이 모두 연구자들로 하여금 전국문자 고석 능력을 향상시켰다고 볼 수 있다.

21) 신채 죽간(新蔡竹簡)

1994년, 河南성 新蔡 葛陵 1호 묘에서 1,300여 매의 죽간이 출토되었고, 내용

364 曾憲通, 『長沙楚帛書文字編』, 中華書局, 1993年, 44쪽.

365 黃德寬, 徐在國, 「郭店楚簡文字續考」, 『江漢考古』 1999年 2期; 李家浩, 「楚墓竹簡中的昆字及从昆之字」, 『中國文字』 新25期, 1999年.

366 陳偉, 「郭店楚簡別釋」, 『江漢考古』 1998年 4期; 何琳儀, 「說蔡」, 『東南文化』 1999年 5期.

367 李家浩說, 引李學勤, 「試解郭店簡讀文之字」, 『孔子儒學研究文叢』(一), 2001年.

은 대부분 卜筮이며, 10매의 遣策에 대한 내용도 있다. 고분의 연대는 기원전 340년경(楚宣王)이다.[368]

22) 상해 죽간(上海竹簡)

1995년 상해박물관이 홍콩 문물 시장에서 1,200여 매의 죽간을 구매하였으며 분량은 총 35,000자 정도이다. 죽간 내용은 모두 문헌에 속하고, 종류나 수량은 이미 공개된 전국시대 죽간을 초과하였다. 죽간은 선진시대 儒家, 道家, 兵家, 雜家 등의 문헌 80여 종과 관련되어 있다. 예를 들어『易經』,『詩論』,『緇衣』,『魯邦大旱』,『子羔』,『孔子閒居』,『彭祖』,『樂禮』,『曾子』,『武王踐阼』,『賦』,『子路』,『恒先』,『曹沫之陳』,『夫子答史籀問』,『四帝二王』,『曾子立孝』,『顔淵』,『樂書』 등이 있다.[369]

상해 죽간의『易經』은 현재까지 발견된 가장 이른 판본으로, 과거에 볼 수 없었던 검은색, 빨간색 기호를 볼 수 있어 특별한 의미가 있다고 생각한다

『孔子詩論』은 상해 죽간의 중요 부분으로, 그중「孔子」의「孔」을「𦎍」(1)로 쓰며,『古文四聲韻』「孔」을「𣲍」로 쓰는 것과 일치한다.[370] 혹자는「卜子」의 합문으로 읽거나,[371]「子卜」합문으로[372] 읽기도 하였으나 모두 타당하지 않다. 사실 전국문자 중「卜」을 더한 형태는 흔히 볼 수 있는 현상으로 깊은 의미가 없

368 宋國定, 賈連敏,『平夜君墓與新蔡楚簡』, 新出簡帛國際學術硏討會論文, 北京大學, 2000年.

369 張立行,「戰國竹簡露眞容」,『文匯報』1999年1月5日 1, 3版.

370 周鳳五説, 引朱淵淸,『孔字的寫法』, 國際簡帛網, http: //www. bamboosilk. org, 2001年12月 18日首發.

371 裘錫圭의 견해이다.『新出簡帛國際學術硏討會』의 발언 내용 중, 北京大學, 2000年.

372 黃錫全,『孔子乎? 卜子乎? 子上乎?』, 國際簡帛網, http: //www. bamboosilk, org, 2001年 2月 26日 首發. 2000年北京大學國際簡帛會議論文集, 待刊.

다.[373] 또한 「孔子」의 풀이는 『詩論』의 저자에도 직접적인 영향을 끼치므로 상당히 중요하다. 현행본 『詩經』에서 「風」, 「雅」, 「頌」은 『詩論』에서 「邦」, 「夏」, 「訟」으로 쓰였다. 게다가 전후 순서가 『訟』, 『大夏』, 『小夏』, 『邦風』으로 현행본과 명확히 다르다. 인용된 시는 60여 편에 달하고, 문자는 현행본과 서로 일치하지 않는다. 예를 들면 『청묘(清䆆[廟])』(5호간), 『열문(剌[烈]文)』(6호간), 『호천유성명(昊天又[有]成命)』(6호간), 『十月』(8호간), 『우무정(雨亡[無]政)』(8호간), 『절남산(即[節]南山)』(8호간), 『소민(少[小]文[旻])』(8호간), 『소완(少[小]月[宛])』(8호간), 『소변(少[小]弁)』(8호간), 『교언(考[巧]言)』(8호간), 『벌목(伐木)』(8호간), 『천보(天保)』(9호간), 『기부(詳[祈]父)』(9호간), 『황조(黃鳴[鳥])』(9호간), 『청청자아(靖[菁]靖[菁]者莪)』(9호간), 『상상자화(裳[裳]裳[裳]者芋[華])』(9호간), 『관저(關疋[雎])』(10호간), 『규목(樛[樛]木)』(10호간), 『한광(灘[漢]生[廣])』(10호간), 『작소(鵲棹[巢])』(10호간), 『감당(甘棠)』(10호간), 『녹의(綠衣)』(10호간), 『연연(鷗[燕]鷗[燕])』(10호간), 『갈담(萬[葛]尋[覃])』(16호간), 『부소(夫[扶]萬[蘇])』(16호간), 『동방미명(東方未明)』(17호간), 『장중([將]中[仲])』(17호간), 『양지수(湯[揚]之水)』(17호간), 『채갈(菜[采]萬[葛])』(17호간), 『목과(木苽[瓜])』(18호간), 『체두(折[杕]杜)』(18호간), 『교인(交[佼]人)』(20호간), 『장대거(臧[將]大車)』(21호간), 『담로(審[湛]霹[露])』(21호간), 『완구(备[宛]丘)』(21호간), 『의차(於[猗]差[嗟])』(21호간), 『시구(旦[鳲]鳩)』(21호간), 『문왕(文王)』(22호간), 『녹명(鹿鳴)』(23호간), 『상호(象[桑]蘆[扈])』(23호간), 『양양(腸[陽]腸[陽])』(25호간), 『유토(又[有]兔)』(25호간), 『대전(大田)』(25호간), 『소명(少[小]明)』(25호간), 『백주(白[柏]舟)』(26호간), 『곡풍(浴[谷]風)』(26호간), 『육아(蓼[蓼]莪)』(26호간), 『습유장초(隰又[有]長[萇]楚)』(26호간), 『하사(可[何]斯)』(27호간), 『실솔(七[蟋]率[蟀])』(27호간), 『종사(中[螽]氏[斯])』(27호간), 『패풍(北[邶]風)』(27호간), 『자금(子立[衿])』(27호간), 『장유자(墙又[有]薺[茨])』(28호간), 『청승(青蠅[蠅])』(28호간), 『권이(惓[卷]而[耳])』(29호간), 『섭진(涉秦[溱])』(29호간), 『부이

373 何琳儀, 『滬簡詩論選釋』, 國際簡帛網, http://www.bamboosilk.org, 2002年1月17日首發.

(柎[朩]而[故])」(29호간), 『각관(角幡[卅])』(29호간), 『하수(河水)』(29호간) 등이 있다. 인용된 시구 또한 매우 풍부하지만, 여기서 하나하나 예를 들지 않겠다.

상해 죽간『緇衣』는 곽점 죽간『緇衣』, 현행본『禮記·緇衣』와 내용상 많은 차이가 있다. 또한 상해 죽간『性情論』은 곽점 죽간『性自命出』의 내용과 많은 부분 대응한다. 이들은 문장 의미를 정확히 이해하는데 풍부한 대비 자료가 제공된 동시에 이러한 새로운 자료를 이용하여 과거 해결하지 못한 난해한 문자들을 해결할 수 있다. 예를 들면, 상해 죽간의 「고로 형벌을 더럽히고 벼슬을 가볍게 여기면 안 된다[古(故)不可以埶(褻)刑而輕爵].」에서 「爵」은 「受」로 쓰며 현행본『禮記·緇衣』와 일치한다. 이를 통해 유추하면『連迁鼎』의 「▨」, 『徐沈尹鉦』의 「▨」, 『長沙銅量』의 「▨」은 모두 「爵」으로 풀이해야 한다.

23) 홍콩 죽간(香港竹簡)

최근 홍콩중문대학 박물관에서 죽간 10매를 구매하였다.[374] 문헌과 대응하는 내용으로, 그중 한 매는『緇衣』, 다른 한 매는『周易』이며, 기존의 연구자들이 연구를 진행 중이다.[375]

죽간 문자를 제외하고, 몇 가지 죽제품에도 문자가 있다.
① 앞서 언급한 包山楚墓에서 목독(『包墓』도판211) 한 점이 출토되었는데, 앞뒷면에 모두 문자가 있다. 내용은 포산 죽간의 「遣策」을 참고하여 읽을 수 있다.

---

374 陳松長,『香港中文大學文物館藏簡牘』, 香港中文大學, 2001年.

375 饒宗頤,「在開拓中的訓詁學──從楚簡易經談到新編經典釋文的建議」,『訓詁學學術研究會論文集』1997年; 曾憲通,「周易睽卦辭及六三爻辭新詮」,『中國語言學報』1999年 9期.

② 앞서 언급한 包山楚墓에서 출토된 대량의 죽간 문자 외에도, 죽편용기와 표찰, 꼿말 따위의 패에서도 문자를 확인할 수 있다. 대략『包墓』에서 세 종류로 구분한다.

식품---도판 46의 「李」(2호간), 「府[莘]苴[薺]」(6호간), 「蒝」(11호간), 「栗」(12호간), 「雀脯」(15호간) 등.

복식---도판 47의 「雨絪衣」(5호간), 「亳君紡衣」(8호간) 등.

궁실---도판 47의 「室」(10호간), 「竈」(11호간), 「門」(12호간), 「床[戶]」(13호간), 「行」(14호간) 등.

③ 1982년 湖北성 江陵 馬山 1호 묘에서 대나무 표찰 1매가 출토되었으나, 단지 8글자를 확인할 수 있다. 「□추의를 임금에게 올리다[□以一緅衣見於君]」라는 내용으로 표찰에 사건을 기록한 자료에 속한다.[376]

④ 1986년 湖北성 江陵 雨臺山 21호 묘에서 대나무 피리 4점이 출토되었고, 묵으로 38자를 썼으며 악률과 관련이 있다. 예를 들어, 「정신종의 궁은 탁목 음이 되고, 평황각은 정문왕 상 음이 된다[定新鐘之宮爲濁穆, 坪皇角爲定文王商].」, 「고승의 궁은 탁문왕 음이 되고, 우는 탁이 된다[姑洗之宮爲濁文王羽爲濁].」, 「궁은 탁수종 우 음이 된다[之宮爲濁獸鐘羽].」, 「□은 탁목종 음이 된다[□爲濁穆鐘].」 등이 있다.[377] 대나무 피리 문자는 曾侯乙墓에서 출토된『樂律編鐘』의 명문과 의심의 여지없이 같은 종류에 속한다. 「法」의 고문자는 「金」로 쓰며『說文』고문과 일치한다.

이상 28가지(기타 죽제품 문자와 아래 언급한 隨縣 죽간 포함) 죽간은 隨縣에서 출토된 죽간의 시대가 가장 이르고, 함께 출토된『龠章鎛』은 전국시대 초

---

376 滕壬生,『楚系簡帛文字編』, 湖北敎育出版社, 1995年, 序言7쪽.

377 湖北省博物館, 「湖北江陵雨臺山21號戰國楚墓」,『文物』1988年 5期.

기 물품으로 확정할 수 있다. 또한 楊家灣에서 출토된 죽간의 시대가 가장 늦으며, 함께 출토된 훈로(熏爐), 동경(銅鏡), 진묘수(鎭墓獸)와 「鼎, 盒, 壺」 셋트로 묶인 형태에 따라서 전국시대 말기 물품으로 확정할 수 있다. 기타 죽간은 모두 전국시대 중·말기(天星觀과 包山 출토품에 절대 연대가 있다) 물품으로 확정할 수 있다. 仰天湖, 信陽, 望山, 隨縣, 九店, 包山, 郭店 등의 죽간 문자 자료는 모두 발표되었고, 나머지는 일부 자료만 발표되었으며, 대부분의 자료는 아직 정리 중이다. 수량으로 보면, 楚簡 자료는 의심할 바 없이 전국문자 중에서도 으뜸이며, 초간 자료가 모두 공개된다면 전국문자 연구는 상당 수준 활발하게 진행될 것이다.

(8) 목기 문자(木器文字)

목기 문자는 楚 나라 영토에서 산발적으로 발견되었다. 예를 들어, 長沙 고분에서 발견된 나무 인형의 옷깃부위에서 「지금(智鈵)」, 「고망(鹽[苦]亡)」(『長沙發掘報告』59)이 쓰여 있으며, 아마도 인명인 듯하다. 또한 望山 2호 묘에서 출토된 곽판(槨板)이 발견되었고, 槨板에 낙인된 「왕께서 징집하다.(旣正[征]於王)」[378]는 징세와 관련 있을 것으로 추정한다. 이 밖에 「소우(卲[邵]竽)」(『文物』1966. 5. 36)는 인명을 의미한다. 長沙 고분에서 발견된 곽판의 낙인문자 「원양부(沅易[陽][府])」(『湖考』1. 95. 4)는 바로 湖南성의 지명이다. 최근 湖北성 荊門 左塚 3호 楚墓에서 고대 칠목 바둑판 1점이 출토되었고, 주황색 칠서로 183글자가 쓰였다. 또한 정육면체 형태의 단색 나무 바둑돌 2개가 함께 출토되었고, 네 귀퉁이에 각각 묵서 1자 혹은 2자가 확인되며, 자료는 현재 정리 중이다.[379]

---

378 裘錫圭, 「戰國文字釋讀二則」, 『于省吾教授百年誕辰紀念文集』 1996年.

379 黃鳳春, 『湖北荊門左塚楚墓的發掘及主要收穫』, 四省楚文化研究會第七次年會論文, 合肥, 2001年.

(9) 칠기 문자(漆器文字)

『長沙出土楚漆器圖錄』그림 25의 타원형 옻칠 그릇은 古璽로 낙인한 「진천 (陳仟)」이라는 문자가 있으며, 인명을 말하는 듯하다.

(10) 겸백 문자(縑帛文字)

1942년, 湖南성 長沙 동남쪽 교외에 위치한 子彈庫에서 국가 보물 楚帛書가 도굴되었다. 帛書가 도굴된 후 얼마 지나지 않아 미국으로 유출되었고, 여러 차 례 소유자가 바뀌면서 현재는 새클러(Sackler) 미술관에 소장되었다. 백서는 다섯 종류이며,[380] 그 사이의 관계는 아직 분명하지 않다. 그중, 「제1백서」가 가장 유 명하며, 아래 중점적으로 소개한다.

백서는 전체적으로 네모난 형태이다. 중간에 정방향과 역방향으로 전도된 두 단락이 있으며, 한 단락 13행은 3장으로 구분하며 통상적으로 『甲篇』이라고 칭 한다. 또 다른 단락 8행 또한 3장으로 구분하며 통상적으로 『乙篇』이라고 칭한 다. 두 편은 각각 직사각형의 장을 나누는 부호가 있다. 백서의 바깥쪽에 채색된 4개의 나무와 열두 달 神의 형상 이 외에도, 열두 단락의 문자가 있다. 매 단락 끝 부분에 모두 붉은색 직사각형 부호가 있고, 그 뒷부분에 月名과 짧은 표제가 별도로 있으니, 통상적으로 『丙篇』이라고 칭한다. 3편 내용은 기본적으로 잘 보 전되어 있고, 모두 942글자(『甲篇』409자, 『乙篇』255자, 『丙篇』278자)이며, 그 밖에 합문 12자, 중문 7자를 더하면, 총 961자이다.[381]

『甲篇』제1장은 달의 운행은 당연히 고유한 궤도를 따라야 하고, 알맞지 않으 면 사계절은 정상적인 상태를 잃어버릴 수 있으며, 일월성신의 운행이 혼란해

---

380 李零, 「楚帛書的再認識」, 『中國文化』 1994年 10期.

381 李零, 「楚帛書目驗記」, 『文物天地』 1990年 6期.

져 결국 재난을 초래한다고 하였다. 예컨대, 초목은 정상적으로 살 수 없고 재난
으로 혼란스러워지며 산과 언덕이 무너지고 홍수가 범람하며 우레와 서리, 흙
비가 내리는 등의 모든 우주 질서가 균형을 잃게 된다고 하였다. 제2장은 태세
신[歲]의 「덕과 악(德匿[慝])」에 대하여 서술하였고, 하늘에는 상벌이 있다고 하
였다. 또한 백성이 대세신을 알면 하늘은 복을 내리고, 백성이 태세신을 모르면
하늘은 재앙을 내린다는 내용이다. 제3장은 백성은 마땅히 신들에게 경건하고
공손하며 제때 제사해야 하는데, 그렇지 않으면 상제가 재앙을 내린다고 서술
하였다. 본장은 「歲」의 중요성을 주로 설명하였기 때문에 이 편 또한『歲篇』으
로 칭할 수 있다.

　『乙篇』제1장은 천지가 개벽하던 아득한 먼 옛날, 伏羲는 女媧를 아내로 삼
고 네 명의 아이를 낳았는데, 바로 사계절의 신[四時之神]이라고 서술하였다.
네 명의 신은 산천과 사해를 관리하고, 사계절로 하여금 순서를 갖추도록 하였
다. 제2장은 천백 년 후에 해와 달이 탄생하였으나, 천지가 불안정하여 炎帝가
祝融에게 四神을 데리고 「三天」과 「四極」을 안정시키도록 명하였으며 우주의
질서를 회복하고, 帝俊은 日月 운행을 회복한다는 내용을 서술하였다. 제3장은
공공(共工)이 旬, 時 형성 과정 중의 역할을 서술하였다.『乙篇』은 의심할 여지없
이 기괴하고 신비한 「창세기」이며, 그중 「雹[伏]戲[犧]」, 「女皇[媧]」, 「炎帝」, 「祝
融」, 「共攻[工]」 등은 모두 전래문헌의 기록과 서로 증명할 수 있으므로 楚 나라
민족은 물론 더 나아가 중국 고대 신화 형성 연구에 있어 진귀한 고고학 자료라
고 할 수 있다. 이 밖에 본장은 「四時」의 중요성을 설명하였으므로『時篇』으로
도 칭할 수 있다.

　『丙篇』에는 열둘 月神이 각각 주관하는 달의 宜忌[382]를 서술하였다. 열두 달

---

382 [역자주] 宜忌란, 허용되는 일과 금기되는 일을 구분한 기록을 말한다.

은 각각 「취(取)」, 「여(女)」, 「병(秉)」, 「여(余)」, 「㱃」, 「차(虘)」, 「창(倉)」, 「장(臧)」, 「현(玄)」, 「양(易)」, 「고(姑)」, 「다(荼)」라고 하였으며, 『爾雅·釋天』의 「추(陬)」, 「여(如)」, 「병(痢)」, 「여(余)」, 「고(皋)」, 「차(且)」, 「상(相)」, 「장(壯)」, 「현(玄)」, 「양(陽)」, 「고(辜)」, 「도(涂)」이다. 달마다 각각 해도 되는 일과 하지 말아야 할 일을 기록하였다. 예를 들어, 女月(2월)은 「女라고 하며 출병이나 성읍을 축조할 수 있고 시집가거나 장가가서는 안 되며 성사될 수 없다. 女月은 반드시 정벌에 이익이 있다[曰女, 可以出師、築邑, 不可以嫁女、娶臣妾不亦得, 不成. 女(如)부(必)武].」라고 하였다. 고월(姑月, 11월)은 「姑라고 하며 정벌에 유리하니 성을 공격해도 되고 병사를 징집해도 되며, 제후를 모아 일의 규율을 확립하고, 도리에 어긋나는 일을 징벌한다. 姑月은 나누고 도맡아야 한다[曰姑, 利侵伐, 可以攻城, 可以聚眾, 會諸侯, 型百事, 戮不義. 姑分長].」라고 하였다. 이와 같은 宜忌는 『大戴禮·夏小正』, 『禮記·月令』, 『呂氏春秋』의 12기(紀) 등과 매우 유사하다.

이른바 「제2백서」는 「제1백서」의 자국인 듯하고, 글자가 뚜렷하지 않다. 하야시미나오(林巳奈夫)의 모사본에 근거하여 「司君」, 「絲」 등과 같은 몇 글자만 식별할 수 있다.[383]

이 밖에, 새클러(Sackler) 미술관에는 子彈庫 백서 파편도 소장 중이며, 현재 정리 중에 있다. 이미 공개된 파편은 대략 전체 분량의 2/3를 차지하며, 네 유형으로 구분할 수 있다.[384]

첫 번째, 두 개의 동심원(同心圓)으로 구성된 그림이며, 동그라미 안쪽에 각각 楚 나라 12月名이 기록되었다. 두 月名의 그룹은 한쪽 방향으로 다섯 자리를 지

---

383 林巳奈夫, 「長沙出土戰國帛書考」, 『東方學報』 36卷, 1964年; 李學勤, 「長沙子彈庫第二帛書探要」, 『江漢考古』 1990年 1期.

384 李零, 「楚帛書的再認識」, 『中國文化』 1994年 10期; 又「讀幾種出土發現的選擇類古書」, 『簡帛研究』 3輯, 1998年.

나서야 서로 일치한다. 楚 나라 月名은 楚簡과 長沙 청동 저울 등의 楚 나라 계열 문자 자료와 동일하다. 예를 들면, 「冬柰」,「屈柰」,「遠柰」,「刡�」,「夏㜀」,「享月」,「夏柰」,「八月」,「九月」,「十月」,「焌月」,「獻馬」 등이 있다. 그림 아래에는 「목에 머물면 어떠한가[居木如何]」,「수에 머물면 어떠한가[居水如何]」,「토에 머물면 어떠한가[居土如何]」를 볼 수 있으며, 이는 최초의 「五行」이 분명하다. 五行은 각종 색깔과 물건으로 구분한다. 예를 들면 「亓[其]備[服]□色」,「乘□色車」,「亓[其]味□」,「樹□□□」,「亓[其]蟲□」,「亓[其]兵□」 등이 있다. 그중 「□桓[樹]桑桃李」의 「李」는 「李」으로 쓰였는데,[385] 포산 죽간의 「某某爲李」로 해석하고 「모모위리(某某爲理)」로[386] 읽어야 하는 믿을만한 증거가 제공되었다.

두 번째, 문자가 四方에 각각 기록되었다. 형식은 「엄□방, 간지 □□에서부터 간지 □□에 이르기까지[掩某方, 從干支某某以至干支某某]」라고 하였다. 또 다른 문자를 보면, 「거스르는 기는 생기라 하고, 순종하는 기는 사기라 한다[逆之曰生氣, 從之曰死氣].」라고 하였다. 『行氣玉銘』의 「따르면 살고, 거스르면 죽는다[順則生, 逆則死].」와 서로 증명된다.

세 번째, 갈고리 형태(직각 형태로 쓰였다)의 부호로 간지(干支)를 표시하였다.

네 번째, 기타류이다. 자료 상황은 알려진 게 없다.

『文物』1992년 11기에 발표된 백서 파편은[387] 유일하게 보존된 중국 내의 백서이며, 알려진 바에 의하면 개인이 소장하다가 호남(湖南)성 박물관에서 입수하였다. 그중 크기가 가장 큰 백서 파편에 10자가 남아 있다. 「……좌평 병, 상성 광……불우이□……[……左坪(平)輛(炳), 相星光……不雨二□……]」는 전국

---

385 李零, 『包山楚簡研究·文書類』, 引『李零自選集』, 廣西師範大學出版社, 1998年 136쪽.

386 何琳儀, 「包山楚簡選釋」, 『江漢考古』 1993年 4期.

387 商志醰, 「記商承祚教授藏長沙子彈庫楚國殘帛書」, 『文物』 1992年 11期.

시대에 이미 楚 나라 사람들은 긴 주기 동안 빛이 변하는 평성(平星)을 자세하게 관찰할 수 있었음을 설명하는 듯하다.[388] 이 외에도 파편의 「동에서 공격[東伐]」, 「동백을 공격하다[伐同(桐)百(柏)]」, 「대병주(大兵走)」 등은 제1백서와 관련이 있는 듯하다. 楚 나라 백서는 모두 長沙에서 출토되었으므로 모두 하나의 자료에 속하는 듯하다.

1957년, 湖南성 長沙 左家塘에서 출토된 붉은색 도장 날인과 묵서(墨書) 무늬 비단은 「여오씨(女五氏)」라는 세 글자만 알아볼 수 있다.(『文物』1975.2.52)

1973년, 湖南성 長沙 馬王堆漢墓에서 대량의 漢代 帛書가 출토되었다. 주목할 만한 것은 3호 묘에서 출토된 「전서음양오행(篆書陰陽五行)」 帛書는 내용이 운몽진간(雲夢秦簡) 『日書』와 동일하다. 이 백서는 秦始皇 25년(기원전 222년)의 유물이지만, 서사자는 「秦의 서사체에 익숙하지 못한 楚 나라 사람」이다.[389] 따라서 秦 나라 帛書 또한 전국시대 楚 나라 계열 문자 연구의 중요한 참고 자료이다. 최근 帛書의 「석문요약」과 일부 사진이 공식적으로 발표되면서 많은 문자가 확실히 楚 나라 계열 문자와 일맥상통하다는 것을 확인하였다.[390] 예를 들어,

安	安
羅	羅
戰	戰
宰	宰
失	失

---

388 伊世同, 何琳儀, 「平星考——楚帛書殘片與長週期變星」, 『文物』1994年 6期.

389 李學勤, 『東周與秦代文明』, 文物出版社, 1984年, 356쪽.

390 馬王堆漢墓帛書整理小組, 「馬王堆帛書式法釋文摘要」, 『文物』2000年 7期.

自   💠

毌   叅

屍   休

哭   哭

(11) 가죽 문자[皮革文字]

1987년 湖北성 荊門 2호 묘에서 이례적으로 말 갑옷 문자가 출토되었다. 말 갑옷 좌측 뒷면에 「猷公」, 「贏」(『文物』1988.5) 세 글자가 있으며 말 주인의 이름인 듯하다.

2. 증(曾) 나라 문자

1978년 湖北성 隨縣 뇌고돈(擂鼓墩)에서 증후대묘(曾侯大墓)가 발견되었다. 曾 나라는 바로 문헌에 보이는 수(隨) 나라이다.[391] 전국시대 희(姫)씨 성의 曾 나라는 악예(鄂豫)에 인접하였고, 수도는 『楚王酓章鎛』의 명문에 보이는 「서양(西陽)」이며, 지금의 河南성 光山縣 경계에 있다. 증후대묘에서 출토된 아래 曾 나라 문자 자료는 『酓章鎛』 기년에 근거하였다. 모두 전국시대 초기에 속한다.

(1) 청동기 문자

曾侯乙墓에서 명문이 있는 청동 예기가 대량으로 출토되었고, 명문의 내용은 동일하다. 살펴보면,

曾侯乙乍[作寺[持]用冬[終   『文物』1979.7.9 匡

---

391 李學勤, 「曾國之謎」, 『光明日報』 1978年 10月 4日.

악기 銘文은 曾侯乙墓의 주요 문자 자료이다. 명문이 있는 편종은 모두 64점이며, 『楚王酓章鎛』 명문을 제외하면 내용은 모두 고대 악률(樂律)과 관련이 있다. 본장에서 13호 종을 예로 제시한다.(『音樂』그림2.3)

曾侯乙乍[作寺[持]   正面隧部

峇[徵]曾   正面右鼓

獸鐘之薛[殺]歸, 穆鐘之薛[殺]商, 割[姑]冼之薛[殺]宮, 濁新鐘之峇[徵]
                                            反面鉦部

獸鐘之薛[殺]峇[徵], 濁坪[平]皇之薛[殺]商, 濁文王之薛[殺]宮
                                            反面左鼓

(2) 병기 문자

曾侯乙墓에서 출토된 명문이 있는 兵器는 매우 많다. 기물 주인 「曾侯乙」 외에도 「曾侯邸」과 「曾侯遫」도 있다. 세 명의 관계는 심도 있는 분석이 필요하다. 명문의 형식은 대부분 「曾侯某之行[혹은 用, 寢, 走]戈[혹은 戟, 殳]」이다. 예를 들어,

曾侯乙之寢戈   『集成』11167戈

曾侯乙之走戈   『集成』11168戈

曾侯乙之用戈   『集成』11169戈

曾侯□之用戈   『集成』11174戈

曾侯□之行哉[戟]   『集成』11176戟

曾侯□之行哉[戟]   『集成』11180戟

최근『鳥蟲書通論』그림134에도『曾侯戉戈』한 점이 발표되었다.

曾侯戉之用戈

(3) 석기 문자

曾侯乙墓에서 출토된 편경은 총 32편으로 모두 문자가 있으며, 墨書도 있으나 1점뿐이다.(『文物』1979.7.5.)

十六

濁割[姑]冼之宮

坪皇之鼓

文王之冬[終]

新鐘之大羽曾

濁獸鐘之下角

濁穆鐘之商

濁割[姑]冼之宮

(4) 간독 문자

죽간은 曾侯乙墓에서 출토된 자료가 가장 많다. 이 죽간은 240여 매로 6,600자 정도이다. 죽간의 내용은 기본적으로 장례에 사용된 수레, 무기 등의 견책에 대한 것으로 수레 구성, 수레꾼 구성, 수레 장비, 갑옷투구, 병기 등을 포함한다.[392] 이 중요한 문자 자료들은 현재 이미 모두 공식적으로 발표되었고, 裘錫圭

---

392 隨縣擂鼓墩1號墓考古發掘隊,「湖北隨縣曾侯乙墓發掘簡報」,『文物』1979年 7期.

논문에 인용된 관직명, 말 명칭, 수레 명칭, 수레 도구 명칭을 통하여 그 일부 자료를 엿볼 수 있다.[393]

전국시대의 曾 나라는 이미 楚 나라의 속국으로 전락하여 그 문화는 楚 나라의 영향을 많이 받았다. 이는 隨縣大墓의 문자 자료가 이 문제를 잘 설명해줄 수 있다. 먼저, 수현 죽간의 일부 관직명은 楚 나라 관직명과 동일하다. 예를 들어 「연효(連囂)」, 「신관(新官)」은 楚 나라 청동 됫박, 楚 나라 관직 새인에서 볼 수 있고, 「공윤(攻尹)」은 『鄂君啓節』, 楚 나라 청동 됫박에서 볼 수 있으며, 「裁尹」은 『鄂君啓節』, 「신조(新造)」는 『奉之新造戈』에서 볼 수 있다. 다음으로, 많은 曾 나라 문자는 실제로 전형적인 초 나라 문자 형태를 보인다. 예를 들면 「坪」은 「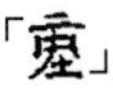」, 「間」은 「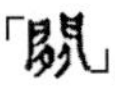」, 「新」은 「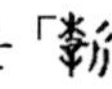」, 「事」는 「」, 「四」는 「」, 「申」은 「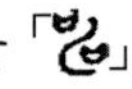」, 「戟」은 「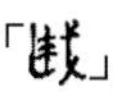」, 「童」은 「」 등으로 쓰였다.

(5) 칠기 문자

曾侯乙墓에서 출토된 옷상자 덮개 칠서(漆書) 두 점은 희귀한 전국시대 칠기(漆器) 문자 자료이다. 칠서 한 점에 기록된 별자리 28수 명칭(『文物』1979. 7그림5)은 문헌 자료와 서로 증명할 수 있다. 칠서는 몇 가지 새로운 자형, 예를 들면 「」(罠)·「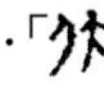」(伏)·「」(虚)·「」(危) 등을 제시했을 뿐만 아니라, 몇 가지 통가 자료도 제시하였다. 예를 들면 「罠」을 「牵」, 「伏」를 「婺」, 「矛」를 「昴」, 「隹」를 「觿」, 「酉」를 「柳」 등으로 읽는다. 이 밖에 「危」자가 성부 「几」로 구성된 것이나,[394] 「軫」자를 생략하여 「車」로 쓴 사례는 이전 자료에서 찾아볼 수 없다. 또 다른 칠

393 裘錫圭, 「談談隨縣曾侯乙墓的文字資料」, 『文物』 1979年 7期.

394 何琳儀, 「秦文字辨析舉例」, 『人文雜志』 1987年 4期.

서는 20자이며, 이 또한 천문 현상[天象], 음악과 관련 있는 듯하다.[395]

3. 월(越) 나라 문자

기원전 473년 월왕(越王) 구천(句踐)은 吳 나라를 멸망시켰다. 그 후, 越 나라는 북쪽으로 확장하여 晉, 齊, 楚와 대치하였고, 전국시대 초기 「四分天下」의 국면을 형성하였다. 당시 越 나라 영토는 북쪽의 山東성 琅琊를 기점으로 齊 나라, 魯 나라와 인접하고 서쪽으로는 楚 나라와 인접했으며, 江蘇성, 浙江성 북부, 安徽성 남부, 江西성 동부 등지까지 미쳐 전국시대 楚 나라 영토에 버금가는 대국이 되었다. 越 나라 초기 會稽(浙江성 紹興)를 수도로 삼았다가 吳 나라를 멸망시킨 후 琅琊(山東성 膠南)로 천도하였다. 이후 월왕 예(翳)에 의하여 吳(江蘇성 蘇州)로 천도한다. 대략 기원전 306년에 越 나라는 楚 나라에 의해 멸망하였다.

越 나라 문자 자료는 출토된 兵器에서 가장 많이 확인되고, 몇몇 악기에서 또한 문자가 있다. 아래와 같이 함께 소개한다.

1965년 湖北성 荊州 江陵 紀南城에서 출토된 『越王㪻淺劍』(『文物』1973. 6 그림 壹)은 상당히 희귀한 국보급 유물로, 기물 주인 「㪻淺」은 바로 유명한 越王 句踐이다.

대대로 전해 온 『越王者旨於賜鐘』 명문은 현재 모사본만 존재한다.(『鳥書』 그림3) 이 밖에도 동일한 명칭의 모(矛), 검(劍), 과(戈)와 여러 물품(『鳥書』그림2, 4, 5, 6, 7)의 명문이 있다. 여러 연구자들이 다년간 고증을 거친 결론은 기물 주인이 句踐의 아들 석여(鼫與)라는 사실이다.[396] 「者旨」는 바로 「諸稽」이며 빠르게 읽으면

---

395 饒宗頤, 「曾侯乙墓匫器漆書文字初釋」, 『古文字研究』 10輯, 1983年. 劉國勝, 「曾侯乙墓E61號漆箱書文字研究一附瑟考」, 『第三屆國際中國古文字學硏討會論文集』1997年.

396 馬承源, 「越王劍永康元年群神禽獸鏡」, 『文物』1962年 12期; 陳夢家, 「蔡器三記」, 『考古』1963年

「鼫」으로 越 나라 왕조의 옛 姓이다. 또한 「於賜」를 빠르게 읽으면 「與」이고, 이름을 말한다.

『鐘鼎』5에 수록된 「董武鐘」은 「戎桓鐘」으로 바꿔야 한다. 명문을 보면,

戎桓搏[布]武, 敷內[入]吳疆. 羋[元]世[葉], 石末

「오 영토로 확장해 들어갔다[敷入吳疆].」는 『史記·越世家』의 「(구천)원년, 오왕 합려는 윤상이 죽었다는 소식을 듣고, 즉시 기병하여 월을 정벌하였다.……오의 군대를 취리에서 패배시키고, 오왕 합려를 화살을 쏘아 부상입혔다[(句踐)元年, 吳王闔廬聞允常死, 乃興師伐越……吳師敗於檇李, 射傷吳王闔廬].」를 가리키는 듯하다. 또한 명문 「石末」은 「石買」로 읽으며, 『越絕書·外傳記地傳』의 「구천과 오의 절강 전투는 석매가 인솔하였다[句踐與吳戰於浙江之上, 石買爲將].」에서 볼 수 있다. 따라서 『戎桓鐘』은 句踐 원년(기원전496년) 越 나라의 표준 기물이다.[397]

上海博物館에 소장된 『越王太子矛』(『集成』11544)의 주인 「泡壽」는 「不壽」로 읽어야 하며, 句踐의 자손이다.[398]

『越王州句矛』와 『劍』 5점(『조서(鳥書)』 그림11-15)은 대대로 전해져 왔고, 劍 1점(『文物』1973. 9그림2)은 새로 출토되었다. 기물 주인 「州句」가 바로 越王 朱句이다.[399]

7期; 林沄, 「越王者旨於賜考」, 『考古』 1963年 8期; 曹錦炎, 「越王姓氏新考」, 『中華文史論叢…』 1983年 3期.

397 何琳儀, 「吳越徐舒金文選釋」, 『中國文字』 新19期, 1994年.

398 曹錦炎, 『鳥蟲書通考』, 上海書畫出版社, 1999年, 75쪽.

399 容庚, 「鳥書考」, 『中山大學學報』 1964年 1期.

台灣 王振華가 소장한 『州句劍』은 일반적인 『州句劍』 용례와 다르다.(『文物』 1995. 8. 95-96그림5) 명문을 살펴보면,

越王州句之用僉[劍], 唯余土匤[圍]邗.

「匤」을 「권(卷)」으로 읽는다고 하였으나,[400] 사실 「匤」을 「圍」로 읽어야 의미가 통한다. 명문은 아마도 越王 州句가 邗 지역을 공격하여 점령한 것을 기념하기 위해 만들었을 것이다.

전래 혹은 출토되었을 것으로 추정하는 『越王不光劍』(『鳥通』36-48)은 매우 많다. 기물 주인 「不光」이 바로 越王 不揚이며 越王 翳라고도 칭한다. 『竹書紀年』을 보면, 「월의 자손 주구가 죽고, 예가 옹립하다[於粤(越)子朱句卒, 子翳立].」라고 하였고, 『史記·越世家』는 「왕 옹이 죽고, 예가 옹립하다[王翁卒, 子王翳立].」라고 하였으며, 『越絕書』는 「옹의 아들 불양[翁子不揚]」, 『吳越春秋』는 「옹이 죽고, 아들 불양이 즉위하였다[翁卒, 子不揚].」라고 하였다. 「翳」와 「不揚」 혹은 「不光」은 이름과 자(字)의 관계라는 것을 알 수 있다.[401]

대대로 전해 내려오는 『者汈鐘』(『總集』7068-7081)은 훼손이 심각하며, 郭沫若이 여러 종류의 저작에 수록된 탁본에 근거하여 전체 명문을 다시 모사하였다.(『考報』1958.1.6) 郭沫若의 모사는 드문드문 누락 되어 허술한 부분이 있으나 이 명문을 통독할 수 있게 해주었다. 그 뒤를 이어 李棪齋 또한 모사본(『集成』1冊 135쪽)을 만들었고, 郭沫若 모사본의 일부 잘못된 부분을 바로잡아 독자에게 편의를 제공하였다. 기물 주인 「者汈」는 예전에 대부분 「者汈」로 고석하였다. 郭沫若은

---

400 李家浩, 「越王州句複合劍銘文及其所反映的歷史」, 『北京大學學報』 1998年 2期.

401 曹錦炎, 『鳥蟲書通考』, 上海書畫出版社, 1999年, 88쪽.

이 명문의 「刺」자를 「𩷪」로 쓴 형태에 근거하여 「𨒖」를 「刕」으로 예정하였다. 아울러 「者刕」가 바로 「者咎」라는 매우 통찰력 있는 견해를 제시하였다.[402] 그러나 그는 원본 명문 「者刕」와 『者旨於賜器』 「者旨」를 동일시한 것은 잘못되었다. 諸咎는 越王 翳의 아들로 아버지를 살해하고 왕위를 찬위하였다. 명문에 명확한 기년 「월 나라 19년[惟越十有九年]」이 있으며, 내용은 越王이 諸咎에게 분수에 만족하고 본분을 지키라는 훈계를 서술하고, 왕명에 항명해서는 안 된다는 이른바 「불의가 있어서는 안 되고, 모략은 부적절하다. 왕명이다. 격려하니 듣길 바란다[勿有不義, 訊之於不適. 唯王命! 元沒乃聰].」라고 하였다. 따라서 명문 「王」은 당연히 越王 翳이고, 명문의 절대 연대는 기원전 392년이다.[403]

대대로 전해져 내려온 『越王丌北古劍』(『鳥書』그림9) 명문의 기물 주인 「丌北古」를 「盲姑」[404] 음이 전환된 것이라고 여겼는데 하나의 가설이 될 만하다.[405] 그러나 일부 연구자가 다른 견해를 제기하였다.[406] 이에 대한 추가 연구가 필요하다.

이상, 越 나라 왕실의 명문을 아래 열거한 월왕에 귀속시킬 수 있다.

器銘	王名	기원전
欼淺劍	句踐『史記』	496-464
者旨於賜器	鼫與『史記』	464-458
越王太子矛	不壽『史記』	458-448
州句器	朱句『竹書紀年』	448-411

---

402 郭沫若, 「者刕鐘銘考釋」, 『考古學報』 1958年 1期.

403 何琳儀, 「者刕鐘銘校注」, 『古文字硏究』 17輯, 1989年.

404 [역자주] 盲姑는 越王 不壽의 다른 이름이다.

405 馬承源, 「越王劍永康元年群神禽獸鏡」, 『文物』 1962年 12期.

406 曹錦炎, 『鳥蟲書通考』, 上海書畫出版社, 1999年, 86-88쪽.

| 嗣旨不光劍 | 不揚『越絕書』 | 411-376 |
| 者汈鐘 | 不揚『越絕書』 | 392 |

이와 같이 기록된 왕명은 다섯 세대, 100여 년의 왕조가 계승되었으며 무엇보다 문헌의 기록과 일치하는 청동기 편년은 기타 전국시대 문자 자료에서는 거의 찾아볼 수 없다.

주목할 만한 것은 安徽성 淮南에서 출토된『者旨於賜戈』의 앞 명문은 월왕의 이름「者旨於賜」이며 뒷 명문은「계해일, 서후가 왕에게 선사하다[癸亥, 徐侯至 [致]王].」(『鳥書』그림 7)라는 것이다. 이는 마치 越 나라와 徐 나라의 후예 관계를 토로한 듯하다.

상술한 越王의 병기 외에도 전해져 내려왔거나 새롭게 출토된「越王」劍에서 왕명을 드러내지 않았다. 명문은 대부분 검수(劍首)와 검격(劍格)에 있으며, 비교적 늦은 시기에 보이는 특징이다.[407]

『其次鈞鑃』(『三代』18.1.2)와『姑馮鈞鑃』(『三代』18.2.2)는 청동기 중 희귀한 악기 명문으로 스타일 또한 유사하다. 전자의 기물 주인은 연구가 필요하고, 후자의 기물 주인은「姑馮昏同」으로 즉,「馮同」(『越絕書』)의 독음이 전환되었거나,[408]「逢同」(『越世家』),「扶同」(『越絕書』),[409]「舌庸」(『國語·吳語』)으로[410] 句踐의 신하이다. 따라서 두 기물은 모두 越 나라 초기 명문이다.

윗글에서 언급한 句踐, 者旨於賜, 州句는 모두 이른바「조충서(鳥蟲書)」에 속

---

407 [역자주] 검수(劍首)는 손잡이 끝부분을 말하며 검격(劍格)은 손잡이와 칼날을 구분 지으며 손을 보호하는 역할을 하므로 호수(護手)라고도 한다.

408 王國維說, 引吳閻聲,『吉金文録』卷四.

409 郭沫若,『兩周金文辭大系』157쪽.

410 楊樹達,『積微居金文說』, 科學出版社, 1959年, 144쪽.

하고, 그 문자는 상당히 해석하기 쉽지 않다. 『能原鎛』(『集成』156), 『之利殘片』(『鳥通』66) 등의 명문은 문자가 기이하며 알아보기 어려워 마치 천서(天書)와 같아 지금까지 납득할만한 해석은 없다.

湖南성 南岳衡山에 있었던 『岣嶁碑』는 일찍부터 종적을 찾을 수 없고, 현재는 오직 모각본(『鳥通』64)만 보존되어 있다. 『岣嶁碑』는 『禹碑』라고도 칭하며, 예전 사람들은 대우(大禹) 시기의 물건으로 여겼으나 매우 터무니없는 주장이다. 위조되었다는 견해도 있으나 아직 심층적인 고찰까지는 진행하지 못하였다. 최근 曹錦炎이 작성한 논문에서 간접 증명을 위해 관련 자료를 폭넓게 인용하고 비문 전수의 시작과 끝을 고찰하여 그 기원에 유래가 있다는 점을 증명하였고, 越 나라 문헌으로 확정한 사실은 그 의의가 상당히 크다.[411] 그러나 비석의 글자가 괴상하고, 모각이 잘못되었으므로 해독이 『能原鎛』, 『之利』 파편처럼 어려움이 많다. 따라서 이와 같은 「鳥蟲書」는 추가 연구가 필요하다.

지금까지 알려진 바로는 越 나라 명문은 크게 두 유형으로 구분할 수 있다.

첫 번째, 『者汈鐘』, 『其次鈎鑃』, 『姑馮鈎鑃』의 명문이 대표적이다. 자형의 구조가 가늘고 길쭉하며, 필획이 수려하고 정연한 것이 전형적인 전국시대 남방 문자에 속하고, 일반적인 전국문자와 큰 차이가 없다. 『者汈鐘』을 예를 들면 필사된 고문과 서로 부합하는 자형이 매우 많다.

王	표		표	『說文』古文
丂	丂		丂	『說文』古文
祇	蕭		蕭	『說文』古文
念	貪		貪	二體石經

411　曹錦炎, 「岣嶁碑硏究」, 『文物硏究』5輯, 1989年.

稱	[글자]		[글자]	三體石經
逸	[글자]		[글자]	三體石經
宅	[글자]		[글자]	『汗簡』
捍	[글자]		[글자]	『汗簡』

이는 전국시대에 이른바 「남만(南蠻)」 문자와 중원의 문자가 서로 소통하였음을 설명한다.

두 번째, 『郘淺劍』, 『者旨於賜鐘』, 『州句劍』가 대표적이다. 자형 구조가 복잡하고 필획이 구불구불한 이른바 「鳥蟲書」이며, 춘추시대 중기 이후의 남방 고유 서체이다.

4. 오(吳) 나라 문자

夫差는 吳 나라 최후의 군주이다. 후대에 전해진 『攻吳王大差鑒』(『三代』18. 24)의 기물 주인 「大差」가 바로 「夫差」이다. 『攻敔王夫差戈』(『考古』1963.4그림3)와 『攻敔王夫差劍』(『文物』1976.11그림4)에 「夫差」로 쓰여 있어 「夫」와 「大」가 통용되었음을 알 수 있다. 1980년대 초 湖北성 江陵에서 『吳王夫差矛』(『江漢』1984.1 속표지)가 또 다시 발견되었고, 창에 「鏚」가 새겨져 있는 것이 특히 주목할 만하다. 「鏚」는 「釬」와 동일하고 일종의 양날 기물이며 「鎅」라고도 한다. 『吳越春秋』에 부차가 「鎅 두 자루가 궁궐 담장 위에 세워져 있다[兩鎅殖吾宮牆].」라고 꿈 꾼 내용을 수록하였으니, 여기에 보이는 「鎅」가 바로 「鏚」이다.

『臧孫鐘』(『考古』1965.3.109-112)의 문자는 많은 편이다. 吳 나라 멸망 직전에 제작된 기물로 추정되며,[412] 유사 서체의 명문은 『吳王孫無土鼎』(『文物』1981.1 그림 陸)에 남아 있다. 기물의 형태와 문자에 근거해도 춘추 전국시대 교체기의 기물로 확정할 수 있다. 명문의 「脰」는 楚 나라 기물에 흔히 보인다. 紹興에서 출토된 『配兒鈎鑃』(『1983.4.372』)의 「吳」 형태에 근거하여 춘추 전국시대 교체기 吳 나라 기물로 판단할 수 있다.

5. 채(蔡) 나라 문자

1950년대 安徽성 壽縣에서 蔡侯墓가 발견되었고, 대량의 명문이 있는 청동기가 출토되었다. 『蔡侯𬺈』에 대한 여러 연구자들의 해석이 일치되지 않았기 때문에 蔡侯 기물은 줄곧 춘추 전국시대 교체기의 물품으로 여겨졌다. 1970년대, 裘錫圭가 새롭게 출토된 자료에 申 나라의 「申」이 「𬺈」으로 쓰인 것에 근거하여, 蔡侯𬺈를 바로 채소후신(蔡昭侯申)으로 확정했다.[413] 따라서 채후묘에서 발견된 청동기들은 모두 춘추시대 말기 기물로 확정할 수밖에 없다.

1980년, 安徽성 舒城 九里墩에서 『鼓座』(「楚 나라 문자」 참고)와 『蔡侯戈』가 함께 출토되었다. 그중 蔡侯의 이름이 조금 훼손되어 「朔」자로 고석되기도 하였다.[414] 이 같은 견해대로라면 『蔡侯戈』는 당연히 춘추 전국시대 교체기 蔡成侯의 기물이다. 『史記·蔡世家』는 「소후의 아들 삭을 옹립하였으며 이 사람이 성후이다[而立昭侯子朔, 是爲成侯].」라고 하였다.

蔡成侯 기물보다 더 늦게 만들어진 『蔡侯產戈』, 『蔡侯產劍』(『鳥書』22-25) 명문은 모두 조서(鳥書)이다. 蔡聲侯의 이름은 산(產)이고, 越王 석여(鼫與)와 같은 시

---

412 白川静, 『金文通釋』卷六.

413 裘錫圭, 「史墻盤銘解釋」, 『文物』 1978年 3期.

414 李治益, 「蔡侯戟銘文補證」, 『文物』 2000年 8期.

기의 사람이다. 따라서 두 기물 주인의 병기가 한 묘에서 출토된 것이다.[415] 『史記·蔡世家』는 「(成侯)19년, 成侯가 죽고, 아들 聲侯 産이 옹립한다. 聲侯가 15년에 죽고, 아들 元侯가 옹립한다[(成侯)十九年, 成侯卒, 子聲侯産立. 聲侯十五年卒, 子元侯立].」라고 하였다. 蔡侯産 기물 용례는 대부분 「채후산 사용 □[蔡侯産之用□]」이며, 단지 『蔡侯産劍』(『考古』1963.4그림 参)의 명문만 「채후산이 만든 위교검[蔡侯産作畏(威)教劍]」이라고 하여 비교적 특수한 형식을 보인다.[416] 최근 安徽성 六安에서도 『蔡侯産戈』가 발견되었다.

6. 송(宋) 나라 문자

송경공(宋景公)은 장수를 누린 군주이다. 60여 년을 재위했으며(기원전516-기원전450), 바로 춘추 전국시대 교체기 즈음이다. 景公 기물은 3 점이 있다.

宋公纞饋鼑	『大係』381鼎
有殷天乙唐孫宋公纞作其妹句敔夫人季子媵𦙡	『文物』1981.1.3𦙡
宋公纞之造戈	『鳥書』그림26戈

『左傳』昭公 20년 주석에 「란은 경공이다[欒, 景公也].」라고 하였고, 古本『竹書紀年』은 「纞」으로 쓰였으므로 이상 3 점과 일치한다. 더욱이 위 제시한 기물 보(𦙡) 명문 「은 나라 천을 탕의 자손[有殷天乙唐(湯)孫]」은 宋 나라가 商의 후예라는 최적의 고문자 증거이다. 또한 𦙡 명문 「구어부인(句敔夫人)」에 근거하면 吳 나라가 아직 멸망하지 않았음을 알 수 있다. 따라서 𦙡는 당연히 景公 중년 이

---

415 安徽省文化局文物工作隊, 「安徽淮南市蔡家崗趙家孤堆戰國墓」, 『考古』1963年 4期.

416 黃德寬, 「蔡侯産劍銘文補釋及其他」, 『文物研究』2輯, 1986年.

전에 만들어졌으며, 시기는 춘추 전국시대 교체기에 해당한다.

安徽성 壽縣에서 출토된 『宋公得戈』는 宋昭公(기원전450-기원전404)의 유물이다.

安徽성 壽縣에서 출토된 『肮肑戈』(『集成』11007)의 명문 「肮肑右」에 근거하면 문자 스타일은 楚 나라 문자와 유사하고, 격식은 齊 나라 명문과 유사하므로 이는 아마도 宋 나라가 楚와 齊 두 나라의 영향을 받아 생긴 현상인 듯하다. 「肮肑」는 합문인 동시에 공통적으로 「邑」을 차용하였으니 아마도 「항부(亢父)」로 읽을 수 있을 것이다.[417] 亢父는 지명으로 山東성 금향(金鄕)에 있다. 만약 이 분석이 틀리지 않았다면 『肮肑戈』 또한 보기 드문 宋 나라의 병기 명문이다.

『三代』20.58.2에 수록된 楚 나라 계열 『거말(距末)』 명문에는 「悍이 거말을 만들어 상 나라를 돕는다[悍乍(作)距末, 用差(佐)商國].」라고 하였다. 명문의 내용과 문자 스타일이 모두 宋 나라 명문으로 증명된다. 최근 湖南성 常德 楚 나라 무덤에서 『距末』 두 점이 출토되었으며(재료는 곧 발표될 예정이다), 명문을 연결시켜 하나의 문장으로 만들면 「悍가 거말을 만들어 상 나라를 돕는다. 천하에 널리 사용하고, 사방에 구비한다[悍乍(作)距末, 用差(佐)商國. 光(廣)張上(下), 四無(荒)是彌(備)].」라고 하였다. 『距末』이 楚 나라 무덤에서 출토된 것은 아마도 宋 나라 기물이 楚 나라로 유입되어 묘지 주인이 얻게 되었고, 함께 묻힌 것으로 추정된다. 이 밖에 위에서 제시한 『宋公欒匜』는 河南성 固始 楚墓에서 출토되었고, 宋公欒, 宋公得의 두 戈는 安徽성 壽縣 楚墓에서 출토되었으니 서로 비교하여 논할 수 있다.[418]

---

417 「丙」은 「白」과 「父」의 독음과 동일하다. 『淮南子 · 原道』에서 옛날 풍이와 대병이 (음양을) 부릴 때에는[昔者馮夷大丙之御也]이라고 하여 注를 보면, 「병은 백으로 쓰기도 한다[丙或作白].」라고 하였고, 『後漢書 · 周磐傳』에서 「옛날 방회와 지부는 정신을 아끼고 원기를 보양하여[昔方回支父嗇神養和]라고 하여 注를 보면 『莊子』에서는 지부를 지백이라고 하였다[作支伯].」라고 하였다.

418 李學勤, 『東周與秦代文明』, 文物出版社, 1984年 120쪽.

曾 나라는 楚 나라의 부속 국가이며, 吳 나라와 越 나라는 長江 하류에 위치하고, 蔡 나라는 淮河 유역에 위치했다. 지리적인 각도에서 보면, 이 국가들과 楚 나라는 공동 문화권에 속하여 비교적 쉽게 이해할 수 있다. 宋 나라는 중원에 위치하지만, 齊 나라, 魏 나라와 楚 나라 사이에 끼여 있고, 문자 스타일 또한 楚 나라 계열에 속하는 것이 분명 楚 나라 문화의 영향을 많이 받았기 때문일 것이다. 종합하면 曾, 越, 吳, 蔡, 宋 등 국가의 명문은 모두 전국시대 초기 楚 나라 문자를 연구하는데 참고해야 할 자료이다.

7. 楚 나라 계열 문자의 특징과 기물 편년

본 절에서는 楚 나라 계열 문자를 소개하는데, 楚 나라 문자를 중심으로 삼고 기타 국가는 보조 수단으로 삼도록 한다. 이것은 앞 절에서 평행적으로 晉 나라 계열 각국의 문자를 소개한 것과는 다른 점이 있다. 楚 나라는 전국시대 가장 큰 국가로 역사와 지역적 특색으로 인하여 春秋시대 이래로 독특한 스타일을 지닌 문화가 형성되었다. 전국시대 초기 楚 나라 계열의 명문은 기본적으로 춘추시대 중후기 楚 나라 계열의 명문 스타일을 답습하여, 글자 형태가 길고 필획이 구불구한 것이 매우 화려하고 우아하다. 그중, 화체자(花體字)「조서(鳥書)」는 이러한 바탕 아래 한층 더 모양을 낸 결과물이다. 이 시기는 비록 隨縣 죽간 형식의 필기체 문자가 등장했지만, 청동기 명문은 영향을 크지 받지 않았다. 전국시대 중후기 이후로 죽간, 백서 필기체 문자가 주도적인 지위를 점유하였고, 아울러 청동기 문자 스타일에 직접적인 영향을 미치게 되었다. 이 시기 명문은 보편적으로 납작하고 기울어졌으며, 간단하고 엉성한 경향으로 나타난다. 전체적으로 보면, 楚 나라 문자는 전국문자의 한 갈래로 볼 수 있지만, 지역적 특색이 강해 전국문자 연구에 각별히 주의해야 한다. 아래 두 가지 방면의 예를 들어 설명하도록 한다.

(1) 특이 편방 자형

「水」는 「」으로 쓰이며 『曾侯乙樂律鐘』, 『屈叔沱戈』 등에서 볼 수 있다.

「阜」는 「」으로 쓰이며 『信陽簡』, 『望山簡』 등에서 볼 수 있다.

「石」은 「」으로 쓰이며 『信陽簡』, 『石全刀鼎』 등에서 볼 수 있다.

「巾」는 「」으로 쓰이며 『信陽簡』, 『隨縣簡』 등에서 볼 수 있다.

「系」는 「」으로 쓰이며 『信陽簡』, 『隨縣簡』 등에서 볼 수 있다.

「金」은 「」으로 쓰이며 『酓忎盤』, 『璽匯』0103 등에서 볼 수 있다.

「竹」은 「」으로 쓰이며 『信陽簡』, 『長沙帛書』 등에서 볼 수 있다.

「巳」은 「」으로 쓰이며 『長沙帛書』, 『鄂君啟節』 등에서 볼 수 있다.

「次」는 「」으로 쓰이며 『鄂君啟節』, 『酓前鼎』 등에서 볼 수 있다.

「心」는 「」으로 쓰이며 『酓忎鼎』, 『璽匯』5700 등에서 볼 수 있다.

(2) 특수 형태

「陳」은 「」으로 쓰이며 『酓忎鼎』, 『陳旺戟』, 『璽匯』0281, 『望山簡』 등에서 볼 수 있다.

「歲」는 「」으로 쓰이며 『鄂君啟節』, 『陳旺戟』, 『璽匯』0205, 『望山簡』, 『天星觀簡』, 『長沙帛書』 등에서 볼 수 있다.

「事」는 「」으로 쓰이며 『酓前鼎』, 『隨縣簡』, 『長沙帛書』 등에서 볼 수 있다.

「間」은 「」으로 쓰이며 『曾姬無卹壺』, 『隨縣簡』 등에서 볼 수 있다.

「成」은 「」으로 쓰이며 『璽匯』0179, 『長沙帛書』 등에시 볼 수 있다.

「申」은 「」으로 쓰이며 『䣄陵君鑒』, 『璽匯』1258, 『隨縣簡』, 『長沙帛書』 등에

서 볼 수 있다.

「童」은 「𢒉」으로 쓰이며 『曾侯乙樂律鐘』, 『信陽簡』, 『長沙帛書』 등에서 볼 수 있다.

「陵」는 「𨹥」으로 쓰이며 『鄂君啟節』, 『望山簡』, 『長沙帛書』 등에서 볼 수 있다.

「新」은 「𣂪」으로 쓰이며 『新弨戈』, 『曾侯乙磬』, 『望山簡』 등에서 볼 수 있다.

「坪」은 「𡊨」으로 쓰이며 『曾侯乙磬』, 『秦王鐘』, 『璽匯』0317, 『長沙帛書』 등에서 볼 수 있다.

「蔡」는 「𤑼」으로 쓰이며 『鄂君啟節』, 『璽匯』0097 등에서 볼 수 있다.

「戠」는 「𢾾」으로 쓰이며 『璽匯』0205, 『望山簡』 등에서 볼 수 있다.

「集」은 「𠁥」으로 쓰이며 『𠫑前鼎』, 『長沙銅量』, 『隨縣簡』 등에서 볼 수 있다.

「關」은 「𨴹」으로 쓰이며 『鄂君啟節』, 『璽匯』0295 등에서 볼 수 있다.

「吁」는 「𡥈」으로 쓰이며 『璽匯』0269, 『望山簡』 등에서 볼 수 있다.

「嘗」은 「𩜙」으로 쓰이며 『𠫑忎鼎』, 『𫮃陵君鑒』, 『望山簡』, 『包山簡』, 『長沙帛書』 등에서 볼 수 있다.

「無」는 「𣓤」으로 쓰이며 『𫮃陵君鑒』, 『長沙帛書』 등에서 볼 수 있다.

「易」은 「𠃟」으로 쓰이며 『鄂君啟節』, 『包山簡』, 『長沙帛書』 등에서 볼 수 있다.

「廥」는 「𧶩」으로 쓰이며 『鄂君啟節』, 『大廥鎬』, 『璽匯』0130 등에서 볼 수 있다.

「豪」는 「𨱽」으로 쓰이며 『望山簡』, 『包山簡』, 『長沙帛書』 등에서 볼 수 있다.

「命」은 「𨤲」으로 쓰이며 『鄂君啟節』, 『新弨戈』, 『隨縣簡』 등에서 볼 수 있다.

「光」은 「𤎡」으로 쓰이며 『吳王光鑒』, 『望山簡』 등에서 볼 수 있다.

「鑄」는 「𤉢」으로 쓰이며 『鄂君啟節』, 『𠫑忎鼎』 등에서 볼 수 있다.

「癸」는 「𤕠」으로 쓰이며 『長沙銅量』, 『天星觀簡』, 『包山簡』 등에서 볼 수 있다.

「酉」는 「𠫩」으로 쓰이며 『鄂君啟節』, 『長沙銅量』 등에서 볼 수 있다.

楚 나라 문자 판정은 주로 문자 자체에 드러나는 특징을 근거로 하는 동시에 문자 자료의 내용도 살펴보아야 한다. 예를 들면 특수한 기년 방식, 지명, 관명, 기물 명칭 등이 있다. 이러한 楚 나라 문화 특징은 위 문장에서 부분적으로 언급하였으니 이곳에서 중복 서술하지 않는다.

절대 연대가 있는 楚 나라 계열의 기물 명문은 대략 네 종류 밖에 없다.『楚王酓章鐘』과『楚王酓章鎛』,『者沪鐘』,『曾姬無卹壺』,『鄂君啟車節』과『鄂君啟舟節』이다. 이 밖에, 연대를 상대적으로 비교할 수 있는 楚 나라 계열의 기물은 비교적 많이 있다. 현재 왕의 혈속(血屬)이 비교적 명확한 楚·曾·越·吳·蔡·宋 나라 기물 목록은 다음과 같다.

> 宋景公(기원전516-기원전450):『宋公䜌器』
>
> 吳王夫差(기원전495-기원전473):『夫差器』
>
> 越王句踐(기원전496-기원전464):『淺劍』,『姑馮鈎鑃』
>
> 楚惠王(기원전488-기원전432):『酓章器』,『酓章鐘和鎛』(기원전433),『卲王之諻鼎』,『曾侯乙器』
>
> 蔡聲侯(기원전471-기원전456):『蔡侯產器』
>
> 越王鼫與(기원전464-기원전458):『者旨於賜器』
>
> 越王盲姑(기원전458-기원전448):『丌北古劍』
>
> 宋昭公(기원전450-기원전403):『宋公得戈』
>
> 越王朱句(기원전448-기원전411):『州句器』
>
> 越王翳(기원전392):『者沪鐘』
>
> 楚肅王(기원전380-기원전369):『天星觀簡』,『望山簡』
>
> 楚宣王(기원전344):『曾姬無卹壺』

楚懷王(기원전328-기원전298): 『包山簡』, 『鄂君啟節』(기원전 323년)

楚考烈王(기원전262-기원전237): 『酓前器』, 『郳陵君器』

楚幽王(기원전237-기원전228): 『酓忎器』

제6절 秦 나라 계열 문자

전국시대 秦 나라 영토는 본래 陝西성 오지 渭水 유역을 중심으로, 동쪽으로 韓, 魏와 인접하고 남쪽으로 楚, 蜀과 인접하였다. 규모는 크지 않았던 국가이다. 상앙변법(商鞅變法)이[419] 시행된 이후, 秦 나라는 적극적으로 동쪽을 향해 세력을 확장하면서 점차 六國을 정복하며 마침내 통일의 대업을 완성하였다. 秦 나라 초기에 雍(지금의 鳳翔)에 도읍을 정하고, 전국시대에 여러 차례 천도하여 경양(涇陽), 역양(櫟陽), 함양(咸陽)을 차례로 도읍으로 삼았다.

전국시대 秦 나라 기물 중에서 춘추시대 『秦公簋』, 『秦公鐘』 형식과 유사한 예기, 악기 명문은 거의 종적을 감추었다. 그 대신 유행하기 시작한 것은 도량형기와 병기 명문 중심의 새로운 형식이다. 주지하다시피, 『秦公簋』는 춘추시대 표준 예기이다. 그러나 전국시대 이후로 도량형기로 사용되었고, 도량형 명문을 보충해서 새겨 넣었다. 「서, 원기1두7승승, 궤[西, 元器一斗七升拳(㬹), 段]」(본체 명문),[420] 「서, 1두7승대반승, 개[西, 一斗七升大半升, 蓋]」(덮개 명문)라는 문자 자료로 설명할 수 있다. 秦 나라는 변법 이후로 일련의 농경과 전쟁을 수행할 수 있을 부국강병 정책을 장려하였다. 秦 나라 기물은 도량형기와 병기 명문

---

419 [역자주] 상앙변법(商鞅變法)은 전국시대 秦 나라의 정치가 商鞅이 국가의 부국강병과 패업을 달성하기 위해 추진한 대대적인 혁신 정책을 말한다.

420 朱德熙, 「戰國記容銅器刻辭考釋四篇」, 『語言學論叢』 2輯, 1958年.

이 절대적인 우세를 차지하는데, 바로 이와 같은 추세가 간접적으로 반영된 것이다. 도량형기와 병기 명문은 대부분 시간, 장소, 인물을 기록하였으며, 일반적인 잡기(雜器) 또한 이와 같다. 예를 들어 『羊頭寺工車曹』 명문 「21년, 사공 헌, 공 상조 단[廿一年, 寺工獻, 工上造但]」(『文物』1966.1.9.)이라는 내용이 규정 형식이다. 秦 나라 기물의 제조 감독자는 상벌제도를 더욱 효과적으로 시행하기 위하여 이른바 「장인의 이름을 새기고, 그 성의를 평가한다[物勒工名, 以考其誠].」라는 형식을 채택하였다. 잘 알려진 商鞅 세 기물(升, 戟, 鐓)에서 관직명 혹은 인명이 기록된 형태가 이러한 현상의 시작이라고 할 수 있다. 전국시대 중후기 三晉 명문의 고정 형식은 秦 나라의 직접적인 영향을 받았을 가능성이 크다.

1. 청동기 명문

秦 나라는 도량형기 명문이 매우 발달하였다. 가장 유명한 『商鞅方升』은 秦孝公 18년 표준기물이다. 명문을 살펴보면,

十八年, 齊率卿大夫眾來聘, 冬十二月乙酉, 大良造鞅爰積十六尊

[寸]五分尊[寸]壹爲升. 重泉

『文物』1972.6.21

秦始皇 26년(기원전 221년), 중국 전역에 「법도와 도량형 석, 장, 척을 통일하다[一法度衡石丈尺].」라는 조치가 시행되었다. 도량형 표준기물이 대량으로 보급되었으며 모두 명문이 있다.

廿六年, 皇帝盡幷兼天下諸侯, 黔首大安, 立號爲皇帝. 乃詔丞相狀,

縮: 灋度量則不壹,[421] 歉疑者, 皆明壹之　　　　　　　　　　『度量』98

　위와 같은 「시황의 명령[始皇詔]」은 전래품과 출토 유물에 셀 수 없을 정도로 많이 기록되어 있다. 이것은 전국문자의 마지막 단계이자 秦漢 문자의 서곡(序曲)이기도 하다.

　이상 두 기물은 전국시대 秦 나라의 도량형 명문 중에서 가장 이른 기물과 가장 늦은 기물로, 두 기물 사이에 수많은 명문이 있다. 예를 들면,

三年, 漆工配, 丞詘造, 工隸臣牟. 禾石.　　『文物』1964.9.43 高奴權

十五年, 高陵君丞麤, 工帀[師]游, 工□. 一斗五升大半.

　　　　　　　　　　　　　　　　『考古』1993.3 高陵君鼎

卅四年, 工帀[師]文, 工安, 正十七斤十四兩, 四斗.

　　　　　　　　　　　　　　『陝博』1그림Ⅲ. Ⅰ 工師文罍

卅六年, 工帀[師]瘨, 工疑, 一斗半正, 十三斤八兩十四朱[銖]. 厶[私]官.

　　　　　　　　　　『文物』1975.6.75 三十六年私官鼎

卲宮私官, 四斗少[小]半斗. 私工工感. 廿三斤十兩. 十五.

　　　　　　　　　　『三代』14.11.3 邵公私官盉

二年, 寺工帀[師]初, 丞拙, 廩人莽. 三斗. 北濬[寢]. 茜府.

　　　　　　　　　　『考文』1983.6.5. 二年寺工壺

雍工敃. 三斗. 北濬[寢]. 茜府.　　　『考文』1983.6.4. 雍工敃壺

工敃□鼎. 六斗.　　　　　　　　『文物』1975.6.69 工敃鼎

高奴. 一斗, 名一.　　　　　　　『文物』1985.5.45 高奴簋

421　孫常叙, 「則, 法度量則, 則誓三事試解」, 『古文字研究』7輯, 1982年.

雍庫鑰. 重一斤一兩, 名百一.　　　　　　『夢鄣』44 雍庫鑰

咸陽. 一斗三升.　　　　　　　　　　　　『文物』1978.12 咸陽鼎

樛大. 四斤. 大官四升.　　　　　　　　　『考文』1989.6 大官盉

卅六年, 邦工市[師], 工室□. 四斗大半斗.

　　　　　　　　　　　　　　　　　　　　『文物』1986.4.22 邦工師壺

原氏. 三斗少[小]半, 今三斗二升少[小]半升□十六斤.

　　　　　　　　　　　　　　　　　　　　『文物』1964.7.13 原氏壺

三年, 詔事, 容一斗二升. 朱□□官, 十一斤十四兩. 冊四.

　　　　　　　　　　　　　　　　　　　　『文物』1982.9.27 三年詔事鼎

廿五年, 攼. 一斗八升.　　　　　　　　　『文物』1966.1.9 攼瓿

長陵. 一斗一升.　　　　　　　　　　　　『文物』1972.6.24 長陵盉

十三斗一升.　　　　　　　　　　　　　　『文物』1975.6.72 十三斗鍾

半斗. 四.　　　　　　　　　　　　　　　『文物』1976.5.75 半斗鼎

西, 元器. 一斗七升小㪶[膌]. 殷[簋].　　『三代』9.34.2 秦公簋

戲, 三分.　　　　　　　　　　　　　　　『文物』1965.5.3 戲量

右北私庫. 半斗. 一.　　　　　　　　　　『文博』1987.2.26 北私庫量

　이상 도량형 명문에서 용량 단위는 「두(斗)」, 「승(升)」이 있고, 중량 단위는 「근
(斤)」, 「량(兩)」, 「주(朱)」가 있으며, 길이 단위 「촌(尊[寸])」이 있으니 모두 지역적
특색을 지녔다. 『秦公簋』와 같은 춘추시대 秦 나라 청동기에 기초하여 전국시
대 秦 나라 문자를 추가하였다. 『商鞅方升』, 『高奴權』, 『北私府橢量』 등의 전국
시대 秦 나라 기물에 시황26년의 조령(詔令)을 추가로 새겨 넣었으며, 『私官鼎』,
『長陵盉』, 『安邑下官鍾』 등의 전국시대 六國 기물에 전국시대 秦 나라 문자를
추가로 새겨 넣었다. 이 모든 기물이 「헌 병에 새 술을 담는[舊瓶裝新酒] 도량

명문으로 秦 나라 사람의 업무 수행 양상을 보여준다.

洛陽 金村 고분에서 은 재질의 다리가 달린 칠기 술잔 두 점이 발견되었다. 새겨진 명문을 보면,

卅七年, 工右舍□, 重八兩十一朱[銖]□. 右.　　　　　『書道』1.58
卌年, 中舍四枚, 重□□□□. 中府, 右佫.　　　　　『書道』1.58

명문의 「37년[卅七年]」과 「40년[卌年]」은 秦昭王의 연호이다.[422] 「中府」 등이 바로 六國문자이다.

내몽골 준격이기(准格爾旗) 匈奴 고분에서 발견된 『金飾牌』 두 점에 새겨진 명문은 보기 드문 금기(金器) 문자이다.

故□豕虎□. 一斤二兩廿朱[銖]少[小]半.
一斤五兩四朱[銖]少[小]半.

그중, 「兩」은 「兩」으로 썼으며, 같은 고분에서 출토된 趙 나라 『銀節約』 명문 「兩」과 명확한 차이가 있으므로 秦 나라 문자가 분명하다.

이상 제시한 도량 명문 외에도, 秦 나라는 몇 가지 지명을 기재한 명문도 있다.

修武府	『文物』1975.6.74 修武府耳杯
平	『文物』平鼎
筍廿	『文物』筍鼎

422　黃盛璋, 「新出戰國金銀器銘文硏究」, 『古文字硏究』12輯, 1985年.

雕陰   『秦集』雕陰鼎

秦 나라 수레 굴대 머리[車軎] 명문은 두 점이 발견된 바 있다.

廿一年, 寺工獻, 工上造但.   『文物』1966. 1. 9. 寺工車軎
太后. 公.   『考古』1974. 1. 22. 太后車軎

1991년, 河南성 洛陽 동쪽 교외의 전국시대 고분에서 銅鏡 두 점이 출토되었
다. 위쪽에 명문「천금(千金)」,「의□주(宜□主)」(『文物』1997.9.68)가 있다. 일부 학자
는 전국시대 동경으로 간주하였고,[423] 일부 학자는 秦漢 교체기 동경으로 간주
하였다.[424] 만약 후자의 견해에 근거한다면 이 또한 秦 나라 최초의 명문이 있는
동경이다.

2. 병기 명문

전국시대 초기의 명문이 있는 秦 나라 병기는 단 한 점 발견되었다.

吉為乍[作]元用劍.   『文叢』3.84 劍[425]

전해 내려온 것과 출토된 秦 나라 병기 명문은 대부분 전국시대 중후기에 속하
는 유물이다. 秦孝公 시기 병기 명문은 이미 언급한『商鞅戟』,『商鞅鐓』이 있다.

---

423 蔡運章,「洛陽發坭戰國時期有銘銅鏡略説」,『文物』1997年 9期.

424 鄧秋玲,「洛陽戰國銅鏡銘文質疑」,『湖南省博物館文集』4輯, 1988年.

425 陳平,「試論戰國型秦兵的年代及有關問題」,『中國考古學研究論集』1987年.

十三(?)年, 大良造鞅之造戟.   『三代』20.21.1,2 戟

十六年, 大良造庶長鞅之造. 雍, 竈.   『三代』20.60.1 戈鐓

十九年, 大良造庶長鞅之造殳. 嫠, 鄭   『考文』1996.5 그림 4,5殳鐓

□□造庶長鞅之造殳. 雍, 驕□.   『劍古』上49殳鐓

「大良造」가 바로 『漢書·百官公卿表』의 「大上造」이다. 「良」은 훌륭하다[善]이며, 「上」은 높다[高]인데 인신되어 「良」의 의미도 있다.[426] 이 밖에 「良」과 「上」의 독음 또한 유사하다.

대략 秦 나라 惠文王 이후부터 秦 나라 병기 명문의 격식은 점차 고정되기 시작하였다. 秦 나라 과[戈]와 명문은 대략 두 유형으로 구분된다.

(1) 중앙 제조 감독[監造]. 제조 감독자[監造者]는 「相邦」, 「丞相」 등이 있다. 예를 들면,

四年, 相邦樛斿之造, 櫟陽工上造間. 吾.   『三代』2.26.2-27.1 戈

王四年, 相邦張義[儀], 庶長□操之造者□界戟, □工帀[師]賤, 工卯.

錫.   『南越』그림22 戈

十三年, 相邦張義[儀]之造, 咸陽工帀[師]田, 工大人耆, 工櫝.

    『集成』11394 戈

十四年, 相邦冉造, 樂[櫟]工帀[師]帀□, 工武.   『劍古』上. 48 戈

十六年, 丞相觸, 咸帀[師]葉, 工武.   『貞松』續下22 戈

廿年, 相邦冉丌[其]造, 西工師盾□□, 隸□.   『湖南』그림14.13 戈

---

426 王輝, 「秦銅器銘文編年集釋」, 三秦出版社, 1990年, 32쪽.

廿一年, 相邦冉造, 雍工帀[師]葉. 雍, 懷德.　　　『三代』20.23.2-24.1 戈

三年, 相邦呂(不韋, 上), 郡假守□, 高工□丞申, 工地.

『文物』1987.8.63 矛

三年, 相邦呂不韋造, 寺工讋, 丞義, 工鴶. 寺工.

『文物』1982.3.13 戟

四年, 相邦呂不(韋造), 寺工讋, 丞(義, 工)可.　　　『考古』1959.9.457 戈

四年, 相邦呂不韋造, 寺工讋, 丞我, 工可, 戟. 文. 寺工.

『秦銅』그림64 戟

四年, 相邦呂不韋造, 高工龠, 丞申, 工地.　　　『文物』1987.8.63 矛

五年, 相邦呂不韋造, 詔事圖, 丞戠, 工寅. 詔事. 屬邦.

『三代』20.29.1 戈

五年, 相邦呂不韋造, 少府工室陯, 丞冉, 工九. 武庫. 少府.

『秦銅』그림69 戈

五年, 相邦呂不韋造, 寺工讋, 丞義, 工成, 午. 寺工.

『考文』1983.4. 戟

七年, 相邦呂不韋造, 寺工周, 丞義, 工竟. 壬. 寺工.

『秦銅』그림70 戟

八年, 相邦呂不韋造, 詔事圖, 丞戠, 工爽. 詔事. 屬邦.

『文物』1979.12.17. 戈

九年, 相邦呂不韋造, 蜀守金, 東工守文居, 戈三. 成都. 蜀東工.

『考古』1991.1.16. 戟

十七年, 丞相啟狀造, 郃陽嘉, 丞兼, 庫雎, 工邪.

『文物』1986.3.43 戈

위에 제시한 과[戈] 명문「相邦」은 전래문헌에「相國」으로 쓰였고, 그 위치는「丞相」보다 높다. 인명은 검토가 필요한「규유(樛斿)」이 외에「의(義)」,「염(冉)」,「촉(觸)」,「여불위(呂不韋)」,「계장(啓狀)」은 각각 장의(張儀), 위염(魏冉), 수촉(壽觸), 여불위(呂不韋), 외장(隗狀)이다. 이들은 모두 秦 나라 중앙 기구의 최고 관리이다. 주조 지역「역양(櫟陽)」,「옹(雍)」,「함양(咸陽)」은 모두 일찍부터 秦의 도읍이었다.「西」는 바로 西縣으로『秦公簋』에도 볼 수 있으며,「합양(郃陽)」과 더불어 모두 秦 나라 국경의 중요 지역이다.

(2) 지방 제조 감독. 제조 감독자[監造者]는 군과 현[郡縣]의 최고 장관「守」이다. 제조지역은 上郡이 가장 많다. 예를 들면,

二年, 上郡守冰造, 高工丞沐□, 工隸臣徒.

『文物』1982.11 戈

三年, 上郡守冰造桼[漆]工師□, 丞□, 工城旦□.

『錄遺』583 戈

王五年, 上郡□疾造, 高奴工觏　　　　　　『人文』1960.3 戈

王六年, 上郡守疾之造, □□□□□.　　　　『秦銅』그림28 戈

七年, 上郡守閒造, 桼[漆]垣工師嬰, 工鬼薪帶. 高奴. 平周.

『文物』1987.8.61 戈

王十年, 上郡守疾之造, □豊.　　　　　　　『貞松』中66 戈

十二年, 上郡守壽造, 桼[漆]垣工師乘, 工更長猗. 洛都. 廣衍.

『文物』1977.5 戈

十三年, 上郡守壽造, 桼[漆]垣工師乘, 工更長猗.『武陵』34 戈

□年, 上郡守□造, 桼[漆]垣工師乘, 工更長觭. 定陽.

『文博』1988.6.39 戈

十五年, 上郡守壽之造, 桼[漆]垣工師乘, 丞鬺, 冶工隸臣觭.

『考古』1990.6 戈

十八年, 桼[漆]工市[師]□, 丞臣造, 工□□□.　　『文物』1959.9 戈

廿四年, 上郡守壽臧造, 高奴工師竈, 丞申, 工隸臣渠. 上洛徒.

『文研』12.261 戈

廿五年, 上郡守厝造, 高奴工師竈, 丞申, 工鬼薪詘. 上郡武庫. 洛都.

『集成』11406 戈

廿七年, 上郡守趙造, 桼[漆]工師□, 臣抉, 工隸臣穊. □陽.

『集成』11374 戈

卅八年, 上郡守慶造, 桼[漆]工磬, 丞秦, 工隸臣于.

『文物』1980.10 戈

卅年, 上郡守起造, 桼[漆]工師□, 臣絡, 工隸臣□. □平周.

『考古』1992.8 戈

卅年, 上郡守起□, 高工師□, 丞秦, □隸臣庚.　　『文參』1957.8 戈

이상, 『上郡戈』17 점은 누락된 병기 일부가 있을 수 있지만, 이미 上郡이 秦나라 최대의 병기 제조 기지였음을 충분히 설명한다. 上郡 이 외에도 다른 지역으로부터 제조 감독된 병기 또한 남아 있다. 예를 들면,

六年, 漢中守□造, 左工師齊, 丞□, 工牲. 公. 成.

『集成』11367 戈

廿二年, 臨汾守暲, 庫系, 工猷造.	『考古』1978.1.65 戈
廿六年, 蜀守武造, 東工師宦, 丞未, 工□.	『文物』1974.5.74 戈
卅四年, 蜀守□造, 西工帀[師]□, 丞□, 工□. 成十, 邛, 陝.	
	『秦集』그림29 戈
廿六年, □相守牧佶[造], 西工宰闟, 工□.	『文物』1980.9.94 戈
廣衍, 上武. □陽.	『文物』1977.5 그림叁3 矛
廣衍. 中陽.	『文物』1987.8.63 戈

주목할 만한 부분으로, 과[戈] 명문「上郡」, 「臨汾」, 「蜀」, 「漢中」은 각각 秦나라 중심 지역의 북, 동, 남 세 방향에 있으며, 秦 나라 통일 이전에 세워진 上郡, 河東郡, 蜀郡, 漢中郡의 최초 형태이다. 만약 『秦公簋』 명문 「西」(西縣)를 추가하면, 알맞게도 秦 나라 국경의 네 경계를 구성할 수 있다.

이상 도량 명문과 병기 명문의 「寺工」은 秦始皇 연대 병기 명문에 특히 많이 출현한다. 예를 들면,

二年, 寺工讐, 丞角. 寺工.	『秦銅』그림58 戈
□年, 寺工讐, □工喜. 寺工.	『集成』11197 戈
十五年, 寺工敏, 工黑. 寺工. 丙□. 左戉六.	『秦銅』그림75 鈹
十六年, 寺工敏造, 工黑. 寺工. 子. 戉三.	『秦銅』그림78 鈹
十七年, 寺工敏造, 工鴍. 寺工. 子. 五九.	『秦銅』그림79 鈹
十八年, 寺工敏, 工鴍. 寺工. 五三.	『秦銅』그림85 鈹
十九年, 寺工邦, 工目. 六. 左. 寺工. 卅八.	『秦銅』그림86 鈹

「寺工」에 관하여 이미 학자들이 상세하게 고석하였으며,[427] 여러 학자의 연구 성과를 종합해보니 「寺」는 본래 궁내에 배치된 관직이었음을 알 수 있다. 『漢書·外戚傳』注에서 「寺는 액정[428]의 관사이다[寺者, 掖庭之官舍].」라고 하였고, 이후에 관부[官府]로 의미가 파생되었다. 黃盛璋은 『漢書·百官公卿表』의 「寺互」가 「寺工」의 잘못 변화된 형태라고 하였다.[429] 이상의 병기 명문에 근거하면 寺工에 속한 관료는 丞과 工이다.

중앙 제조 감독자 「相邦」과 「丞相」, 지방 제조 감독자 「守」는 모두 秦 나라 기물의 형식적인 제조 감독자이다. 실질적으로 주관하는 사람은 「士上造」, 「工師」, 「工大人」, 「工宰」 등이 있다.(秦始皇 시기에는 「寺工」, 「丞」, 「庫」, 「詔事」, 「少府」 등이 있다) 실제 제조자는 「工」, 「工隸臣」 「工城旦」 「工鬼薪」 「工更」 등이 있다. 따라서 秦 나라 병기 명문과 三晉 병기 명문은 모두 동일하며, 세 등급의 제조 감독 형식에 속한다. 만약 조금 더 구체적으로 세분하면, 惠王부터 昭王 시기는 「相邦」, 「工師」, 「工」 세 등급에 속하고, 秦始皇 시기는 대부분 「相邦」, 「寺工」, 「丞」, 「工」 네 등급이다.[430]

三晉 병기 명문 「工師」는 모두 合文 「秊」으로 쓰였고, 秦 나라 병기 명문은 분화되어 「工帀」로 쓰였다. 게다가 昭王 시기 및 이전까지는 「工師」의 「師」를 「帀」으로 썼고, 昭王 이후에 비로소 「師」가 출현하였다.[431] 이 밖에 三晉 병기 명문 「造」자의 이체가 매우 많지만, 秦 나라 병기 명문은 「造」자로만 썼다. 그중

---

427 秦兵, 「寺工小考一文資料補證」, 『人文雜志』 1983年 1期; 陳平, 「寺工小考補議」, 『人文雜志』 1983年 2期.

428 [역자주] 액정(掖庭)이란, 비빈(妃嬪)이나 궁녀들이 거처하던 정전(正殿)이다.

429 黃盛璋, 「寺工新考」, 『考古』 1983年 9期.

430 哀仲一, 「秦中央督造的兵器刻辭綜述」, 『考古與文物』 1984年 5期.

431 李學勤, 「戰國時代的秦國銅器」, 『文物』 1957年 8期; 李學勤, 「湖南戰國兵器銘文選釋」, 『古文字研究』 8輯, 1983年.

「之造」로 쓰인 것이 「造」로 쓰인 것 보다 시기상으로 이르다.

虎符는 秦 나라 특유의 물품이다. 지금까지 이미 세 점이 발견되었다. 명문은 기본적으로 동일하다.『杜虎符』 명문을 살펴보면,

甲兵之符, 右在君, 左在杜. 凡興士被甲, 用兵五十人以上, 必會君
符 乃敢行之. 燔燧之事, 雖毋會符, 行殹.

『文物』1979. 9. 그림8

「오른쪽 부절은 君이 가지고 있다[右在君]」의 「君」은 당연히 惠文君을 지칭한다. 기원전 324년 惠文君은 왕의 호칭을 사용하기 시작한다. 따라서『杜虎符』 제조 연대는 왕의 호칭을 사용하기 이전이다. 즉, 기원전 337년에서 기원전 325년 사이이다.[432]『新郪虎符』(『秦金』83) 명문「오른쪽 부절은 王이 가지고 있다[右在王].」의 「王」은 검토가 필요하지만, 반드시『杜虎符』 보다 늦다.『陽陵虎符』(『秦金』82) 명문「오른쪽 부절은 皇帝가 가지고 있다[右在皇帝]」는 확실히 秦 통일 이후에 만들어졌다.『虎符』 명문은 오로지 소전에 속하며, 秦 나라의 표준 문자이다.

3. 석기 명문

秦 나라의 石刻문자는 역사가 유구하고,『石鼓文』,『詛楚文』,『嶧山碑』 모두 석각 문자 중에서도 아름답고 훌륭한 작품이다. 唐代 초기 발견된『石鼓文』은 역대 학자, 문인들의 중시를 받아 왔다. 그러나 北宋 시기까지 고석 능력은 아직

---

432 馬非百,「關於秦國杜虎符的鑄造年代」,『文物』1982年 11期.

상당히 낮은 단계에 있었다. 대문호 소동파(蘇東坡)는 일찍이 감탄하며, 『편방(偏旁)을 억지로 찾아보고 점획(點劃)을 추측해 보니 때로 한 두 가지는 알고 여덟아홉 가지는 모르겠네. '내 수레 이미 수리하고 말도 갖추어졌다는 것'과 '물고기는 연어인데 이것을 버들가지에 꿴다'는 말뿐이네.[強尋偏旁推點畫, 時得一二遺八九. 我車既攻馬亦同, 其魚維鱮貫之柳].』라고 하였다. 자신이 직접 『이 구절에서 말하기를 「내 수레 이미 수리하고 말도 갖추어졌다[我車既攻, 我馬既同].」라고 주석하였으며, 또 말하기를 「그 물고기는 무엇인가. 연어와 잉어이다. 무엇으로 꿰었는가. 백양나무와 버드나무이네[其魚維何, 維鱮維鯉. 何以貫之, 維楊與柳].」라고 하였다. 이 여섯 구절로 끊어 읽을 수 있으나 나는 대부분 무슨 뜻인지 알 수 없다.』라고 하였다.[433] 南宋시기 고석은 뚜렷하게 진전된 바가 있었다.[434] 이후 역대로 『石鼓文』을 연구한 저작이 날로 증가하였고, 郭沫若의 『石鼓文研究』는 그중에서도 가장 유명하다.

石鼓의 연대에 관하여 지금까지 주요 세 견해가 존재한다. 서주 시기 설, 춘추 시기 설, 전국 시기 설이다. 淸代 이전은 대부분 周宣王 시기라는 견해가 주를 이루었다. 그 이유는 『石鼓文』의 몇 글자와 『說文』 籀文이 서로 일치하기 때문이었다. 예를 들면 「樹」는 「𣝁」으로 쓰고, 「囿」는 「𡇂」으로 쓰며, 「員」은 「鼎」으로 쓰고, 「癸」는 「𤼩」으로 쓰며, 「辭」는 「𤔲」 등으로 썼다. 籀文은 周宣王 시기 太史 籀가 쓴 것으로 전해졌기 때문에 석고의 연대를 周宣王으로 정하는 것이 순리에 맞는 듯하였다. 우리는 籀文을 단정해진 西周 중후기의 문자이며, 『石鼓文』의 먼 조상일 뿐만 아니라 전국문자의 먼 조상으로 여긴다. 따라서 『石鼓文』의 몇 가지 자형과 주문 형태가 일치하는 것은 결코 이상하지 않다. 周文王 시기라는 견해와

433　蘇軾, 『蘇文忠公詩集』 卷四.
434　薛尚功, 『歷代鐘鼎彝器款識法帖』 卷一七.

周成王 시기의 견해, 심지어 周 이후라는 견해 모두 단서가 될 수 없으므로 현재 이를 믿는 사람은 없다. 南宋 鄭樵는 처음으로 석고에 대하여 제기하기를, 「모두 秦篆으로 也를 殹로 썼고, 秦斤에서 볼 수 있다. 丞을 㞳으로 썼고, 秦權에서 볼 수 있다[皆是秦篆, 以也為殹, 見于秦斤; 以丞為㞳, 見于秦權].」[435]라고 하였다. 이후, 馬衡, 羅振玉, 馬叙倫, 郭沫若 등 학자가 지속적으로 연구하여[436] 石鼓가 秦 각석으로 확정한 것은 반론의 여지가 없다. 그러나 「秦」은 상당히 긴 역사 시기이다. 郭沫若의 襄公 8년이라는 견해는 周平王 元年까지 거슬러 올라갈 수 있고, 羅振玉, 馬叙倫의 文公이라는 견해는 춘추시대 초기에 속하며, 馬衡의 穆公이라는 견해는 춘추시대 중기에서 다소 이른 시기에 속한다. 『石鼓文』의 문자 구조와 서체 스타일에 근거해 鄭樵와 唐蘭의 전국시대라는 견해에 찬성하고자 한다.[437]

秦武公의 『秦公鐘』, 『秦公鎛』과 秦景公의 『秦公鐘』, 『秦公簋』는 공인된 춘추시대 초기의 秦 나라 명문을 담았다. 만약 이 네 기물을 『石鼓文』과 비교한다면, 비록 동일하게 정돈된 秦篆이지만, 전자는 막힘이 없고, 후자는 틀에 박혀 경직된 점을 볼 수 있다. 唐蘭은 『秦公鐘』과 『石鼓文』을 비교하였다.

邁 　　　　濿 『汧沔』

禹 　　　　禽 『奉敕』

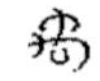

435 鄭樵, 『石鼓音序』, 引陳思, 『寶刻叢編』.

436 馬衡, 「石鼓爲秦刻石考」, 『國學季刊』 1卷 1期, 1923年; 羅振玉, 『石鼓文考釋』. 馬叙倫, 『石鼓文疏記·石鼓爲秦文公時物考』, 商務印書館, 1935年, 28-29쪽. 郭沫若, 『石鼓文研究·再論石鼓文之年代』, 科學出版社, 1982年, 99-128쪽.

437 唐蘭, 「石鼓文刻于秦靈公三年考」, 『申報·文史週刊』2期, 1947年; 唐蘭, 「石鼓年代考」, 『故宮博物院院刊』 1958年 1期.

竈　鼷　　　　　　竈　鼷『吾人』

顯　顒　　　　　　碩　顒　『奉敕』

多　多　　　　　　趄　趄　『奉敕』

『石鼓文』의 필획이 명확한 예컨대 「九」, 「內」, 「多」, 「弓」 등의 형태는 모두 늦은 시기의 특징을 드러낸다. 이는 단지 필획 스타일로 분석한 것이며, 자형 구조로도 분석할 수 있다.

「或」은 본래 「或」『或鼎』으로 쓰고, 「○」(「城」의 초기 형태)을 구성요소로 한다. 西周 초기에 「或」(『何尊』)로 변화하였다. 새롭게 출토된 『秦鐘』은 「或」로 썼고, 전래된 『秦公鐘』에서는 「或」(『國』의 편방)로 썼다. 이로써 알 수 있듯이, 춘추시대 이전의 「或」은 모두 「○」으로 구성되었다. 전국시대 새인으로부터 「ㅂ」으로 구성된 「或」(『璽文』6.8)을 확인할 수 있다. 그러나 『石鼓文·霝雨』는 오히려 「或」로 썼으므로 춘추시대 중기 이전에 「ㅂ」로 잘못 변화된 형태가 나타났다고 추측하기 어렵다.

「朝」자는 『盂鼎』에서 「朝」로 썼으며 『克盨』는 「朝」로 썼다. 『朝歌右庫戈』는 「朝」로 썼고, 『古璽』에서는 「朝」로 썼으며, 漢 새인에서는 「朝」로 썼다. 자형 변화 관계를 살펴보면 다음과 같다.

川 → 臥 → 目

『石鼓文·吳人』에서 「朝」를 「朝」로 쓴 것을 검토해보면, 오른쪽 와변 편방은 「臥」 이후의 형태이며, 小篆 「朝」로 쓴 점과 매우 비슷하다. 이는 이 자형이 오래되지 않았음을 설명한다.

『石鼓文』의 절대 연대에 대하여 좀 더 연구할 필요가 있으나, 『石鼓文』의 글씨체는 『秦公簋』보다 늦은 시기라는 점은 확실하다. 명문과 각석이 연대를 설명하지 못할 때, 자형 발전 규칙으로 명문과 각석의 상대 연대를 한정하는 방식은 확실하고 적절한 효과가 있다고 생각한다. 이상 분석을 통해 알 수 있는 것은 『石鼓文』의 연대는 길게 잡아도 춘추시대 말기보다는 이를 수 없다. 따라서 『石鼓文』을 전국문자 범위 안으로 포함시켜 연구할 수 있다.

최근, 학자들은 『石鼓文』의 연대에 대해서도 많은 논의가 있었다. 혹자는 춘추 전국시대 교체기라고 여겼고, 혹자는 秦 나라 「景公 시기 가능성이 매우 높다」라고 여겼다.[438] 명확한 근거 자료가 없는 한 춘추 전국시대 교체기로 보는 견해가 더욱 타당하다고 생각한다. 어느 학자는 전국시대에 이미 시 쓰는 유행이 사라진 점을 『石鼓文』과 유사한 『詩經』으로 증명하였으므로, 결과적으로 『石鼓文』 시는 東周 시대에 쓰여질 수 없었다고 간주하였다.[439] 사실 전국시대에도 시를 짓는 풍습이 있었으며, 전국시대 『中山王器』에서 여러 차례 『詩經』을 인용한 것이 그 예이다.

『詛楚文』은 北宋시기 陝西성 鳳翔에서 발견된 秦 나라 石刻이다. 석각 원형 세 점은 모두 망실되었고, 현재 세 종류의 각본(刻本)이 남아 있으니 바로 무함(巫咸), 대침궐추(大沈厥湫), 아타(亞駝)[440]이다. 마지막 한 점은 아마도 위조품인 듯하다.[441] 세 각석은 神의 명칭이 다른 것을 제외하면, 내용이 기본적으로 동일하

---

438 馬幾道, 『秦石鼓』, 華裔學志叢書第十九種, 1988年; 陳昭容, 「秦公簋的時代問題兼論石鼓文的相對年代」, 『史語所集刊』, 64本4分, 1993年; 裘錫圭, 「關於石鼓文的時代問題」, 『傳統文化與現代化』 1995年 1期; 王輝, 『秦文字集證·論石鼓文的時代』, 藝文印書館, 1999年, 125-143쪽.

439 李學勤, 『東周與秦代文明』, 文物出版社, 1984年, 186쪽.

440 容庚, 『古石刻零拾·詛楚文考釋』, 1쪽.

441 郭沫若, 『詛楚文考釋』, 科學出版社, 1982年, 4-5쪽.

다. 『詛楚文』의 연대에 관하여 역대로 견해가 상당히 엇갈려 있다. 현재 연구자들은 歐陽修가 최초로 추론한 견해가 타당하다고 생각한다.[442] 楚王 웅상(熊相)은 바로 楚 나라 경양황(頃襄王) 橫이며, 「相」과 「橫」은 疊韻되어 용례상으로 通假가 가능하다. 게다가 楚 成王으로부터 「18대」 왕 또한 정확히 楚 頃襄王이다. 이에 근거하여 유추하면, 명문의 「秦嗣王」은 秦 昭襄王이다.[443] 명문에 언급된 楚 나라의 「제후의 병사를 거느리고 나에게 왔다[率諸侯之兵以臨加我].」는 구절은 역사서에 누락되었을 수도 있지만, 절대로 熊相은 楚 회왕(懷王) 웅괴(熊槐)라는 결론으로 도출될 수 없다.[444] 『詛楚文』의 진위와 관련하여 고금의 학자들 또한 줄곧 의심하는 사람이 있으며,[445] 최근 한 학자가 대량의 증거 자료를 통하여 위작이 아님을 증명하였는데,[446] 신뢰할 만하다.

『石鼓文』은 400여 자이며, 『詛楚文』은 300여 자이다. 두 자료 모두 비교적 이른 시기의 秦篆 구조를 간직하고 있으며 통일 이전 문자 연구의 중요 자료이다.

최근, 개인이 소장해 온 『秦駰玉版』(알려진 바에 의하면 이미 상해박물관에 소장 중이다)이 공식적으로 발표되었다.[447] 『玉版』은 두 점이며 모두 묵옥(墨玉)으로 제작되었고, 훼손된 문자가 있으며, 甲板이 乙版보다 훨씬 심하다. 만약 甲板으로 乙版을 보충해본다면, 299자를 식별해낼 수 있다. 기물 주인 인(駰)은 秦 惠文王 사(駟)이다. 『呂氏春秋·首時』 주석, 『後漢書·西羌傳』, 『史記·秦本紀』 索隱에서 모두 秦 惠文王의 이름을 「駟」라고 하였다. 「駰」과 「駟」의 자형이 비슷하여, 문헌

442 歐陽修, 『集古録』, 引郭沫若, 『詛楚文考釋』, 科學出版社, 1982年, 5쪽.

443 王柏, 『詛楚文考釋』, 引郭沫若, 『詛楚文考釋』, 科學出版社, 1982年, 6쪽.

444 歐陽修, 『眞迹跋尾』, 引郭沫若, 『詛楚文考釋』, 科學出版社, 1982年, 6쪽.

445 吾丘衍, 『學古編』, 10쪽, 『篆學瑣著』 第一冊; 陳偉湛, 『詛楚文獻疑』, 『古文字研究』 14輯, 1986年.

446 陳昭容, 「從秦系文字演變的觀點論詛楚文的眞僞及其相關問題」, 『史語所集刊』, 62本4分, 1993年.

447 李零, 「秦駰禱病玉版研究」, 『國學研究』 6卷, 1999年.

의 「駟」는 「駰」의 형태가 잘못 변형된 것이다.[448] 銘文의 대체적인 의미는 다음과 같다.

맹동 10월, 인의 숙환이 낫지를 않아 「천지(天地)」, 「사극(四極)」, 「삼광(三光)」, 「산천(山川)」, 「신기(神示[祇])」, 「오사(五祀)」, 「선조(先祖)」에게 제사하였으나 아무런 도움이 되지 않았다. 다시 「개규(芥[介]圭)」, 「길벽(吉璧)」, 「길숙(吉叉[淑])」[449]으로 헌상하여 화산(華山)의 신에게 제사를 지내고, 신에게 빌어 죄를 용서받고자 하였다. 이듬해 8월 과연 병든 몸이 회복되었다. 화산의 신에게 보답하기 위하여 「우희(牛義[犧])」, 「양(羊)」, 「가축[豢]」, 「제후의 수레[路車]」, 「말(馬)」, 「벽(璧)」 등을 사용하여 제사하였다. 그 다음에 제사 용품을 화산(華山)에 매장하고, 화를 깨끗이 제거하였으니 후대의 자손들은 이를 법으로 삼게 한다.

甲板 정면은 대부분 반듯하게 꺾이 쓰는 필획이며, 문자는 시원시원하고 크다. 乙版은 대부분 둥글게 선회하는 필획으로, 문자가 두껍고 치밀하다. 후자는 古隸와 매우 비슷하여 秦篆의 발전과 변천 연구에 얻기 힘든 자료가 제공되었다.

4. 화폐 문자

포백(布帛)은 줄곧 秦 나라의 주요 화폐였고, 전국시대 중기 이후에 비로소 금속 화폐 圜錢이 유통되기 시작하였다. 『史記·秦始皇本紀』에 秦 惠文王이 「즉위한 지 2년, 처음으로 화폐를 발행했다[立二年, 初行錢].」에 따르면 기원전 336년은 秦 나라가 화폐를 제작한 절대 연대이다. 秦 나라 圜錢의 명문을 살펴보면 다음과 같다.

---

448 李學勤, 「秦玉牘索隱」, 『故宮博物院院刊』 2000年 2期.

449 李家浩, 「秦駰玉版銘文研究」, 『北京大學中國古文獻研究中心集刊』 2, 2001年.

重一兩十二珠[銖	『古錢』上283
重一兩十三珠[銖]	『古錢』上283
重一兩十四珠[銖]	『古錢』上283
半睘[圜]	『古錢』上227
兩甾[錙]	『古錢』上253
半兩	『貨系』4282

명문에 「銖」, 「錙」, 「兩」으로 화폐 단위를 삼았고, 제조 지역 기록이 없는 것은 秦 왕실이 일찍부터 화폐의 제조권을 독점한 사실을 반영한다. 圜錢 명문 「文信」(『古錢』上217쪽)은 문신후(文信侯) 여불위(呂不韋)가 사적으로 제조한 것이다. 「長安」(『古錢』上251쪽)은 진시황 동생 長安君이 사적으로 제조한 것으로 모두 비교적 특이하다.

환전은 秦 나라의 주요 화폐이며, 전국시대 말기에 제조 유통된 「半兩」이 秦 나라 통일 이후에 통용 화폐가 되었다.[450] 秦 나라 지역에서 출토된 方足布「寧」과 「寶」(「藥雨」)는 위조품이다. 秦 나라 화폐 명문에 지명이 없으며, 이는 동방 육국과 다른 부분이다.[451]

5. 새인 문자

秦 나라 璽印과 육국 璽印을 비교하면, 뚜렷하게 다른 스타일이 드러난다. 王人聰은 秦 나라 관직 새인[官印]을 총괄하여 11항목의 특징으로 서술하였다.[452]

---

450 四川省博物館, 青川文化館, 「青川縣出土秦更修田律木牘」, 『文物』1982年 1期.

451 蔡運章, 「秦國貨幣試探」, 『中州錢幣論文集』1986年.

452 王人聰, 『秦官印考叙』, 引王人聰, 葉其峰, 『秦漢魏晉南北朝官印研究』, 香港中文大學文物館專刊

그 요지를 간추린 7 항목은 아래와 같다.

① 秦 나라의 관직 새인[官印]은 「印」으로 칭하고 「璽」로 칭하지 않았다. 위
굉(衛宏)의 『漢舊儀』에서 「진 나라 이래로 천자만이 印으로 새인을 칭하였
고, 또한 천자만이 옥을 사용하여 새인을 만들었으니 군신들이 감히 사용
하지 못하였다[秦以來, 天子獨以印稱璽, 又獨以玉, 群臣莫敢用].」와 서로
부합한다. 雲夢秦簡에서 「璽」와 「印」을 명칭하였으니 이는 분명 통일 이
전의 상황이다.

② 기존의 관청 公印(예: 「私府」, 「中官徒府」)과 하급 관리[吏員] 전용 도장(예: 「御
府丞」, 「邦司馬印」)으로 분별할 수 있다.

③ 秦 나라의 관직 새인[官印]은 도기에 날인하는 소량의 도기 새인 외에는
대부분 구리 새인이다.

④ 秦 나라 관직 새인[官印]의 꼭지 부분[鈕]은 두 가지 형식으로 구분된다. A
형식은 도장 뒷면이 사방으로 경사진 형태라서 단뉴(壇鈕)로 칭한다. 상한
선은 이르면 전국시대까지이며 하한선은 秦 나라 보다 늦은 수 없다. B 형
식은 도장 본체에 받침대를 세우지 않아 도장 뒷면이 평면이며 꼭지 밑동
과 서로 붙어 있어서 와뉴(瓦鈕)로 칭한다. 상한선은 秦 나라 보다 이를 수
없으며 하한선은 西漢 시기까지로 볼 수 있다.

⑤ 사각형 새인 인면은 일반적으로 2.2-2.4cm 사이이다. 작은 편에 속하는 새
인은 1.8-2.2cm 사이이다. 직사각형의 인면은 1.2X2.3cm에서 1.3X2.4cm 사
이이다. 작은 편에 속하는 새인은 1.1X1.8cm에서 1.1X1.9cm 사이이다.

⑥ 인면에 새겨진 문자 사이는 대부분 「田」 형태의 격자가 있거나, 「日」자의

之四, 1990年, 9－10쪽.

격자가 있다.(혹은 「半通印」으로 칭한다)

⑦ 秦 나라 관직 새인[官印]은 대부분 새김 형식이며 음각에 테두리가 있고, 서체가 질서 정연하며 거칠지 않아 진 저울이나 조판(詔版)과 상당히 유사하다.

　　秦 나라 인장의 범위에 대하여 통일 이전의 秦 나라를 포함하기도 하고, 통일 이후의 秦 왕조도 포함한다. 그러나 두 사이의 구분은 「필요하지 않을 뿐만 아니라, 거의 불가능하다」라고 할 수 있다.[453] 최근 대량의 秦 나라 인장 자료가 새롭게 발견되었다. 王輝가 전해 내려온 자료와 결합하여 체계적으로 정리하였다. 지금 『秦印通論』 분류에 근거하여 간단히 소개하면 다음과 같다.

(1) 관직 새인[官印]

1.1 皇帝璽. 예:「皇帝信璽」(『封泥』2.6)

1.2 丞相印. 예:「丞相□印」(『考文』1997.1.44 그림1),「左丞相印」(『考文』1997.1.44 그림2),「右丞相印」(『考文』1997.1.44 그림3)

1.3 종묘 예법 의식 관직 새인[官印]. 예:「秦[太]醫丞印」(『考文』1997.1.44 그림9),「祝印」(『考文』1997.1.44 그림10),「祠祀」(『考文』1998.2.51 그림17)

1.4 궁정 사무 관직 새인[官印]. 예:「宗正」(『考文』1997.1.44 그림7),「少府」(『考文』1997.1.44 그림8),「永巷丞印」(『考文』1997.1.44 그림14),「西方謁者」(『考文』1997.1.45 그림55),「宦者丞印」(『考文』1997.1.45 그림59),「佐弋丞印」(『考文』1997.1.45 그림48),「南宮尚浴」(『官徵』0009),「居室丞印」(『封集』2662),「御羞丞印」(『考文』1997.1.46 그림64),「弄狗厨印」(『官徵』0011),「樂府丞印」(『考文』1997.1.45 그림55)

453　王輝,『秦文字集證·秦印通論』, 藝文印書館, 1999年, 145쪽.

1.5 궁정 숙직[宿衛] 시종(侍從) 관직 새인[官印]. 예: 「郎中丞印」(『考文』1997.1.44 그림6), 「衛尉之印」(『考文』1998.2.51 그림1), 「衛士丞印」(『書法報』1997.4.9.4 판), 「公車司馬丞」(『考文』1997.1.44 그림16), 「寺從」(『考文』1997.1.46 그림72)

1.6 민족 사무 관리 새인[官印]. 예: 「屬印」(『十鐘』2.55), 「屬邦[國]工室」(『考文』1997.1.46 그림70), 「郡左邸印」(『考文』1997.1.45 그림34), 「泰[大]行」(『考文』1997.1.45 그림33)

1.7 곡물, 화물 관직 새인[官印]. 예: 「銍將粟印」(『官徵』0017), 「泰[大]倉」(『考文』1997.1.45 그림39), 「倉吏」(『璽彙』5561), 「采司空印」(『考文』1997.1.45 그림60), 「西鹽」(『考文』1997.1.48 그림145)

1.8 工官印. 예: 「左司空臣」(『封集』2660), 「右司空印」(『官徵』0018), 「琅邪司丞」(『封集』363), 「咸陽工室丞」(『考文』1998.2.52 그림38), 「工師之印」(『璽彙』0151), 「寺工丞印」(『考文』1997.1.45 그림52), 「王戎兵器」(『璽彙』5707), 「詔事之印」(『考文』1997.1.46 그림68), 「泰[大]匠丞印」(『考文』1997.1.45 그림61), 「鐵兵工丞」(『考文』1998.2.51 그림31)

1.9 武官印. 예: 「邦[國]尉之印」(『秦集』 도판143), 「中尉之印」(『書法報』1997.4.9.4 판), 「邦司馬印」(『官徵』0057), 「發弩」(『官徵』0078), 「四川輕車」(『秦集』143), 「軍假司馬」(『封泥』5.3), 「都船丞印」(『考文』1997.1.46 그림66)

1.10 사법 형옥(刑獄) 관직 새인[官印]. 예: 「安民正印」(『官徵』0016)

1.11 부고(府庫) 관직 새인[官印]. 예: 「御府丞印」(『秦集』 도판143), 「私府丞印」(『考文』1997.1.46 그림75), 「北司庫印」(『官徵』0033), 「信宮車府」(『封泥』11.5), 「中府丞印」(『考文』1997.1.46 그림82), 「秦[大]內丞印」(『考文』1998.2.51 그림5), 「內府」(『璽彙』3358), 「武庫丞印」(『考文』1997.1.46 그림65), 「特庫丞印」(『考文』1997.1.47 그림109), 「中厩馬府」(『考文』1997.1.44 그림26)

1.12 구원(廐苑) 관직 새인[官印]. 예: 「章廐將馬」(『官徵』0023), 「宮廐丞印」
(『考文』1997.1.44 그림23), 「中廐將馬」(『考文』1997.1.44 그림27), 「左廐丞印」(『考
文』1997.1.44 그림28), 「右廐丞印」(『考文』1997.1.44 그림33), 「小廐丞印」(『考文』
1997.1.44 그림31), 「泰[大]廐丞印」(『考文』1997.1.44 그림18), 「騎馬丞印」(『考文』
1998.2.51 그림3), 「上林郎池」(『官徵』0003), 「章臺」(『考文』1997.1.46 그림91), 「杜南
苑丞」(『考文』1997.1.47 그림96), 「左雲夢丞」(『考文』1997.1.47 그림99), 「麋圈」(『考文』
1997.1.47 그림98), 「具園」(『考文』1998.2.51 그림24)

1.13 전관(田官) 도장. 예: 「泰[太]上寢左田」(『官徵』0015), 「左[佐]田之印」(『考文』
1997.1.47 그림102), 「小廐南田」(『官徵』0030)

1.14 교통운수(交通運輸) 예: 「長夷涇橋」(『官徵』0031), 「宜陽津印」(『官徵』0032), 「日
馬丞」(『十鐘』2.6), 「傳舍之印」(『官徵』0060), 「郵印」(『官徵』0090), 「都水丞印」(『考
文』1997.1.44 그림11)

1.15 지방 관리 도장. 예: 「內史之印」(『考文』1997.1.46 그림67), 「潦[遼]東守印」(『續
封』2.15), 「九江守印」(『續封』2.15), 「太原守印」(『封集』517), 「濟北太守」(『續封』
2.15), 「即墨太守」(『續封』2.17), 「四川太守」(『考文』1998.2.52 그림41), 「叁[三]川尉
印」(『封集』707), 「咸陽城印」(『考文』1997.1.44 그림112), 「寧秦丞印」(『考文』1998.2.52
그림45), 「藍田丞印」(『考文』1997.1.47 그림120), 「杜丞之印」(『考文』1997.1.47 그림
123), 「下邽丞印」(『考文』1997.1.47 그림121), 「茝[芷]陽丞印」(『考文』1997.1.47 그림
122), 「酆丞」(『考文』1997.1.48 그림136), 「戲丞之印」(『考文』1996.4.57 그림2), 「高陵
丞印」(『考文』1997.1.47 그림124), 「翟道丞印」(『考文』1997.1.48 그림125), 「蘋[頻]陽
丞印」(『考文』1997.1.48 그림126), 「臨晉丞印」(『考文』1997.1.48 그림127), 「利陽右尉」
(『秦集』도판152), 「䣣丞之印」(『封集』853), 「重泉丞印」(『封集』854), 「襄德丞印」
(『考文』1997.1.48 그림129), 「雲陽丞印」(『考文』1997.1.48 그림131), 「犂丞之印」(『考

文』1997.1.48 그림132),「美陽丞印」(『考文』1997.1.48 그림133),「雍丞之印」(『考文』1997.1.48 그림134),「栒邑尉印」(『官徵』0034),「杜陽左尉」(『官徵』0035),「灊[廢]丘左尉」(『官徵』0036),「商丞之印」(『考文』1997.1.48 그림148),「新安丞印」(『封集』857),「安邑丞印」(『考文』1997.1.48 그림137),「蒲反丞印」(『考文』1997.1.48 그림138),「高陽丞印」(『封集』865),「屯留」(『封集』1670),「葉丞之印」(『秦集』도판154),「鄧丞之印」(『考文』1998.2.52 그림50),「蔡陽丞印」(『考文』1998.2.52 그림51),「曲陽左尉」(『官徵』0037),「樂陰右尉」(『官徵』0040),「丕鄡尉印」(『官徵』0041),「原都左尉」(『官徵』0038),「洛都丞印」(『考文』1997.1.48 그림147),「襄城丞印」(『考文』1997.1.48 그림139),「新城丞印」(『封集』855),「潁陽丞印」(『封集』859),「女陰丞印」(『考文』1997.1.48 그림140),「長平丞印」(『考文』1997.1.48 그림141),「南頓丞印」(『考文』1998.2.52 그림56),「臨菑丞印」(『封集』882),「下密丞印」(『封集』910),「高密丞印」(『封集』911),「夜丞之印」(『封集』892),「東牟丞印」(『封集』894),「腄丞之印」(『封集』893),「黃丞之印」(『封集』861),「堂邑丞印」(『考文』1998.2.52 그림48),「游陽丞印」(『考文』1998.2.52 그림47),「蘭陵丞印」(『封集』896),「建陵丞印」(『考文』1997.1.48 그림143),「承丞之印」(『考文』1998.2.52 그림50),「相丞之印」(『秦集』도판156),「成都丞印」(『考文』1998.2.52 그림52),「芒丞之印」(『封集』864),「南鄭丞印」(『考文』1997.1.48 그림144),「西成丞印」(『秦集』도판156),「吳丞之印」(『秦集』도판156),「冀丞之印」(『秦集』도판156),「蘭干丞印」(『考文』1997.1.48 그림146),「代馬丞印」(『考文』1997.1.47 그림116),「邯鄲之丞」(『秦集』도판157),「西共丞印」(『考文』1997.1.48 그림149),「魯丞之印」(『封集913』),「驪丞之印」(『考文』1997.1.44 그림15),「任城丞印」(『考文』1998.2.52 그림49),「薛丞之印」(『秦集』도판157),「般陽丞印」(『秦集』도판157),「梁鄒丞印」(『封集』873),「濟陰丞印」(『考文』1998.2.52 그림53),「定陶丞印」(『封集』863),「都昌丞印」(『封集』891),「盧丞之印」(『秦集』그림158),「櫟陽鄉印」(『秦集』도판158),「安平鄉

印」(『秦集』도판158), 「高陵鄕印」(『秦集』도판158), 「宜野鄕印」(『秦集』도판158), 「顓里典」(『璽彙』3232), 「菅里」(『十鐘』2.58)

1.16 市亭印. 예:「咸陽亭印」(『考文』1997.1.47 그림113), 「召亭之印」(『官徵』0394), 「都亭」(『官徵』0395), 「亭印」(『官徵』0080), 「市印」(『官徵』0091), 「都市」(『官徵』0489), 「軍市」(『璽彙』5708), 「鐵市丞印」(『考文』1998.2.51 그림6)

1.17 封爵印. 예:「昌武君印」(『官徵』0001), 「長安君」(『海印』28), 「鄭大夫」(『十鐘』2.54), 「南郡侯印」(『十鐘』2.47)

1.18 기타. 예:「左礜桃丞」(『考文』1997.1.47 그림100), 「右礜桃丞」(『考文』1997.1.47 도판101), 「走士丞印」(『考文』1997.1.47 그림107), 「宣曲喪吏」(『官徵』65)

(2) 길어인[吉語印]

秦 나라 길어인은 대부분 길상어와 잠언 성질에 속한다. 예를 들어, 「中精外誠」(『故宮』477), 「日敬[儆]毋治[怠]」(『璽彙』4884-4888), 「思言敬事」(『故宮』479), 「臺心愼事」(『十鐘』3.2), 「忠仁思士」(『十鐘』3.1), 「愼原拳[恭]敬」(『珍秦』展183), 「中[忠]仁」(『秦集』185), 「中[忠]壹」(『十鐘』3.6), 「忠信」(『珍秦』展190), 「修身」(『湖璽』106), 「云子思士」(『十鐘』3.2), 「志從」(『璽彙』4340), 「高志」(『考文』1985.6.38 그림4), 「安衆」(『十鐘』3.7), 「宜民和衆」(『十鐘』3.2), 「富貴」(『秦集』도판186), 「萬歲」(『秦集』도판186), 「萬金」(『珍秦』展187) 등이 있다.

(3) 성명 사인[私印]

秦 나라의 성명 사인은 대부분 직사각형 혹은 원형이다. 예를 들어, 『秦集』도판 133-183에서 확인할 수 있다.

秦 나라 새인문과 전국시대 秦 나라 문자는 일맥상통하며, 육국 문자와 전혀

다르다. 예를 들면,

丞	𢼑 石鼓『汧沔』	𨷾 『十鐘』2.6	𣂑 嗣子壺
敬	𣫖 石鼓『吳人』	𣫏 『十鐘』3.1	𩎟 『璽文』9.3
宜	𡨄 秦子戈	𡩋 『十鐘』3.2	𧈭 『璽文』7.10
張	𥏊 詛楚文	𥏋 『十鐘』3.9	𡰥 『璽文』9.7
乘	𣗋 石鼓『吳人』	𣗲 『十鐘』3.13	𣓏 『璽文』7.5

6. 도기 문자

秦 나라 陶文은 대부분 咸陽 유적지와 秦始皇陵에서 발견되었고, 그 연대는 전국시대 중기에서 秦始皇 시기까지이다. 연구 자료에 근거해 秦 나라 陶文은 세 유형으로 구분한다. 예를 들면(별도의 주석이 없는 용례는 모두 『秦陶』에서 인용하였다):

(1) 도용, 도마 문자(陶俑, 陶馬文字)

도문은 陶工의 이름이며, 간혹 인명 앞에 「宮」이 있다. 예를 들면 「宮系」(253), 「宮積」(300) 등이다. 혹은 인명 앞에 지명을 추가하였다. 예를 들면 「咸陽野」(335), 「咸敬」(323), 「咸陽高, 櫟陽重, 臨晉□, 安邑□」(368) 등이다. 혹은 단지 인명을 기록하였다. 예를 들면 「鉥」(386), 「談留」(386) 등이다.

(2) 묘지와문(墓志瓦文)

도문은 대부분 죽은 사람의 성명, 출생지, 신분이다. 예를 들면 「東武居貲上造慶忌」(479), 「闌[蘭]陵居貲便里不更牙」(491) 등이다. 이 유형의 도문은 중국 최초의 묘지문(墓誌文)이다.

(3) 전와, 도기 문자(磚瓦, 陶器文字)

甲. 중앙 제조 감독. 도문은 대부분 官名으로, 예를 들어 「左后(司)空」(494), 「右司空」(616), 「大匠」(783), 「都船」(1011) 등이며, 모두 문헌에서 볼 수 있다. 「寺水」(852), 「宮水」(895), 「北司」(983) 등은 문헌에서 볼 수 없다.

乙. 지방 제조 감독. 도문은 대부분 지명, 인명이다. 예를 들어 「美陽工蒼」(1201), 「宜陽肄」(1230), 「下邦」(1255), 「蒲反」(1261) 등이 있다. 지명은 대부분 秦 나라 국경에 있다.

丙. 정시(亭市) 제조 감독. 두 종류로 구분할 수 있다.

첫 번째, 함양정(咸陽亭), 함양시(咸陽市) 제조 감독. 예를 들어 「咸陽市牛」(1277), 「咸陽亭久」(1282), 「亭久」(『市亭』그림9.1) 등이 있다. 이 중에서 「久」는 「記」로 읽어야 한다. 『說文』에 인용된 「『詩』의 나에게 패옥을 주시네[貽我佩玖]의 玖는 芑로 읽는다.」가 그 증거이다. 『雲夢秦簡·工律』「새겨 기록할 수 없는 것은 丹과 漆을 사용하여 서사해야 한다[其不可刻久者, 以丹若桼書之].」에서 「刻久」가 바로 「刻記」이다. 이 도문 「亭」 다음에 대부분 「里」를 연결하여 「咸亭□里□器」로 쓰였다. 예를 들어, 「咸亭郦里絫器」(1331), 「咸亭涇里儥器」(1401) 등이 있다. 「咸亭」은 바로 「咸陽亭」이다. 이 도문은 「里」를 생략하기도 한다. 예컨대, 「咸亭當柳昌器」(1421), 「咸亭陽安駢器」(『市亭』그림4.3) 등이 있다. 「亭」, 「器」를 생략하기도 한다. 예컨대, 「咸郦里致」(1379), 「咸邰里奢」(1411) 등이 있으며, 「亭」, 「里」, 「器」를 생략한 「咸郦小有」(1336), 「咸新安盼」(1393) 등도 있다.

두 번째, 地方亭, 地方市 제조 감독. 예를 들어, 「杜亭」(2779), 「雋亭」(1305), 「櫟亭」(1318), 「櫟市」(『市亭』그림3.4) 등이 있다.

丁. 기타. 마구간 도문. 예를 들어, 「宮廄」(1465), 「中廄」(1462), 「小廄」(1463), 「左廄容八斗」(1461) 등이 있다. 먹이를 주는 관직[飤官] 도문도 있다. 예를 들어, 「麗山飤官」(1466), 「廄」(1481) 등이다. 도량형을 기록한 도문 또한 있다. 예를 들어, 「隱成呂氏缶容十斗」(1484), 「北圓呂氏缶容十斗」(1488) 등이다.

최근 陝西성 지역 청간(清澗) 이가애(李家崖), 岐山 주원(周原), 鳳翔 남지휘촌(南指揮村), 臨潼 진동릉(秦東陵), 臨潼 류장(劉莊), 臨潼 성동측(城東側), 臨潼 한욕향(韓峪鄕), 림동(臨潼) 류채촌(劉寨村), 咸陽 탑아파(塔兒坡), 단봉(丹鳳) 상읍고성(商邑古城), 황룡(黃龍), 미현(郿縣) 등의 지역에서 수많은 秦 나라 도문이 발견되었고, 王輝가 『秦文字集證·新出陶文考釋』에서 상세하게 고증하였다.

중화인민공화국 이전에 陝西성 호현(鄠縣)에서 발견된 와서(瓦書)는 최근 공식적으로 발표되었으며(『古研』14.178), 이미 연구된 바 있다.[454] 이 기물의 앞뒷면에 모두 명문이 있고, 「瓦書」로 새겨 있는 것은 도문 중에서 매우 독특한 종류이다. 문자는 121자이며, 도문 중에서 가장 길다. 瓦書는 秦 惠文王 4년 「겨울 11월 신유일[冬十一月辛酉]」에 제작되었으며 시기가 명확한 표준 기물이다. 명문의 내용은 우서장(右庶長) 촉(歜) (병기 명문의 「丞相觸」이다)의 封邑 과정을 기록한 것으로, 秦 나라 토지 제도 연구에 제공된 진귀한 고고학 실물 자료이다. 秦 나라 瓦書의 필획은 각이 지고 힘차며, 秦 나라 도문의 필획은 둥글둥글하면서 소박하여 스타일이 현격하게 다르다. 瓦書문자는 간혹 표준 秦篆과 차이가 있다. 예를 들면, 「壼」, 「粜」, 「障」, 「壘」 등과 같다. 「瓦」는 「𠃞」로 쓰며, 「到于」는 합문 「𩰚」로 쓴다. 先秦문자 중에서도 상당히 드문 형태이다.

秦 나라 瓦當 문자는 漢代 와당 문자만큼 풍부하지 못하지만, 현재 이미 발견된 10여 종이 있다. 명확하게 전국 중·말기에 속하는 「日月山川利」, 「華市」, 「橐

---

454 郭子直, 「戰國秦封宗邑瓦書銘文新釋」, 『古文字研究』 14輯, 1986年.

泉宮當」(『考文』2000.3.67)이 있고, 전해 내려 온 물품에서는 「左宮」, 「右宮」 등(『陶錄』2)이 있다.

7. 간독 문자

1975년, 湖北성 雲夢 睡虎地秦墓에서 1,155매의 죽간이 출토되었다.[455] 이 자료는 역사상 처음 발견된 秦簡으로 내용이 풍부하며 10종이 넘는다.

甲.『編年記』는 53매이며, 秦 昭王 元年(기원전 306년)에서 秦始皇 30년(기원전 217년) 사이의 국가 대사를 기록하였다. 대부분 『史記』 기록과 일치하며, 일부 연구자가 논문을 통해서 상세히 고증한 바 있다.[456] 秦簡의 기록 연대는 간혹 『史記』와 1년 정도 차이가 나거나 기록된 일이 『史記』보다 상세하여 의심할 여지 없이 사료적으로 중요한 가치가 있다. 주지하다시피, 『竹書紀年』는 때때로 『史記』의 오류를 교정할 수 있다. 하지만 『竹書紀年』은 魏襄王 20년(기원전 298년)에서 그치고 있으나 『編年記』는 마침 『竹書紀年』 기록을 연계시킬 수 있기 때문에 전국시대 말기 역사를 연구하는데 중요한 의의가 있다.

乙.『語書』는 14매이다. 내용은 秦始皇 20년(기원전 227년) 4월의 기록이며 남군수(南郡守) 등(騰)이 해당 군의 관할지역인 縣, 道의 지방 정부에 하달한 공문서이다.

丙.『진률18종(秦律十八種)』, 『효률(效律)』, 『진률잡초(秦律雜抄)』 세 종류 모두 秦나라 법률에 속한다.

① 『진률18종(秦律十八種)』은 201매이며 법률 조문 명칭은 『전률(田律)』, 『구원

---

455 雲夢睡虎地秦墓編寫組, 『雲夢睡虎地秦墓』, 文物出版社, 1981年, 도판50─166.

456 黃盛璋, 「雲夢秦簡編年記初步研究」, 『考古學報』 1977年 1期; 鄭良樹, 「讀雲夢大事記札記」, 『東方文化』 1979年 1-2期.

률(厥苑律)』, 『창률(倉律)』, 『금포률(金布律)』, 『관시(關市)』, 『공률(工律)』, 『공인
정(工人程)』, 『균공(均工)』, 『요률(徭律)』, 『사공(司空)』, 『군작률(軍爵律)』, 『치리
률(置吏律)』, 『효(效)』, 『전식률(傳食律)』, 『행서(行書)』, 『내사잡(內史雜)』, 『위잡
(尉雜)』, 『속방(屬邦)』 등이 있다.

② 『효률(效律)』은 죽간 60매이며 물자 목록 감찰, 도량형 통일 등의 제도를 규
정한 법률 조문이다.

③ 『진률잡초(秦律雜抄)』는 42매이며 법률 조문은 『제이률(除吏律)』, 『유사률(游
士律)』, 『제제자률(除弟子律)』, 『중노률(中勞律)』, 『장률(藏律)』, 『공거사마렵율
(公車司馬獵律)』, 『우양과(牛羊課)』, 『부률(傅律)』, 『돈표률(敦表律)』, 『포도률(捕盜
律)』, 『수률(戍律)』 등으로 칭하며 11종이다.

이상, 세 종류는 일찍이 실전된 秦 나라 법률 연구에 중요한 사료적 가치를
지니고 있다.

丁. 『법률답문(法律答問)』은 210매이며 문답 형식으로 187조 형법 조문과 용어
에 대해 해석을 내렸다. 일부 학자는 이 법률 조문들에 대하여 「상앙이 작성한
원문일 가능성이 크다. 따라서 이 자료는 특히 중요하다.」라고 하였다.[457]

戊. 『봉진식(封珍式)』은 98매이며 모두 25절이다. 내용은 관리의 안건 심리에
대한 요구이며 조사, 검증 등의 절차를 포함하고, 몇 가지 구체적인 사례, 현장
조사 등도 기록하였다.

己. 『위리지도(爲吏之道)』는 51매이다. 관리를 학습시키기 위한 교재인 듯하다.
일부 문자는 『禮記』, 『大戴禮記』, 『說苑』 등과 부합한다.

庚. 『日書』는 두 가지 종류가 있다. 甲種은 166매이며, 乙種은 257매이다. 길

---

457 李學勤, 『東周與秦代文明』, 文物出版社, 1984年, 346쪽.

흉의기(吉凶宜忌)와 관련된 내용이며 술수류(術數類)에 속한다. 그중에 秦 나라와 楚 나라의 월명(月名) 대조표는 매우 중요하며, 12지지 관련 기록은 이러한 풍속의 연대를 東漢에서 戰國시대 말기로 앞당길 수 있게 해주었다. 도깨비 관련된 묘사는 이 유형의 저작 근원 규명에도 제공된 귀중한 자료이다. 『日書』에 대하여 기존 학자들이 전문적으로 연구한 내용을 발표한 적이 있다.[458]

秦簡 10종의 편찬 시기는 같지 않다. 그 상한선은 秦昭王 51년(기원전 256년)을 넘지 않을 것이며, 그 하한선은 秦始皇 30년(기원전 217년)이다. 이는 의심할 여지 없이 秦 나라 말기 문자를 연구하는데 제반 조건이 가장 완비된 자료이다. 진간 서체는 전형적인 고예(古隸)에 속하여 일반적으로 말하면 육국문자보다 쉽게 식별할 수 있으나, 그중에도 몇 가지 비교적 특이한 자형을 보존하고 있다. 예를 들면, 「椒」(椒), 「根」(根), 「屬」(屬), 「辟」(辟), 「虫」(虫) 등이다. 이 밖에 「關」은 「闕」으로, 「卵」은 「卵」으로, 「殿」은 「殿」으로, 「踊」은 「害」으로 쓴 문자는 매우 흥미로운 음전(音轉) 현상이다.

1986년 甘肅성 天水放馬灘 1호 묘에서 秦簡 460매가 출토되었고, 내용은 세 종류를 포함한다.[459]

甲. 『묘주기(墓主記)』는 7매이며, 서두의 기년 「八年」은 秦王 정(政) 8년 또는 秦昭襄王 38년이다.[460] 簡文에 묘주 丹이 사람을 찔러 상해를 입혀 거리에서 사형 당해 매장되었고, 3년 후에 다시 살아나 4년 후부터 음식 섭취가 가능해졌다는 소문이 있었음을 기록하였다. 이는 張華 『博物志』, 干寶 『搜神記』, 蒲松齡 『聊

---

458 饒宗頤, 曾憲通, 『楚地出土文獻三種研究·雲夢睡虎地秦簡日書研究』, 中華書局, 1993年.

459 甘肅省文物考古研究所, 天水市北道區文化館, 「甘肅天水放馬灘戰國秦漢墓群的發掘」, 『文物』 1989年 2期.

460 何雙全, 「天水放馬灘秦簡綜述」, 『文物』 1989年 2期; 李學勤, 「放馬灘簡中的志怪小說」, 『文物』 1990年 4期.

齋志異』등의 지괴소설과 매우 유사하다.[461]

乙.『日書』甲種은 89매이며『月建章』(12매),『建除書』(9매),『亡盜章』(20매),『人月吉凶章』(30매),『擇行日』(4매),『男女日』(4매),『生子章』(3매),『禁忌章』(7매) 등이 포함되어 있다. 睡虎地 竹簡의『日書』와 비교하면 放馬灘 竹簡『日書』는 내용이 더욱 간략하다.「秦 나라 사람은 정치를 중시하고 귀신을 경시하지만, 楚 나라 사람은 귀신을 중시하고 정치를 경시한다. 귀신관념은 매우 중대하며, 이것이 바로 두 日書의 가장 큰 특징이다. 이러한 까닭에『放馬灘竹簡』은 순수한 秦『日書』이며,『睡虎地竹簡』은 순수한 楚『日書』이다.」[462]

丙.『日書』乙種 379매. 완정된 자료는 아직 발표되지 않았지만, 何雙全이 원문을 해석하여 일부 내용을 적어둔 것이 있으므로『文物』1989년 2기 도판6의 223-240호간을 참고하면 된다. 그중,『월건(月建)』,『건제(建除)』,『생자(生子)』,『인월길흉(人月吉凶)』,『남녀일(男女日)』,『도자(盜者)』,『우수유행(禹須臾行)』7장은 甲種과 동일하다. 이 밖에『문기(門忌)』,『일기(日忌)』,『월기(月忌)』,『오종기(五種忌)』,『인관기(人官忌)』,『천관서(天官書)』,『오행서(五行書)』,『율서(律書)』,『무의(巫醫)』,『점괘(占卦)』,『빈모월(牝牡月)』 등의 11장도 있다.

1979년, 四川성 靑川 학가평(郝家坪)의 秦 나라 무덤에서 木牘 한 점이 출토되었다.(『文物』1982.1.11) 내용은 秦武王 2년에 공포된 田律이며, 내용 중에 秦 나라 토지 제도를 고찰할 수 있으므로 상당히 귀중한 사료적 가치를 지니고 있다. 최근 연구자들은 부양한간(阜陽漢簡)의「30步를 則으로 삼는다[卅步爲則].」를 인용하여 청천목간[靑川木牘]의「경작지는 동서 방향 너비로 한 보이며, 남북 방향

461　李學勤,「放馬灘簡中的志怪小說」,『文物』1990年 4期.

462　何雙全,「天水放馬灘秦簡甲種『日書』考述」,『秦漢簡牘論文集』, 甘肅人民出版社, 1989年, 23쪽.

으로 8則을 畛으로 삼는다[田廣一步, 袤八則為畛].」를 해석하여[463] 중요한 사료적 가치를 지닌 목독의 해석 문제를 해결하였다. 青川木牘은 지금까지 알려진 가장 이른 고예(古隸)로 알려져 있고, 예서 형성 연구에 있어 신뢰도가 높은 고고학 자료를 확보하였다. 목독 원문에서 「畎」자를 발견하여 「畝」자 형성 과정을 밝히는 결정적 단서를 찾아냈다.(제5장 제6절 참고)

雲夢 睡虎地秦墓는 대량의 죽간 문자가 출토된 것 외에도 목독 문자 2점도 출토되었다.(『雲夢』 도판167, 168) 그 내용은 최전선의 병사가 집으로 보낸 우편물이다. 목독 원문을 보면, 秦王 政 23년(기원전 222년)에 楚 나라를 멸망시키기 위하여 공격하였던 전쟁이 기록되었을 뿐만 아니라, 병사들 스스로가 옷을 준비하라는 내용도 기록하여 사료적 가치가 높은 편이다. 이 木牘 두 점 또한 중국에서 가장 이른 우편 실물 자료이므로 더욱 귀중하다고 할 수 있다. 목독 문자는 거칠고 초솔하므로 역시 古隸에 속한다.

8. 목기 문자

雲夢 睡虎地秦墓 M7 묘지 문미(門楣)에 음각된 9글자 「51년, 곡양 사오방[五十一年, 曲陽士五(伍)邦]」이 있다.(『雲夢』 그림 6) 그중에서 「五十一年」은 묘지의 매장 연도이다. 명문이 굵고 힘이 있어 보기 드문 목기 문자이다.

天水 放馬灘秦墓는 간독 문자가 대량으로 출토된 것 외에도 진귀한 목재 지도 7 점도 출토되었는데, 지명을 나타내는 문자가 함께 있다. 지도에 지명 67개가 있으며, 그중 「邸」가 「氐道」에 해당하는 것을 알게 된 것을 제외하고는 기타 지명은 모두 고증할 수 없다.

---

463 胡平生, 「青川墓木牘"爲田律"所反映的田畝制度」, 『文史』 19輯, 1983年.

9. 칠기 문자

1930년대 長沙에서 출토된『廿九年漆樽』(『長沙』1.그림9)는 유명한 칠기 문자이다.

廿九年, 大[太]后詹丞向,[464] 右工帀[師]象, 工大人臺.

『漆樽』은 이전에 줄곧 楚 나라 기물로 여겨졌고, 裵錫圭가 명문 자형을 근거로 삼고 아울러『相邦義戈』「함양 공사 전, 공대인 기[咸陽工帀(師)田, 工大人耆]」와 비교하여 비로소 秦 나라 기물로 확정하였다.[465]「工師」를「工帀」로 쓴 것은 昭王 이후 기물의 절대적인 용례이다. 따라서 칠기 명문「廿九年」은 당연히 秦昭王 29년(기원전 278년)이다. 이 시기는 楚 나라에 속해 있었던 湖南성과 湖北성을 秦 나라가 병탄했기 때문에『漆樽』이 長沙에서 출토된 점은 전혀 이상하지 않다. 江西성, 湖南성, 廣東성 등에서 일찍부터 秦 나라 기물이 출토된 것도 이와 같은 이치이다.

앞서 제시한 靑川 郝家坪 秦 나라 무덤에서 진귀한 田律 木牘 1점이 출토된 것 외에도, 몇 가지 漆器 명문도 출토되었지만(『文物』1982.1.9), 대부분 식별할 수 없다. 오직「成亭」만이「成都亭」의 약칭인 듯하여 비교적 중요하다.

앞서 제시한 雲夢 睡虎地秦墓는 수많은 죽간이 출토된 것 외에도, 여러 칠기 문자(『雲夢』104-138)도 출토되었으며, 침으로 새기거나 깎는 방식으로 새기었다. 전자는 단정한 편이고 후자는 상당히 초솔하며 문자는 한 글자에서 네 글자로 일정하지 않다. 그중에서「함시(咸市)」,「허시(許市)」,「함정(咸亭)」,「안정(安亭)」,「정정(鄭亭)」,「함리(咸里)」,「로리(路里)」,「고리(顧里)」 등은 당연히 제조 지역이며,「이

---

464 李學勤,「海外訪古記」,『文博』1986年 5期.
465 裵錫圭,「從馬王堆1號漢墓"遣册"談關於古隸的一些問題」,『考古』1974年 1期.

(李)」, 「장(張)」, 「소남자(小男子)」, 「대녀자사(大女子娑)」 등은 당연히 제작자이다.

앞서 제 5 절『楚 나라 계열 문자』에 제시한 安徽성 舒城 秦家橋 楚墓 중, 수많은 楚 나라 말기의 명문이 있는 청동기 이외에도, 『漆耳杯』가 출토되었으며, 밑바닥에 「권저(卷抵[底])」라는 두 글자가 침으로 새겨져 있다. 「抵」가 「手」로 구성된 「抵」으로 쓰인 것에 근거하면 침각 문자는 秦 나라 계열에 속한다는 점을 알 수 있다. 전국시대 말기 秦 나라 세력은 이미 長江과 淮河 유역까지 깊숙이 침투하였으므로 침각 문자의 스타일은 秦 나라 왕조 문자와 일치한다. 秦 나라 기물이 楚 나라 묘지에 들어온 원인은 조사 검토가 필요하다.

10. 秦 나라 계열 문자의 특징과 秦 나라 기물 편년

지리적, 역사적 원인으로 인하여 秦 나라 문자는 동방 각국의 문자보다 西周 말기 명문의 유풍(遺風)을 더 많이 계승받았다. 『秦公鐘』, 『秦公鎛』, 『秦公簋』는 모두 전형적인 춘추시대 秦 나라 기물이다. 전국시대 이후로 육국문자는 급진적인 변화가 발생하였지만, 秦 문자는 안정적인 편이었다. 『商鞅方升』, 『相邦義戈』, 『石鼓文』, 『詛楚文』, 『瓦書』 등의 명문을 보면, 번잡하고 단정하거나 간략하고 조솔한 차이가 있으나, 기본적으로 『秦公簋』 형식의 글씨체가 남아 있기도 하다. 秦 나라 계열 문자가 『新郪虎符』 명문까지 변화 발전되면서 이미 완성된 표준 소전체에 이르게 된다. 秦始皇 26년(221년) 육국이 통일되면서 당시 각국에서 사용한 문자에 대해 중대 개혁을 추진하는데, 이를 이른바 「書同文字」라고 한다. 그 구체적인 조치는 두 부분으로 구분된다.

  (1) 육국 고문 외에 「秦 나라 문자와 부합하지 않는 것은 없앤다[罷其不與秦
     文合者].」
  (2) 전통적인 秦 문자를 규격화한다. 「어떤 것은 생략하고 고쳐서[或頗省改]」

라고 하여 표준문자를 형성하게 했으니 그것이 바로 소전이다.

현존하는 도량형[權量], 조판(詔版), 석각문자(石刻文字)는 모두 이 개혁의 산물이다.

육국 고문과 비교하면 전국시대 秦 나라 계열 문자의 형태는 늘 변화가 크지않았고 西周시대, 春秋시대 문자와 직접적인 계승 관계에 있으며, 육국 문자와는 현격한 차이를 보인다. 예를 들면,

賢	賢	賢簋	賢	石鼓『鑾車』	戝	『中山』54
簋	猷	猷簋	猷	石鼓『吳人』	簋	曾侯乙樂律鐘
者	者	子璋鐘	者	詛楚文	者	陳純釜
兩	兩	衛盉	兩	秦圜錢	兩	鄭孝子鼎

물론, 秦 나라 계열 문자의 안정적 형태란, 육국 문자와 상대적으로 말했을때이다. 秦 나라 계열 문자 중에서도 文字異形 현상이 있다. 예를 들면,

師	師	『湖考』1. 도판 14.13 戈	帀	『三代』20.23.2戈
丞	丞	高奴權	丞	『三代』20.29.1 戈
道	道	石鼓『作原』	道	詛楚文
草	草	石鼓『作原』	草	青川木牘
申	申	石鼓『吾水』	申	『雲夢』52.11
冷	冷	『文物』1978.2.50 璽	冷	『文物』1978.2.50 璽
宜	宜	『秦陶』1230	宜	『秦陶』1232
致	致	『秦陶』1380	致	瓦書

壹 🔲 『秦陶』1603   🔲 瓦書

造 🔲 『秦陶』1610   🔲 『秦陶』479

이 異文 형성 원인은 매우 복잡하다. 예컨대 시대의 선후, 편방의 번간(繁簡), 필획의 예변(隸變) 등이다. 따라서 진시황은 중국을 통일한 이후에도 이와 같은 유형의 秦 나라 異文을 정리하고 규격화하는 작업이 필요하였다. 그러나 秦 문자의 「異形」은 육국 문자의 「異形」에 비교해보면 훨씬 적다.

秦 문자 자체로는 통일되지 않아 거칠고 투박한 秦篆이 더 두드러지게 나타난다. 『商鞅方升』 명문은 비교적 규격화된 秦篆이지만 『商鞅鐓』의 명문은 상당히 거칠고 조잡한 秦篆이다. 秦 통일 이후, 조판도 규격화되거나 초솔한 두 가지 유형이 있다. 이는 간략하고 편하게 쓰는 방식이 이미 서사자의 공통된 심리에서 형성된 것이며, 조잡한 秦篆을 기초로 진예(秦隸)가 시대적인 요구에 의해 나타난 것이다.

전국시대 중·말기 이후에 『石鼓文』, 『詛楚文』, 『虎符』 유형의 표준 秦篆은 많지 않다. 대다수의 청동기 명문은 필획이 꺾이면서 간략하고 青川木牘, 雲夢秦簡의 스타일과 비슷해지니 이것은 당연히 秦隸의 맹아이다. 小篆과 규격화된 秦篆의 관계는 일종의 인습(因襲) 또는 계승일 뿐이다. 秦隸는 그렇지 않고 거친 秦篆을 바탕으로 한층 더 변혁을 거친 산물이다. 秦隸의 최대 특징은 秦篆의 둥근 필획이 꺾이는 필획으로 분해되면서 더욱 더 직선화되었다. 이는 의심할 바 없이 규범화된 秦篆의 구조를 크게 무너뜨린 것이다. 아래 秦篆과 秦隸의 문자 형태를 제시하여 비교할 수 있도록 한다.

西 🔲 秦公簋補刻   🔲 青川木牘

鮮	鮮	石鼓『汧沔』		鮮	
而	而	石鼓『而師』		而	
年	秊	商鞅量		秊	雲夢秦簡
者	者	『度量』98方升		者	
甲	甲	新郪虎符		甲	
雛	雛	新郪虎符		雛	
盜	盜	石鼓『汧沔』		盜	
徒	徒	石鼓『쬻敕』		徒	
長	長	詛楚文		長	

　秦隸는 전체적으로 秦篆의 서체에서 변화된 것으로, 商周 고문자의 종말과 秦漢 고문자의 탄생을 의미한다. 한자 발전사에서 보면, 이러한 개혁은 확실히 중대한 역사적 의미를 지닌다. 秦隸가 구조적으로 생략 혹은 간소화된 점은 필획이 예서화된 점에 비교하면 오히려 상당히 중요해 보이지 않다. 만약 雲夢秦簡의 「圓」, 「宵」, 「傾」, 「候」, 「老」, 「報」, 「投」, 「發」, 「輕」, 「丁」 등은 고문자 연구 바탕이 없는 사람이 풀이해도 별다른 어려움이 있을 수 없다. 이는 秦隸가 秦篆에 비해 구조가 간단하고 쓰기가 편해 강한 생명력을 갖추었다고 할 수 있다.

　秦始皇이 천하를 통일한 이후, 개량된 秦篆인 小篆을 정부의 정식 서체로 지정하고, 공식적인 자리에서 사용하였다. 秦隸는 보조적 성격을 가진 비공식 서체가 되었다. 『泰山石刻』, 『詔版』이 전자에 속하고, 雲夢秦簡의 『編年記』가 후자에 속한다. 그러나 秦隸는 小篆에 비해 통달하기 쉬워 일반 서사자의 요구에 부응하였다. 따라서 秦隸로부터 발전해 온 漢隸는 점차 小篆의 지위를 대신하였고, 모든 계층의 통용 서체가 되었으며, 小篆은 보기 드문 미술 서체로만 격하되었다. 郭沫若은 「이는 사회 발전의 역량이 제왕보다 강해져 민간에서 유행하는 서법은 상층의 통치자를 압박하여 몸을 낮추고 배우지 않게 할 수 없었다. 草篆의 충격이 정규 전서를 무대 아래로 떨어지게 하여 예서의 시대를 형성하였다.」라고 제기하였다.[466] 이는 바로 秦篆과 秦隷 교체기의 역사적 면모를 그대로 반영하고 있다. 漢 武帝 이전의 漢隷도 몇 가지 고문자의 흔적을 보존하였으나, 漢 武帝 이후의 漢隷는 고문자의 속박에서 완전히 벗어났다. 이와 동시에 草書의 탄생과 이후 魏晉 시기의 行書, 楷書의 출현은 秦隷의 영향을 받지 않은 것이 없다. 따라서 漢隷, 草書, 楷書는 모두 秦隷의 직계 후손이다. 秦始皇이 문화적으로 쌓은 공적은 小篆으로 육국문자를 대체한 것이 아니라, 秦隷의 합법적인 지위를 승인한 것에 있다.

진시황 통일 이전에 이른바 「篆」, 「隷」라는 서체 명칭은 결코 없었다. 『說文·叙』에 「진시황이 최초로 천하를 차지하자 승상 이사가 같게 할 것을 아뢰고, 진 나라 문자와 부합하지 않는 것은 없앴으며 이사는 『창힐편』을 지었다. 중거부령 조고는 『원력편』을 지었고, 태사령 호무경은 『박학편』을 지었다. 모두 태사 주의 대전에서 취하여 어떤 것은 생략하고 고쳤으니 이것이 이른바 소전이다. 이때 진(秦)은 경서를 불살라 없애 버리고, 옛 전적을 폐기하였으며 대대적으로 사졸을 일으켜 노역과 국경 방어를 시켰으니 관아와 감옥은 직무가 많아져 처음 예서를 만들었고 그것으로 간단히 처리하려는 경향이 발생하였다[秦始皇帝初兼天下, 丞相李斯乃奏同之, 罷其不與秦文合者, 斯作『倉頡篇』. 中車府令趙高作『爰歷篇』, 太史令胡毋敬作『博學篇』. 皆取史籒大篆或頗省改, 所謂小篆者也. 是時秦燒滅經書, 滌除舊典, 大發隷卒, 興役戍, 官獄職務繁, 初有隷書, 以趣約易].」라고 하였다. 이는 「篆」, 「隷」라는 서체 명칭이 秦 나라가 문자를 통일시킨

---

466 郭沫若, 「古代文字之辯證的發展」, 『考古學報』 1972年 1期.

이후에 발생한 사실을 명확하게 밝힌 것이다. 「隸書」가 서체 명칭으로 쓰인 것은 『漢書·藝文志』에서 제일 먼저 볼 수 있다. 「이 때(진시황)에 예서를 처음 만든 것은 관부와 감옥에 일이 많아지면서 발생하였고 필획을 줄이고 간단하고 쉽게 만들어 아전에게 쓰이게 되었다[是時(秦始皇)始造隸書矣, 起於官獄多事, 苟趨省易, 施之於徒隸也].」라고 하였다. 앞서 인용한 『說文·叙』역시 이 설명이 주를 이룬다. 위항(衛恒)은 『사체서세(四體書勢)』에서 한걸음 더 나아가 隸書는 진시황 시기 옥리 정막(程邈)이 만들었다고 여겼다. 사실 이러한 주장과 소문은 의심할 만한 곳이 있다.

青川木牘과 雲夢秦簡의 발견은 일찍이 전국 말기에 이미 예서가 나타났고, 東漢 사람들이 여겼던 진시황 시기 「예서를 처음으로 만들다[始造隸書].」는 결코 교훈으로 삼기에 부족하다. 우리는 새로운 서체의 탄생이 상당히 긴 배양 기간을 필요로 한다고 여긴다. 雲夢秦簡은 이미 상당히 표준적인 秦隸이므로 잠시 논하지 않도록 한다. 秦武王 2년의 青川木牘 또한 상당히 완전한 古隸이며, 앞서 隸書가 최초로 발생된 시기와 장기간의 시간적 차이가 난다. 따라서 隸書는 전국시대 중기로부터 비롯되었다고 해도 결코 지나치지 않은 셈이다. 程邈이 隸書를 만들었다는 설에 대해 문자 발전사 관점에서 당시 이미 유행했던 秦隸를 한 차례 정리해보면 좀 더 객관적일 수 있을 것이다.

隸書는 비록 전국시대에 생겨났지만 발생 당시에 명칭은 없었으며, 아마도 秦 통일 이후에야 「篆書」와 대응하는 「隸書」의 명칭이 생겨났을 것이다. 班固, 許慎 등은 隸書를 「徒隸」에서 명칭을 얻었다고 생각하지만, 東漢 사람이 추측하는 隸書의 기원일 뿐이다. 지금은 隸書의 「隸」와 「徒隸」는 무관하다고 생각한다. 雲夢秦簡에서 비록 「徒隸」와 관련된 법률을 포함하지만 「徒隸」와 무관한 『編年記』, 『日書』 등도 포함하기 때문이다. 「隸」는 당연히 그 본의 「붙다[附

著]」(『說文』)와 관련이 있다고 생각한다. 전래문헌에서 「속하다[屬]」, 「붙다[著]」, 「부속하다[附屬]」 등의 풀이는 의미가 본래부터 서로 이어져 있다. 따라서 「隸書」의 「隸」는 小篆에 근거한 부속 서체에서 의미를 취한 듯하다. 신망(新莽)[467] 시기에 秦隸를 「佐書」로 칭했는데, 「佐」는 보조의 의미가 있다. 「佐助」와 「附屬」은 어휘 의미를 서로 내포한다. 『說文·叙』에서 「왕망이 새로운 왕조를 세운 시기에 이르러 대사공 견풍 등을 파견하여 문자를 교정하게 했다. 스스로가 제작해야 한다고 하여 고문을 개정하였다. 당시에는 여섯 가지 글자체가 있었으니 첫째는 고문으로…… 둘째는 기자로…… 셋째는 전서 즉 소전이다. …… 넷째는 좌서 즉 진예서이다. …… 다섯째는 무전이다. …… 여섯째는 조충서이다[及亡新居攝, 使大司空甄豐等校文書之部, 自以爲製作, 頗改定古文, 時有六書. 一曰古文……二曰奇字……三曰篆書, 即小篆……四曰佐書, 即秦隸書……五曰繆篆……六曰鳥蟲書].」라고 하였다.

주의할만한 것은 여기에서 언급했던 「六書」는 둘씩 짝을 이룬다. 「古文」, 「奇字」는 육국문자이며 「繆篆」과 「鳥蟲書」는 도안 문자이다. 「秦隸」가 「小篆」에 부속된 보조 서체라는 점 역시 말하지 않아도 아는 사실이다. 衛恒은 『四體書勢』에서 「전서는 뜻한 바를 이루기 어려워 隸人에게 명하여 글씨로 보좌하게 한 것을 예자라고 하였다[篆字難成, 即令隸人佐書曰隸字].」라고 하였다. 이 문장의 隸人은 잘 모르겠으나, 「글씨를 보좌하게 한 것[佐書]」은 확실히 「隸字」와 관련이 있다. 「隸書」의 별칭 「佐書」가 바로 「隸」의 내포한 의미를 드러낸 것이다. 고대 이후의 사람들이 「隸」를 「노예(奴隸)」로 해석하였거나 「옥리(獄吏)」, 「형리(刑吏)」로 해석하였는데 모두 班固와 許慎의 범위에서 벗어나지 못하였다. 隸書의 발생 시내 배경, 용도 및 고고학적 실물과 서로 어긋난다. 바꿔 말하면,

---

467 [역자주] 왕망(王莽)이 漢 왕조를 찬탈하여 세운 나라이다. 국호를 新이라고 하였다.

「隷」를 신분으로 해석하는 것보다 「隷」를 서체로 해석하는 것이 隷書 명명의 본의에 더욱더 부합한다. 隷書의 기원과 명명은 중국 문자학의 중에서도 중대 과제이며, 진일보된 심도 있는 연구가 필요하다.[468]

총괄하면, 秦篆과 秦隷는 商周 고문자가 秦漢 문자를 향한 과도 시기의 쌍둥이 형제이다. 그들의 이전 세대는 전국시대 秦 나라 계열 문자이다. 과거의 隷書는 小篆을 계승했다는 견해는 잘못되었다. 靑川木牘, 雲夢秦簡의 발견은 秦隷의 형성이 결코 小篆보다 늦지 않았음을 증명하였으며, 심지어 小篆보다 앞선다. 전국시대 중·말기에서 秦에 이르기까지 篆과 隷를 동시에 사용하였던 시기이며, 秦篆과 秦隷는 한자 발전사상 모두 획을 그은 의의가 있다. 전통적인 秦篆이 통일 이후에 小篆으로 발전하였고, 전국시대 중·말기에 형성된 秦隷는 漢代 隷書로 발전하였다. 秦始皇이 천하를 통일한 후, 小篆은 표준 서체로 규정하여 진지하고 엄숙한 장소에서 사용하도록 했고, 秦隷를 보조 서체로 인정하여 다양한 계층에 통용하도록 했다. 隷書는 간단하고 쉬운 필기체이므로 隷書의 「附屬」 의미를 취하여 명명하였고 「獄吏」, 「徒隷」와 무관하다.

기년 표시가 된 秦 나라 문자 자료는 결코 적은 편이 아니지만, 어느 시기의 왕에 속하는지 모두 알 수 없다. 아래 몇몇 절대 연대가 있는 秦 나라 문자 자료를 열거한다.

孝公(기원전361—기원전337年):『十三年大良造鞅戟』,『十六年大良造鞅镦』,『十八年大良造鞅方升』

惠文王(기원전337—기원전310年):『四年瓦書』,『四年相邦繆斿戈』,『十三年相邦義戈』,『秦駰玉版』

---

468 吳白陶,「從出土秦簡帛書看秦漢早期隷書」,『文物』1978年 2期.

武王(기원전310—기원전306年): 『二年木牘』

昭襄王(기원전306—기원전250年): 『十四年相邦冉戈』, 『十六年相邦觸戈』,
『廿年相邦冉戈』, 『廿一年相邦冉戈』, 『廿九年漆樽』, 『卅七年漆樽銀足』,
『卅年漆樽銀足』, 『五十一年椁室木楣』

始皇帝(기원전246—기원전209年): 『三年相邦呂不韋戈』, 『四年相邦呂不韋
戈』, 『五年相邦呂不韋戈』, 『八年相邦呂不韋戈』, 『十七年丞相啓狀戈』

제7절 나오는 말

본 장은 전국시대 齊, 燕, 晋, 楚, 秦 다섯 계열 문자 자료에 대해 개괄적으로
서술하였으며, 처음 배우는 사람이 전국문자 원시 자료를 체계적으로 익힐 수
있도록 하였다.

전국시대 청동기 문자는 종류가 많으므로 흔한 예기나 명문 외에도 도량형
기, 부절, 각종 청동기 등이 있다. 예기 명문은 언행을 기록하거나 사건을 기록
하였으며, 제재가 광범위하고 형식도 자유분방하다. 예기 명문은 주로 「物勒工
名」이며, 아울러 도량형 단위 기록도 실려 있으니 바로 전국시대 특유의 새로운
새김 형식이다. 樂器 명문은 역사 혹은 음악과 관련이 있으며 楚 계열이 특히
발달하였다.

齊 나라, 楚 나라 병기 명문은 대부분 「物勒主名」이고 晋 나라, 秦 나라 병기
명문은 대부분 「物勒工名」(보통 세 등급의 감독 제조이다)이며, 燕 나라 병기 명문은
대부분 燕 나라 왕이 감독하여 제조하였다.

齊 나라, 燕 나라는 모두 刀幣가 유행하였지만, 齊刀가 燕刀의 종류보다 많
다. 三晋은 布幣가 유행하였고, 布幣 명문은 대부분 지명이다. 楚 나라는 대부분

金版이 유행하였고, 秦 나라는 오로지 圜錢이 유행하였다.

각 계열의 璽印 문자를 구별하는 것은 형식, 관직, 지명, 새인 명칭 등 외에도 각 계열의 새인 문자 구조와 스타일 등의 특징을 파악하는 것이 더욱 중요하다.

齊 나라 도문이 가장 발달하였고, 燕 나라 도문이 그 뒤를 따르며, 대부분 「物勒工名」 격식이다. 晉 나라 도문은 비교적 분산되어 있으며, 대부분 새인으로 날인한 지명 또는 인명이다. 秦 나라 도문은 대부분 「亭」, 「市」으로 날인되었고, 楚 나라 도문은 아주 드물다.

晉 나라 맹서와 秦 나라 석각은 모두 석기문자에 속한다. 맹서는 모두 맹약에 대한 내용이다.

楚簡은 대부분 견책(遣策)이나 전적이며, 秦簡은 대부분 법률과 관련 있다. 기타 물품의 문자는 적은 양으로 발견되었거나 국한된 지역에 제한적으로 나타나며 규칙적이지 않다.

장기간의 봉건 할거(割據) 국면에서 농후한 색채를 지닌 전국문자가 형성되었다. 齊의 묵직함, 燕의 단정함, 晉의 예리함, 楚의 화려함, 秦의 강건함은 다른 문자의 면모를 보이고 있으며, 각 계열의 문자 형태 구조와 음운 통가 현상은 변화가 특히 심하다. 예를 들어, 「陳」은 齊 나라는 「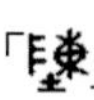」으로, 楚 나라는 「」으로 썼다. 「鑄」자는 晉 나라는 「」으로, 楚 나라는 「」으로 썼다. 「登」은 燕 나라는 「」으로, 楚 나라는 「」으로 썼다. 「厨」는 晉 나라는 「」으로, 楚 나라는 「」으로 썼다. 「官」은 晉 나라는 「」으로, 楚 나라는 「」으로 썼다. 「童」은 楚 나라는 「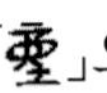」으로, 秦 나라는 「」으로 썼다. 「府」는 晉 나라는 「」으로, 楚 나라는 「」으로 쓰였고, 「冶」는 齊 나라는 「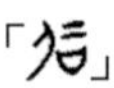」으로, 晉 나라는 「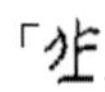」으로 썼다. 「戟」은 齊 나라는 「」으로, 晉 나라는 「」으로 썼다. 마지막으로 「長」자는 燕 나라는 「」으로, 秦 나라는 「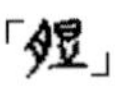」 등으로 썼다. 아래 다시 몇 가지 예시

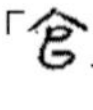

를 들어, 각 계열 문자 형태 변이를 참조하도록 한다.

	齊	燕	晉	楚	秦
襄	匋文附 45	重金壺	璽文 0077	信陽 2.012	雲夢 11.35
安	璽文 7.9	璽文 7.9	璽文 7.9	璽文 7.9	雲夢 13.57
乘	陶文 5.38	三代 20.58.3 弩牙	中山 100	鄂君啟節	雲夢 10.11
平	三代 19.44.1 戈	璽彙 0085	平安君鼎	音樂 1981.1 그림 3.1	泰山石刻
市	璽文 6.7	璽文 6.7	璽文 6.7	卨志鼎	廿九年漆樽
昌	古錢 881	璽彙 0882	璽彙 0006	璽彙 0118	秦陶 1018
者	陳純釜	鄵侯載簋「截」	中山 100	璽彙 0343「渚」	度量 101 橢量
旬	陶文 5.36	陶文 5.36	璽彙 0091	隨縣 123「袧」	秦陶 1484
軋	陶文 14.93	璽彙 3646	璽彙 1825	璽彙 3517	小篆
孝	陳侯午敦	璽彙 2794	鄆孝子鼎	長沙銅量	嶧山碑

각 계열의 문자 특징 파악은 전국문자의 국적 판별에 매우 중요하다. 예를 들면,

『璽彙』0150의 「동무성 공사 니[東武城攻帀鈢]」를 전래문헌의 「동무성(東武城)」을 근거로 趙 나라 도읍으로 간주하여 晉 나라 새인으로 확정하였지만, 이 인장의 「夏帀」는 전형적인 齊 나라 문자에 속하고, 東武城은 趙 나라와 齊 나라의 국경에 있다. 종합적으로 고찰하면, 이 새인은 齊 나라 새인으로 확정해야

한다.

『楚高罍』(『文參』 1954.7.128) 명문 「右屘君」는 출토 지역인 山東성 泰安에 근거하여 齊 나라 기물이라고 했지만, 똑같은 명문이 河北성 容城에서 출토된 청동 『銅壺』(『文物』 1982.3.91)에서도 확인된다. 「君」은 「多」로 쓰였고, 전형적인 燕 나라 문자이다. 따라서 罍, 壺는 모두 燕 나라 기물이다.

『公鈃權』(『三代』18.33.1) 명문 「公鈃夈石」의 세 번째 글자는 「半」으로 해석해야 하며,[469] 晉 나라 계열 문자에 여러 차례 보여 드물지 않으므로 청동 저울은 三晉 기물에 속한다.

『璽彙』0279 「童其亭鉨」의 첫 번째 글자는 「壺」로 쓰였고, 대부분 楚나라 계열 문자에 보인다. 따라서 이 새인은 楚 나라 기물에 속한다.

長沙에서 출토된 『廿九年漆樽』은 예전에는 출토 지역에 근거하여 楚 나라 기물로 확정하였다. 樽의 명문 「師」는 「帀」의 형태로 쓰였는데, 전형적인 秦 나라 문자이며, 楚 나라 문자 「㠯」와 확연히 구분된다. 따라서 『漆樽』은 秦 나라 기물이다.

『璽彙』의 「平阿左稟」(0313), 「平阿」(0317)는 학자 대부분이 『史記·田敬仲完世家』 宣王 7년의 「위왕과 평아 남쪽에서 회동하였다[與魏王會平阿南].」에 근거하여 두 새인을 齊 나라 기물로 확정하였다. 생각건대, 첫 번째 새인의 문자는 「㫊里」으로 쓰였고, 문자 스타일에 근거해 齊 나라 새인으로 확정하는 것은 틀리지 않다. 두 번째 새인의 문자는 「坉阿」으로 쓰였고, 「坪阿」로 예정해야 하지만, 역시 「平阿」(제5장 제3절 참고)로 읽으며, 문자 스타일에 근거해 楚 나라 새인으로 확정해야 한다. 平阿는 지금의 安徽성 회원(懷遠)이며, 지역은 楚 나라 구역에 속한다. 齊 나라 새인, 楚 나라 새인에 모두 「平阿」가 있는 것은 齊 나라 세력

---

469 朱德熙, 裘錫圭, 「戰國時代的"料"和秦漢時代的"半"」, 『文史』 8輯, 1980年.

이 한때 楚 나라 중심 지역까지 깊게 들어왔음을 설명하고, 이는 바로 전국시대 영토의 「朝秦暮楚」[470]라는 복잡한 상태를 반영한다.[471]

총괄적으로 말하면, 전국문자 연구는 반드시 먼저 각 계열의 문자 자료에 익숙해야 하며, 그 가운데에서 특정의 실마리를 찾아야 한다. 이러한 특징을 능숙하게 파악하면 각 계열 문자 자료의 국적을 판단하는 데 유리하다. 이것이 의심할 여지없는 전국문자 연구의 가장 기초적인 작업이다.

---

470 [역자주] 「아침에는 秦 나라를 섬기고 저녁에는 楚 나라를 섬긴다.」는 뜻이다.

471 齊 나라 새인의 「平阿」는 『地理志』 패군(沛郡)의 「平阿」를 나타낼 수도 있다. 齊 나라와 宋나라 경계 지점에 위치하였고, 한때는 齊 나라에 속하였다. 『呂氏春秋·離俗』에서 「평아의 여자[平阿之餘子]」라고 하여 高誘의 注를 보면 「평아는 제읍이다[平阿, 齊邑也].」라고 하였다.

제4장

전국문자의 자형 변천

제1절 들어가는 말

제3장에서 전국시대 제(齊), 연(燕), 진(晉), 초(楚), 진(秦) 지역의 문자 상황을 소개함과 동시에 서사 재료와 자형 특징 및 풍격 등에 대해서도 함께 서술하였다. 지역의 차이로 인해 생겨난 일부 문자들은 이미 거론한 바와 같이, 제나라 계열 문자[齊系文字] 「🉐」, 「🉐」, 「🉐」, 「🉐」, 연나라 계열 문자[燕系文字] 「🉐」, 「🉐」, 「🉐」, 「🉐」, 진나라 계열 문자[晉系文字] 「🉐」, 「🉐」, 「🉐」, 「🉐」, 초나라 계열 문자 [楚系文字] 「🉐」, 「🉐」, 「🉐」, 「🉐」 등은 확실히 특수한 경우에 속한다. 그러나 이러한 글자들은 극소수이며 대다수 계열의 문자는 서로 비슷하거나 같으며, 진나라 계열 문자[秦系文字]는 주대 문자를 직접 계승하였으므로 문자 풀이는 훨씬 쉽다. 전체적으로 살펴보면 전국시대 지역별 문자들이 같거나 비슷한 변화의 규율을 따라 변천한 점이 전국문자가 지금까지 풀이될 수 있는 중요한 이유가 된다.

제3장 「전국문자의 지역 분류 개술」이 『같음에서 다름을 찾는[同中求異]』 분석이라고 한다면, 제4장 「전국문자의 자형 변천」은 『다름에서 같음을 찾는[異中求同]』 귀납 과정이라 할 수 있다. 전국문자를 전반적으로 심도 있게 이해하

기 위해서는 이와 같은 분석과 귀납 모두 필수적이다

전국문자의 자형 변천을 연구할 때는 지역 간의 공시적[1] 관계뿐만 아니라, 전대(前代)와 후대(後代) 간의 통시적[2] 관계 역시 주목해야 한다. 전국문자는 위로 은주문자(殷周文字)를 계승하고, 아래로는 진한문자(秦漢文字)를 잇는 과도기의 문자이다. 따라서 그 전국문자 그 자체의 변천 특징도 반드시 은주 문자와 진한 문자 간의 일치 혹은 유사점에 있다.

이와 같은 역사적 안목으로 분석하면 전국문자는 은주 문자 자형 변천의 연속이다. 은주문자의 형태 변화 규칙, 예를 들면 간화(簡化), 번화(繁化), 이화(異化) 등은 전국문자 형태 변화 규칙과 대체로 동일하다. 다만, 지역 차이로 인해 이러한 변화가 좀 더 강하게 나타나는 것일 뿐이다.

특수부호, 표점부호, 장식부호 등은 엄밀히 말하면 문자의 범주에 속하지 않는다. 그러나 이와 같은 문자 안팎에 덧붙이는 부호는 문자에 대해서 이런저런 영향을 미치며 게다가 전국문자 자료 중 나타나는 비율도 비교적 높다. 따라서 본 장은 「특수부호」를 특별히 마련하고 전국문자 형체의 변화와 발전」에 포함시켜 소개하도록 한다.

제2절 간화(簡化)

주지하다시피 한자의 부건(部件)[3]은 대부분 객관적 사물 모사로부터 시작되었

---

1   [역자주] 동시대 또는 동일한 시점에 놓여 있는 문자를 말한다.
2   [역자주] 시간의 추이에 따른 문자의 변천사를 추적하는 것을 말한다.
3   [역자주] 한자의 구형 단위로 한자를 구성하는 최소 단위의 의미와 음을 가진 글자를 말한다. 최소 단위의 의미와 음을 가진 글자가 모여 또 다른 글자를 구성하는 일부분이 될 때, 이것을 글자를 구성하는 구성요소라 하며 구건(構件)이라고도 부른다.

는데 이른바 「사물을 그리는데 물체의 윤곽을 따라서 구불구불하게 묘사하는 [畵成其物, 隨體詰詘]」것이다. 하지만 부건이 객관적인 사물과 비슷할수록 서사가 불편하였다. 간결함을 따라 용이함을 구하려는 것이 문자를 쓰는 사람의 공통심리이다. 따라서 문자는 탄생하던 당시부터 간화(簡化)라는 흐름을 향해 끊임없이 변천하였다. 대문구(大汶口) 도문(陶文)[4]의 「🐗」이나 「🌀」등은 가장 원시적인 간화에 속한다.[5] 은주문자 중에서도 비교적 많은 간화자가 이미 출현하였다. 전국문자의 간화 현상은 각 계열 문자에 보편적으로 존재하였으며, 그 방식은 은주문자보다 훨씬 복잡하였다. 간화 방식은 흔히 「약정속성[約定俗成]」[6]으로 좌우되었는데, 당시 사람들에게는 흔한 현상이었을 것이다. 그러나 이러한 「습관」에 익숙하지 않은 오늘날 독자들은 생소하게 느껴지는 것이 당연하다.

1. 단필간화(單筆簡化)

단필간화는 원래 없어서는 안 될 필획 하나를 감소시키는 것으로 가로획[橫劃], 세로획[豎劃], 기운획[斜劃], 굽은획[曲劃] 등의 간화가 있다. 이러한 「한 획 차이」는 문자의 전체 구조에 영향을 주지 않으므로, 문자 풀이도 그다지 어렵지 않다. 단, 이러한 간화를 판별할 때 주의해야 할 점이 있는데 모든 「한 획 차이」가 간화에 속하는 것은 아니다. 예를 들어 「𨸜」는 「𨸜」(『侯馬』349)의 간화인데, 이 글자는 「陸」가 아니라 「阺」이다. 그런데 「𡳞」는 「𡳞」(『璽文』3·10 참조)의 간화가 아

---

4 [역자주] 황허강 유역 은(殷)나라의 유적 소재지로 대문구문화(大汶口文化, 기원전 4100년경~기원전 2600년경)는 중국 북부(河北)에 있었던 신석기 시대 후기의 문화이다. 도문은 고대 중국의 토기에 있는 부호와 명문(銘文)의 총칭이다.

5 『山東史前文化論集』, 齊魯書社, 1986年, 284쪽, 286쪽.

6 [역자주] 『荀子·正名』에서 나온 성어로, 사물의 명칭이나 사회 관습은 항상 사람들의 장기적인 사회 실천을 거쳐 확정되거나 형성된다는 것을 가리킨다.

니라 「又」자이며, 따라서 「寸」자가 아니라는 것이다. 즉, 「屮」를 기준으로 하면 「杲」는 번화(繁化)인 것이다. 결국 이른바 「한 획 차이」는 반드시 구체적으로 분석해야 하는 것에 대해서는 일률적으로 말할 수 없다. 예를 들면,

往	㞷 『文物』1972. 10 圖版5劍	㞷 『文物』1972. 10 圖 25 劍
至	𝅘 『中山』21	𝅘 『室匯』4930
羣	㒼 陳侯午錞	㒼 『中山』63
狂	㹬 『璽文』合 10.3	㹬 『璽文』合 10.3
舊	𦾔 『汗簡』下 1.69	𦾔 『中山』73
空	𡨄 『璽文』合 3	𡨄 『璽文』合 3
羊	羊 『璽文』4.4	羊 『璽文』4.4 「美」
宜	宜 『璽文』7.10	宜 『璽文』7.10
命	命 『候馬』311	命 『候馬』311
才	才 『中山』5	才 曾姬無卹壺
鹹	咸 『陶匯』5.2	咸 『陶匯』5.405
此	此 『郭店』六35	此 『郭店』老甲 11
年	年 『郭店』窮 5	年 『郭店』緇 32

「年」의 간화 (『郭店』 緇 32)로부터 판단할 수 있는 점은 上海簡 『詩論』8[7]을 「心」과 「年」을 따르는 자로 예정(隸定)한 것은 정확하다.[8]

---

7   [역자주] 공자가 중국 최초의 경서인 『시경(詩經)』에 관하여 자신의 견해를 밝힌 글이라 하여 공자시론(孔子詩論) 또는 상박초간시론(上博楚簡詩論)이라 부른다.

8   馬承源, 『上海博物館落藏戰國楚竹書 (一)』, 上海古籍出版社, 2001年, 136쪽.

2. 복필간화(複筆簡化)

주지하다시피 복필간화는 단필간화의 상대적인 개념이다. 이러한 간화 형체와 일반적인 문자의 형체를 비교하면 필획이 두 획이나 두 획 이상 감소되어 있다. 지나치게 필획을 많이 감소시키면 표의 기능에 영향을 주게 되므로, 복필간화 자형은 보통 단필간화 자형보다 식별하기 훨씬 어렵다. 이는 분명히 전국문자가 고석하기 어려운 주된 원인 중의 하나이다. 예를 들면,

裹	『漢語』331	『信陽』2·015
鑄	鄂君啓節	酓悲鼎
室	『古幣』141	『古幣』141
紩	『璽文』13.1	『璽文』13.1
嘉	『候馬』343	『候馬』343
善	『璽文』3.6	『璽文』附 55
馬	鄂君啓節	郾侯載簋
爲	石鼓『作原』	铸客鼎
壽	『璽文』8.7	『璽文』8.7
爾	『璽文』3.17	『璽文』2.1
登	『包山』15	『包山』26
競	『包山』68	『包山』23
植	『郭店』太 3	『郭店』太 1
蜀	『上海』詩 16	『郭店』老甲 21

「兵」은 『郭店』 老甲6 에서 「 」로 쓰고, 『郭店』 唐12에서 「 」로 쓰는데, 후

자는 전자를 생략한 자형이다. 만약 후자가 「兵革」이라는 명확한 사례(辭例)가 없다면, 쉽게 「丞」으로 오인하게 된다.

3. 자형농축[濃縮形體]

「자형농축」이란 원래 자형의 상형성 자부(字符)를 간화시켜 추상적인 부호로 만드는 것을 말한다. 「농축」 후에는 문자의 일부 자형이나 편방이 전혀 다른 모습으로 바뀌게 된다. 그러나 「농축」되지 않은 나머지 부분의 형태나 편방이 서로 제약하기 때문에 이러한 간화 형태도 자형을 알아볼 수 있다. 예를 들면,

歲	陳璋壺	子禾子釜
豐	瓦書「酆」	『匋文』5.33
壽	『璽文』8.7	『璽文』8.7
宮	『秦陶』914	『秦陶』906
昌	『璽文』7.2	『璽文』7.2
孫	『璽文』12.12	『璽文』12.13
樂	『侯馬』347	上樂鼎
轡	『中山』72	『中山』72
瓜	嗣子壺	『璽文』附 111
易	『郭店』語二 23	『信陽』1.01
學	『中山』	『郭店』老乙 3
與	『郭店』尊 2	『郭店』老乙 4

『上海』詩28의 「蠅」이 「 」으로 쓰이므로 『郭店』窮5의 「 」은 「興」으로 고

석해야 한다. 따라서 예전에 「遷」으로 고석한 것은 정확하지 않다.[9] 「蠅」과 「興」은 운모가 모두 蒸部에 속하므로 통가(通假)[10]할 수 있다.

4. 편방의 삭제 및 간화[刪簡偏旁]

일반적으로 편방은 문자에서 표의 기능을 가지고 있기 때문에 쉽게 생략하거나 간화할 수 없다. 그러나 전국문자는 필획을 삭제 혹은 간화할 수 있을 뿐만 아니라 편방도 삭제하거나 간화할 수 있었다. 「편방의 삭제 및 간화」에서 삭제 혹은 간화하는 것은 형부이기도 하고 형부를 구성하는 편방이기도 하며 음부(音符)를 구성하는 편방이기도 하다. 예를 들면,

臧	𤢒	『璽文』3.13	𤟭	『璽文』3.13
治	𦤑	『錄遺』581 戈	𠫑	『考報』1974.1.33 戈
豎	𢧵	『候馬』349	𡊬	『璽文』3.12
譬	𧮴	『候馬』349	𧮲	『候馬』349
嘉	𠂤	『候馬』343	𠫝	『候馬』343
敢	𤊾	『候馬』336	𡧈	『候馬』336
盡	𥁃	『候馬』347	𦘔	『候馬』347
𩑔	𧼒	『候馬』353	𧽃	『候馬』353
夏	𤾋	『包山』200	𡣺	『郭店』緇 35
勅	𠞵	『包山』164	𢾿	『郭店』成 7

---

9   荊門市博物館, 『郭店楚墓竹簡』, 文物出版社, 1998年, 145쪽.

10   [역자주] 통가(通假)는 한자에서 본 글자 대신 음이 같거나 가까운 글자를 서로 통용하고 빌려 쓰는 용법이다.

遊 『郭店』性 33　『包山』277

惻 『郭店』語二 27　『郭店』老甲 31

5. 형부의 삭제 및 간화[刪簡形符]

「형부(形符)」란 회의자의 일부 편방이나 회의자 편방을 구성하는 부건을 말한다. 일반적으로 이러한 편방을 간화하거나 생략하면 회의자에서 벗어나거나, 회의자 편방의 표의 기능은 상실된다. 그러나 특정한 조건의 제약하에서는 이러한 간화자 역시 알아볼 수 있다. 예를 들어 3개 이상의 편방으로 구성된 글자의 경우 편방 한 개를 생략할 수 있다. 또한, 두 개의 편방으로 구성된 회의자가 서로 제약한 사례(辭例)가 있다면 나머지 한 개의 편방은 생략할 수 있다. 따라서 「士金」을 「吉金」이라 읽을 수 있고, 「楡皀」는 「楡即」이라 읽을 수 있는 것이다. 전국문자 중에서 이와 비슷한 사례가 비교적 많다. 예를 들면,

明 『古币』110　『古币』110

乘  鄂君啓節　『璽文』5.11

即 『東亞』4.49　『東亞』3.6

官 『璽文』14.4　『璽文』14.2[11]

安  石鼓『田車』　 者汈鍾[12]

寧 『中山』66　『中山』46

吉  吉日劍　 莒侯簋

違  呂不韋戟　『候馬』307

11 德熙, 裘錫圭, 『戰國制器銘文中的食官』, 『文物』 1973年 12期.

12 郭沫若, 『者汈鍾銘考釋』, 『考古學報』 1958年 1期.

鑄　🦏　哀成叔鼎　　　🦏　鄲孝子鼎

則　🦏　『郭店』語三 4　　　🦏　『郭店』忠 1

毀　🦏　『郭店』語一 108　　🦏　『郭店』窮 14

安　🦏　『郭店』緇 8　　　　🦏　『郭店』魯 4

楚簡 「安」의 간체는 「宀」을 생략하였다. 만약 「女」 편방 아래 꺾은 필획이 없다면 상당히 판별하기 어렵다.[13]

6. 음부의 삭제 및 간화[刪簡音符]

형성자의 음부(音符)는 일반적으로 생략이 불가능하여 「성부를 생략하고, 형부만 남는[省聲存形]」 자형은 형성자라고 할 수 없다. 그런데 서주 금문에서 이미 이와 같은 특수 현상이 명확하게 출현하였다. 예를 들어: 「𣁥」는 「芇」로, 「霸」는 「雨」로, 「皇」은 「自」로, 「旂」는 「㫃」 등으로 생략하였다.[14] 물론 이러한 방식으로 생략 및 간화된 예는 지극히 적고 명확한 사례도 제한적이기 때문에, 아직 이 자형들과 형부를 같이 논할 정도는 아니다.

전국문자 중에도 이와 유사한 간화자가 있는데, 화폐문[15]에서 가장 많이 나타난다. 『貨幣』를 살펴보면 「閃」은 「門」을 생략하여 「𡗜」(4.46)으로 쓰고, 「邪」는 「牙」를 생략하여 「𠤎」(6.94)로 쓰며, 「屈」은 「出」을 생략하여 「𡰪」(8.128)로 쓴다. 또한, 「𡍼」은 「各」을 생략하여 「内」(11.154)로 쓰고, 「阝金」은 「金」이 생략되어

13　周鳳五, 『包山楚簡初考』, 『王叔岷先生八十壽慶論文集』 1993年.

14　孫詒讓, 『古籀拾遺』上 20.4. 楊樹達 『積微居全文說』, 科學出版社, 1959年, 77쪽.

15　[역자주] 고대 화폐에 주조된 문자로 선진(先秦)의 금속주화에서 많이 볼 수 있는데, 지명, 인명 및 화폐가치를 기본으로 기록하고 있으며, 서체는 대부분 간략하게 되어 있다.

「 」(14.190)로 쓰인다. 화폐 문자 이외 다른 문자에도 이와 비슷한 현상들이 나타난다. 예를 들면,

醜	『侯馬』352	『侯馬』352
敬	『璽文』9.4	『璽匯』3363
睘	『璽文』4.1	『漢語』131
邍	石鼓『作原』	『璽文』13.12
城	詛楚文	『璽文』13.9
師	『璽文』6.7	『璽文』6.7
恁	『中山』49	『璽文』附 43
軫	『老子』甲後 296	廿八宿漆箱
葉	『三代』20.23.2 戈	『中山』24
賓	『郭店』性 66	『郭店』老甲 19

이상에서 「醜」는 「猶」로 쓰기도 하므로 「酉」가 음부(音符)로 구성한 것을 알 수 있다. 「敬」은 「苟」가 음부로 구성하며 「睘」은 「圓」의 初文 「O」을 음부로 구성하였다. 「邍」은 「彖」을 음부로 구성하며, 「城」은 「丁」을 음부로 구성하였다. 「師」는 「自」을 음부로 구성하고, 「恁」은 「玉」과 「心」과 「人」으로 구성된 회의자이며, 「人」은 역성(亦聲)[16]자이기도 하다.[17] 「軫」은 「㐱」 을 음부로 구성하였다. 「葉」은 「世」를 음부로 구성하고 「賓」은 「丏」를 음부로 구성하였다.

---

16 [역자주] 형성자의 성 옆에 음을 표시하는 작용을 한다. 『說文』에 자주 「亦聲」이라는 용어가 등장하며, 옛사람들은 「모든 亦聲字는 회의 겸 형성이다.(會意兼形聲也.)」라고 설명하였기 때문에 일부 문자학 서적에서는 이러한 회의 겸 형성자를 줄여서 「역성자(亦聲字)」라고 한다.

17 何琳儀, 『中山王器考釋拾遺』, 『文學集刊』 1984年 3期.

7. 동형 삭제 및 간화[刪簡同形]

고문자 중에서 「형태만 보면 뜻을 알 수 있는[卽形見義]」 동문회의[同文會意] 자가 많이 있는데, 「林」, 「絲」, 「品」, 「齊」 등이 그 예이다. 이와 같은 동문[同文] 중첩형이 단일 자형으로 출현하면서 동문[同文] 부분은 생략할 수 없다. 만약 합체 자형으로 출현하면 동문[同文] 중에서 하나 혹은 두 부건을 생략할 수 있다. 이것이 바로 「동형 삭제 및 간화」현상에 해당하며, 전국문자에서 가장 자주 나타난다. 예를 들면,

從	『侯馬』329		『侯馬』329
嗣	曾姬无卹壺		『中山』66
獸	嗣子壺		『璽文』附88
躬	『璽文』7.12		『璽文』7.12
癰	『侯馬』354		『侯馬』354
臂	『侯馬』353		『侯馬』353
宜	『璽文』7.10		『璽文』4.7
茢	『老子』乙前118下		『侯馬』322
藥	小篆		『璽文』1.5
茸	小篆		『璽文』3208
楚	酓前期		酓前期
离	『貨幣』14.206		『貨幣』14.206
陸	『璽文』14.5		『三代』20.9.2 戈
幾	詛楚文		五里牌簡
敗	鄂君啓節		『雲夢』451

曹	『璽文』11.5		『璽文』11.5
霝	『璽文』11.5		『璽文』11.5
歐	『漢語』348		『璽文』8.9
集	『雲夢』42.193		『中山』61
齋	『三代』3.12.2 鼎		『文物』1981.10.66 圖 5 鼎
鄒	『璽文』6.18		『璽文』6.18
器	十八年平國君鈹		十七年春平候鈹
與	詛楚文		『三代』20.3.2 戟
草	石鼓『作原』		青川牘
能	『望山』1.38		『望山』1.37
教	『信陽』1.03		『郭店』唐 5
臨	『包山』53		『包山』79
觀	『包山』185		『郭店』緇 37
絕	『郭店』老乙 4		『郭店』老甲 1
賽	『郭店』語四 17		『郭店』老乙 13

동형 삭제 및 간화는 구체적인 사례(辭例)가 없으면 경우에 따라 문자 혼란을 불러 일으킬 수 있다. 『郭店』老乙13의 「賽其兌」와 「賽其事」의 「賽」는 「宀」과 「貢」으로 구성하였다고 오해하기 쉬운데, 「貢」의 번체이다.

8. 필획차용 [借用筆劃]

필획차용은 西周 後期 文字 중에서 아주 흥미로운 간화 수단이다. 두 개 部件이 일부 필획과 위치가 가까워서 같은 필획을 공유하였던 것으로, 전국문자에

서 필획을 차용하는 簡化방식은 널리 사용되었다. 예를 들면,

司	𠱾	『璽文』9.2			『璽文』9.2
固		『璽文』6.8			『璽文』6.8
臣	匡	薈前期			『璽文』附 97
侗		『璽文』8.1			『璽文』8.1
官		『璽文』14.4			『璽文』14.4
門		『璽文』12.2			『璽文』12.2
麻		『侯馬』325			『侯馬』325
群		『侯馬』341			『侯馬』341
隊		『璽文』14.6			『璽文』14.6
戟		『三代』20.21.2 戟			『璽文』12.7
歲		敬事天王鍾			長沙帛書
衡		『璽文』2.14			『璽文』2.14
名		『包山』249 反			『包山』32
逃		『包山』165			『郭店』語二 18
忌		『郭店』語一 26			『郭店』太 7

이러한 종류의 簡化는 합리적으로 배치하기만 하면 문자 고석에는 영향을 미치지 않는다. 몇 가지 빌려 쓴 필획은 특수하므로 특별히 주의해야 한다. 예를 들어 『中山』의 「𣱒」(52)과 「𥁕」(72)은 필획을 빌려 쓴 경우에 속할 뿐만 아니라 「才」와 「早」로 구성된 새로운 형성자이다

9. 편방차용[借用偏旁]

편방을 차용한다는 것은 엄밀히 말해서 「비슷한 편방을 차용」한다는 의미로, 한 글자 속의 두 가지 편방이나 부건이 유사하다면 차용할 수 있다. 편방차용은 앞서 언급한 동형 삭제 및 간화 현상과 유사하지만 구별해줘야 한다. 「동형 삭제 및 간화[刪簡同形]」는 생략하고 간화하는 대상이 완전히 같은 편방이어야 하며, 본질은 「삭제 및 간화」가 된다. 반면, 편방차용은 대상이 비슷한 편방이면 가능하며, 본질은 「차용(借用)」에 있다.

합문(合文)[18]에서 편방을 차용한 경우는 비교적 쉽게 판별해 낼 수 있는데, 아래에서 상세히 다루도록 한다. 독체자(獨體字)[19]가 편방을 차용한 경우는 아주 드물어서 문자 판별 시에도 어려움이 따르지만, 편방 차용의 규칙을 파악하면 고석이 상당히 어려웠던 미판별 글자에 대해서도 풀이해 낼 수 있게 된다. 예를 들면,

郘	館 『文物』1986.3.43 戈		釜	『錄遺』599 劍
郘	鷃 小篆		嶭	『璽匯』2203
孚	乳 嗣子壺		訊	平安君鼎[20]
路	踏 『老子』甲後 315		訊	『璽匯』0148
踦	跨 小篆		重	『璽匯』1634
醜	解 『侯馬』352		薿	『侯馬』352

---

18 [역자주] 합서(合書)라고도 하며, 두 글자 혹은 그 이상의 한어를 하나의 한자 필기 단위(한 개의 네모난 글자)로 압축한 문자 형식을 말한다. 구조적인 부분의 치환을 다루며 때로는 일부분을 줄이기도 하고, 독음은 본래의 다음절 독법을 그대로 유지하기도 한다.

19 [역자주] 더 이상 분해할 수 없는 단독 형체의 글자를 말한다. 대부분의 상형자와 지사자는 독체자이다.

20 何琳儀, 「平安君鼎國別補證」, 『考古與文物』1986年 5期.

10. 합문의 필획차용[合文借用筆劃]

필획차용이라 함은 한 글자 안에서의 필획 공유를 의미한다. 합문에서 필획을 차용하게 되면 글자 두 개가 필획을 공유하므로서 겉으로 드러나는 형체는 차이가 있지만, 내재된 실질은 변하지 않는다. 일부 고정 어휘의 합서(合書) 여부는 국가 구분을 판정하는 근거이기도 하다.. 예를 들면 「工師」의 합서(合書)는 삼진(三晉) 명문을 감별하는 믿을만한 잣대가 된다. 합문의 필획 차용은 전국문자 중에서 출현 빈도가 아주 높다. 합문의 오른쪽 아래에 합문부호 「=」를 추가하기도 한다. 예를 들면,

七十	𠄎 『中山』79	上下	𠄞 長沙帛書	
工師	� 『三代』20.20.2 載	之歲	𡦹 『錄遺』578 載	
之所	𡕥 『侯馬』355	之家	𡦹 『中山』79	
至于	𡕥 『侯馬』355	到于	𤔔 瓦書[21]	
馬適	𧰼 『璽文』合 4	馬師	𧰼 『璽匯』4089[22]	
君子	𡧱 『璽匯』3219	公子	𠔏 『類編』553	
公孫	𤔔 『璽文』合 2	盧氏	𡨄 『貨錄』586	

11. 합문의 편방차용[合文借用偏旁]

합문의 편방차용은 편방의 외연[23]을 빌리는 것으로, 전국문자가 편방을 차용

---

21 裘錫圭釋, 『古文字研究』14輯, 1986年, 190쪽.

22 馬國權, 『古璽文字初探』, 第三屆古文字學研討會論文 (成都), 1981年.

23 [역자주] 외연은 일정한 개념이 적용되는 사물의 전 범위를 말한다. 이를테면 금속이라고 하는 개념에 대해서는 금, 은, 구리, 쇠 등이 되고 동물이라고 하는 개념에 대해서는 원숭이, 호랑이, 개, 고양이 등이 이에 해당한다.

하는 경우는 주로 「합문(合文)」에서 볼 수 있다. 이 「합문(合文)」은 대다수가 고정 어휘로 지명(地名), 복성(複姓) 또는 관습적으로 사용하는 언어이기 때문에 필획을 빌려 쓰더라도 오해를 불러일으키지 않는다. 그러나 관련 있는 앞뒤 문자가 합서(合書)가 될 때 고정 어휘가 아닌 경우도 있다. 예를 들어 『中山』 126쪽 「十四茉𦺇麀嗇夫」의 「」는 「茉𦺇」의 합서(合書)이다. 합문의 편방차용은 합문부호 「=」을 붙이기도 하고 붙이지 않기도 한다. 예를 들면,

孝孫	𩐁侯簋	膚虎	『古幣』 259[24]
邯鄲	『侯馬』 355	汭泾	者沪鍾[25]

12. 합문의 편방 삭제 및 간화[合文刪簡偏旁]

합문의 편방 삭제나 간화는 앞서 언급한 합문의 편방 차용과는 다르다. 둘 다 합문 간화에 속하기는 하지만, 합문이 편방을 차용한 「차용」은 두 자가 동일한 편방을 함께 사용한다. 그러나, 합문이 편방을 삭제하거나 간화한 「삭제 및 간화」는 문자 하나의 부분 편방 혹은 두 문자의 부분 편방을 대상으로 삼는다. 예를 들면,

司馬	『璽文』 合 1	『璽文』 合 1
司寇	『璽文』 合 2	『文物』 1972.10 圖版 4 戈
司工	『璽文』 合 2	『璽匯』 2227
敦于	『璽文』 合 3	『璽文』 合 3

---

24 裘錫圭, 『戰國貨幣考』, 『北京大學學報』 1978年 2期.

25 何琳儀, 『者沪鍾銘校注』, 『古文字研究』 19輯, 1989年.

馬是	𧈪 『璽文』合 3		𧈪 『璽文』合 3	
相如	𤲞 『璽匯』1895		𤲞 『璽文』合 4	
𢿐之	𩏂 『璽文』合 4		𩏂 『璽文』合 4	
空侗	𨵱 『璽文』合 3		𨵱 『璽文』合 3	
悊之	𧈫 『璽文』合 4		𧈫 『璽匯』4308	
敬事	𪉗 『璽文』合 4		𪉗 『璽文』合 4	

13. 합문의 형체차용[合文借用形體]

전국문자에서 합문이 자형의 형체를 차용하는 방법은 매우 특수한 간화 방식이다. 이와 같은 문자는 낱개 문자로 출현하지만 두 문자로 읽는다. 우선 단자(單字)의 본음을 읽고 그 다음 이 글자의 편방 독음을 읽거나, 혹은 편방을 먼저 읽고 본음을 읽는다. 이 합문은 편방을 차용하는 경우에 해당하지만, 차용된 편방이 합문중에서 하나의 독립된 글자라는 점에서는 차이가 있다.이 때문에 「형체차용[借用形體]」으로 구분하거나 「포괄식 합서[包孕合書]」라고 칭하기도 한다.[26] 이러한 「형체차용」 형태로 간화된 합문은 그 배치가 절묘하고 합문부호 「=」를 붙이기 때문에 한 글자로 오인해서 읽는 경우는 없다. 예를 들면,

子孙	𣕕 『侯馬』355		子斿 𣂪 『導論』圖 5	
大夫	𡘾 『侯馬』355		寡人 𡧤 『中山』79	
婁女	𡢃 廿八星宿漆書		之歲 𣢤 『錄遺』578 戟	
玉琥	𤪭 『中山』80		玉珩 𤩁 『中山』80	

---

26 陳初生, 『談談合書重文專名符號問題』, 中山大學 『研究生學刊』 1981年 2期.

敦于 　『璽文』合 3　　　　　　庸用 　『中山』79

之市 　『包山』63　　　　　　　先之 　『郭店』尊 16

之志 　『郭店』性 45　　　　　　土地 　『郭店』六 4

靑淸 　『郭店』老乙 15　　　　　竝立 　『郭店』太 12

身窮 　『郭店』唐 2　　　　　　艸茅 　『郭店』唐 16

聖人 　『郭店』尊 6　　　　　　敎學 　『郭店』語一 61

孔子 　『上海』詩 1　　　　　　昊天 　『上海』詩 6

제3절 번화(繁化)

간화와 극명하게 반대되는 현상으로 전국문자에서도 번화 현상이 많이 나타난다. 「번화」란 문자 의미 그대로 형체가 불어나는 것을 말한다. 「번화」를 통해 증가된 자형, 편방, 필획 등은 원래 글자에서 불필요한 것이므로 있어도 되고, 없어도 되는 자형이다.

번화는 유의미한 번화와 무의미한 번화 두 부류로 나누어 볼 수 있다. 엄밀하게 구분하면 두 가지 모두 더 첨가시킨 형식에 속한다. 의미를 표시하는 번화는 번화 부분을 활용한 의도를 분석하고 살펴볼 수 있다. 형부로 드러나거나 음부 등으로 드러난다. 반면 의미가 없는 번화는 번화된 동기를 찾아보기 어렵다. 설령 해석하더라도 「舂」이 「위 사람을 범하다」라고 하는 것처럼 억지 해석에 빠지기 쉽다. 혹은 두루뭉술한 해석으로 빠질 수 있다. 「攴」를 더하면 「행동」의 뜻이 있다는 등이 그 예가 된다. 따라서 우리가 현재 인식하고 있는 것에 근거하여 잠시 이와 같은 번체자를 「의미없는 번화[無義繁化]」로 명명한다.

1. 동형편방의 증가[增繁同形偏旁]

동형편방을 증가시키는 방법은 자형중첩과 편방중첩 두 가지 방법이 있다. 전자의 자형 중첩은 「」의 뒤집어지다와 같은 모종의 의미를 가지고 있으나, 후자의 편방 중첩은 중첩에 담긴 깊은 뜻을 파악하기 어렵다. 예를 들면,

(1) 자형중첩[重疊形體]

名		長沙帛書		『信陽』1.01
昜		『中山』36		『中山』36
堯		『郭店』窮 3		『璽文』13.12
亓		『璽文』5.2		『璽文』附 101
文		『璽文』9.1		『璽文』9.1
月		鄂君啓節		『信陽』1.023
豩		小篆		『璽文』9.10
肙		『郭店』性 59		『上海』性 26[27]

以上의 예에서 「月」의 繁化는 3개의 「月」을 따르고 있으며, 『篇海』의 「陰」이 「陽」로, 『字彙補』의 「陰」을 「𦝠」으로 쓰여 있으므로 「陽」는 분명히 「月」의 번체자이다. 「豩」은 번화되어 「豕」 3개로 구성하는데 『字彙補』의 「은 豩과 같다.(,同豩)」가 古璽 문자와 부합한다.

---

27 季旭升, 『由上博詩論小宛談楚簡中幾個特殊的從肙的字』, 中國文學學會第十二屆全國學術研討會, 2002年.

(2) 편방중첩[重疊偏旁]

寡	『中山』63			林氏壺
泪	『璽文』11.3			『璽文』11.3
骨	『璽文』4.5			『璽文』4.5
肭	『陶文』附 27			『璽文』4.8
流	『中山』51			石鼓『雷雨』
盜	『雲夢』20.193			石鼓『汧沔』
秋	『侯馬』318			『璽匯』4002
旗	『璽文』7.3			『璽文』7.3
室	詛楚文			舍惡鼎
彝	『中山』75			舍璋鍾
語	『璽文』3.2			『璽文』3.2
敔	『文物』1976.11 圖 4.1 劍			『文物』1976.11 圖 4.4 劍
詒	『中山』62			『璽文』3.5
貽	『陶文』6.46			『耈錄』6.3
臂	青川木牘			『中山』74
從	『侯馬』329			『侯馬』329
奔	石鼓『雷雨』			石鼓『田車』
癹	『侯馬』306			長沙帛書
蒐	『侯馬』342			『侯馬』342
息	『侯馬』325			『郭店』緇 23
芻	『望山』1.5			『包山』95
隋	『包山』167			『包山』22

賢　學『郭店』成 16　　　　　　鈴『郭店』五 48

命　含『郭店』語一 4　　　　　　會『郭店』語一 2

(3) 필획중첩[重疊筆畫]

福　榖『郭店』老甲 38　　　　　　嘉『郭店』成 18

索　爾『郭店』老甲 2　　　　　　爵『郭店』緇 29

婁　常『郭店』語一 90　　　　　　䋻『郭店』語二 44

2. 의미 없는 편방의 증가[增繁無義偏旁]

　의미 없는 편방으로 번화하는 것은 문자의 형부(形符)를 증가시키는 것을 가리킨다. 그러나 증가시킨 형부는 문자의 표의 기능에 직접적으로 작용하지 않는다. 설령 작용하여도 그 관계가 불명확하여 의미를 확정하는데 적절하지 않다. 때문에 이러한 부류의 편방은 의미 없는 부건들로 장식 기능만 하게 될 뿐이다. 예를 들어 『侯馬』[28]343에 수록된 「嘉」는 이체자가 매우 많은데, 기본 자형은 「嘉」으로 의미는 「壴」를 따르고, 소리는 「加」를 따른다. 이 문자는 「口」가 생략되어 「嘉」형태로 쓰이기도 하는데, 이 경우 간화에 속한다. 「嘉」, 「嘉」, 「嘉」, 「嘉」 등의 자형은 각각 「爪」, 「又」, 「寸」, 「心」 등의 편방을 따르는데 모두 의미 없는 편방으로 간주될 뿐이다.

　전국문자 중에는 또한 유사한 형부 번화도 있다. 예를 들어 후마맹서(侯馬盟書) 「麻夷非是」의 「夷」가 번화되어 「臱」, 「儇」, 「殭」 등으로 쓰이는 것과 같다. 이 문

28　[역자주] 후마맹서(侯馬盟書)는 1965년 산서성 후마시(侯馬市)에서 5,000여개의 옥이 발굴되었으며, 춘추 말기 진나라 조씨의 내분과 관련된 맹약서이다. 가장 오래된 필기 문자 자료로 당시 제사를 지내던 40개의 갱에서 출토된 옥에 새긴 관방문서이다.

자들끼리는 순수한 가차(假借)[29] 관계에 해당하는지? 아니면 편방 「土」, 「亻」, 「歹」
등에 다른 의미가 내포되어 있는 것인지? 에 대하여 단번에 분석하기 쉽지 않으
므로, 여기서 토론하지 않을 생각이다. 의미 없는 편방은 아주 많으므로 매우 많
으므로 몇 가지 사례를 선택해서 언급하겠다. 예를 들면,

(1) 「土」를 더한 사례

夷	𢑟 『侯馬』321	𡎾	『侯馬』321
臧	𢦏 『包山』60	𡌅	『郭店』老甲 35
朋	𣎴 『郭店』語一 87	𡎢	『天星』970
彌	𣲷 『郭店』六 28	𡐨	『郭店』六 30
難	𩁹 『郭店』緇 5	𡏳	『郭店』老甲

(2) 「厂」를 더한 사례

賢	𧶠 『璽文』6.9	𢉖	『璽文』96
緊	𦃇 『璽文』3.12	𢊾	『璽文』9.6
馬	𢒉 『璽文』10.1	𠥍	『璽文』10.2
罷	𡘻 『中山』63	𢊚	『中山』63

(3) 「宀」를 더한 사례

天	𠀡 詛楚文	𡩅	行氣玉銘
耒	𢍻 『陶文』14.99	𡩝	『璽文』7.11

---

29 [역자주] 본래 그 글자가 없으므로 발음을 빌려 그 사물의 의미를 나타내는 것을 일컫는다. 어느
한 의미를 문자로 표현해내기 어려울 경우에 발음이 서로 같거나 비슷한 이미 만들어져 있는 글자
를 빌려 그 의미를 나타내는 방법이다.

生　坒『侯馬』317　　　　　鳳 者汈鍾

中　毛『郭店』老甲 22　　　令『郭店』五 5

福　祘『郭店』老甲 38　　　窠『郭店』老甲 31

牺　牺『郭店』老丙 9　　　　犃『郭店』語四 7

目　目『郭店』五 47　　　　倉『郭店』五 45

豥　豥『郭店』緇 20　　　　豥『郭店』五 29

集　雥『郭店』緇 37　　　　雥『郭店』五 42

悁　悁『上海』詩 18　　　　悁『上海』詩 3

(4) 「户」를 더한 사례

曳　甲『老子』乙 242 上　　　展『璽文』附 64

維　維『璽文』13.2　　　　　廗『璽匯』5673

賢　賢『璽文』6.9　　　　　　曆『中山』74

灉　灉 詛楚文　　　　　　　　戻『中山』78

(5) 「立」를 더한 사례

長　長『璽文』9.7　　　　　　長『璽文』9.9

刟　刟 營平鍾　　　　　　　　刟 因資敦

喬　喬『侯馬』334　　　　　　喬『侯馬』334

痦　痦『龍龕手鑑』　　　　　　痦『陶文』7.56

(6) 「口」를 더한 사례

丙　丙『侯馬』303　　　　　　香 長沙帛書

念 [글자] 者汈鍾 　　　　[글자]『中山』55

巫 巫『侯馬』309 　　　　[글자]『侯馬』309

秋 [글자]『璽文』7.7 　　　　[글자]『璽文』附 92

御 [글자]『天星』162 　　　　[글자]『天星』162

等 [글자]『包山』132 反 　　　　[글자]『包山』9

退 [글자]『老子』老乙 11 　　　　[글자]『郭店』老甲 39

聖 [글자]『郭店』唐 6 　　　　[글자]『郭店』唐 25

雀 [글자]『郭店』尊 2 　　　　[글자]『郭店』魯 6

邋 [글자]『郭店』語三 42 　　　　[글자]『郭店』語三 42

(7) 「曰」을 더한 사례

留 [글자]『古幣』152 　　　　[글자]『璽文』附 62

弇 [글자]『璽文』3.7 　　　　[글자]『中山』46

敘 [글자]『璽文』3.15 　　　　[글자]『中山』74

友 [글자]『郭店』語四 23 　　　　[글자]『郭店』語一 80

(8) 「心」을 더한 사례

鳴 [글자]『璽文』4.4 　　　　[글자]『璽文』附 460

穗 [글자]『侯馬』318 　　　　[글자]『侯馬』318

均 [글자]『璽文』13.6 　　　　[글자]『璽文』13.6

郾 [글자]『璽文』6.14 　　　　[글자]『璽文』6.14

(9) 「又」를 더한 사례

地 [글자]『侯馬』307 　　　　[글자]『侯馬』307

祖 **師** 欒書缶 　　　　　**牂**『中山』48

疣 **痹**『侯馬』333 　　　**攈**『侯馬』333

衮 **㐺** 小篆 　　　　　**愈**『侯馬』324

僕 **䒦**『郭店』老甲 2 　　**䇦**『郭店』老甲 13

相 **㫴**『郭店』老甲 16 　**㮘**『郭店』窮 6

(10)「爪」를 더한 사례

矄 **瓊**『隨縣』72 　　　**㻎**『隨縣』21

室 **宩**『望山』1.117 　**㝥**『望山』1.17

家 **㝈**『郭店』唐 26 　　**㝉**『郭店』緇 20

卒 **㐣**『郭店』唐 18 　　**夆**『郭店』緇 7

加 **㧬**『郭店』窮 9 　　　**㕦**『郭店』語三 3

(11)「攴」를 더한 사례

迮 **䢱** 小篆 　　　　　**䧁** 䲹羌鍾

槀 **㶟**『璽文』5.10 　　**㸤**『璽文』5.11

瘵 **㿋**『璽文』7.19 　　**㰥**『璽文』7.19

臧 **䑏**『璽文』3.13 　　**臦** 陳璋壺

(12)「夃」을 더한 사례

申 **㲈** 石鼓『吾水』 　　**㣺** 石鼓『田車』

古 **㪤**『中山』18 　　　**㭰**『中山』55

湯 **䜄** 石鼓『霝雨』 　　**䜆** 長沙帛書

迸　迸『玉篇』　　　　　　　　□ 長沙帛書[30]

(13)「卜」을 더한 사례

夜　□『陶汇』3.1182　　　　□『陶汇』2947
塚　□ 春成侯鍾　　　　　　□ 盗鼎
互　□ 恆鼎　　　　　　　　□『包山』199
所　□『隨縣』1　　　　　　□『隨縣』4
覞　□　　　　　　　　　　□『隨縣』147
臽　□ 小篆　　　　　　　　□『香港』6
猷　□ 叔夷缚　　　　　　　□『郭店』緇48
悁　□『上海』詩 18　　　　□『上海』詩 3
孔　□ 陳璋壺　　　　　　　□『上海』詩 1

　　上海簡의「孔子」는 合文이므로「孔」字를「孔」편방에「卜」편방을 더한 것이라고 설명할 필요가 없다. 이 죽간은「子」편방에「卜」을 교묘하게 이용해서「孔」字를 나타내고 있으며(심지어「孔」字가「子」형을 생략한 것도 있는데 伯公父匜와 王孫鍾 등을 참고할 것), 또한「子」편방을 이용해서「子」자를 표시하고 있다.

　　「卜」의 자형은「匕」로도 발전하였는데, 예를 들어「考」가「卜」을 따르거나「匕」를 따라서「老」자형이 되거나(『錦文編』 1406),「鍾」이「卜」을 따르거나 (『集成』 4455.3)「匕」(『集成』 4454.2)를 따르는 것들이 있다. 전국문자 중에도 유사한 사례가 있다. 예를 들면,

---

30　林巳奈夫釋, Noel Barnad, The Chu Silk Manuscript Translation and Commentary, The Australian National University, Canberra, 1973년 참고.

疑	𤕝 『奏集』圖版 46		𧤦	『郭店』語三 62
互	𠨭 『包山』199		𠨮	『包山』129
鹿	𢊁 樊君		𢊊	『包山』246[31]
真	𢧢 『貨系』347		𢜖	『陶徵』169

주의해야 할 점은 『包山』 201의 「互」가 「𠨮」로 쓰였는데, 이는 「卜」을 기초 자형으로 한 후 가로획 한 개를 장식으로 삼은 것이다. 이러한 사실은 전국문자에서 「卜」, 「匕」 등과 같은 종류의 부건들이 실제 의미가 없이 사용되었다는 것을 증명한다.

3. 표의편방의 번화[增繁標義偏旁]

문자가 원래 가지고 있던 형부(形符)에 다시 형부(形符)를 더하는 방식을 표의편방의 번화라고 한다. 상형표의(象形標義), 회의표의(會意標義), 형성표의(形聲標義) 세 종류로 구분할 수 있다.

(1) 상형표의(象形標義)

상형표의(象形標義)는 상형자에 형부 하나를 더하는 것으로, 상형자의 속성과 특징을 더 잘 드러나게 해준다. 상형표의로 만들어낸 번화자는 크게 의미가 부여되지 않는데, 이는 상형자가 이미 표의 기능을 충분히 수행하고 있기 때문이다. 예를 들면,

---

31   何琳儀, 『包山竹簡選釋』, 『江漢考古』 1993年 4期와 『楚王熊麗考』, 『中國史研究』 2000年 4期.

土	𡈼 『匋文』13.87		坒	『中山』32
气	气 齊侯壺		𣱵	行氣玉銘
丘	𠀊 子禾子釜		坓	『璽文』8.4
本	㯉 『古幣』67		𣚔	行氣玉銘[32]
倉	倉 『璽文』5.8		𠊎	『古研』7.222 陶文
戈	戈 『三代』19.45.1 戈		�	『三代』19.44.2 戈
鬲	鬲 『古幣』163		鬹	鬲戈
鼎	鼎 『中山』68		𣂁	曾前鼎
鼎	鼎 『中山』68		鎮	右官鼎
牙	㺄 『郭店』唐 6		𣂁	『郭店』緇 9

(2) 회의표의(會意標義)

회의표의(會意標義)는 회의자 혹은 회의 겸 형성자에 형부(形符)를 더하여 회의자의 의미나 편방의 의미를 더욱 잘 드러나게 하며, 이러한 종류의 신조자(新造字)는 자의를 보다 명확하게 하거나, 다른 글자와 구별하는 작용을 하기도 한다. 예를 들어 「𨽷」는 「臣附」에서 「附」의 전용자이다. 「附」는 「坿」와 같으며 「영토와 경지를 큰 나라에 반납하여 귀속함」과 관련이 있는데, 형부 「阜」는 「𨽷」에서 「臣」이 하는 표의 작용보다는 의미기능이 확실히 부족하다. 또한, 「人」과 「又」을 따르는 「付」는 「신하가 따르다」의 의미를 나타내기가 더욱 어렵다. 이 밖에 「監」이 「鑑」으로 된 것은 형부(形符)를 더하자 의미가 더욱 합리적으로 변하게 되어 지금까지 사용되고 있다. 그러나 대부분의 문자는 무의미하게 더해진 것이 많아서 시간이 흐름에 따라 점차 도태되었다. 예를 들면,

---

32   陳邦懷, 『戰國行氣工銘考釋』, 『古文字研究』 7輯 188쪽.

兄	𡿨『璽文』8.8	𡿨	郰陵君豆
信	𠌗『璽文』3.3	𠌗	『中山』49
枀	㣇『侯馬』359[33]	㣇	『中山』55
守	𡧑『侯馬』306	𡧑	『侯馬』306
毐	𣎼『貨系』4201	𣎼	『貨系』4262[34]
寅	𡩏 鄆孝子鼎	𤑔	陈纯釜
器	𣊟『匋文』3.15	𥁕	『三代』19.40.1 戈
秋	𥝝『璽文』7.7	𥝝	『璽文』7.7
秋	𥝪 長沙帛書	𥼶	『璽文』附 60
之	𡳿『郭店』老甲 2	𡳿	『郭店』老丙 4

(3) 형성표의(形聲標義)

형성표의(形聲標義)는 형성자에 형부(形符) 하나를 덧붙여 형부의 의미를 더욱 잘 드러나게 하는 방법이다. 형성표의 신조자는 두 개의 형부와 하나의 음부(音符)를 가지는데, 형부는 의미가 비슷하거나 관련이 있어서 덧붙일 수 있게 되었다. 이것과 아래에 언급하게 될 「형부호환(形符互換)」과는 아주 비슷하다. 예를 들어 「阜」와 「土」, 「金」과 「皿」은 「중첩」할 수도 있을 뿐 아니라, 「호환」할 수도 있다. 예를 들면,

阿	𨸏『璽文』14.5	𨸏	『小效』10.30.3
陽	𨸏 石鼓『霝雨』	𨸏	『三代』19.44.2 戈

---

33 李裕民,『侯馬盟書疑難字考』,『古文字研究』5輯 292쪽.

34 林已奈大夫釋, 安志敏 인용『金版與金餅』,『考古學報』1973年 2期.

詹 『侯馬』349 『侯馬』349

唯 詛楚文 因資鐓

從 『侯馬』329 『侯馬』329

逵 『侯馬』345 『侯馬』345

春 長沙帛書 蔡侯鍾

期 『璽文』7.4 『類編』497

鑄 大梁司寇鼎 梁十九年亡智鼎

鉼 纕安君鉼 蔡侯鉼

喪 『包山』113 『郭店』老丙 8

僕 『包山』145 『郭店』老甲 18

4. 표음편방의 번화[增繁標音偏旁]

표음편방의 번화 현상은 은주문자부터 이미 출현하였다. 이와 같은 표음 형성자는 표준 자형이 되기도 하고 후대에 지속적으로 계승되었다. 예를 들어 「鳳」은 갑골문에서 본래 「 」형태로 쓰이지만, 가끔 음부(音符) 「凡」을 덧붙여 「 」가 되기도 한다. 또한 「耤」은 갑골문에서 본래 「 」 형태로 쓰였지만, 금문에서는 음부(音符) 「昔」를 덧붙여 「 」가 되었다. 일부 자형은 음부(音符)를 생략하여 후대에 도태되기도 하였다. 예를 들어 「秋」는 갑골문에서는 본래 「 」로 쓰였지만, 주문(籒文)에서는 음부(音符) 「丘」를 생략한 「 」로 쓰이고, 「間」은 금문에서 「 」로 쓰거나 음부 「東」이 생략된 「 」형태로 쓰이게 되었다. 전국문자에서 표음편방 증가는 상당히 보편적으로 사용되었는데, 크게 네 가지 유형으로 나누어 볼 수 있다.

(1) 상형표음(象形標音)

상형표음은 상형자(지사자 포함)에 음부(音符) 하나가 증가한 것으로, 더해진 음부와 상형자의 자음은 같거나 비슷하다. 예를 들면,

丘	坐	子禾子釜	斧	『璽文』附 54	
疑	𨿳	小篆	𩵋	秦诏版	
止	㞢	『郭店』五 10	㞢	『郭店』尊 20	
齒	𠚕	『仰天』25	㐱	『仰天』25	
富	畐	『璽文』1.2	鼠	『中山』81	
家	豰	『璽匯』4047	豬	『珍秦』展 23	
瓜	𤓰	『璽文』附 111	𨸖	『璽文』附 64	
卵	𳋗	『望山』2.46	繺	『雲夢』10.4	
自	𦣻	『璽文』4.2	鼻	『璽文』4.2	
門	門	『璽文』12.1	閔	『中山』56	
參	晶	『信陽』1.03	參	長沙帛書	
鹿	鹿	『包山』179	麤	『上海』詩 23	
平	平	平啊在戈	㧱	『陶文』5.32	
於	烏	『包山』229	鵗	『郭店』語一 22	

以上에서 「丘」와 「亓」는 之部에 속하고, 「疑」와 「子」도 之部이다. 「止」와 「之」는 之部이며, 「齒」와 「止」도 之部이고, 「畐」과 「北」도 之部이다. 「豕」과 「中」은 東部이고, 「瓜」와 「戶」는 魚部이며, 「卵」과 「䜌」은 元部에 속한다. 「自」와 「畀」는 脂部이고, 「門」과 「文」은 文部이며, 「參」과 「三」은 侵部이고, 「鹿」과

「錄」은 侯部이며, 「平」과 「八」은 脣音에 속한다. 「於」는 影母 魚部에 속하고, 「羕」이 「永」을 따르는데 이는 匣母 陽部에 속한다. 影과 匣 모두 喉音에 속하며, 魚와 陽部는 「음양대전(陰陽對轉)」[35]에 해당한다.

(2) 회의표음(會意標音)

회의표음은 회의자를 기반으로 음부를 더한 것으로 더해진 음부는 회의자의 어음과 같거나 비슷하다. 예를 들면,

早	『雲夢』102	『中山』72
保	 因資鐓	 陳侯午鐓
兄	『璽文』8.8	 王孫鍾
聖	『璽文』12.3	『璽文』12.3
胃	 吉日劍	『中山』67
關	『古幣』241	 大武鏚[36]
命	『璽文』2.5	『璽文』附 107
集	『中山』61	 酓前鼎
守	『侯馬』306	『侯馬』306
邻	『貨幣』303	『中山』48
甹	 汝陽戟	『郭店』語三 54
正	『郭店』唐 23	『郭店』唐 3

---

35 [역자주] 對轉이라고도 한다. 「p」, 「t」, 「k」 등의 파열음(破裂音)으로 운미(韻尾)를 하는 입성운(入聲韻)이나 「m」, 「n」, 「ŋ」등의 비음(鼻音)으로 운미를 하는 양성운(陽聲韻), 혹은 모음이나 반모음으로 운미를 하는 음성운(陰聲韻)은 모두 상호 간의 운미로 변화될 수 있다고 보는 이론이다.

36 黃錫全, 『大武兵淺析』, 『江漢考古』 1983年 3期.

以上에서「早」와「棗」는 幽部에 속하고,「保」와「缶」도 幽部이다.「兄」과「生」은 陽部이고,「耵」(聽의 초문)과「壬」은 耕部에 속한다.「胃」와「立」(位로 읽음)은 脂部이다.「闢」과「○」(璧으로 읽음)은 脂部에 속하고,「命」과「皿」(鄰으로 읽음)은 真部이다.「集」과「厶」은 緝部에 속한다.「守」는 審母 幽部에 속하지만,「主」는 照母 侯部에 속한다. 照와 審은 모두 舌上音에 속하고, 幽와 侯는 방전(旁轉)[37]관계이다.「皿」는 來母 真部이지만,「文」은 明母 文部자이다. 明과 來는 복자음이고, 真과 文은 방전관계이다.「甹」과「平」은 耕部에 속하고,「正」과「丁」은 耕部에 속한다.

(3) 형성표음(形聲標音)

형성표음은 형성자를 기반으로 음부를 추가한 것이다. 추가한 음부와 형성자 본래의 음부는 음이 같거나 비슷하다. 상형표음과 회의표음에 추가된 음부 또한 주음 작용을 하며 형성표음에 별도로 음부를 추가한 것은 특이한 중복 현상이다. 전국시대의 형성표음자는 상당히 많은데, 이는 당시 일부 서사자(書寫者)가 복잡한 자형을 숭배했던 심리와 관련이 있을 것이다. 예를 들면,

墨	𡋆	『古幣』240	𡋅	『古幣』239
吾	𩒰	詛楚文	𩒱	石鼓『吾水』
臧	𢼒	『璽文』3.13	𤕦	『璽文』5.6
定	𠨻	『侯馬』3.14	𡇒	『璽文』附 45
腹	𣍂	『侯馬』339	𣎆	『侯馬』339
隊	𨾴	『侯馬』307	𨽍	『璽文』14.6

---

37 [역자주] 방전(旁轉)은 고대음운 중 음(陰)·양(陽)·입(入) 세 종류의 운부(韻部) 글자가 본래 종류 안에서 인접한 운부와 압운(押韻)·협성(諧聲)·통가(通假)하는 현상을 가리킨다.

邵	『包山』249		『包山』267
喪	『包山』92		『郭店』語一 98
臽	『香港』6		『郭店』性命 44
備	『郭店』語一 94		『郭店』語三 54

以上에서「墨」은 明母 之部에 속하고,「勹」는 幫母 幽部자로 幫과 明은 모두 脣音에 속하고, 之와 幽는 旁轉관계이다.「吾」와「午」는 魚部에 속하고,「臧」과 「皿」은 陽部이다.「定」과「丁」은 耕部에 속하며,「腹」과「勹」은 幽部에 해당하며,「豕」과「它」는 舌音이다.「召」와「早」는 幽部에 속하며,「喪」과「亡」은 陽部에 속한다.「臽」는「爪」가 음부이며(朱駿聲의 설),「小」와 더불어 모두 宵部에 속한다.「備」는「凡」을 음부로 하고,「備」와 함께 순음에 속한다.

그 밖에「隮」는 세 개의 音符가 있는데 지극히 드문 예이다.「隮」는「𡹛」(石鼓 『天車』)로도 쓴다. 본래「齊」의 소리를 따르는데,「妻」의 소리(「齊」와「妻」는 모두 脂部와 齒音에 속하며, 아울러「析」의 省聲을 증가)더한 것이다.

(4) 이중표음[雙重標音]

이중표음[雙重標音]이란 한 글자를 구성하는 두 개의 편방이 모두 음부(音符)임을 가리킨다.

형성표음과 이중표음은 둘 다 두 개의 음부를 가진다. 그러나 전자는 두 개의 부건 중 형부가 있고, 후자는 두 개의 부건 중 형부가 없다. 따라서 옛사람들은 「이중표음[雙重標音]」을「개성(皆聲)」이라 부르기도 하였다.「개성(皆聲)」의 두 개 음부 중 한 개는 보통 음부 겸 형부의 성격이 있으며, 나머지 한 개는 순수하게 표음 작용만 한다. 이와 같은 문자는 편방 간의 관계가 모호하여 자의가 불

명확하거나 추상적이어서 형부가 어떤 의미인지 판단하기 매우 힘들다. 한 부류만 예를 들면,

台	台刀 莒平鍾	爭	半『中山』42
竽	竽『音樂』1981. 1. 圖 11	陌	全日『璽徵』14
崀	崀『璽文』9.9	堂	堂『中山』56
肄	肄『音樂』1981. 1. 圖 14	异	异『郭店』緇 11

以上에서「臺」와「司」는 之部에 속하고,「茲」와「才」는 之部에 속한다.「羽」와「於」는 魚部,「白」과「百」은 魚部에 속한다.「尚」과「長」은 陽部,「尚」과「上」은 陽部이다.「聿」은 精母 眞部이나,「先」은 心母 文部에 속한다. 그러나 精과 心은 모두 齒音에 속하고, 眞과 文部는 旁轉관계이다.「己」와「兀」는 之部에 속한다.

제4절 이화(異化)

간화(簡化)와 번화(繁化)는 문자의 필획이나 편방을 줄이거나 더하는 것을 의미하며, 이화(異化)는 문자의 필획이나 편방에 변이가 생기는 것을 의미한다. 이화(異化)한 후 필획과 편방의 간화와 번화 정도는 뚜렷하지 않지만, 필획의 조합 및 방향과 편방의 종류 및 위치 등의 변화는 상당히 크다.

종합하면 편방의 이화(異化)는 규율성이 강한 반면, 필획의 이화(異化)는 규율성이 약한 편이다. 이는 이미도 편방이 전체의 부건이 되기 위해 상대적으로 안정적인 것과 관련이 있을 것이다.

이화(異化)는 흔히 언급되는 「와변(譌變)」과 결코 같은 개념이 아니다. 어떤 와변은 확실히 이화(異化)에 속하고, 어떤 와변은 간화나 번화에 속한다. 때문에 이화와 와변은 서로 다른 방법을 근거로 문자 형체 구조를 분석해야하므로 다른 분류 범주에 속한다.

그 밖에 이화 중에 언급된 와변 현상은 상당히 복잡하다. 우연히 발생하면서도 규칙이 없는 와변은 잠시 토론하지 않겠다.

본 절에서는 규칙성이 비교적 강한 부분 와변들을 예로 들어 이화의 몇 가지 방식으로 토론하겠으며, 대량의 규율성이 있는 와변 종류에 대해서는 향후 한층 더 체계적인 정리를 하도록 하겠다.

1. 방위호환[方位互作]

방위호환[方位互作]은 자형의 방향과 편방의 위치 변이를 가리킨다. 자형의 방향과 편방 위치가 고정되지 않은 현상은 은주문자에 이미 나타나며, 전국 시기에 정치적 율령과 문자 형태가 제각기 달라지자 글자의 방향과 위치 배열은 더욱더 혼란스러워졌다. 아래 7가지 경우를 예로 들면 「좌우호환[左右互作]」의 출현 빈도수가 가장 높고, 「사방호환[四周互作]」, 「상하호환[上下互作]」이 그 다음으로 빈도수가 높으며, 다른 경우들은 드물게 나타나는 편이다. 예를 들면,

(1) 정반호환[正反互作]

乇	ϟ 『貨系』 2058		౽ 『貨系』 2060	
千	ϟ 『璽文』 3.1		ϟ 『璽文』 3.1	
長	ϟ 『璽文』 9.9		ϟ 『璽文』 9.9	
羌	ϟ 鷹羌鍾		ϟ 『璽文』 4.4	

司 司 『璽文』9.2　　　戶 『璽文』9.2

庶 庻 『包山』258　　　𤑕 『璽匯』3198

甲 田 『包山』12　　　田 『包山』46

方 方 『郭店』老甲 24　　　七 『郭店』五 14

可 可 『郭店』老乙 2　　　回 『郭店』老甲 21

蘿 蓝 『郭店』性 13　　　蓝 『郭店』緇 21

(2) 정도호환[正倒互作]

千 千 『璽文』3.1　　　十 『璽匯』4482

子 子 『璽匯』4733　　　女 『璽匯』4732

冬 冈 陳璋壺　　　囪 『璽匯』2207

罰 𧇌 『璽文』附 61　　　𭆽 『兵虹』11

(3) 정측호환[正側互作]

昉 方 『璽文』7.2　　　叩 『璽文』7.2

杲 杲 長沙帛書　　　果 『信陽』1.23

官 官 平安君鼎　　　官 平安君鼎

五 乂 『貨系』714　　　冈 『貨系』791

貞 貞 『包山』20　　　𠂤 『郭店』緇 3

詘 詘 『郭店』老乙 14　　　詘 『郭店』性 46

(4) 좌우호환[左右互作]

居 居 『璽文』12.11　　　居 『璽文』附 96

休 休 蔡侯鍾　　　休 鄝侯載簠

敬	『璽文』9.3	『璽文』9.4
賭	『陶文』2.11	『陶文』2.11
祝	『包山』217	『包山』237
訓	『包山』193	『包山』210
信	『郭店』忠 5	『郭店』成 1
好	『郭店』老甲 8	『郭店』語三 11
珪	『郭店』緇 35	『上海』緇 18

(5) 상하호환[上下互作]

筺	『中山』55	『璽文』8.3
盎	『中山』46	『候馬』317
旦	『璽匯』2875	『璽文』7.2
春	『璽文』1.6	『璽文』1.6
守	『郭店』唐 12[38]	『郭店』老甲 13
甚	『郭店』唐 24	『郭店』老甲 5
棗	『郭店』語四 12	『郭店』語四 13
尻	『郭店』緇 1	『上海』緇 6

(6) 내외호환[內外互作]

昌	『璽文』7.1	『璽文』7.2
或	『中山』38	『璽文』6.9

---

38 何琳儀, 『郭店竹簡選釋』, 『文物研究』12輯, 1999年.

袄 　『璽文』8.6[39]　　　　　『璽文』8.6

栖 　『包山』89　　　　　　　　『包山』68

深 　『郭店』性 23　　　　　　『郭店』老甲 8

(7) 사방호환[四周互作]

奴 　『璽文』12.5　　　　　　　『璽文』12.5

唯 　詛楚文　　　　　　　　　　『匋文』2.8

攻 　鄂君啓節　　　　　　　　　『璽文』3.15

張 　『璽文』12.10　　　　　　　『璽文』12.10

責 　『郭店』太 9　　　　　　　『包山』146

好 　『郭店』8　　　　　　　　　『郭店』老甲 32

多 　『郭店』語一 89　　　　　　『郭店』老甲 14

恥 　『郭店』語二 3　　　　　　　『郭店』語二 4

2. 형부호환[形符互作]

합체자(合體字)[40] 편방에서 특히 형성자의 형부는 의미가 비슷한 표의편방과 호환할 수 있는데, 고문자에서 흔히 보이는 「형부호환(形符互換)」 현상이다. 형부호환(形符互換)은 형체는 다르더라도 의미상의 변화는 없는데, 이는 호환한 형부끼리 의미가 비슷하여 서로 관련되어 있기 때문이다. 예를 들면 「日」과 「月」, 「山」과 「阜」, 「土」와 「亯」, 「宀」과 「穴」, 「广」과 「宀」, 「口」와 「心」, 「又」와 「攴」, 「木」과 「禾」 등이 있다. 원래 한 글자였던 것이 분화한 형부(形符), 즉 「首」와

39　琳儀, 『長沙帛書通釋』, 『江漢考古』1986年 1期.

40　[역자주] 합체자(合體字)는 두 개 혹은 두 개 이상의 구건으로 이루어진 한자이다.

「頁」, 「口」와 「甘」, 「止」와 「疋」 등이 호환되므로 더욱 쉽게 의미를 이해할 수 있다.

형부호환 현상에 대해서는 일부 학자들이 대량의 고문자들을 실례를 들어 상세하게 설명해 놓았는데,[41] 아래에서는 전국문자에서 자주 보이는 형부호환에 대해서만 몇 가지 사례를 들어 보충 설명하도록 하겠다.

日 ― 月

春	察侯鍾		欒書缶
期	『匋文』附 49		『璽文』7.4
弍	國差鑪		『信陽』1.01
歲	相公子增戈		『郭店』太 3

土 ― 田

封	『璽匯』4091		『璽匯』0259
型	『信陽』1.01		荊历鍾

土 ― 壹

城	城 詛楚文		『文物』1983.12.9 戈
奠	『匋文』6.74		哀成叔鼎

宀 ― 穴

寅	石鼓『吳人』		『候馬』326

41　高 明, 『中國古文字學通論』, 文物出版社, 1987年, 146-180쪽.

竈 𥨍 邵鍾　　　　　　窯 石鼓『吳人』

窞 𥨍 『九店』56.13　　　𥨍 『包山』72

窮 𥨍 『郭店』唐 3　　　𥨍 『郭店』成 14

宀 一 广

厙 𤰠 九年鄭令矛　　　庫 左庫戈

廥 𥦬 『璽匯』5343　　　合 兆域圖

安 𥦬 『璽文』7.9　　　匜 『璽文』7.9

寇 𥦬 『璽文』3.15　　　𥦬 『璽文』3.15

首 一 頁

郵 𩠐 『辑证』圖版玖肆 2　　𩠐 『辑证』圖版玖伍 8

頭 𩠐 『璽文』9.1　　　𩠐 蔡侯绅鼎

道 𩠐 『中山』61　　　𩠐 詛楚文

憂 𩠐 『郭店』語二 7　　　𩠐 『郭店』老乙 4

目 一 見

視 𥄂 『中山』47　　　𥄂 『侯馬』337

親 𥄂 『璽文』附 78　　　親 詛楚文

口 一 言

信 𧩙 『璽文』3.3　　　𧩙 『璽文』3.3

善 𧩙 『璽文』3.6　　　𧩙 『璽文』3.6

尚 　『古研』10.197[42] 　　　　尚 　『中山』38

詩 　『上海』緇 1 　　　　　　　　『上海』詩 1

言 — 心

祈 　『陶文』1.3 　　　　　尚 　『陶文』1.3

譽 　『侯馬』349 　　　　　　　『侯馬』349

又 — 攴

没 　『侯馬』350 　　　　　　　『侯馬』350

敬 　『璽文』9.3 　　　　　　　『璽文』9.3

敗 　『包山』76 　　　　　　　『包山』46

時 　『郭店』五 7 　　　　　　　『郭店』六 24

時 　『郭店』性 15 　　　　　　『郭店』五 6

静 　『郭店』語二 12 　　　　　『郭店』尊 14

聚 　『郭店』六 4 　　　　　　　『郭店』性 53

改 　『上海』詩 11 　　　　　　『上海』詩 10

攴 — 殳

殺 　『侯馬』326 　　　　　　　『侯馬』326

啓 　『郭店』老乙 13 　　　　　鄂君啓節

政 　『隨縣』12 　　　　　　　『郭店』語一 67

战 　『郭店』語一 52 　　　　　『郭店』語一 50

42 　饒宗頤, 『曾侯乙墓匶…器漆書文字初釋』, 『古文字研究』10輯, 1983年, 194쪽.

支 — 戈

寇 　『侯馬』327 　　　　　　『侯馬』327

救 　荊历鍾 　　　　　　　『中山』56

屮 — 木

散 　四年口雍今矛 　　　　　十八年家子戈

堇 　小篆 　　　　　　　　『璽文』附 99

蒂 　『文選·答賓戲』 　　　　『璽文』3118

离 　小篆 　　　　　　　　『古幣』233

自 — 食

既 　『郭店』五 10 　　　　　『包山』202 反

飤 　『郭店』成 13 　　　　　『郭店』語一 110

木 — 禾

秦 　『璽文』7.8 　　　　　　『璽匯』7.8

休 　『陶文』6.41 　　　　　『璽文』6.4

桼 　『古幣』181 　　　　　『璽匯』0324[43]

郴 　『包山』253 　　　　　『信陽』2. 02

糸 — 束

純 　陈纯釜 　　　　　　　『中山』56

43　何琳儀,『古璽雜識續』,『古文字研究』19輯, 1992年.

約　紗『雲夢』39. 139　　　　紡 詛楚文

刀 — 刃

韶　彩『侯馬』316　　　　　彩『侯馬』316

則　影『侯馬』319　　　　　影『侯馬』319

初　創 徐郊尹鼎　　　　　釘『郭店』窮 9

剔　剔『郭店』太 12　　　　剔『郭店』語四 2

罰　罰『郭店』緇 29　　　　罰『郭店』成 38

3. 형근호환[形近互作]

형체가 비슷한 편방은 언제나 섞어 쓰기 쉬운 것은 고금의 통례이다. 「日」과 「曰」, 「目」과 「且」, 「土」와 「土」, 「邑」과 「阜」 등이 그 예이며, 후대의 자서(字書)에서도 늘 뒤섞여 있다.

형근호환은 형부호환과는 본질적으로 구별이 된다. 형근호환은 와자(訛字)[44]가 와전된 착별자(錯別字)[45]이며, 형부호환은 인위적으로 개조한 이체자(異體字)이다. 「형근호환[形近互作]」으로 만들어진 착별자(錯別字)가 전국시대 사람들에게는 「틀린 글자」라고 생각되지 않았으나, 진나라가 문자를 통일할 시기에는 대부분 도태되었다. 단지 소수의 비교적 합리적인 착별자(錯別字)인 「鳳」, 「呈」과 같은 잘못된 자형들이 남아있을 뿐이다. 이러한 형근호환은 잘못된 문자 현상에 속하지만, 일정한 규칙성을 지니고 있다. 예를 들어,

---

44　[역자주] 와자(訛字)는 문자가 전해지는 과정에서 와변된 글자를 가리킨다.

45　[역자주] 착별자(錯別字)는 말 그대로 틀리게 쓰거나 잘못 읽는 글자를 말한다.

人 一 弓

伐	伐『侯馬』306		伐『侯馬』306
信	信『璽文』3.3		信『璽文』3.3
弩	弩『璽文』12. 11		弩『璽文』12. 11
弧	弧『侯馬』304[46]		弧『侯馬』304
疆	疆『郭店』語三 48		疆『陶汇』3. 1356

人 一 彳

像	像 长沙楚帛书		像『中山』61[47]
伐	伐『三晋』圖 2.2		伐『錄遺』600
徒	徒『溫县』6		徒『溫县』9
振	振『郭店』性 7		振『郭店』尊 14
攸	攸『郭店』性 56		攸『郭店』老乙 16

目 一 田

看	看『中山』70		看『中山』70
相	相『璽文』4.1		相『璽文』附 18
澤	澤『璽文』14.2		澤『璽文』14.2
濁	濁『辑证』217.4		濁『辑证』215.2
貞	貞『郭店』老乙 11		貞『郭店』老乙 16
福	福『郭店』尊 27		福『郭店』語四 3

46　李學勤, 裴錫圭, 郝本性等釋,『古文字研究』1輯, 1979年, 114쪽.

47　何琳儀,『中山王器考釋拾遺』,『文學集刊』1984年 1期.

日 — 目

明	明	『侯馬』313	明	『侯馬』313
夏	䫅	『璽文』5.11	䫅	『璽文』5.11
莫	莫	『璽文』1.8	莫	『璽文』1.8
湯	湯	『郭店』緇 5	湯	『郭店』尊 16
聞	聞	『郭店』語四 24	聞	『郭店』成 1
管	管	『郭店』老甲 24	管	『郭店』成 24

目 — 自

睪	睪	燕王戎人矛	睪	燕王詈戈
冒	冒	『郭店』窮 3	冒	『郭店』唐 26

貝 — 目

賞	賞	鬳羌鍾	賞	『中山』69
買	買	『三代』20.12.1 戟	買	『璽文』7.21
賈	賈	『中山』59	賈	『中山』59
質	質	『侯馬』348	質	『侯馬』348
貣	貣	『璽匯』0735	貣	『珍秦』战 77

日 — 田

秋	秋	『璽文』7.7	秋	『璽文』7.7
昔	昔	『中山』33	昔	『中山』33
朝	朝	『璽文』7.4	朝	石鼓『吳人』

戠　戠『璽文』附 28　　　戠『璽文』12.8

莫　莫『隨縣』36　　　莫『隨縣』214

步　步『包山』105　　　步『包山』167

畜　畜『郭店』六 15　　　畜 欒書缶

會　會『郭店』老甲 19　　　會『包山』182

奮　奮『郭店』性 34　　　奮『郭店』性 24

廟　廟『上海』詩 5　　　廟『郭店』性 20

口 — 日

昌　昌『璽文』7.1　　　昌『璽文』7.1

易　易『三代』20. 57. 4 矢括　易『璽文』14.5

耶　耶『璽文』12.3　　　耶『璽文』12.4

河　河『璽匯』0124　　　河『郭店』究 3

辱　辱『郭店』老甲 36　　　辱『郭店』老乙 5

止 — 屮

奔　奔 石鼓『田車』　　　奔 石鼓『霝雨』

夏　夏『璽文』5.11　　　夏『璽文』5.11

陞　陞『侯馬』349　　　陞『侯馬』349

歲　歲 長沙帛書　　　歲『璽文』2.8

弋 — 戈

弋　弋『璽文』12.7　　　弋 長沙帛書

戒　𢦏『璽文』12.8　　　　　𢦅『璽文』12.8

貳　𢦑『璽文』6.10　　　　　𢦶『璽文』6.10

口 — 卩

宮　𠔼『璽匯』4759　　　　　𠔂『璽匯』0266

邸　𠊷『璽文』6.20　　　　　𠊶『璽文』6.20

巽　𠔱『璽匯』3023　　　　　𠔲『璽匯』6. 145

參　𠧀『三代』2.53.4 鼎　　　𠧁『古幣』224

卩 — 邑

邵　𨚫鄭君启节　　　　　　　𨚬『中山』28

命　𠇳『璽匯』0261　　　　　𠇴『璽匯』1333

範　𨏋『璽文』附 2　　　　　𨏌『璽文』附 2

宛　𠇎『上海』緝 6　　　　　𠇏『上海』緝 6

土 — 壬

呈　𡈼『璽文』2.6　　　　　　𡈽『璽文』2.6

成　𢧰『璽文』13.9　　　　　𢧱『璽文』13.9

狂　𤝈『璽文』10.3　　　　　𤝉『璽文』10.3

聖　𦕡『漢語』13.12 戈　　　𦕢『二代』19.27.1 戈

土 — 立

堂　𡊁『中山』41　　　　　　𡊂『璽文』附 65

均　塄『璽文』13.6　　　　　塄『璽文』13.6

坡　𡊨『中山』41　　　　　𡇋『璽文』13.6

壯　牀『中山』31　　　　　牀　者汈鍾[48]

舟一月

　受　𡧚『包山』18　　　　　𡧚『上海』詩 2

　逾　𨖷 鄂君啓節　　　　　𡨄『郭店』老甲 19

　愉　𢘒『郭店』老甲 23　　　𢙄『郭店』窮 13

　前　𣃟『郭店』老甲 3　　　　𣃟『郭店』尊 2

4. 음부호환[音符互作]

　형성자의 음부는 종종 음이 같거나 비슷한 음부와 호환하여 사용할 수 있는
데, 이 문자의 형부는 변하지 않는다. 이것이 소위 말하는 「음부호환(音符互換)」
현상이며, 이 부류의 형성자는 서로 통가(通假)관계에 있거나, 이체(異體)관계에
있다. 이러한 부류는 전국문자의 형체가 특수하여 후대에 대부분 전해지지 않
았거나, 전해졌더라도 정체(正體)자가 되지는 못하였다. 그러나 이들의 해성(諧
聲)[49]관계는 변화가 심해 전국문자의 통가(通假)를 연구하는 데 있어 상당히 좋은
자료가 된다. 음부호환은 크게 두 가지 부류로 나누어 볼 수 있다.

(1) 동부 음부호환[同部音符互作]

　해성(諧聲)편방이 같은 두 글자는 자연스럽게 음이 같거나 비슷하여서 소위

48　何琳儀,『鍾銘校注』,『古文字研究』17輯, 1999年.

49　[역자주] 육서(六書) 중의 하나에 해당하며 의부와 성부를 병용하는 조자법으로 형성에 해당한다.

말하는 「동성은 반드시 동부에 속함[同聲必同部]」이 된다. 예를 들어,

蚩 小篆	魚顛匕
載 『中山』 52	鄂君啓節
教 郾侯載簋	『中山』 75
厨 『秦陶』 1476	『秦陶』 1481
鍾 莒平鍾	厵羌鍾
襄 『璽文』 8.6	『璽文』 8.6
牆 『璽文』 3.14	『璽文』 3.13
魴 『璽文』 11,5	石鼓 『汧沔』
佐 『中山』 41	『中山』 58
致 『秦陶』 1610	『秦陶』 1380
旗 『秦陶』 1405	『璽文』 7.3
友 『郭店』 六28	『郭店』 六30

(2) 이부 음부호환[異部音符互作]

해성(諧聲)편방이 다른 두 글자가 때에 따라서는 동일한 글자가 되는데, 전국 문자를 고석할 때 더욱더 주목할 만하다.

1) 첩운음부호환(疊韻音符互換)

隥 『侯馬』 349	『侯馬』 349
菱 『包山』 153	『包山』 154
鑄 小篆	『中山』 53

道	『侯馬』331	徑	『侯馬』331
造	『文物』1972. 10 圖 25戈		『三晋』圖 1.3戈
廟	『郭店』唐5		『郭店』性 50
臣	盦前臣		『説文』古文
與	『中山』66		『三代』20, 15.1戟
橐	小篆		『郭店』老甲23
都	『璽文』6.12		『璽文』6.12
疏	小篆		長沙帛書
兄	鄝陵君豆		鄝陵君鑒
勞	『郭店』五5		『郭店』老甲 35
襄	『雲夢』11.35		『璽文』8.6
霜	小篆		長沙帛書
猛	『璽匯』4070		『郭店』老甲 33
定	『侯馬』314		『侯馬』314
成	詛楚文		『璽文』13.9
關	『璽文』12.2		鄂君啓節
仁	『郭店』唐15		『郭店』老丙3
信	『璽文』3.3		『中山』67
聞	『璽文』12.2		『中山』68

이상에서 「登」과 「升」은 蒸部에 속하고, 「陵」과 「冰」은 蒸部에 속한다. 「壽」 외 「寸」(肘로 읽음)은 幽部에 속하고, 「首」와 「舀」는 幽部에 속한다. 「告」와 「曹」 는 幽部에 속하며, 「朝」와 「苗」는 宵部에 속한다. 「古」과 「夫」는 魚部에 속하며,

「牙」와 「午」는 魚部에 속한다. 「兄」과 「生」은 陽部에 속하며, 「強」과 「疆」은 陽部에 속한다. 「襄」과 「羊」은 羊部에 속하고, 「相」과 「亡」은 陽部에 속하며, 「皿」과 「丙」은 陽部에 속한다. 「正」과 「丁」은 耕部에 속하고, 「丁」과 「壬」은 耕部에 속한다. 「卵」과 「串」은 元部에 속하고, 「千」과 「年」은 真에 속한다. 「人」과 「身」은 真部에 속하며, 「門」과 「昏」은 文部에 속한다.

2) 쌍성 음부호환(雙聲音符互換)

戟	𩫖『三代』20.21.2戟	𢧵『三代』20.9.2戟	
簡	蕳 石鼓『田車』	笧『中山』53	
地	墬 長沙帛書	埅『侯馬』307	
視	𥄕『侯馬』337	覹『侯馬』337	
闡	闗『侯馬』338	關『侯馬』338	

이상에서 「臾」은 見母 元部에 속하며, 「丰」은 疑母 月部에 속한다. 見과 疑母는 모두 牙音에 속하고, 月과 元은 對轉 관계이다. 「戟」은 「臾」에서 소리를 얻으며, 역시 見母에 속한다. 「聞」은 見母 元部에 속하며, 「外」는 疑母 月部에 속하는데, 見과 疑母는 모두 牙音에 속하고, 月과 元은 對轉 관계이다. 「它」는 透母 歌部에 속하며, 「豕」은 透母 脂部에 속하고, 歌와 脂는 旁轉 관계이다. 「氐」는 端母 脂部이고, 「酋」(酉로 읽음)는 喻母의 四等[50]자로 幽部에 속하며, 喻母의 四等은 상고시기에는 定母에 속하였다. 端과 定은 모두 舌頭音에 속하며, 幽와 脂旁는 旁轉 관계이다. 「八」은 幫母 脂部에 속하고, 「北」은 幫母 脂部에 속하는데, 之와 脂는 旁轉 관계이다. 「丌」는 見母 之部에 속하고, 「幾」은 見母 脂部에 속하

50　[역자주] 운모 등을 구별하는 표지가 바로 개음(介音)인데 개음 I는 3等자, 개음(介音) i는 4等자다.

므로 之와 脂는 旁轉관계이다.

5. 형음호환[形音互作]

형음호환[形音互作]은 잘못된 자형이 음(音)이 된 경우와 형태를 바꾸어 음 (音)이 된 두 가지로 나눌 수 있다. 전자는 형부(形符)를 차용할 때 약간의 변화를 주어 음부(音符)가 되게 하는 것으로 그 본질은 「와변(譌變)」에 있다. 은주문자에 이미 이러한 현상이 나타나고 있는데, 「𣥂」은 본래 회의자인데 「𡕥」은 형성자 이며, 「𦰩」은 본래 상형자인데 「𦳊」은 형성자가 된 예이다. 후자는 음부로 회의 자의 일부 편방을 대체하여 형성자가 되게 한 것으로 그 본질은 「치환(置換)」에 있다. 예를 들면,

異	𤰞	『郭店』語二 52	𤲒	『郭店』性9
好	𡥭	『郭店』老甲8	𡥜	『郭店』語二21
雹	𩅾	『說文』古文	𩅲	長沙帛書
保	𠈃	因𩁅𨟠	𠈃	『中山』43
朝	𠦝	因𩁅𨟠	𦩴	『秦陶』304
厚	𠂤	『三代』20.22.2 戰	𡱀	『璽文』8.5
良	𥹥	『中山』32	𥹥	瓦書
經	𦀗	『隨縣』64	𦀗	陈曼匜
呈	呈	『璽文』2.6	𡉚	『璽文』2.6
城	𡍳	『璽文』13.9	𢧢	『璽文』13.9
鮮	鮮	『璽文』11.5	𩵋	『璽文』11.5

以上에서 「異」와 「兀」은 之部에 속하고, 「好」과 「醜」은 幽部에 속하며, 「雹」와 「勹」도 幽部에 속한다. 「保」와 「孚」는 幽部에 속한다. 「朝」는 定母 宵部에 속하고, 「舟」는 照母의 三等과 幽部에 속한다. 照母의 三等은 上古시기에는 端母에 속하였으며, 端과 定은 모두 舌頭音이며, 幽와 宵는 旁轉 관계이다. 「厚」와 「主」는 侯部에 속하고, 「望」과 「王」은 陽部이다. 「良」과 「亡」도 陽部이며, 「經」과 「壬」은 耕部에 속한다. 「成」과 「壬」은 耕部에 속하고, 「鮮」과 「千」은 真部에 속한다.

6. 형부치환[置換形符]

형부치환은 3개 이상의 편방으로 구성된 글자의 편방이 또 다른 관련 형부로 대체되는 것을 말한다. 치환 후의 형체와 원래 형체는 부분적인 차이가 있는데, 상세한 비교 분석을 거쳐 이미 고석이 가능하게 되었다. 예를 들면,

鑄	𩛥	哀成叔鼎	𩛥	『璽匯』3760[51]	
臧	𢦏	『璽文』3.13	𢦏	『璽文』3.13	
盤	𥬠	龠朁盤	𥬠	蔡侯盤	
桑	桑	瓦書	桑	『璽匯』3272	
揶	斳	長沙帛書	斳	『璽匯』2227[52]	
折	斳	『郭店』六2	斳	『郭店』性59	

---

51 [역자주] 公孫壺銘 "𩛥", 역시 "鑄"로 고석한다.

52 何琳儀, 『古璽雜識』, 『遼海文物學刊』 1986年 2期.

7. 필획분할[分割筆劃]

필획분할은 잘 알다시피 본래 연결되어 있어야 할 필획이 분할된 것이다. 필획을 분할한 결과로 문자는 경미한 와변을 겪게 된다. 예를 들면,

大	大 『璽文』10.6		仌 『璽文』10.6
夫	夫 『璽文』10.7		夫 『璽文』10.7
膚	膚 上官鼎		膚 梁上官鼎
東	東 『匋文』6.41		東 『匋文』6.41
關	關 鄂君啓節		關 『璽文』12.2
中	中 『璽文』1.3		中 『璽文』1.3
嗇	嗇 『中山』64		嗇 『中山』65
周	周 『璽文』2.7		周 『璽文』2.7
剈	剈 『中山』51		剈 『中山』51
共	共 『璽文』3.8		共 『璽文』3.8
士	士 『包山』151		士 『包山』80
余	余 『郭店』太 14		余 『郭店』成36

8. 필획연결[連接筆劃]

필획연결은 본래 분리되어야 할 필획을 연결한 것이다. 필획연결과 필획분할은 서로 상반된 것이며, 필획연결 역시 약간의 와변이 생겨나게 되었다. 만일 필획의 위치가 서로 인접해 있거나 대응하는 곳에 있다면 하나의 필획으로 연결될 가능성이 있다. 이러한 현상은 전국분자에서 상낭히 보편적이므로 주의하지 않으면 잘못 풀이할 수 있다. 필획연결은 때로는 서사에 편리함을 더해주는 작

용을 한다. 예를 들면,

臣	『中山』22	『中山』22
言	『侯馬』308	『侯馬』308
各	石鼓『田車』	『璽文』2.7
郲	『璽文』6.3	『璽文』6.3
梁	『貨幣』5.78	『貨幣』5.78
起	『璽文』附 68	『璽文』附 68
坪	『古幣』115	『古幣』115
朝	『璽文』7.3	石鼓『吳人』
衛	『璽文』2.14	『璽文』2.14
欲	『郭店』老甲 5	『郭店』老甲 2

9. 필획관통[貫穿筆劃]

필획관통은 문자의 필획이 다른 필획과 서로 교차할 때, 무의식적으로 관통하게 되는 것을 의미한다. 이와 같은 필획의 한계를 깨는 관통은 대개 서사자(書寫者)가 우연히 잘못 쓰거나 잘못 새김으로서 생겨난다. 그러나, 「平」을 「 」처럼 관통해서 쓰는 경우는 사용 빈도수가 상당히 높기 때문에 다른 원인이 있을 것으로 생각된다.

平	『璽文』5.4	『璽文』5.4
冶	『中山』82	『中山』82
齊	因脊敦	陳曼簠

吁	𠮚『璽文』2.7	吁『璽文』2.7	
祝	祝『侯馬』318	祝『侯馬』318	
涅	涅『古幣』147	涅『古幣』147	
墳	墳『中山』82	墳『中山』82	
朏	朏『璽文』4.8	朏『璽文』4.8	
天	天『陶文』附 30	天『陶文』附 31	
心	心『侯馬』301	心『侯馬』301	
智	智『包山』247 反	智『信附』1.014	
陵	陵『包山』117	陵『包山』75	
兄	兄『郭店』六 13	兄『郭店』語一 70	
亞	亞『郭店』老乙 24	亞『郭店』老甲 15	

10. 필획연장[延伸筆劃]

필획연장은 문자의 둥근점[圓點]이나 세로획[竪筆], 기운획[斜筆], 둥근획[弧筆] 등을 의식적으로 늘리거나 길게 쓰는 것을 의미한다. 예를 들면,

(1) ·── ─

土	土『璽文』13·5	土『璽文』13·5	
王	王『璽文』1.2	王 姑馮鈎鑵	
生	生『中山』14	生 鄂君啓節	
守	守『侯馬』306	守『侯馬』306	

(2) · —— ニ

朱 [米]『璽文』6.2　　　　　　[黍]『璽文』6.2

鬲 [鬲]戴叔鬲　　　　　　　[鬲]『古幣』163

壹 [壹]哀成叔界"鄭"　　　　[壹]『音乐』1981.1 圖 25

返 [返]『古幣』161　　　　　[返]『古幣』161

(3) ｜ —— ∧

尔 [尔]『璽文』2.1　　　　　[尒]『秦陶』1501

深 [深]『中山』55　　　　　[深]石鼓『霝雨』

達 [達]『璽文』2.11　　　　[達]『璽文』2.11

群 [群]『侯馬』341　　　　　[群]『侯馬』341

(4) ∧ —— 個

大 [大]『古幣』9　　　　　　[大]『古幣』9

央 [央]『雲夢』日乙 207　　[央]央口戈

紁 [紁]『訇文』附 44　　　　[紁]『璽匯』5478

異 [異]『郭店』語二 52　　　[異]『郭店』語二 53

11. 필획수축[收縮筆劃]

필획수축은 필획연장과 반대되는 개념으로 원래 있던 문자의 가로획[橫筆], 세로획[竪筆], 굽은획[曲筆] 등을 줄이는 것이다. 제2절에서 언급한 「단필간화 (單筆簡化)」와 필획수축이 표면적으로는 같아 보이지만 실제로는 다르다. 전자는 필획 하나를 완전히 삭제하는 것이고, 후자는 필획 하나를 생략하되 생략한 필

획을 약간 남겨두는 것이다. 예를 들면,

(1) 十 ── 卜

陵　隆　郱陵君豆　　　　　隆『鄂君啓節』

雍　雍『侯馬』354　　　　雍『古幣』244

城　城『璽文』13.10　　　城『古幣』137

馬　馬『古幣』127　　　　馬『古幣』128

(2) 十 ── 丁

屯　屯『古幣』38　　　　屯『古幣』38

中　中『璽文』1.3　　　中『璽文』1.3

車　車『中山』28　　　　車『中山』29

坪　坪『古幣』115　　　坪『古幣』115

(3) 個 ── 八

年　年『齋侯簋』　　　　年『璽文』7.7

束　束『古幣』90　　　　束『古幣』90

南　南『三孔』3　　　　南『三孔』9

嗇　嗇『陶匯』6.58　　　嗇『中山』64

(4) 一 ── ·

武　武『璽文』12.7　　　武『璽文』12.7

疾　疾『璽文』7.13　　　疾『貨幣』7.116

兵　旅　禽忈鼎　　　　　　旅『璽文』3.7

臕　箕『陶文』附 54　　　　箭『璽文』附 54

12. 필획펴기[平直筆劃]

필획펴기는 본래 구부러진 문자의 필획을 평평하게 펴는 것이다. 예를 들면,

(1) ⌒ —— ─

天　大『古幣』9　　　　　　大『古幣』9

尔　尒『璽文』2.1　　　　　示『璽文』2.1

高　商『璽文』510　　　　　商『璽文』510

夏　夅『上海』淄 18　　　　孚『上海』淄 18

(2) ⌣ —— ─

息　臯『璽文』10.8　　　　臯『璽文』10.8

余　余『璽文』2.2　　　　　余『璽文』2.2

秋　楸『璽文』7.7　　　　　楸『璽文』7.7

返　壐『古錢』853　　　　　壐『古錢』845

13. 필획굽히기[彎曲筆劃]

필획굽히기는 필획펴기와 반대되는 동작으로, 문자 중에서 원래 곧았던 문자
의 필획을 구부리는 것이다. 예를 들면,

(1) − ── ∧(혹은 ·── ∧)

周	『璽文』 2.7		『璽文』 2.7
南	『陶文』 6.42		『陶文』 6.42
民	『中山』 18		『中山』 18
毆	『中山』 105		『中山』 116

(2) − ── ∨

內	『璽文』 5.8		『璽文』 5.8
官	『璽文』 14.4		『隨縣』 149
狐	『璽文』 10.3		『錄遺』 562
攷	『劍』 下 20		『璽文』 5.8

(3) − ── ㄱ

吏	『璽文』 1.1		『璽文』 1.1
正	『璽文』 2.9		『璽文』 2.9
單	『璽文』 2.8		『璽文』 2.8
今	『侯馬』 301		詛楚文

(4) ⎸ ── ㄴ

安	陳純釜		『璽文』 7.9
母	『璽文』 12.5		『璽文』 12.5
瘳	『璽文』 7.14		『璽文』 7.14
侯	陳候午錞		『三代』 20.13.1㦰

(5) = —— 仝

悉　訮　『璽文』2.5　　　　　冁　『璽文』2.5

冬　仌　瓦書　　　　　　　　紊　小篆

冶　北　『文物』1972.10.40 圖 28　　北　『文物』1972.10.40 圖版 5

祖　鼎　陳逆簠　　　　　　　神　『中山』48

(6) 八 —— ⁾℮

尔　尓　『璽文』2.1　　　　　朿　『中山』17

余　余　『璽文』2.2　　　　　僉　『中山』31

參　參　『璽文』7.4　　　　　燊　『中山』57

虖　麥　『侯馬』346　　　　　燊　『中山』53

14. 형체해체[解散形體]

형체 분해는 문자의 형체와 편방을 파괴시키는 것이다. 필획과 편방이 일단 쪼개지고 나면 식별하기가 어려울 뿐 아니라 잘못 풀이하기 쉽다. 이 절에서 언급한 각종 이화(異化)는 형체 해체만이 전형적인 「訛變(와변)」이라 할 수 있다. 형체 해제 방식은 매우 복잡하고 규율성도 적다. 아래 몇 가지 예증만 골라보면서 와변의 흔적들을 살펴보도록 하겠다.

以　乚　『侯馬』302　　　　　乚　『侯馬』302

君　局　『侯馬』308　　　　　局　『侯馬』308

盇　禽　『中山』66　　　　　禽　『中山』66

絲　絲　『璽文』314　　　　　絲　『信陽』2.02

於		『中山』39			長沙銅量
備		『中山』61			『望山』1.54[53]
丙		『璽文』附4 "邴"			節侯簋
神		詛楚文			行氣玉銘
盟		『璽文』5.6			『璽文』附82
夏		長沙帛書			鄂君戶節

제5절 동화(同化)

동화(同化)는 그 명칭에서도 드러나듯이 이화(異化)와 상대되는 개념이다. 앞의 절에서 대량의 간화, 번화, 이화 방식 및 그 예에 따른 증거들을 열거하였는데, 이것은 「같음[同]」은 쉽게 인식하고 「다름[異]」은 변별하기 어렵기 때문이다. 논의의 중점을 「다름[異]」에 둔 이유는 은주문자보다 전국문자의 변화가 더욱 풍부하다는 것을 설명하기 위한 것일 뿐이며, 그렇다고 해서 전국문자가 「다름」을 위주로 한다는 말은 결코 아니다. 반대로 우리는 전국문자의 발전 변화 과정 중에서 주도적인 지위를 차지한 것은 동화라고 생각한다. 이러한 인식이 전제되지 않으면 전국문자의 형체가 대부분 식별이 가능하고 서사가 쉬우며, 진시황이 짧은 시간 안에 육국문자를 통일한 등등의 현상에 대해 이해하기 어렵게 된다.

전국문자는 장기간의 간화, 번화, 이화 등의 변화 과정을 겪으면서 대량의 「문자이형(文字異形)」현상이 존재하였다고 해도, 전체적으로 살펴보면 각 계열

53　朱德熙,『長沙帛書考釋』,『古文字研究』19輯, 1992年.

문자의 기본 편방과 편방의 위치는 상당히 안정적이었다. 다만, 구조의 예변[結構隷變]이나 필치의 예변[筆勢隷變]에 있어 다르게 표현되었을 뿐이다. 이러한 전국문자의 동화(同化)라는 전반적인 문자 추세가 진나라가 육국문자를 통일하게 되는 기초와 여건이 되었다.

1. 기본편방(基本偏旁)

전국문자 자형 구조는 상당히 복잡하지만, 기본 편방은 은주문자와 맥락을 같이하여 변화가 그리 크지 않다. 예를 들면,

「口」는 「ㅂ」 혹은 「ㅂ」 형태로 쓰이며, 앞의 글자가 더 많이 쓰인다.

「止」는 「ㅂ」, 「ㅂ」, 「ㅂ」 등으로 쓰이며, 간혹 「ㅂ」로 쓰기도 한다.

「言」은 「ㅂ」, 「ㅂ」, 「ㅂ」 등으로 쓰인다. 간혹 약간 변화된 「ㅂ」으로 쓰기도 한다.

「卅」은 「ㅂ」, 「ㅂ」 등으로 쓰이며, 간혹 「ㅂ」, 「ㅂ」 등으로 쓰기도 한다.

「攴」은 「ㅂ」으로 쓰이며, 약간 변화를 주어 「ㅂ」, 「ㅂ」 등으로 쓰기도 한다.

「目」은 「ㅂ」, 「ㅂ」 등으로 쓰인다. 간혹 「ㅂ」, 「ㅂ」, 「ㅂ」, 「ㅂ」 등으로 쓰는데, 변화가 많기는 하지만 변화 자취를 찾을 수 있다.

「肉」은 「ㅂ」로 쓰인다. 은주시기 「ㅂ」 형체는 기본적으로 사용하지 않는다.

「刀」는 「ㅂ」로 쓰인다. 간혹 「ㅂ」로 쓰는데, 주목할 필요가 있다.

「虍」는 「ㅂ」로 쓰인다. 간혹 「ㅂ」, 「ㅂ」, 「ㅂ」, 「ㅂ」, 「ㅂ」 등으로 쓰는데, 모두 「ㅂ」가 변화 발전한 형태이다.

「皿」은「血」로 쓰인다. 간혹「血」,「血」,「血」,「血」,「血」,「血」등으로
쓰기도 하는데, 모두「血」가 변화 발전한 형태이다.

「食」은「食」,「食」등으로 쓰인다. 간혹「食」,「食」등으로 쓰기도 한다.

「貝」는「貝」로 쓰인다.「目」로 자주 생략하여 쓰는데「目」과 혼돈하기
쉬우며, 지금까지 한 번도 표준서체가 되지 못했다.

「爪」은「爪」,「爪」,「爪」등의 형태로 쓰인다.

「宀」은「宀」,「宀」등의 형태로 쓰인다.「穴」과 혼돈해서 쓰기도 하지
만, 결코 주류 현상은 아니다.

「石」은「石」형태로 쓰인다. 간혹「石」,「石」등 형태로 쓰지만, 가끔일
뿐이다.

「馬」는「馬」형태로 쓰인다. 간체「馬」는 전자의 번체 자형을 대체하지
못했다.

「犬」은「犬」,「犬」,「犬」등의 형태로 쓰인다. 그 형태가 초문(初文)에서
점점 멀어져 소전(小篆)에 가깝다.

「水」는「水」형태로 쓰인다. 초(楚) 문자에서는 가끔「水」형태로 쓰고,
진(秦) 문자에서는 간혹「水」형태로 사용한다.

「虫」은「虫」,「虫」등의 형태로 쓰인다.

「金」은「金」형태로 쓰인다. 초(楚) 문자에서는「金」,「金」형태로 쓰기
도 한다.

「阜」는「阜」,「阜」등의 형태로 쓰인다.

상술한 예의 근거들을 종합해보면 전국문자의 주요 편방들은 상당히 규율성
을 가지고 있으며, 은주문자의 형태를 계승하고 있었음을 알 수 있다.「示」,「屮」,

「屮」,「𡥀」,「𧾷」,「𢆶」,「又」,「羊」,「竹」,「水」,「弓」,「彳」,「火」,「虫」,「魚」,「門」,「𡭔」,「艸」,「𢎨」,「土」,「車」등처럼 자주 쓰이는 편방들은 규칙성이 더욱 일목요연하며, 은주문자와 비교해도 근본적으로 크게 구별이 없다.

2. 편방위치(偏旁位置)

앞 절에서 전국문자 편방의 「방위호환[方位互作]」에는 7가지 방식이 있다고 설명하였지만, 변체(變體)와 정체(正體)를 비교해보면 극소수에 해당할 뿐이며, 대다수 전국문자 편방은 이미 상당히 안정되었거나, 안정적인 추세에 있었다. 예를 들면,

좌부편방(左部偏旁)은 「示」,「玉」,「走」,「言」,「食」,「木」,「貝」,「㕚」,「人」,「石」,「水」,「糸」,「金」,「車」,「阜」등이 사용되었다.

우부편방(右部偏旁)은 「攴」,「刀」,「卪」,「斤」,「欠」등이 사용되었다.

상부편방(上部偏旁)은 「羽」,「虍」,「艹」,「竹」,「宀」,「穴」,「門」등이 사용되었다.

하부편방(下部偏旁)은 「止」,「皿」,「火」,「心」,「土」등이 사용되었다.

이상의 예들을 종합하면 편방의 안정성은 문자의 규범화에 도움을 주며, 문자가 통일되어 간다는 중요한 표지 중의 하나임을 알 수 있다. 주목할 만한 사실은 형성자 편방도 기본적으로 안정이 되어서 왼쪽이 형부(形符)가 되고 오른쪽이 음부(音符)가 된 것이다. 한자 형성자의 「左形右聲」이라는 이 중요한 특징은 기본적으로 전국시대에 정형화되었다.

3. 구조의 예변[結構隷變]

전국시대 중후기 이후 각국의 문자들은 보편적으로 간화된 추세를 나타낸다. 제나라와 연나라의 도문(陶文), 진(秦)과 진(晉)나라의 병기(兵器)와 도량형 기물[量器], 초(楚)나라의 청동기 명문(銘文)들이 바로 이러한 작품이다.

전국시대의 간독(簡牘)과 비단은 일상생활에서 많이 통용되던 필사도구이었기 때문에 간화의 선구자로는 당연히 초간(楚簡), 초백서(楚帛書), 진간(秦簡), 진독(秦牘) 등을 들 수 있다. 고문자 내부의 이러한 격렬한 변이는 결국 형체의 「해체」를 가져 오게 하였다. 진(秦)나라의 간독문자(簡牘文字)가 선진 고문자의 형태를 가장 많이 파괴하였다는 것은 모두가 알고 있는 사실이다. 전국시대 중후기 이후의 육국문자(六國文字)에도 이러한 요소는 내재하고 있으며, 아래 일부 육국 문자들을 열거하여 진(秦)나라 문자와 상호 비교하면서 구조 예변의 공통 추세를 살펴보도록 하겠다. 예를 들면,

「年」은 서주 금문에서는 「秊」으로 쓰인다. 삼진(三晉) 병기(兵器)의 「年」은 이체가 비교적 많은 편이며, 간혹 「秊」 형태로 쓰인 경우도 있는데, 진(秦)문자 「秊」(公主家鬲) 의 형태와 상당히 비슷하다. 따라서 예서(隸書) 「秊」(張遷碑)의 기원 자형임이 확실하다.

「原」은 서주 금문에서 「𤂌」로 쓰인다. 삼진(三晉) 병기(兵器) 명문(銘文)에서는 「𤂌」(『三代』19.52.1) 형태로, 진(秦) 도문(陶文)은 「原」(『秦陶』1281) 형태로 쓰인다. 이는 예서(隸書) 「原」(孔龢碑)의 형체를 이어 받은 것이다.

「喜」은 서주 금문에서 「喜」으로 쓰인다. 전국문자에 이러한 형태가 여전히 남아있는 상태에서 다시 「喜」『哀成叔鼎』 같은 이체가 출현하였는데, 글자 하부의 와변된 「子」의 형태는 진(秦)나라 새문(璽文) 「喜」(『考古』1974.1.57)과 자형이 같다. 부양한간(阜陽漢簡)에서는 「喜」로 쓰는데, 글자 중간에 이중으로 둘러싼 담

장이라는 옛 의미가 글자 하부의 「子」를 따르는 당시 추세를 반영하고 있다. 예서(隸書)에서는 「」『張遷碑』 형태로 쓰이는데 이미 명확하게 「子」 형태를 따르고 있다. 해서(楷書) 「郭」이 「子」를 따르고 있는 것은 확실히 예변의 결과임을 알 수 있다.

「烏」는 춘추 명문에서 「」, 「」 등의 형태로 쓰고, 전국시기 표준 청동기 명문에서도 형태를 이어받아 「」(『中山』39)로 쓰고 있다. 그러나 초문자(楚文字)에서는 「烏」의 이체인 「」(信陽簡), 「」(長沙帛書), 「」(仰天湖簡) 등이 나타나고 있다. 이에 상응하는 유사한 간화 필법인 「」(『雲夢』1476)이 진문자(秦文字)에서도 보인다. 예서에서는 「」(北海相景君銘) 형태로 쓰고 있는데, 이러한 서체는 전국문자의 이체에서 기원하고 있다.

「西」는 금문에서 「」 형태로 쓰고 있다. 전국시기 고새(古璽)에서는 「」(『璽彙』2598 「郪」旁) 형태로 쓰고, 진공궤(秦公簋)에서는 「」로 보충해서 새겨 넣고 있다. 모두 오른쪽 상부 귀퉁이 필획이 떨어져 나가기 시작하는 단서를 나타내며, 이는 예서(隸書) 「」(華山廟碑)와 부합한다.

「玉」은 금문에서는 「王」 형태로 쓰인다. 이 필법은 진문자(秦文字)에 의해 계승되었으며, 육국문자(六國文字)의 「玉」은 각종 군더더기 필획이 사용되었다. 그러나 모두 예서(隸書)와 서로 대응시킬 수 있다. 예를 들면,

	詛楚文		尚方鏡
	『仰天』8		夏承碑
	『望山』1.106		楊統碑
	『中山』136		史晨碑

「是」는 서주 금문에서는 「𣎴」 형태로 쓰고, 전국시대 청동기 명문에서는 「𣎴」로 쓰는데, 모두 두 부분으로 구성되어 있다. 초백서(楚帛書)에서는 「昰」로 쓰며 세로획(竪筆)을 생략하였을 뿐 아니라, 두 부분의 글자를 하나로 합하였다. 信陽簡에 「昰」으로 쓰였는데 秦簡 「是」과 정확하게 부합한다. 신양간(信陽簡)에서 간혹 「昰」 형태로 쓰기도 하는데, 예서(隷書) 「是」(景北海碑)와 더욱 일치한다.

「旁」은 서주 금문에서 「𤰝」이나 「𤰝」[54] 로 쓰인다. 전국시대 초문자(楚文字)에서는 「𤰝」(『三代』3.14.4「㙮」편방) 형태로 쓰이며, 진문자(秦文字)는 「𤰝」(『雲夢』16.120)로 쓰고, 예서(隷書)에서는 「旁」(禮器碑) 형태로 쓴다. 만약 서주 금문과 소전(小篆) 「㫄」만 근거로 삼는다면, 예서(隷書)와의 관계를 찾아내기 쉽지 않겠으나, 지금은 이 예서(隷書)가 바로 전국문자의 예변(隷變) 형태라는 것을 쉽게 알 수 있다.

4. 필세예변(筆勢隷變)

소위 말하는 「필세(筆勢)」는 필획의 변화 흐름 관점에서 본다면 문자 구조와는 무관하며, 순수하게 서법 문제에 속한다. 전국시대의 간독문자(簡牘文字)와 비단문자[繒帛文字]는 모두 붓으로 쓰여진 자료들이므로, 필치의 발전 방향은 당연히 새겨 넣은 것과는 다르다. 그러나 전국시대 간백문자(簡帛文字)의 일부 필치는 분명히 한예(漢隷)의 형성에 깊은 영향을 주게 되었다.

곽말약(郭沫若)은 전국시대 초(楚)나라의 백서문자(帛書文字)를 「서체가 간략하고 형체가 평평하여 후대 예서에 가깝다.(體式簡略, 形體扁平, 接近於後世隷書.)」[55]라고 일찍이 논한 바 있다. 따라서, 백서(帛書) 「元」, 「𦍒」의 가로획(橫劃), 「也」, 「𩵋」의 세로획[竪劃], 「夕」, 「乙」의 삐침[波挑], 「𧽸」, 「元」의 「팔분(八分)」등의 필치

---

54   何琳儀, 黃錫全, 『啓卣啓尊銘文考釋』, 『古文字硏究』 9輯, 1984年.

55   郭沫若, 『古代文字之辯證的發展』, 『考古學報』 1972年 1期.

는 한예(漢隸)와 상당히 비슷하다. 초간문자(楚簡文字)에서도 유사한 예는 많이 있으나, 더 언급하지 않도록 하겠다. 청천목독(青川木牘)의 「㞢」, 「八」, 「廣」, 「尺」, 「其」, 「隄」, 「㞢」, 「有」 등의 글자에서도 한예의 흔적이 잘 드러나 있다.

제6절 특수부호(特殊符號)

1. 중문부호[重文符號]

서주 청동기 명문에는 중문부호(重文符號) 「=」을 이미 사용하였다. 글자의 오른쪽 아래에 「=」를 붙여 글자나 글귀가 중복된다는 것을 표시하였는데, 예를 들어 영궤(令簋)의 명문 「作冊夨令尊宜於王姜=商令貝十朋」은 「作冊夨令이 王姜에게 향연을 베풀어 주고 열 꾸러미의 貝를 하시하였다[作冊夨令尊宜於王姜, 姜商令貝十朋].」라고 읽어야 한다. 또한 위화(衛盉)의 명문 「裘衛乃彘(夨)告於伯=邑=父=榮=伯=定=伯=琼伯=單=伯=乃令三有司」는 「裘衛는 伯邑父, 榮伯, 定伯, 琼伯과 單伯에게 이 사실을 보고하자 伯邑父, 榮伯, 定伯, 琼伯과 單伯은 세 명의 有司에게 명령을 하였다[裘衛乃彘告於伯邑父, 榮伯, 定伯, 琼伯, 單伯. 伯邑父, 榮伯, 定伯, 琼伯, 單伯乃令三有司].」라고 읽어야 한다. 다만, 「子=孫=」은 「子子孫孫」이라고 읽어야 하며, 「子孫子孫」이라 읽지 않도록 주의해야 한다.

전국문자의 중문부호(重文符號)는 서주 청동기 명문의 중문부호 용법과 완전히 일치한다. 예를 들면 장사백서(長沙帛書)의 「夢=墨=」은 「夢夢墨墨」이라고 읽어야 하고, 중산왕정(中山王鼎) 명문 「吳人并雩=(越)人修教備信」은 「오나라 사람이 월나라를 병합하였으나, 월나라 사람들은 힘써 다스리고 신임을 굳건히 하여[吳人并雩, 雩人修教備信]」이라고 읽어야 한다. 또한, 중산왕정(中山王鼎)의 「其=隹=(誰)能=之=」는 「그 누가 능히 행하리오, 그 누가 능히 행하리오[其隹能

之, 其隹能之].」라고 읽어야 한다. 운몽진간(雲夢秦簡)의 「謁更其=久=靡不可知 者」는 「밤이 깊은 것을 아뢰나, 그 깊은 것을 알지 못한다[謁更其久, 其久靡不 可知者].」라고 읽어야 한다.

2. 합문부호(合文符號)

제2절 「간화(簡化)」에서 합문의 필획차용[合文借用筆劃], 합문의 편방차용[合 文借用偏旁], 합문의 편방 삭제 및 간화[合文刪簡偏旁], 합문의 자형차용[合文 借用形體] 등 4가지 간화 방식을 설명하였는데, 이 모두 합문(合文) 현상과 연관 되어 있다. 합문(合文)은 합문부호를 사용하지 않을 수도 있지만, 습관적으로 합 문부호를 많이 사용하였다. 합문의 본질은 「차용(借用)」(합문의 편방 삭제 및 간화는 제외)에 있으므로, 아래에서는 「차용(借用)」 방식의 차이에 따라 합문부호를 분류 하였다. 예를 들면,

(1) 위치차용(位置借用)

一十	七	『仰天』3		五十	李	『中山』79
八十	仐	『中山』79		骑	膌	鄂君戶節
日月	多	長沙帛書		有日	圓	『璽文』附74
宮月	多	長沙銅量[56]		司工	㖔	『璽文』合2
上官	官	『璽文』合3		公乘	㘲	『中山』100

---

56 何琳儀, 『長沙銅量銘文補釋』, 『江漢考古』1988年 4期.

(2) 필획차용(筆劃借用) - [합문의 필획차용(合文借用筆劃) 참조]

上下　卡　　　　　　　　　馬適　圓

(3) 편방차용(偏旁借用) - [합문의 편방차용(合文借用偏旁) 참조]

邯郸　𨟤　　　　　　　　　公孫　𤣥

(4) 자형차용(形體借用) - [합문의 자형차용(合文借用形體) 참조]

大夫　𡗶　　　　　　　　　婁女　𡟥

3. 생형부호(省形符號)

생형부호(省形符號)「=」는 문자의 필획이나 편방에 생략이 있음을 표시한다. 「=」부호를 더한 생형(省形)[57]은 위에서 거론한 복필간화, 형부의 삭제 및 간화, 음부의 삭제 및 간화, 동형의 삭제 및 간화 등으로 생겨난 간화와 본질은 완전히 같다. 차이점이 있다면 이러한 생형(省形)은「=」부호를 써서 생략되었거나 삭제된 필획이나 편방을 보충해 준다는 것이다.

생형부호(省形符號)를 판단할 때는 다른 부호와 잘 구별해야 한다. 예를 들어 후마맹서(侯馬盟書)「𧖟」자를 예전에는「质」로 고석하고「ク」는 생형부호(省形符號)라고 생각하거나, 혹은「賀」으로 고석하고「ク」는「折」자의 편방이라고 여겼다. 맹서(盟書)의 이 글자가 간혹「𧖟」로 쓰인다는 것을 고려하면「悊」라고 고석

57　[역자주] 형성자의 형방에서 일부분이 생략되는 현상으로, 자형 안의 공간을 최대한 이용한 하나의 제자법(製字法)이다. 이러한 조자법이 생기게 된 원인은 대체로 이 글자들이 하나의 자형을 다시 여러 개의 자형 구성 부분으로 나누어서 분석할 수 있는 특징이 있고, 또 다른 글자와 쉽게 혼동이 되지 않을 뿐만 아니라 글자 모양도 네모난 형태이기 때문이다. 그래서 특별히 이러한 자형에다 다시 성부(聲符)를 덧붙이기 위해서, 자형 구조의 어느 한 부분을 생략해야만 했기 때문이다.

하는 것이 더 정확할 것이며, 맹서(盟書)의 「盟賈之言」은 「盟誓之言」이라 읽어도 문장의 의미는 통한다.

생형부호(省形符號) 「=」는 아래에서 언급하게 될 장식부호 「=」와는 본질적으로 다르다. 전자는 간화(簡化)에 속하고, 후자는 번화(繁化)에 속한다. 예를 들면,

馬	🐎	鄂君戶節	☷	『璽文』10.1
為	🐘	因脊鐵	☷	左師壺
乘	🌳	鄂君戶節	🎋	『璽文』5.11
則	⚔	長沙帛書	☷	『信陽』1.01
瘳	疒	『漢語』300	☷	『漢語』300
晉	🍀	鄂君戶節	🌿	『璽文』7.1
宜	宜	『璽文』7.10	宜	『璽文』7.10
繼	繼	小篆	☷	拍鐵蓋
秋	🔥	『璽文』7.7	☷	『璽匯』3527
童	童	『信陽』2.208	臺	『天星』197
惻	惻	『郭店』老甲1	忿	『郭店』語二 27
藝	藝	『郭店』語 51	⚘	『郭店』語二 50

4. 대칭부호(對稱符號)

전국문자에서 서로 같은 두 개 혹은 세 개 편방사이에 간혹 대칭부호(對稱符號) 「=」를 사용하기도 한다. 이는 모두 미화(美化) 작용과 관련이 있을 것이다. 때문에 「대칭부호(對稱符號)」라고 하거나, 「연결부호[連接符號]」라고 부른다. 흔히 말하는 「대칭」은 아래에서 언급하게 될 「장식」과 본질적으로 전혀 차이가 없다.

「❋」 아래에 「=」를 붙이면 「대칭(對稱)」으로 이해할 수도 있고, 「장식(裝飾)」으로 볼 수도 있다. 왜냐하면 「❋」이 「❋」으로 쓰기도 하는데, 「=」과 「ㅂ」는 서로 호환할 수 있는 장식부호이기 때문이다.(아래 문장 참고) 대칭부호는 보통 「廾」편방 중간에 덧붙이는 경우가 가장 많으며, 다른 경우는 극히 드물다. 예를 들면,

鏉	鏉	『錄遺』 589 劍		鏉	『錄遺』 595 劍
麻	麻	『侯馬』 325		麻	溫縣盟書
殤	殤	長沙帛書		殤	『中山』 71
門	門	『璽文』 12.1		門	『璽文』 12.1
關	關	『古幣』 241		關	『中山』 76
舁	舁	『璽文』 3.7		舁	『中山』 4
共	共	『璽文』 3.8		共	『璽文』 3.8
與	與	『侯馬』 338		與	『溫縣』 8
彝	彝	畬章鍾		彝	『中山』 75
齊	齊	『璽文』 7.6		齊	『璽文』 7.6

5. 구별부호(區別符號)

「肉」과 「月」은 형체가 비슷해서, 전국문자에서 종종 「肉」은 총 4획인 「𠕛」로 쓰고, 「月」은 총 3획인 「𡇧」로 써서 구별하고 있다. 그러나 여전히 혼동하기 쉬운 글자이므로, 의식적으로 「肉」의 오른쪽 위에 「丿」를 더하여 구분하였다. 예를 들면,

胃	胃	長沙帛書		胃	吉日劍

骨	『璽文』 4.5	『璽文』 7.6
脽	『璽文』 4.6	『璽文』 4.6
胡	『璽文』 4.6	『璽文』 4.6
宜	『璽文』 7.10	『璽文』 4.7
肴	『璽文』 4.7	『璽文』 4.7
胸	『璽文』 4.8	『璽文』 4.8
脂	『璽文』 附 34[58]	『璽文』 附 34
龍	『璽文』 11.6	『璽文』 11.6
肥	『璽文』 附 36	『璽文』 附 36

이와 상응하는 것으로는 「月」의 왼쪽 아래에 「丿」를 덧붙인 것이 있다. 예를 들면,

萓	巨萓鼎	『璽文』 1.6
月	鄂君戶節	『璽文』 7.4
夜	『璽文』 7.5	『璽文』 7.5
明	『璽文』 7.5	『璽文』 7.5
閒	『璽文』 12.2	『璽文』 12.2
岄	『集韵』	『璽文』 附 50
刖	『雲夢』 52.9	『璽文』 附 37
肜	『集韵』	『璽文』 附 34
肖	『璽文』 4.6	『璽文』 4.6

58 裘锡圭, 『戰國璽印文字考釋三篇』, 『古文字研究』 10輯, 1983年.

6. 표점부호(標點符號)

문장의 표점부호가 언제 발생하였는지에 대해서는 지금까지 명확하게 밝혀지지 않고 있다. 서주 영우(永盂) 명문의 「𣄻」자 왼쪽 아래 「ㄴ」이 표점부호의 초기형태로 생각된다. 이렇게 일정한 표지작용이 있는 필획을 일부 학자들은 「표식부호[鉤識符號]」[59]라 부르기도 한다.

수현죽간(隨縣竹簡)의 발견은 표점부호가 전국시대 초기에 이미 상당히 성숙한 정도에 이르렀음을 말해주고 있다. 전국시대 중후기 간독(簡牘)과 비단[縑帛] 문자에 표점부호가 더욱 광범위하게 사용되었으나 진한(秦漢) 이후에는 표점부호가 마땅히 주목받지 못하였으며, 특히 인쇄술이 발달한 이후 흔적도 없이 사라졌다. 이 사실은 서면어 표현 방식의 역사적 퇴보를 의미한다. 고서(古書)에 표점을 찍지 않아서 일반 독자들에게 많은 어려움을 가져다 주었을 뿐 아니라, 후대 사람들 사이에서 의견이 분분한 「구두점」을 남겼다. 이는 고대 서적의 보급과 정확한 이해에도 지대한 영향을 주었다. 이러한 의미 때문에 전국문자 자료에 사용된 표점부호는 서면어 표현 방식의 중요한 발전이 되었으므로 주목할 가치가 충분히 있는 것이다.

전국시대 간독(簡牘)과 겸백(縑帛) 문자 자료에서 사용된 표점부호는 아래 몇 가지로 나누어 볼 수 있다.

(1) 「ㄴ」은 마침표 혹은 쉼표로 흔히 말하는 「갈고리 표지」에 해당한다. (『說文』「乚, 鉤識也.(乚는 갈고리 표지이다.)」 새로 출토된 郭店簡『老子』乙 16에 이미 「乚」 자가 있으며, 이는 許慎의 解釋이 근거가 있음을 증명하는 것이다.[60]) 예를 들어,

---

59 陳邦懷, 『永盂考略』, 『文物』1972年 11期.

60 何琳儀, 『郭店竹簡選釋』, 『文物研究』12輯, 2000年.

奔得受之」   『包山』6

其民自樸」   『郭店』老甲 32

天之道也」   『郭店』老甲 39

是以聖王作爲法度以端民心」去其滛僻」除其惡俗」法律未足」民

多詐巧   『雲夢·日書』

　　최근 발견된 兩詔秦橢量 (『文博』1987.2.26.)에서도 이러한 「갈고리 표지」부호가
발견되었다.

　(2)「」은 마침표, 쉼표, 열거부호[頓號], 콜론(:)에 해당한다.

　　飤室之飤 ＿ 脩一籔 ＿ 脯一籔 ＿ 雀醢一缶 ＿ 蜜一缶 ＿ 莞蒩二缶

                                    『包山』255

　　膚君其明亟之麻夷非是 ＿   『侯馬』1.30

　　以事其主 ＿ 不敢不盡從嘉之明   『侯馬』1.32

　　城馬君之騮爲左驂 ＿ 鄅君之騮爲左騙 ＿ 鄅君之騮爲左騙 ＿ 櫝騏爲左

驂   『隨縣』153

　　一瓶食醬 ＿ 一瓶梅醬 ＿ 一箕 ＿ 一帚 ＿ 一枱夏裯   『信陽』2.021

　(3)「＿」은 긴 가로줄과 짧은 가로줄을 함께 사용하며, 마침표[句號]와 쉼표
　　　[逗號]에 해당한다.

　　月錄旦灊之＿ 無以歸之＿＿   『包山』145

긴 가로줄은 단독으로 사용하면 종종 쉼표의 작용을 하며, 문두나 문미에 두기도 한다.

　━株陽莫囂壽君　　　　　　　　　　　『包山』117

　微問有敗━　　　　　　　　　　　　『包山』32

(4)「／」는 문두에 주로 사용한다. 예를 들어,

　／左尹　　　　　　　　　　　　　『包山』17 反

　／宵裏識之　　　　　　　　　　　『包山』119 反

(5)「■」는 마침표에 해당한다. 간혹 단락 사이에 쓰여서, 단락을 구분하는 작용을 할 수 있다.

　一雷■其木器二　　　　　　　　　　『信陽』2.01

　路車九■大凡四十乘又三乘　　　　　『隨縣』153

(6)「□」는「■」부호와 용법이 같으며, 장과 절 사이에 쓰는 부호이다. 예를 들면,

　曰故黃能……是惟四时□長曰青干……日月之行□共工……有昼有夕

　□長沙帛書

한간(漢簡)에서는 「▫」로 단락의 시작을, 「ㄴ」로 단락의 마침을 나타낸다.

(7) 「■」은 장과 절 사이에 쓰는 부호로 문자의 오른쪽 아래 모서리에 쓰며, 마침표에 해당한다. 예를 들면,

絶智棄下民利百倍■絶攷棄利盜賊民亡又　　　　『郭店』老甲 1

夫子曰……萬邦乍孚■曰又國者……好氏貞植■　　『郭店』緇 2

(8) 「●」은 고유명사를 지칭하며 인용부호와 같다. 예를 들면,

右命建所乘●大旆　　　　　　　　　　　『隨縣』 1

中100%獸命　　　　　　　　　　　　　　『隨縣』 18

(9) 「●」은 마침표에 해당하며 문장을 나누는 작용을 한다. 예를 들면,

入失稼芻稿腐輒爲劊籍上內史●芻稿各萬石一積鹹陽二萬一積其出

入增積及效如失

　　　　　　　　　　　　　　　　『雲夢·秦律十八種』

父盜子不爲盜●今假父盜何論當爲盜　　『雲夢·法律答問』

(10) 「✖」은 단락사이에 사용하는 부호이다. 예를 들면,

凡君子二夫擇是亓箸之✖魯陽公以楚師後城奠之歲　『包山』 4

(11) 「ʔ」은 「巳」자로 추정되며, 한 개의 簡이 끝남을 표시하고 마침표 작용
　　을 한다. 예를 들면,

　　一頓綏席一蜀席　　　　　　「ʔ」　　　　　　『仰天』13
　　羽膚一堝　　　　　　　　　「ʔ」　　　　　　『仰天』25

7. 장식부호(裝飾符號)

(1) 단필장식부호(單筆裝飾符號)는 원래 글자에 한 획을 더하는 것으로, 둥근점
　　[圓點], 가로획[橫劃], 세로획[竪劃], 기운획[斜劃], 굽은획[曲劃] 등이 있
　　다. 이런 부호는 원래 문자의 표의 기능에는 전혀 영향을 주지 않으며, 순
　　수하게 장식 작용만 할 뿐이다. 따라서 「여유획[羨劃]」, 「장식획[羨劃]」,
　　「틈을 메꾸는 점[乘隙加點]」등으로 불리기도 한다. 예를 들면,

1) 「·」더하기
　　王　王　『璽文』1.2　　　　　　　王　『璽文』1.2
　　正　正　『璽文』2.9　　　　　　　正　『璽文』2.9
　　亡　ㄴ　『璽文』12.9　　　　　　ㄴ　『璽文』12.9
　　信　卅　『璽匯』0249　　　　　　卅　『璽匯』3125
　　康　庸　『璽匯』2475　　　　　　庸　陳曼匜
　　曾　曾　石鼓『吳人』　　　　　　曾　畲章鍾

2) 「一」더하기
　　才　十　『中山』5　　　　　　　　十　『璽文』附79

明 明 『侯馬』342　　　　　　明 『侯馬』342

中 中 『璽文』1.3　　　　　　中 『璽文』1.3

多 多 『璽文』12.9　　　　　多 『璽文』附 82

凡 凡 長沙帛書　　　　　　　凡 『璽文』附 28

奊 奊 『郭店』老甲 9　　　　　奊 『郭店』窮 12

3)「丶」더하기

安 安 『璽文』7.9　　　　　　安 陳純釜

身 身 『璽文』8.5　　　　　　身 『璽文』8.5

又 又 『璽文』3.9　　　　　　又 『璽文』3.10

瓜 瓜 『璽文』10.3　　　　　瓜 『璽文』附 111

胃 胃 『包山』120　　　　　　胃 『包山』129

既 既 『包山』134　　　　　　既 『包山』221

4)「丿」더하기

春 春 『璽文』1.6　　　　　　春 長沙帛書

淳 淳 『匋文』11.74　　　　　淳 『匋文』11.74

及 及 詛楚文　　　　　　　　及 『中山』12

攻 攻 『包山』106　　　　　　攻 『包山』116

周 周 『包山』85　　　　　　　周 『包山』126

余 余 『郭店』太 14　　　　　余 『郭店』成 33

5) 「 丶 」더하기

安 圉 『璽文』7.9　　　　　　　圉 『璽文』7.9

刀 刀 『信陽』2.027　　　　　　刀 石㠯刀鼎

嘉 嘉 『包山』166　　　　　　　嘉 『包山』74

童 童 『包山』180　　　　　　　童 『包山』牘1反

前 前 『郭店』老甲3　　　　　　前 『郭店』尊2

6) 「 夕, e 」더하기

又 又 『璽文』10.3　　　　　　　又 『中山』2

夕 夕 石鼓『吳人』　　　　　　　夕 『中山』5

尔 尔 『璽文』2.1　　　　　　　尔 『中山』17

身 身 『璽文』8.5　　　　　　　身 『中山』27

馬 馬 『中山』47　　　　　　　馬 『中山』47

고정된 필획 위치에 여유획을 덧붙인 현상은 아주 주의해야 한다.

帝 帝 長沙帛書　　　　　　　帝 『中山』45

滂 滂 仲考人壺　　　　　　　滂 石鼓『霝雨』

坪 坪 『雨台』21.2　　　　　　坪 『郭店』老丙4

紳 紳 『天星』909　　　　　　紳 『天星』909

南 南 『三孔』12[61]　　　　　南 『三孔』1

61　裘錫圭, 『戰國貨幣考』, 『北京大學學報』1978年 2期.

備　𤊾　長沙帛書[62]　　　　　傸　『中山』61

甫　𤿤　『古幣』102　　　　　𤿤　『璽文』附78

胇　𤿤　長沙帛書　　　　　　𤿤　『璽文』附35[63]

(2) 복필장식부호(複筆裝飾符號)는 원래 있던 문자에 여러 획을 덧붙이는 것으로, 예를 들면 「‥」, 「＝」, 「∥」, 「≋」, 「八」, 「公」 등이 있다.

1) 「‥」과 「∴」를 더한 사례

　　能　𤿤　『望山』1.37　　　　𤿤　『中山』50

　　典　𤿤　『璽文』5.2　　　　　𤿤　因脊鐓

　　齊　𤿤　『璽文』7.6　　　　　𤿤　麤羌鍾

　　友　𤿤　『郭店』語─80　　　𤿤　『郭店』語三6

2) 「＝」를 더한 사례

　　四　𤿤　長沙帛書　　　　　　𤿤　長沙帛書

　　賢　𤿤　石鼓『盜車』　　　　𤿤　『中山』100

　　冬　𤿤　商鞅方升　　　　　　𤿤　瓦書

　　助　𤿤　『侯馬』310　　　　　𤿤　『侯馬』310

3) 「∥」를 더한 사례

　　巳　𤿤　『璽文』14.11　　　　𤿤　『璽文』附81

62　朱德熙, 『長沙帛書考釋』, 『古文字研究』19輯, 1992年.

63　林澐, 『釋古璽中從束的兩個字』, 『古文字研究』19輯, 1992年.

虘 『信陽』1.01 『璽文』5.5

邗 『璽文』6.13 『璽文』附 5

胃 『郭店』語 一65 『郭店』六 14

4)「⺀」를 더한 사례

若 詛楚文 『中山』43

灸 『璽文』10.5 『璽文』10.5

冶 『三代』20.25.2 戈 『三代』20.20.1 戈

欿 『中山』189 『中山』146

5)「八」,「--」를 더한 사례

平 拍鐓蓋 阴平左庫劍

赤 『璽文』10.5 郑公華鍾

行 『璽文』2.14 『璽文』2.14

卞 『郭店』老甲 1 『郭店』尊 14

6)「⺌」를 더한 사례

光 攻敔王戈 『中山』21

遹 『璽文』附 15 『璽文』附 15

褱 『璽文』8.5 『璽文』8.5

縈 『璽文』13.2 『璽文』13.2

장식부호 「-」와 「=」, 「八」와 「⺌」는 일반적으로 호환이 가능하다. 제3절 「무의미한 편방의 증가[增繁無義偏旁]」에서 언급하였던 「ㅂ」는 원래 장식 기능이 있었기 때문에 장식부호 「=」와 호환할 수 있었던 것이다.

7) ㅡ --- ═의 호환

佴	佴	『璽文』 8.2		佴	『璽文』 8.2
張	𧼘	『古幣』 199		𧼘	『古幣』 199
孫	𢯿	『璽文』 12.12		𢯿	『璽文』 12.12
相	粗	『璽文』 4.1		粗	『璽文』 4.1
四	𦉪	邛鍾		四	十九年大梁司寇鼎
吠	𤝈	『璽文』 10.4		𤝈	『璽文』 10.4
向	𡫏	『文物』 1972.10 圖 24		𡫏	『璽文』 7.9
棄	𠦪	『侯馬』 328[64]		𠦪	『侯馬』 328
賢	𦟀	『中山』 54		賢	『璽文』 6.9
上	𠄞	『璽文』 1.1		𠄞	『璽文』 1.1

8) ハ --- 八 의 호환

光	光	者汈鐘		光	『中山』 21
朱	朱	『璽文』 附 69		朱	『璽文』 附 69
鄒	鄒	『璽文』 6.15		鄒	『中山』 57
則	則	『郭店』 性 2		則	『郭店』 六 25

64 　李家浩,『釋弁』,『古文字硏究』1輯, 1979年.

9) = --- ㅂ의 호환

棄	『中山』27	『璽文』附 62
左	『貨系』2928	『包山』116
共	『璽文』3.8	『璽文』3.8
與	『信陽』1.19	『信陽』1.24
助	『侯馬』310	『侯馬』310
再	陳璋壺	『陶匯』3.12
倉	『璽文』5.8	『璽文』1.5
命	『包山』159	『包山』12
達	『郭店』五 43	『郭店』窮 11
文	『包山』203	『上海』詩 6

주의할 것은 「=」와 「ㅂ」가 간혹 한 글자 안에 동시에 존재한다는 사실이다.

若	『中山』43	石	『璽文』附 63
命	『隨縣』63	蒼	『璽文』1.5
戒	『璽文』附 62	達	『郭店』老甲 8
鍦	『隨縣』11		

장식부호와 합문부호는 간혹 한 글자 안에 동시에 출현하기도 한다. 예를 들어 『璽彙』0788의 「相如」는 「」로 쓰기도 하는데 「相」이 주로 「」형태로 쓰인다는 것을 감안하면 「」의 왼쪽 아래는 장식부호이고, 오른쪽 아래는 합문부호가 된다.

복필장식부호와 문자의 필획은 혼동하기 쉽다. 따라서 변별할 때 「장식획(羨劃)」을 의미있는 필획으로 여기면 안된다. 그렇지 않으면 문자 구조를 판별함에 있어 올바른 이해가 어렵다. 예를 들어 일부 학자들은 「丙」이 「𠀀」형태로 쓰여 안쪽은 「火」를 따른다고 생각하고서 「丙은 오행에서 火에 속한다[丙於五行屬火].」라고 여겼다.[65] 이는 「丙」의 두 가지 장식성 점을 문자의 유의미한 필획이라고 오해한 것이다. 그 증거로 『璽彙』2209의 「邴」이 「𤴙」형태로 쓰인 것을 보면 알 수 있다. 또한, 참 필획을 「장식획」으로 여기지도 말아야 할 것이다. 예를 들어 『中山』45 「朕」은 「𢩢」형태로 쓰이는데[66](『中山』69 「達」이 「𢔅」형태로 쓰이는 것을 보면 증명된다) 만일 「八」와 「仌」를 구분하지 않으면, 이 글자는 「胤」로 잘못 해석할 수 있다.

8. 장식도안(裝飾圖案)

장식도안(裝飾圖案)은 조서(鳥書)만의 독특한 표지이다. 조충서(鳥虫書)[67]는 문자의 필획과 조형(鳥形) 및 충형(虫形)의 도안이 함께 뒤얽혀 있어 판별하기가 쉽지 않다. 예를 들면 『越王句踐劍』(『文物』1962.5.)이 그림1에 나타난다.

[그림 1]

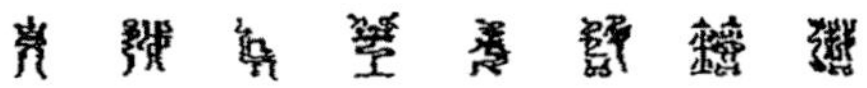

---

65   王獻唐, 『中國古代貨幣通考』, 齊魯書社, 499쪽.

66   何琳儀, 『中山王器考釋拾遺』, 『史學集刊』1984年 3期.

67   [역자주] 鳥書 혹은 虫書라고도 불린다. 자형의 예술적인 미관이 돋보이도록 자형을 마치 새나 벌레처럼 아름답게 묘사하였기 때문에 鳥虫書라는 이름이 붙었다. 일반적으로 춘추시대나 전국시대 때 청동으로 된 무기나 종(鐘)의 표면에 이 조충서의 방식으로 글씨를 새기거나 주조하였다.

세 번째 글자를 예전에는 「鳿」라고 고석하였는데 사실 이 글자의 오른쪽 부분이 따르는 것은 楚나라 계열 문자 「欠」이다. 그러므로 이 글자는 「鳩」로 해석해야 마땅하다. 이는 장사백서(長沙帛書)에서도 보이며, 「敊淺」은 「句踐」의 일성지전(一聲之轉)[68]이다. 다시 예를 들면 『越王者旨於賜矛』(『鳥書』그림4)에 그림2가 나타난다.

[그림 2]

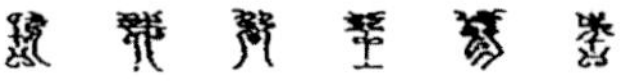

다섯 번째 글자의 왼쪽 아래 부분이 따르는 조형(鳥形)은 도안이 아니라 문자의 필획이다. 따라서 마땅히 「於」라 읽어야 한다.

내려오는 장편 조충서(鳥虫書)들은 대다수 완전히 고석되지 않고 있다. 예를 들어 之利殘片(『文物』1961.10.23)은 총 47자가 수록되어 있는데 절반 정도만 고석하였으므로, 장식성 도안이 문자를 고석함에 있어 상당히 방해 요소가 됨을 알 수 있다.

제7절 나오는 말

전국문자 자형의 변천이 매우 복잡하지만 아주 규칙성이 없는 것도 아니다. 우리는 전국문자가 기본적으로 간화, 번화, 이화, 동화 등의 방식으로 끊임없이 변천을 거친 후 마지막에 통일되었다고 생각하고 있다.

---

68 [역자주] 一聲之轉은 훈고 학술어로, 성모(聲母)가 같을 때 운모의 변화로 생기는 단어의 불어남(孳乳), 분화(分化), 통가(通假) 등의 현상을 가리킨다.

간화의 목적은 서사에 편리함을 주기 위한 것이었으므로 문자 발전사상 분명히 진일보한 의미를 가지고 있다. 일반적으로 간화는 문자의 고석에 영향을 주지 않아야 한다는 원칙을 가지고 있었으며, 전국문자 중 대다수 간화자는 분명히 그러하다. 예를 들어, 「奇」는 한 획을 줄였고 「愚」는 두 획을 줄였으며, 「森」은 「廾」을 없앴고 「豊」는 「東」을 없앴으며, 「樂」는 「8」형태를 농축해서 점으로 만들었고, 「乱」는 한 획을 공용하였다. 문자 해석자들의 입장에서 보면 이러한 글자들은 그리 판명하기 어려운 것은 아니다. 그러나, 어떤 간화자들은 비교적 특수해서 정밀한 분석을 거치지 않으면 고석하기가 쉽지 않다. 예를 들어, 고새(古璽)의 「惹」는 「若」, 「若」형태로 생략해서 썼기 때문에 「若」 역시 「惹」의 간화라는 것을 겨우 판단할 수 있다. 만약 후마맹서(侯馬盟書)에 「𩰚」라는 정체(正體)가 없었다면, 그 누구도 「𩰚」가 간화자라는 사실을 생각해낼 수 없을 것이다. 왜냐하면 이 두 글자는 동일한 사람 이름을 각기 다른 자형으로 사례(辭例) 중에서 사용한 경우이기 때문이다. 만일 온현맹서(溫縣盟書)의 「敢」을 단독으로 놓고 판단한다면 고석해 낼 수 있는 사람은 없을 것이다. 그러나 「敢不歆歆焉」 문구를 다른 비슷한 문구들과 비교하고 대조해보면 「敢」 가 「敢」의 간화자임을 알 수 있다. 그러므로 간화 여부를 판단할 때는 자형 분석 외에 다른 문구들과 비교하고 대조하는 방법을 써야 한다. 특수한 간화자 일지라도 구체적인 언어 환경을 벗어날 수 없으며, 그렇지 않으면 여러가지 잘못된 고석이 생겨나게 된다. 이러한 의미에서 보면 간화는 전국문자 「이형(異形)」이 생겨난 원인 중의 하나가 된다.

유의미한 번화와 무의미한 번화는 엄격하게 말하면 모두 「첨가」의 결과로 표의 기능을 더 드러나게 하거나, 표음 기능을 더 드러나게 한다. 사실, 대부분의 번화는 별다른 의미를 가지고 있지 않기 때문에 「髟」의 형부인 「尒」와 「㕣」의 음부인 「文」를 제거하여도 문자의 고석에는 크게 영향을 주지 않는다.

번화는 간화의 반대현상이며 번화자의 생성은 문자의 정확성에 크게 영향을 주었다. 전국문자의 이체가 증가하게 된 가장 중요한 원인은 번화에 있었다. 전국시대의 번화자는 진한 이후의 중익자(重益字, 혹은 古今字라 칭함)[69]의 대량 생산에 심각하게 영향을 주었는데 「暴」과 「曝」, 「羕」과 「漾」, 「原」과 「源」, 「益」과 「溢」, 「然」과 「燃」, 「尞」와 「燎」, 「或」과 「國」, 「告」와 「誥」, 「叟」와 「搜」, 「叔」과 「俶」, 「奉」과 「捧」, 「朱」와 「株」 등 그 예는 수도 없이 많다. 이러한 의미에서 전국시대의 번화자 연구는 매우 필요한 작업이라 할 수 있다.

「이화(異化)」는 전국시기 「문자는 형태가 다르고 언어는 소리가 다르다.(文字異形, 語言異聲.)」의 가장 중요한 원인이다. 편방이화는 새로운 이체를 만들어내고, 음부이화는 종종 새로운 형성자를 만들어내며, 필획이화는 다른 자형을 만들어내기도 하고, 자형이화는 종종 문자와변을 만들어내었다. 이러한 여러 가지의 것들은 전국문자를 해독하는 데 있어 많은 어려움을 가져다준다.

「동화(同化)」는 두 가지 의미를 내포한다. 첫째는 문자의 편방 구조와 위치가 상대적으로 안정적이며, 진(秦)이 소전으로 육국문자를 통일할 수 있게 기반을 마련해 주었다. 만약, 육국문자와 진문자가 공통점이 많지 않았다면, 「동화」는 분명히 불가능하였을 것이다. 둘째, 문자 구조와 필치의 예변이다. 이로 인해 진시황이 고예를 합법적인 지위의 문자로 승인하게 하였으며, 또한 예서를 소전의 보조 서체로 규정하게 만들었다.

특수부호는 문자 이외의 보조적 요소이지만 자체에 대해 일정한 작용을 하였다. 일부 중문부호, 합문부호, 표점부호는 문자 해석을 유리하게 해주었고, 장식

---

69 [역자주] 重益字와 古今字는 문헌에 기록된 하나의 단어 항이 시대별로 다른 문자를 사용하는 [歷時同詞異字] 현상이다.

부호와 도안은 문자 고석에 불리하게 작용을 하였다. 전국문자를 정확하게 풀이하기 위해서는 특수부호에 대한 전면적인 이해를 전제로 해야 한다.

전국문자 형체의 변천과 비정상적 복잡함은 앞 문장에서 거론한 간화, 번화, 이화, 동화, 특수부호 등의 방식이 있었는데 이것들이 결코 전체가 아니다. 따라서 많은 문자 형체와 필획의 세세한 변화와 발전에 대해 앞으로도 진일보한 연구와 귀납이 있어야 하며, 이는 당연히 전국문자 연구자의 공통된 과제이기도 하다.

전국문자의 형체 변천을 연구하는 것은 고문자 본연의 발전 규율을 귀납해서 마무리하려는 데 있고, 한편으로는 이러한 규율을 운용하여 전국문자를 정확하게 풀이하려는 것이다. 다음 장에서 언급하게 될 「전국문자 고석방법」의 몇 가지 예시와 증거들은 바로 이번 장에서 언급한 「전국문자의 변화 발전 규율」에 대한 검증과 운용인 것이다.

제5장

전국문자 고석(考釋) 방법

제1절 들어가는 말

전국문자가 식별이 어렵기로 정평이 난 이유는 필획의 변화가 많고, 구조가 특이하며 통가자(通假字)가 많기 때문이다. 이러한 요소들은 전국문자를 고석하는 데 있어 여러 가지 장애 요인으로 작용하였는데, 주진(周秦) 계열의 문자에 익숙한 사람들이 전국문자를 처음 접하게 되면 볼수록 생소하고 기이하게 생각되는 이유이기도 하다.

제3장 「전국문자의 지역 분류 개술」에서는 지역 색채가 강한 전국문자 자형 사례를 들었는데, 이러한 자형들이 발생한 원인을 살피면 전국시기의 정치와 문화 등이 장기적으로 분할되었던 특수한 역사적 배경에서 찾을 수 있다. 같은 지역, 같은 분묘, 심지어 같은 기물에 새겨져 있는 문자조차 상당한 차이가 존재하였다는 사실을 주목해야 하는데, 예를 들면 다음과 같다.

1. 같은 지역의 다른 자형[同域異形]

歲	伐	子禾子釜		國	陳純釜
者	毕	因資鐵		峇	子禾子釜

壴	𠂤	重金壺		亯	休涅壺
冶	𤶼	『三代』20.40.5矛		𤶼	『文物』1972.10.40 圖 28 戈
盗	𤉣	『侯馬』334		𤉣	『中山』46
敗	𣁾	鄂君啓節		𣁾	『中山』128
新	𣂁	『包山』16		𣂏	『錄遺』66 戈
道	𢕾	石鼓『作原』		𢕾	詛楚文
丞	𠬞	高奴權		𤇾	『三代』20.29.1戈

2. 같은 분묘의 다른 자형[同墓異形]

世	𡴭	陳侯午鐓		𡵂	十年陳侯午鐓
節	𥫵	『貨幣』5.55		𥫌	『貨幣』5.55
虜	𦤶	『文物』1982.8.44 圖 3矛		𦤵	文物』1982.8.46 圖6戈
儀	𦎍	『文物』1982.8.46 圖 20戈		𦎍	『三代』19.52.3 戈
夜	𡖖	『中山』36 大鼎		𡖖	『中山』36 圓壺
寇	𡨷	『侯馬』277		𡨷	『侯馬』327
鼎	𣇄	𩰊前鼎		𣇄	𩰊前鼎
貞	𠧷	『包山』254		𠧷	『包山』265
奔	𢍜	石鼓『霝雨』		𢍜	石鼓『田車』
永	𣿓	石鼓『吾水』		𣿓	石鼓『霝雨』

3. 같은 기물의 다른 자형[同器異形]

大	杏	『古錢』988		大	『古錢』988
攷	𢼜	『劍吉』下 20戈		𢼜	『劍吉』下 20戈

邦		『璽匯』4091		主	『璽匯』4091
賈		『中山』59 圓壺			『中山』59 圓壺
盇		『中山』66 圓壺			『中山』66 圓壺
官		平安君鼎			平安君鼎
青		長沙帛書			長沙帛書「梢」
四		長沙帛書			長沙帛書
易		鄂君啓舟節「鄢」			鄂君啓舟節
遻		石鼓『吾水』			石鼓『吾水』

때로는 두 글자가 새겨져 있는 네모난 사새(私璽)에서 같은 편방임에도 불구하고 다른 모양으로 나타나기도 한다. 예를 들면,

『璽匯』2738

이 사새에서 「盍」과 「法」은 모두 「去」를 따르지만, 앞의 문자는 「盍」라 쓰고 뒤의 문자는 「去」라 쓰는 등 차이가 분명하게 존재한다. 이렇듯 종류도 많고 복잡한 형체의 특이한 문자 현상은 전국문자의 서사가 상당히 유동성이 있었음을 설명하고 있다. 각 나라 사이에 엄격하고 통일된 서사 표준이 없었기 때문에 서사자는 문자 구조의 변화를 추구하기 위해 종종 붓 가는 대로 쓰기도 했다. 이러한 현상은 후대 서예가들이 작품 속의 한 글자에 대해 이체자 쓰기를 좋아해서 여러 자형[一字多形]으로 사용한 현상과 매우 흡사하다.

전국문자의 이러한 혼란스러운 현상이 문자를 고석함에 있어 상당한 어려움을 더해 주었던 것은 지극한 사실이다. 이 때문에 제3장 「전국문자의 지역 분류

개술」과 4장 「전국문자의 자형 변화」에서 전국문자의 공시적, 통시적 특징 및 규칙 등을 소개하게 되었다.

이러한 전국문자의 특징과 규율을 익숙하게 장악할 수 있고, 자전 형식의 「전초고문(傳鈔古文)」을 참고하여 증거자료로 삼는다면, 아무리 식별이 어려운 전국문자라 할지라도 결국 고석되기 마련이다.

정리하자면 문자의 구조를 고석하는 방법은 사실상 논리적 추리를 거친 귀납이므로, 두 개 혹은 그 이상의 문자 형체를 비교한 후, 같거나 비슷한 부분을 관찰하는 구체적 과정이다.

첫째, 미지의 글자를 몇 개의 편방으로 쪼갠 후, 이미 판별해낸 글자의 편방과 상호 비교한다.

둘째, 종합적인 분석과 비교를 거친 편방이나 자형은 한 개의 글자로 합친다.

셋째, 추리하고 개괄한 후 명명한다.

이러한 일련의 단계적인 사유 활동이 문자를 고석하는 과정이다. 문자의 형체는 객관적으로 존재하고, 편방의 부건 사이에는 필연적인 관계가 내재되어 있으므로 정확한 문자 고석 방법은 이러한 논리적인 사유가 드러나는 것이어야 한다. 때문에 문자 고석과 문학예술의 형이상학적 사유는 같은 맥락에서 논할 수 없는 것이다.

이상, 문자를 고석하는 방법의 전반적인 원칙을 살펴보았다. 그러나, 고석하는 기준에 따라 문자를 분석하고 비교하는 대상이 달라지므로 약간의 분류법이 생겨나는 것은 필연적인 결과이다. 일찍이 당란(唐蘭)[1] 선생은 『古文字學導

---

1   [역자주] 고문자학자, 浙江省 嘉興市 수수현(秀水縣) 사람으로 자는 입암(立庵)이다. 『說文解字』와

論』에서 선조들의 고문자 풀이 경험을 「형체판명[辦明形體]」, 「대조법(對照法)」, 「편방분석(偏旁分析)」, 「역사고증(歷史考證)」, 「자의해석(字義解釋)」, 「자의탐색(字義探索)」 등의 방법으로 귀납하였는데 모두 실제 적용할 수 있는 방법이다. 다만, 당선생이『古文字學導論』을 집필할 당시는 전국문자 연구가 맹아기 단계이다. 때문에 이 책에서 전국문자의 실물 자료에 대해서는 거의 언급하지 않고 있다는 사실을 간과해서는 안 된다. 따라서 우리는『導論』을 바탕으로 삼아 진일보한 전국문자 고석 방법을 찾아야만 하는 것이다.

전국문자는 특수한 역사적 배경 속에서 만들어진 고문자이므로 고석할 때 문자의 역사적인 발전 과정을 주목해야 한다. 또한 문자의 지역 관계도 살펴야 하며, 고문자의 일반적인 변화 발전 규율을 살피고, 전국문자의 특수한 규율도 파악해야만 한다.

본 장은 「전국문자와 전초고문」, 「전국문자의 지역 분류 개술」, 「전국문자 형체의 변화와 발전」에서 얻은 지식의 종합적 운용에 해당하며, 전국문자의 고석 방법은 다음 8가지로 구분할 수 있다.

1. 역사 비교법

2. 다른 지역[異域]과의 비교법

3. 같은 지역[同域]과의 비교법

4. 고문(古文)과의 비교법

5. 해성(諧聲) 분석법

고문사 연구에 몰두했던 딩런의 대표적인 저서로는『古文字學導論』,『殷墟文字記』,『天壤閣甲骨文存』,『中國文字學』등이 있다. 특히,『中國文字學』은 고대문자의 기원과 문자의 발전 변화에 대해 상세하게 논했으며 전통적인 육서설을 따르지 않고, 상형(象形)·상의(象意)·형성(形聲)이라는 삼서설을 창안해냈다.

6. 음의(音義) 조화법

7. 사례(辭例) 교감법

8. 어법 분석법

앞의 네 가지 방법은 자형 풀이와 관련되며, 뒤에 언급된 네 가지 방법은 자음과 자의 및 그 관계를 탐구하는 것에 중점을 두고 있다. 또한, 전반의 네 가지 방법은 당란의 「비교법」과 「편방분석」의 연역에 바탕을 둔다. 본 장은 이 두 가지 방법을 명확히 구분하지 않고 주로 「편방분석」법에 주목하였는데 사실상 「비교법」에서 출발한 외연의 확대이기 때문이다. 「편방분석」이란 고석하지 못한 합체자를 몇 개의 편방으로 쪼갠 후, 알고 있는 글자의 독체자와 비교 분석하는 것을 말한다. 따라서 「비교법」과 내재적으로 연관된 것이다.

전국문자를 고석할 때는 독체나 합체를 근거로 삼는 것 보다, 통시나 공시적 분류 방법에 입각하는 것이 특수한 전국문자의 상황에 더욱 적합하며, 5—8절의 4가지 방법은 일반적으로 자형을 확정한 후에 적용할 수 있는 방법이다.

이상의 8가지 방법은 서로 긴밀하게 작용하거나, 혹은 상호 제약 및 보완 작용을 한다. 사실 각각의 글자를 고석 할 때 한 가지 방법만 사용하는 것이 아니라, 여러 방법을 도입하여 다각도로 종합적인 분석을 하게 된다. 따라서 본 장에서 거론된 예시와 증거들도 두 가지 또는 여러 방법을 겸해서 쓰고 있다. 편의상 본문에서 이러한 예시와 증거를 사용하는 방법에 따라 각각 분류한 것이다.

이하 여덟 가지 고석 방법에 대해 각각 5개의 예를 들었으므로 총 40자를 거론하고 있으며, 대다수 사례가 필자의 전국문자에 대한 최근 연구 성과임을 밝힌다. 공시적 방법에 따른 분류와 통시적 지역 특징도 모두 고려하여 방법마다 제(齊), 연(燕), 진(晉), 초(楚), 진(秦) 계열의 문자에 대해 한 개씩 예를 들었다. 이렇듯 두부모를 나누는 듯한 방법은 분명히 의미 있는 작업이라 할 수 있다. 다만,

틀을 미리 정하여 두었기 때문에 선택한 예들이 다소 억지스러울 수 있으나, 타당하지 못한 예들이 있다면 기회가 되면 다시 선정할 예정이다.

제2절 역사 비교법

비교법은 고문자 연구의 출발점이며, 이 가운데 역사 비교법은 고문자를 고석하는 데 있어 폭넓은 참고 영역을 제공한다. 고문자는 고립되어 존재하면서 불변하는 형체가 아니라 끊임없이 변화 발전하는 과정에서 나타나는 한 단계의 문자 형태이다. 따라서 대다수 전국시대 문자는 은주 문자 중에서 그 근원을 찾아야 하며, 진한 문자와의 계승 관계에 대해서도 숙지하고 있어야 한다. 전국시기 이체자들과의 대응 관계를 잘 파악해야 하며, 전국문자와 은주, 진한 문자와 계승 관계에 대해서도 숙지하고 있어야 한다. 이 때문에 역사 비교법은 모든 고문자 연구에 적용할 수 있는 것이다. 다만, 이 방법을 사용할 때는 아래 몇 가지 사항을 반드시 유념해야 한다.

첫째. 비교하는 대상은 반드시 명확하게 알고 있는 문자이어야 한다.

둘째, 비교하는 중간 연결 고리는 최대한 정확해야 한다.

셋째, 비교 결과는 반드시 구체적인 사례(辭例) 중에서 검증되어야 한다.

1. 「罘」자 고석[2]

『璽彙』0098에 수록된 제나라 계열 관새(官璽)에는 「△郅大夫鉩」라는 문자가

---

2   何琳儀, 『古璽雜識續』, 『古文字研究』19輯, 中華書局, 1992年.

있으며, 이 가운데 「△」자의 원 전서(篆書)는 「𥄂」으로 쓰고 있다. 「△」의 위쪽은
「目」을 따르고 있는데, 이 자형은 『中山』(47)에서 「眡」가 「𥄉」로 쓰였고, 『中山』
(63) 「罬」은 「𥄗」 형태로 쓰였으므로 모두 「目」을 따르고 있다는 것을 알 수 있다.
또한, 「△」의 아래쪽은 「矢」를 따르고 있는데 『璽彙』에서 「侯」가 「𠁩」 형태(1085)
로 쓰이고, 「疾」이 「𤶜」 형태(0466)로 쓰여 모두 「矢」를 따르고 있음을 참고할 수
있다. 따라서 이 글자는 「冥」 혹은 「眹」로 예정(隸定)해야 한다고 생각한다.

「無斁」는 서주 청동기 명문에서 자주 사용한 성어로 『毛公鼎』에서는 「亡𥄂」
로 쓰였고, 『㝠書缶』에서는 「亡𣁽」로 쓰였다. 이 「斁」는 「冥」 혹은 「斁」로 예정
해야 한다. 그 이유는 「冥(眹)」과 「斁」의 음이 비슷하기 때문이다.[3] 「冥」은 「審
母」이고, 상고음은 「透母」라 읽었으며,[4] 「斁」은 喩母 四等으로 고대에는 「定母」
로 읽었다.[5] 「冥」과 「斁」는 「端組」의 雙聲이므로 「冥」는 「斁」라 읽을 수 있다. 고
문헌에서 간혹 「射」로 쓰기도 하지만, 이 역시 일음지전(一音之轉)에 해당한다.
『㝠書缶』의 「𣁽」은 다소 와변되기는 하였지만, 분명히 「冥」를 따르고 있으므로
많은 문제를 설명할 수 있다.

새문(璽文) 「冥郱」은 지명으로 「嶧郜」 혹은 「繹蕃」이라 읽는다. 『左傳』 문공
(文公) 12년의 「주 문공이 점을 치기 위해 역산을 밟았다[邾文公卜遷于繹].」에서
「繹은 주의 도읍이고 노나라 추현 북쪽에 역산이 있다[繹, 邾邑, 魯國鄒縣北有
繹山].」라고 주(註)하고 있다. 『集韻』[6]에서는 「蕃, 현의 이름이며, 노나라에 소재

---

3 戴家祥, 『冥字說』, 引 『金文詁林』 1920쪽.

4 周祖謨, 『審母古音考』, 『問學集』, 中華書局, 1961年, 120-138쪽.

5 曾運乾, 『喻母古讀考』, 『东北大學季刊』 1927年 2期.

6 [역자주] 송나라 때 편찬된 한자 字音에 따라 韻을 나눠 쓴 고대 音韻學 저서로 모두 10권이다. 인
   종(仁宗) 경우(景祐) 4년(1037), 송기(宋祁)와 정제(鄭戩)가 진종(真宗) 연간에 편찬한 『廣韻』이 구문을 많
   이 사용한다고 비판하는 상소를 올렸다. 같은 시기 가창조(賈昌朝)도 송나라 진종 경덕(景德)연간에
   펴낸 『韵略』을 설명이 거의 없고, 혼성·중첩글자가 의심된다면서 그 사례를 들어 상소했다. 이에

하고, 番으로도 쓴다[蕃, 縣名, 在魯, 或作番].」라고 명시하고 있기 때문에 제나라 계열의 관새(官璽)인 「罘鄱大夫璽」는 노(魯)나라의 관새일 가능성이 있다.

2.「勹」자 고석[7]

아래『璽彙』에 열거된 장방형 양각의 새인 문자는 모두 연(燕)나라 관새(官璽)에 해당한다.

大司徒長勹乘(證)	0022
鄲佑鄗(都)市王勹鍴(瑞)	0361
東易(陽)汝澤王勹鍴(瑞)	0362
中易(陽)鄗(都)加口王勹	5562

위 문장에 있는 「勹」, 「勹」, 「勹」등의 자형을『補補』9.3에서 「卩」라고 고석하고 있다. 연(燕)나라의 새인 「卩」가 「卩」, 「卩」, 「卩」(『璽文』6.12 참조)등의 자형을 따르고 있는데 사람의 측면으로 무릎 꿇고 있는 모습을 본뜨고 있으므로, 앞서 언급한 「勹」 등의 자형과는 차이가 있다.

갑골문 「梵(鬱)」, 「皀(鳧)」 등의 글자가 따르고 있는 「勹」자를 그동안 밝혀내지 못하고 있었는데, 우성오(于省吾)[8]가『說文』의 「勹는 안이다. 사람이 구부린 형태

따라 송의 인종은 이 두 음운학 저서를 정도(丁度) 등에게 수정을 명령했으며, 『集韻』은 인종 보원(宝元) 2년(1039년)에 완고되었다.

7   何琳儀,『古璽雜識續』,『古文字研究』19輯, 中華書局, 1992年.

8   [역자주] 고문학자이자 훈고학자로 주로 갑골문과 금문 고석에 관심을 가졌다. 고문자를 연구할 때 「각 글자마다 제각기 구비하고 있는 字形·字音·字義의 세 방면에 걸친 상호관계」에 대해 각별히 주의할 것을 강조하였다. 대표적인 저서로는『甲骨文字釋林』,『雙劍誃尙書新證』,『論語新證』,

를 본뜨고 있으며, 싸고 있는 것이다[勹, 裹也, 象人曲形, 有所包裹].」를 인용해서 「사람이 엎드려 있는 측면 형태, 즉 伏의 초문(初文)」라 하였다. 또한, 주대 금문의 「匍」, 「匐」, 「匊」, 「匐」, 「匍」 등 글자는 모두 「勹」를 따르고 있다고 하였는데[9], 연(燕)나라 새인 「勹」도 「사람이 엎드려 있는 측면 형태」이므로 마땅히 「勹」라 고석해야 한다.

「鳧」는 본래 「鳥과 勹을 따르고 勹의 亦聲(從鳥, 勹, 勹亦聲)」이기도 하며[10], 符와 통용된다. 『爾雅·釋草』에서 「芍, 작약이다[芍, 鳧茈].」라 하였고, 학의행(郝懿行)은 『義疏』에서 『後漢書』에서 이르기를 「왕망 집권 후기 남북에서 기근이 들자, 백성들이 무리를 지어 못에 들어가 작약을 파서 먹었다[王莽末南北饑饉, 人庶羣入野澤掘鳧茈而食].」이라 하였으며, 『續漢書』에서 주를 인용하여 「동성가차자이다[同聲假借字也].」라고 부언하였다. 따라서 연나라의 관새(官璽) 「勹」은 「符」라 읽어야 한다.

위에서 언급한 새인문자 「勹乘」은 「符徵」이라 읽어야 한다. 『史記·蘇秦傳』의 「진의 부를 태웠다[焚秦符].」는 「符, 징조이다[符, 徵兆也].」라 정의하고 있으므로, 「勹乘」은 符驗의 기능을 말한다. 『周禮』에는 「掌節」이 있는데 『地官·司徒』에 속하며, 이는 「勹乘」璽가 「司徒」와 관련 있다는 것을 증명하고 있다. 따라서 「勹鍴」은 「符瑞」라고 읽어야 한다. 「單佑都市王勹鍴」와 비슷한 연나라 새(璽)로 「單佑都市鉨」가 있는데, 이 두 가지를 비교해서 교감하면 「符瑞」가 「璽」에 해당한다는 것을 알 수 있다. 「符」와 「瑞」는 『說文』에서 모두 「信」이라

『澤螺居詩經新證』 등이 있다. 선진시대의 古籍을 연구함에 있어서는 마땅히 지하에서 발굴된 신자료를 최대한 이용해야 한다고 생각해서 갑골문과 금문 등의 자료를 즐겨 이용했다. 선진 고적에 쓰여진 문자를 바로잡으면서 새로이 해석해 저작 명칭에 「新證」 두 글자를 첨가하였다.

9 于省吾, 『甲骨文字釋林』, 中華書局, 1979年, 374쪽, 376쪽.

10 于省吾, 『甲骨文字釋林』, 中華書局, 1979年, 374쪽, 376쪽.

풀이하고 있으므로 모두 새(璽)의 기능과 부합한다고 할 수 있다. 도문(陶文) 중에도 「勹」가 있는데, 예를 들면,

易(陽)鄗(都)王勹 　　　　　　　『季木』31.6

易(陽)安鄗(都)王勹鍴(瑞) 　　　『錢幣』85.1.9

匐攻(工)勹 　　　　　　　　　　『季木』29.1

　『三代』20.13.2의 과(戈)에 새겨진 「勹易」은 「復陽」이라고 해석해야 하며, 『漢書·地理志』에 나타나는 청하군(淸河郡)은 전국시대 제(齊)나라 영토에 속하였다.

3.「牀」자 고석

　『中山』의 「犀」, 「虎」, 「牛」(124)와 「帳橛」(126) 등의 기물 명문에는 모두 「△▽薔夫」라는 관직명이 있다. 이 가운데 「△」의 원 전서(篆書)는 「牀」라고 쓰고 있다. 이 「牀」자는 「爿」과 「木」을 따르므로 마땅히 「牀」이라 예정(隷定)해야 한다. 「爿」은 갑골문에서 「爿」형태로 쓰는데 눕는 침상이 세워져 있는 모양이다. 전국문자는 「爿」과 「爿」등의 형태로 쓰기도 하며, 「爿」형태로 쓰기도 한다. 예를 들어,

賊 牀 『侯天』12 　　　　　　　牀 牀 『信陽』2.011

牀 牀 『信陽』2.018 　　　　　　牀 牀 『包山』260

　이상에서 포산초산(包山楚簡)의 '牀'자는 위에서 언급한 전서(篆書) 「牀」자와 기본적으로 부합한다. 『說文』은 「牀, 편안히 몸을 두는 탁상 의자이다[牀, 安身

之几坐也].」라 하였다. 따라서 『中山』의 여러 기물은 모두 「藏」이라 읽어야 한다. 「牀」과 「藏」은 「爿」을 성부로 하므로 서로 통가(通假)할 수 있다. 앞에서 언급한 앙천호간(仰天湖簡) 「𧸇」 역시 「藏」이라 읽는 것에서 이를 증명할 수 있다.

「▽」의 원 전서(篆書)는 「𢊈」으로 쓴다. 『中山』50에서 「麤」로 예정(隸定)하고 있으나, 아직 완전히 자형을 식별하지 못하고 있었다. 사실 이 문자는 「麐」로 예정(隸定)해야 하며, 이 글자가 따르고 있는 「厂」은 사슴(鹿)의 신체가 생략된 자형이다. 「麐」는 마땅히 「鑩」로 읽어야 하는데, 『說文』에서는 「鑩, 따뜻한 것을 담는 기물. 金을 따르고 麤이 성부이며, 금속기이다[鑩, 昷器也, 從金麤聲. 一曰金器].」로 풀이하고 있다. 단옥재(段玉裁)의 주(註)에서 「금속기는 취사용 기물은 아니다[一曰金器則非炊物器也].」라고 해석하고 있고, 『淮南子·本經』에서는 「목공예품은 깎지 않고, 금속 기물에는 새기지 않는다[木工不斲, 金器不鏤].」라고 풀이하고 있으므로 「金器」는 금속으로 주조한 기물을 말하는 것이다. 따라서 『中山』에 수록된 명문 「牀麐」은 「藏鑩」로 읽어야 하며, 중산국(中山國)에서 온기(溫器)나 금속 기물을 관리하는 특수한 관직을 말하는 것이다.

4.「昷」자 고석[11]

『徐郊尹鼎』에는 「△良聖每」이라 새겨져 있으며, 이 가운데 「△」의 원 전서(篆書)는 「𡩼」으로 쓴다. 예전에는 이 글자를 바깥쪽에 「函」 안쪽에 「弓」이 있는 자형으로 예정(隸定)하였으나, 사실 「弓」을 따른 것이 아니라 「人」을 따르고 있다. 서주 금문(金文)에 바깥쪽에 「函」과 안쪽에 「弓」을 따르는 글자가 분명히 있었기 때문에(『金文編』 1190) 예전에는 「宏」으로 고석하였다. 그런데 바깥쪽의 「函」

---

11   何琳儀, 『吳越徐舒金文選釋』, 『中國文字』 新19期, 1994年.

과 안쪽의 「弓」으로 구성된 자와 바깥쪽에 「函」과 안쪽에 「人」으로 구성된 두 문자의 형체가 다르고, 사례(辭例) 역시 다르므로 혼돈해서는 안 된다. 전자를 「宏」으로 고석하는 것은 문제가 없지만, 후자는 「盈」의 初文으로 추정된다. 고 문자 「盈」은 A와 B 두 가지 구성 방식이 있다. A식은 「函」을 따르고, B식은 「函」을 따르면서 손을 들고 있는 형태를 생략한 형식이다.

1) 갑골문(甲骨文)

A   ⊗   『戩壽』46.44   ⊗   『屯南』2298

B   ⊗   『類纂』0055

2) 금문(金文)

A   ⊗   溫弗生甗   ⊗   王子午鼎

        ⊗   王孫遺者鍾   ⊗   徐郊尹鼎

        ⊗   徐郊尹鼎蓋

B   ⊗   王孫誥鍾

3) 전국문자(戰國文字)

A   ⊗   『隨縣』66「熅」   ⊗   『隨縣』98「熅」

B   ⊗   『包山』260

갑골문(甲骨文) 「盈」은 최근 대다수 학자들이 「溫」으로 읽는 경향이 있다. 지금의 하남성(河南省) 온현(溫縣)을 말하는데[12] 이떤 힉자는 「溫」과 갑골문에 수톡

---

12   劉桓,『殷契新釋』, 河北教育出版社, 1989年, 174-180쪽.

된 지명(地名)의 同版 관계를 결부시켜 「溫」이 심양(沁陽)의 사냥하는 구역 안이라 주장하기도 하였는데,[13] 이는 복사(卜辭)에 쓰인 지명(地名) 「溫」의 고석이 상당히 믿을만한 것임을 의미한다. 甲骨文에서 「水」와 「人」과 「皿」을 따르는 글자는 「溫」으로 고석할 수 있으나,[14] 다만 이 두 글자가 이체(異體) 관계에 있는지는 좀 더 연구가 필요하다.

금문 「皿」은 예전에 대다수 「宏」으로 읽어 문장에서 사용된 단어의 의미가 상당히 억지스러운 면이 있었는데, 지금 甲骨文의 자형과 비교해서 교감하면 「皿」으로 고석해야 마땅하다. 『溫弗生甗』의 「皿」은 「溫」으로 고석하면, 복사(卜辭)와 같은 지역이자 옛 국명에 해당한다. 『左傳』 성공(成公) 11년에는 「예전에 주왕조가 상왕조를 무너뜨리고 제후에게 봉지를 다스리게 하니, 蘇忿生이 溫 땅에서 사구 관직을 하였고, 檀伯達과 더불어 황하의 봉지를 다스렸다[昔周克商, 使諸侯撫封, 蘇忿生以溫爲司寇, 與檀伯達封於河].」라고 기록하고 있다. 『溫弗生甗』은 드물게 보이는 온국(溫國)의 기물로 상당히 주목된다. 『王孫遺者鍾』과 『王子午鼎』 및 『王孫誥鍾』의 「皿龔」이 바로 「溫恭」이며, 『書·舜典』의 「온화하고 공손하고 진실하고 착실하다[溫恭允塞].」, 『詩·商頌·那』의 「태도가 온화하고 공손하다[溫恭朝夕].」 등에 나타난다. 또한, 『徐郊尹鼎』의 「皿良」이 바로 「溫良」이며, 『論語·學而』편의 「선생은 온유하고 선량하며 공경하고 검소하여 겸양으로 그것을 얻은 것이다[夫子溫良恭儉讓以得之].」을 주소(注疏)에서 「돈독하고 윤택함이 溫이고, 사물을 범하지 않고 행함을 良이라 한다[敦柔潤澤謂之溫, 行不犯物謂之良].」라 풀이하고 있다.

예전에는 전국문자(戰國文字)가 「皿」과 「皿」字를 따르는 문자들을 판별해내지

---

13   劉啓益, 『試說甲骨文中的皿字』, 『中原文物』 1990年 3期.

14   陳邦懷, 『殷虛書契考釋小箋』, 1925年, 23쪽.

못하였으나, 수현초간(隨縣楚簡) 속의 「熅韋」(66)과 「熅偈」(98)의 「熅」은 『玉篇』의 「熅, 붉은색과 노란색의 중간[熅, 赤黃之間色也]과 포산초간(包山楚簡) 「夬晶」(260)에 보이므로 마땅히 「夬韞」라 읽어야 하며, 깍지를 담는 상자를 지칭하고 있는 것 같다. 최근 곽점초간(郭店楚簡)에 「心」과 「晶」을 따르는 문자가 다시 나타났는데, 예를 들면,

⚘	『郭店』性 35	⚘	『郭店』語二 7
⚘	『郭店』語二 30	⚘	『郭店』語二 30

이 글자들을 편집자는 「溫」이라 고석하였는데 상당히 정확하다. 곽점초간 가운데 「노여움에 이르면 궁극에 달한 것이다[通晶(慍)之終也].」(性35), 「노여움은 근심에서 생겨난다[晶(慍)生於憂].」(語二7), 「노여움은 본성에서 나오며, 근심은 노여움에서 나온다[晶(慍)生於眚(性), 憂生於晶(慍)].」(語二30)이 있는데 문장의 의미가 자연스러우므로, 위 문장을 「晶」으로 고석하면 합당하다는 것 역시 증명이 된다.

마지막으로 「晶」자의 구조를 분석해보면, 위에서 거론한 고문자(古文字) 중 「晶」의 초문(初文)은 「人」을 따르거나『王子午鼎』이 「欠」을 따르는 것은 예외), 「函」을 따른다(혹은 손을 들어 올리는 형태를 생략한 것). 따라서 「晶」의 초문(初文)도 「人」을 따르거나 「函」을 따르는 「函」의 역성(亦聲) 회의자이자, 형성자로 「韞」의 초문으로 추측된다. 『後漢書·崔駰傳』의 「지금 신은 육경을 합에 넣어 간직합니다[今子韞櫝六經].」에 대해 「韞, 匣也」로 주(註)하고 있으며 「匣」은 본래 「器皿」이므로『小篆』에서 「皿」 편방을 증기시킨 것이다. 『說文』의 「晶은 어짐이다. 皿을 따르며 음식을 담는 그릇이다. 官溥의 설이다[晶, 仁也. 從皿, 以食囚也. 官溥

說].」에서 허신(許愼)이 「函」을 「囧」으로 오인하고, 또 「皿」을 따르는 의미로 곡해하였으니 실로 훈고 면에서 부족함이 있다.

「聖每」은 『易林』의 「안연과 자건, 공자의 가르침이다[顏淵子騫, 尼父聖誨].」를 살피면 마땅히 「聖誨」으로 읽어야 하며, 鼎에 새겨진 「기물에 새겨 가르치다[溫良聖誨].」의 「溫良」과 「聖誨」가 모두 孔子와 관련이 있는 것을 보면 모두 우연이 아닌 것 같다.

5. 「俾」자 고석

저초문(詛楚文)[15] 「唯是秦邦之嬴眾敝賦, 鞁輸棧輿, 禮△介老, 將之以自救殹(也).」의 문장 중에서 「△」자의 원 전서(篆書)는 「𤰈」라 쓰고 있다. 이 자를 기존에는 「傳」, 「使」, 「傻」등으로 고석하였으나[16], 모두 옳지 않다. 「△」은 마땅히 「俾」로 예정(隷定)해야 한다고 생각한다.

갑골문 「卑」:

「𢓜」『前篇』2.8.4   「𤰈」

금문 「卑」:

「𤰈」 墻盤   「𤰈」 余卑盤

---

15 [역자주] 北宋 년간에 출토된 진나라 석각으로 추정한다. 세 개의 석각에 수록된 글자 수가 조금씩 차이가 있지만, 문구는 대체로 비슷하다. 제사를 지내는 대상인 신(神)의 이름에 차이가 있을 뿐이므로 각각의 신(神) 이름을 사용하여 무함문(巫咸文), 대침궐추문(大沈厥湫文), 아타문(亞駝文)이라고도 한다. 기록된 서체, 「毋相爲不利」에서 「爲」자가 강첩본(絳帖本)에는 「𤐫」, 여첩본(汝帖本)에는 「𦥮」, 중오간본(中吳刊本)에는 「𦥮 𦥮 𦥮」로 쓰인 점은 완전히 진한시대 이후의 필사법이다. 이처럼 자형에서 나타나는 의문점으로 인해서 詛楚文의 제작 시기에 대한 진위 여부가 끊임없이 논란이 되고 있다.

16   郭沫若, 『詛楚文考釋』, 科學出版社, 1982年, 18쪽.

위의 자형은 「田」과 「攴」을 따르고 있는데, 저초문(詛楚文)의 「△」 편방 역시 「田」과 「攴」를 따르고 있으며, 양자는 「丨」 형태를 공유하고 있을 뿐이다. 육국문자 「卑」는 약간의 와변이 생겨났으며, 예를 들면,

「𤰞」 『中山』31   「𤰞」 『中山』83
「𤰞」 『侯馬』312

그러나 『侯馬』에는 「田」과 「攴」을 따르는 자형도 분명히 있고, 「田」과 「又」를 따르는 「卑」 자형도 있다. 예를 들면,

「𤰞」, 「𤰞」, 「𤰞」, 「𤰞」

후자는 삼체석경(三體石經) 『無逸』의 「𤰞」와 상호 증명할 수 있을 뿐 아니라, 저초문(詛楚文) 형체와도 가장 비슷하다. 이를 근거로 유추하면 『璽彙』3677의 「𤰞」역시 「卑」로 고석해야 하며, 고대 성씨(姓氏)이므로 『風俗通』에 보인다.

금문 「卑」는 대다수 「俾」로 읽히므로, 따라서 저초문(詛楚文)의 「俾」도 「卑」로 읽는다. 「禮俾」는 「卑禮」의 도치형으로 『史記·魏世家』에서 「예를 갖추고 후한 폐물로 현자를 모시겠다[卑禮厚幣, 以招賢者].」 와 『漢書·兒寬傳』의 「아래 관리에게 몸을 낮추어 사람의 마음을 얻는데 힘쓰다[卑體下士, 務在於得人心].」 에서 「卑體」로 쓰인 것을 보면 알 수 있다. 그러므로 저초문(詛楚文)의 「禮卑介老」는 「예를 갖추어 나이든 사람을 대우하다[以禮待介老].」와 같은 의미이다.

제3절 타 지역[異域]과의 비교법

역사비교법(歷史比較法)이 문자의 통시적인 흐름에 관한 탐구라면, 지역비교법(地域比較法)은 공시적 방법을 사용하여 문자를 대조하는 것이다. 아래에서 살펴보게 될 타 지역과의 비교(異域比較)나 같은 지역과의 비교(同域比較)는 모두 지역비교법(地域比較法)의 범주에 속한다.

전국문자는 자형의 변화가 상당히 크지만, 규율이 전혀 없는 것도 아니다. 이와 관련된 문제는 이미 4장에서 기술하였으며, 전국문자의 간화, 번화, 이화, 동화 등의 변화 규율을 파악하게 되면 그동안 고석해내지 못하였던 전국문자에 돌파구가 종종 생긴다. 또한, 동시대의 문자로 상호 비교하는 방법이 다른 시대 문자와 비교하는 것보다 직접적인 방법이 될 수 있다. 따라서 동일시기의 타지역과의 문자를 비교하는 이역비교(異域比較)법은 전국문자 고석에 있어 상당히 중요하게 드러난다.

1. 「返」자 고석[17]

제(齊)나라의 도폐(刀幣)에 새겨진 「齊返邦張(長)夻(大)[18]厎(刀)[19]」의 「返」은 고화폐학자들이 「通」, 「徒」, 「赿」, 「進」, 「途」, 「遲」 등[20]으로 고석하였으나, 모두 사실과 동떨어진 주장이다. 이 밖에 李佐賢이 「建」[21]으로, 劉心源이 「造」[22]로 고석한 두 가지 설도 있는데 화폐(貨幣) 관련 저서 중에서는 상당히 영향을 미치고

17　何琳儀,『返邦刀幣考』, (煙臺)第五屆中國古文字學硏討會論文集, 1984年,『中國錢幣』1986年 3期.

18　裴錫圭,『戰國文字中的市』,『考古學報』1980年 3期.

19　吳振武,『戰國貨幣中的刀』,『古文字研究』10輯, 1983年.

20　丁福保,『古錢大辭典』下 51-52쪽.

21　李佐賢,『古泉匯』享 1.1.

22　劉心源,『奇觚室吉金文述』13.2.

있다. 이 두 글자는 「建」 또는 「造」로 고석하던 이체가 상당히 많아서 고석에 걸림돌이 되고 있으며, 대체로 7개 자형으로 나눌 수 있다. 예를 들면,

A 𨑰『古錢』857　　　　𨑰『古錢』848

B 𨑰『古錢』867

C 𨑰『貨幣』附 291.51　　　𨑰『貨幣』附 291.36

D 𨑰『古錢』838　　　　𨑰『古錢』842

E 𨑰『古錢』852　　　　𨑰『古錢』853

F 𨑰『古錢』863　　　　𨑰『古錢』845

G 𨑰『古錢』860　　　　𨑰『古錢』851

　「建」으로 고석하는 근거는 거의 F식에서 온 것이다. 그러나 주나라 후기 문자인 「建」자에 「𨑐」『蔡侯導』과 「𨑐」『中山侯鉞』등의 자형이 있는데 F식과 자형면에서 상당히 차이가 있다. 「造」로 고석하는 근거는 C와 D의 방식에 있다. 두 방식이 따르는 편방 「𣥂」과 「𣥂」 등의 자형은 확실히 「牛」자 같다. 劉心源[23]이 이를 근거로 「造의 생형(省形)」說을 주장하였으나, 고문자 중에서 「口」를 생략한 「造」는 아직 사례가 없다. 한 걸음 양보하여 C와 D식을 「造」로 무리하게 고석할 수 있으나, 나머지 5가지 방식 또한 합리적 풀이 방법을 찾기 어렵다. 따라서 A에서 G식까지의 자형을 「建」이나 「造」로 고석하는 것은 모두 신뢰하기 어렵다.

23　[역자주] 자는 이보(亞甫), 호는 빙악(冰若)과 유단(幼丹)이 있다. 官名은 신원(心源), 자효(白賾)는 기수(虁叟)이다. 湖北省 嘉魚縣 龍口 龍雲洲 사람으로, 청나라 말기에서 부터 민국 초기 서예가이자 금석학자이며 화폐 고증가이자 관리였다. 대표적인 저서로는 『奇觚室古文審』, 『奇觚室吉金文述』, 『奇觚室樂石文述』, 『詩韻』 등이 있다.

『貨系』1430에 수록된 橋形 布幣 「甫反半釿」 중에는 「反」을 「斥」으로 쓰고 있는데, A식의 편방과 상당히 부합한다. 이는 A식을 「返」으로 고석할 수 있는 좋은 증거가 된다. 또한, A식이 「辵」과 「反」을 따르고 있는데, 이는 분명히 「反」자의 정체(正體)자로 생각된다. B식과 甫反橋形의 포폐 「反」 역시 대응 관계에 있다. 예를 들면,

斥 『貨系』1427　　　　　　　　斥 『古錢』867

「又」 편방 좌측 하단에 짧은 세로획이나 우측 하단의 짧은 가로획은 모두 장식이므로, 있어도 되고 없어도 되는 필획이다. 이러한 종류의 「又」와 「寸」은 서로 통용되는 현상이 있는데 아래 열거된 貨幣文字(위에서 인용한 『貨系』 이외 모두 『貨幣』에 보인다.)를 참고해서 보면 다음과 같다.

反	斥	斥		斥	34
專	兹		皆		35-36
寽	罒	罒	皆	罒	53
鄆	鄪	鄪	鄪	鄪	97-98

B식과 위에서 거론한 橋形 布幣의 두 번째 형체가 일치한다는 사실은 B식을 「反」으로 고석해야 하는 확실한 증거가 되므로 주목해야 한다.

A식의 「又」형 위에 한 개의 둥근 점을 더하면 C식이 되고, 둥근 점을 확장해서 가로획이 되면 D식이 된다. 이로 인해 「又」와 「牛」형의 변별이 어렵게 된 것이다. 후기 주(周)나라 문자 중에는 고문자의 점과 획의 발전 규율이 자주 나타

나는데 더 이상 서술하지는 않겠다.

『說文』고문(古文)의「友」는「𦫼」로 쓰는데 두 개의「又」를 따르고, 삼체석경(三體石經)『信公』의「父」는「𠂇」로 쓰는데, 이 또한「又」를 따르고 있다. 모두 후기 주나라 문자「又」가「牛」형을 쓰고 있다는 방증이 된다.

E식은 A식의 다른 구조이다. 주지하다시피,「又」와「手」역시 한 글자에서 분화한 것으로 형음의(形音義)가 모두 연관되어 있다. 자형 E식이 따르는「手」는「又」가 분화한 것인데, D식의 와변(訛變)임을 배제할 수 없다. 즉 D식의「牛」형은 아래로 향하는 가로획[橫筆]이 위로 굽어서「ψ」형이 된 것이다.

F식에서「又」는「手」로 쓰고 있으며, 이는 D식의「牛」를 흘려 쓴 것이다. 서주 후기 화폐(貨幣)와 새인(璽印) 문자에서「又」는 종종「十」으로 쓰기도 한다. 예를 들어,

右	𠮷	『貨幣』19	鄲	𨺩	『貨幣』97
布	𢂇	『貨幣』117	攘	𢼄	『貨幣』132
戒	𢍍	『璽文』3.7	兵	𠦜	『璽文』3.7
興	𦥯	『璽文』3.8	奠	𥣆	『璽文』14.11

「十」에 장식성 세로획[竪劃] 한 획을 더하면 자연스럽게「手」이 되는데, 이것과「ψ」형은 본질적으로 크게 차이가 없다. 만일「返」과「庸」을 비교해보면 C와 F식이 변화 발전한 결과임을 쉽게 알 수 있다. 예를 들어,

返	𨑡	『貨幣』291		𨒌	『貨幣』292
庸	𣚄	哀成叔鼎 "郑"		𣚄	『音樂』1981.1.圖24

G식은 「生」을 따르는 듯한 자형인데, 返邦刀 「邦」의 구조는 다른 자형에서 실마리를 얻을 수 있다. 예를 들어,

返　䢟　『貨幣』292　　　　䢟　『貨幣』292

邦　邧　『貨幣』88.51　　　邧　『貨幣』88.37

물론 은주 문자에서 「又」와 「丰」은 결코 혼동해서 쓰지 않고 있으나, 화폐 문자 발전 경로에서 살피면 두 글자는 형태는 다르지만 하나의 문자로 귀결된다고 할 수 있다.

종합해보면 A식을 「返」이라 고석하면 甫反橋形 포폐의 「返」과 직접 대조하여 증거로 삼아도 의심할 여지없이 옳으며, B부터 C까지의 여러 방식도 A식으로부터 출발하므로 합리적인 해석을 얻어낼 수 있다.

「返邦」은 「反國」으로 『莊子·讓王』의 「楚나라 昭王이 나라를 버리고 도망가니, 양을 도살하는 자가 그와 더불어 도망가겠다고 말하였다. 昭王이 돌아와 그와 고난을 함께 한 자들에게 상을 내리려고 하자, 양을 도살하는 자가 말하였다. 양을 도살하는 자가 대왕이 나라를 잃었으니, 나도 양을 도살하는 일을 잃었었다. 그러나 대왕이 나라로 돌아오니, 나도 다시 돌아와 양을 도살하게 되었고, 나의 관직과 봉록이 모두 회복되었으니 어찌 상이 필요하겠는가? 라고 말하였다[楚昭王失國, 屠羊說走而昭王. 昭王反國, 將賞從者, 及屠羊說. 屠羊說曰, 大王失國, 說失屠羊; 大王反國, 說亦反屠羊. 臣之爵祿已復矣, 又何賞之有].」에 보인다. 여기서 「反國」과 「失國」이 반의구이며, 「反」과 「復」이 동의어임을 주목해야 한다. 따라서 『莊子』가 말하는 「反國」은 「返國」으로 읽어야 하며, 초나라 소왕(昭王)이 잃어버린 땅을 되찾고 고국으로 다시 돌아옴을 말한다. 「䕩」은 「長」

으로 읽으며, 나라의 군주를 가리킨다. 즉 「返邦」刀는 제나라 양왕(襄王)이 나라를 되찾은 것을 기념하는 화폐이다.

2.「倈」자 고석[24]

연(燕)나라 도문(陶文)에는 아래와 같이 자주 보이는 한 문자가 있는데,『陶匯』에서 6가지 방식으로 구분하고 있다. 예를 들면,

A 倈   4.16   B 倈   4.12   C 倈   4.2

D 倈   4.6   E 倈   4.3   F 來   4.7

A, B, C, D 4가지 방식을 비교해보면 오른쪽 상단에 點을 더하거나, 짧은 가로획, 혹은 無點인데, 점이나 짧은 가로획이 더해진 형태는 장식용 필획에 불과하다. A와 C, D, E 방식을 비교하면 세로 필획에 짧은 가로획이 있거나 없기도 한데 역시 장식용 필획이다. E식 오른쪽 편방 필획의 위치가 틀린 것은 마땅히 와변(訛變)에 속한다. F식에는 「人」편방이 없는데, 도문(陶文) 「湯」에 「水」편방이 없는 것처럼 모두 탈획[脫筆]에 해당한다. 그러므로 이 글자 우측 편방은 본래 「釆」로 써야 하며, 春秋시기 金文과 戰國文字 및 漢印 등에서 모두 「來」를 따르는 자형으로 나타난다. 예를 들면,

釐 釐 芮伯壺   嗇 嗇 陽春戈   莱 莱 『漢徵』補 1.5

---

24   何琳儀,『古陶雜識』,『考古與文物』1992年 4期.

이러한 줄임형 필획의 종류는 제4장 5절의 「이화(異化)」현상을 참고하면 된다. 사실 丁佛言[25]은 일찍이 「𣸦」를 「來」로 고석한 바 있는데,[26] 상당한 식견이 있음에도 불구하고 아쉽게 학자들의 주목을 받지 못하였다. 지금 도문(陶文)의 사례(辭例)로 검증해보면 丁씨의 설이 상당히 정확함을 알 수 있다. 「倈」가 가끔 「來」로 쓰이는 현상 또한 문헌과 부합한다. 『詩·大雅·常武』의 「서나라가 동화하니[徐方既來]」와 『漢書』 「경무소선원성공신표(景武昭宣元成功臣表)」에서 「來」을 「倈」으로 쓰고서 「倈, 古來字」로 주를 하고 있다. 『陶匯』에는 「倈」와 관련된 자료가 상당히 많은데 몇 가지 조항을 예로 들면 다음과 같다.

右陶尹舊疋器瑞, 左陶來昜, 叚國, 左陶工敢。　　4.7

右陶尹舊疋器瑞, 左陶倈湯, 叚國, 左陶工口。　　4.31

廿二年正月, 左陶尹, 左陶倈湯, 叚國, 左陶工敢。　　4.1

廿一年八月, 右陶尹, 倈疾, 叚資, 右陶工湯。　　4.2

十六年四月, 右陶尹, 倈敢, 叚資, 右陶工徒。　　4.6

十八年十二月, 右陶尹, 倈敢, 叚賁。　　4.3

「倈」와 「叚」은 관직의 두 계급으로 예서(隸書)의 「尹」에 속함을 쉽게 알 수 있다. 「叚」는 「軌」로도 읽었는데[27] 옳은 견해이다. 『國語·齊語』의 「관중은 나라를

25　[역자주] 山東省 黃縣 사람으로 본명은 세역(世嶧)이고, 호는 매둔(邁鈍), 송유암주(松遊庵主)이다. 근대 시기의 서예가이며, 고문자학자로 일본 동경정법학당(東京政法學堂)을 다녔으며, 귀국 후에 산동정법학당(山東政法學堂)에서 교편을 잡았다. 대표적인 저서로 『說文古籀補補』, 『古陶初釋』, 『說文部首啟明』등이 있다.

26　丁佛言, 『說文古籀補補』 5.10.

27　孫敬明, 『齊陶新探』, 『古文字研究』 14輯, 1986年.

다스리는 제도를 만들었다. 5가를 1궤라고 하고, 매 궤마다 한 사람이 궤의 장이 된다. 10궤를 1리라고 하며, 매 리마다 有司 한 사람이 주관한다[子於是制國, 五家爲軌, 軌爲之長, 十軌爲里, 里有司].」와 『管子·小匡』의 「5가를 궤라 하고 궤에는 장이 있다. 10궤를 里라하고, 리에는 有司가 있다[五家爲軌, 軌有長, 十軌爲里, 里有司].」을 살피면 제(齊)나라의 도문(陶文) 중에서 「裏」가 분명히 「殷(軌)」의 앞에 사용되었다. 예를 들면,

華門陳棱參左裏殷毫豆　　　3.7

王孫陳棱再左裏殷亭區　　　3.12

王孫口這左裏殷毫釜　　　3.12

闇陳賞叄立事左裏殷毫區　　　3.35

이상의 예는 모두 위에서 인용한 문헌 「10궤가 리가 된다.(十軌爲里)」의 두 계급 행정(行政) 단위와 부합한다. 그러나 「裏」가 「殷」의 뒤에 쓰이기도 하였는데, 예를 들면,

王卒左殷, 城陽櫨裏土。　　　3.498

王卒左殷, 城陽櫨裏王。　　　3.500

王卒左殷, 昌裏攴。　　　3.506

「王卒殷」와 같은 부류는 왕실에 직접 소속된 「軌」이며, 지위가 비교적 높고 군사적인 업무 성격을 가지고 있어,[20] 「裏」의 앞에 둔 것 같다.

28　李學勤,『齊語與小匡』,『淸華大學學報』1986년 2期.

연(燕)나라 典章 제도는 제(齊)나라의 영향을 많이 받았기 때문에, 제(齊)나라 도문(陶文)에는 「裏」와 「軌」의 제도가 등장하며, 연(燕)나라에도 마땅히 이 제도가 있었다. 앞에서 거론한 연(燕)나라 도문 「叚」 앞에 쓰인 「俫」 또는 「來」가 바로 「裏」으로 추정된다.

「來」와 「裏」는 쌍성첩운(雙聲疊韻)으로 문헌에서 자주 통가(通假)해서 쓰였다. 『書·湯誓』의 「나는 처자와 함께 여러 분을 죽일 것이다[予其大賚汝].」에 대하여, 『史記·殷本紀』는 「予其大里女」로 쓰고 있다. 『詩·周頌·思文』의 「우리에게 보리 종자를 남겨주다[貽我來牟].」에 대하여 『漢書·劉向傳』에서는 「來」를 인용하여 「釐」로 쓰고 있다. 『左傳』 소공(昭公) 24년의 「杞伯郁釐卒」에 대해 『釋文』은 「釐」를 「棃」으로 쓰며, 『汗簡』은 『古尚書』의 「貍」를 인용하여 「狭」로 쓰는 등은 모두 그 증거로 뒷받침된다.

연(燕)나라 도문(陶文) 「俫」가 제(齊)나라 도문의 「裏」로 쓰인 것은 方言으로 인한 결과물일 수 있다. 제(齊)와 연(燕)나라 도문에는 모두 「裏」와 「軌」의 제도(制度)가 있었으며, 이들은 戰國시기 향리(鄉里) 제도를 연구하는 데 있어 상당히 좋은 자료임이 분명하다.

3. 「器」자 고석[29]

조(趙)나라 『春平侯劍』은 전해오는 물품이 매우 많으며, 그 가운데 종종 고정구가 나타난다. 예를 들면,

邦左　代吃　『周金』6.80.3　　邦左　代吆　　『錄遺』600

29　何琳儀, 『戰國兵器銘文選釋』, (長春)中國古文字研究會成立十週年學術研討會論文, 1988年: 修定稿載 『考古與文物』1999年 5期.

邦左　伐🀄　　『三晉』图2.2　　　邦左　化🀄『三晉』图2.4

邦左　伐🀄　　『三晉』图2.6　　　邦左　伐🀄『錄遺』602

邦左　□🀄　　『三晉』图3　　　　邦左　伐🀄『三晉』图2.5

　이상의 劍에 새겨진 세 번째 글자는『周金』에서「伐」로 고석하고 있는데, 매우 정확하다.『三晉』에서는 이 자형을「佼」로 고석하고「校」로 읽고 있는데 옳지 않으며, 네 번째 글자는 예전에 고석하지 못하였던 글자이다.

　『三晉』그림2.5에 수록된 검의 네 번째 글자를 저자는「器」[30]로 예정(隸定)하였으며, 다른 검(劍)의 명문들은 원 전서(篆書)만 보존하고 있을 뿐이다. 사실, 예를 든 단어의 배열을 근거로 하면 나머지 검에 새겨진 마지막 글자 또한 마땅히「器」로 고석하여야 한다고 생각되며, 그 이유는 아래와 같다.

　전국문자는 같은 편방은 종종 생략하거나 간화할 수 있다(제4장 제2절에서 상세하게 언급한 바와 같다). 이 사실로 유추해보면「㗊」역시「叩」로 생략해서 사용할 수 있다. 금문「𢦏」는 소전(小篆)에서는「喪」으로 쓰이며,『說文』의「囂」는「𧶠」로 생략해서 쓰기도 하고, 고새(古璽)에서「𡅡」(『璽文』첨부108)로 쓴 것이 그 증거자료가 된다. 보다 직접적인 증거는 전국시대 연(燕)나라 계열 문자에서「器」가 분명히「哭」으로 쓰이고 있다는 점이다.

🀄　　　　　　　　　　　　　　『季木』83.5

左匋(陶)君(尹)鐩(記)疋(疏)🀄 鍴(瑞)　　『香錄』附 15

□易(陽)大🀄　　　　　　　　『考古』1984.8.76鼎

武坪(平)君子□冶🀄　　　　　『攈古』2.2 鍾

30　黃盛璋,『試論三晉兵器的國別和年代及其相關問題』,『考古學報』1974年 1期.

단자(單字)의 도문(陶文) 「器」는 마땅히 陶器를 지칭한다. 도문 「鐳疋」은 마땅히 「久疋」나 「記疏」로 읽어야 하며, 『說文』은 「記, 疏也」라고 풀이한다. 도문의 「左陶尹記疏器瑞」의 의미는 「左陶尹識記陶器之陶璽」이다.

『口陽鼎』의 「大器」는 일종의 보배로운 기물을 의미하며, 『左傳』 문공(文公) 12년의 「보배로운 기물을 중요하게 여기다[重之以大器.」에 대하여 「보배로운 기물은 규장이다[大器, 珪璋也].」로 주(註)하고 있으며, 중요한 기물임을 나타내고 있다. 예를 들어 『荀子·王霸』 「나라는 천하의 중요한 기물을 가진다[國者, 天下之大器也].」의 정(鼎)에 새겨진 「大器」가 전자에 속하며 정(鼎)을 지칭하는 것이다. 『武平鍾』의 「冶器」는 새로 출토된 『莒公孫潮子』의 명문 「造器」(『文物』 1987.12.49)와 서로 대조하여 증명할 수 있다. 초(楚)계열 문자가 수록된 기물 「客甗」에도 두 개의 「口」를 따르는 「器」자가 있다. 그러나 이 두 개의 「口」는 좌우 구조가 아니라 상하 구조이다. 예를 들면,

鑄客爲集糌七廣(府)　　　　『集成』 914

이 가운데 「鑄器」자는 『淮南子·俶真』의 「今夫治工之鑄器」에 보인다.

이상을 종합하면 연(燕)나라의 도문, 『口陽鼎』, 『武平鍾』 및 초(楚)나라의 청동기물 客甗은 모두 「哭」자 형태이며, 따라서 조(趙)나라 『春平侯鈹』의 여러 가지 「」자를 「器」로 고석함에 있어 문제가 없는 것이다. 「器」가 「哭」의 형태인 것은 자형의 생략과 간소화로 생겨난 것이며 자음의 변이도 있다. 두 자 모두 溪母에 속하며, 쌍성(雙聲) 분화가 생겨나 2개의 어음이 되었다.

피(鈹)에 새겨진 「伐器」는 『楚辭·天問』의 「공격하고 정벌하는 무기로 다투니 어찌 이를 행하겠습니까[爭遣伐器, 何以行之]?」에 보이며 「伐器는 공격하고

정벌하는 기물이다[伐器, 攻伐之器也].」라고 주하고, 「伐」은 「공격하고, 찌르다 [擊刺].」(『書·牧誓』傳)라고 풀이하므로, 「伐器」는 마땅히 「공격하는 무기」를 의미 한다.

「伐器」에 관해서는 전래문헌과 서주 金文 및 전국시기 古璽 등에 살피면 「戎器」가 있으므로, 『天問』에서 「伐은 戎의 자형 와변이다[伐乃戎字之形訛].」[31]이 라 하고 있다. 지금 조(趙)나라 兵器 銘文인 「伐器」를 고석함으로써 되니 『天問』 의 내용과도 완전히 부합하고, 王氏의 주석을 함부로 바꿔서도 안 되며, 古書를 마음대로 고쳐서도 안 된다는 사실이 증명되었다.

만약 나머지 『春平侯鈹』의 명문 「邦左庫」와 「邦右庫」과 비교해보면 「邦左伐 器」와 「邦右伐器」가 마땅히 이에 해당한다. 이 가운데 「伐器」는 「攻伐之器」가 인신(引申)되어 병기를 감추어 두는 장소로 쓰인 것이며, 문장의 이치에 따라 추 측한 것이다.

어떤 학자는 「伐」을 「舍」로 풀이해야 한다고 여기거나[32], 「伐」이 「공격해서 다스리다」의 의미가 있다고 생각한다.[33] 그러나, 이 두 종류의 뜻풀이에 해당하 는 「伐」은 전래문헌 중에서 「器」자와 함께 연속해서 쓴 사례(辭例)가 없다. 따라 서 「伐」에서 인신(引申)되어 「공격하여 다스리다[攻治].」 의미가 되었다는 풀이 보다, 「伐器」는 「공격하여 정벌하는 도구[攻伐之器]」에서 인신(引申)하여 「병기 를 감추는 장소[藏兵之所]」라는 의미가 되었다는 편이 더 옳다. 왜냐하면 「伐 器」가 전래문헌에 나타나므로 경전의 뜻풀이를 고수하는 편이 훨씬 설득력이 있기 때문이다.

---

31 于省吾, 『澤螺居楚辭新證』, 中華書局, 1982年, 272쪽.

32 李家浩, 『戰國官印考釋』(南京) 中國古文字研究會第九屆學術研討會論文, 1992年.

33 吳振武, 『趙銳銘文伐器解』, 『訓詁論叢』 3輯, 1997年.

4. 「遳」자 고석[34]

상해초간(上海楚簡)의 『孔子詩論』에는 기이한 문자 「△」가 있는데, 세 차례 나타난다. 예를 들면,

鶴棹(巢)之歸, 則△(蕩)者 ...   (11)

鶴棹(巢)出以百兩(輛), 不亦又(有)△(蕩)庫(乎)?   (13)

可(何)斯雀(爵)之矣, △丌(其)所愛。   (27)

『考釋』에서는 「△」를 비워 두고 고석하지 않았는데, 학자들은 이 글자를 「辵」과 「離」를 따르고, 「離」로 읽는다고 하였다. 「△」의 원 전서(篆書)는 다음과 같이 쓰고 있다. 예를 들면,

遳   11   遳   13   遳   27

이상 자형의 주된 부분은 「離」와 같다고 고석할 수 있으나, 두 가지 점에서 문제가 있다. 첫째, 「離」자 위에는 「屮」편방 자형이 따르는데, 이 자는 「十」자형을 따른다는 점이다. 둘째, 설령 「離」 혹은 그 아래 「厽」자형의 생략 가능하다 할지라도(『郭店』尊 24[35]), 「厽」 자형은 둥근형 혹은 둥근형의 변체가 된 사례가 없다는 점이다. 고문자 중에서 둥근형(環形)이나 변체 둥근형은 기물의 밑바닥 부분을 나타내므로 「匕」로 예정(隸定)하였다. 예를 들면,

---

34 何琳儀, 『滬簡詩論選釋』, 國際簡帛網, http://www.bamboosilk.org, 2002年 1월 17일 처음 발표함.

35 黃德寬, 徐在國 『郭店楚簡文字續考』, 『江漢考古』1999年 2期.

| 歓 | | 龍節 | | 『包山』202 |
| 厥 | | 『包山』167 | | 『隨縣』4 |

이렇게 중요한 부분은 상해초간(上海楚簡)의 「離」가 될 수 없으며, 마땅히 「巤」자와 관계가 있다는 것이다. 「巤」은 금문(金文)에서 자주 보이는데, 3가지 방식으로 나뉜다. 예를 들면,

A	盂鼎		師兌簋
B	叔卣		紳卣
C	伯晨鼎		邵鐘 『集成』230)

이상에서 A식은 정체(正體)이고, B식이 간체(簡體)이며, C식이 변체(變體)이다. 주목해야 할 것은 진(晉)계열 문자 부종(部鐘) 「巤」의 윗부분이 「十」형을 따르므로 상해간(上海簡)과 부합한다는 점이며, 이는 장식성 필획으로 추정된다.

이상의 내용을 종합하면, 상해간(上海簡)의 「△」은 「辵」과 「巤」을 따르는 자형으로, 「遴」로 예정(隸定)해야 하며, 「遴」은 冶遴匜에도 보인다(『集成』4516.8)

상해간(上海簡)의 「遴」(11·13)은 마땅히 「蕩」으로 읽어야 한다. 『禮記·曲禮』下의 「천자는 창을 사용한다[天子巤].」은 『春秋繁露·執贄』에서 「천자는 창을 사용한다[天子用暢].」, 『史記·封禪書』의 「초목이 무성하게 펼쳐져 있다[草木暢茂].」을 『漢書·郊祀志』에서 「暢」을 인용하여 「遴」로 쓴 경우가 그 증거가 된다. 『左傳』 양공(襄公) 29년의 「아름답구나, 얼마나 성대한 소리인가[美哉蕩乎]?」를 「성대한 의미[寬大之意]」라 풀이하고 있으므로, 上海簡의 의미는 「『鵲巢』시가 읊조리는 시집가는 백 대의 수레의 소리, 호탕하지 않은가[『鵲巢』詩詠百輛出

嫁之車, 不也是浩浩蕩蕩嗎]?」가 된다. 이 문장과 『詩·召南·鶴巢』의 「이 집 딸이 시집가니 백 대의 수레가 마중 나오네[之子於歸, 百兩御之].」와 「이 집 딸이 시집가니 백 대의 수레가 배웅하네[之子於歸, 百兩將之].」가 묘사하는 장면이 상당히 흡사하다.

상해간(上海簡)의 「遒」(27)은 「傷」으로 읽는다. 『爾雅·釋詁』의 「傷, 思也.」인데 죽간문의 의미는 「사랑하는 사람을 그리워 하네.『何斯』(即『殷其雷』)」으로 이 문장과 『詩·召南·殷其雷』의 「은은한 그 우뢰 소리는 남산의 양지쪽에서 나는데, 사람은 어찌하여 이곳을 떠나가 두려워 감히 잠깐의 겨를도 못 내나요. 든든한 군자여, 돌아와요 돌아와. 은은한 그 우뢰 소리는 남산의 옆에서 나는데, 사람은 어찌하여 이곳을 떠나가 두려워 감히 잠깐의 겨를도 못 내나요. 든든한 군자여, 돌아와요 돌아와. 은은한 그 우뢰 소리는 남산의 아래에서 나는데, 사람은 어찌하여 이곳을 떠나가 두려워 감히 잠깐의 겨를도 못 내나요. 든든한 군자여, 돌아와요 돌아와[殷其雷, 在南山之陽. 何斯違斯, 莫敢或遑. 振振君子, 歸哉歸哉. 殷其雷, 在南山之側. 何斯違斯, 莫敢遑息. 振振君子, 歸哉歸哉. 殷其雷, 在南山之下. 何斯違斯, 莫敢遑處. 振振君子, 歸哉歸哉].」에 수록된 이별의 감정을 묘사하는 것과 상당히 흡사하다.

5. 「棐」자 고석[36]

『石鼓文』『汧沔』에 「可(何)以△之, 隹(惟)楊及柳」문장이 수록되어 있다. 이 가운데 「△」의 원 전서(篆書)는 「棐」으로 쓰고 있다.

---

36 何琳儀, 『秦文字辨析擧例』, 『人文雜誌』1987年 4期.

이 글자는 설상공(薛尙功)[37] 이래 「橐」[38]로 예정(隸定)하고 있다. 필자는 주나라 후기 문자에 「橐」글자가 있었다고 생각한다. 예를 들어,

壴　　徐太子伯辰鼎　　　　　壴　　『信陽』2.012

위의 두 글자는 분명히 「束」과 「缶」를 따르는 글자로 소전과 같으나, 「壴」과 비교하면 차이가 있다. 「△」은 선봉본(先鋒本)을 세심히 살피면 곽말약(郭沫若)이 모사한 것과 확실히 같은데, 「束」과 「壬」을 따르고 있다. 「壬」은 갑골문에서 「工」으로 쓰이고, 서주 금문에서는 장식성 둥근 점이 더해져 「王」『師旅簋』형태로 쓰이고 있다. 주나라 후기 문자는 서주 금문을 계승하여 아래와 같은 형태로 쓰였다. 예를 들면,

工　　吉日劍　　　　　　　工　　『貨幣』14.212
王　　『璽匯』2291　　　　　工　　『陶文』14.98

이 중에서 장식성 점을 연장한 것은 진간(秦簡)의 「王」과 모양이 비슷하고(『雲夢』1101), 소전 「壬」의 형태와도 매우 유사하다. 「△」은 「束」과 「壬」을 따르므로 본래 「橐」로 예정(隸定)하였으나, 예전에는 「橐」로 예정(隸定)하였으므로 정확하지 못하였다. 「橐」는 자서(字書) 수록에 누락되었으나, 「橐」, 「橐」, 「囊」, 「橐」, 「橐」 다섯 자는 모두 『說文』에 수록되어 있고, 「안쪽이 형부, 바깥이 성부[內形

37　[역자주] 송대의 금석문 학자로 종(鐘)·정(鼎)·이(彝)·반(盤) 등의 각종 그릇에 새겨진 명문들을 수집하여 남송 소흥(紹興) 연간에 편찬한 대표적인 저서 『歷代鐘鼎彝器款識法帖』에 수록하였다.
38　薛尙功, 『歷代鐘鼎彝器款識』 卷 17.

外聲]」인 구조의 글자이다. 이를 근거로 유추하면 「棄」 또한 「柬을 따르고, 壬이 성부」인 구조라는 것을 알 수 있다.

따라서 『石鼓文』의 「可以棄之」는 마땅히 「어찌 그것을 품는가?(何以任之)」라 읽어야 하는데, 『詩·大雅·生民』의 「수확해서 짊어지고 돌아오다[是任是負].」는 傳에서 「任은 품다이다[任, 猶抱也].」로 풀이하며, 『淮南子·道應訓』의 「따라서 상인 행렬이 수레에 싣게 되었다[於是爲商旅將任車].」에서 「任은 싣다[任, 載].」라고 주(註)하고 있기 때문이다.

제4절 같은 지역[同域]과의 비교법

동역비교는 지역비교법(地域比較法)의 일종으로 같은 지역이나, 같은 국가의 문자에 대한 비교 분석에 중점을 두고 있다. 일반적으로 동역비교의 대상은 지역 특색이 강한 문자를 대상으로 삼는다. 구체적인 비교 방법은 우선 같은 지역이나 국가의 문자를 식별하지 못한 특수한 지형과 서로 비교한 다음 공통적인 특징을 찾아내는 것이다. 다음은 일반적으로 쓰이는 자형과 상호 비교를 통해 한 획 한 획의 변화 종적 및 구조의 계승 관계 등을 치밀하게 관찰하여 차이가 있는 원인을 찾아내도록 하는 것이다. 동역비교는 역사 비교법이나 이역 비교법 등을 배제하는 것이 아니며, 차이가 있다면 동역비교가 지역 특징을 더욱 강조한다는 것일 뿐이다.

1.「昌」자 고석

『小校』10.26.1에 한 건의 제(齊)나라 계열의 과(戈) 명문 「△城右」이 수록되어 있으며, 이 가운데 「△」의 원 전서(篆書)는 「甘」으로 쓰고 있다. 예전에는 이 글자를 고석하지 못하고 있었는데, 제나라 화폐 명문 「夻(大)△」(『古錢』881의 「△」)에도 「甘」자가 보인다.

주지하다시피, 고문자 「님」 자형은 종종 「廿」로 변천하였다. 예를 들면,

兄 ᙓ 蔡姞簋　　　ᙔ 『侯馬』304

堇 ᙕ 堇伯鼎　　　ᙖ 陳曼固

黃 ᙗ 『璽文』13.13　　ᙘ 『璽文』13.12

台 ᙙ 『侯馬』302　　ᙚ 鄂君启节

위에서 인용한 병기 戈와 화폐에 새겨진 「甘」는 「廿」을 따르며, 「님」 형태에서 변화 발전한 글자이다. 주나라 후기 문자 「昌」의 이체는 아래와 같이 쓴다.

ᙛ 蔡侯盤　　　　　　ᙜ 『璽匯』5390

혹자는 이 이체자를 근거로 제(齊)나라 화폐 명문 「夻△」이 「大昌」[39]이라고 풀이하였는데 매우 정확한 견해이다. 따라서 戈에 새겨진 명문 「△城」을 「昌城」으로 고석해야 하는 것은 같은 이치에 해당한다.

「昌城」은 전국시대 제(齊)나라의 지명으로, 지금의 山東성 치박시(淄博市)이다. 『史記·趙世家』의 혜문왕(惠文王)편에서 「25년 연나라와 주나라가 창성을 공격하여 고당현에서 그것을 얻었다[二十五年, 燕周將攻昌城, 高唐, 取之].」라 하고, 정의(正義)에서는 『括地志』를 인용하여 「따라서 창성은 치주의 치천현 동북쪽 사십리에 소새한나[故昌城, 仕淄州淄川縣東北四十里也].」라 하였다. 전국 밑기

39　裘錫圭, 『戰國文字中的市字』, 『考古學報』 1980年 3期.

에 「昌城」은 「昌國」이라고도 하였다. 『史記·樂毅傳』에는 「악의는 창나라에 봉해졌으며, 호는 창국군이라 불렸다[封樂毅於昌國, 號爲昌國君].」라 하였다. 전국시대 조(趙)나라 기물 중에는 『昌國鼎』(『美術』도판14)이 있는데, 「昌」을 「뷥」 형태로 썼으므로 「甘」과는 자형이 다르다. 이러한 점은 분명히 전국문자의 지역적 특징에서 나온 자형 면의 차이이다.

도문(陶文)의 「△里」(『季木』77.2)를 「昌里」로 읽는 것은 「昌城」과도 연관이 있다고 추정된다. 『陶文』의 부록 31에 수록된 「△」 또한 제계문자(齊系文字)이며, 문자의 의미는 향후 검토가 필요하다.

2. 「休」자 고석

山西성 文水에서 연(燕)나라 청동 술병과 명문 「永用△涅」이 발굴되었는데, 세 번째 글자는 「析」[40]이나 「札」[41]로 고석하고 있다. 언후(郾侯)에 실린 簋 명문 「△台(以)馬(百)醨」를 수록하고 있다. 첫 글자를 예전에는 「休」로 고석하였으며, 이 글자와 술병에 새겨진 명문 「△」는 분명히 같은 글자이다.

㮋　郾侯載簋　　　　　　㮋　　休涅壺

「休」는 「人」과 「木」을 따른다. 그러나 위의 簋나 壺에 새겨진 「休」의 편방 위치는 서로 바뀐 것으로 일반적인 자형과 차이가 있으며, 마땅히 연(燕)나라 문자의 특징이기도 하다. 전국시대 문자의 편방은 왼쪽과 오른쪽을 구별 없이 쓴다는 내용을 제4장 제3절에서 자세히 서술하였다.

40　胡振祺, 『山西文水縣上賢村發現靑銅器』, 『文物』1984年 6期.

41　李學勤, 『談文水出土的錯銀銅壺』, 『文物』1984年 1期.

「涅」은 『玉篇』에 「澱」이라 풀이하고 있으며, 『韻寶』에서는 「古文澄字」라 하였다. 『禮記·禮運』에는 「맑은 술이 아래로 가라앉아 있다[澄酒在下].」라 하여 「『周禮』五齊(齋)의 ……다섯 번째의 沈齊(齋)……澄과 沉은 무릇 같은 사물이다[『周禮』五齊(齋)……五曰沉齊(齋)……澄與沉沈蓋同物也].」라 注하고 있고, 「澄은 沉齊(齋)이다[澄謂沉齊(齋)也].」라 疏한 바 있다. 「齊」를 「齋」로 읽는 근거는 『中山王方壺』의 명문 「醴醀를 절약하다[節於醴醀].」를 참고하면 된다. 이 壺의 명문 「休涅」은 「休澄」으로 읽히므로 「상서로운 맑은 술[休美之沈醀]」이 되며, 이는 호(壺)가 술그릇인 것과 아주 잘 부합한다. 簋에 수록된 명문 「休以百醀」는 「온갖 술을 드려 상서로운 福을 누린다[以百醴而獲休福].」로 추정되며, 이 글귀와 위 문장 「경건하게 제를 올리다[祇敬穚祀].」의 의미가 서로 통한다.

3. 「禾」자 고석[42]

『貨系』에는 교형(橋形) 화폐 한 종류가 수록되어 있는데, 이 명문은 3가지로 구분할 수 있다.

△二釿 1311
△一釿 1314
△半釿 1326

이 가운데 있는 「△」의 원 전서(篆書)는 「<!-- 전서 -->」으로 쓰인다.
이 글자의 예전 고석으로 「枲」(穎), 「棣」, 「梁」, 「乘」, 「禾」(利) 등이 있는데 이

42　何琳儀, 『古幣叢考』, 文史哲出版社, 1996年, 187-189쪽.

견이 많았으며,[43] 『古幣文編』은 附錄(280–281쪽)에 수록을 하였다. 이상 여러 설 가운데 「穎」으로 고석한 후 한(韓)나라 화폐라고 확정한 설의 영향이 가장 크다. 사실 『說文』의 偏旁 분석을 근거로 하면 「穎」은 「水」와 「頃」을 따르며, 「頃」은 「頁」과 「匕」을 따른다. 그러나 화폐 문자에서 이 글자가 「匕」를 따르지 않고 있으므로, 예전에 「枭」으로 고석하고 「穎」으로 읽었던 것은 그 근거가 상당히 부족하다. 舊說 중에서 「△」을 「禾」[44]로 예정(隸定)한 것은 상당히 정확하지만, 「利」의 省形이라 고석한 것은 그 근거가 부족하다.

『璽匯』4430-4459에 수록된 「千秋」는 진(晉)나라 계열의 길어새(吉語璽)로 상당히 많이 쓰였음을 살필 수 있는데, 이 가운데 한 종류의 「秋」자가 비교적 특수하다. 원 전서는 아래와 같이 쓰고 있다.

祝 4430   祿 4431

「禾」를 따르는 편방과 위에서 거론한 橋形 布幣의 「△」이 부합하며, 「禾」의 위쪽에 있는 삐침획 「ㅅ」이나 「ㄷ」의 형태는 「필획 둥굴리기」 현상에 속한다.(상세한 것은 제4장 4절에서 살필 것)

방족포(方足布)의 銘文에는 「邑」을 따르는 「禾」자가 있는데, 『古幣文編』에 그 예가 보인다. 예를 들면,

移 267   絽 265

---

43 丁福保, 『古錢大辭典』 下11쪽, 中華書局, 1982年.

44 金邠, 『泉志校誤』, 丁福保 『古錢大辭典』 下 11쪽 인용, 中華書局, 1982年.

이 자는 마땅히 「秜」로 예정(隸定)해야 하며, 분명히 「禾」를 따르는 地名 전용자이다. 이로써 「禾」의 머리 부분이 둥글게 구부러진 「禾」 편방은 마땅히 진(晉)나라 계열 문자의 지역 특성에 해당한다.

따라서 「禾」와 「秜」는 모두 「和」로 읽어야 한다. 『國語·晉語』8의 「範宣子가 和大夫와 전답을 두고 서로 다투다[範宣子與和大夫爭田].」에서 「和, 진나라 和邑의 대부이다[和, 晉和邑之大夫也].」라고 註하고 있다. 이 가운데 있는 「和」자의 정확한 지명이 밝혀지지 않고 있으나, 「元」으로 읽었을 것으로 추정된다. 『書·禹貢』의 「和夷 지역의 치수도 효과를 보게 되었다[和夷底績].」에 대해 『水經·洹水』의 註는 정현(鄭玄)의 말을 인용하여 「和는 桓으로 읽는다[和讀曰桓].」라 하였고, 『左傳』僖公 4년에는 「屈完」으로, 『漢書·古今人表』에서는 「屈桓」이라 하였으므로, 증거 자료로 삼을 수 있다.

「和」는 匣母 歌部에 속하고, 「桓」은 匣母 元部에 속하며, 「元」은 疑母 元部에 속한다. 성모 「匣」과 「疑」는 喉音과 牙音이 통전(通轉)한 것이며, 「歌」와 「元」部는 음양대전(陰陽對轉)에 해당한다.

『左傳』文公 4년의 「晉侯가 진나라를 토벌한 후 邧과 新城을 포위하였다[晉侯伐秦, 圍邧、新城].」에 대해 심흠한(沈欽韓)은 「원(邧)은 元裏로, 同州府 동북에 있다. 『위세가(魏世家)』文侯 16년, 秦나라를 정벌하여, 臨晉과 元裏에 성을 쌓았다[邧即元裏也, 在同州府東北.『魏世家』文侯十六年, 伐秦, 築臨晉、元裏].」[45]라 말한 것을 살필 수 있으며, 지금의 섬서(陝西)성 청성(澄城)현의 남쪽으로 전국(戰國)시기 전기에는 위(魏)나라에 속하였다가 후에 진(秦)에 복속되었다. 이 내용은 『魏世家』惠王의 「17년, 秦나라와 元裏에서 전투를 벌였는데, 秦나라가 魏나라의 少梁을 탈취하였다[十七年, 與秦戰元裏, 秦取我少梁].」에서도 보인다. 1950

---

45 沈欽韓, 『左傳地名補註』.

년대, 元裏의 古邑에서 멀지 않은 華陰 즉 전국(戰國)시기 초기 유적지 중에서 「禾半釿」이 적힌 교형(橋形) 布幣가 발견되었는데[46], 이것은 「禾」 교형(橋形) 布幣의 나라와 연대를 정하는 고고학적인 증거 자료가 되었다.

4. 「坪」자 고석[47]

1992년 『文物』 11期에는 한 무더기의 초백서(楚帛書) 잔조각이 발표되었으며, 그 중에서도 가장 큰 조각의 묵서(墨書) 기록에는

……左△輄(炳), 相星光……不雨。二口……

내용이 있는데 「△」을 「脣」으로 고석하기도 하였고,[48] 고석하지 않고 비워 두기도 하였다.[49] 사실 「△」은 아래 예로 든 초(楚)계 문자 중에서 「坪」자의 유형을 참고 하면 「坪」으로 고석해야 한다.

A   包山203   包山184   包山192   包山214   包山206

B   隨縣120   包山240

C   包山200   帛書殘片

A식의 첫 번째 글자는 전형적인 「坪」자로 고문자 중에서 자주 보인다. 두 번

---

46   黃河水庫考古隊陝西分隊, 「陝西華陰兵鎭戰國古墓勘察隊記」, 『考古』 1959年 11期.

47   伊世同, 何琳儀, 「平星考——楚帛書殘片等長週期變星」, 『文物』 1994年 6期.

48   饒宗頤, 「長沙子彈庫殘帛文字小記」, 『文物』 1992年 11期.

49   李學勤, 「試論長沙子彈庫帛書殘片」, 『文物』 1992年 11期.

째 자는 첫 번째 글자의 변이형으로 두 삐침의 획이 아래로 이동하여 가로획과 서로 교차하고 있다. 세 번째 자는 두 번째 자의 번체(繁體)자로, 가로획을 더하여 장식으로 삼은 것이고, 네 번째 자는 세 번째 자의 번체자로, 세로획 위에「∨」형을 더하여 장식으로 삼은 것이다. 다섯 번째 자는 네 번째 자의 번체자로, 중간의 굽은 획[弧筆] 우측에 짧은 가로획을 더하여 장식으로 삼은 것이다.

B식의 두 번째 자는 A식 네 번째 글자의 변이형으로, 전자의 양측 세로획을 위로 이동시켜「∨」형과 서로 교차하자「羊」의 뿔 모양이 되어 후자가 된 것이다. C식의 첫 번째 글자는 B식의 두 번째 자가 변천한 것으로,「羊」의 뿔에서 획이 빠져 긴 가로획과 서로 교차하자「一」형과 같게 되었다. C식의 두 번째 자는 (楚帛書의 殘片) 첫 번째 자의 변이체로 전자와 후자를 비교하면 장식성 필획을 하나 더한 것일 뿐이다. 전자(楚帛書의 殘片)는 A식의 다섯 번째 글자와도 대응관계 (對應關係)에 있는데, 양자 모두 장식성 필획이 하나 더 있는 것이다. 이 초(楚)나라 계열「坪」자의 확정은 이미 학계에서 정론이 되었으나, 일부 학자들은 여전히 오른쪽 편방「平」이「甬」[50]이라는 관점을 고수하고 있다. 이는 사실과 동떨어진 생각이다. B식의 첫 번째 글자는 A식 첫 번째 글자의 변이체이며, 전자의 중간에 굽은획[弧筆]을 축소하여 후자가 된 자형이며, 소전(小篆)의「平」자와 부합한다.

초백서(楚帛書)의 잔편(殘片)에 수록된「坪」자는「平」으로 읽어야 하며, 별 이름이다. 장형(張衡)의『周天大象賦』에「세 길이 평도에 이르고, 빈만국이 천문에 이르러, 평성을 설치하여 판결하고, 기수관을 열어서 조정을 보위한다[按三條於平道, 賓萬國於天門, 置平星以決獄, 列騎官而衛闈].」과『晉書·天文志』의「평이성은 고루 북쪽에 있는데, 친하의 법을 평징하는 옥사를 담당하고, 성위(廷

---

50   饒宗頤,『關於坪字與平夜君問題』,『文物』1995年 4期.

尉)[51] 관직과 같다[平二星在庫樓北, 平天下之法獄事, 廷尉之象也].」에 수록된 평성(平星) 좌우에 두 개의 별이 있으며, 초백서(楚帛書) 잔조각의 「左平」과 『步天歌』[52]의 「角宿은 천문의 좌평성 아래 있으며, 쌍쌍이 庫樓 위에 가로놓여 있다[角下天門左平星, 雙雙橫於庫樓上].」[53] 내용이 마침 서로 부합한다.

5. 「離」자 고석[54]

청천목독(靑川木牘)에는 「△非除道之時」라는 문구가 있다. 첫 번째 글자의 원전서(篆書)는 「雏」으로 쓰고 있는데, 이를 「離」[55] 혹은 「雏」[56]로 고석하고 있으나 장단점이 있다. 「雏」는 秦文字에 자주 보이는 글자로 예를 들면,

雏   秦公簋   雏   新郪虎符   雏   『雲夢』292

이상의 「雏」자는 모두 「虫」과 「唯」를 따르므로 小篆의 자형과 부합하고 있으나, 간독문 자형과는 차이가 있다. 간독문의 「△」과 아래 열거한 진한문자(秦漢

51　[역자주] 정위(廷尉)는 고대의 관직명으로 진(秦)나라 때 설치되었으며, 형옥사무를 관장하였고 구경(九卿)중의 하나이다. 서한 景帝시기에 대리(大理)로 불린 일이 있었으나 무제(武帝)시기 복원되었다.

52　[역자주] 步天歌는 천문학 관련 도서로 2백 83궁(宮) 1천 4백 64개의 별을 수록한 성표(星表)와 도록이다. 저자에 대해서는 여러 가지 설이 있으며, 주로 당나라의 왕희명(王希明) 또는 수나라의 단원자(丹元子)라는 隱者가 지은 것으로 알려져 있다. 총 7권으로, 내용은 성군(星群)을 자미(紫薇)·대미(大薇)·천시(天市)의 상중하 3원궁(三垣宮)으로 나누고, 사방의 별을 28수에 부속시켜 모두 7언으로 설명하였다. 17세기 서양의 천문서가 유입되기 전까지 중국과 조선에서 널리 사용된 대표적인 천문학 서적이다.

53　四庫全書, 『靈臺密苑』 卷一.

54　何琳儀, 『秦文字辨析擧例』, 『人文雜誌』 1987年 4期.

55　於豪亮, 『釋靑川秦墓木牘』, 『文物』 1982年 1期. 李學勤 『靑川家坪木牘研究』, 『文物』 1982年 10期.

56　李昭和, 『靑川出土木牘文字簡考』, 『文物』 1982年 1期. 黃盛璋 『靑川新出秦田律木牘及其相關問題』, 『文物』 1982年 9期.

文字)와 관련이 있는데 :

👹 『雲梦』942　　　　　🧓 帛書『周易』

　『雲夢』의 저자는 이 문자를 「憂」로 예정(隸定)하였는데 아주 정확하며, 「憂」로 미루어보아 간독문의 「△」는 「離」로 예정(隸定)해야만 한다. 『字匯』는 「離」를 「離」의 와변된 글자라고 여겼지만, 간독문 자형으로 미루어 볼 때 차이가 있으므로 한대의 비문 「離」는 분명히 전국문자의 자형을 계승한 것이다.

　그러므로 간독문 「離(離)」는 마땅히 「雖」라고 읽어야 한다. 「雖」는 心母, 脂部에 속하며, 「離」는 來母, 歌部에 속한다. 「心」과 「來」는 齒音으로 복자음[sl]을 구성할 수 있고, 脂部와 歌部는 旁轉이 가능하다.[57] 『荀子·解蔽』에는 「바른 길을 떠나 걸으면서 옳다고 하는 것을 멈추지 않는다[是以與治雖走, 而是已不輟也].」라 하고, 「雖는 離라고도 한다[雖或作離].」이라고 주(註)하고 있으므로, 「離」를 「雖」로 읽을 수 있는 좋은 증거가 된다. 때문에 간독의 「離(離)非除道之時」는 「雖非除道之時」라 읽어야 문장의 의미가 잘 통한다.

제5절 고문비교(古文比較)법

　일반적으로 비교법(比較法)이 비교하는 대상의 범위가 넓을수록 좋다. 고문자를 고석하는 것은 비교 대상에 의지하므로 지하에서 출토된 자료뿐 아니라, 지상에 전해져 오는 전초자료(傳抄資料)도 포함하고 있다. 이는 고고학의 기물 형태

57　章炳麟, 『文始』 2.1.

분야에서 발굴한 물품을 중요하게 여김과 동시에 전해져 오는 문헌도 소홀하게 생각하지 않는 것과 같다.

제2장에서 소개한 「전초고문(傳鈔古文)」은 은주문자와 합치된 것들도 있지만, 대다수는 전국시대 문자를 전사한 자료들이었다. 때문에 전초고문은 전국시대 문자의 「고문비교(古文比較)」법에 있어 반드시 참고해야 할 대상이다. 전초고문의 훈고 방식으로 아래 세 가지 형식을 들 수 있다.

첫째, 형훈(形訓)[58]이다. 해서나 예서의 「甲」으로 고문 「乙」을 예정(隸定)하는 것으로 가장 흔하게 쓰이는 방법이기 때문에 설명을 덧붙이지 않겠다.

둘째, 음훈(音訓)[59]이다. 동음이나 음이 비슷한 해서 혹은 예서 「甲」으로 고문 「乙」을 예정(隸定)하는 방법이다. 예를 들면 籀文은 「話」를 「譮」로 쓰고, 古文은 「虐」을 「唬」로 쓰며, 석경(石經)에서는 「殽」를 「孝」로 쓰고, 『汗簡』에서는 「問」을 「聞」으로 쓰며, 『古文四聲韻』에서는 「織」을 「絘」로 쓰는 것 등이다.

셋째, 의훈(義訓)[60]이다. 의미가 같거나 비슷한 해서나 혹은 예서 「甲」으로 고문「乙」을 예정(隸定)하는 방법을 말한다. 예를 들어 『汗簡』에서는 「衍」(「永」의 다른 자형)을 「道」로 쓰고, 「贏」(「裡」의 다른 자형)을 「裸」로 쓴다. 『古文四聲韻』에서는 「晦」를 「田」으로 쓰고, 「霅」을 「電」으로 쓰는 등이다.

이상 종합해보면 전초고문을 대함에 있어 반드시 문자의 진위를 풀이하고 와

---

58 [역자주] 한자의 형체 구조를 근거로 글자의 뜻을 풀이하는 훈고 방식으로, 그 취지는 조자(造字) 본의(本義)를 찾아내는 데 있다.

59 [역자주] 성훈(聲訓)이라고도 한다. 낱말의 성음 측면에서 출발하여 그 낱말 뜻의 내원을 찾아보는 것으로, 음이 같거나 비슷한 낱말로 풀이하고, 그렇게 명명된 까닭을 설명하는 훈고 방식이다.

60 [역자주] 어떤 낱말의 의미를 해석함에 있어 자형의 구조 혹은 음의 관계로써 분석 추론하는 것이 아니라, 서면어에서 실제로 된 그 낱말의 의미를 통하여 직접적으로 해석하는 훈고 방식을 말한다. 음훈은 형훈(形訓)과 성훈(聲訓)의 상대적인 개념으로, 고서의 문구 아래 부기해놓은 주해와 자서·사서에 달아놓은 해석은 일반적으로 모두 의훈에 속하는 것이다. 의훈은 쉽사리 알기 어려운 글말·고어 혹은 방언 속어들을 언제나 통어(通語)·상언(常言)으로 해석한다.

변된 요소를 없애는 것 외에도, 음훈이나 의훈의 간극은 잠시 접어두어야 잘 활용할 수 있다. 오직 전초고문 형체를 세밀히 분석하는데 능숙하고, 미처 고석하지 못한 전국문자와 상호 비교할 때 자전의 작용이 능히 발휘될 수 있다.

1.「卯」자 고석

『陳卯戈』에 새겨진「陳△(造)鈛(戈)」(『三代』19.33.3) 두 번째 글자를 기존에는 무슨 자인지 모른다고 하거나, 혹은「关」으로 해석하였다.[61]

이 글자는 삼체석경(三體石經)『僖公』과『說文』古文의「卯」와 서로 비교할 수 있는데 :

A 㳄 陳卯戈

B 㳄 三體石經『僖公』

C 㳄 『說文』古文

A와 B식은 차이가 없으므로 분명히 같은 글자이며, C식의 중간에 탈필은 있으나, 약간의 와변에 불과하다.

『戰國策·齊策』3에는「맹상군이 연회를 베풀다[孟嘗君讌坐].」가 기재되어 있는데, 당시 세 선생과 담론하고 있었다. 그 중에서 한 명의 이름이「田瞀」인데, 바로「陳卯」이다. 주지하다시피 고대에는「田」과「陳」은 같은 성씨(姓氏)이었다. 「瞀」는「矛」를 따르며 성부가 되고,「矛」와「卯」는 음이 비슷하여 호환하여 사용할 수 있었다.『左傳』僖公 4년의「청모가 공물로 들어오지 않다[包茅不入].」

---

61   黃盛璋,『試論齊國兵器及相關問題』, 中國古文字學研討會論文(長島), 1986年.

에 대해 『呂覽·音初』에서는 「苞茢」라고 註하고 있다. 『周禮·天官·醢人』의 「茢

菹鴈鸞」에 대해 「鄭大夫는 茅로 읽는다[鄭大夫讀如茅].」(『通典·禮門』9에서도 역시

「茅」라고 쓰고 있다)라고 註하고 있다. 『山海經·海外北經』에서는 「유리국은……留

利國이라고도 한다[柔利國……一云留利之國].」이라 하였으며, 『春秋』成公 원

년의 「왕의 군대가 茅戎을 공격하였으나 패배하였다[王師敗績於茅戎].」는 『公

羊傳』과 『穀梁傳』 모두 「貿戎」이라 쓰고 있다. 『荀子·非十二子』의 「瞀瞀然」은

「감히 정면으로 응시하지 못하는 모습이다[不敢正視之貌].」라고 註하고 있으

며, 주준성(朱駿聲)[62]도 『說文通訓定聲』[63]에서 「『檀弓』의 瞀瞀然과 같다.」라고 하

고 있다. 이 모두 「卯」가 「瞀」로 읽을 수 있다는 증거들이다. 姚本 「瞀」는 「盤」

으로 쓰이기도 하였는데, 이는 일음지전(一音之轉)에 해당한다.

　　『三代』20.38.3에는 병기 모(矛)의 명문 「郾王詈乍(作)巨鈛△」이 수록되어 있는

데 이 가운데 「△」의 원 전서는 「鍪」으로 쓰였다.

　　이 글자는 마땅히 「鉚」로 예정(隸定)하며, 「鉥」자와 통용해서 쓴다. 『玉篇』에

는 「鉥, 古文矛」라고 풀이하고 있다.

　　최근 포산초간(包山楚簡)에 다시 「卯」(132)가 나타났으며, 편집자가 「卯」라 고

석하였는데 상당히 정확하다. 이 자와 陳卯戈의 「卯」를 比較하면 장식성 필획

이 많고 적음이 다를 뿐이다. 이 밖에 새로 출토된 徐나라의 청동기 羅兒匜에

새겨진 「學卯」, 역시 「學卯」로 예정하며 「夻猶」로 읽는다. 이는 地名으로

62　[역자주] 문자학자이자 훈고학자이다. 청나라 사람으로 자는 풍기(豊芑), 호는 윤천(允倩)이다. 청대
　　고증학의 영향으로 경전과 역사를 깊이 탐구하였고, 문학에도 조예가 깊었으며, 많은 저서를 남겼
　　는데 그중 판각된 것은 『說文通訓定聲』과 『傳經堂文集』 10권뿐이다.

63　[역자주] 『說文通訓定聲』은 총 18권으로 古代 韻書의 韻部에 따라 『說文解字』를 재편성한 책이
　　다. 許愼이 말한 것을 해석하기 위해 지은 것이 아니라, 『說文解字』의 훈해(訓解)에서 한 걸음 더
　　나아가 기타의 의미를 상세히 열거함으로써 어느 것이 인신의에 속하는 것이고, 어느 것이 가차의
　　에 속하는 것인지를 분간하여 한자 의미의 발전과 변천을 연구하는 데 도움을 주었다.

(『漢書·地理志』臨淮郡에 보임), 徐나라의 지명과 부합하는데, 이로써 삼체석경(三體石經)의 고문 「卯」자의 유래가 여기에서 비롯되었음이 증명된다.

2. 「攺」자 고석

『郾王職兵器』 명문 중에는 병기 명칭 앞에 종종 접두사 하나를 덧붙이고 있다. 예를 들면,

郾王職乍(作)**𢼄**鋸	『三代』20.16.1 戟
郾王職乍(作)巨**𢼄**鋸	『三代』20.17.1 戟
郾王職乍(作)**𢼄**鈼	『三代』20.38.1 矛
郾王職乍(作)巨**𢼄**鈼	『三代』20.37.4 矛

이러한 접두사는 『左軍戈』에도 나타나고 있다. 예를 들면,

左軍之**𢼄**仆大夫殻之卒公孽里雎之口, 工**枝**里瘋之**𢼄**戈

『劍吉』下·20

이 글자 「𢼄」는 「攺」[64]나 「殳」[65], 「攻」[66]등으로 예정(隷定)하고 있으나, 이 가운데 첫 번째 예정만 정확하므로 아래에서 보충 설명하도록 하겠다.

『說文』「卒」의 古文을 살피면 「𢼄」 자형으로 쓰였다. 선인들이 왼쪽은 「乇」

---

64 李學勤, 『戰國題銘槪述』, 『文物』1959年 7期。

65 黃茂琳, 『新鄭出土戰國兵器中的一些問題』, 『考古』1973年 6期.,

66 李孝定, 周法高, 張日升 『金文詁林附錄』 1595쪽.

을 따른다고 이미 살폈으며, 『說文』「宅」의 고문이 「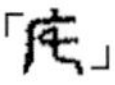」 자형임을 검증하였으므로 적절한 견해이다. 이 글자의 오른쪽은 「」을 따르고 있는데, 「」 자형의 와변이다. 따라서 연(燕)나라 병기 명문의 「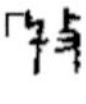」는 『說文』의 「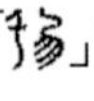」이고, 「」라고 읽는 것이다.

『說文』을 살피면 「, 초목의 잎이 무성한 것이다. 상형[, 艸木華葉, 象形].」이라 풀이하고 있는데, 후대에는 「垂」로 「」를 종종 대체하였다. 『說文』 고문에서 「」를 「」라 쓰고 있는 것은 假借에 속한다. 「玫」은 「乇」을 성부로 삼고 있으며, 透母, 魚部에 속한다. 「垂」는 禪母, 歌部에 속하는 자이다. 「禪母」는 고대에는 「定母」로 읽었으며, 「透」와 「定」은 端계열에 속하며, 「魚」, 「歌」는 방전(旁轉)할 수 있다.[67] 『莊子·知北遊』의 「대사마의 보검을 단금질하는 자[大馬之捶鉤者].」의 「捶」는 『釋文』에서 「捶, 곽음은 丁과 果의 반절[捶, 郭音丁果反].」[68]이라 하였는데, 「玫」와 음이 같다. 『說文』은 「埵, 垛와 같이 읽음[埵, 讀若垛].」[69], 「邁은 住와 같이 읽음[邁讀若住].」로 읽혔으며, 『廣韻』은 「唾, 湯과 臥의 반절[唾, 湯臥切].」, 「種, 徒와 果의 반절[種, 徒果切].」이라 하였는데 모두 통전(通轉)[70]에 속한다.

---

67 章炳麟, 『文始』 5.1

68 [역자주] 反切은 한자의 음을 표시했던 방법의 일종으로, 반음(反音)·번절(翻切)이라고도 한다. 어떤 글자 A의 독음을 표시하기 위하여 A와 聲母가 같은 한 글자 B를 취하고, 다시 A와 韻母가 같은 또 다른 한 글자 C를 취하여 'A BC反' 혹은 'A BC切'과 같이 표시하였던 방법을 이른다.

69 [역자주] 「讀」은 「읽다」는 뜻이고 「若」은 「같다」는 뜻으로서, 「讀若」이란 어떤 글자의 독음이 다른 어떤 글자의 독음과 같거나 비슷한 경우에 쓰는 용어이다. 許愼의 『說文解字』에서 채용한 표음법이 바로 이 방법인데, 흔히 쓰이는 용어로는 「讀若」, 「讀如」, 「讀近」, 「聲同」 등이 있으며, 기본적인 뜻은 모두 동일하다. 단 위와 같은 독약법(讀若法)으로 표기한 독음이 현재의 독음과 같지 않은 까닭은 옛날 음과 지금의 음이 다르기 때문에 나타나는 현상이다.

70 [역자주] 통전(通轉)은 음운 현상의 일종으로 한자가 압운(押韵), 해성(谐声), 가차(假借) 등에서 독음이 한 운부에서 다른 운부로 넘어가는 현상을 나타낸다.

따라서 과(戈)에 새겨진 명문 「攴」은 『說文』 고문의 「捶」로 읽어야 한다. 『說文』에서 「捶, 막대기로 치는 것이다[捶, 以杖擊也].」이라 하였는데, 「쳐서 죽임(擊殺)」으로 인신(引申)되어 쓰였다. 『廣雅·釋詁』3에 「捶, 擊也」이라 하였고, 『後漢書·杜篤傳』에서는 「氏羌을 쳐서 쫓아내다[捶驅氏羌].」라고 하였다. 위에서 인용한 극(戟)과 모(矛)의 명문은 「攴鋸」와 「攴鈼」으로 모두 격살(擊殺)하는 기물을 의미한다. 『左軍戈』의 명문 「左軍之攴僕大夫」에서 「攴僕」은 관명(官名)이며 「捶撲」이라 읽을 수 있다. 『後漢書·申屠剛傳』의 「때려서 앞으로 질질 끌고 가다[捶撲牽曳於前].」와 『後漢書·左雄傳』의 「채찍을 가하다[加以捶撲].」에 기록되어 있는데 「捶朴」이라 쓰기도 하며, 『三國志·魏志·何夔傳』의 「채찍을 가하다[加其捶朴].」에서 예를 살필 수 있다. 연(燕)나라의 「捶朴大夫」는 「左軍」에 소속된 하급 군관으로 추정되며, 「攴戈」는 「捶戈」로 읽어야 하고, 「擊戈」로 풀이하면 된다.

3. 「共」자 고석[71]

『侯馬』 「△二▽五」(303.1)의 임서본 釋文은 「癸二▽五」(47쪽)이며, 「△」의 원전서(篆書) 자형은 「𠎥」로 쓰고 있다.

「△」 글자를 「癸」로 고석하는 것은 옳지 않다고 생각한다. 「癸」는 서주 금문에서는 「𣥺」형태로 쓰이고, 전국문자에서는 「𦥑」형태로 쓰였으며, 삼체석경(三體石經)에서는 「𣥠」형태로, 소전(小篆)에서는 「𤼍」형태로 쓰였으므로 모두 맹서(盟書)의 자형 「△」과 차이가 있다.

『古文四聲韻』4.4를 살피면 「共」은 「𢁅」형태로 맹서(盟書)의 「𠎥」와 자형이

---

71   何琳儀, 『戰國文字與傳鈔古文』, 『古文字研究』 15輯, 1986年.

부합한다. 「共」은 일찍이 「𦥑」형태로 쓰였으나, 전국시기에는 와변이 극심하였으며 아래에 열거한 두 가지 종류의 자형을 참고로 삼을 수 있다.

𦥑	『璽匯』5132	𦥑	『璽匯』5137	𠫨	㑇志鼎
𦥑	『璽匯』5135	𦥑	『說文』古文	𦥑	『侯馬』303.1

『古文四聲韻』의 「𦥑」자형은 분명히 두 번째 종류의 와변에 속하는 것임을 알 수 있다. 전초고문은 종종 전국문자의 와변된 자형을 보존하고 있는데,『說文』고문 「君」이 「𦥑」형태로 쓰고 있고,『汗簡』「台」가 「𦥑」형태로 쓰인 것이 참고할만한 증거이다.

「共」은 「珙」으로 읽을 수도 있다. 예를 들면『詩·商頌·長發』의 「하늘의 크고 작은 법도를 이어 받아서[受小共大共]」은 「큰 옥과 작은 옥을 받아드는 것과 같다[猶所執摺大球小球也].」라 전(箋)하고 있는데, 이는 「共」을 「珙」으로 읽은 것이며,『玉篇』에서는 「珙, 큰 벽옥이다[珙, 大璧也].」라 한 경우이다.

「▽」의 원 전서(篆書) 자형은 「仝」로 쓰고 있는데,『侯馬』의 편집자는 고석을 하지 않고 비워 두고 있다.

『說文』을 살펴보면 「仝, 완전하다. 入과 工을 따른다. 全, 篆書 仝은 玉을 따른다. 흠결이 없는 순수한 옥을 全이라 한다[仝, 完也. 從入從工. 全, 篆文仝從玉. 純玉曰全].」이라 풀이하고 있다.

이상 종합해보면 「共二仝五」는 「珙二全五」라고 읽어야 마땅하며, 벽 두 개와 옥 다섯 개를 일컫는 말이다. 그 다음 문장에서 「卜以吉, 筮□□」으로 기록하고 있는데, 이는 「벽 두 개와 옥 다섯 개로 점을 쳐서 선조에게 맹세하며 고하였는데, 점복 결과 길하다.」를 의미한다.

4.「襧」자 고석[72]

장사백서(長沙帛書) 갑편(甲篇)에는「聿恆△民」이라 기록되어 있다. 세 번째 글자「△」의 원 전서(篆書) 자형은「」로 쓰고 있다. 이 자형은 많은 학자들이「襄」로 예정(隸定)하고,「懷」로 읽고 있다.

「襄」는「衣」,「㬎」을 따르고 있으므로 따라서「㬎」은「㫗」자형이 되어야 마땅하며, 백서(帛書)「△」와는 절대 같은 글자가 아니라고 생각한다. 사실상「△」를 따르는 편방은 전국문자에서 흔히 보인다. 예를 들어,

A   睪   『璽匯』3302

B   縈   『睿録』附20

C   縈   『仰天』13

D   槼   『信陽』2.03

E   縈   『信陽』2.014

F   縈   『信陽』2.019

G   縷   『望山』2.48

『汗簡』下2.1를 살피면『林罕集綴』과『王庶子碑』를 인용해서「屬」을「睪」로 쓰고 있는데, 이 자형은「目」과「虫」을 따르고 있다. 전국문자「虫」은「㣙」로 쓰이기도 하고,「㣙」로 쓰일 수 있으므로, 이상에서 제시한 자형들은 모두 완전하게 해석이 가능해진다.

A「蜀子」이나.「蜀」은 고내의 姓氏이나. 세곡(帒罄) 시사(支子)가 족(蜀)

---

72   何琳儀,『長沙帛書通釋』,『江漢考古』1986年 2期.

에 책봉된 후 국명이 氏가 되었다. 『路史』에 상세하게 전한다.[73]

B「膉」이다. 『禮記·內則』의 「작은 찰과상에 고약을 바르다[小切痕膉膏].」에서 「狼膉膏는 이리 가슴 기름이다[狼膉膏, 臆中膏也].」라고 註하고 있다.

C「一席」이다. 「𤜽」은 『玉篇』에 「머리를 움직이는 모습[動頭貌]」으로, 죽간문은 「蜀」으로 가차하면서 「蜀席」은 「蜀地之席」이라고 풀이하고 있다.

D「一彫鼓, 二囊, 四櫂」이다. 「櫂」은 『玉篇』에 「木名」이라 한다. 죽간문은 「鐲」으로 읽는다. 『說文』은 「鐲, 鉦也.」라 풀이한다.

E「一承獨之盤」이다. 「獨」은 「燭」으로, 죽간문은 「촛불을 받치는 받침」이라 한다.[74]

F「풀로 엮은 돗자리가 褥이다. 『禮記·內則』의 「검을 돗자리에 감추는 것[劍筭而褥之]」을 「韜也」라고 註하며, 죽간문은 「茵席은 모두 감추는 돗자리」라 한다.

G「丹獄之繝」이다. 「繝」은 「褥」과 같다. 『晉書·夏統傳』의 「服袿襡」를 何超音義는 『字林』을 인용하여 「촉, 두루마기이다[襡, 連腰衣也.).]」라고 한다. 『玉篇』의 「촉, 장삼, 두루마기이다[襡, 長襦也, 連腰衣也].」, 桂馥은 『說文義證』에서 「襡」과 「襱」은 사실 같은 글자라고 하였다.

H「蜀戈」는 죽간문에서 「초나라 지역 창」이라 하였다.

73 『戰國策·燕策』 二「齊王召蜀子使不伐宋」, 鮑本「齊將」.
74 李家浩, 『信陽楚簡澮字及從之字』, 『中國語言學報』 1期, 1983年.

백서(帛書) 「△」와 신양초간(信陽楚簡) 「襡」은 사실 같은 글자이다. 단지 「衣」 편방이 생략되었거나 간화된 차이가 있을 뿐이므로, 楚帛書 「襡」은 「屬」으로 읽어야만 한다. 『釋名·釋衣服』에 「촉, 짧은 옷이다[襡, 屬也].」라 하였고, 『集韻』에 「襡, 說文은 짧은 옷이며, 襩이라고도 한다[襡, 『說文』短衣也. 或作襩].」, 「옷고름을 가리켜 「襡」이라 하며 또는 생략해서 襡[(襋綴帶謂之襡, 或省作襡)]」이라고 한 것은 모두 그 근거 자료이다.

　「屬民」은 『周禮·地官·黨正』에 「사계절의 첫 달 초하루에 백성들을 모아 나라의 법을 읽어주어 숙지하게 하고, 금령을 규찰하게 하고, 경계하게 한다[及四時之孟月吉日, 則屬民而讀邦法以糾戒之].」에 보이는데, 「백성을 사랑하는 자는 불러 모아서 여러 차례 가르친다[彌親民者, 於敎亦彌數].」라 註하고 있으며, 『國語·楚語』의 「전욱이 이를 받들어, 南正重司는 신을 불러 모아서 하늘에게, 火正黎司는 백성을 불러 모아 땅에 제사하도록 명하였다[顓頊受之, 乃命南正重司天以屬神, 火正黎司地以屬民].」에서 「屬, 會也」라 註하고 있다. 『國語』의 「火正黎」와 帛書의 「羣神五正」은 모두 「백성을 모으다.」일 수 있으므로 의미가 잘 부합한다.

　부차적으로 고새(古璽)의 합문(合文) 하나도 해결할 수도 있다. 예를 들어,

　　　　龠冋(廩)龙(箭)　　　　　　　『璽匯』2226

　　　　蒼　　　　　　　　　　　　『璽匯』2245

　「目」은 「田」으로도 쓸 수도 있는데(제4장 제4절에 상세히 나와 있다.), 증후을묘(曾侯乙墓)[75]의 석경(石磬)에서 「濁」을 「　」로 쓰고 있으므로 확실한 증서가 된다. 이

75　[역자주] 湖北省 隨州市 隨縣 『擂鼓墩』에서 발견된 고분으로 중요한 고고학적 유적지이다. 曾나

사실을 근거로 상술한 두 개의 진(晉)나라 새인 첫 번째 글자는 「邲鄳」의 合文으로 예정(隸定)해야 하며, 「三蜀」을 가리킨다. 첫 번째 새인문은 地名이고, 두 번째는 姓氏에 해당하며, 『公羊傳』隱公 4년의 「위나라 공자 주우[衛州吁]」, 『穀梁傳』의 「위나라 축우[衛祝吁]」를 『詩·鄘風·干旄』「흰 명주실로 깃발에 술을 달고[素絲祝之]」에서는 「祝은 屬으로 여긴다」로 전(箋)하고 있으며, 석문(釋文)이 「之蜀反」이므로, 「蜀」은 「州」로 읽을 수 있다는 방증이 된다.

따라서 「三蜀」은 「三州」로 읽어야 한다. 『通志·氏族略·以地爲氏』에 의하면 「孝子傳에는 三州昏이 있다.[『孝子傳』有三州昏]」이라 하여 「三州」라는 복성(複姓)은 본래 地名이었음을 나타내주고 있으나, 그 지역이 어디인지는 아직 밝혀지지 않고 있다.

5. 「䰗」자 고석

석고(石鼓) 『作原』에는 「爲所斿䰗」라는 문구가 있는데, 전대흔(錢大昕)[76]이 「斿䰗는 즉 游優이며, 유유히 돌아 다니다와 의미가 같다[斿䰗卽游優, 與優游義同].」라고 풀이한 이후[77] 정론이 되었다. 『說文』을 보면 「鰼, 籒文 齋이며, 鬹을 따르는 생형이다[鰼, 籒文齋從鬹省].」, 「鱻, 籒文禱.」, 「鱻, 籒文 祟이며 鬹을

라는 대략 기원전 433년 이후 존재하였으며, 전국시기 초나라 속국이었다. 무덤에서는 청동제 편종을 비롯하여 칠기 상자·무기·죽간 등이 발굴되었다. 여기서 출토된 죽간은 장례에 쓰인 마차, 병사, 무기 등과 마차 및 마부의 구성, 각종 운송 장비, 마차의 수량이나 종류, 거마 제도 및 수레의 부속 장식물 등이 상세하게 기록되어 있어 전국시대 초나라 문헌 연구 시 참고 가치가 높다.

76 [역자주] 중국 청나라의 유학자이자 고증학자(1728~1804)로 자는 효징(曉徵)·신미(辛楣)이고, 호는 죽정(竹汀)이다. 종산(鍾山)과 자양(紫陽) 서원을 주재하여 많은 제자를 가르쳤으며 금석학·경학(특히 음운학)·지리학·천문학의 지식을 역사학에 도입하는 등 고증을 중요시하는 청나라 학풍을 창립하였다. 대표적인 저서로는 『金石文跋尾』, 『二十二史考異』, 『十駕齋養新錄』 등이 있다.

77 于省吾, 『雙劍吉金文選』附六.

따르는 생형이다[虁, 籀文崇從虁省].」로 기록하고 있는데, 왕국유(王國維)[78]는 이에 대해 『이 세 글자의 「齋」, 「祀」, 「出」은 모두 소리를 표시하는 부분으로, 「夒」을 따르는 것으로 추측된다. 그 의미는 고대한어 「禔」 글자이며, 「禔」는 「示」와 「夒」를 따르는 것이 「夒」자이기도 하다. 「禔」은 고문자에서는 보이지 않는 글자이지만, 「夒」는 욱사궤(頊肆簋)에서는 「□」로, 번생돈(番生敦)에서는 「□」로, 『考古圖』에 실린 진조화종(秦盄龢鐘)에서는 「□」로 쓰이고 있다. 이 글자들이 따르고 있는 「□」는 「夒」와 전문(篆文)의 「夒」과도 그 자형이 비슷하다. 글자의 윗부분은 首 아랫부분은 止를 따르고 있으며, 사람 형태와 비슷하다. 고대의 『史篇』과 후대의 『說文』이 여러 차례 전사(傳寫)하는 과정에서 「夒」으로 와변된 것으로 보인다. 「禔」는 인사를 관장하는 신을 닮은 자형으로 고대한어의 「禔」자로 의심되며, 후에 「祀」를 더하여 소리 부분으로 삼은 것이다.』 라고 하였다.[79]

왕국유(王國維)의 「夒」 자형설은 지극히 정확한 견해라고 생각한다. 이 자를 고문자로 검증해보면 籀文 「夒」는 마땅히 「夏」로 예정(隸定)해야 한다. 「夏」와 「夒」는 사실상 한 글자가 분화한 것이므로, 『作原』의 「虁」은 籀文 체례를 근거로 하면 「禔」라 예정(隸定)해야 한다. 籀文인 「虁」, 「虁」, 「虁」자는 각각 「齋」, 「祀」, 「崇」를 음부(音符)로 하고 있으므로, 「虁」도 예외는 아닐 것이다. 따라서 「虁」는 「夆」로 읽어야 한다.

『海篇大成』의 「佺」를 살피면 「嚻」로 읽는다. 「嚻」는 「敖」와 통용되며, 초(楚)

---

78 [역자주] 역사학자이자 언어문자학자이며, 문학가이다. 절강(浙江)성 해녕(海寧) 사람으로 본명은 국정(國楨)이다. 자는 정안(靜安), 백우(伯隅)이고, 호는 예당(禮堂), 관당(觀堂), 영관(永觀)이 있다. 왕국유는 문학, 미학, 사학, 철학, 금석학, 갑골문, 고고학 등 다양한 학문 분야에서 탁월한 성취를 이루었으며, 『海寧王靜安先生遺書』, 『觀堂集林』, 『古史新証』, 『曲錄』, 『流沙墜簡』 등 62종에 달하는 많은 저서를 남겼다.

79 王國維, 『史籀篇疏證』 1-2쪽.

나라 새인 「莫囂」는 『左傳』에서 「莫敖」로 쓰이고, 『詩·大雅·板』의 「내말을 듣지 않아서 오만하네[聽我囂囂].」는 「嗸嗸와 같다[猶嗸嗸也].」라고 전(傳)하고 있는데, 모두 확실한 증거가 될 수 있다. 따라서 『作原』의 「斿嫯」는 「游敖」라 읽어야 하며, 『詩·齊風·載驅』는 「제나라 딸이 놀며 뽐낸다[齊子游敖].」라 읽어야 한다. 간혹 「游遨」라 쓰기도 하는데, 『漢書·孝文帝紀』는 「천리를 유람하며 다니다[千里游遨].」라 하고 있다. 혹은 「游騖」로 쓰기도 하는데 『呂氏春秋·察今』에서의 「왕은 유람하며 다니는 틈을 타다[王者乘之游騖].」가 그 예이다.

제6절 해성분석(諧聲分析)법

제4장 제3절과 4절에서 비교적 특수한 전국시기 형성자에 대하여 언급하였는데, 형성자가 특수하더라도 한 가지 공통점이 있으며, 형성자와 해성편방(諧聲偏旁)이 반드시 음이 같거나 비슷한 글자라는 점이었다. 제6절에서는 이 둘 사이의 관계를 살피는 방법에 대하여 「해성분석(諧聲分析)」이라 이름 지었다. 단, 구체적으로 분석할 때는 마땅히 아래의 사항을 주의해야 한다.

(1) 형부(形符)와 음부(音符)를 정확히 구분한다.

(2) 형성자와 해성편방의 성운(聲韻)이 완전히 부합할 필요는 없으나, 이 둘은 반드시 쌍성(雙聲) 또는 첩운(疊韻)관계에 있어야 한다. 운부(韻部)가 현저히 차이가 나는 글자를 쌍성(雙聲)으로 추론하지 않으며, 방전(旁轉)이나 대전(對轉) 역시 사용하지 않는다.

(3) 음부중첩[疊加音符]과 이중음부[雙重音符]의 가능성을 고려한다.

(4) 형성자와 해성편방의 관계를 분석함에 있어, 전래문헌의 이문(異文)이나

기타 다른 자료의 증거가 반드시 있어야 하는 것은 아니다.

1.「墨」자 고석[80]

제(齊)나라 『即墨刀』에는 「墨」이 새겨져 있는데, 『古幣』 225-240쪽에는 아래와 같은 몇 가지 자형이 있다.

A 墨   B 墨   C 墨   D 墨   E 墨

이 글자들은 예전에는 「墨夕」 혹은 「墨卩」 두 글자로 고석하였다.[81] 그러나 최근의 연구자들은 대부분 「鄲」으로 예정한다.

그런데 「即墨夕」의 의미가 통하지 않으니, 상술한 「ⅅ」, 「ℐ」 등의 형체를 「夕」으로 보는 것은 더욱 적합하지 않다. 「卩」를 「邑」이 생략된 글자로 보아 「鄲」으로 예정(隸定)한 풀이법이 합리적인 것처럼 보이지만, 자형을 하나하나 살펴보면 여전히 불합리한 부분이 있다.

제(齊)나라 도폐 명문 「邦」의 「卩」은 「ℰ」, 「ℐ」, 「ℛ」, 「ℙ」, 「Υ」, 「ℰ」, 「ℰ」 등의 형태로 쓰고 있으므로, 상술한 「墨」 하부의 글자와는 차이가 있다. 『即墨刀』의 「即」이 따르는 「卩」는 「ℊ」, 「ℊ」, 「ℊ」 등의 형태이므로, 상술한 「墨」의 아래 글자와 차이가 더욱 크다. 이렇듯 내적 외적인 면을 검증하여도 「卩」이라 고석하는 견해 역시 타당성이 부족하다.

필자는 제5장 제2절에서 풀이해 놓은 연(燕)나라 관새(官璽) 「ℊ」자가 「ⅅ」형태(『璽彙』0362)로 쓰이기도 하므로, 도폐문자에 새겨진 A식 자형 「ⅅ」와 정확히

---

80   何琳儀, 『漫談戰國文字與齊系貨幣銘文釋讀』, 『古幣叢考』, 文史哲出版社, 1996年, 4-6쪽.

81   丁福保, 『古錢大辭典』, 中華書局, 1982年, 下 56-58쪽.

합치한다고 생각한다.

　B식의 「𠃌」과 C식의 「𠃌」역시 사람이 포복하는 형태이다. D식의 「⇁」과 E식의 「⇀」는 빈공간을 메꾸기도 한 것 같고 필획 하나를 생략한 것 같기도 하며, E식은 이 偏旁이 있어도 되고 없어도 됨을 설명하므로 A-E식까지 따르는 형체는 사실상 「勹」자다. 따라서 이 글자는 마땅히 「匐」으로 예정(隸定)해야 한다.

　「勹」는 고문자 편방에서 주로 음부(音符) 역할을 맡고 있는데, 예를 들어 「匍」, 「匐」, 「匋」, 「匒」, 「包」, 「迿」, 「霸」등이 모두 음부(音符) 「勹」를 따르고 있는 것이다. 반드시 주의해야할 것은 「㡛」 또한 「勹」를 소리 부분으로 하고 있지만, 글자의 아래 부분에 음부(音符)가 위치하고 있다는 점이다. 이로 미루어 보아 「匐」가 따르는 「勹」역시 성부(聲符)일 가능성이 있다.

　「墨」은 明母, 之部의 入聲자이고, 「勹」는 「伏」의 초문(初文)으로 並母, 之部의 입성자이며 성모 明, 並은 모두 순음(脣音)에 속한다. 「匐」은 「勹」를 音符로 하지만, 「墨」으로 읽히며 성운(聲韻)이 모두 같다. 만약 舊說에 따라 「勹」을 「包」와 같게 읽으면, 「墨」과 「包」는 之와 幽部의 방전관계에 해당하며, 해성(諧聲)도 역시 같게 된다.(이와 유사한 음부중첩형 문자는 제4장 제3절에 상세하게 있다.)

2. 「郒」자 고석

　『璽文』6.12의 「都」는 「䢵」, 「䢼」, 「䢼」, 「䣇」등으로 쓰고 있다. 또한 편집자는『汗簡』에서는 모두 「𡏳」로 쓰이는데, 이것과 자형이 비슷하다고 하였다.

　만일 이 글자를 「都」라 고석하는데 있어 잘못이 없다면 「𡐜」는 마땅히 「者」로 고석해야 한다. 전국문자 「者」의 자형을 살피면 사실 매우 복잡하며, 자주 보이는 「耆」외에 이체(異體)가 상당히 많다.(제3장 제2절에 상세히 소개되어 있다.) 그런데 이러한 전국문자의 「者」는 모두 상술한 연(燕)나라 새문(璽文) 「都」의 하부와는 현저하게 차이가 난다. 사실상 『汗簡』中1.33의 「𣃨」 자형의 왼쪽 편방이 따르는 것은 바로 「旅」자이다. 『古文四聲韻』1.27의 「都」가 「𣃨」이고, 「旅」를 따르고 있으며, 『說文』「旅」의 고문은 「𣃨」모양으로 「放」과 「從」을 따르고, 삼체석경(三體石經) 「諸」의 고문도 「𣃨」으로, 「旅」를 따르고 있으므로 확실한 증거가 된다. 그런데 이미 와변이 생겨났고, 장식필획(飾筆) 「彡」도 증가하였으므로, 연(燕)나라 새인문자는 『說文』고문을 근거로 「郟」로 예정(隸定)해야 하는 것이 마땅하다.

같은 이치로 『郾王職劍』의 명문 「𨮓鐱」(『錄遺』595)도 「郟(旅)劍」이라 읽어야만 하며, 「鍺劍」이라 읽어서는 안 된다. 또한 연(燕)나라 새인 「𣃨信」(『璽彙』3248)도 「旅信」으로 읽어야만 하는 것이다. 旅는 고대의 姓氏로 周나라 大夫 子旅 이후에 생겨났다.(『風俗通』에 보인다.)

연(燕)나라 官璽와 『汗簡』은 「郟」를 「都」로 쓰고, 삼체석경은 「旅」를 「諸」로 기록한 반면 『說文』 고문 「者」자 아래 「𣃨, 古文 旅字」라고 설명하고 있다. 이는 모두 「者」와 「旅」의 음이 비슷하다는 증거이다.

「者」는 照母 魚部이고, 「旅」는 來母, 魚部이다. 「照紐三等」은 고대에 端母로 읽었고, 단「端」, 「來」는 모두 설음(舌音)으로 端계열에 속한다. 따라서 「者」와 「旅」는 서로 통용한다.

3. 「冶」자 고석

이학근(李學勤)은 삼진(三晉) 기물에 새겨진 「冶」자를 고석하였고,[82] 왕인총(王仁聰)은 「冶」자가 「刀」를 따른다고 판독하는[83] 등 모두 새로 출토된 자료에 의해

---

82   李學勤, 『戰國題銘槪述』, 『文物』1959年 8期.
83   王人聰, 『關於壽縣楚器銘文中但字的新釋』, 『考古』1972年 6期.

검증한 문자이므로 정확한 견해이다. 단, 「冶」자가 「刀」를 따르는 원인에 대해서는 적절한 해석을 하지 못하고 있다.

황성장(黃盛璋)의 「冶」자 연구를 근거로 하면 다음 4가지 형식으로 나눌 수 있는데[84]. 예를 들면,

A   𬀇   𬀌

B   𬀀   𬀂

C   𬀄

D   𬀅

「冶」가 「火」를 따르는 것은 분명히 형부(聲符)이므로 더 이상 상세히 서술할 필요는 없다. 「口」와 「=」는 전국문자에서 자주 나타나는 장식성 부건(部件)으로 의미는 없다. 이 두 개의 부건은 한 개의 문자 안에 동시에 출현하기도 하고, 각각 다른 문자에 나타나기도 한다. 예를 들어,

命 𠂤 屬羌鍾	𡥆 『中山』36	𠆤 蔡侯鎛	𠆤 『隨縣』202
倉 𠆤 『古幣』162	𠆤 『璽匯』0967「蒼」	𠆤 『璽匯』1323	𠆤 『璽匯』3996「蒼」
戒 𡗢 『璽匯』0163	𠂤 叔夷鎛	𧦅 『璽匯』1238	
冶 𡥉 『三代』10.25.2	𬀀 『三代』	𡥆 冶𤙲匜	𧦅 『錄遺』581

이러한 수평적인 변화 흔적은 「口」와 「=」가 모두 장식성 부호라는 것을 알려주고 있다. 이 「=」는 대다수 문자의 아래쪽에 두지만, 문자의 위쪽에 두는 경우

---

84   黃盛璋, 『戰國冶字結構類型與分國硏究』(香港)『古文字學論集』初編, 1983年.

도 있다. 예를 들어,

賢 䝨　　『中山』100　　　敢 䛧　　『陶文』附24

薛 䕞　　『三代』19.27.2　　閔 圀　　『貨幣』4.46.19

「冶」를 구성하는 4가지 부건 중에서 「口」와 「=」는 의미가 없으며, 「火」와 「刀」만 실질적 의미가 있는 편방이다. 일반적으로 형성자의 형부(形符)는 생략할 수 있지만, 성부(聲符)는 생략이 불가능하다. 따라서 상술한 네 가지 형식의 「冶」 편방들 중에서 「火」, 「口」, 「=」는 생략할 수 있으나, 「刀」는 결코 생략할 수 없으므로 「刀」는 마땅히 「冶」의 음부(音符)가 된다.

「冶」는 「羊者切, 喻紐四等」자로 고대에는 定母로 읽었으며,[85] 「刀」는 「都勞切, 端母이다. 定과 端은 모두 설음(舌音)으로 端계열에 속하므로 「冶」와 「刀」는 쌍성(雙聲)이다.

「刀」는 宵部이고 「冶」는 魚部이다. 宵部와 魚部는 방전(旁轉)으로 사례가 아주 많다. 「叨」를 성부(聲符)로 하는 「叨」가 전래문헌에서 「饕」로 쓰였다는 사실은 주목할 만하다. 『左傳』文公 18년의 「이것을 도철이라 부른다[謂之饕餮].」을 『書·多方』正義는 「叨餮」으로 인용해서 사용하고 있다. 『說文』에서는 「饕」을 「叨」로 쓰기도 하였는데 모두 증거가 되는 예들이다. 「饕」는 「號」를 성부(聲符)로 하며, 이 「號」(宵部)는 「胡」(魚部)로도 읽을 수도 있다. 『荀子·哀公』의 「군주께서 원인을 모르다[君號然也].」에 대해 「號는 胡와 같이 읽으며, 聲母가 비슷하여 오류가 생겨났을 뿐이다. 『家語』는 君胡然也이라 한다[號讀若胡, 聲相近字遂誤耳. 『家語』作君胡然也].」라고 주(註)하고 있으며, 이는 「刀」를 성부(聲符)로

85　何琳儀, 『秦文字辨析舉例』, 『人文雜誌』1987年 4期.

하는 글자가 어부(魚部)로 읽을 수 있는 좋은 증거가 된다.

종합하면 A식의 「冶」는 「火」를 따르고 「刀」를 성부(聲符)로 하며, 「口」와 「=」는 모두 장식성 부호로 의미는 없다. 나머지 세 가지 형식은 생략에 의한 간화이지만, 음부(音符) 「刀」는 생략하지 않는다는 것이다.

4. 「旡」 고석[86]

증후을묘(曾侯乙墓) 칠서(漆書) 28宿은 「危」 宿자로 (『文物』1979.7.도판5) 원 전서(篆書)에는 「旡」자로 쓴다.

이 글자가 「氏」와 「几」를 따르므로 「旡」로 예정(隸定)할 수 있다.

『說文』에서는 「파촉 지방에서는 산의 절벽이 한 쪽에 붙어 있기는 하지만, 거의 무너질 지경에 이른 것을 이름하여 지(氏)라고 한다. 지(氏)가 붕괴되는 소리는 수 백리 밖에서도 들린다. 象形이다. 乀가 성부를 나타낸다. 양웅의 賦에서 "울리는 소리가 마치 산사태로 무너져 내리는 소리와 같다"라는 구절이 있다[氏, 巴蜀名山岸脅之堆旁箸欲落墮者曰氏, 氏崩聞數百里. 象形. 乀聲. 楊雄賦, 響若氏隤].」라 하였다. 허신(許愼)은 氏자의 본의에 대해 정확하게 설명을 해두지 않았지만 「거의 무너질 지경에 이른 것을 이름하여 지(氏)라고 한다[欲落墮者曰氏].」는 「氏」에 대한 의훈(義訓)에서 나온 것이다. 今本 양웅(揚雄)의 『解嘲』에서 「氏」를 「坻」로 쓰고 있는 예 역시 증거 자료로 삼을 수 있다. 그러므로 「危」는 「氏」를 따르거나 혹은 산비탈이 무너지려 해서 위험하다는 의미를 취하기도 한다.

「危」가 따르는 「几」 역시 음부(音符)이다. 「危」는 疑母 脂部에 속하고, 「几」는 見母 脂部에 속한다. 見母와 疑母는 牙音의 見母 계열에 속한다. 「旡(危)」가 「几」

---

86 曾運乾, 『喩母古讀考』, 『東北大學季刊』 1927年 2期.

를 음부(音符)로 삼고 있어 성모와 운모가 같다. 최근에 발표된 상해간(上海簡)『緇衣』9에 인용된『詩·小雅·節南山』의「백성들이 모두 너희를 보고 있다[民具爾詹(瞻)].」의「詹」은 원 전서(篆書) 자형은 ☰으로 쓰고 있다. 이 글자의 윗부분은「旡」을 따르고 있는데, 칠서(漆書)와 같으므로 상당히 주목할 가치가 있다.

5.「畮」자 고석[87]

청천목간[靑川木牘]「畮」의 원 전서(篆書) 자형은「𤱥」형(『文物』1982.1.11.)으로 쓰고 있다.

『說文』은「畮, 여섯 척은 일 步이고, 100步는 일 畮이다. 田을 따르고 每가 聲符이다. 畮, 畮 혹은 田과 十과 久를 따른다[畮, 六尺爲步, 步百爲畮; 從田每聲. 畮, 畮或從田、十、久].」라 풀이하고 있으며, 서주 금문의「𤱀」(賢簋)와 소전(小篆)「畮」가 자형이 같고, 간독문의「畮」는 혹체(或體)자[88]로「畮」와 같다. 간독문의「畮」를 분석해보면「田」,「久」,「又」를 따르고 있는 것이 분명하다.「又」편방은 간독문에서「𠂇」(「史」편방),「𠂇」(「封」편방),「𠂇」(「時」편방) 등으로 쓰인다. 이 글자들이 따르고 있는「又」의 필획 끝부분이 모두 구부러진 형태인 것에 비해,「畮」가 따르는「又」의 필획의 끝 모양은 수직형이다. 이는 후자가「田」과「久」사이에 끼어 있어 구부릴 수 없기 때문이다.

「久」는「畮」의 음부(音符)이며, 모두 之部에 속한다는 사실에 대해 지금까지

---

87 何琳儀,『秦文字辨析析舉例』,『人文雜誌』1987年 4期.

88 [역자주] 혹체(或體)는 흔히 이체자로 부르며, 한자의 통상적 사법(寫法) 이외의 사법을 말한다. 통상적인 사법에 비하여 형부(形部)가 상이한 것도 있고, 성부(聲部)가 다른 것도 있다. 형부가 다른 것은 그것이 표시하는 의미가 반드시 비교적 가깝고, 성부가 다른 것은 가까이 성운(聲韻)에 있어서 필히 그 차이가 크지 않다는 것을 말해준다. 어떤 글자는 여러 개의 이체자를 지니고 있었음이 자서나 운서에도 예시되어 있는데, 사회적으로 그 이체자들이 일찍이 어떤 사람들에 의하여 쓰인 적이 있기 때문에 찾아보기 편하도록 한데 모아 놓았던 것이다.

이견이 없었다. 사실상 「又」도 「畝」의 음부(音符)이다. 「又」와 「畝」는 雙聲 疊韻 관계이므로 「畝」가「又」를 성부(聲符)로 삼은 것은 음운 이치면에서 상당히 부합한다.[89] 이와 유사한 「음부중첩[雙重音符]」에 대해서는 제4장 제3절에서 상세히 소개하였다. 『說文』이 「又」의 와변형체인 「十」을 「畝」의 형부(形符)로 삼았기 때문에 풀이가 어려웠던 것이다.

제7절 어음과 의미 조화[音義相諧]법

전국문자 풀이가 쉽지 않은 것은 「문자이형(文字異形)」 이외 「언어이성(言語異聲)」 현상 또한 주요 원인이 되고 있다. 이는 전국문자의 통가(通假) 현상이 크게 만연했던 추세를 나타내는 것으로 이 시기의 통가(通假)는 아래와 같은 특징이 있다.

1. 가차자(假借字) 사용 빈도가 은주시기 문자보다 훨씬 높다. 예를 들어 『中山王方壺』속에는 총 450자가 수록되어 있는데 이 가운데 가차자(異體字 포함)가 70여자에 달하며, 이는 전체 명문의 약 15% 정도에 해당하는 수치이다.
2. 가차자 형체가 특수하여 은주문자 중에는 나타나지 않을 뿐 아니라, 전래 문헌에도 그 사례를 찾아볼 수 없다. 예를 들면 「鄰」을 「哭」이라 쓰고, 「位」를 「㠯」로 쓰는 것 등이다.
3. 통가(通假) 방식이 상당히 자유롭다. 문자 「甲」은 문자 「乙」과도 통가할 수

---

89 [역자주] 「又」는 於來切로, 喩母三等자에 속하며 고대에는 匣母 之部자이었고, 「畝」는 莫厚切로, 明母 之部에 속하였다. 匣母와 明母는 방전(旁轉)할 수 있는데 이는 각각 설근음(舌根音)과 순음(脣音) 이기 때문이다.

있고, 문자 「丙」과도 통가할 수 있다. 예를 들면 후마맹서(侯馬盟書)의 「明亟視之」에서는 「亟」을 「殛」로 쓰거나, 「亟」을 「祀」로 쓰고 있다. 즉 문자 「甲」이 문자 「乙」과 통가(通假)한 후 다른 곳에서도 문자 「丙」과 통가(通假)하고 있다는 것이다. 신양간(信陽簡)의 「是胃」도 「胃」를 「謂」로 쓰고 있으며, 「天可胃」에서는 「胃」 대신 「畏」를 사용하고 있다.

4. 통가(通假)는 일반적으로 약정된 속성에 의한 관습이 지배하지만, 전국문자의 가차자(假借字)는 분명한 지역 색채를 지니고 있다. 예를 들면, 齊나라 계열 문자에서는 「窹」가 「造」를 대신하고, 「聞」이 「門」을 대신하고 있다. 燕나라 계열 문자에서는 「鄒」가 「都」를, 「怍」가 「作」을 대신하고 있다. 晋나라 계열 문자에서는 「朱」가 「厨」를 대신하고, 「釪」으로 「鑄」를 대신하고 있다. 楚나라 계열 문자에서는 「胃」가 「謂」를 대신하고, 「薪」가 「新」을 대신하고 있다. 秦나라 계열 문자에서는 「殹」가 「也」를 대신하고, 「軌」가 「簋」를 대신하는 등이 그 예이다.

종합해보면 전국문자 자료에서는 통가 현상이 상당히 보편적이며, 가차자가 비일비재하게 사용되었다. 이러한 사실은 전국문자를 고석하면서 필연적으로 音과 義의 관계를 어떻게 해결해야 하는지에 대한 문제에 반드시 봉착하게 한다.

두 개의 글자가 통가인지 여부를 확정하려면 두 글자의 음이 같거나 비슷한지 먼저 판정해야 한다. 흔히 말하는 「같다」거나 「비슷하다」는 판단은 반드시 선진시기 상고음을 근거로 삼아야 한다. 동성(同聲) 계통[諧聲 편방이 같음]의 통가는 일반적으로 문제가 되지 않는다. 「같은 해성자는 반드시 같은 韻部에 속한다[同諧聲字必同部].」[90]이기 때문에 증거가 있다면 더욱 이상적이지만,

---

90　段玉裁, 『六書音均表』.

문헌 이문(異文)을 그 증거로 삼을 필요는 없다. 즉 근거가 될 수 있는 구체적인 사례(辭例)나 문의(文意)를 근거로 하여 가차자를 본자(本字)로 여기면 된다. 상술한 「謂」를 「胃」로 읽고 「作」을 「怍」으로 읽는 등이 그 사례이다. 이성(異聲) 계통(諧聲 편방이 다름)의 통가는 좀 더 복잡한 편이다. 성운(聲韻)을 분석할 때 성모(聲母)의 통전(通轉)에 대해서는 반드시 음운학계에서 공인된 결론을 택하여 근거로 삼아야 한다는 사실을 주의해야 한다. 운부(韻部)의 대전(對轉)은 보통 쌍성(雙聲)을 연결고리로 삼고, 운부(韻部)의 방전(旁轉)도 반드시 쌍성(雙聲)으로 연결고리를 삼아야 한다.

다음으로, 분명하게 인지해야 할 사항이 있다. 음리(音理)가 서로 부합한다는 것은 이성(異聲) 계통의 문자가 통가 가능성이 있다는 것을 말한다. 그러나 이것이 결코 필연적인 조건을 갖추었다는 것을 의미하는 것은 아니다. 이성(異聲) 계통의 문자 통가는 반드시 전래문헌이나 고문자에 쓰인 통가 자료들이 그 증거로 뒷받침되어야 하는 것이다. 「음이 같다[音同]」거나 「음이 비슷하다[音近]」는 사실로 통가를 판단하는 유일한 증거로 삼는 것은 위험한 발상이다. 자음(字音)면에서 근거 없는 「일성지전(一聲之轉)」이나, 자형(字形)면에서 순수 예술 분야의 「형상사유(形象思惟)」는 모두 고문자를 풀이하는 데 있어 크게 금기해야 할 사항들이다. 또한, 설령 증거가 있는 「일성지전(一聲之轉)」이라 할지라도 간접추리 방식은 피해야 한다.

∵ A=B   B=C

∴ A=C

수학적 시각으로 본다면 이러한 추리 방식은 합리적이다. 그러나 통가 관계에서 「A=B」는 항등식(恒等式)이 아니며, 조건을 갖춘 비슷한 것을 의미할 뿐이다. 「B=C」 역시 같은 이치이다. 따라서 「A」가 「C」와 결코 같은 것만은 아니다. 다중 간접추리 즉,

$$\therefore A=B \quad B=C \quad C=D \qquad \qquad \therefore A=D$$

라는 추리는 더욱 위험한 생각이다. 통가 관계를 논증할 때 위와 같은 방법을 사용해서는 절대 안 된다. 그렇지 않게 되면 「장주(莊周)」를 「양주(楊朱)」로 읽게 될 뿐만 아니라, 「개는 獲이고 獲는 어미 원숭이이고, 어미 원숭이는 사람이다.」라는 공식을 만들게 될지 모른다.

끝으로, 독음을 확정한 후 문장에서의 사례(辭例)를 검증하지 않으면 고석한 문자를 확정 지을 수 없게 될 것이다. 그러므로 연구자가 문헌의 역사와 지리, 제도, 어휘를 알고 있는 정도가 문자를 풀이하는 수준을 결정하게 된다. 만일, 지하에서 출토된 자료와 전래된 지상 자료의 사례(辭例)와 독음이 완전히 같다면 고석해 낸 결과도 쉽게 바뀔 수 없다. 아울러 부합하는 글자 수가 많을수록 정확도는 높아진다. 예를 들어, 후마맹서(侯馬盟書)의 「그 씨족을 멸망시킨다[麻夷非是].」는 『公羊傳』의 「저 꿩을 갈라서 죽임을 보이는 것과 같을 것이다[昧雉彼視].」[91]에 해당하며, 『中山王鼎』의 「사람에게 빠지느니, 차라리 연못에 빠지는 것이 낫다[雙其汙于人施, 寧汙于淵].」는 『大戴禮記』의 「사람에게 빠지느니 차라리 연못에 빠지는 것이 낫다[與其溺于人也, 寧溺于淵].」라는 이 사례에 해당한다.[92]

---

91 朱德熙, 裘錫圭,『戰國文字研究』,『考古學報』1972年 1期.

92 李學勤, 李零,『平山三器與中山國史的若干問題』,『考古學報』1979年 2期.

이상은 어음과 의미가 조화로운 방법이 되려면 「음리(音理), 이문(異文), 사례(辭例)」 이 세 가지 조건을 반드시 갖추어야 한다는 것이다. 만일 音理와 異文만 갖추어져 있거나, 音理와 사례(辭例) 두 개의 조건만 있다면 고석은 가설일 뿐 정설이 될 수가 없다. 문자 고석은 문장의 의미가 통하게 하기 위한 것으로, 문장 안에서 의미가 정확하게 통하는 것 역시 풀이한 문자가 정확한 것인지를 검증할 수 있게 한다. 이런 의미에서 본다면 독음과 의미가 조화로운 것은 문자를 고석하는데 있어 마지막 종착지인 것이다.

1. 「豕」자 고석[93]

『璽匯』0175에는 齊나라 계열 네모형 관새에 「△母㣚關」이 수록되어 있으며, 이 가운데 「△」은 원 전서(篆書)에서 「豕」으로 쓰고 있다.

예전에는 「豕」자를 고석하지 못하였으나, 만약 반서(反書)로 본다면 쉽게 식별할 수 있다. 「豕」의 반서(反書)는 「豕」으로 쓰는데, 『璽匯』2599의 齊나라 계열 네모형 사새(私璽) 「淵㣚」의 마지막 글자가 따르는 편방(偏旁) 「豕」과 서로 비교할 수 있다. 다시 말하면 「豕」의 왼쪽 삐침 필획을 생략한 것이 「豕」이라는 것이다. 이러한 종류의 간화 현상은 『侯馬』307 「墜」가 「墜」과 「墜」으로 쓰인 예를 참고하면 된다.

틀림없이 앞에서 거론한 齊나라 새인 「豕」과 「㣚」이 따르는 「豕」는 모두 「豕」로 고석해야만 하며, 한 글자는 반서(反書)이고 다른 한 글자는 정서(正書)에 불과하다. 사새(私璽)의 「㣚」는 인명(人名)이므로 더 이상 논할 필요가 없으나, 관새(官璽)의 반서(反書) 문자인 「豕」는 지명이므로 비교적 중요하다.

---

93   何琳儀, 『戰國文字形體析疑』, 『於省吾敎授百年誕辰紀念文集』, 1996年, 224쪽.

齊나라 계열의 관새(官璽) 「豕母」는 「泥母」로 추정되며, 「豕」과 「泥」 모두 지(脂)部에 속하므로 서로 통용된다. 『詩·邶風·泉水』의 「禰에서 먹고 쓰다.(飲錢於禰)」, 『儀禮·士虞禮』의 주는 「禰」를 「泥」로 인용하였으며, 『說文』의 「獼」는 「祢」가 혹체(或體)라 하고 있다. 「獼」와 「禰」는 사실 같은 자이다. 『說文』의 「獼, 가을 전답이다[獼, 秋田也].」에 대하여 『說文繫傳』이 「禰, 秋略(田)也.」라 한 것이 확실한 증거이며, 「禰」의 이문(異文)은 「泥」로 쓰거나, 「禰」로 쓰기도 하였는데, 「泥」과 「豕」의 音이 유사하다는 증거이다. 「泥母」는 「寧母」로 쓰기도 하였는데, 齊나라의 지명(地名)이다. 「泥」와 「寧」은 모두 泥母에 속하므로 서로 통용할 수 있다. 『春秋』僖公七年의 「제후, 송공, 진씨의 자관, 정의 세자 화가 영모에서 회맹을 하였다[公會齊侯、宋公、陳氏子款、鄭世子華, 盟於寧母].」에 대해 「고평방과 구동이 영모에 있는 정자에서 만났다. 寧과 음이 같다[高平方與具東有泥母亭, 音如寧].」라고 注하고 있으며, 『後漢書·郡國志』에는 「泥母」를 「寧母」로 쓰고 있다. 「泥母」는 지금의 山東성 어대(魚臺)의 북쪽에 위치하고 있다.

2.「馬」자 고석

『鄒侯載簋』에는 「永台馬母」라고 새겨져 있다. 「馬」는 「武」, 「母」는 「女性」이라 풀이하며,[94] 「馬母」를 「馬祖」로 풀이하기도 한다.[95] 「馬母」는 『中山王圓壺』에 「百母」로 새겨져 있으며, 「馬」와 「百」은 쌍성첩운(雙聲疊韻)으로 음이 비슷하여 서로 통용하였다.

『詩·小雅·吉日』의 「이미 말의 신에게 빌었나니[既伯既禱].」는 『說文』에서 「이미 말의 신에게 빌었나니[既禡既禑].」로 사용되었다. 『周禮·春官·肆師』「말

---

94 郭沫若, 『兩週金文辭大系』 227쪽.
95 白川靜, 『金文通釋』 4卷 214쪽.

의 신에게 제사하다[祭表貉].」의 「貉」은 『爾雅·釋天』에서는 「禡」로 쓰였고, 정현(鄭玄)은 注하여 「貉」을 「十百之百」으로 읽고 있다. 이 모두 고석에 증거가 되는 자료들이다. 「母」와 「每」는 한 글자에서 분화된 글자로 쌍성(雙聲)관계이며, 「馬」와 「百」, 「母」와 「每」는 순음(脣音)을 연결 고리로 하는 대전(對轉)현상이다.

『中山王圓壺』의 명문 「百每」는 전래문헌의 「勉閔」으로,[96] 「百」은 「慎」로 읽을 수 있다. 『詩·大雅·皇矣』의 「그의 아름다운 이름이 사방으로 전파되게 하시다[貊(貉)其德音].」는 韓詩에서 「아름다운 이름이 사방으로 전파되게 하시다[莫其德音].」으로 쓰인 것이 그 증거이다. 『說文』에서는 「慎, 勉也.」라 하였고, 주준성(朱駿聲)은 『說文通訓定聲』에서 「百은 慎의 假借이다. 『좌전』 희공 28년전은 『대단히 기뻐하고 흥분하여 펄쩍 뛰었다』라고 하였으며 注, 勵와 같다[百假借爲慎, 『左僖廿八年傳』: 距躍三百, 曲踊三百. 注, 猶勵也].」라 하였다.[97] 「每」는 「敏」이라 읽을 수 있다. 『天亡簋』와 『晋姜鼎』의 「每揚」을 「敏揚」이라 읽을 수 있는 것이 확실한 증거가 된다. 『禮記·中庸』의 「사람의 도는 바름에 힘쓰는 것이다[人道敏政].」은 「민, 힘쓰다[敏, 獲勉也].」라 풀이하고, 「敏」은 「閔」과도 통한다고 주(注)하고 있다. 『釋名·釋言語』에 「민, 힘쓰다[敏, 閔也].」로 풀이하고 있고, 『書·君奭』의 「나는 오직 하늘과 백성을 다스리는데 힘쓴다[予惟用閔于天越民].」은 「閔也, 勉也.」라고 傳하고 있다.

『詩·邶風·谷風』의 「힘써서 같은 마음으로 하였다[黽勉同心].」에 대해 석문(釋文)은 「勉勉과 같다[猶勉勉也].」라고 풀이한다. 주지하다시피 「민면(黽勉)」 같은 쌍성연면어(雙聲連綿語)[98]는 마땅한 정자가 없어 「密勿」, 「蠠沒」, 「閔免」, 「文

---

96 何琳儀, 『中山王器考釋拾遺』, 『史學集刊』 1984年 3期.

97 朱駿聲, 『說文通訓定聲』 豫部.

98 [역자주] 연면어(連綿語)는 갈라놓을 수 없는 두 음절이 하나의 의미인 단어를 가리킨다. 예를 들면, '仿佛(fǎngfú)', '逍遥(xiāoyáo)', '輾转(zhǎnzhuǎn)', '玛瑙(mǎnǎo)' 등이 있다.

莫」등으로 쓰기도 하였지만, 모두 순음(脣音)을 성모로 가지므로 음전(音轉) 현상에 해당한다. 이들은 글자의 위치를 바꿔 「민면(僶勉)」은 「면민(勉僶)」으로(『薛君章句』), 「黽勉」은 「茂明」으로(『漢書·董仲舒傳』), 「密勿」은 「悗密」(『韓非子·忠孝』)로 쓰기도 한다. 따라서 「百每」는 「慎敏」이나 「勉閔」으로 읽어야 하며, 전래문헌에 쓰인 「閔勉」(『漢書·谷永傳』)의 도치 형태인 것이다.

『中山王圓壺』의 「百每竹(篤)周無疆」 의미는 「백성을 사랑하고 자손이 번창하는 데 힘쓰다.」이며, 『郘侯載簋』의 「永台(以)馬母」 의미는 「영원히 힘쓰다.」이다. 이 두 명문은 「百每」와 「馬母」가 서로 호응하고, 「無疆」과 「永」이 대응하고 있으며, 사례(辭例)가 매우 유사하여 증거 자료로 삼을 수 있는 것이다.

3. 「𧶠」자 고석[99]

『中山王方壺』에 새겨진 「亡又△息」(『中山』 78)의 「△」는 원 전서(篆書)에 「𧶠」으로 쓰고 있는데, 이 글자는 학자들의 고석이 상당히 불일치하는 글자이므로 일일이 거론하지는 않겠다.

『古文四聲韻』 2.14에서 「商」이 「𠫤」과 「𠻖」 등의 형태로 쓰이는 것으로 보아, 「△」 글자는 「𧶠」로 예정(隸定)할 수 있다.

「𧶠」는 「商」을 성부(聲符)로 하며, 「商」과 「尙」, 「常」은 쌍성첩운(雙聲疊韻)관계이다. 『說苑·修文』은 「商者, 常也.」라 하였고, 『廣雅·釋詁一』에서는 「商, 常也.」라 하였다. 왕념손(王念孫)은 『疏證』에서 『常은 商과 소리가 비슷하다. 그러므로 「회남자·무칭훈」의 「노자는 항상 포용하고, 혀를 살펴 부드러움을 지키는 것을 배웠다」, 「설원·경신편」의 「그 일을 함에 항상 포용하며 商容은 常摐을 말한다」, 「한책」이 「서쪽 의양과 상판에 요새가 있다」를 「사기·소진전」은 「常은 商

---

99   何琳儀, 『中山王器考釋拾遺』, 『史學集刊』 1984年 3期.

이다」[常, 商聲相近. 故『淮南子·繆稱訓』老子學商容, 見舌而知守柔矣.『說苑·敬愼篇』載其事, 商容作常摐.『韓策』西有宜陽常阪之塞,『史記·蘇秦傳』常作商]」라고 하였다.[100] 금문과 전래문헌에서「賞(轉)」으로「賞」을 대신하는 사례는 수도 없이 많다. 그러므로「商」을 성부(聲符)로 하는「轉」는「尙」이나「常」으로 읽을 수 있다.

『詩·小雅·苑柳』에는「우거진 버드나무가 있으니, 쉬지 않으려 하는가[有苑者柳, 不尙息焉]?」이라는 문구가 있는데, 이 중에서「不」은「無」와 같고[101],「尙」은「常」으로 읽는다.[102] 중산왕방호의「거의 쉬지 않다[亡(無)又(有)轉(常)息].」명문은『시(詩)』의「거의 쉬지 않다[不(無)尙(常)息焉].」와 문례가 서로 비슷하여 근거로 삼기에 알맞다.

4.「於」자 고석[103]

장사백서(長沙帛書)『乙篇』에는「그러므로 황곰은……비바람이라고 한다[曰故黃能(熊)黽(伏)虘(犧)……風雨是於].」라는 글귀가 있다. 그 중「於」는「語助辭」[104]이나「居」로 풀이한다.[105]

필자는「於」는「遏」로 읽을 수 있고 두 자 모두 影母에 속하므로, 전래문헌에서 종종 통가(通假)할 수 있다고 생각한다. 예를 들어『書·舜典』의「음악 소리가 끊어져 고요하였다[遏密八音].」에 대해『春秋繁露』에서는「遏」을「關」로 인용

---

100 王念孫,『廣雅疏證』.

101 劉　淇,『助字辨略』, 中華書局, 1983年, 226쪽.

102 于省吾,『雙劍誃詩經新證』卷2·25.

103 何琳儀,『長沙帛書通釋』,『江漢考古』1986年 2期.

104 商承祚,『戰國帛書述略』,『文物』1964年 9期.

105 陳邦懷,『戰國楚帛書文字考證』,『古文字研究』5輯, 1981年.

하고 있다. 또한,『左傳』襄公 25년의「虞遏父」에 대해『史記·陳杞世家』索隱은「遏父」라 쓰고 있다.『呂氏春秋·古樂』의「백성의 기가 끊기고 정체된 것이다[民氣鬱閼而滯者].」에 대해「閼는 그치다의 遏로 읽는다[閼讀遏止之遏].」이라 注하고 있다.『一切經音義』1에서는「遏, 고문의 閼와 같다[遏, 古文閼同].」이라 하였고,「遏」은「謁」로 쓰기도 한다고 하였다.『春秋』襄公 25년의「吳子遏」은『公羊傳』과『穀梁傳』에서 모두「謁」로 쓰고 있으므로「於」,「遏」,「謁」이 모두 통용된다는 증거이다.

『山海經·大荒北經』에는「먹지도 잠들지도 쉬지도 않는데 비바람이 일어난다[不食不寢不息, 風雨是謁].」이라는 문구가 있는데, 곽주(郭注)에서 이를「말이 능히 비바람을 일으키도록 할 수 있다[言能請致風雨].」라 풀이하고 있으나 상세히 살피면 잘못된 것이다.「비바람 속에서 뵙다[風雨是謁].」은 초나라 백서(帛書)의 문구「풍우시어(風雨是於)」를 말한다.「於」는「鳴」로 읽는데 바로「歔」를 가리킨다.『說文』에서는「오, 입에서 소리가 나가는 것이라고도 한다[歔, 一曰口相就也].」라 하였으므로 이 역시「喝」로 쓰인 것이다.『素問·生氣通天論』의「炊則喘喝」은「크게 호령하면서 소리 내는 것이다. 鳴으로 쓴다[大呵出聲也.一作鳴].」는 의미로「於」,「鳴」,「歔」,「喝」,「謁」은 대전(對轉)관계 글자들이다.「風雨是於」는「風雨是謁」문구와 정확히 부합하는데 전자는 복희(伏犧)를 가리키며 후자는 촉용(燭龍)을 가리킨다. 둘 다 바람을 일으키고 비를 부르는 신력(神力)을 가지고 있다.

5.「鼇」자 고석

석고(石鼓)『作原』「鼇導二日」문구 중의「鼇」와「抽」는 쌍성첩운(雙聲疊韻)으로 같은 음이다.『呂氏春秋·節喪』의「흰 칼을 휘두르며 피를 말리고 간을 꺼내다[蹈白刃, 涉血盩肝].」에 대해 「주, 고대의 추 자이다[盩, 古抽字].」라 注하고 있으며, 「導」의 원 전서(篆書)가 「行」을 따르는데 「導」가 「辵」을 따르는 것과 같은 이치이므로 「導」의 이문(異文)으로 생각한다.

「盩導」는 마땅히 「抽導」로 읽어야 하며, 『晉書·戴邈傳』에서는 「심오한 이치를 이끌고 널리 재능과 사고를 계발하다[抽導幽滯, 啓廣才思].」라 하였다. 이 문장의 「抽導」라는 것은 「引導」를 말한다.

제8절 사례교감[辭例抽勘]법

고문자 고석은 자형을 우선으로 하는 것이 총체적 원칙이다. 그러나 일부 고문자의 고석은 형체를 분석하기에 앞서 먼저 명확한 사례(辭例) 제시가 전제되어야 한다. 예를 들어 갑골문 「♀」은 자형이 「子」로 보이지만, 복사(卜辭) 문장에서 「巳」자에 속하지 않는다. 뿐만 아니라, 『秦公簋』의 「慶」 자형은 「麿(麟)」이 생략된 형태로 보이이지만, 「경사를 드높이어 널리 사방에 퍼지게 하다[高引又慶, 竃圉四方].」의 압운어에서 「成慶」의 「慶」으로 읽는다. 이처럼 사례(辭例)를 전제로 하여 고석하는 방법을 「사례교감[辭例抽勘]」이라 할 수 있다.

분명한 사실은 사례를 통한 교감이 각종 비교법이 가지고 있는 부족한 면모들을 보완해 줄 수 방법이라는 점이다. 왜냐하면 일부 고문자 중에는 이미 알고 있는 형체와 부합하더라도 구체적인 사례(辭例)에 적용시키면, 그 의미가 통하지 않는 경우가 있기 때문이다. 따라서 「사례교감」법을 사용하지 않으면 형체에 얽매여 글자를 고석하지 못할 수 있게 된다.

「사례교감」이 고석해낸 문자 중에서 어떤 것은 이미 파악된 문자의 변천 규칙을 근거로 그 형체에 대해 합리적인 분석을 이끌어낼 수 있으나, 어떤 것은 불가능하다. 예를 들어 전국문자에서 자주 쓰인 「全」은 새로 출토된 중산왕 기물에 의해 「百」으로 읽어야 한다는 사실이 증명되었다. 그러나 이 글자의 형체 분석에 대해서는 지금까지 만족할 만한 결과를 얻지 못하고 있다. 물론, 이런 현상은 일시적일 뿐 새로운 자료들의 발견과 문자 고석의 비약적인 발전에 힘을 입게 되면 「미지」의 문자가 완전히 「기지(旣知)」의 문자로 바뀔 수 있게 될 것이다.

만일 명확하고도 의심의 여지가 없는 사례(辭例)가 전제조건이 될 수 없다면, 쉽게 「사례교감」 방법을 사용하지 않도록 주의해야 한다. 그렇지 않으면 「자형이 의미를 왜곡하는[以形屈義]」 상황 속으로 빠져들어 가게 된다.

최근에 발견된 초간(楚簡)의 많은 내용들이 전래문헌에 속하며, 금본(今本)에 보이기도 한다. 예를 들어 곽점간(郭店簡)의 『老子』와 『緇衣』 등이 있는데, 일부 문구를 금본(今本)과 비교해서 읽을 수 있다. 곽점간(郭店簡)이 인용한 『詩』, 『書』, 『禮記』, 『論語』, 『莊子』, 『呂氏春秋』, 『淮南子』 및 『說苑』 等이 그 예이며, 상해간(上海簡)이 인용한 『詩』, 『書』, 『禮記』 등도 있다. 이러한 예들이 「사례교감[辭例推勘]」 방법에 풍부하고도 정확한 대비 자료를 제공하고 있는 것이다. 예를 들어 「笑」, 「就」, 「達」, 「龍」, 「瑟」, 「爵」 등의 글자는 모두 출토문헌과 전래문헌을 근거로 해서 고석한 것으로, 어음을 정하는 문제도 크게 벗어나지 않는다고 할 수 있다. 어떤 의미에서 보면 이러한 「사례추감(辭例推勘)」법과 「전초고문(傳鈔古文)」은 전국문자(戰國文字)를 고석하는 과정에서 예기치 못한 성과를 가질 수 있게 된다.

1. 「祭」자 고석

『陳侯午敦』에는 「乍(作)皇妣孝大妃△器, 鍐敦」(『三代』 8.42.1)명문이 있으며, 「△」은 원 전서(篆書)에는 「祜」으로 쓴다. 만일 편방 분석만을 근거로 삼는다면 이 글자는 「祾」로 예정(隷定)할 수 있다. 그러나 陳侯因資敦에 새겨진 「효공, 문공 및 환공을 제사하는 기물을 제작한다[用乍孝武桓公祄器].」의 사례(辭例)를 대조해보면 「△」가 바로 「祄」이며, 「祭」라고 고석해야 한다. 「손으로[又]」로 「고기[肉]」를 잡아 「제단[示]」 앞에서 「제사[祭]」한다는 의미인 것이다. 敦의 명문 「△」은 「肉」을 「又」의 아래쪽에 배치하여 그 자형이 「祾」와 혼돈한 것으로, 이와 비슷한 사례인 「상하를 구분하지 않는다[上下無別].」현상은 제4장 제4절에 상세하게 서술하였다. 만일 진후(陳侯) 두 기물의 명확한 사례(辭例)를 근거로 삼지 않았다면, 「△」를 「祭」로 쉽게 확정 지을 수 없었을 것이다. 아래의 예 한 가지가 바로 이 문제를 잘 설명해주고 있다.

『蔡侯盤』에 「▽受母已」(『壽縣』 도판38) 명문이 새겨져 있는데, 이 가운데 「▽」은 원 전서(篆書)에 「𥙊」으로 쓰고 있다. 이 글자를 용경(容庚)은 「祭」라 읽었으며,[106] 곽말약(郭沫若)은 「祐」라고 읽었다.[107] 필자는 「祭」로 읽는 것은 명확한 사례(辭例) 제시라는 한계에서 벗어날 뿐 아니라, 「日」과 「夕」이 다른 글자이므로 따를 수 없다고 생각한다. 「祐」로 고석하면 자형과 부합할 뿐 아니라(오른쪽 아래의 「日」 형태는 장식성 부건이다), 「祐受」는 「受祐」(卜辭에서 자주 보임)가 되므로 믿을 만한 풀이가 된다.

다시 말하면 「△」와 「▽」는 각각 「祭」와 「祐」로 풀이해야 하며, 서로 자형이 비슷하지만 다른 문자임을 사례(辭例)를 통해서 검증할 수 있다.

2. 「侯」자 고석

『璽彙』0323에 연나라 네모형 관새가 수록되어 있으며, 「猪荏△」가 새겨져

---

106 容　庚, 『金文編』 0017.

107 郭沫若, 『由壽縣蔡器到蔡墓的年代』, 『文史論集』, 1961年, 301쪽.

있다. 편집자는 이를 「信菳医」라 고석하고 있으나, 필자는 「菳」를 마땅히 「城」으로 고석하여야 한다고 생각한다. 연(燕)나라 관새(官璽) 「洵菳」(『璽彙』0017)을 「洵城」으로 읽는 것이 그 증거자료가 될 수 있으며, 「信城」은 지명으로 지금의 하북성(河北省) 청하(淸河)이다.

세 번째 문자 「△」와 「医」는 자형이 크게 비슷하다. 그러나 위 글자가 관직을 수행하던 곳의 지명(地名)이라면 의미가 통하지 않게 된다. 관새의 통례에 따르면 지명 뒤에는 작위, 관직, 기구 등의 명칭이 쓰이므로, 「矦」는 즉 「公侯」의 「侯」으로 읽어야 한다. 전국문자의 혹체자와 연나라의 관새를 비교하면,

医　陳侯因資戟　　　医　蔡侯產戈　　医　『璽匯』0323

위의 세 글자가 따르는 「厂」편방이 모두 「匸」형태로 쓰였는데 분명히 같은 글자이다. (이처럼 필획을 끌어 쓰는 현상은 제4장 제4절에서 상세히 설명하였다.)

지명 「信城」은 전국시대 조(趙)나라에 속하였다. 『漢書·地理志』에는 청하군(淸河郡)에 「信成」이 있었는데, 한(漢)나라 여상(酈商)이 일찍이 「신성군(信成君)」으로 봉해졌다라고 하였다. 「신성후(信成侯)」가 누구인지 좀 더 연구가 필요하지만, 자형으로 보았을 때는 마땅히 연(燕)나라 제후에 해당하며, 그의 본적은 조(趙)나라일 것이다.

3. 「匕」자 고석

『起源』圖版22에는 삼공포(三孔布) 명문 「上△陽」과 「下△陽」이 수록되어 있다. 이 가운데 「△」은 원 전서(篆書)에는 「匕」으로 쓰고 있다. 「△」는 예전에 「邶」

으로 고석하였으며, 「邨陽」은 『漢書·地理志』의 남양군(南陽郡) 비양(比陽)이다.[108] 혹자는 「俹」로 고석하고 「和」 읽었는데, 『水經』 탁장수(濁漳水) 注에는 「화성(和城)」이라 하고 있다.[109]

이학근(李學勤)은 「邮」자로 고쳐서 고석하고, 「邮陽」이 바로 「曲陽」이라 하였다.[110] 「曲陽」은 『史記·趙世家』에 보이며, 「上曲陽」은 『漢書·灌嬰傳』에 보이고, 「下曲陽」은 『戰國策·燕策』에 보인다. 이 모두 전국시대 조(趙)나라 국경 내에 속했던 지역들로 「上曲陽」과 「下曲陽」의 사례(辭例)를 사용하여 검증하면 「△」을 「邮陽」으로 풀이하는 것이 타당하다고 생각된다. 이를 확대해서 추론하면 『三代』 20.57.4 矢括의 「場」(合文)은 『漢書·地理志』에 태원군(太原郡)에 양곡(陽曲)지명이 있으므로 「陽曲」으로 읽어야 한다. 따라서 전국시대 대구(帶鉤) 명문의 「宜匕則匕」(『嘯堂』 69)는 「宜曲則曲」[111]으로 읽어도 의미가 잘 통한다. 『璽彙』 4864의 「可以正㇆」는 「可以正曲」으로 읽을 수 있는데,[112] 『左傳』 襄公 7년의 「정직이 곧음이고, 정곡도 곧음이다.(正直爲直, 正曲爲直)」(杜注「正人曲」)으로 근거를 삼아도 사례(辭例)는 정확하게 부합한다. 그러나 「匕」나 「㇆」을 「曲」으로 고석하는 것은 자형면에서 좀 더 설명이 필요하다.

우선, 형체를 분석해보면 「匕」형은 상술한 「邮」의 편방에서 보이는 것 이외, 아래 열거한 문자들의 후기 형식의 편방에서 나타나고 있다. 예를 들면,

區　『甲編』584　　『璽文』12.9　　『侯馬』329

108　鄭家相, 『中國古代貨幣發展史』, 三聯書店, 1958年, 140-141쪽.

109　裘錫圭, 『戰國貨幣考』, 『北京大學學報』 1978年 2期.

110　李學勤, 설을 李零이 인용 『戰國鳥蟲歲銘考釋』, 『古文字研究』 8輯, 1983年.

111　李　零, 『戰國鳥蟲箴銘考釋』, 『古文字研究』 8輯, 1983年.

112　吳振武, 『古璽彙編釋文訂補及分類修訂』, 『古文字學論集』 초기 편집본.

匽	匽侯盂		沇兒鍾		鮑氏鍾
匽	拾零 12.9		『璽文』12.10		『中山』31
医	『甲骨』12.20		『甲骨』12.20		石鼓『靁雨』"殹"

세 번째 세로줄의 후기 자형은 첫 번째 세로줄의 초기 형체에서 발전한 것으로, 「匸」는 「𠃊」자형에서 출발했음을 알 수 있다. 아울러, 『說文』에서 「區」, 「匽」, 「医」 이 세 글자는 모두 「匸」자형을 따른다고 풀이하였다. 「匸는 비스듬하게 서서 기다리며 (물건을) 품은 것이 있다는 의미이다. 𠃊으로 구성되었다. 위는 一로 덮은 것이다. ……傒와 같이 읽는다[匸, 衺徯有所俠藏也, 从𠃊上有一覆之……讀與傒同].」이고, 「𠃊은 숨는다는 의미이다. 구부러져서 가려진 모양을 상형하였다[𠃊, 匿也. 象迉曲隱蔽形……讀若隱].」이며, 「匸」은 胡札切로, 匣母, 脂部자이다. 「𠃊」은 於謹切로, 影母, 文部자이다. 影과 匣은 두 자 모두 喉音에 속하며, 脂와 文은 음양대전(陰陽對轉)이다. 「俠(挾)藏」과 「匿」은 의미도 인신해서 사용하였으므로, 「匸」와 「𠃊」는 사실 한 글자에서 분화한 것이다. 고문자 시각으로 보면 두 글자는 본래 하나의 글자에 속하였다. 「𠃊」이 초문(初文)이므로 이와 유사한 초문 「匸」과 비교해 보아도 무방하다. 예를 들어,

𠃊	𠃊『甲編』84「区」		『京都』268		曲父丁爵
匸	匸『甲骨』12.20		『甲骨』12.20		乃孫作且乙鼎

이러한 수평적인 번체(繁體)와 간체(簡體)의 관계는 「𠃊」이 「匸」의 간체라는 것을 나타내주고 있다. 우성오(于省吾)는 「𠃊」에 대해 은(殷)나라 금문과 『說文』

古文 및 한(漢)나라 碑石 등을 근거로 「曲」이라 풀이하였는데,[113] 지극히 타당하다. 「L」이 「曲」의 초문(初文)이므로, 후기문자인 「匸」은 마땅히 「曲」의 변이체임을 알 수 있다. 이 밖에 전국문자 중에는,

| 甲 | 㠯『包山』12 | 比 | 『包山』82 |
| 國 | 國『隨縣』174 | 崴 | 『包山』45 |

등의 예가 있는데 이 역시 이러한 변천 규율의 영향을 받은 유화현상에 해당한다.

다음으로, 음독(音讀) 분석에 따르면 「曲」과 「區」는 음이 같다. 『公羊傳』桓公 13년의 「구지에서 회맹하다[盟于毆池].」에 대해 『左傳·穀梁傳』에는 「曲池」로 쓰고 있다. 『集韻』「오나라 사람은 누에를 기르는 대나무 그릇을 筳薄라고 한다[吳人謂育蠶竹器曰筳薄].」의 「筳」는 「苗」를 말한다. 『說文』의 「묘, 누에치는 발이다[苗, 蠶薄也].」라고 풀이하는 것이 증거가 된다. 「區」는 『說文』에 「品을 따르며, 匸 가운데 있다[从品在匸中].」라고 풀이하고 있는데, 사실상 회의자 「區」의 「匸」 편방 역시 음부(音符)자이다. 「區」는 溪母이고, 「匸」은 匣母이며, 溪와 匣은 각각 牙母와 喉母에 속하므로 통전(通轉) 할 수 있다. 「曲」의 독음과 해성을 분석하면 「匸」, 「筳」, 「區」 세 글자 모두 「曲」과 관련이 있고, 「감추다」는 의미를 가지고 있다.

마지막으로 의훈(義訓)의 분석을 따르면, 『說文』은 「匸는 비스듬하게 서서 기다리며 (물건을) 품은 것이 있다는 의미이다. L으로 구성되었다. 위는 一로 덮은 것이다[匸, 衺徯有所俠藏也, 从L上有一覆之].」라 풀이하고, 서호(徐灝)는 『注

---

113 于省吾, 『甲骨文字釋林』, 中華書局, 1979年, 413쪽.

箋」에서 「裒는 曲이다[裒猶曲也].」라 하였다. 또한 『說文』은 「ㄴ, 숨기다. 구부러져서 가려진 모양을 상형하였다[ㄴ, 匿也. 象迟曲隱蔽形].」라 풀이하고, 단옥재(段玉裁)는 『注』에서 「迟와 曲은 雙聲」이라 하였다. 『說文』은 「區는 굽은 곳에 감추어진 것이다. 品이 匸 가운데 있으며, 品은 많다는 의미이다[區, 踦曲藏匿也, 从品在匸中. 品, 衆也].」라 풀이하였고, 단옥재(段玉裁)는 『무릇 구부러진 것을 곡이라 하고, 물건을 담는 것이다[凡委曲者謂之曲, 藏匿也].」라 하고, 『說文』「곡은 수확한 물건을 담는 형태[曲, 象器曲受物之形].」이라 하였다. 상술한 것들을 살펴보면 「匸」, 「ㄴ」, 「區」 세 글자 모두 「曲」과 관련이 있으며, 「감추고 숨김」의 의미를 지니고 있음을 알 수 있다.

이상 종합하면, 「匸」와 「曲」의 형음의 관계가 매우 밀접하였으며. 자형의 변천 과정을 살피면 갑골문에서는 「ㄴ」이나 「ᄂ」로 쓰였고, 금문에서는 「ᄂ」로 쓰였으며, 주나라 후기문자에서는 「ㄴ」에 가로획 하나를 덧붙여 「匸」이나 「ヒ」 형태로 쓰였다. 또한, 소전(小篆)은 서체의 방향을 바꾸고 무늬를 덧붙여 「ᄇ」으로 사용하였으며, 한나라 문자가 소전을 계승하였으므로 전국문자 「ヒ」의 형태가 도태된 것이다.

4. 「𦏵」자 고석[114]

『鄂君啟節』에는 「歲𦏵返」이 있다. 이 중에서 「𦏵」가 「羽」와 「能」을 따른다고 하는 여러 전문가의 형체(形體) 구조 분석에 대해서는 크게 이견이 없다. 그러나

---

114 何琳儀, 『郭店竹簡選釋』, 『文物研究』 12輯, 2000年.

자형 고석 측면에서 「罷」,[115] 「能」(贏),[116] 「能」,[117] 「翼」(代),[118] 「能」(乃),[119] 「蟹」(乃),[120] 等으로 읽는 것과 같이 서로 견해를 달리하고 있다.

곽점간(郭店簡)『五行』의 「군자를 추모하는 것은 罷을 의미하는 것이다[弔人君子, 其義罷也].」에 대하여 편집인은 금본(今本)『詩·曹風·鳲鳩』의 「정숙한 군자라 그 뜻이 한결같다[淑人君子, 其義一兮].」을 인용하여 「罷」은 마땅히 「一」[121]로 읽어야 하고, 『鄂君啟節』의 「일 년 이내 반환하다[歲罷返].」 역시 「歲一返」[122]으로 읽어야 한다고 하였다.

이러한 「사례추감(辭例推勘)」을 이용한 방법이 매우 정확하였으므로 『鄂君啟節』이 발표된지 40여 년이 흘러 비로소 「罷」의 讀音이 철저히 해결된 것이다. 「罷」가 어떻게 「一」로 읽히게 되었는지 추적해보면 다음과 같다.

「懿」 자의 小篆 좌측은 「壹」을 따르고 있는 반면, 西周 金文 「懿」자의 좌측은 「壺」를 따르고 있다.(『金文編』 1684) 戰國과 秦漢시기 문자 「壹」 역시 「壺」 형태 (瓦書와 詛楚文)를 따르고 있으며, 『說文』 「殪」자의 古文 역시 「死」와 「壺」를 따르고 있다. 아래 열거된 관련 고문자를 살펴보면,

| 壺 | 🏺 伯公父壺 | 🏺 芮公壺 | 🏺 瓦書 |
| 懿 | 🖋 班簋 | 🖋 禾簋 | |

115 殷滌非, 羅長銘, 『壽縣出土的鄂君啟金節』, 『文物參考資料』 1958年 4期.

116 于省吾, 『鄂君啟節考釋』, 『考古』 1963年 8期.

117 郭沫若, 『關於鄂君啟節的研究』, 『文物參考資料』 1958年 4期.

118 朱德熙, 李家浩 『鄂君啟節考釋(八篇)』, 『紀念陳寅恪誕辰百年學術論文集』 1989年.

119 陳偉武, 『戰國楚簡考釋斠議』, 『第三屆國際中國古文字文字學研討會論文集』 1997年.

120 何琳儀, 『戰國古文聲系』, 中華書局, 1998年, 77쪽.

121 荊門市博物館, 『郭店楚墓竹簡』, 文物出版社, 1998年, 152쪽, 126쪽.

122 荊門市博物館, 『郭店楚墓竹簡』, 文物出版社, 1998年, 152쪽, 126쪽.

殯　盠　『說文』古文

이 예들은 「壹」이 「壺」에서 分化한 증거가 되며, 이때 「壹」은 影母이고, 「壺」는 匣母자이며 影과 匣는 성모가 모두 후음(喉音)에 속한다.

楚文字의 「龗」는 성부가 「羽」를 따르는 것으로 추정되는데, 마침 「羽」와 「壺」가 모두 匣母 魚部에 속하는 글자이다. 「龗」가 「羽」 성부를 따르고, 「壹」에는 「壺」음이 있으므로 수평적 음변관계(音變關係)를 구성하고 있다고 할 수 있다. 「壹」이 후에 魚部에서 至部로 속하게된 것은 진문자(秦文字)의 「壹」이 聲符「吉」(商鞅量과 小篆)을 따르는 것으로 증명할 수 있다. (「壹」과 「吉」은 脂部에 속한다.) 전래문헌은 「壹」을 「一」의 가차자로 종종 사용하였으며, 楚文字「龗」 역시 「壹」(一)의 가차자(假借字)이다. 이 밖에 『說文』의 「羿」를 분석하면 「從羽, 开聲」이며, 「弮」字는 「從弓, 开聲」이다. 사실 「弮」이 『北子簋』의 「弮」임을 근거로 하면 「羽」 편방은 聲符로 추정된다. 「羿」는 疑母 脂部자이고, 「羽」는 匣母 魚部자로 성모 匣과 疑는 후음(喉音)의 깊고 얕은 정도의 차이가 있을 뿐이다. 「羿」는 脂部인 「壹」과 음이 비슷하며, 또한 龗이 「羽」를 성부로 따르는 자이므로 독약(讀若)자인 「壹」과 서로 부합된다.

이하 초간(楚簡) 중에서 사용된 「龗」字에 대해 좀 더 풀이해보면 다음과 같다.

天星觀, 望山, 包山 등의 초간(楚簡)에는 모두 「龗禱」 어휘가 쓰였는데, 「一禱」로 읽어야 할 것 같다. 「一禱」은 「皆禱」와 같다. 『書·金縢』 「거북이 셋으로 점쳤는데, 모두 길하다.(乃卜三龜, 一習吉)」의 「一習」은 『史記·周本紀』에서 「皆曰」로 인용해서 쓰고 있으므로 증거자료가 된다. 전래문헌 중에서 「一」이나 「壹」은 「皆」로 풀이되고 있는데, 이미 많은 학자들이 언급하였으므로,[123] 더 이상 인용

123　王引之, 『經傳釋詞』, 嶽麓書社, 1985年, 70쪽. 楊樹達 『詞論』, 中華書局, 1963年, 489쪽.

하지는 않겠다.

초간(楚簡) 중에서「龗禱」는 대다수「與 (舉) 禱」와「賽禱」사이에 쓰였다.「與 (舉) 禱」는 축도의 시작이며「賽禱」는 축도의 마침으로, 그 중간에 있는「龗禱」는 제사의 전체 축도 과정과 같으므로「皆禱」라 한 것으로 생각된다.

곽점간(郭店簡)『成之聞之』18의「귀해서 물러나면 백성은 그 귀함 위에 있고자 한다[貴而龗(抑)纕(讓), 則民谷(欲)其貴之上也].」에 대해『註釋』에서는 구석규의 안을 인용하여「龗纕는 마땅히 能讓으로 읽어야 한다」[124]라고 하였다. 필자는『詩·大雅·抑』의「抑」이『國語·楚語』에서「懿」로 쓰인 예가 뒷받침할 수 있는 증거이며,『後漢書·班固傳』의「격하게 흥분하지 않고, 물러나 저항하지 않다[不激詭, 不抑抗].」에 대해「抑, 退也」라고 注하고 있으므로, 곽점간(郭店簡)의『抑讓』은『退讓』이다. 따라서「壹」과「抑」은 통용할 수 있다고 생각한다.

5.「衍」자 고석

석고(石鼓)『霝雨』의「徒馭湯湯, 隹(維)舟以衍, 或陰或陽. 技深以囗, 囗于水一方.」의「囗」이 전서(篆書)에서「衍」로 쓰고 있는데, 이는『汗簡』上1.10「道」의 古文과 형체가 부합한다. 예를 들면,

　　𕤙　石鼓『霝雨』
　　𕤘　『汗簡』上 1.10

그러나,「衍」자는 석고문(石鼓文)에서「道」로 읽을 수 없는데, 그 이유는 이 글

124　荊門市博物館,『郭店楚墓竹簡』, 文物出版社, 1998年, 169쪽.

자와 「湯」, 「陽」, 「方」이 모두 압운 문자로 쓰였고, 陽部에 속하기 때문이다. 전대흔(錢大昕)은 이 사례(辭例)를 「마땅히 戶郞의 반절자이며, 옛 行자이다[當讀戶郞切, 即古行字].」[125]라 하였으니 아주 탁월한 견해이지만, 고문자에서 「衍」를 「行」으로 풀이한 확실한 근거는 없다.

갑골문 「永」은 「𣲖」 자형으로 쓰고, 이체(異體)는 「𣲖」로 쓴다. 복사(卜辭)에서 「𣲖王」은 혹은 「𣲖E」(『綜類』 323)로 쓰였으므로, 「𣲖」는 「永」의 이체(異體)이다. 은상시기와 진대 문자를 대조하면 아래와 같다.

𣲖	永啟簋	𣲖	『甲骨』2.29
𣲖	石鼓『吾水』	𣲖	石鼓『霝雨』

은상문자 「永」과 육국문자 「率」의 관계를 다시 살피면 다음과 같다.

𣲖	『甲骨』2.29	𣲖	『甲骨』11.10
𣲖	『璽文』13.5	𣲖	『璽文』13.5

석고문 「𣲖」을 「永」으로 고석하는 것은 논란의 여지가 없으나, 「𣲖」는 본래 회의자였는데 잘못된 자형인 「𣲖」에서 음부(音符)를 삼아 「从人, 行聲」의 형성자가 되었으며(제4장 제4절 참고), 「永」과 「行」은 고대에 陽部에 속하였다.

「隹舟」는 마땅히 「維舟」로 읽어야 한다. 『爾雅·釋永』의 「천자가 배를 만들고 제후들이 배를 띄우다[天子造舟, 諸侯維舟].」를 「배 네 척을 띄우다[維連四船].」라 주(注)하고 있으며, 『詩·唐風·山有樞』의 「또한 온종일 배 띄워 지내지

---

125 錢大昕釋, 引羅振玉, 『石鼓文考釋』.

않는가[且以永日].」에 대해 전(傳)에서는 「永」은 「引」으로 풀이된다라고 하였다. 따라서 「維舟以永」은 「배를 묶어 인양하다」라는 의미를 뜻한다.

종합하면, 석고문의 「배를 묶어 인양하다[維舟以衍].」은 운문이라는 문체의 제한 때문에 「衍」은 陽部에만 속할 수 있으며, 卜辭로 대조해보면 「永」으로 읽어야 하고, 그 의미는 「引」으로 풀이해야 한다. 그런데 『汗簡』에서 「衍」을 「道」로 풀이한 것은 「道(導)」와 「永」이 「引」의 의미와 비슷하기 때문이다.

郭店简 『老子』甲 6의 「以衍差人宝者」를 今本 四十六章에서 「도에 따라 군주를 보좌하는 사람[以道佐人主者]」이라고 하고 있다. 이처럼 「衍」을 「道」로 고석하는 것은 동쪽 지역 문자에 속하고, 「衍」를 「永」으로 읽는 것은 서쪽 지역 문자에 속함을 설명하고 있는 것 같다.

제9절 어법분석(語法分析)법

양수달(楊樹達)은 『詞詮·序例』에서 「무릇 독서자는 두 가지 면에서 힘써야 한다. 첫째는 훈고에 밝아야 하고, 둘째는 문법에 통달해야 한다. 훈고는 실사를 장악하는 것이며, 문법은 허사를 파악하는 것이다[凡讀書者有二事焉 : 一曰明訓詁, 二曰通文法. 訓詁治其實, 文法求其虛].」라고 하였다. 전국시대의 출토 문헌과 선진시기 전래문헌은 대다수 동시대의 작품이다. 따라서 출토문헌 즉 전국문자 자료를 고석함에 있어 求其虛을 주의해야 한다. 「虛」라는 것은 허사(虛詞)의 사용, 실사(實詞)의 활용 및 특수한 구형 등을 포함한다. 그렇지 않으면 「허사」를 「실사」라는 잘못된 도구를 사용함으로서 쉽게 고석할 기회를 놓치게 될 것이다.

본 절에서는 전국시대 출토 문헌의 어법 현상에 대해 체계적으로 살피지는 않을 생각이다. 다만, 다섯 개의 전형적인 예를 통해 어법 분석의 중요함을 설명하고, 이를 통해 전국문자에서 이미 고석된 문자의 훈고 문제를 해결할 것이다.

1. 「乍」자 고석

『陳逆簠』에는 「鑄茲寶笑(簠), 台(以) 亯(享) 孝于大宗皇祖, 皇妣, 皇考, 皇母, 乍(作)求永命.」(『三代』 10.25.2)이 새겨져 있다.

「乍」는 실사 「祚」로 풀이하기도 하는데,[126] 정확하지 않다. 「乍」는 허사(虛詞)로 「則」과 같다.[127] 『呂氏春秋·孟冬紀』에 「가을 철에 서리눈을 만들어 놓고 때때로 일병 때부터 땅이 침하다[行秋令, 作霜雪不時, 小兵時起, 土地侵削].」라하였고, 『禮記·月令』에서는 「作」을 「則」이라고 있다. 簠에 새겨진 명문 「기물을 만들어 조상님께 제사를 지내고, 오래도록 천명을 받들기 간구하다[鑄器以祭先祖, 則希求長久之天命].」의 문장 의미를 세심히 살피면, 전환 어기가 매우명확하다. 『天亡簋』의 「예전 빛나는 문왕의 훌륭함이 쌓여 있으니, 위대한 무왕이 이를 계승하였다[丕顯王乍眚(省), 丕肆王乍庚].」명문에 대해 곽말약은 복사(卜辭)를 인용하여 『내가 우선 빈에게 제사를 드리니 상제가 허락할까요? 내가 희생물로 빈에게 제사를 지내면 상제가 허락하지 않을까요[我其巳(祀)賓, 乍帝降若: 我物巳(祀)賓, 乍帝降不若]?』와 『書·多方』의 『성인이라도 생각지 않으면 어리석게 되고, 어리석은 자라도 생각할 줄 알면 성인이 된다[惟聖罔念作狂, 惟狂克念作聖].』는 모두 같은 예에 해당하는 단어라고 하였다.[128] 따라서 「乍」을 「則」으로 읽는 것은 매우 정확하다.

---

126 郭沫若, 『兩週金文辭大系圖錄考釋』, 上海書店出版社, 1999年, 215쪽.

127 裴學海, 『古書虛字集解』, 中華書局, 1980年, 638쪽.

128 郭沫若, 『兩週金文辭大系圖錄考釋』, 上海書店出版社, 1999年, 1-2쪽.

2. 「丌」자 고석

『九年將軍張戈』에는 「九年, 將軍張. 二月, 劓宮我其(丌)虞(獻).」(『文物』1982.8.44)
이 새겨져 있다.

「丌」는 「其」의 六國의 古文이다. 과(戈)에 새겨진 의미가 아주 명확하지는 않
지만, 동사 「虞(獻)」 앞에 쓰인 「丌」(其)는 분명히 허사(虛詞)이다. 이 「其」는 「所」
와 같아서 『史記·孝武紀』의 「소군은 그러므로 심택과 후가 그 주인의 방에 들
어가서 해를 숨기면서 자라났다[少君者, 故深澤侯, 入其主方, 匿其年及所生
長].」와 『封禪書』의 「所」는 「其」로 쓰였다. 또한, 『國語·楚語』에서 「不蠲其爲」
는 「其爲는 하는 바이다[其爲, 所爲也].」라 주(注)하고 있으며, 「所」와 「其」는 종
종 대조 형태로 쓰인다. 예를 들어 『淮南子·主術訓』의 「가진 것은 매우 작으며,
그 임무는 매우 크다[所持甚小, 其任甚大].」[129]는 모두 그 증거 자료이다. 과(戈)
의 명문 「其獻」은 「所獻」으로 읽으면 문장의 의미 역시 부합하게 된다.

3. 「舊」자 고석[130]

『中山王方壺』「僑(適)曹(遭)郾(燕)君子噲(噲), 不顧大宜(義), 不△(舊)者(諸)侯.」
(『中山』112) 명문 중의 「△」는 『汗簡』의 「柩」와 비교해 볼 수 있다. 예를 들어,

舊 𦮀 《中山》112   柩 𣔁 《汗簡》下1.69

두 글자의 형태가 기본적으로 부합하기 때문에 「舊」로 읽어야 한다. 「△」자
의 고석에 대해서는 이미 「救」, 「告」, 「友」, 「忌」, 「就」 등으로 읽는 설이 있는데,

---

129 裴學海, 『古書虛字集解』, 中華書局, 1980年, 407쪽.

130 何琳儀, 『中山王器考釋拾遺』, 『史學集刊』1984年 3期.

공통적인 특징은 모두 「舊」를 假借로 처리하여 다른 글자로 고쳐 읽는 것이다. 사실, 선진시기 어법을 이용하면 성운학 현상을 빌릴 필요 없이 「舊」를 본자(本字)로 읽어 합리적인 해석을 할 수 있다.

『公羊傳』莊公29년 「修, 舊也.」에 대해 「舊, 故也」로 주(注)하고 있으며, 『論語·泰伯』에는 「옛 친구를 버리지 않다[故舊不遺].」라고 하였다. 이처럼 「故舊」는 서적(書籍)에서 자주 쓰는 의미이다.

『中山王方壺』의 명문 「舊」는 이 의미의 활용에 해당한다. 「舊」는 본래 명사이지만, 문장에서 술어 위치에 있으므로 동사처럼 사용할 수밖에 없다. 『韓詩外傳』의 「천자를 섬기지 않고 제후를 벗하지 않는다[不臣天子, 不友諸侯].」를 살펴보면, 「友」와 「舊」의 어음과 의미가 비슷하므로 사례(辭例)를 통해서 그 흔적을 찾은 것이다.

따라서 「不舊諸侯」는 「제후를 오랜 친구로 여기지 않는다」라는 뜻이다. 본 명문의 「舊」는 제(齊)나라와 중산국(中山國) 등의 제후를 가리킨다. 연(燕)나라 군자 쾌(噲)가 제(齊)와 중산(中山) 등의 나라를 친구로 삼지 않자 중산왕이 이를 맹렬히 비난하였던 것이다.

「舊」의 이러한 용법을 청대 학자는 「실사 활용」[131]이라 하였고, 현대 어법학자들은 「명사의 의동용법(名詞意動用法)」이라고 이름 지었다.

4. 「婿」자 고석[132]

『甚六鐘』에 새겨진 「我臺 (以) 夏 (雅) 臺 (以) 南, 中嗚△好」(『東南文化』1988.3.4) 명문 중의 「△」자는 원 전서(篆書)에서 「𤟇」으로 쓰고 있다.

---

131 俞 樾, 『古書疑義擧例』卷3, 中華書局, 1963年.
132 何琳儀, 『吳越徐舒金文選釋』, 『中國文字』新 19期, 1994年.

여러 학자들이 이 자를 모두 「媞」[133]로 고석하였으나, 정확하지 않다. 甚六鍾의 명문을 살피면 이미 「是」 자를 사용하고 있는데, 「𤿎」로 쓰고 있다. 이 글자와 「△」의 좌측 편방을 비교하면 가로획 하나가 더 많으며, 이는 「是」와 「疋」을 구별할 수 있는 요소가 된다. 따라서 「△」는 형부(形符) 「女」을 따르고, 「疋」이 성부(聲符)인 「婿」의 생략형 문자로 생각되므로 「疋」와 「且」는 음이 비슷하여 통용할 수 있었던 것이다. 『易·夬』의 「가려고 하나 나아가지 못하다.(其行次且)」를 馬王堆漢帛書에서 「其行郪胥」로 쓰고 있으므로 확실한 증거가 되며, 이를 근거로 유추해보면 鍾에 새겨진 「中鳴婿好」는 「中鳴且好」로 읽을 수 있다. 춘추(春秋)시기 金文 중에서 자주 보이는 「中翰盧楊」과 문장 형식이 같으며, 이러한 문구는 『詩經』 중에도 자주 쓰였다. 예를 들면: 『終風』의 「종일 바람 불고 또 천둥치네[終風且暴].」, 『燕燕』의 「온화하고 유순하다[終溫且惠].」, 『北門』의 「누추하고 가난하니[終窶且貧]」 『伐木』의 「화락하고 평안하다[終和且平].」, 『載馳』의 「어리석고도 망령되니[衆稚且狂]」 등이다.

지상에서 출토된 고고학 資料인 「中某盧某」와 전래문헌 자료인 「某하기도 하고, 某하기도 하다[終某且某].」를 대조한 결과 이러한 固定句는 通假字를 대다수 사용하고 있었다. 이 가운데 「中」, 「鍾」, 「衆」 등의 글자는 모두 冬部에 속하므로 대전(對轉)이며, 「盧」, 「婿」, 「且」 등의 글자는 모두 魚部에 속하므로 역시 대전(對轉)현상이다. 왕념손(王念孫)은 「終은 旣이다[終, 猶旣也].」[134]라 하였으며, 위에서 말한 「旣」와 아래에서 말한 「且」는 모두 접속사에 해당한다. 구법(句法) 시각에서 분석하면 위 문장의 「婿」에 대한 고석(考釋)은 정확한 것이지만, 허사

---

133 曹錦炎, 『北山銅器銘文新考』, 『東南文化』 1988年 6期. 商志, 唐鈺明 『江蘇丹徒背山頂春秋墓出土鐘鼎銘文釋證』, 『文物』 1989年 4期.

134 王念孫은 王引之, 『經義述聞』 卷5 "終風且暴" 설을 인용.

(虛詞)인 「婿」(且) 를 실사(實詞)인 「婿」로 고석한 것은 틀린 것이다.

5. 「旄」글자 고석

석고(石鼓) 『田車』에는 「其口又(有)旄」문구가 있다. 「其」 다음의 글자를 예전에는 「原」이라 여겼다.[135] 곽말약(郭沫若)이 선봉본(先鋒本)을 근거로 「趨」라 보완하였으며, 「逋의 古文이다. 도망치는 속도가 매우 빠르다는 의미이다[逋之古文也. 意言逋逃之迅速].」라고 풀이하였으며,[136] 于省吾는 「旄」를 「㹱」으로 풀이하였다.[137]

「其某有某」 문형은 『詩·小雅·隰桑』의 「그 잎이 부드럽구나[其葉有沃].」, 「그 잎이 검푸르구나[其葉有幽].」, 「그 잎이 무성하구나[其葉有難].」 등에도 보인다. 「其某有某」는 「有某其某」로도 쓰일 수 있는데 『詩』에 「그 씨가 실하구나[有蕡其實].」, 「열매가 비스듬하구나[有實其阿].」 등과 같은 사례가 22개가 있다.[138]

왕인지(王引之)는 「有는 모두 형용하는 단어이다」[139] 또한, "무릇 그 씨가 실하고, 그 깃털이 있는 꾀꼬리, 그 쟁기로 갈고, 그 삼태기에 담고의 마지막 한 글자는 모두 실제 그 사물을 가르친다[凡言有蕡其實, 有鶯其羽, 有略其耜, 有捄其角, 末一字皆實指其物].」라고 하였다.[140]

따라서 현대어법학자들은 「有A其N」형식이라 부르기도 하는데, 「A」는 형용사이고, 「N」은 명사를 말한다. 장사백서(長沙帛書) 『甲篇』에 「그 물에 빠지다[有

---

135 引於省吾, 『雙劍吉金文選』附5쪽, 中華書局, 1998年.

136 郭沫若, 『石鼓文研究』, 科學出版社, 1982年, 29쪽.

137 于省吾, 『雙劍吉金文選』 부록 5쪽 인용, 中華書局, 1998年.

138 石　曉, 『有A其N句式淺析』, 『鬆遼學刊』 1988年 2期.

139 王引之, 『經義述聞』 卷6 "會同有繹".

140 王引之, 『經義述聞』 卷6 「有實其猗」.

淵其汩].」도 이러한 구문에 속한다.[141] 선진시기 운문(韻文)에 있는 이러한 종류의 특수 구문 형식으로 석고문을 살피면 곽말약이 말한 「逋逃」의 풀이가 잘못된 것이라는 것을 알 수 있다. 왜냐하면 이 글자는 구조상 명사이지 절대 동사가 될 수 없기 때문이다.

만약, 곽말약이 「虜」 편방은 잘못이 없다고 보충했다면, 「庐」는 「庐舍」 즉 명사라고 읽었을 것이다. 서로 대응하고 있는 「旃」은 반드시 형용사이고, 「申」으로 읽어야 하며, 중첩하면 「申申」이 된다. 또한 이 명문의 「旛」은 「从」을 따르고, 「旃」와는 자형 구조가 같으며, 「左驂旛旛」 사례(辭例)에서도 형용사로 사용되었으므로 근거 자료가 될 수 있다. 『漢書·萬石君傳』의 「연나라가 반드시 승리를 차지하여도 숙연하였다[雖燕居必冠, 申申如也].」는 「신신, 엄숙한 모습[申申, 整敕之貌]」라 주(注)하고 있다. 따라서 「其庐有申」의 의미는 「거처가 위엄이 있다[屋舍儼然].」이다.

이상의 고석은 잔존하는 문자라는 제한으로 인해 단지 추측일 뿐이며, 「旃」은 형용사이고, 「其」 아래의 문자는 명사라는 점은 어느 정도 확신할 수 있다.

제10절 나오며

전국문자를 고석하는 것은 하나의 엄밀한 추리 과정이며, 설령 추리하더라도 반드시 엄정한 태도를 가지고 과학적인 방법을 택해야 한다.

문자 본연의 형체 구조는 가장 믿을만한 외재적 표현방식으로 이는 고석하는 사람의 주관적 의지로 바뀌는 것이 아니다. 따라서 「자형을 위주로 하다[以

---

141 何琳儀, 『長沙帛書通釋』, 『江漢考古』 1986年 1期.

形爲主].」 기본 원칙은 고석자의 수준을 검증하는 기준이 된다. 전국문자 형체를 판별하는 데에는 제각각인 상황들을 근거로 삼아 이상에서 언급한 방법들을 이용할 수 있다. 우리가 전국문자를 연구함에 있어 통상 이용되는 고문자의 「역사 비교」를 중요시해야 하는 것 외에, 「지역 비교」와 「고문 비교」에 더욱 중점을 두어야 한다고 생각한다. 이는 동시대의 문자 자료를 가지고 상호 비교하는 것이 더 정확할 수 있기 때문이다. 또한, 전국문자가 「언어는 소리가 다름[言語異聲]」 특징을 가지고 있기 때문에 「해성분석(諧聲分析)」 역시 비교적 중요하다.

자형 확정은 전국문자를 고석하는 출발점이자 가장 기본적인 작업이 된다. 문자 형체의 엄밀한 분석을 떠난, 문자의 음과 의미에 대한 여러 가지 추측은 분명히 뿌리가 없는 담론이다. 그렇다고 해서 자형 확정이 모든 문례(文例)를 막힘없이 고석해 줄 수 있다는 말은 아니다. 사실 상당히 많은 공인된 문자들이 구체적인 문례에서 의미 풀이할 때 학자들마다 제각각 의견이 다른 실정이기 때문이다. 이는 다시 말하면 자형의 외재 형식과 실제 내재된 의미가 완벽한 조화를 이루지 못하고 있음을 의미한다. 「음과 의미 조화[音義相諧]」는 바로 이러한 결함을 보완해주는 연결고리이다. 따라서 자형 확정은 문장상의 의미 제약을 벗어날 수 없으며, 문장 의미 탐색 또한 자형 확정을 기초로 삼아야 한다. 이 두 가지는 상호 보완적인 관계에 있으므로 어느 한쪽으로 치우쳐서는 안되는 것이다.

이상 서술한 8가지 고석 방법은 결코 각각 고립된 존재가 아니므로 고석자는 이러한 방법을 적절하게 사용해야만 한다. 그 요점만 정리하면 세 가지 단계로 귀납해 볼 수 있다.

1. 미지(未知)의 문자 전체 형체의 구성이나 편방 부건의 변화를 분석할 때는

이미 알고 있는 문자와의 대응 관계를 찾아낸 후 비교를 통해 자형을 확정한다. 분석하고 비교할 때는 철저히 아래 사항을 기억해야 한다.

(1) 이미 알고 있는 형체는 반드시 명확하게 판독된 글자라야 한다. 그렇지 않으면 미지(未知)의 문자로 미지(未知)의 문자를 증명하게 되므로 오리무중 상태에 빠지게 된다.

(2) 「자형으로 의미를 말하다[以形說義].」의 폐단을 방지하기 위해서 「자형으로 자형을 증명하다[以形證形].」원칙을 고수해야 한다.

2. 지상이나 지하에서 출토된 문헌의 사례(辭例)로 고석하려면 자형이 믿을만한지 검증해야 하며, 또한 사례(辭例)를 인용할 때 철저히 아래 사항을 기억해야 한다.

(1) 문헌의 시대 하한선이 일반적으로 위진(魏晉)시기를 넘지 않도록 해야 한다. 그렇지 않으면 중고 언어로 상고 언어를 비교하게 되어 정확도가 떨어질 수 있다.

(2) 사례(辭例)가 서로 같다면 정론으로 거론될 가능성이 있지만, 사례(辭例)가 서로 비슷하다면 하나의 설(說)이 될 뿐이다.

3. 자형을 확정한 후에 「문장에서 의미가 통하지 않다[文義未安].」면 어음 통가로 자형과 자의 간의 문제 해결을 위해 시도해 보도록 하고, 마지막에는 사례(辭例)로 검증해야 한다. 그런데 어음 통가를 처리할 때 다음과 같은 두 가지 지극히 잘못된 인식이 있다.

(1) 자형에 구속되어 의미를 파악하고, 음전(音轉)에 대해서 고려하지 않으면서 자신이 엄격하다고 생각하는 것이다. 이는 전국문자가 사실상 「言語異

聲」이 객관적으로 존재한다는 사실을 고려하지 않은 것으로, 청대 건가학
파가 의도한 정밀한 의미를 영원히 살필 수 없게 되는 것이다.

(2) 고음에 밝지 않고, 증거를 중시하지 않으며, 통가를 남용하면 비단 다른
사람을 속일 뿐만 아니라 자신도 기만하는 것이다. 문헌 증거가 전혀 없
는 소위 「一音之轉」은 적게 사용하는 것이 좋다. 그렇지 않으면 문자 고
석에서 혼란만 가중시키게 될 뿐이다.

결론적으로 말하면 문자를 풀이하는 것은 문자의 형, 음, 의를 합한 관계를
추리하는 과정이다. 한 편의 잘된 문장 고석은 그 자형이 정밀하여 명확할 뿐만
아니라, 자음과 자의 역시 분명하게 풀이된다.

문자의 「형음의」 관계는 수도 없이 들었겠으나, 전국문자를 고석함에 있어서
이 세 가지를 잘 융합시켜 혼연일체가 되게 하는 것은 결코 쉬운 일이 아니다.
「문을 닫고 수레를 만들고서, 문 밖으로 나와서 수레바퀴 자국을 맞추려 한다
[閉門造車, 出而合轍].」것은 문자를 고석할 때 자주 드러나는 현상이다. 이 방법
이 맞기만 하다면 어떤 고석이든지 전국문자의 계단을 따라 그 문으로 진입할
수 있다는 것을 의미하지만, 그 방법이 옳지 않다면 전국문자는 문밖에서 「집안
의 좋은 것을 엿보는[窺見家室之好]」 정도로 그칠 수밖에 없다.

전국문자의 형체는 특이하고 변화가 많아서 고석자들은 반드시 탄탄한 고문
자의 기초 내공이 있어야 한다. 전국문자와 대부분의 선진 문헌은 동시대의 산
물임으로 이 또한 고석자들이 반드시 상당한 정도의 고문헌 기초 지식을 갖추
어야 함을 요구한다. 새로 출토된 전국문자 자료는 대다수 과학적인 발굴품이
므로 고석자는 일정한 수준의 고고학 지식도 겸비해야 하며, 고문자학은 비주
류학문이기 때문에, 전국문자를 고석하는 학자는 고문자학 외에 관련 학문 지

식을 두루 섭렵하여서 문자를 고석함에 있어 정확하고도 충실해야 한다.

옛사람들이 「조금도 아쉬움이 없으니, 영향력이 시간이 흐르자 저절로 생겨난다[毫髮無遺憾, 波瀾自老成].」라 하였는데, 전국문자에 뜻을 두고 연구하는 사람들도 함께 이 글귀를 새겨나가기 바란다.

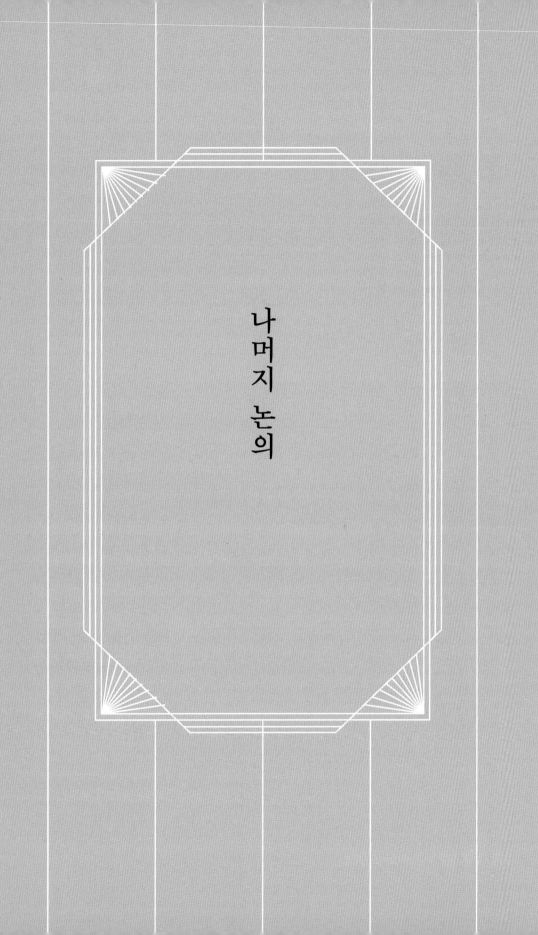

나머지 논의

전국문자의 체계적인 연구는 엄밀히 말하면 1950년대 말에 시작되었으며, 문화대혁명 이후 장족의 발전을 거두었다고 할 수 있다. 연구 영역 중에서는 나라별 문자 연구가 바야흐로 흥성하여 기세를 몰아가고 있으며 고석 연구도 흥성하고 있으나, 종합적 성격의 논저는 여전히 손에 꼽을 정도로 적다고 할 수 있다. 또한, 연구하는 사람들의 숫자도 갑골문이나 금문보다 훨씬 적기 때문에 「전국문자학」은 사실상 아직 완전히 형성되지 못한 상태인 것이다. 그러나 전국문자가 오늘날 문자학의 많은 중대 과제를 해결하는 데 도움을 주고 있으므로, 두말할 필요 없이 고문자학 발전사에서 중요한 위치를 점하고 있다고 할 수 있다.

1. 고문자 발전 변천 경로에 대한 귀납

전국문자에 대한 체계적 연구가 진행될 때 비로소 한어 고문자 역사가 변천해 온 전체 과정을 이해할 수 있게 될 뿐 아니라, 전국시대 각각 다른 지역의 문자 특징을 이해할 수 있게 된다.

은주시기 고문자는 역사의 수직적 발전을 따르고 있기 때문에 자형 구조의 계승이 많은 반면 변화는 비교적 적다. 반면, 춘추 중후기 이후는 장기적인 봉건제도와 군웅의 할거로 인해 각 국가는 독립적인 정치, 경제, 문화 구역을 형성하게 되었으며, 따라서 문자 또한 상응하는 지역적인 차이가 생겨나게 되었다. 전국시대가 되자 지역에 따른 문자의 공시적 발전과 변화가 갈수록 뚜렷해져 제(齊), 연(燕), 진(晉), 초(楚), 진(秦)이라는 다섯 가지 문자 계열이 형성된 것이다. 진계열 문자가 서주시기 문자의 특징을 많이 계승하였다는 사실 외에, 다른 네 가지 계열의 문자들도 모두 지역 색채가 농후한 「육국문자」를 형성하였다. 육국문자의 가장 큰 특징은 구조의 차이가 크고 필획에 변화가 많은 것이다. 전국시대 중후기 특히 고예(古隸)가 생겨난 이후, 자형이 다르면서도 같은 것을 추구하는 분위기가 형성되기 시작하였고, 각 계열은 문자 필획의 예서화가 보편적인 발전 추세가 되었다. 진시황은 자형 차이가 큰 육국문자를 전통 주진(周秦)계열의 문자로 통일하고, 진나라의 전서[秦篆]와 진의 예서[秦隸]로 육국고문을 통일하게 된 것이었다. 마땅히 문자 발전사 측면에서 크나큰 발전이었다고 할 수 있으며, 문자가 동화(同化)라는 총체적인 추세에 순응하는 것이다.

　이상을 종합하면 선진 고문자의 변화 순서는 아래와 같다.

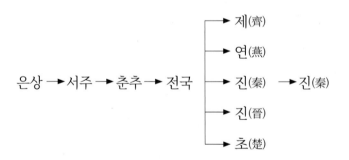

2. 고문자의 형음의 관계 검토

많은 고문자 연구자들이 『說文』 소전(小篆)이나 고주(古籒)를 인용하여 은주 고문자를 풀이하고 있는데, 이는 중간 연결 고리인 전국문자를 홀대한 것이다. 물론 『說文』 소전과 고주가 은주 고문자와 크게 부합하고 있다는 사실을 부정하려고 하는 것은 결코 아니다. 그런데 역사적 관점에서 살펴보면 소전과 직접적인 계승 관계가 있는 것은 마땅히 전국시대의 진(秦)문자와 육국문자이다. 특히, 『설문』의 고주와 전국문자는 더욱 직접적이고도 동등한 관계에 있다. 따라서, 전국문자에 대한 치밀한 연구가 없다면 문자의 형음의 문제들을 철저하게 해결할 수 없으므로, 이하 자형(字形), 해성(諧聲), 의훈(義訓) 세 가지 면에서 각각 하나의 예를 들어 설명을 하려고 한다.

(1) 자형의 근원 파헤치기

『설문』에는 「, 등잔 가운데 있는 불꽃이다. 을 따르고 상형이다. 을 따르고  역성이다[, 燈中火主也. 從, 象形. 從, 亦聲].」이라 풀이하고 있다. 기존 고문자에서 「主」가 발견되지 않고 있었으나, 중산왕 기물이 출토되자 비로소 일부 학자들이 『大鼎』과 『方壺』의 「」과 『圓壺』의 「」를 모두 「主」자로 인식하게 되었다. 그 근거는 삼체석경(三體石經) 「主」가 「」로 쓰인 것 때문이었다. 이에 따라 『侯馬盟書』 「」, 초간(楚簡) 「」 의 자형도 「主」로 간주하게 되었다. 이러한 글자들은 「宗」과 비슷하지만 사실상 차이가 있다. 이는 중산왕 기물의 「」과 후마맹서의 「」등에 수록된 「宗」자를 상술한 글자들과 비교하고 대조해보면 알 수 있게 된다.

위에서 언급한 「主」는 사실 『설문』 「宔, 宗廟宔祏」의 「宔」사이다. 「主」지의 초문(初文)은「」이며, 그 위에 더해진 짧은 가로획이나 점 등은 장식성 필획일 뿐

결코「丨」聲符자는 아니다. 서주 청동기물의 기부호(幾父壺)에 새겨진「丁」가 바로「主」이므로, 은주시기 술사정(戍嗣鼎)의 명문「才闌兪」은「才闌主」라 읽어야 적합하다. 만일 다음 시대인 진한시기 문자와 연결하면「主」가「主」(『雲夢』23.17),「主」(帛書『老子』甲353)형태로 쓰이므로 자형 변화의 관계는 더욱 명확해진다.

$$丁 \rightarrow 丁 \rightarrow 主 \rightarrow 主$$

다시 갑골문의「示壬」과「示癸」가『史記·殷本紀』에서「主壬」과「主癸」로 쓰인 것을 대조한다면,「主」와「示」는 사실상 한 글자에서 분화한 것임을 알 수 있다. 전국문자(戰國文字)를 잣대로 보면 사마천(司馬遷)의 독법(讀法)이 결코 잘못된 것이 아니며, 전국문자「主」字의 발견은「主」의 근원에 대한 진일보한 이해를 가능하게 한 것이다.

(2) 성부(聲符) 탐색

조(趙)나라의 방족포(方足布), 첨족포(尖足布), 직도(直刀), 환전(圜錢)에 모두 중요한 지명「閖」이 새겨져 있으며, 예전에는「蘭」(『古錢』下39)이라 하였는데 아주 정확한 고석이다. 그렇다면「閖」을 왜「蘭」으로 읽었을까? 『설문』을 근거로 볼 때 두 글자는 모두 형성자에 속하였기 때문이다. 예를 들면:

「閖」, 불꽃 모양이다. 「火」를 따르고, 「閖兩」의 省聲이며, 「粦」과 같
이 읽는다.("閖", 火貌. 從"火", "兩" 省聲. 讀若 "粦".)
「兩」, 오르다. 「門」을 따르고, 「二」. 「二」은 古文「下」字이며, 「軍隊」
의 「隊」과 같이 읽는다.("兩", 登也. 從 "門"、"二"、"二", 古文 "下"字. 讀若 "軍

𪕄"之"𪕄".)

「藺」, 다년생 식물이다.「艸」를 따르고,「閵」声符를 따른다.("藺", 莞屬 , 從 "艸", "閵"聲.)

「閵」, 閵을 포함한다. 구관조처럼 누렇다.「隹」를 따르고,「䯅」의 省声이다.「䯅」은 籒文으로 생략하지 않는다.("閵", 含閵也, 似鴝鵒而黃. 從 "隹","䯅" 省聲."䯅", 籒文不省.)

위에서 인용한『설문』의 훈고 풀이를 보면「䯅」는「下」를 따르지만,「䯅」는「上」을 따른다고 하는 모순이 있다. 그렇다면,「登也」가「下」에서 그 의미를 따랐다는 말인지, 아니면「上」에서 그 의미를 따랐다는 말인지에 대해 청대 소학자들은 서로 다른 견해로 변론을 하고 있다 (『說文詁林』5,337-5,338쪽 참고).「下」를 따른다고 주장하는 학자들은『玉編』「閔」가「兩」가 됨을 예로 삼고,「上」을 따른다고 주장하는 학자들은『六書故』에 수록된 당사본(唐寫本)『설문』에서「䯅」가「䯅」로 됨을 근거로 삼고 있다.

사실,「登也」로 훈고한 글자는「上」을 따르는 것도「下」를 따르는 것도 옳지 않으며, 마땅히「=」를 따라야 할 것이다. 그 이유는 예모(倪模)가『古今錢略』에서 方足布를 수록했는데, 명문에는「𤔔」(『화폐(貨弊)』46)로 새겨져 있기 때문이다.

이 글자의 상부가 따르는「二」는 오른쪽 끝이 평평하고 가지런하며, 왼쪽 끝 두 번째 필획은 약간 짧은데, 이 글자는 바로『玉篇』「불꽃이 꺼져도 불씨가 남아 있는 것을 𤓽이라 한다.[燭熄火存謂之𤓽].」의「𤓽」이다.『古文四聲韻』4.18에서는『汗簡』의「𤓽」을 인용하여「𩇔」과 같이 쓰고 있다.

이 글자 상부에 있는「=」의 양 끝이 평평하고 가지런한데 이는 화폐의 명문과 대조하면 증명할 수 있다.「䯅」는「閆」의 이체자로「門」인데,『彙編』의「上

東門」(0169)는 「上東閏」(0170)으로 쓰기도 하며, 『汗簡』에서는 왕존예(王存乂)의 『切韻』「門」이 「閏」으로 쓰인 사실을 인용했는데, 모두 「閏」이 곧 「門」이라는 확실한 증거인 것이다. 「=」는 장식성 대칭형 부호로 중산왕정(中山王鼎) 명문에서 「關」이 「䦛」(『中山』76)로 쓰였으며, 백서(帛書) 『老子』의 「門」이 「閲」형태(甲本 30)로 쓰인 것 등이 참고할 증거 자료가 된다.

『說文』에서는 「兩」을 「登」으로 풀이했는데 이에 대해 좀 더 살펴볼 필요가 있다. 『說文繫傳』은 「兩, 聲也.」라고 하였다. 「閼」에 대해서 『說文校議議』에서는 송본(宋本)이 「門省聲」이라 쓰이는 것을 인용하였다. 이는 허신(許愼)과 후대 사람들이 「兩」자에 대해 명확하게 인식하지 못하고 있었음을 의미한다. 그런데 전국문자는 「兩」가 「閏」의 변이된 서체임을 증명하고 있을 뿐 아니라, 音符(秦簡「閭」은 「門」으로 읽는다)로 쓰일 수도 있다는 것을 증명하고 있다. 이 사실로 유추해보면 「閼」이나 「爾」은 「从火, 門聲」의 형성자이어야 한다. 『說文』「閼」자는 「粦과 같이 읽는다[讀若粦].」이며, 사실 「閭」자 역시 「粦과 같이 읽는다[讀若粦].」이다. 『漢書·司馬相如傳』의 「수레가 이동한 곳이 짓밟혀 나뒹굴다[徒車之所閭轢].」은 「閭, 踐也」라 주(注)하고 있으며, 「閭轢」이라는 것은 「짓밟혀 나뒹굴다」를 의미한다. 「藺」의 성부는 「閭」이므로, 이 글자 역시 당연히 「讀若粦」으로 읽는다. 「門」과 「粦」의 성모(聲母)는 明母, 來母의 복자음 통전(通轉)관계이고, 韻母는 文部와 眞部의 방전(旁轉)자이다. 두 자가 서로 통용되는 것은 「罠」과 「鄰」이 상통하는 현상과 같다. 「閭」은 성부가 「門」이며 음리(音理)가 합치되므로 「爾를 따르고 생성이다[从爾, 省聲].」이라고 풀이할 필요가 없으며, 「爾」가 「隣」으로 읽히고, 「粦」처럼 眞部에 속하는 것은 사실 일음지전(一音之轉)을 의미하는 것이다.

부호 「=」를 덧붙인 후 두 개의 글자와 소리로 분화된 전국문자는 다음과 같은 예들이 더 있다. 즉, 「⿹」는 본래 「旬」이나 「勻」으로 읽었으며, 「⿻」는 본래 「竹」이나 「竺」으로 읽었고, 「⿱」는 원래 「終」이나 「冬」으로 읽었으며, 「⿰」는 「尸」나 「仁」으로 읽었고, 「⿱」는 「大」나 「太」으로 읽었던 것이다.

이를 종합하면 「閃」과 「閵」은 모두 「門」을 성부로 하고, 「藺」은 「閵」을 성부로 하므로 화폐문자에 새겨진 「閃」는 「藺」과 통용됨을 알 수 있다.

「藺」는 지명으로 지금의 山西성 영녕현(永寧縣)이며, 전국시대에는 趙나라 속하였다. 따라서 許愼이 「閃」과 「閵」등의 글자를 「省聲」이라 분석한 것은 근거로 삼기에 아주 어려우며, 전국문자의 특징을 장악하고 있을 때 비로소 문자의 진정한 음부(音符)를 찾아낼 수 있는 것이다.

(3) 의훈(義訓) 추구

「反絲爲繼」는 예전 소학자들이 매우 난해하다고 느꼈던 의미 문제로『說文』의 「絕」, 「斷」, 「繼」 세 글자를 이용하여 아래와 같은 해석을 해보려고 한다.

> 「絕」, 비단실을 자르다. 「糸」를 따르고, 「刀」를 따르며, 從 「卪」를 따른다. 「絲」는 古文 「絕」이며, 두 「絲」가 연결되지 않음을 나타내고 있다.("絕", 斷絲也. 從"糸", 從"刀", 從"卪". "絲" 古文"絲", 象不連絕二 "絲".)
>
> 「斷」, 자르다. 從 「斤」를 따르고, 從 「㡭」를 따른다. 「㡭」은 古文 「絕」이다. 「⿰」은 古文 「斷」이다. 「皀」을 따른다. 「叀」의 古文은 「叀」이다.『周書』에는 「詔詔猗無他技」라 한다. 「⿰」는 古文이다.("斷", 截也. 從"斤"從"㡭". "㡭", 古文"絕". "⿰", 古文"斷". 從"皀". "皀"古文"叀"字.《周書》曰"詔詔猗無他技". "⿰", 亦古文.)
>
> 「繼」, 잇다. 「糸」과 「㡭」를 따르고, 「反絲爲繼」라고 한다.("繼", 續也. 從"糸"、"㡭". 一曰 "反絲爲繼".)

「𢇃(絶)」자에 대해 예전에는 주로 허신(許愼)의 설을 따랐으나 다른 의견을 가진 자도 있었는데, 공광거(孔廣居)는 『說文疑疑』에서 소공(昭孔)을 인용하여 「古文은 𢇃으로 쓰고, 오른쪽획은 실이 연결된 것으로 모두 刀를 따른다[古文當作𢇃, 右畫宜聯, 蓋亦从刀也].」라고 하였다. 새로 출토된 『中山王方壺』 명문에서 「소공이 나라를 창업한 업적이 단절되었다[以内 𨿸 邵公之業].」(『中山』112)라 하였는데, 「𢇃」는 분명히 「刀」를 따르고 있다. 청대학자들의 선견지명이 수백 년 후 출토된 고문자에 의해 증명되고 있으니, 진심으로 존경하지 않을 수밖에 없다. 결론적으로 「絶」의 고문은 본래 「𢇃」로 칼로 두 비단실을 자르는 것으로 회의(會意)자이다.

「絶」과 「斷」(지금은 「断」으로 쓴다)은 한 글자에서 분화된 것이므로 형음의 모두 관련이 있다. 「絶」과 「斷」의 고문은 「𢇃」로 모두 「刀」를 따르고 있으며, 「斷」는 또한 고문 「絶」을 따르고 있으므로 모두 두 자의 자형 관계를 설명하고 있다. 「絶」은 母를 따르고, 月部에 속하고, 「斷」은 定母 元部자로 定과 從母는 이웃하는 성모이다. 元과 月은 대전관계(『同源字典』567쪽)이므로 두 글자의 성모와 운모도 관련이 있음을 알 수 있다. 『說文』의 「絶, 비단 실을 자르다.」, 『廣雅·釋詁一』의 「絶, 斷也.」, 『釋名·釋言語』의 「絶, 截也.」, 『說文』 「截, 斷也.」와 「斷, 截也.」 등의 사례들이 「絶」과 「斷」의 음의(音義)가 모두 비슷하다는 것을 증명하고 있다. 따라서 『說文』의 체례를 근거로 하면 「斷」 이하는 마땅히 「자르다. 斤을 따르고, 𢇃를 따르며, 𢇃 역성이다[截也, 從斤, 從𢇃, 𢇃亦聲].」라고 해야 한다.

이처럼 「𢇃」의 형음의가 서로 통한다는 것은 「𢇃의 反書가 繼」라는 설이 더욱 성립되기 어렵다는 것을 의미한다. 박존(拍尊)의 명문을 살피면 「繼」는 「𢇃」로 쓰고(『三代』11.33.2) 있다. 이 편방이 『說文』의 글자 첫머리에 배열되지 않고 「繼」자 아래 쓰였으므로 「繼」의 초문(初文)이며, 네 개의 「糸」가 연결된 형상이다. 「=」는 문자 생략형 부호이고(제4장 제6절 참조), 「-」은 지사(指事) 부호이다. 이는 주나라 후기문자 「ﾌ」나 「ﾌ」과도 확연히 차이가 있는데, 전자는 지사자이고 후자는 회의자이며, 두 글자 사이에는 「反書」이나 「正書」의 관계는 전혀 존재하지 않는 것이다.

이상 세 가지 예는 전국문자 연구를 등한시하면 일부 고문자의 형음의 관계가 이해할 방법이 없다는 사실을 설명하기에 충분하다. 엄격히 말하면 전국문자라는 중요한 연결 고리를 생략하고서 『說文』과 은주문자를 상호 비교한다면 건너뛰기식 연구가 될 것이므로 그 결론도 완전하다고 할 수 없다.

3. 소전과 예서 관계를 분명히 함

예전의 문자학 연구자들은 대다수의 소전이 은주시기 문자의 먼 후손이고, 예서가 소전을 직접 계승한 자손으로 보고 있다. 다시 말하면 은주시대에는 대전(大篆)을, 진나라는 소전(小篆)을, 진·한에서는 예서를 사용하였으며, 예서는 소전보다 사용 시기가 조금 늦다고 생각하였다. 그런데 고고학에 의한 새로운 자료의 발견은 사람들로 하여금 이러한 구시대적 관점을 벗어나게 하였다. 고예(古隸)의 발견, 특히 진시황 통일 이전의 고예(古隸)의 발견은 예서와 소전은 같은 형제지간이며 그 탄생은 소전보다 늦지 않다는 것을 명확하게 인식하게 만들었다. 따라서 고예(古隸)를 연구하지 않는다면 한어 고문자의 전반적인 발전 과정을 진정으로 파악할 수 없게 되었으며, 전국문자에 대한 연구 없이 고문자학을 논하는 것은 상상하기 어려운 일이 되었다.

고문자 발전사에 있어 은주문자(殷周), 양주문자(兩周), 전국(戰國)문자는 세 가지 중요한 단계이다. 그렇지만 이전의 연구자들은 자료의 한계 때문에 주로 앞의 두 단계에 대한 연구만 치중하였을 뿐, 전국시기 단계에 대해서는 연구를 소홀히 하였다. 그 결과 이 세 단계 학문의 연구 상황은 매우 불균형하게 되었다.

우선, 은대의 갑골문은 백여년 동안 국내외학자들이 힘을 합쳐 연구함으로써 참신한 국제적인 학문이 되었다. 『殷虛卜辭綜述』의 목록을 살펴보면, 문자, 문법, 단대, 연대, 역법과 천문, 방국(邦國)과 지리, 정치구역, 선공구신(先公舊臣), 선왕선비(先王先妣), 묘호(廟號), 친속, 백관, 농업, 종교, 신분 등에 대한 장과 절이 매우 많이 나열되어 있다. 이로써 우리는 이 분야 연구 상황의 풍성함을 엿볼 수 있다. 갑골문이 아직 문자의 절반 이상을 해독하지 못하고 있으나, 이 대부분은 인명이나 지명이다. 이처럼 고석하지 못한 글자 중에서 새로운 글자를 대량으로 판별해내는 것은 비교적 어려운 편이다.

다음은, 양주(兩周) 금문으로 이 분야 연구 열기도 결코 갑골문에 뒤처지지 않는다. 금석학은 북송 이후 시작되어 역사가 유구한 독립적인 학문으로 발전해 왔다. 역대 학자들이 장기간 역사 연구와 결합한 명문의 연구 영역은 상당히 광범위하게 되었으며, 고고학을 결합한 청동기 명문의 단대연구 역시 나날이 세밀해져 가고 있다. 따라서 이미 판별해낸 명문의 글자 비율은 갑골문보다 높은 편이다. 양주 청동기 명문에서 판독해내지 못한 글자는 많지 않으며, 지금까지 주로 해결하지 못한 부분은 문장의 의미 풀이 문제이다.

은주문자와 비교해보면 전국문자가 정식으로 금석학 부문에서 독립한 것이 이십여 년 남짓하므로 연구 성과가 가장 미흡하다. 이 분야의 역사에 관한 연구도 여전히 미흡하며, 체계적인 나라별 연구는 이제 막 걸음마 단계에 있다. 단대 연구 또한 믿을만한 표준 잣대를 만들지 못하였으며, 고석하지 못한 글자가 대다수이다.

따라서 전국문자 연구 영역 중에는 여전히 개척해야 할 황무지가 많이 있다. 전국문자 고석에 대해 해야 할 일이 많을 뿐만 아니라, 다른 방면에 관한 연구도 많은 연구자들의 공통된 노력이 필요한 실정이다.

20세기, 특히 건국 이후 고고학의 번영과 발전에 힘입어 대량의 전국문자 자료가 지속적으로 출토되고 있다. 이로 인해 전국문자 연구와 전국시기 문자학의 형성을 위해서 유래없는 좋은 조건을 제공해 주고 있다. 새로운 자료의 지속적인 공표에 따라 고문자 연구자들의 공동 노력을 거쳐 반드시 전국문자 연구의 「전성시기」를 맞을 수 있을 것이라 확신하고 있다.

1983년, 길림대학 고적연구소에서 교육부의 위탁을 받아 고문자 연수반을 개설하였고 내가 "전국문자" 수업의 강의를 담당했다. 5월에 임무를 부여받고 9월에 정식으로 강의가 시작됐다. 『戰國文字通論』의 초고는 바로 이 짧은 시간에 형성되었으며 그 내용이 엉성하기로는 더 말할 나위가 없다.

1984년 가을, 나 또한 본교 역사학과의 고고학 전공 학부생을 위해 "전국문자" 교양 수업을 개설하였다. 그래서 이전 원고를 첨삭할 기회가 생기었다. (제 3장과 제 5장이 더욱 심하다). 그 중, 제 2장 "전국문자와 필사 고문"은 일찍이 논문 형식으로 서안 고문자학 총회에서 배포된 것이다. 회의 전후해서 본고는 전문가와 같은 전공자들의 따뜻한 격려와 지지를 얻었다. 따라서 이전 원고를 독자들이 생각하기 편리하도록 전부 정리해내었다.

일이 잘 풀리지 못해 1985년 3월, 내가 절강으로 『殷墟甲骨刻辭摹釋總集』 공동 프로젝트에 참가하여 편찬 작업하러 가게 되었다. 항주에서 2년 남짓 타향살이하며 결국 『戰國文字通論』 원고를 정리할 틈이 없었다.

1987년 6월, 항주에서 장춘으로 돌아와 다시 이전 작업을 하게 되었다. 2년 동안, 전국문자 연구는 날로 새로워졌으며 관련 저술도 지속적으로 간행되었다. 이전 원고를 펼쳐 읽어보니 낙오된 느낌이 다분하였다. 원고를 옮겨 쓰는 과정에서 비록 적절하게 일부 새로운 자료와 관점들을 보충하였지만 누락된 것이 많은 점은 면하기 어려웠다. (더욱이 해외 논저는 대부분 아직 훑어보지 못하였다.) 다행히도 이학근 선생의 논저『東周與秦代文明』이 이미 출판되었고 미처 생각하지 못하였던 부분을 고치게 되어 독자가 스스로 참고할 수 있게 하였다.

　본서의 초고는 이학근 선생께서 자세히 검토하셨고 교정해주신 점도 상당히 많으며 아울러 많이 바쁘신 와중에도 서문을 써 주셨다. 그 후의에 감복하며 아울러 감사의 뜻을 전한다.

졸저 『戰國文字通論』이 1987년 송고된 이후부터 손가락을 굽어 세어보니 이미 15년이다.

『戰國文字通論』은 본래 교학용 서적이라서 무슨 학술적 수준을 말할 나위가 못 된다. 출판된 후 뜻하지 않게 독자의 주목을 상당 부분 받아서 일찍 매진되었다. 비록 감히 스스로 "책이 잘 팔렸다"라고 허풍을 떨 수 없지만 들은 바에 의하면 해협 양안에서 복사본이 다수 유통되었다. 몇몇 전문가와 지인들이 나에게 『戰國文字通論』을 재판하여 독자들에게 편의를 제공하기를 권고하였다. 이것이 『戰國文字通論』(訂補)를 출판하게 된 첫 번째 동기이다.

1987년부터 2000년 사이에 전국문자 관련 분야의 고고학 자료가 끊임없이 발견되었는데 초간(楚簡) 문자의 총수만으로도 이미 이전 전국문자 자수의 총합을 초월하였다. 기타 종류의 전국문자에 대해서도 일일이 다 열거할 수 없다. 무릇 이 자료는 전국문자 연구에 풍부한 자료를 제공한다. 새로운 자료의 발견과 공표는 반드시 학문 분야의 발전을 촉진한다. 현재 중국문자 연구 수준은 십 수년 전과 비교하면 같이 논할 수 없게 되었다. 새로운 자료와 성과의 완전한 장악은 전국문자를 처음 배우는 사람에게 절실히 요구된다. 이것이 『戰國文字通論』(訂補)를 출판하게 된 두 번째 동기이다.

친구 아무개가 일찍이 나에게 "최근 전국문자에 관심을 가지는 청년이 점점 많아졌으며 대다수가 모두 단도직입적으로 전국문자를 연구한다"라고 말하였다. 나의 생각은 만약 갑골문, 금문을 하나도 알지 못한다면 그들의 전국문자 연구 수준은 당연히 높을 수가 없다고 본다. 같은 이치로 최근 초간(楚簡) 붐이 갑작스럽게 일면서 수많은 고문자 영역 외의 기타 학술 분야 연구자들이 초간 논의에 계속해서 참가하고 있다. 만약 그들이 초간 외의 각종 전국문자 자료에 대해 막연하고 무지하다면 그들의 초간 연구 수준 또한 당연히 평가절하해야 할 것이다. 기껏해야 그들이 "사례추감(辭例推勘)"법만을 사용하여 전국문자를 해석할 뿐이니 "그렇다는 것을 알아도 왜 그런지 모른다"가 결코 학문의 정점이 아니라는 것을 전혀 알지 못하는 것이다. 나의 이 얇은 책은 아마도 고문자 영역 외의 독자들에게 21세기 이전의 전국문자 연구를 전체적으로 이해하는데 조금의 편의를 제공할 수 있을 것이다. 이것이 『戰國文字通論』(訂補)를 출판하게 된 세 번째 동기이다.

『戰國文字通論』의 몇 가지 관점은 이미 시대에 뒤쳐졌다. "오늘의 나로 어제의 나를 책망하는 것은 학술계의 정상적인 현상이다. 『戰國文字通論』의 기본 틀은 대체로 변하지 않았더라도 몇 가지 장절(章節)은 이미 과감하게 수정하였다. 이것이 『戰國文字通論』(訂補)를 출판하게 된 네 번째 동기이다.

나는 늘 지인과 학생들에게 "『戰國文字通論』은 대가에게는 해봐야 별 가치가 없는 일이며 실력이 미천한 자로서는 할 수 없는 일이다. 인재와 인재가 아닌 사람의 사이에 있는 자가 힘써 한다면 혹이 그런대로 괜찮을 법한 일이다."라고 하였다. 어찌되었든, 나의 과문함과 얕은 식견으로 『戰國文字通論』(訂補)를 설성한 살못은 분녕 사라시시 않을 것이나. 여기에서 진심으로 국내외 고명한 학자에게 가르침을 받을 수 있기를 희망한다.

본서에서 수집한 자료의 시간적 하한선은 기본적으로 2000년 12월이다. 그 이후 상박초간과 같은 몇 가지 중요한 자료는 이례적으로 수록하였으며 기타 자료와 논문 또한 가끔 인용자를 참조하기도 했으니 여기에서 특별히 설명한다.

저서 마지막 부분에 4가지 종류의 문헌 자료 목록 색인은 각각 지쉬성(季旭升), 쉬짜이구어(徐在國), 위엔구어화(袁國華) 세 분의 선생님에게 부탁하였다. 모든 시대, 모든 지역의 전국문자 고석 분야 논저는 대체로 저서 안에 개괄하였다. (갖가지 원인으로 진간 문헌 자료 목록 색인은 제요 만을 선별해서 수록하였다.) 손에 책 한 권이 있으면 또 다른 것을 요구할 필요가 없었다는 점은 생각해보면 독자와 내 가 분명히 동감하는 바이다. 세 명의 선생님은 모두 고문자 전문가이지만 힘들어도 참고 견디며 도움을 주시고 졸저를 빛나게 해주시니 감복한 마음 어찌 비할 바가 있겠는가.

졸저는 이학근 선생께서 재차 서문을 써주시는 은혜를 입었고, 편찬 과정 중에도 학계 전문가와 지인들이 베푼 상당한 도움을 함부로 차지하였다. 이를테면 求錫圭, 李零, 陳劍, 李先登, 黃錫全, 陳平, 馮勝君, 張守中, 王輝, 黃德寬, 劉信芳, 施謝捷, 魏宜輝, 朱淵淸, 曹錦炎, 陳偉, 滕壬生, 劉彬徽, 陳松長, 曾憲通, 陳偉武, 林素淸, 鐘柏生, 湯余惠, 何琳儀, 王人聰, 劉釗, 陳昭容, 周鳳五, 許學仁, 林淸源 등 한 분 한 분 모두 열거할 수 없다. 본서의 제 1장부터 3장까지 컴퓨터 원고 입력은 아내 張慧가 완성하였으며, 제 4장과 제 5장 및 책 끝 부분의 네 가지 문헌 자료 목록 색인 타이핑은 程燕, 吳紅松 동학이 완성하였다. 책 전체에 수록된 전서의 스캔, 편집 배열은 李明娥 여사께서 완성하였다. 그 밖에 胡長春, 張靜, 程燕, 房振山 등의 동학들이 자료를 수집하거나 원고를 교열하여 나를 도와준 점은 실로 많다. 여기 지면으로 모두 감사의 뜻을 전한다.

江蘇敎育出版社 戎文敏씨가 졸고의 수많은 잘못을 바로 잡아주셨고 아울러 출판을 위해서 분주하셨다. 또한 이를 빌어 사의를 표한다.

1987년 10월 9일 장춘에서

(一) 논문류

何琳儀·黃錫全:《猷簋考釋六則》,《古文字研究》第7輯, 1982年.

何琳儀·黃錫全:《瑚璉探源》,《史學集刊》, 1983年第1期.

孫敬明·何琳儀·黃錫全:《山東臨朐新出銅器銘文考釋及有關問題》,《文物》1983年 第12期.

何琳儀:《釋》,《古文字論集》㊀,《考古與文物》叢刊第二號, 1983年.

何琳儀:《楚陵君三器考辨》,《江漢考古》1984年 第1期.

何琳儀·黃錫全:《啟卣·啟尊銘文考釋》,《古文字研究》第9輯, 1984年.

何琳儀:《中山王器考釋拾遺》,《史學集刊》1984年 第3期.

何琳儀:《長沙帛書通釋㈠》,《江漢考古》1986年 第31期.

何琳儀:《長沙帛書通釋㈡》,《江漢考古》1986年 第2期.

何琳儀:《長沙帛書通釋㈢》,《江漢考古》1986年 第2期.

何琳儀:《古璽雜識》,《遼海文物學刊》1986年 第2期.

何琳儀:《平安君鼎國別補證》,《考古與文物》1986年 第5期.

何琳儀:《戰國文字與傳鈔古文》,《古文字研究》第15輯, 1986年.

何琳儀:《返邦刀幣考》,《中國錢幣》1986年 第3期.《齊刀和齊國錢幣研究》, 1988年.

何琳儀:《秦文字辨析舉例》,《人文雜志》1987年 第4期.

何琳儀:《"有A其N"句式淺析》,《松遼學刊》1988年 第2期.

何琳儀:《漫談戰國文字與齊系貨幣銘文釋讀》,《山東金融研究·錢幣專刊》㈡, 1988年.

何琳儀:《長沙銅量銘文補釋》,《江漢考古》1988年 第4期.

何琳儀:《皖出二兵跋》,《文物研究》第3輯, 1988年.

何琳儀:《者汈鍾銘校注》,《古文字研究》第17輯, 1989年.

何琳儀:《吳王光劍銘補正》,《文物》1989年 第7期.

何琳儀:《長沙帛書通釋校補》,《江漢考古》1989年 第4期.

何琳儀:《餘亡布幣考》,《中國錢幣》1990年 第3期.

何琳儀:《貝地布幣考》,《陝西金融·錢幣專輯》(14), 1990年.

何琳儀:《古幣文編校釋》,《文物研究》第6輯, 1990年.

何琳儀:《楚官肆師》,《江漢考古》1991年 第1期.

何琳儀:《廣平圜錢考》,《陝西金融·錢幣研究》1991年 第4期.

何琳儀:《志丹出土布幣背字》,《陝西金融》1991年 第6期.

何琳儀:《說文聲韻鈎沉》,《說文解字研究》(一), 1991年.

何琳儀:《節可忌豆小記》,《考古》1991年 第10期.

何琳儀:《南越王墓虎節考》,《汕頭大學學報》1991年 第3期.

何琳儀:《王誇布幣考》,《古籍整理研究學刊》1991年 第5期.

何琳儀:《尖足布幣考》,《陝西金融·錢幣專輯》(16), 1991年.

何琳儀:《汗簡注釋跋》,《武漢大學學報》1992年 第1期.

何琳儀:《百邑布幣考》,《史學集刊》1992年 第1期.

何琳儀:《橋形布幣考》,《吉林大學學報》1992年 第2期,《高等學校文科學報文摘》49期, 1992年.

何琳儀:《燕國布幣考》,《中國錢幣》1992年 第2期 ;《燕文化研究論文集》, 1995年.

何琳儀:《說無》,《江漢考古》1992年 第2期.

何琳儀:《鄉箕解》,《農業考古》1992年 第2期.

何琳儀:《趙國方足布三考》,《文物春秋》1992年 第2期.

何琳儀:《古陶雜識》,《考古與文物》1992年 第4期.

何琳儀:《韓國方足布四考》,《陝西金融·錢幣專輯》(18), 1992年.

何琳儀:《古璽雜識續》,《古文字研究》第19輯, 1992年.

何琳儀:《魏國方足布四考》,《文物季刊》1992年 第4期.

何琳儀:《莒盎》,《文物》1993年 第1期.

何琳儀:《古璽雜釋再續》,《中國文字》新17期(台灣), 1993年.

何琳儀:《句吳王劍補釋》,《第二屆國際中國古文字學研討會論文集(香港)》, 1993年.

何琳儀:《釋四》,《文物春秋》1993年 第4期.

何琳儀:《三孔布幣考》,《中國錢幣》1993年 第4期;《中國錢幣論文集》第三輯, 1998年.

何琳儀:《尖足布幣考補遺》,《陝西金融·錢幣專輯》(19), 1993年.

何琳儀:《包山竹簡選釋》,《江漢考古》1993年 第4期.

何琳儀:《信陽竹簡選釋》,《文物研究》第8輯, 1993年.

伊世同·何琳儀:《平星考》,《文物》1994年 第6期.

何琳儀:《三晉方足布彙釋》,《人文雜志》1994年 第6期.

何琳儀:《吳越徐舒金文選釋》,《中國文字》(新19期), 1994年.

何琳儀:《〈吳越徐舒金文集釋〉簡評》,《考古》1995年第 10期.

何琳儀:《釋洀》,《華夏考古》1995年 第4期.

何琳儀:《戰國官璽雜識》,《印林》第2期(台灣), 1995年.

何琳儀:《負疋布幣考》,《中國文字》新20期(台灣), 1995年.

何琳儀:《周方足布考》,《舟山錢幣》1996年 第2期.

何琳儀:《銳角布幣考》,《中國錢幣》1996年 第2期.

何琳儀:《戰國文字形體析疑》,《於省吾教授百年誕辰紀念論文集》, 1996年.

何琳儀:《釋賒》,《河北金融·錢幣專輯》, 1996年 第2期.

何琳儀:《三晉圜錢彙釋》,《舟山錢幣》1996年 休刊號.

何琳儀:《古兵地名雜識》,《考古與文物》1996年 第6期.

何琳儀:《幽脂通轉舉例》,《古漢語研究》第1輯, 1996年.

何琳儀·馮勝君:《燕璽簡述》,《北京文博》1996年 第3期.

何琳儀·馮勝君:《東周時代的文字》,《中國書法全集》第4卷, 1996年.

何琳儀:《釋離》,《徐中舒先生誕辰一百周年紀念論文集》, 1998年.

何琳儀:《仰天湖竹簡選釋》,《簡帛研究》第3輯, 1998年.

何琳儀:《九裏墩鼓座銘新釋》,《出土文獻研究》第3輯, 1998年;《文物研究》第11輯, 1998年.

何琳儀·黃德寬:《說蔡》,《徐中舒先生誕辰一百周年紀念論文集》, 1998年.

何琳儀:《楚書瑣言》,《書法研究》1998年 第3期.

何琳儀:《〈古幣叢考〉前言》,《中國錢幣》1998年 第2期.

何琳儀:《楚王鍾器主新探》,《東南文化》1999年 第3期.

何琳儀:《戰國兵器銘文選釋》,《考古與文物》1999年 第5期;《古文字研究》第20輯, 2000年.

何琳儀:《首陽布幣考——兼述斜肩空首布地名》,《亞洲錢幣》1999年 第2期.

何琳儀:《剌人布幣考》,《亞洲錢幣》1999年 第1期.

何琳儀:《郭店竹簡選釋》,《文物研究》第12輯, 1999年;《簡帛研究》(2001), 2001年.

何琳儀:《〈戰國文字聲系〉自序》,《古籍研究》1999年 第2期.

何琳儀:《〈鳥蟲書通考〉讀後》,《考古》2000年 第10期.

何琳儀:《〈商西周金文書法〉跋》,《商西周金文書法》, 2000年.

何琳儀:《莒縣出土東周銅器銘文彙釋》,《文史》2000年 第1輯.

何琳儀:《晉侯蘇鍾釋地》,《東方博物》第5輯, 2000年.

何琳儀:《鄂君啟舟節釋地三則》,《古文字研究》22輯, 2000年.

何琳儀:《淳於公戈跋》,《杞文化與新泰》, 2000年.

何琳儀:《楚王熊麗考》,《中國史研究》2000年 第4期.

何琳儀:《舒方新證》,《安徽史學》1999年 第4期,《古籍研究》2000年 第1期.

何琳儀·徐在國:《釋及其相關字》,《中國文字》新27期(台灣), 2001年.

何琳儀:《信陽竹書與〈墨子〉佚文》,《安徽大學學報》2001年第1期.

何琳儀:《說秋》,《古文字論集》(二),《考古與文物叢刊》第四號, 2001年.

何琳儀:《程橋三號墓盤匜銘文新考》,《東南文化》2001年 第3期.

何琳儀:《徐沈尹鉦新釋》,《文物研究》第13輯, 2001年.

何琳儀:《楚幣六考》,《安徽錢幣》2001年 第2期.

何琳儀:《成白刀幣考》,《古文字研究》第24輯, 2002年.

何琳儀·徐在國:《釋"塞"》,《中國錢幣》2002年 第2期

何琳儀:《作尋宗彝解》,《中國訓詁學研究會論文集》, 2002年.

何琳儀:《隣陽壺考——兼釋上海簡"隣"字》,《文史》2002年 第4輯.

何琳儀:《晉侯曲器考》,《晉侯墓地出土青銅器國際學術研討會論文集》, 2002年.

何琳儀:《楚官璽雜識》,《南京師範大學文學院學報》2002年 第1期.

何琳儀:《郭店簡古文二考》,《古籍整理研究學刊》2002年 第5期.

何琳儀:《滬簡詩論選釋》,《上博館藏戰國楚竹書研究》, 2002年.

何琳儀·吳紅松:《說屋》,《語言文字學論壇》第1輯, 2002年 ;《語言》第4卷, 2003年.

何琳儀·胡長春:《釋販》,《第四屆國際中國古文字學研討會論文集·香港》, 2003.

何琳儀:《楚國封泥蠡測》,《中國文物報》2003年 9月 12日 7版.

何琳儀·徐在國:《釋蒝》,《楚文化研究論集》第5集, 2003年 ;《文字學論叢》第2輯, 2004年.

何琳儀:《牆盤賸語》,《古籍研究》2003年第1期,《華學》第6輯, 2003年.

何琳儀:《逨盤古辭探微》,《安徽大學學報(哲學社會科學版)》2003年 第4期,《吉林大學古籍研究所建所二十周年紀念文集》, 2003年.

何琳儀:《第二批滬簡選釋》,《學術界》2003年 第1期.

何琳儀:《〈兩周金文辭大系〉重版瑣言》,《世紀書窗》2003年 第3期.

何琳儀:《新蔡竹簡地名偶識——兼釋次竝戈》,《中國歷史文物》2003年 第6期.

何琳儀:《新蔡竹簡選釋》,《安徽大學學報》2004年 第3期.

何琳儀:《楚都丹陽地望新證》,《文史》2004年 第2輯.

何琳儀:《隨縣竹簡選釋》,《華學》第7輯, 2004年.

何琳儀:《司夜鼎考釋》,《中國史研究》2004年 第3期.

何琳儀:《龍陽燈銘文補釋》,《東南文化》2004年 第4期.

何琳儀·程燕:《釋乞——兼釋齊家村H90西周甲骨》,《2004年安陽殷商文明國際學術研討會論集》, 2004年,《安大史學》第1輯, 2004年.

何琳儀:《說"盤"》,《中國歷史文物》2004年 第5期.

何琳儀:《聽簋小箋》,《古文字研究》第25輯, 2004年.

何琳儀·唐晉源:《周方足布續考》,《中國錢幣》2004年 第2期.

何琳儀:《中昌布幣考》,《安徽錢幣》2004年 第1期.

何琳儀·胡長春:《釋攀》,《漢字研究》第1輯, 2005年,《考古與文物》2005年 增刊《古文字論集(三)》.

何琳儀·房振三:《"也""只"考辨》,《上海文博論叢》2005年 第3期,《陸宗達先生百年誕辰紀念文集》, 2005年.

何琳儀·程燕:《湘出二器考》,《湖南省博物館館刊》第2期, 2005年.

何琳儀:《西周方足布考》,《黃盛璋先生八秩華誕紀念文集》, 2005年.

何琳儀·程燕:《郭店簡〈老子〉校記(甲篇)》,《簡帛研究(2002-2003)》, 2005年.

何琳儀·程燕·房振三:《滬簡〈周易〉選釋》,《江漢考古》2005年4期,《周易研究》2006年 第1期.

何琳儀:《廣陵金幣考》,《中國錢幣》2005年 第5期.

何琳儀·吳紅松:《繩繩釋訓》,《中原文物》2006年 第1期.

何琳儀·焦智勤:《八年陽城令戈考》,《古文字研究》第26輯, 2006年.

何琳儀:《說麗》,《殷都學刊》2006年第1期,《花園莊東地甲骨論叢》(台灣), 2006年.

何琳儀:《逢逢淵淵釋訓》,《安徽大學學報(哲學社會科學版)》2006年 第4期.

何琳儀:《釋圭》,《古籍研究》2006年卷下.

何琳儀:《帛書〈周易〉校記》,《湖南省博物館館刊》第6期, 2006年.

何琳儀·時兵:《釋》,《中國文字學報》第1輯, 商務印書館, 2006年.

何琳儀:《〈望山楚簡文字編〉序言》,《望山楚簡文字編》, 2006年.

何琳儀:《魚顛匕補釋——兼說昆夷》,《中國史研究》2007年 第1期.

何琳儀·高玉平:《唐子仲瀕兒匜補釋》,《考古》2007年 第1輯.

何琳儀:《"貴尹"求義》,《中華文史論叢》2007年第4期.

何琳儀·房振三:《釋巴》,《東南文化》2008年 第1期.

何琳儀·王文靜:《匍有土田考》,《南方文物》2010年 第1期,《考古與文物》2010年 第3期.

(二) 저작류

何琳儀:《戰國文字通論》, 中華書局, 1989年.

何琳儀:《古幣叢考》, 文史哲出版社(台灣), 1996年.

何琳儀:《楚國歷史文化辭典·兵器符節》, 武漢大學出版社, 1996年.

何琳儀:《戰國古文字典——戰國文字聲系》, 中華書局, 1998年.

何琳儀:《古幣叢考(增訂本)》, 安徽大學出版社, 2002年.

何琳儀:《戰國文字通論(訂補)》, 江蘇教育出版社, 2003年.

何琳儀:《戰國古文字典——戰國文字聲系》, 中華書局, 1998年, 2004年 重印本.

何琳儀:《戰國文字通論(訂補)》, 上海古籍出版社, 2017年.

姚孝遂主編, 何琳儀·吳振武·黃錫權·曹錦炎·湯餘惠·劉釗編:《殷墟甲骨刻辭摹釋總集》, 中華書局, 1988年.

姚孝遂主編, 何琳儀·吳振武·黃錫權·曹錦炎·湯餘惠·劉釗編:《殷墟甲骨刻辭類纂》, 中華書局, 1989年.

於省吾主編, 姚孝遂按語編撰, 肖丁·王貴民·王宇信·謝濟·何琳儀·吳振武·湯餘惠·劉釗編輯:《甲骨文字詁林》, 中華書局, 1996年.

李零主編, 伊世同點校, 何琳儀複校:《中國方術概觀·占星卷》, 人民中國出版社, 1993年.

黃德寬主編, 黃德寬·何琳儀·徐在國·郝士宏·陳秉新·王蘊智著:《古文字譜系疏證》, 商務印書館, 2007年.

黃德寬·何琳儀·徐在國:《新出楚簡文字考》, 安徽大學出版社, 2007年.

(三) 기타

1 · 樗散韻語　　　　　　　　　　　　　　澳門學人出版社, 2006 年.

지은이 소개

하림의(何琳儀)   1943년 8월 강서성(江西省) 구강(九江)에서 태어났다. 하림의(何琳儀) 교수는 1967년 동북사범대학(東北師範大學) 중어중문학과, 1981년 길림대학(吉林大學) 역사학과 대학원 석사 과정을 졸업한 후 동 대학 고문헌연구소에서 고문자학 분야의 후학을 양성하기 시작하였다. 1998년 4월 안휘대학(安徽大學) 중어중문학과로 부임한 후 2007년 3월 지병으로 사망하기 직전까지 중국 언어문자전공 박사 지도 교수로 재직하면서 중국 고문자학을 대표하는 학자로 명성을 떨쳤다. 특히 전국문자 분야에서 가장 뛰어난 업적을 남겼으며 갑골문, 금문, 전국시대 출토 유물과 선진문헌의 비교 및 秦漢시기의 문자, 음운 연구 등 다양한 분야에 걸쳐 74편의 연구 논문과 단독 또는 공저 6종을 출간하였으며, 대표 저서로는 『戰國文字通論』, 『戰國古文字典--戰國文字聲繫』가 있다.

옮긴이 소개

강윤옥(姜允玉)   명지대학교 중어중문학과 교수.

대표 역저로는 『한자의 역사』(공저, 역락, 2020), 『한어어법발전사』(역서, 서종, 2020), 『出土儒家文獻所見的儒家思想研究』(저서, 汕頭大學出版社, 2007), 『중국고문자학의 이해』(역서, 차이나하우스, 2005)외 7권의 저역서가 있다. 대표 논문으로는 「Interpretation and dating of the variant characters in the Houma Covenant」(Journal of Chinese Writing Systems, 2019), 「上海博物館藏楚竹書虛辭四則」(古文字研究, 2018), 「儒家出土文獻中的仁含義之史」(國際儒學研究, 2017), 「說文未收綠之春秋文字」(古文字研究, 2016), 「戰國時期形聲字音近聲符替換以及産生原因考察」(文字學論叢, 2010), 「侯馬盟書字表補正」(古文字研究, 2008), 「春秋後期人名文字特徵研究」(중어중문학, 2015), 「侯馬盟書異構字類型分析與特徵小考」(중어중문학, 2011)외 40여 편의 문자학 논문이 있다.

주요 관심사로는 춘추전국시대 석각(石刻), 초간(楚簡), 금문(金文)에 수록된 문자와 언어 습관이다.

김정남(金正男)   동국대학교 WISE캠퍼스 중어중문학과 조교수.

대표 논저로는 『중국 출토문헌의 새로운 세계』(공저, 주류성, 2018), 『역주 설문해자주』1~2(공저, 전통문화연구회, 2022), 『역주 설문해자주』3~5(공저, 전통문화연구회, 2023), 「詩經關雎新解釋-안휘간(安徽簡) 詩經을 중심으로」(중어중문학, 2020), 「고문자와 선진 문헌 용례에 기반한 새로운 문화 연구 가능성 모색」(중국문화연구, 2021), 「安大簡 仲尼曰 譯註—전래본 論語에 수록된 내용을 중심으로—」(중국어문학, 2023) 가 있다.

주요 관심사는 춘추전국시대의 문자와 언어 습관, 전국시대 초간(楚簡)이다.

박성우(朴晟佑)   국립순천대학교 중어중문학과 조교수.

대표 논문으로는 「西周 青銅器 銘文에 나타난 '天命'의 의미와 활용」(주저자, 중국언어연구, 2021), 「출토문헌을 통해 본 五行의 형성과 전개-갑골문과 금문의 용례를 중심으로」(주저자, 중어중문학, 2021), 「殷商과 周代 출토문헌에 보이는 五方의 확대 형태」(중국언어연구, 2022), 「五方 체계로 본 五獸의 형성 과정」(주저자, 중국문화연구, 2022), 「西周 青銅器 銘文의 '主宰天' 淵源」(중국언어연구, 2023), 「玉柄 형태의 禮器 용도 분석」(중국문학연구, 2023), 「고대 문헌에 근거한 五帝의 연원 이해」(중어중문학, 2024) 등이 있다.

주요 관심사는 서주시기의 문자와 언어 습관, 청동기 금문(金文)이다.

한국연구재단 학술명저번역총서
동양편 281

전국문자통론
戰國文字通論 [訂補]

초판 1쇄 인쇄 2024년 6월 10일
초판 1쇄 발행 2024년 6월 25일

지 은 이 하림의(何琳儀)
옮 긴 이 강윤옥 김정남 박성우
펴 낸 이 이대현

편　　집 이태곤 권분옥 임애정 강윤경
디 자 인 안혜진 최선주 이경진
기획/마케팅 박태훈 한주영

펴 낸 곳 도서출판 역락
주　　소 서울시 서초구 동광로46길 6-6 문창빌딩 2층(우06589)
전　　화 02-3409-2055(대표), 2058(영업), 2060(편집) FAX 02-3409-2059
이 메 일 youkrack@hanmail.net
홈페이지 www.youkrackbooks.com
등　　록 1999년 4월 19일 제303-2002-000014호

ISBN 979-11-6742-765-6 94720
ISBN 979-11-6742-443-3 94080(세트)

*정가는 뒤표지에 있습니다.
*잘못된 책은 바꿔 드립니다.

이 저서는 2020년 대한민국 교육부와 한국연구재단의 지원을 받아 수행된 연구임 (NRF-2020S1A5A7085079)